AF126428

Anonymous

Schulthess' europäischer Geschichtskalender

Anonymous

Schulthess' europäischer Geschichtskalender

ISBN/EAN: 9783744690287

Hergestellt in Europa, USA, Kanada, Australien, Japan

Cover: Foto ©ninafisch / pixelio.de

Weitere Bücher finden Sie auf **www.hansebooks.com**

Schulthess'
Europäischer Geschichtskalender.

Neue Folge.

Neunzehnter Jahrgang 1903.

(Der ganzen Reihe XLIV. Band.)
44

Herausgegeben

von

Gustav Roloff.

München 1904.
C. H. Beck'sche Verlagsbuchhandlung
Oskar Beck.

Inhalts-Verzeichnis.

Chronik
der wichtigsten Ereignisse des Jahres 1903.

Januar.

Anfang. Großbritannien. Angriffe auf Deutschland wegen der Dardanellendurchfahrt.

15. Deutsches Reich. Reichstagsdebatte über Zollkriege und kommerzielle Verhandlungen mit den Vereinigten Staaten.

19./21. Deutsches Reich. Graf Bülow über die Persönlichkeit des Kaisers und die auswärtige Lage.

20. Oesterreich. Abbruch der deutsch-tschechischen Ausgleichskonferenzen.

22. Vereinigte Staaten und Kolumbien. Kanalvertrag.

23. Frankreich. Kammerdebatte über Abrüstung und das Verhältnis zu Deutschland.

24. Großbritannien und Vereinigte Staaten. Vorvertrag über Alaska.

29. Rußland. Veröffentlichung des neuen Zolltarifs.

Ende. Niederlande. Streik der Eisenbahner.

Februar.

6. Deutsches Reich. Reichstagsdebatte über die den Burenführern verweigerte Audienz.

9. Großbritannien und Persien. Handelsvertrag.

13. Venezuelafrage. Venezuela erkennt die Forderungen der europäischen Mächte an.

18. Deutsches Reich. Ministerwechsel in Bayern.

18. Großbritannien. Unterhausdebatte über die auswärtige Lage.

19. Oesterreich. Annahme der Wehrvorlage im Abgeordnetenhause.

20 Kurie. Beginn der Jubiläumsfeier.

21. Rußland und Oesterreich-Ungarn. Note an die Türkei über die makedonische Reform.

25. Rußland. Erklärung über die makedonische Angelegenheit.

März.

2. Deutsches Reich. Debatte über Staat und Kirche im Preußischen Abgeordnetenhause.

2. Großbritannien. Oberhausdebatte über Venezuela und Deutschland.

I.
Das Deutsche Reich und seine einzelnen Glieder.

Anfang Januar. (Preußen.) Im Ministerium des Innern konferieren die Oberpräsidenten über die Ausführung des Dotations=gesetzes und die Vorbildung der Verwaltungsbeamten.

Anfang Januar. (Preußen.) Es gehen Nachrichten durch die Presse, daß ein besonderes Ostmarkenministerium geplant worden sei. Man habe daran gedacht, eine fürstliche Persönlichkeit an die Spitze von Posen und Westpreußen zu stellen und ihr zugleich Sitz und Stimme im Staatsministerium zu geben.

5. Januar. (Mecklenburg.) Es wird folgende „Verord=nung betr. die öffentliche Religionsübung der Angehörigen der reformierten Kirche und der römisch=katholischen Kirche" erlassen:

§ 1. Den Angehörigen der reformierten Kirche und der römisch=katholischen Kirche wird in Unseren Landen die öffentliche Religionsübung zugestanden. § 2. Den mit landesherrlicher Genehmigung errichteten refor=mierten und römisch=katholischen Kirchen, Kapellen und anderen, dem öffent=lichen Gottesdienste gewidmeten Gebäuden nebst den zugehörigen Grund=stücken (Pfarreien, Begräbnisplätzen u. f. w.), sowie den reformierten und den römisch=katholischen Religionsübungen, welche in den dem Gottesdienst gewidmeten Gebäuden, auf den Begräbnisplätzen der reformierten Kirche und der römisch=katholischen Kirche oder mit landesherrlicher Genehmigung an anderen Orten veranstaltet werden, soll der gleiche Rechtsschutz wie den entsprechenden Einrichtungen der lutherischen Landeskirche gewährt werden. § 3. Unberührt bleiben die Uns nach Landesrecht gegenüber der refor=mierten Kirche und der römisch=katholischen Kirche und deren Angehörigen zustehenden Hoheitsrechte. Es bleibt daher insbesondere Unsere Genehmi=gung erforderlich für die Bildung und Aenderung der Parochien; die An=stellung der Geistlichen und die Vornahme geistlicher Handlungen durch nicht in Unseren Landen angestellte Geistliche, die Errichtung von Kirchen, Kapellen und anderen, dem öffentlichen Gottesdienste gewidmeten Gebäuden, sowie die Errichtung von Pfarreien (Pfründen), die Veranstaltung öffent=licher Gottesdienste außerhalb der dem Gottesdienste gewidmeten Gebäude, sowie die Abhaltung von Missionen, Prozessionen und Wallfahrten; die Gründung, Zulassung oder Niederlassung von Orden, Kongregationen und anderen Religionsgesellschaften.

8. Januar. Die „Norddeutsche Allgemeine Zeitung" schreibt über die Lage der Reichsfinanzen und die Mittel zu ihrer Verbesserung:

Wenn der Mehrertrag aus dem neuen Zolltarif infolge des Vorgehens des Reichstages nicht zur dauernden Herstellung des Gleichgewichtes zwischen Einnahmen und Ausgaben ausreicht, so wird sich der Reichstag nicht der Verpflichtung entziehen können, zur Ausfüllung der durch seine eigenen Beschlüsse in den Einnahmen des Reiches entstandenen Lücke seinerseits mitzuwirken. Daß dabei direkte Steuern, insbesondere Einkommensteuern oder Vermögenssteuern, nicht in Betracht kommen können, unterliegt schon jetzt keinem Zweifel. Wenn in einzelnen liberalen Blättern wieder von einer solchen Ergänzung der Reichseinnahmen die Rede ist, so hat man es mit Gedankenspielereien ohne jeden praktischen Wert zu tun. Das Reich wird seinen Ausgabebedarf, abgesehen von Stempelsteuern, immer nur im Wege der indirekten Steuern decken können.

Anfang Januar. Der Botschafter in Washington, v. Holleben, nimmt Urlaub; mit seiner Vertretung wird der Generalkonsul in Kalkutta, Frhr. Speck v. Sternburg, beauftragt.

10. Januar. (Reichslande.) Angebliche Einwanderung französischer Kongregationen.

Gegenüber einer wiederholt aufgetauchten und insbesondere von einem römischen Blatt verbreiteten Nachricht, daß Elsaß-Lothringen von französischen Ordensangehörigen überschwemmt werde, erklärt die amtliche „Straßburger Korrespondenz", daß kein Angehöriger einer französischen Kongregation die Erlaubnis zur Ausübung einer Ordenstätigkeit in Elsaß-Lothringen erhalten hat und auch keinem Angehörigen einer französischen Kongregation der dauernde Aufenthalt im Lande und keiner der in Frankreich aufgelösten Ordensgesellschaften die Niederlassung in Elsaß-Lothringen gestattet wurde.

12. Januar. (Bayern.) Die Führer des Reformkatholizismus, Professor Schell und Dr. Schnitzer, treten aus dem Komitee des „20. Jahrhunderts" aus. (Vgl. 1902 S. 72.) Die Austritte werden von der liberalen Presse auf die Agitation des Nuntius gegen den Reformkatholizismus zurückgeführt.

13. Januar. (Preußen.) Ministerpräsident Graf Bülow eröffnet den Landtag mit folgender Thronrede:

Erlauchte, edle und geehrte Herren von beiden Häusern des Landtages! Se. Majestät der Kaiser und König haben mich mit der Eröffnung des Landtages der Monarchie zu beauftragen geruht. Die bevorstehende Tagung ist die letzte einer arbeitsreichen Legislaturperiode. Die Ihnen zu unterbreitenden Vorlagen beschränken sich deshalb auf notwendige und unaufschiebbare Maßnahmen. Schon bei Ihrer letzten Berufung ist auf die wenig befriedigende Gestaltung der Finanzlage des Staates hingewiesen worden. Die Rechnung des Jahres 1901 hat mit einem Fehlbetrage von rund 37½ Millionen Mark abgeschlossen. Auch für das laufende Etatsjahr wird nach den bisherigen Ergebnissen ein wesentlich günstigerer Abschluß nicht erwartet werden können. Zwar ist in den letzten Monaten im Verkehre auf den Staatseisenbahnen eine geringe Steigerung eingetreten, doch wird der Reinertrag hinter dem Voranschlag erheblich zurückbleiben.

Der Entwurf des Staatshaushaltsetats für 1903 wird Ihnen alsbald vorgelegt werden. Trotz der vorsichtigen und sparsamen Bemessung der Ausgaben in allen Zweigen der Staatsverwaltung hat es sich nicht vermeiden lassen, zur Herstellung des Gleichgewichts den Staatskredit in beträchtlicher Höhe in Anspruch zu nehmen. Diese unerwünschte Erscheinung hat ihren Grund darin, daß infolge der Schwierigkeiten, mit denen seit Jahren die Landwirtschaft und in letzter Zeit auch Handel und Industrie zu kämpfen haben, bei einem Teile der Betriebsverwaltungen auch für das Jahr 1903 mit einem weiteren Rückgang der Ueberschüsse gerechnet werden muß. Die zeitweilige Finanzlage hat jedoch nicht dahin führen können, Ausgaben zurückzustellen, die im politischen und wirtschaftlichen Interesse bringend geboten sind. Hierunter fallen die erheblichen Mittel, die die Staatsregierung in Fortführung ihrer auf den Schutz des Deutschtums in den Ostmarken und auf deren wirtschaftliche Stärkung gerichteten Politik von Ihnen erbittet. Auch soll den in diesen Landesteilen wirkenden mittleren und unteren Beamten, sowie den Lehrern an den öffentlichen Volksschulen die in Aussicht gestellte Zulage gewährt werden. Vom wirtschaftlichen wie vom Standpunkt einer fürsorgenden Finanzpolitik erschien es ferner nicht ratsam, den großen Betriebsverwaltungen die Mittel zu versagen, die zu einer ordnungsgemäßen Ergänzung ihrer Einrichtungen erforderlich sind. Namentlich erachtet es die Staatsregierung für ihre Pflicht, auch in den Zeiten ungünstiger Abschlüsse mit der betriebssicheren Ausgestaltung der Eisenbahnanlagen und der regelmäßigen Ergänzung des Fuhrparkes nicht zurück zu bleiben. Die Bewilligung der hierzu erforderlichen Mittel wird die Staatsregierung zugleich in den Stand setzen, die Arbeitsgelegenheit im Lande zu vermehren. Zum Ausbau des Staatseisenbahnsystems durch Erwerb mehrerer Privateisenbahnen, zur Erweiterung des Staatsbahnnetzes und zur Förderung der Kleinbahnunternehmungen sind größere Mittel vorgesehen. Der Verbesserung der Wohnungsverhältnisse der in den staatlichen Betrieben beschäftigten Arbeiter und der gering besoldeten Beamten ist mit Ihrer Zustimmung wiederholt besondere Fürsorge gewidmet worden. Da das Bedürfnis unverändert fortbesteht, wird von Ihnen in einem neuen Gesetzentwurf ein weiterer Kredit zu dem gleichen Zwecke erbeten werden. Im Interesse der Förderung der allgemeinen Volksgesundheit wird Ihnen alsbald ein Gesetzentwurf zugehen, um das Reichsgesetz betreffend die Bekämpfung gemeingefährlicher Krankheiten innerhalb des preußischen Staates zur Ausführung zu bringen. Der im vorigen Jahre nicht zur Verabschiedung gelangte Gesetzentwurf über die Befähigung für den höheren Verwaltungsdienst wird Ihnen in etwas veränderter Gestalt wieder vorgelegt werden. Ihre Zustimmung wird ferner zu einem Gesetz über die Bildung kirchlicher Hilfsfonds für katholische Pfarrgemeinden erbeten werden. Meine Herren! Auch in der bevorstehenden Tagung sind Sie zu wichtigen Arbeiten berufen. Mögen dieselben dem Vaterlande zum Segen gereichen. Auf Befehl Sr. Majestät des Kaisers und Königs erklärte ich den Landtag der Monarchie für eröffnet.

Januar. (Preußen.) Zulagen für Beamte in der Ostmark.

Eine dem Etat für das Finanzministerium angefügte Denkschrift „Zuwendungen an die in der Provinz Posen und den gemischtsprachigen Kreisen der Provinz Westpreußen angestellten Beamten" sieht Zulagen für mittlere, Kanzlei- und Unterbeamte im Durchschnitt von 10 Prozent des etatmäßigen Gehaltes vor. — Die Zulage wird nur bei treuer Pflichterfüllung und völlig befriedigendem dienstlichen und außerdienstlichen Verhalten gewährt und bei Fortfall dieser Voraussetzungen entzogen.

1*

13. Januar. Die „Konſervative Korreſpondenz" veröffentlicht folgende Parteierklärung über die Stellung der Fraktion zum
Zolltarif:

„Die ſchließliche Stellungnahme der konſervativen Fraktion zum
Zolltarifgeſetz iſt keine einheitliche geweſen. Die konſervative Parteileitung
iſt aber überzeugt, daß die Vertreter beider hierbei zutage tretenden Richtungen lediglich das Intereſſe der Landwirtſchaft im Auge gehabt haben
und wünſcht deshalb, daß ſowohl die Mitglieder unſerer Partei im Lande
in dem Vertrauen zu ihren ſeitherigen Vertretern nicht wanken werden,
wie daß die im Bunde der Landwirte organiſierte Landwirtſchaft ſich ebenfalls darin nicht beirren laſſe und darauf hinzielende Angriffe vermeiden
möge. Die Parteileitung erwartet demgemäß auch, daß, falls die bevor-
ſtehenden Handelsverträge in der Tat nicht ein notwendiges Maß des
Schutzes der Landwirtſchaft darbieten ſollten, ebenſo, wie früher, die Ablehnung derſelben durch die konſervative Reichstagsfraktion erfolge. Die
Parteileitung iſt der Ueberzeugung, daß nur durch einmütiges Zuſammengehen des Bundes der Landwirte mit der konſervativen Partei die gemeinſamen Ziele zum Wohle der Landwirtſchaft und des geſamten Vaterlandes
zu erreichen ſind, und gibt der Erwartung Ausdruck, daß dieſes Zuſammengehen fernerhin geſichert und von keiner Seite gefährdet wird."

Die Erklärung iſt durch die Angriffe des Bundes der Landwirte
veranlaßt worden (vgl. 1902 S. 183).

13. Januar. Der Reichstag genehmigt mit großer Mehrheit folgende Reſolution über die Tabakbeſteuerung:

Der Reichstag wolle beſchließen, den Bundesrat zu erſuchen, mit
möglichſter Beſchleunigung unter Hinzuziehung von Vertretern des inlän-
diſchen Tabakbaues in eine Prüfung darüber einzutreten, in welchen Beziehungen die zur Ausführung des Geſetzes vom 16. Juli 1879 betreffend
die Beſteuerung des Tabaks erlaſſenen Vorſchriften im Intereſſe der kleineren Tabakbauern vereinfacht werden können und dem Reichstage von
dem Ergebnis dieſer Unterſuchung Mitteilung zu machen. — Die Regierung ſpricht ſich entgegenkommend aus.

13. Januar. (Reichstagswahl.) Bei der Erſatzwahl in
Danzig-Stadt erhält Mommſen (fr. Vg.) 6174, v. Heydebreck (konf.)
4273, Bartel (Soz.) 5569, Wollszlegier (Pole) 345 Stimmen.
Bei der Stichwahl (22. Januar) erhält Mommſen 10472, Bartel
6373 Stimmen.

14. Januar. (Preußiſches Abgeordnetenhaus.) Präſi-
dentenwahl. Etatsrede Rheinbabens.

Das Haus wählt mit Akklamation die früheren Präſidenten v. Kröcher (konf.), Frhr. v. Heeremann (3.), Dr. Krauſe (nl.) wieder.

Hierauf legt Finanzminiſter Frhr. v. Rheinbaben den Etat für
1903 vor. Darin ſind die ordentlichen Einnahmen auf 2 602 205 930 ℳ,
die Ausgaben im Ordinarium auf 2 516 369 633 ℳ, im Extraordinarium
auf 158 536 297 ℳ, zuſammen 2 674 905 930 ℳ veranſchlagt, mithin die
Ausgaben um 72 700 000 ℳ höher als die Einnahmen. Der Fehlbetrag
wird durch Aufnahme einer Anleihe zu decken ſein.

Der Miniſter führt aus: Wenn ich zunächſt einen Rückblick auf die
Ergebniſſe des Jahres 1901 werfe, ſo darf ich daran erinnern, daß ich in

meiner vorjährigen Etatsrede das voraussichtliche Defizit des Jahres 1901 auf rund 40 Millionen geschätzt habe. Diese Angabe hat sich im allgemeinen als zutreffend erwiesen, da das Jahr 1901 tatsächlich mit einem Fehlbetrage von rund 37½ Millionen abschließt. Die Hauptursache dieses ungünstigen Ergebnisses liegt in dem Rückgang der Eisenbahn-Einnahmen, der die Summe von rund 58 Millionen Mark erreicht hat. Die Ueberschußverwaltungen insgesamt haben mit einem Minderüberschuß von 33½ Millionen Mark abgeschlossen. Die Steigerung der Zivilpersonen hat einen erheblichen Mehrbedarf verursacht. Die Notstandsbeihilfen für die östlichen Provinzen haben 9 Millionen Mark betragen und ist es dadurch möglich geworden, die schlimmsten wirtschaftlichen Kalamitäten von der Landwirtschaft jener Gegenden abzuwenden. Die betreffenden Beträge werden sich übrigens allmählich verzinsen und schließlich zur Staatskasse zurückfließen, wodurch sich das Defizit etwas vermindern wird. Das laufende Jahr kann ich nur mit einer gewissen Reserve schätzen, vier Monate stehen noch aus, und namentlich in diesem Jahre ist kein Mensch in der Lage, zu sehen, wie sich die Eisenbahn-Einnahmen stellen werden. Ich glaube voraussehen zu dürfen, daß auch dieses Jahr mit einem Defizit in der Höhe des Vorjahres abschließen wird. Ich schätze es auf etwa 35 Millionen. Die Mindereinnahmen der Eisenbahnen werden bereits jetzt gegen den Etatsanschlag auf 24 Millionen geschätzt. Die Betriebsverwaltung die in täglichem Kontakt ist mit der täglichen Entwicklung der Dinge, ist natürlich in ihrer Schätzung für uns maßgebend. Leider haben sich unsere Voraussagen bewahrheitet, der Fehlbetrag ist viel erheblicher bei den Eisenbahnen als im Etatsansatz. Wir werden wahrscheinlich noch einen weiteren Ausfall von 43½ Millionen Mark haben, so daß wir einen Fehlbetrag von insgesamt 68 Millionen Mark gegenüber 1901 erleben werden. Einige Positionen in den Verwaltungen stellen sich freilich günstiger. Bei der Forstverwaltung und den direkten Steuern rechnen wir auf Mehrerträge. Bezüglich des Verhältnisses zum Reich hat Preußen eine effektive Mehrleistung von 15 Millionen Mark zu machen gehabt an Matrikularbeiträgen. Der Abgeordnete Richter hat sich als der richtige Rechner erwiesen, wie die Verhältnisse ergeben haben. Im Extraordinarium der Eisenbahnverwaltung ist eine Ueberschreitung der Etatsansätze zu konstatieren. Wir haben angesichts der schlechten wirtschaftlichen Lage die Bautätigkeit tunlichst erweitert, wir haben in einigen Fällen deshalb die Bauraten, die uns das Haus bewilligt hat, überschritten. Das Gesamtergebnis des laufenden Jahres 1902 schätze ich also, wie schon gesagt, ebenfalls auf ein Defizit von 35 Millionen. Der Ihnen vorgelegte neue Etat für 1903 gibt mir Gelegenheit, zu erklären, daß ich bezüglich der Anschauung über die wirtschaftliche Lage genau auf demselben Standpunkt stehe, dem ich im vorigen Jahre Ausdruck gegeben habe. Wir haben keine Veranlassung, trübe in die Zukunft zu blicken, aber die Krise ist noch nicht überwunden, und wir haben allen Anlaß, vorsichtig zu sein. In dieser Ansicht bestärkt mich vor allem die Lage der Landwirtschaft. Die Getreidepreise sind ständig im Fallen begriffen, abgesehen von vereinzelten besonderen Erscheinungen. Die Hoffnung, daß es möglich sein würde, in erheblichem Maß frei gewordene Kräfte der Industrie der Landwirtschaft zuzuführen, hat meiner Kenntnis nach getrogen. Das Abströmen der Arbeiter vom Lande nach den Industriebezirken hat freilich infolge der ungünstigen industriellen Konjunktur in geringerem Maße stattgefunden, aber gelöst ist die wichtige Arbeiterfrage für die Landwirtschaft noch keineswegs. Zu großer Vorsicht mahnt die Lage unserer Eisenindustrie, die ich nach wie vor als durchaus unsicher bezeichnen muß. Charakteristisch ist die Abnahme der Kaufkraft

des inländischen Marktes und die Abhängigkeit vom ausländischen Markt.
Es ist überaus bedauerlich, in welchem Maße die Kaufkraft des inländischen
Marktes in den letzten Jahren abgenommen hat. Der Eisenverbrauch auf
den Kopf der Bevölkerung ist seit 1901 bedeutend gefallen und wird sich
voraussichtlich 1902 auf nur 73 Kilogramm pro Kopf belaufen, während
er 1897 noch 183 Kilogramm betrug. Der Eisenverbrauch ist also bedeutend zurückgegangen, während andrerseits die Fabriken in ihrer erwei-
terten Produktionsmöglichkeit bastehen. Daraus ergibt sich das schlimme
Mißverhältnis zwischen Angebot und Nachfrage, das wir in dieser Zeit zu
konstatieren haben. Andrerseits hat sich die Ausfuhr von Eisenwaren erheblich gesteigert. Im letzten Jahre sind allein 82 Millionen Tonnen
exportiert worden, während es früher nur 29 bis 30 Millionen Tonnen
waren. Besonders haben wir nach Amerika exportiert. In dieser Abhängigkeit von Amerika insbesondere liegt ein dunkler Punkt, zumal man
nicht weiß, wie sich die Zollverhältnisse mit Amerika gestalten werden. Die
Möglichkeit liegt vor, daß in Amerika ein Rückgang der Konjunktur eintritt. Es blieb ein erhebliches Defizit auch nach dem jetzigen Anschlag
übrig. Nach den Anträgen der einzelnen Ressorts hätte das Defizit
231 Millionen Mark betragen. Es bedurfte einer ganz energischen Einwirkung der Finanzverwaltung, um den Fehlbetrag im neuen Etat auf
72 Millionen Mark herabzumindern. Jedes Ressort kämpft um seine Forderungen, wie eine Löwin um ihre Jungen. Ich habe das Bedürfnis,
hier den Herren der Finanzverwaltung ein Wort des Dankes zu sagen für
ihre hingebende Arbeit. Diese Herren sind es sonst nicht gewohnt, Dank
und Anerkennung zu finden. Ich erinnere Sie daran, wie außerordentlich
wir in den letzten Jahren die Dispositionsfonds der Betriebsverwaltungen
gespeist haben. Besonders gut sind die Eisenbahnen weggekommen. Auch
im Etat für 1903 finden Sie wieder erhebliche Beträge zur Schuldentilgung vorgesehen. Ich halte den gesetzlich eingeführten Zwang zur
Schuldentilgung für eine erhebliche Verbesserung der gesamten Finanzlage.
Auch für 1903 ist das Extraordinarium wieder reichlich dotiert worden.
Das Extraordinarium überragt das Defizit noch um 72 Millionen Mark.
Es handelt sich ja zunächst um werbende Anlagen, und deshalb können
wir mit Ruhe auch eine neue Anleihe aufnehmen. Redner geht auf Einzelheiten des neuen Etats ein. Auch diesmal hat sich ein Minderertrag bei
der Domänenverpachtung ergeben von insgesamt 108 000 Mark. Wir beabsichtigen, auch weiterhin im Westen Domänen zu veräußern und für den
Erlös im Osten Domänen anzulegen. Dieses Geld ist politisch und wirtschaftlich rentabel angelegt. Wir haben geglaubt, einer Resolution des
Hauses entsprechen zu müssen, indem wir den Zuschuß für den Bau von
Arbeiterwohnungen auf den Domänen vergrößerten. Die Forstverwaltung
wird voraussichtlich keine Mindererträge ergeben. Die großen vom Staat
in Westfalen erworbenen Grubenfelder werden sich erst im nächsten Jahr
für den Staat nutzbar machen lassen. Die Bergwerksverwaltung hat naturgemäß auch unter der ungünstigen Konjunktur zu leiden gehabt, aber sie
steht gegenüber allen Wechselfällen gerüstet da. In Oberschlesien ist die
Anlage neuer Kohlenschächte vorgesehen, um einem etwaigen Mehrbedarf
der Industrie alsbald gerecht werden zu können. Bei dem Schmerzens-
kind unserer Verwaltungen, den Eisenbahnen, ist der Betriebskoeffizient in
den Jahren von 1887—1902 von 54 und 55 gestiegen auf 62 und 63 Prozent.
Infolge des Rückganges der Eisenbahneinnahmen haben sich auch die Beiträge der Eisenbahnverwaltungen zu den allgemeinen Staatsausgaben erheblich vermindert; hingegen haben sich die eigenen Betriebsausgaben der
Eisenbahnen erheblich erhöht, wenn wir auch noch so sparsam und wirt-

schaftlich verfahren sind. Die Gehaltserhöhungen für die Beamten sind
im wesentlichen als abgeschlossen zu betrachten. Trotz ungünstiger Finanzlage haben wir das Extraordinarium der Eisenbahnverwaltung in voller
Höhe des Vorjahres belassen. Ich habe mich bemüht, möglichst wenig von
diesen Ausgaben auf Anleihen zu legen; diesen Weg darf man nach meiner
Meinung nur beschreiten, wenn es sich um neue Anlagen handelt. Dagegen müssen Ausgaben für Verbesserung und Ausbau bereits bestehender
Anlagen aus den bereiten Mitteln des Staates genommen werden. Mit
vollem Bewußtsein haben wir das Extraordinarium so stark belassen,
namentlich mit Rücksicht auf die ungünstige Lage der Industrie, der durch
Staatsaufträge lohnende Beschäftigung gewährt wird. Einerseits um Arbeitsgelegenheit zu schaffen und andrerseits aus eisenbahntechnischen Gründen
haben wir uns vor einer übermäßigen Einschränkung des Extraordinariums
gehütet. Ich habe schon im vorigen Jahre nach einer Rede des Freiherrn
v. Zedlitz dem Gedanken Ausdruck gegeben, ob es nicht zweckmäßiger wäre,
einen Ausgleichsfonds bei der Eisenbahn zu schaffen, der dazu bestimmt ist,
die Jahre des Ueberflusses und des Mangels auszugleichen. Je länger
ich mich damit beschäftigt habe, desto mehr bin ich von der Notwendigkeit
dieser Einrichtungen überzeugt worden. Wenn einmal bessere Jahre kommen,
dann ist es wohl möglich, aus den Ueberschüssen dieser Jahre einen entsprechenden Fonds herzustellen. Das wäre sowohl für die Eisenbahnverwaltung wie für die allgemeine Finanzverwaltung von Vorteil. Der Gedanke ist verlockend genug, in günstigen Jahren einen solchen Fonds in
Höhe von etwa 200 Millionen anzusammeln für ungünstige Jahre, um
somit die Eisenbahnverwaltung unabhängig zu machen von den wirtschaftlichen Konjunkturen. Die Eisenbahnverwaltung würde daraus einen Anlaß mehr entnehmen, ihre Finanzeinnahmen möglichst vorsichtig abzuschätzen.
Es würde dann auch der Fehler vermieden werden, daß in günstigen
Jahren alles über die Mehrerträge herstürzt und deren Verwendung zu
dauernden Ausgaben verlangt. Was nun das Finanzverhältnis zwischen
Reich und Einzelstaaten betrifft, so gehen die Steigerungen der Matrikularbeiträge weit über die der Ueberweisungen in den letzten Jahren hinaus.
Verschiedene Einzelstaaten müssen schon jetzt Anleihen aufnehmen, um ihren
Verpflichtungen gegen das Reich gerecht zu werden. So kann es nicht
weiter gehen, und ich hoffe, daß diesem Zustande ein Ende bereitet werden
wird. Vor allem liegt das auch im Interesse des Reiches, denn der Reichs-
gedanke muß notwendigerweise darunter leiden; hoffentlich wird man sich
nicht länger der Notwendigkeit einer Reichsfinanzreform verschließen. Erhebliche Mittel sind wieder für die Förderung des Deutschtums in den
Ostmarken ausgeworfen. Die Staatsregierung wird an dem Ziel ihrer
Politik unverrückt festhalten und auch in ungünstigen Jahren nicht davon
ablassen. Wir wollen den Frieden, aber nur auf einer Basis, die mit den
Interessen des Deutschtums vereinbar ist. Wir werden nach wie vor an
den positiven Maßnahmen zur Bekämpfung des Polentums festhalten; im
übrigen wird ja die erste Lesung des Etats mir Gelegenheit geben, mich
über die in den Ostmarken beabsichtigten Maßnahmen des näheren zu verbreiten. Nur eine Position will ich hervorheben: die Vorarbeiten zur
Beschaffung einer königlichen Residenz in Posen. Ich glaube, daß diese
Position allen denen, die von der Wiedererrichtung eines Königreiches
Polen träumen, sichtbar vor Augen führen wird, daß der preußische Adler
Länder, die durch ein Jahrhundert deutscher Kultur, deutscher Arbeit,
deutscher Intelligenz unablösbar mit Deutschland verbunden sind, auf ewig
festhalten wird. Redner verbreitet sich nunmehr über weitere Einzelheiten
aus verschiedenen Etats. Im Etat für Handel und Gewerbe sind ins-

besondere die Aufwendungen für das gewerbliche Unterrichtswesen, für
Meisterkurse und zur Hebung des Handwerks erheblich vermehrt. Im
Etat der Justizverwaltung finden sich erhöhte Summen für eine Anzahl
neuer Stellen. Der Etat des Ministeriums des Innern fordert Mehrbeträge für die Polizeiverwaltung in den Provinzen und die Gendarmen.
Auch im Kultusetat sind größere Aufwendungen gemacht worden, namentlich für die Vermehrung der Seminare und zur Erleichterung der Volks-
schullasten. Zur Ausgleichung der Gehaltsunterschiede der katholischen
Geistlichen sind 15000 Mark eingestellt. Für Kunst und Wissenschaft sind
trotz der ungünstigen Finanzlage Mehrbeträge eingestellt, und auch das
Extraordinarium im Kultusetat ist wieder reichlich botiert. Im allgemeinen
waren wir bestrebt, die Ausgaben einzuschränken, um das Defizit zu verringern, aber ich kann anderseits mit außerordentlicher Befriedigung darauf
hinweisen, daß wir trotz der wirtschaftlich ungünstigen Lage allen notwendigen Forderungen gerecht geworden sind. Sache des Hauses wird es sein,
zu prüfen, ob es der Finanzverwaltung gelungen ist, den Etat nach richtigen Grundsätzen aufzustellen. Ich lege den Etat vertrauensvoll in Ihre
Hände und hoffe auf eine sachliche und wohlwollende Prüfung.

**15. Januar. (Reichstag.) Meistbegünstigungsfrage und
Zollkriege.**

Abg. Bernstein (Soz.) polemisiert gegen die Bestrebungen, die
Meistbegünstigung zu beseitigen, weil das zum Zollkriege führen müsse.
Abg. Graf Kanitz (konf.) bedauert, daß die Handelsverträge am 31. Dezember
nicht gekündigt worden seien. Ein Zollkrieg mit Amerika sei nicht zu
fürchten. Staatssekretär Graf Posadowsky: Unser Verhältnis zu Amerika beruht auf einem Vertrag, der mit der preußischen Regierung im
Jahre 1828 abgeschlossen worden ist. Wir waren der Ansicht, daß durch
diesen Vertrag, dessen Rechtsgültigkeit im Jahre 1885 durch das Deutsche
Reich anerkannt wurde, zwischen dem Deutschen Reiche und den Vereinigten
Staaten ein unbedingtes Meistbegünstigungsverhältnis bestehe, des Inhalts,
daß alle Konzessionen, die einer der beiden vertragschließenden Staaten
einem dritten einräumt, ipso jure auch jedem der vertragschließenden Staaten
zu Gebote stehen. Die Aeußerung des früheren Staatssekretärs des Auswärtigen Amtes Frhrn. v. Marschall stammt aus einer Zeit, wo die deutsche
Reichsregierung noch dieser Auffassung war und keine Ereignisse eingetreten
waren, die klar stellten, daß die Regierung der Vereinigten Staaten von
Amerika eine andere Auffassung über die allgemeine Meistbegünstigung hat.
Darauf kam der Dingley-Tarif, und auf Grund dieses Tarifes schloß die
Regierung der Vereinigten Staaten von Amerika zwei Abkommen mit
Frankreich und auch Abkommen mit anderen Staaten in Bezug auf verschiedene Artikel. Auf Grund unserer Auffassung von dem Inhalt und
dem Wert der allgemeinen Meistbegünstigung verlangten wir von den Vereinigten Staaten, daß diese in dem Abkommen mit Frankreich auf Grund
des Dingley-Tarifs gewährten Konzessionen auch der deutschen Regierung
eingeräumt würden. Bei dieser Gelegenheit kam die abweichende Auffassung
der Regierung der Vereinigten Staaten zu unserer Kenntnis, daß sich die
Konzessionen, die auf Grund der allgemeinen Meistbegünstigung von den
Vereinigten Staaten eingeräumt wurden, nur auf Konzessionen pro prae-
terito bezögen, daß aber Konzessionen, die neu eingeräumt würden, durch
neue Gegenkonzessionen von dem meistbegünstigten Kontrahenten erworben
werden müßten. Auf Grund dieser Sachlage verhandelten wir mit Amerika
und glaubten im Interesse Deutschlands diesen Konfliktpunkt bis auf
weiteres dadurch zu beseitigen, daß wir den Status quo Amerika gegenüber

aufrecht erhielten unter der Voraussetzung und Bedingung, daß uns Amerika die Konzessionen gewähre, die es Frankreich in dem ersten Abkommen auf Grund des Dingley-Tarifs eingeräumt hatte. Das tat Amerika, und wir glaubten, daß es nicht notwendig sei, dieses Abkommen dem Hause vorzulegen, weil in der Tat nach diesem Abkommen der amerikanischen Regierung von unserer Seite nichts eingeräumt war und wir gleichzeitig zu Konzessionen gelangt waren, die Amerika anderen Staaten eingeräumt hatte. Tatsächlich wurde ein Zustand hergestellt, den wir auf Grund unserer Auffassung von der allgemeinen Meistbegünstigung glaubten eo ipso beanspruchen zu können. Darum haben wir das Abkommen nicht vorgelegt, denn es wurde an dem bestehenden Verhältnis nichts geändert. Der Herr Vorredner ist im Irrtum mit seinem Vorwurfe, wir hätten auch Vergünstigungen von Amerika verlangt, die es einer Anzahl amerikanischer Republiken und den englisch-amerikanischen Kolonien in Bezug auf die Zuckereinfuhr eingeräumt hat. Das konnten wir nicht verlangen, denn diese Abkommen sind überhaupt nicht ratifiziert worden, also auch nicht in Geltung.

15. Januar. (Preußen.) Dem Landtag geht folgender Gesetzentwurf über die Landestrauer zu:

Bei dem Ableben des Königs, der Königin und einer verwitweten Königin von Preußen findet eine Landestrauer nach folgenden Bestimmungen statt: § 1. Die Glocken der Kirchen werden mittags von 12 bis 1 Uhr vierzehn Tage lang geläutet. — § 2. Oeffentliche Musik, sowie öffentliche Lustbarkeiten und Schauspielvorstellungen sind vier Tage lang vom Sterbetage (einschließlich) ab und am Tage der Beisetzung einzustellen. — § 3. Wer den Bestimmungen dieses Gesetzes zuwiderhandelt, wird mit Geldstrafe von 15 bis 150 Mark bestraft. — § 4. Dieses Gesetz tritt mit dem Tage der Verkündigung in Kraft. Die Allerhöchste Kabinettsordre vom 28. November 1845, betr. das Trauerreglement vom 7. Oktober 1797, und die bisher in Kraft gebliebenen Vorschriften des letzteren werden aufgehoben.

16. Januar. (Württemberg.) Finanzlage.

Der Etatsentwurf für 1903 und 1904 schließt bei einer Einnahme von 175 Millionen mit einem Defizit von 8,8 Millionen Mark, das durch eine Anleihe gedeckt werden soll. — Der Finanzminister erklärt in der Kammer, daß die Beziehungen zum Reiche eine sehr unerwünschte Mehrbelastung Württembergs zeigen. Gelinge es nicht, eine weitergehende Belastung der Bundesstaaten mit ungedeckten Matrikularbeiträgen, als sie für 1902 erfolgte, hintanzuhalten, so würde dadurch die Lage des württembergischen Staatshaushaltes aufs empfindlichste berührt und zur Ausgleichung der Mehrbelastung nachträglich zu einer weiteren Erhöhung des Anlehenbedarfes geschritten werden müssen.

17. Januar. (Reichstag.) Interpellation über Malz- und Futtergerste (vgl. 1902 S. 169). Künftige Handelsverträge.

Abg. Rösicke-Dessau (fr. Vg.) bringt folgende Interpellation ein: Welche Maßnahme gedenkt der Reichskanzler zu treffen, um den im § 1 des neuen Zolltarifgesetzes enthaltenen Begriff der „Malzgerste" festzustellen? — Eine zolltechnische Unterscheidung zwischen den beiden Arten sei unmöglich. Wenn man alle Gerste, die als Malzgerste verwandt werden kann, als solche verzollen wolle, so werde überhaupt keine Gerste zu einem niedrigeren Satze als 4 Mark eingeführt werden können. Die zur Unbrauchbarmachung der Gerste als Malzgerste vorgeschlagenen Mittel der Zerstörung der Keimfähigkeit durch Darren oder Schroten seien zu kostspielig. Reichsschatzsekretär Frhr. v. Thielmann bekämpft die Voraussetzung, daß auf Malzgerste und Futtergerste verschiedene Zollsätze festgesetzt würden, denn im Zolltarif sei der Zoll für Gerste mit 7 Mark festgesetzt und bezüglich der Malzgerste sei in § 1 des Zollgesetzes nur gesagt, der Zollsatz für dieselbe dürfe nicht unter 4 Mark betragen. Daß die Futtergerste billiger tarifiert werden solle, stehe weder im Zollgesetze, noch im Tarif. Bis jetzt habe man mit keiner fremden Macht Handelsvertragsverhandlungen begonnen, auch seien noch von keiner Seite Anforderungen bestimmter Art auf Tarifherabsetzung an die verbündeten Regierungen herangetreten. Die Regierung würde daher ruhig abwarten, ob solche Wünsche geäußert werden, und wenn das geschehe, werde sie es sich noch überlegen, ob sie den Wünschen stattgeben solle. Wenn, wie Abg. Rösicke gesagt habe, die Kosten für Darren und Schroten der Gerste so hoch wären, daß keine Vorteile bei der Einfuhr herauskämen, so würde der Bundesrat erst recht keine Ursache haben, zwischen Malzgerste und Futtergerste zu unterscheiden, da ja dann niemand gewalzte oder geschrotete Gerste vom Auslande aus einführen würde. Im übrigen gebe es doch auch noch andere Mittel zur zolltechnischen Unterscheidung, als das von dem Interpellanten angeführte Schroten und Darren, z. B. die Verwendungskontrolle.

19./20. Januar. (Preußisches Abgeordnetenhaus.) Etat. Vieh- und Fleischzölle. Polenpolitik: Posener Residenzschloß; Beamtenzulagen. Kanalfrage. Handelsverträge.

Abg. Fritzen (Z.) bedauert, daß die Regierung trotz der schlechten Finanzlage die Minimalzölle auf Vieh und Fleisch abgelehnt habe. Die wirtschaftliche Lage sei nach wie vor bedenklich, und die Industrie werde damit rechnen müssen, daß sie über kurz oder lang sich auf den inländischen Markt beschränkt sehen werde, und die Regierung habe darum die dringende Pflicht, durch Unterstützung der Landwirtschaft, welche die beste Abnehmerin der Industrie sei, für genügende inländische Kaufkräfte zu sorgen. Das Zentrum verwerfe die Errichtung eines königlichen Residenzschlosses in Posen, sowie überhaupt alle Etatspositionen, die eine Förderung der von der Regierung eingeschlagenen Polenpolitik bezwecken. Auch das Zentrum wünsche die Stärkung des Deutschtums im Osten und sei bereit, die Regierung in diesen Bestrebungen, solange sich dieselben in vernünftigen Bahnen bewegen, zu unterstützen. Die Errichtung eines königlichen Schlosses in Posen sei aber nicht das richtige Mittel, um das Deutschtum zu stärken; die Zwecklosigkeit eines solchen Schlosses sei durch die prächtige Residenz in Straßburg hinlänglich bewiesen; auch sei es nicht zu billigen, daß die Beamten im Osten besser gestellt werden, als diejenigen in der übrigen Monarchie und daß die Oberlehrer gezwungen werden sollen, Pensionäre anzunehmen, um so eine Art Zwangserziehung für die polnische Jugend einzuführen.

Ministerpräsident Graf Bülow: Der Vorredner hat die Ostmarkenfrage berührt; ich will die betreffenden Positionen des Etats darum hier im Zusammenhange beleuchten. Die Regierung hat die Ausführung ihres im Vorjahre angekündigten Programms ohne Zögern begonnen. Der Vorredner billigt dieses Programm nicht und hat mit der ihm eigenen Objektivität die Gründe dafür dargelegt. Ich halte es aber um so mehr für meine Pflicht, auf dem von der Mehrheit dieses Hauses gebilligten Wege vorwärts zu gehen, als ich die Ostmarkenfrage nach wie vor für die wichtigste Frage unserer innerpreußischen Politik halte und ich von der

Ueberzeugung durchdrungen bin, daß nur auf diesem Wege die Integrität der Monarchie aufrecht erhalten werden kann. Nachdem der Ostmarken-fonds im vorigen Jahre eine so erhebliche Verstärkung erfahren hat, besteht jetzt die Absicht, der Ansiedelungskommission eine andere Organisation zu geben, da die bisherige gegenüber der Zunahme der Städte und der wirt-schaftlichen Entwickelung nicht mehr ausreichend war. Hinsichtlich der Modalität schweben noch die Erwägungen. Voraussichtlich wird sich die Aenderung in der Richtung vollziehen, daß für jede der Provinzen Posen und Westpreußen eine besondere Kommission gebildet wird, und daß die Oberpräsidenten an die Spitze der Kommissionen treten. Auf diese Weise wird den Besonderheiten jeder Provinz besser Rechnung getragen werden können. Womöglich soll die geplante Organisation schon am 1. April in Kraft treten. Wie im Vorjahre angekündigt, sieht der Etat eine Reihe von Forderungen für die Stärkung des Deutschtums vor. Ich muß dem Finanzminister besonders dankbar dafür sein, daß er trotz der ungünstigen Finanzlage seine sonst sehr sparsame Hand für diese wichtigen Zwecke in freigebigster Weise geöffnet hat. Die Zulagen für die Beamten und Lehrer sollen sich darstellen als Prämien für das Aushalten in ihren gefährdeten Posten und als Ausgleich für die Schwierigkeiten des Aufenthaltes in einer fremdsprachlichen Bevölkerung. Die Beamten anderer Provinzen können die gleiche Zulage deshalb nicht fordern. Ich füge hinzu, die Regierung wird aber von jedem Verwaltungsbeamten verlangen, daß er durch sein Verhalten nicht das Vertrauen erschüttert, das die Regierung in ihn setzt hinsichtlich der Förderung der von der Regierung in den Ostmarken ver-tretenen Politik. Ein Beamter, der sich dieses nicht stets vor Augen hält, ist nicht der rechte Mann auf jenem Posten, und die Regierung hat die Pflicht, ihn nicht auf seiner Stelle zu lassen. Wir wünschen einen Stamm von tüchtigen mittleren und unteren Beamten heranzuziehen, deren treues Mitwirken im nationalen Interesse wir ganz besonders hoch veranschlagen; wir hoffen auch, daß die Lehrer anderer Provinzen ihre Söhne, die sich dem Lehrerberuf widmen wollen, in die neuen Seminare nach Posen und Westpreußen schicken, damit sie dort später Lehrerstellen, und daß auf diese Weise Abhilfe für den bedauerlichen Lehrermangel geschaffen wird. An höhere Beamte soll eine Zulage nicht gewährt werden. Es wird aber be-absichtigt, ihnen Erziehungsbeihilfen zu geben und ihnen auch durch Her-stellung von Dienstgebäuden in kleinen Städten zu nützen. Im weiteren kündet der Ministerpräsident an, daß zur Förderung des Deutschtums auf dem platten Lande dessen weitere Erschließung durch Eisenbahnen geplant werde. Die demnächst eingehende Nebenbahnvorlage sehe für die Provinzen Posen und Westpreußen gegen 34 Millionen Mark vor. In diesem Tempo werde man fortfahren. Als Hauptmittel zur Förderung des Deutschtums betrachte die Regierung nach wie vor die sorgfame Pflege und den steten Ausbau der Schulen. Gerade im Osten sei die Zahl der überfüllten Schul-klassen noch sehr beträchtlich. Von den drei Millionen Mark, die gefordert seien zur Förderung des Volksschulwesens, seien eine Million für West-preußen und Posen bestimmt. Trotz der wenig befriedigenden Gestaltung der Staatseinnahmen habe man auch Sorge getragen, daß für Kunst und Wissenschaft Aufwendungen gemacht werden können. Die Regierung halte es für notwendig, daß man den Bildungsbedürfnissen der gebildeten Klassen entgegenkomme. Sie hoffe, daß durch die in den Etat eingestellten For-derungen für die Ostmark das Vertrauen im Lande und die Festigkeit der Ostmarkenpolitik gestärkt werde, und daß die Landsleute im Osten in ihrem Mute belebt würden, treu auszuhalten und zusammenhalten ohne Unter-schied der Partei und Konfession. Man wisse sehr wohl, daß die Aufgabe nicht von heute auf morgen gelöst werden könne; Jahre, vielleicht Jahrzehnte würden dazu erforderlich sein. Die Regierung kenne aber bei dieser Aufgabe kein Rückwärts, sondern nur ein Vorwärts auf den für richtig erkannten Wegen: ohne kleinliche Gehässigkeit, aber auch ohne Schwäche und ohne Schwanken, damit die Provinzen Posen und Westpreußen immer inniger verwachsen mit der ganzen Monarchie, damit sie immer gut preußisch und gut deutsch blieben.

Abg. Graf Limburg-Stirum (kons.) empfiehlt äußerste Sparsamkeit und begrüßt den Plan eines Ausgleichsfonds. Die Polenpolitik müsse auf dem bisherigen Wege fortgesetzt werden. Die Regierung hätte die Handelsverträge am 31. Dezember kündigen sollen.

Ministerpräsident Graf Bülow: Ich freue mich, daß der Vorredner sich für den von uns vorgeschlagenen Bau eines königlichen Residenzschlosses in Posen ausgesprochen hat. Abg. Fritzen hat vorher eine Parallele gezogen zwischen Straßburg und Posen. Ich gebe dem Abg. Fritzen vollkommen zu, daß zwischen den Verhältnissen in der Westmark und der Ostmark eine gewisse, sogar große Aehnlichkeit besteht, denn hier wie dort haben wir die Pflicht, das Deutschtum mit allen gesetzlichen Mitteln zu fördern. Ich muß ihm aber darin widersprechen, wenn er sagte, daß das Residenzschloß in Straßburg nicht dazu beigetragen hat, und kein Vorteil gewesen wäre. Ich weiß aus eigener Anschauung und von vielen Kennern der elsaß-lothringischen Verhältnisse, daß gerade das Residenzschloß in Straßburg und die dadurch bewirkte häufigere, regelmäßigere Anwesenheit des Kaisers in den Reichslanden, das persönliche Band, das zwischen Kaiser und Elsaß-Lothringen hergestellt ist, wesentlich beigetragen hat zur Verschmelzung, zur wirklich fortschreitenden Verschmelzung zwischen den Reichslanden und dem Deutschen Reiche. Deshalb hoffe ich, daß die Mehrheit dieses hohen Hauses uns auch die Mittel nicht versagen wird für den Bau einer Residenz in Posen, die nicht nur ein äußeres Wahrzeichen des Deutschtums in jener Provinz und seiner Zugehörigkeit zur preußischen Monarchie sein soll, sondern auch dem Kaiser und König die Gelegenheit geben soll, regelmäßig gerade in der Provinz Posen zu residieren und gerade dieser Provinz Zeichen seiner persönlichen Fürsorge zu geben. — Und nun zu einem anderen vom Abg. Grafen Limburg-Stirum erwähnten Punkt. In diesem hohen Hause sind die Gründe bekannt, aus denen heraus die königliche Staatsregierung es ablehnen muß, auf Materien hier einzugehen, die nach der Ansicht der königlichen Staatsregierung nicht vor das Forum dieses hohen Hauses gehören. Die königliche Staatsregierung muß deshalb ihrerseits darauf verzichten, die Grenze der Zugehörigkeit dieses hohen Hauses zu überschreiten. Aber eines muß ich den Ausführungen des Abg. Grafen Limburg-Stirum gegenüber betonen: Bei der Aufstellung des Tarifs bestand die Absicht, den Klagen der Landwirtschaft soweit wie möglich entgegen zu kommen, und die königliche Staatsregierung ist nach wie vor davon überzeugt, daß der Zolltarif erhebliche Vorteile für die Landwirtschaft enthält, und sie wird bei den bevorstehenden Handelsvertragsverhandlungen nicht bloß mit Worten, sondern auch mit der Tat bestrebt sein, die Interessen der Landwirtschaft gewissenhaft wahrzunehmen. — Abg. Nölle (nl.) verlangt Auskunft über die Kanalvorlage. Abg. Dr. Wiemer (fr. Vp.) verlangt Reform des Güter- und Personentarifs und kritisiert die Ostmarkenpolitik; der Hakatistenverein müsse seine Tätigkeit einstellen. Abg. Frhr. v. Zedlitz (fr.konf.): Bei der schlechten Finanzlage sei eine Verständigung zwischen Regierung und Abgeordnetenhaus über die Kanalvorlage unmöglich, deshalb dürfe sie vorläufig noch nicht eingebracht werden.

Am folgenden Tage polemisiert Abg. v. Jazdzewski (Pole) gegen

die Ostmarkenpolitik; er tadelt die Ausschreitungen der radikalen Polen-
presse, sie seien aber durch die Maßregeln der Regierung und die Hetze
der Hakatisten hervorgerufen. — Nach wenigen weiteren Debatten wird
der Etat an die Budgetkommission verwiesen.

**19./23. Januar. (Reichstag.) Etat. Finanzlage. Schädler
und Bülow über persönliche Kundgebungen des Kaisers. Swinemünder Depesche (1902 S. 136, 148). Der Kaiser über Bourgeoisie
und soziale Pflichten. Fall Krupp. Venezuelafrage. Reichstags-
wahlrecht. Burenfrage.**

Schatzsekretär v. Thielmann legt den Etat vor. Nach dem Vor-
anschlage balanciert der Etat mit 2 464 972 734 Mark. Zur Deckung des
Defizits von 118 764 234 Mark soll eine Zuschußanleihe von 95 Mill. Mark
aufgenommen, der Rest durch Matrikularbeiträge aufgebracht werden.
Abg. Dr. Schädler (Z.): Die Ursache des Defizits liege in den Etatsüberschreitungen und in den Mindereinnahmen der Verkehrsanstalten. —
Hierauf bespricht der Redner das Telegramm des Kaisers an den Prinzregenten Luitpold vom 10. August 1902 und verteidigt die Haltung des
Zentrums in der Beratung des bayerischen Kultusetats. Die Streichung
richtete sich nicht gegen den Prinzregenten, sondern gegen das Ministerium
in Bayern. Es habe sich auch nicht gehandelt um eine persönliche Forderung des Regenten, sondern nur um eine Ausgabe des Staates. Der
Prinzregent habe in der Ablehnung der Positionen durchaus keine persönliche Kränkung erblickt. Um so auffallender sei es darum gewesen, daß
der Kaiser wegen der Geldverweigerung in eine solche Entrüstung gekommen
sei. Das einzige Mittel, auch dem Herrscher nahe zu legen, daß seine
Minister das Vertrauen eines Teiles des Volkes nicht besitzen, sei eben die
Geldverweigerung. Diese Swinemünder Depesche habe das Zentrum nicht
geschwächt, sondern das Vertrauen des bayerischen Volkes zu ihm nur gestärkt. Dazu komme noch, daß diese Depesche nicht aus eigenem Lande,
sondern von einem außerbayerischen Monarchen gekommen sei. Als Bayer
bin ich erfreut, daß der Prinzregent jeden Ausdruck von Empörung und
Entrüstung fortließ; als Mitglied des Parlaments aber protestiere ich gegen
die Depesche, weil sie dem föderalistischen Charakter des Reiches widersprach.
Nach den Ausführungen des Fürsten Bismarck vom Jahre 1871, nach der
Verfassung und nach Ausführungen von Staatsrechtslehrern, wie Laband,
liegt die Souveränität im Reiche nicht beim Kaiser, sondern bei der Gesamtheit der verbündeten Regierungen. Der Kaiser ist der Präsident des
Bundes. Zu seinen Rechten gehört nicht die Kontrolle über die innerpolitische Tätigkeit eines gesetzgebenden Körpers eines deutschen Bundesstaates, noch viel weniger das Recht der Rüge an einen solchen. Die
Swinemünder Depesche enthält einen Angriff auf die Selbständigkeit und
die Rechte der zweiten bayerischen Kammer. Wir legen Verwahrung ein,
weil hier ein Eingriff in die Rechte der Einzelstaaten vorliegt. Wir müssen
das um so mehr tun, als die Stelle, von der der Eingriff ausging, un-
verantwortlich ist. Ich wende mich deshalb an den verantwortlichen Reichskanzler mit der Frage, ob er die Information erteilt und die Veröffentlichung des Depeschenwechsels veranlaßt hat. Die Gesinnung, Energie und
Sorge des Kaisers um das Wohl des Reiches wird auch im Süden anerkannt; die Herzen sind ihm zugetan. Um dieses Gefühl zu erhalten und
zu stärken, und da berufene Berater nicht immer zur Stelle sind, die mit
Ehrerbietung und Freimut den Kaiser auf die Bedeutung solcher Aeußerungen hinweisen, halten wir es für unsere Pflicht, unsere Stimme zu

erheben. Notwendig ist die strikte Innehaltung der Reichsverfassung unter
Berücksichtigung der einzelnen Stämme und Bundesstaaten, um so mehr,
als die Ansprüche gewachsen sind. Recht muß Recht bleiben!

Reichskanzler Graf Bülow: Ich hatte nicht die Absicht, m. H.,
schon jetzt in die Debatte einzugreifen, ich sehe mich aber hier genötigt
durch die Art und Weise, wie der Herr Vorredner das Telegramm zur
Sprache gebracht hat, welches Se. Majestät der Kaiser vor fünf Monaten
an Se. königliche Hoheit den Prinzregenten von Bayern gerichtet hat.
Der Herr Abgeordnete Schädler hat die Frage aufgeworfen, ob und inwieweit ich für dieses Telegramm die Verantwortung übernähme. Nach unserer
Verfassung, die uns alle bindet, bin ich verantwortlich für diejenigen kaiserlichen Entschließungen, welche zu ihrer Gültigkeit der Gegenzeichnung des
Reichskanzlers bedürfen. Artikel 17 der Reichsverfassung bestimmt, daß
Anordnungen und Verfügungen des Kaisers der Gegenzeichnung des Reichskanzlers bedürfen, welcher dadurch die Verantwortlichkeit für dieselben
übernimmt. Diese Gegenzeichnung und die dadurch begründete Verantwortlichkeit erstreckt sich also nur auf Anordnungen und Verfügungen des
Kaisers, also nur auf solche Handlungen, welche in unmittelbarer Ausführung der dem Kaiser zustehenden Regierungsrechte vor sich gehen, also
nicht auf persönliche Kundgebungen (Sehr richtig!), selbst wenn solche Kundgebungen programmatischer Natur sind. (Sehr richtig!) Dementsprechend
ist, wie sich alle erinnern werden, der bekannte Erlaß des Kaisers Friedrich
vom März 1888, in welchem der verewigte Monarch die Grundsätze darlegte, nach denen er seine Regierung einzurichten wünschte, von keinem
Minister gegengezeichnet worden. Ebenso sind die Erlasse unseres jetzigen
Kaisers vom Februar 1890 über die Ordnung der Arbeitsverhältnisse gleichfalls von keinem Minister kontrasigniert. Jenseits dieser von der Verfassung gezogenen Schranken da beginnt das weite Gebiet, wo nicht mehr
die formale Verantwortlichkeit des Reichskanzlers Platz greift, sondern, ich
möchte sagen, die Imponderabilien der Tradition, des Taktes, der Ge-
wissenhaftigkeit, der moralischen Verantwortlichkeit. Welche Folgerungen
ergeben sich nun aus dieser moralischen Verantwortlichkeit des Reichskanzlers
gegenüber persönlichen Kundgebungen des Kaisers? Reichsgesetzlich ist diese
moralische Verantwortlichkeit weder ausgedrückt, noch umschrieben. Sie
folgt aber meines Erachtens aus der Natur der kanzlerischen Institution.
Ich nehme gar keinen Anstand, hier und vor dem Lande zu sagen, daß
ein gewissenhafter, ein seiner moralischen Verantwortlichkeit bewußter Reichskanzler nicht würde im Amt bleiben können, wenn er Dinge nicht verhindern könnte, die nach seinem pflichtmäßigen Ermessen das Wohl des
Reiches wirklich und dauernd schädigen würden. (Hört, hört!) Aber
andererseits verbleibt dem Kaiser auch über die Schranken der Verfassung
hinaus ein weites Maß eigenen Aktionsrechtes und persönlicher Initiative.
Wie jeder Staatsbürger, darf auch der Kaiser von dem Rechte Gebrauch
machen, seine Meinung zu äußern. (Sehr richtig!) Das Recht der freien
Meinungsäußerung, das nach der Verfassung, Artikel 25 (Lachen links)
jedem Preußen zusteht, werden Sie auch dem Kaiser nicht verweigern dürfen.
(Nein, nein! links. — Glocke des Präsidenten.) Wenn der Kaiser seiner
kräftigen Natur entsprechend seine Meinung hier und da kräftig zum Ausdruck bringt, so wird ihm das doch gerade der Herr Abgeordnete Schädler
nicht vorwerfen, der weder heute, noch in Tuntenhausen als Leisetreter
aufgetreten ist. (Heiterkeit.) Dies Recht der freien Meinungsäußerung dem
Kaiser zu wahren, hat der Reichskanzler die Pflicht. Solche persönlichen
Kundgebungen des Kaisers bedürfen zu ihrer Gültigkeit auch nicht der
Gegenzeichnung des Reichskanzlers. Der Gedanke, den Kaiser in der

Aeußerung seiner Meinungen dadurch zu beschränken, daß dieselben an eine Gegenzeichnung des Reichskanzlers gebunden werden, liegt unserer Verfassung vollständig fern. (Sehr richtig!) Die Frage der Gültigkeit kann dabei überhaupt nicht in Betracht kommen. Ich werde es aber niemals ablehnen, die Verantwortung zu übernehmen für die Rückwirkung, welche solche persönliche Kundgebungen haben können auf den großen Gang der Politik. Denn ich bin dem Bundesrat wie diesem hohen Hause verantwortlich für eine Führung der Geschäfte, welche weder den äußeren noch den inneren Frieden des Reiches gefährdet. Es handelt sich im vorliegenden Falle um einen persönlichen Meinungsaustausch zwischen zwei Souveränen, der nicht den Charakter eines Staatsaktes trägt; es handelt sich um eine Aeußerung vom Fürsten zum Fürsten, vom Freunde zum Freunde, um eine ausschließlich persönliche Angelegenheit (Na, na!) zwischen den beteiligten Bundesfürsten, und darum bin ich nicht in der Lage gewesen, die Informationen über die Vorgänge selbst zu geben, aus denen der Depeschenwechsel hervorgegangen ist. Das können Sie auch daraus entnehmen, daß, wie das Telegramm des Kaisers nur mit dem Namen des Kaisers unterzeichnet war, die Antwort des Prinzregenten nicht den Zusatz „Prinzregent", sondern nur die Unterschrift „Prinz von Bayern" trug. An diesem persönlichen Charakter des Depeschenwechsels ist auch durch die Veröffentlichung, auf welche der Abg. Schädler so sehr hingewiesen hat, nichts geändert worden. Wolffs Telegraphisches Bureau untersteht keiner Regierungsstelle. Die Anweisung zur Veröffentlichung war nicht gegengezeichnet, und sie war kein Regierungsakt. Wolffs Telegraphisches Bureau bringt alle Vorgänge, welche die Oeffentlichkeit interessieren. Aber ein offizielles Organ ist es nicht; das ist der „Reichs-Anzeiger". Dieser hat den Depeschenwechsel nicht veröffentlicht, weil es sich, wie gesagt, um eine persönliche Kundgebung handelt. Die Frage, wie die Veröffentlichung zu stande kam, ist hier nicht zu entscheiden. Worauf es allein ankommt, ist, ob durch dieses Telegramm die Beziehungen zwischen dem Absender und dem Empfänger des Telegramms, zwischen Preußen und Bayern wirklich so getrübt worden sind, wie das der Abg. Schädler hier behauptet hat. Darauf erwidere ich, daß von einer solchen Trübung in keiner Weise die Rede gewesen ist. Se. königliche Hoheit der Prinzregent von Bayern hat das Telegramm seines kaiserlichen Freundes nicht mißverstanden. (Heiterkeit.) Wie wenig er es mißverstanden hat, können Sie schon daraus entnehmen, daß dieser hohe Herr vier Wochen nach dem Empfang des Telegramms noch Se. königliche Hoheit den Prinzen Ludwig von Bayern, der sich zu den Manövern nach Posen begab, beauftragte, Sr. Majestät dem Kaiser noch mündlich den Dank für das Telegramm zu wiederholen. (Hört, hört!) Ich zweifle nicht an dem bayerischen Patriotismus des Abg. Schädler; aber ich meine, daß, wo es sich um die Wahrung der Würde und der Selbständigkeit von Bayern handelt, Se. königliche Hoheit der Prinzregent doch noch zuständiger ist als der Abg. Schädler. (Lebhaftes Oho! im Zentrum.) Se. königliche Hoheit der Prinzregent von Bayern wußte sehr wohl, daß Se. Majestät der Kaiser in seinem Telegramm nur persönliche Empfindungen hat Ausdruck geben wollen. Dieser edle und ausgezeichnete Fürst, der von jedem Bayern und jedem Deutschen hoch verehrt wird, und der seit 17 Jahren das ihm unter so schwierigen Verhältnissen übertragene Amt mit so großer Auszeichnung führt, wußte sehr wohl, daß Se. Majestät der Kaiser nur Ausdruck geben wolle dem, was er persönlich empfand für alles, was der Prinzregent und das Haus Wittelsbach für die Kunst getan hat, der persönlichen Anschauung, daß in Sachen der Kunst das Interesse der Kunst allein maßgebend sein soll. Der Abg. Schädler hat eben mit

einem großen Aufwand von Dialektik nachzuweisen gesucht, daß der bayerischen Kammer jede Absicht ferngelegen hat, irgendwie die Kunst schädigen
zu wollen; daß ein solcher Gedanke aber doch nahe lag, wird der Abg.
Schädler selbst nicht bestreiten wollen. Endlich wußte der Prinzregent von
Bayern sehr wohl, daß Sr. Majestät dem Kaiser jede Absicht der Einmischung in die parlamentarischen Angelegenheiten eines Bundesstaates
fern gelegen hat. Vor allem wußte Se. königliche Hoheit der Prinzregent,
daß es Sr. Majestät nicht eingefallen ist, den Rechten eines Bundesfürsten
oder eines Bundesstaates zu nahe treten zu wollen. Gegenüber dem, was
der Abg. Dr. Schädler hier gesagt hat von unitarischen Tendenzen, von
denen ich nicht wüßte, wo sie existieren sollten — an maßgebenden Stellen
existieren sie jedenfalls nicht — betone ich, daß von keiner Seite an den
bundesstaatlichen Charakter des Reichs gezweifelt oder gerüttelt wird. Mit
allen seinen Mitfürsten ist Se. Majestät der Kaiser davon durchdrungen,
daß auf den vertrauensvollen Beziehungen zwischen den Bundesfürsten,
auf der Achtung vor den Rechten jedes Bundesstaates und jedes Bundesfürsten die gedeihliche Entwicklung des Reichs beruht; die sorgsame Pflege
der föderativen Grundlage des Reiches ist eine conditio sine qua non für
die deutsche Entwicklung, das wird an keiner Stelle vergessen. Diesen
bundesstaatlichen Charakter des Reiches, die Reichsverfassung und den
Reichsgedanken, dessen feste Grundlage die Reichsverfassung ist, vor jeder
Trübung zu wahren, das ist unser aller Pflicht, das ist die Pflicht Seiner
Majestät des Kaisers, wie es die Pflicht der deutschen Fürsten ist, das ist
meine Pflicht, wie es Ihre Pflicht ist. Und darum kann ich nur meinem
tiefen Bedauern Ausdruck geben über die Art und Weise, wie der Abg.
Schädler diesen Gedanken hier behandelt hat. Ich kann nur der Hoffnung
Ausdruck geben, daß dieser Vorgang von allen Seiten so richtig und so
objektiv und so würdig aufgefaßt werden möge, wie er von seiten des
kompetentesten Beurteilers, von Sr. königlichen Hoheit dem Prinzregenten
von Bayern, beurteilt und aufgefaßt worden ist, und ich kann nur der
Hoffnung Ausdruck geben, daß von allen Seiten unterlassen werden möge,
was im Auslande Zweifel hervorrufen könnte an der Geschlossenheit der
Nation, an ihrer Hingabe an die kaiserliche Idee, die dem deutschen Volke
mehr ist, als der bloß formale Begriff, den der Abg. Dr. Schädler nach
dem Prof. Laband aus ihr hat konstruieren wollen. Denn diese Kaiseridee repräsentiert mit den teuersten Erinnerungen des deutschen Volkes
unser Ansehen nach außen, unsere Zukunft in der Welt. Die feste Entschlossenheit des deutschen Volkes ist es, an dieser Idee nicht rütteln zu
lassen, sie vor jeder Antastung zu wahren! Daß alles vermieden wird,
was im Auslande einen falschen Eindruck hervorrufen könnte.

20. Januar. — Abg. v. Vollmar (Soz.) kritisiert die auswärtige
Politik, die sprunghaft und improvisiert sei, wie sich namentlich in der
Haltung der Regierung während der verschiedenen Phasen des Burenkrieges
zeige. In der Frage der Swinemünder Depesche sei das Zentrum im Recht,
denn der Kaiser habe kein Recht sich in die inneren Landesangelegenheiten
zu mischen; die Swinemünder Depesche, die gegen den Willen des Empfängers
veröffentlicht sei, habe dem Partikularismus Wasser auf die Mühle geliefert. — Der Redner will hierauf den Fall Krupp (1902 S. 167) besprechen, wird aber trotz seines Protestes vom Präsidenten Graf Ballestrem
daran gehindert, weil das eine Privatsache sei und nicht vor den Reichstag
gehöre. Der Redner wendet sich gegen die Aeußerungen des Kaisers über
die Sozialdemokratie; da der Kaiser gesetzlich gegen Beleidigungen geschützt
sei, dürfe er ebenfalls nicht beleidigende Aeußerungen tun.

Reichskanzler Graf Bülow: Meine Herren! Ich möchte zunächst

mit einigen Worten auf die Ausführungen des Abg. v. Vollmar entgegnen. Aus den Schlußausführungen des Abg. v. Vollmar schien mir die Tendenz zu sprechen, Sr. Majestät dem Kaiser und der Monarchie eine antisoziale Tendenz zu imputieren. Diese Auffassung ist historisch wie psychologisch gleich unbegründet. Wie wir alle wissen, ist die soziale Gesetzgebung in Deutschland durch Kaiser Wilhelm I. ins Leben gerufen worden. Die Monarchie hat in Deutschland tatsächlich mehr für die arbeitenden Klassen getan, als bisher in irgend einem andern Lande für die Arbeiter geschehen ist. (Sehr richtig!) Vor einigen Wochen befand sich in Berlin eine Deputation der englischen Friendly Societies, um unsere Versicherungsgesetzgebung zu studieren. Bei dem Abschied der Deputation hielt der Führer derselben eine Abschiedsrede, in der er unter Bezugnahme auf die Allerhöchste Botschaft vom 17. November 1881 wörtlich sagte: „Selbst wenn die Namen eines Cäsar oder Napoleon längst verklungen sein werden, so wird dieses deutsche Kaiserwort ewig fortleben, es wird noch in den fernsten Jahrhunderten die Herzen bewegen und andauernd das Gedächtnis an den großen deutschen Kaiser erhalten, der die Worte seiner an den Reichstag gerichteten Botschaft nicht bloß ausgesprochen, sondern kraftvoll in die Tat umgesetzt hat.“ So, meine Herren, urteilt das Ausland darüber, was die Monarchie in Deutschland geleistet hat für die soziale Frage. Es ist unbestritten, daß die soziale Gesetzgebung, die Gesetzgebung zum Wohle der arbeitenden Klassen in keinem Lande so entwickelt ist wie bei uns. (Sehr richtig! Rufe der Sozialdemokraten: Na, na!) Die großartige Schöpfung unserer Arbeiterversicherung steht bis jetzt einzig in der Welt da. Wo finden Sie in Frankreich oder in Belgien oder in Holland, in England oder in Amerika Gesetze, Maßnahmen und Einrichtungen zum Schutze der Arbeiter wie bei uns? Wenn Sie das bestreiten wollen, meine Herren, so möchte ich Ihnen aus dem Berichte unseres Botschafters in Paris eine Stelle vorlesen über eine Unterredung, die er gehabt hat mit dem früheren, sehr ausgezeichneten französischen Handelsminister Millerand. Herr Millerand ist, wie Herrn v. Vollmar nicht unbekannt ist, ein intimer Freund des großen Redners und hervorragenden Politikers Jaurès, und da Jaurès nach dem, was ich glaube verstanden zu haben, einer guten Meinung bei Herrn v. Vollmar sich erfreut (Abg. v. Vollmar: Sehr richtig!) — es freut mich, daß Herr v. Vollmar „Sehr richtig!“ ruft —, so werden Sie gewiß eine Bedeutung beilegen dem, was Millerand unserem Botschafter sagte. Herr Millerand bemerkte, daß, da die Frage der Altersversicherung für die Bergarbeiter gerade jetzt wieder auf der Tagesordnung steht, seine Bemühungen darauf gerichtet seien, einen ähnlichen Zustand zu schaffen, wie ihn die Hochherzigkeit und die Weitsicht des Kaisers Wilhelm in Deutschland gefördert habe (Hört, hört!) für die humanitäre Behandlung der arbeitsunfähig gewordenen Arbeiter; in Deutschland habe der Staat viel mehr getan, als dies in Frankreich bisher der Fall gewesen. (Sehr richtig!) Man müsse dieses hier nachholen. Seine Sorge sei, die immer drohender werdende Gefahr der Streiks zu beseitigen, nicht aber, wie man ihm von feindlicher Seite vorwerfe, die Streiks zu fördern. Dies wäre nur möglich, wenn den wirklich berechtigten Forderungen der Arbeiter Rechnung getragen werde. Wenn es Sie interessiert, könnte ich noch aus dem Anfang dieses Berichtes die nachstehende Stelle verlesen. Unser Botschafter Fürst Radolin schreibt: Bei der Unterhaltung mit Millerand hatte ich wiederum den angenehmen Eindruck einer ruhigen, würdigen Persönlichkeit, fern von jeder Pose, der es nur um sachliches Interesse zu tun ist. Nach früheren Schilderungen der Presse hatte ich mir ein ganz anderes Bild von ihm machen müssen. Er verfolgt energisch die Hebung der unteren Massen, wozu die Bourgeoisie nicht allzu geneigt ist. (Zuruf: Wie bei uns!) — Dieser Zwischenruf frappiert mich wirklich; es ist wörtlich dasselbe, was Se. Majestät der Kaiser an den Rand des Berichtes geschrieben hat. (Große Heiterkeit.) Ich werde mir erlauben, Ihnen nachher den Bericht zu übergeben; Sie werden daraus ersehen, daß an dieser Stelle Se. Majestät vor einem Jahre wörtlich an den Rand geschrieben hat: „Richtig, und das überall." Herr Millerand ist aber weit davon entfernt, die Staatsgewalt zu erschüttern. Meine Herren! Ich wünsche Ihnen einen Millerand. Die deutsche Arbeiterversicherung bildet bis jetzt ein zusammenhängendes Ganzes; anderswo hat man sich beschränkt, einzelne Zweige unserer sozialen Versicherung zu realisieren. Ebenso unbestreitbar ist es, daß die soziale Gesetzgebung mit allem, was sie Schönes und Gutes mit sich gebracht hat, zurückzuführen ist auf die gemeinsame Arbeit der deutschen Fürsten und des hohen Hauses. Was Sie betrifft, m. H., so haben Sie (zu den Soz.) ja gegen die Arbeitergesetze gestimmt (Lachen bei den Soz.), und auch das gleiche und allgemeine Wahlrecht, welches anzutasten nirgendwo irgend welche Tendenz besteht, ist Ihnen von der Monarchie gewährt und freiwillig gewährt worden. (Zurufe links. Glocke des Präsidenten.) Se. Majestät der Kaiser ist davon durchdrungen, daß es die Aufgabe des Staates ist, die schützende und stützende und helfende Hand über die wirtschaftlich Schwachen zu halten; auf solche Fürsorge hat nach seiner Ansicht jeder wirtschaftlich bedrängte Stand Anspruch (hört!), nicht nur der Industriearbeiter, sondern auch der Landwirt! (Aha! bei den Soz.) Jawohl! Der Bauer ist auch ein Mensch, so zu sagen! (Heiterkeit.) Der Kaiser ist aber auch davon durchdrungen, daß die Monarchien, welche im Anfang des vorigen Jahrhunderts den Uebergang vom alten zum neuen Staatswesen gefunden, heute stark und einsichtig genug sind, um diejenigen Uebelstände und Mißstände, welche neben vielen Lichtseiten die moderne Entwicklung der Dinge mit sich gebracht hat, die sie in allen vorgeschrittenen Ländern finden, zu mildern und so weit es möglich ist auf dieser unvollkommenen Erde. (Zustimmung.) Im Laufe des vorigen Jahrhunderts hat sich das deutsche Bürgertum, das intelligente gebildete Bürgertum der Unternehmer, zu Macht und Ansehen im Staat emporgerungen. Es ist die Ansicht Sr. Majestät und der verbündeten Regierungen, daß die Aufgabe unseres Jahrhunderts ist der Ausbau der sozialen Gesetzgebung. Se. Majestät der Kaiser ist davon durchdrungen, daß der Arbeiter gleichberechtigt sein soll mit den anderen Ständen und Klassen und daß diese Gleichberechtigung ihren gesetzgeberischen Ausdruck finden muß (Rufe links: Siehe Zuchthausvorlage! Glocke des Präsidenten), und wenn Arbeiter sich veranlaßt finden sollten zu Kundgebungen — ich spreche natürlich nicht von einer speziellen Kundgebung —, so haben in meinen Augen nur solche Kundgebungen einen Wert, die aus dem freien, unbeeinflußten Willen der Arbeiter hervorgehen. (Sehr richtig! bei den Sozialdemokraten.) Solche Kundgebungen begrüße ich als ein Zeichen dafür, daß ein großer Teil der Arbeiter treu zu Kaiser und Reich steht, aber von Manifestationen, die durch äußeren Druck oder fremde Einwirkungen hervorgerufen werden, halte ich gar nichts. (Sehr richtig! bei den Sozialdemokraten. Rufe: Breslau! Glocke des Präsidenten.) Der Herr Abg. v. Vollmar hat ferner von bonapartistischen Tendenzen gesprochen. Mir ist kein einziger Fall bekannt, wo Se. Majestät der Kaiser sich in einen Widerspruch gesetzt hat mit den Bestimmungen der Reichsverfassung. Wenn sich aber der Kaiser im Rahmen der Reichsverfassung hält, so hat er nicht nur das Recht, sondern auch die Pflicht, die ihm durch die Verfassung übertragenen Befugnisse in ihrem vollen Umfange auszuüben. Was soll dieses ganze Ge-

rede von Absolutismus, Bonapartismus, Cäsarismus u. s. w.? Als ich
die dunklen Andeutungen des Herrn Abg. v. Vollmar in dieser Richtung
eben hörte, fragte ich mich wirklich, ob ich mich nicht statt im deutschen
Reichstage etwa in Marokko oder in China befände? (Heiterkeit.) Nennen
Sie mir doch einen einzigen Fall, wo die verfassungsmäßigen Rechte des
deutschen Volkes durch Se. Majestät, die deutschen Fürsten oder die Minister
irgendwie mißachtet worden wären. (Zuruf links: Swinemünde. Glocke
des Präsidenten.) — Vizepräsident Dr. Graf zu Stolberg: Ich bitte, den
Herrn Reichskanzler nicht zu unterbrechen. — Reichskanzler Graf v. Bülow
(fortfahrend): Ich kenne auch vielleicht bei uns, auch in Ihren Reihen,
mehr oder weniger absolutistisch angelegte Parteiführer. (Zurufe.) Aber
absolutistisch angelegte Fürsten und Minister sind mir in Deutschland nicht
bekannt. (Großes Gelächter bei den Sozialdemokraten.) Absolutismus ist
überhaupt kein deutsches Wort (Große Heiterkeit) und keine deutsche Bezeichnung. Absolutismus ist ein asiatisches Gewächs und von Absolutismus
wird in Deutschland nicht die Rede sein, solange unsere Zustände sich weiter
entwickeln auf der Bahn von Gesetz und Ordnung und der Achtung der
Rechte der Krone, die ebenso heilig sind, wie die Rechte der Bürger, die
nicht verletzt werden dürfen und können. Wenn unsere Zustände jemals
eine absolutistische, eine cäsarische Form annehmen sollten, so würde das
die Folge sein von revolutionären Umwälzungen. Auf die Revolution
folgt der Absolutismus, wie das W auf das U. Das ist das Abc der
Weltgeschichte. (Sehr richtig!) Der Abg. v. Vollmar hat sich auch eingehend mit den Verhältnissen zwischen Kaiser und Reichskanzler beschäftigt.
Dieses Verhältnis wird staatsrechtlich präzisiert durch die bekannten Artikel
15, 16, 17 der Reichsverfassung. Diese Artikel bilden die Grundlage und sie
bilden die Form für das Verhältnis zwischen diesen beiden Faktoren. Das
Wesen des Verhältnisses liegt in beiderseitigem guten Willen, beiderseitigem
Wunsch, im Interesse der salus publica und für die salus publica zusammen
zu wirken. Ohne gegenseitige Konzessionen und gelegentliche Kompromisse
geht es nun einmal nirgends in der Welt. Das will ich aber mit aller
Bestimmtheit aussprechen, daß das Recht der persönlichen Initiative dem
Kaiser von keinem Reichskanzler verkürzt werden wird, soll, noch kann.
Das würde weder den Tendenzen des deutschen Volkes entsprechen noch
seinen Interessen. Das deutsche Volk will gar keinen Schattenkaiser; das
deutsche Volk will einen Kaiser von Fleisch und Blut. Die Schattenkaiser
haben genug Unheil über das alte Reich gebracht. Was aber den Reichskanzler angeht, so wiederhole ich, ein Reichskanzler, der überhaupt diesen
Namen verdient, der ein Mann und nicht ein altes Weib ist (Heiterkeit),
wird nichts vertreten, was er nicht pflichtgemäß vor seinem Gewissen verantworten kann. Daraus folgt nicht, m. H., daß der Reichskanzler sofort
zurücktreten soll, sobald er einmal über irgend eine Angelegenheit anderer
Meinung ist als sein Souverän. Wenn dem so wäre, dann würden meine
Vorgänger mehr wie einmal ihre Entlassung eingereicht haben. (Hört,
hört!) Was? Gewiß, m. H., das ist ja allgemein bekannt! Die erste
Eigenschaft, die ein Kanzler haben muß, das ist Augenmaß, unterscheiden
zu können zwischen großen politischen Fragen, mit denen er sich zu beschäftigen hat von Reichs wegen, und zwischen Angelegenheiten von nicht
so großer Bedeutung. (Lachen links.) Wenn wegen solcher Dinge der
Reichskanzler jedesmal seine Entlassung nehmen sollte, dann wäre das
gerade so falsch, als wenn einer aus seiner Partei austreten müßte jedesmal, wenn er mit dem Leiter seiner Partei anderer Meinung ist, und das
wird wohl auch gelegentlich vorkommen. Aber ein nur ausführendes
Organ, ein Instrument ist der Reichskanzler nicht, das würde weder den

2*

Interessen des deutschen Volkes entsprechen, noch den Wünschen Sr. Majestät des Kaisers. Der Kaiser verträgt sehr gut den Widerspruch, er will gar keinen Reichskanzler haben, der nicht widersprechen könnte. Wollte Gott, Sie wären auf Ihrer Seite ebensowenig voreingenommen, wie Se. Majestät der Kaiser, dann würden wir viel besser miteinander auskommen. (Große Heiterkeit.) Es ist gestern an die von diesem hohen Hause wiederholt an- genommenen Anträge Schroeder zur besseren Sicherung des Wahlgeheim- nisses erinnert worden. Ich bin in der Lage, dem hohen Hause mitteilen zu können, daß beim Bundesrat ein Antrag des Reichskanzlers eingebracht worden ist, der eine Abänderung des Wahlreglements für die Reichstags- wahlen in dem Sinne vorschlägt, daß in Zukunft die Benutzung von Um- schlägen für die Zettel und die Einrichtung von Isolierräumen zur Aus- übung des Wahlrechts in der Art obligatorisch gemacht werden soll, daß die Stimmabgabe des einzelnen Wählers von dritten nicht beobachtet werde. (Lebhafter Beifall links.) Zur Einführung dieser Bestimmung bedarf es nach meiner Ansicht keiner Aenderung des Wahlgesetzes für den Reichstag, sondern es genügt dazu eine entsprechende Ergänzung des Wahlreglements. Sobald der Bundesrat sich mit dieser Abänderung des Wahlreglements einverstanden erklärt haben wird, wird Ihre Zustimmung zu derselben, gemäß § 15 Absatz 2 des Wahlgesetzes zum Reichstag vom 31. Mai 1869, erbeten werden, damit schon bei den bevorstehenden Neuwahlen zum Reichs- tag von diesen neuen Kautelen zur größeren Sicherheit des Wahlgeheim- nisses Gebrauch gemacht werden kann. (Beifall links.) Meine Herren! Ich wende mich nun nur noch kurz zu demjenigen, was die Herren Vorredner über unsere auswärtige Politik gesagt haben. Ueber unsere Beziehungen zu Frankreich will ich nicht und werde ich nicht so eingehend reden, wie dies der Abg. v. Vollmar getan hat. Ich freue mich aber sagen zu können, daß ich mit Sinn und Geist seiner Ausführungen einverstanden bin. Das ist eine sich oft wiederholende Beobachtung, daß man bei vielen Dingen verschiedener Ansicht sein kann, aber sich doch in gewissen Punkten begegnet. Das gilt ebenso auch für Völker. Also ich bin auch davon durchdrungen, daß ruhige und friedliche Beziehungen zwischen Deutschland und Frankreich gleichmäßig den Interessen, dem Wohle beider Länder entsprechen und daß es eine gewisse Anzahl von Fragen gibt, wo beide zu ihrem beiderseitigen Vorteil Hand in Hand gehen können. Ich werde meinerseits auch ferner- hin auf das sorgsamste unsere Beziehungen zu unserm westlichen Nachbarn pflegen, mit dem wir in der Vergangenheit den Degen gekreuzt haben, dessen glänzende Eigenschaften wir aber ebensowenig verkennen, wie seine Verdienste um die Fortschritte der Zivilisation und seine Bedeutung als einer der stärksten Träger menschlicher Kultur. Was die Venezuela-An- gelegenheit angeht, m. H., so darf ich mich hinsichtlich der Ursachen wie der Zwecke unseres dortigen Vorgehens auf die eingehende Denkschrift be- ziehen, welche ich die Ehre hatte, vor einiger Zeit dem hohen Hause zu unterbreiten. Unsere in voller Gemeinsamkeit mit England und Italien eingenommene Haltung hat bisher dahin geführt, daß der Präsident von Venezuela die Forderungen der drei Mächte im Prinzip anerkannt hat. Ebenso hat er sich mit den Vorbedingungen für die Ueberweisung der in Bezug auf die Streitfrage von den drei Mächten aufgestellten Forderungen an das Haager Schiedsgericht einverstanden erklärt. Es soll demnächst in Washington über die weitere Regelung der Angelegenheit eine diplomatische Konferenz das nähere bestimmen. Die amerikanische Regierung hat es in dankenswerter Weise übernommen, die durch den Abbruch der diplomatischen Beziehungen der drei Mächte zu Venezuela erschwerten Verhandlungen mit dieser Republik ihrerseits zu vermitteln. Unser Bestreben geht dahin, die bewaffnete Aktion so bald als möglich zum Abschluß zu bringen. Die über die Küste von Venezuela von den drei Mächten verhängte Blockade wird voraussichtlich aufgehoben werden, sobald die diplomatischen Verhandlungen in Washington zu einem befriedigenden Abschluß geführt haben. Wie gestern von dem Abg. Schädler mit Recht anerkannt worden ist, befinden sich die Verhandlungen zwischen den fünf beteiligten Regierungen gegenwärtig in vollem Fluß; es würde nicht im Interesse der Sache liegen, wenn ich heute mehr sagte. Sobald sich die Situation geklärt haben wird, werde ich aber nicht verfehlen, diesem hohen Hause Mitteilung zu machen. Nur zwei Punkte möchte ich heute noch berühren: Der Herr Abg. v. Vollmar — ich habe diesen Teil seiner Ausführungen nicht selber angehört — scheint gemeint zu haben, es sei auffällig, daß der Präsident der Vereinigten Staaten von Amerika, Roosevelt, die Vorschläge Deutschlands, Englands und Italiens auf schiedsrichterliche Behandlung der Angelegenheit abgewiesen hätte. Dieser Auffassung bin ich jedenfalls anderswo, auch in der Presse, häufig begegnet, und ich halte es für indiziert, diesen Irrtum hier nach Lage der Akten zu beseitigen. Am 13. Dezember überreichte der hiesige amerikanische Botschafter ein Memorandum, wonach die venezolanische Regierung den Vorschlag gemacht hat, die gegen sie erhobenen Reklamationen auf dem Wege des schiedsgerichtlichen Verfahrens zu erledigen. Den gleichen Vorschlag übermittelte die amerikanische Regierung der britischen und der italienischen Regierung. Der Vorschlag wurde von den drei Mächten unter gewissem Vorbehalt angenommen. Dabei verständigten sich diese, das Schiedsamt in erster Linie dem Präsidenten Roosevelt zu übertragen, gleichzeitig aber auch das Haager Schiedsgericht als geeignete Instanz zu bezeichnen, da es von vornherein nicht ausgeschlossen erschien, daß Präsident Roosevelt die Uebernahme des Schiedsamts aus sehr gewichtigen Gründen ablehnen könnte. Dementsprechend wurde in die der hiesigen amerikanischen Botschaft am 23. Dezember übergebene Antwort folgender Passus aufgenommen: „Auch würde die Regierung es mit Dank erkennen, wenn der Präsident der Vereinigten Staaten geneigt sein würde, das Schiedsamt unter den angegebenen Voraussetzungen zu übernehmen. Sollte hierzu der Präsident der Vereinigten Staaten zum Bedauern der Regierungen nicht geneigt sein, so sind diese auch bereit, die Angelegenheit dem Haager Schiedsgericht zu unterbreiten." Erklärungen gleichen Inhalts wurden von England und Italien abgegeben. In einem Schreiben vom 27. Dezember hat sich darauf der hiesige amerikanische Botschafter über die Stellung des Präsidenten Roosevelt zu den Vorschlägen der drei Mächte folgendermaßen erklärt: „Der Präsident schätzt außerordentlich die von den beteiligten Mächten an ihn ergangene ehrenvolle Aufforderung, ihre gegenwärtigen Streitigkeiten mit Venezuela als Schiedsrichter zu schlichten. Er wäre glücklich gewesen, dem Wunsch der Mächte zu entsprechen und seine besten Bemühungen zur Erreichung dieses Zweckes anzuwenden, wenn sich nicht ein anderer und besserer Weg zur Beendigung der Streitigkeiten geboten hätte. Der Präsident ist aber immer der Ansicht gewesen, daß der ganze Streit dem hohen Schiedshof im Haag zu unterbreiten sei, seit dieser Schiedshof von den wichtigsten Mächten der ganzen Welt eingesetzt sei, um Fälle der vorliegenden Art, bei denen es sich weder um Fragen der nationalen Ehre, noch um Gebietsabtretungen handelt, zur Entscheidung zu bringen." Aus diesem Schriftwechsel ergibt sich, daß Präsident Roosevelt keineswegs die Vorschläge der drei Mächte zurückgewiesen, sondern von den beiden in Aussicht genommenen Wegen den ihm geeignet erscheinenden bezeichnet hat. M. H., ich habe vorhin gesagt, daß in der venezolanischen Angelegenheit zwischen Deutschland, England und Italien volles Einvernehmen herrscht. Ich möchte besonders betonen, daß die deutsche Regierung und die englische Regierung in gegenseitiger Loyalität vorgegangen sind. Um so auffälliger ist die Erscheinung, die ja Ihnen, m. H., nicht entgangen sein wird, daß neuerdings ein Teil der englischen Presse die deutsche Beteiligung oder Nichtbeteiligung an dieser oder jener schwebenden politischen Frage nicht selten ohne Objektivität und hier und da mit deutlichem Uebelwollen beurteilt. So war es z. B., als bekannt wurde, daß England gegen die Erlaubnis zur Durchfahrt russischer Torpedoboote durch die Dardanellen bei der Hohen Pforte protestiert hatte. Daß Deutschland nicht auch protestierte, wurde von manchen englischen Blättern als ein Akt deutscher Feindseligkeit gegen England gedeutet, obwohl doch jeder, der unser Interesse an guten freundnachbarlichen Beziehungen zu Rußland zu würdigen weiß, jeder, der die traditionelle deutsche Politik gegenüber politischen Streitfragen auf der Balkanhalbinsel und im Orient kennt, jeder, der auch nur die geographische Lage berücksichtigt, in orientalischen Angelegenheiten von uns nichts anderes erwarten darf, als eine friedliche, unparteiische und strikte Neutralität, die für keine der im Orient näher beteiligten Mächte irgendwelche Feindseligkeit enthält. Noch merkwürdiger war es, daß sich die englische Regierung infolge ihres Zusammengehens mit uns im eigenen Lande ernsthaften Angriffen ausgesetzt sah. Denn bei der gemeinsamen Aktion gegen Venezuela handelte es sich doch um eine nach Umfang und Zweck von vornherein beschränkte und genau definierte Aktion, durch welche den gleichartigen verletzten Interessen der Angehörigen beider Länder gegenüber einem nicht gutwilligen Schuldner Genüge geleistet werden sollte. Nichtsdestoweniger hat das Vorgehen Englands an der Seite Deutschlands in manchen englischen Blättern, in manchen englischen Reden Anstoß erregt, und ein wild gewordener Poet von großem Talent (Große Heiterkeit) hat sich infolgedessen sogar zu Verbalinjurien gegen uns verstiegen. (Heiterkeit.) Ich halte es für nützlich, m. H., mich über diese Erscheinungen ganz offen auszusprechen. Diese Erscheinungen sind doch nur zu erklären aus einer gewissen Erbitterung des englischen Volkes, die wiederum zurückzuführen ist auf die sehr heftigen Angriffe, die ein großer Teil der kontinentalen Presse während des südafrikanischen Krieges gegen England gerichtet hat. Vielleicht, m. H., haben deutsche Blätter nicht einseitiger teilgenommen, als französische, belgische, russische und italienische. Ich weiß auch wohl, m. H., daß angesehene Organe der deutschen öffentlichen Meinung — ich habe ja dabei selbst mitgeholfen — immer wieder an die alte Weisheit erinnert haben, daß Politik, und namentlich auswärtige Politik, mit dem Kopfe und nicht nach dem Gefühl geführt werden kann, und wenn der Abg. v. Vollmar gesagt hat, die deutsche Politik gegenüber dem südafrikanischen Kriege wäre nicht in Ueberstimmung mit dem Volksempfinden gewesen, so nehme ich gar keinen Anstand, auch heute zu sagen, wie ich es mir zur Ehre rechne, daß ich auch in diesem Falle unsere Politik zugeschnitten habe lediglich nach den dauernden deutschen Interessen. Durch solche Volkserregungen, m. H., wird in allen Ländern den Vertretern der auswärtigen Politik ihre Aufgabe sehr erschwert. Wenn vor 1900 Jahren der gute Horaz gesagt hat, quidquid delirant reges, plectuntur Achivi, so liegt die Sache heute eher umgekehrt (Heiterkeit); heutzutage sind es meist die Achivi, die es „anrichten" und die reges sollen es hinterher „ausmachen". . (Heiterkeit.) Deshalb haben die Könige und Staatsmänner gerade dann die Pflicht, Besonnenheit, kaltes Blut und ruhiges Urteil zu bewahren, wenn die Achiver sich ihren Leidenschaften überlassen, und deshalb freue ich mich, sagen zu können, daß in den Beziehungen zwischen den Monarchen und zwischen den Kabinetten von Berlin und London keine Aenderung eingetreten ist, daß dieselben sich in den alten, bewährten, besonnenen und freundlichen Bahnen bewegen. Und ich hoffe, m. H., daß mit der Zeit sich auch die öffentliche Meinung hüben und drüben wieder beherrschen lassen wird von dem Gedanken, wenn auch jede der beiden Mächte in den Welthändeln für sich allein fertig werden kann, so daß keine der anderen nachzulaufen braucht, so sind sie doch durch viele und schwerwiegende Interessen darauf hingewiesen, sich in Frieden und Freundschaft zu vertragen. Es gibt eine Reihe von Punkten, wo sich beide ohne jede Gefahr für sich selbst und den Weltfrieden auf einer Linie bewegen können.

Abg. Dasbach (3.) ist befriedigt von den Erklärungen des Kanzlers über das Wahlgeheimnis, vermißt aber eine Mitteilung über die Diäten.

21. Januar. Abg. Richter (fr. Bp.) wendet sich gegen die geplante Verstärkung der Kavallerie, die bei den jetzigen Schußwaffen nicht mehr die frühere Bedeutung habe. Die Veröffentlichung des Swinemünder Telegramms sei unbegreiflich und bedeute für das Zentrum ein „Schweineglück". Es herrsche eine Kabinettspolitik, die die Minister zu willenlosen Handlangern mache. Die Kolonialpolitik sei unrentabel; in Afrika fehle jede Bedingung für einen lohnenden Eisenbahnbetrieb, man solle die kostspieligen Bauten daher aufgeben. — Abg. v. Kardorff (RP.) plädiert für höhere indirekte Steuern nach dem Beispiel Englands und Frankreichs. Die soziale Gesetzgebung lege den Arbeitgebern, insbesondere der Landwirtschaft schwere Lasten auf, sie seien aber willig getragen worden. Die geistigen Waffen reichten gegen die Sozialdemokratie nicht aus, man bedürfe eines Gesetzes gegen den Umsturz. — Abg. Liebermann v. Sonnenberg (Antis.) tadelt, daß die Burengenerale nicht vom Kaiser empfangen worden seien.

Reichskanzler Graf Bülow: Der Abg. v. Kardorff scheint mir nicht einverstanden zu sein mit dem kaiserlichen Marginal in dem Bericht des Fürsten Radolin über eine Unterredung desselben mit dem vormaligen französischen Handelsminister Millerand, welche ich gestern in dem hohen Hause verlesen habe. Das betreffende Marginal lautet übrigens nicht, wie der Abg. v. Kardorff soeben sagte, „richtig, wie bei uns", sondern die Stelle im Bericht lautete: „Er verfolgt energisch die Hebung der unteren Klassen, wozu die Bourgeoisie nicht allzu geneigt ist", und dazu hat Se. Majestät der Kaiser an den Rand geschrieben: „Richtig, und das überall!" M. H., ich bin weit entfernt, zu bestreiten, daß gerade in Deutschland, wie der Abg. v. Kardorff hervorgehoben hat, das Bürgertum, das Unternehmertum viel geleistet hat für die Hebung der unteren Klassen (Sehr richtig! rechts), und daß es tatkräftig mitgewirkt hat am Aufbau und Ausbau der sozialen Gesetzgebung, aber es liegt in der menschlichen Natur und es liegt im menschlichen Egoismus, daß jede Gesellschaftsschicht Opfer zu Gunsten einer anderen Gesellschaftsschichte nur ungern bringt, und deshalb ist es die Pflicht des Staates, und es ist die Pflicht der Monarchie, hier auszugleichen und zuzugreifen, indem sie davor warnt, Dinge zu verlangen, welche die Konkurrenzfähigkeit der Nation auf dem Weltmarkt beeinträchtigen, welche unsere wirtschaftliche Entwicklung erschüttern könnten, aber auch die Arbeitgeber und Unternehmer auffordert und ermahnt, kräftig mitzuwirken, damit die Klassendifferenzen immer mehr zusammenschrumpfen, damit die ärmeren Klassen wohlhabender werden, damit immer mehr Individualitäten aufsteigen aus den unteren in die reicheren und wohlhabenderen Schichten der Bevölkerung, mit anderen Worten für den sozialen Aufschwung. Das ist mein soziales politisches Bekenntnis, das ist die Ansicht der verbündeten Regierungen, und dieser Ansicht hat Se. Majestät der Kaiser Ausdruck gegeben in dem Marginal, das vorgelesen zu haben ich nicht bedauere. —

Auf die Bemerkungen des Abg. Richter über die Stellung der Minister sagt der Kanzler: In jedem konstitutionellen Staatswesen sind die Minister, ist namentlich der leitende Staatsmann genötigt, mit der Individualität des Monarchen zu rechnen. Wie unter uns allen, so gibt es auch unter den Fürsten schwächere und stärkere Individualitäten. Je stärker und je ausgeprägter die Individualität des Monarchen ist, um so mehr wird er geneigt sein, Einfluß zu gewinnen auf den Gang der Staatsgeschäfte, teilzunehmen an dem Gang der Staatsgeschäfte. Daß dadurch einem verantwortlichen Minister seine Aufgabe nicht immer erleichtert wird, darin hat der Abg. Richter vollkommen recht, und deshalb habe ich zu den diesbezüglichen Ausführungen, die er uns machte, genickt. Aber, m. H., auf der anderen Seite wollen wir doch nicht vergessen, daß eine starke, ausgeprägte und begabte Individualität eines Fürsten für ein Volk von nicht zu unterschätzendem, großem Vorteil ist. (Sehr wahr!) Wenn Sie sich davon überzeugen wollen, so gehen Sie ins Ausland. Ich habe lange Jahre meines Lebens im Ausland zugebracht und ich habe in ausgesprochen parlamentarischen und parlamentarisch regierten Ländern nicht sehr viele getroffen, die mit einer ganz passiven Haltung des Monarchen einverstanden waren, sehr viele, die sich nach einem starken akzentuierten Monarchen sehnten; und auch diejenigen, die mit dem Gange unserer Politik nicht einverstanden sind, sollten auch nicht ungerecht sein für das tatkräftige Streben und für das redliche Wollen unseres Kaisers; die sollten doch nicht ungerecht sein für den großen Zug in seinem Wesen, die sollten nicht ungerecht sein dafür, daß er einen freien und vorurteilslosen Sinn hat. Ich sage das ohne jeden Byzantinismus; aber an ihm ist nichts kleinlich, und was Sie ihm auch vorwerfen mögen, ein Philister ist er nicht! (Heiterkeit.) Und das ist sehr viel wert im zwanzigsten Jahrhundert. Mit Entschiedenheit aber muß ich dagegen Verwahrung einlegen, daß Angriffe und so provozierte Angriffe in der geschickten und gewählten Form, die der Herr Abg. Richter gegen seine Stellung macht, gerichtet werden gegen den Monarchen und nicht gegen die Minister. Das innerste Wesen des konstitutionellen Staates besteht darin, daß der Monarch staatsrechtlich nicht verantwortlich ist. Wenn Sie also Angriffe erheben wollen gegen irgend welche Handlungen des Monarchen, so sind diese zu richten an die Person des verantwortlichen Reichskanzlers, sie sind zu richten gegen die Minister. (Unruhe links.) Ich wüßte mich nicht zu erinnern, daß ich mich dieser Verantwortung je entzogen hätte. (Zurufe links.) Und wenn ich diese Verantwortlichkeit zu tragen nicht mehr im stande wäre, nicht durch nachträglich abgegebene Erklärungen, nicht pro forma, sondern in Wirklichkeit und mit dem einzigen Bestreben, meinem Lande so zu dienen, wie es unter den gegenwärtigen Verhältnissen meine Schuldigkeit ist, so würde ich dem Zwiespalt der Meinungen zwischen dem Monarchen und mir dadurch ein Ende machen, daß ich Se. Majestät bäte, mich in Gnaden meines Amtes zu entheben. Solange ich aber an dieser Stelle stehe, bitte ich, für etwaige Angriffe sich nicht die allerhöchste Person zu wählen, sondern meine Person und die Angriffe gegen mich zu richten. (Zurufe links.) Ich bin überzeugt, daß, wenn Sie sich diese staatsrechtliche Auffassung aneignen, der Gang der Geschäfte dann nur gewinnen würde. — Ueber die Burenfrage sagt er: Der Empfang der Burengenerale war Sr. Majestät dem Kaiser durch mich vorgeschlagen worden, unter zwei ausdrücklichen Bedingungen, nämlich einmal, daß die Burengenerale sich auf deutschem Boden antienglischer Agitationen zu enthalten hätten, und dann, daß sie als englische Staatsangehörige die Audienz nachzusuchen hätten durch die Vermittlung des englischen Botschafters. Der General de Wet hat diese Bedingungen

für sich und seine beiden Kameraden angenommen. (Hört, hört!) Ich kann,
m. H., unseren Mittelsmann, unseren Gewährsmann, nicht nennen. Aber
ich kann Sie versichern, daß er eine durchaus glaubwürdige, loyale, achtungs-
werte Persönlichkeit ist. Von demselben Gewährsmann wurde uns einige
Wochen später mitgeteilt, daß bei den Burengeneralen eine plötzliche Sinnesänderung stattgefunden hätte, daß sie es nicht mehr für möglich hielten,
die Audienz bei Sr. Majestät dem Kaiser ihrerseits nachzusuchen, sondern
daß sie es richtig fänden, wenn Se. Majestät der Kaiser sie kommen ließe.
Unter diesen Umständen konnte nach dem, was ich eben dargelegt habe,
von einer Audienz derselben bei Sr. Majestät dem Kaiser nicht mehr die
Rede sein und es konnte auch ein Empfang derselben an amtlichen Stellen,
nachdem sie einer Audienz bei Sr. Majestät ausgewichen waren, nicht mehr
in Frage kommen. Nun, m. H., möchte ich noch ganz kurz eingehen auf
eine Bemerkung des Herrn Abg. Liebermann v. Sonnenberg oder vielmehr
auf eine Aeußerung meines werten Freundes Herrn v. Kröcher, die er sich
zu eigen gemacht hat, über die zu große Liebenswürdigkeit und zu große
Freundlichkeit — das soll wohl heißen: zu große Schwäche — unserer
auswärtigen Politik. Merkwürdig, m. H., ist nur, daß, während uns hier
von gewisser Seite vorgeworfen wurde, wir wären zu liebenswürdig, ich
jeden Augenblick in ausländischen Blättern lese und sogar hier und da in
Berichten zu hören bekomme, wir wären im höchsten Grade unliebens-
würdig. Das eine ist so unrichtig wie das andere. Insbesondere ist es
eine vollständig falsche Auffassung, daß wir uns irgend jemandem an den
Kopf würfen; so hysterisch sind wir gar nicht angelegt! (Heiterkeit.) Wir
haben es auch gar nicht nötig, irgendwo aufdringlich um Liebe zu werben,
wir brauchen niemandem nachzulaufen, wir brauchen die anderen nicht
mehr, wie die anderen uns brauchen. (Sehr richtig!) Und wir denken
gar nicht daran, für irgend jemandes schöne Augen irgend welche reale
deutsche Interessen zu opfern. Aber, m. H., jeder Kaufmann wird Ihnen
sagen können, daß Geschäfte nicht notwendig mit schlechter Manier geführt
zu werden brauchen. (Sehr richtig!) Grobheit ist noch nicht Würde und
Kratzbürstigkeit ist nicht Festigkeit! Ein ewiges Drohen und Schelten und
Schimpfen über das Ausland, wie ich es glücklicherweise nur selten in
deutschen Blättern sehe, ist noch kein Beweis von richtigem National-
bewußtsein. Chauvinismus und Vaterlandsliebe sind nicht identische Begriffe. (Sehr wahr!) Wenn die Kunst eines auswärtigen Ministers lediglich darin bestände, von Zeit zu Zeit mit der Faust auf den Tisch zu
schlagen, dann könnte mancher Minister des Aeußeren sein. (Heiterkeit.)
Unsere Aufgabe in der Welt besteht aber nicht darin, daß wir wie rauf-
lustige Indianer bei jeder Gelegenheit den Tomahawk schwingen und heute
diesen, morgen jenen fremden Skalp verlangen. Die Zeiten, wo der
Deutsche im Auslande gegenüber dem Auslande zu bescheiden auftrat, sind
Gott sei Dank vorüber, und Sie können versichert sein, daß ich diese Zeiten
nicht wieder herbeiführen werde. Wir wollen es aber auch nicht machen
wie der Bauer in der Fabel, der, nachdem er vom Gaul heruntergefallen
war, kaum wieder oben auf der anderen Seite wieder heruntterkollert.
Wir wollen nicht in die Fehler verfallen, die wir anderen oft genug als
Hochmut und Uebermut vorgeworfen haben. Wir werden, wie ich, glaube
ich, einmal mit Bezug auf unsere Politik in Ostasien gesagt habe, nirgendwo das Aschenbrödel spielen; aber den Renommisten und Großsprecher
wollen wir auch nicht spielen (Sehr gut!), sondern den ruhigen und festen
Mann, der, wie das immer gute deutsche Art gewesen ist, ohne Schwäche,
aber auch ohne Provokation und ohne unnötiges Maulheldentum sich und
die Seinigen schützt. (Beifall.)

Am 22. Januar polemisiert Abg. Bebel (Soz.) gegen die Marine-
politik und die kaiserlichen Reden gegen die Sozialdemokratie, worauf der
Reichskanzler antwortet.   Am 23. Januar kritisiert Abg. Oertel (Wd. b.
Lbw.) die angekündigten Maßregeln über die Sicherung des Wahlgeheimnisses, die er als „Klosettgesetz" charakterisiert. Abg. Stöcker (konj.) bedauert, daß Theologieprofessoren, die jede Offenbarung leugnen, an höchster
Stelle protegiert werden. — Hierauf wird der Etat der Budgetkommission
überwiesen.

Januar. Die Presse über den Konflikt zwischen dem Reichs-
tagspräsidenten und Abg. v. Vollmar.

Die Presse aller Parteien bedauert, daß Graf Ballestrem dem Abg.
v. Vollmar verboten habe, den Fall Krupp zu besprechen. Häufig wird
ausgeführt, daß er in der besten Absicht gehandelt habe, um Ausschreitungen gegen den Kaiser zu verhüten, aber es wird betont, daß er der
Sozialdemokratie hierdurch einen vortrefflichen Agitationsstoff geliefert habe.
Die „Kreuzzeitung" schreibt: „Wir müssen doch der Auffassung Ausdruck
geben, daß Graf Ballestrem durch das gegen den Abg. v. Vollmar gerichtete
Verbot sich in Widerspruch gesetzt hat mit den Grundsätzen, die er früher
aufgestellt hatte. Auch der Versuch, diesen Widerspruch durch Hervor-
kehrung neuer Unterschiede bei kaiserlichen Kundgebungen zu lösen, scheint
uns nicht geglückt.
Der „Vorwärts" veröffentlicht folgende Erklärung der sozialdemokratischen Fraktion: „In der heutigen Sitzung des deutschen Reichstages
ist durch den ersten Präsidenten Herrn Grafen v. Ballestrem ein die durch
die Verfassung garantierte Redefreiheit der Abgeordneten vernichtender
Gewaltakt verübt worden, gegen den wir im Namen und Auftrag der
sozialdemokratischen Fraktion hiermit öffentlich Protest erheben, nachdem
der Redner, Parteigenosse v. Vollmar, vergeblich versucht hat, in der Sitzung
sein Recht zu wahren. v. Vollmar beabsichtigte, im Laufe seiner Etatsrede
die verletzenden Aeußerungen zur Sprache zu bringen, die der Kaiser in
seinen bekannten Reden in Essen und Breslau im Dezember vorigen Jahres
gegen die deutsche Sozialdemokratie geschleudert hat. Das zu tun hatte
Vollmar nach den bisherigen durch den Präsidenten Herrn Grafen v. Ballestrem selbst im Reichstage eingeführten Regeln volles Recht. Der Präsident, Herr Graf v. Ballestrem, hat in den Sitzungen des Reichstages vom
21. Januar 1899, ferner vom 31. Juli 1899 und endlich vom 12. Dezember
1899 ausdrücklich erklärt, daß er eine Besprechung kaiserlicher Reden in
angemessener Weise, sobald sie authentisch, z. B. durch den Reichs-Anzeiger,
bekannt geworden seien, zulassen werde. Obwohl nun die Reden in Essen
und in Breslau im Reichs-Anzeiger veröffentlicht worden sind, und obwohl Vollmar auf Einwendungen des Präsidenten ausdrücklich erklärt hatte,
er werde den Fall Krupp, mit dem jene Reden in Verbindung stehen, mit
keinem Worte erwähnen, sondern sich ausschließlich auf die Kritik der gegen
die sozialdemokratische Partei gerichteten Beschuldigungen des Kaisers beschränken, so ließ der Präsident diese Kritik nicht zu. Dieser Willkürakt
des Präsidenten Grafen v. Ballestrem ist um so unerhörter, als er es in
der Ordnung fand, daß sowohl in der gestrigen als in der heutigen Sitzung
des Reichstages das Swinemünder Telegramm des Kaisers an den Prinzregenten von Bayern, das im Reichs-Anzeiger nicht veröffentlicht worden
ist, in der gründlichsten Weise erörtert wurde, insbesondere auch durch den
Zentrumsabgeordneten Dr. Schädler. Da die Geschäftsordnung des Reichstages keinen Weg bietet, diesen nur bei Kenntnis der Geheimgeschichte des
Falles Krupp verständlichen Gewaltakt des Präsidenten, Herrn Grafen

v. Ballestrem, im Reichstage selbst zur Erörterung zu bringen, so wenden wir uns an die Oeffentlichkeit. Wir überlassen dem deutschen Volke, über dieses durch den Präsidenten des Reichstages auf die Redefreiheit verübte Attentat das Urteil zu fällen."

21. Januar. Die „Kölnische Zeitung" schreibt gegen englische Beurteilung der deutschen Politik in Amerika:

„Nach den ‚Daily News‘ soll der amerikanische Botschafter in Berlin, auf Aufforderung seiner Regierung, die deutsche Regierung zur Rede gestellt haben darüber, ob Deutschland die französischen Rechte auf den Panamakanal erwerben wolle. Deutschland hätte verneint. Nach der ‚Times‘ wühle Deutschland in Kolumbien gegen die Unterzeichnung des Panamakanalvertrags mit Amerika seitens Kolumbiens und strebe eine Marinestation an. Solche Torheiten sind höchstens beleidigend für die amerikanische Diplomatie, der man eine so unglaubliche Unwissenheit und solche Unkenntnis der politischen Lage zutraut. Auf derselben Höhe steht die amerikanische Meldung, Präsident Castro habe schon vor einer Woche gewußt, daß die deutsche Regierung ihre Marine angewiesen habe, vor Eintreffen Bowens in Washington venezolanisches Gebiet anzugreifen. Die deutsche Regierung denkt nicht daran, die Operationen in Venezuela von Berlin aus zu leiten. Wenn man uns schon alle möglichen schwarzen Pläne zutraut, sollte man doch bedenken, daß die deutsche Regierung nicht so hirnverbrannt ist, absichtlich den Gang der friedlichen Verhandlungen zu stören."

21. Januar. (Reichstagswahl.) Bei der Ersatzwahl in Meppen wird Engelen (3.) mit 14724 Stimmen gewählt. v. Gerlach (nat.soz.) erhält 1958, Tholen (nl.) 2121, Schumann (Soz.) 112 Stimmen.

22. Januar. Das Preußische Abgeordnetenhaus verweist die Vorlage über die Ausbildung der höheren Verwaltungsbeamten an eine Kommission. — Der Entwurf wird im allgemeinen günstig beurteilt.

23. Januar. (Reichstag.) Graf Ballestrem legt das Präsidium nieder. Er richtet folgendes Schreiben an den Reichstag:

Das führende Preßorgan der konservativen Partei, die „Kreuzzeitung", enthält in ihrer Abendausgabe vom 21. b. einen Artikel, der meine Geschäftsführung als Präsident des Reichstages, wenn auch mit verbindlichen Worten, so doch sachlich scharf kritisiert und mißbilligt. Da es ausgeschlossen erscheint, daß der Artikel ohne Vorwissen der konservativen Partei veröffentlicht sein sollte, muß ich annehmen, daß er die Anschauungen der Partei richtig wiedergibt. Da nun die konservative Partei eine der großen Parteien ist, welche meine Berufung auf den Präsidentenstuhl herbeigeführt und meine Geschäftsführung vertrauensvoll unterstützt haben, geht für mich aus dieser Erklärung hervor, daß ich dieses Vertrauen nicht mehr in dem Grade besitze, den ich für notwendig halte, um die Geschäfte des Reichstages mit Erfolg zu führen. Ich lege daher hiermit das Amt des Präsidenten nieder und zurück in die Hände, welche es mir vor länger als vier Jahren übertragen haben, indem ich für alles mir während dieser Zeit bewiesene Vertrauen ganz ergebenst danke.   Ballestrem.

27. Januar. Der Kaiser verleiht dem Kanonenboot „Iltis" zur Erinnerung an den Kampf um die Takuforts den Orden pour le mérite.

27. Januar. (Preußen.) Graf Ballestrem, der Präsident des Reichstags, wird zum Mitgliede des Herrenhauses ernannt.

27./28. Januar. (München.) Delegiertentag der bayerischen Zentrumspartei. Reden Schädlers und Heims.

In zwei großen Versammlungen wird der Zentrumsfraktion der Dank für ihre Politik im Reichstag und Landtag votiert. Abg. Dr. Schädler polemisiert scharf gegen das Ministerium Crailsheim, das sich durch seine Schlappheit in der Würzburger Frage blamiert habe. Ferner polemisiert er gegen die Swinemünder Depesche, die den Föderalismus gefährde, und gegen die Bülowsche Kaiseridee (S. 14). Zum Dank des Prinzregenten für die Rede Bülows sagt Schädler: „Wir anerkennen die edle Ritterlichkeit des Regenten, der den Mitverbündeten Verlegenheiten erspart, aber wir haben diese Ritterlichkeit nicht zu üben, wir stehen da als Vertreter der bayerischen Rechte gegen Angriffe, woher sie auch kommen mögen." Abg. Heim bespricht die Haltung des Zentrums in der Zollfrage und die Aussichten für die Wahlen: „Wir haben auf Grund des Delegiertentages den Eindruck, daß wir den Reichstagswahlen ruhig entgegensehen können. Seitdem sich Kaiser und Regent die Hand reichen, um für uns zu agitieren, seitdem gekrönte Agitatoren in unsere Reihen treten und uns die Wahlparole liefern, kann es uns nicht fehlen. Während ringsum alles aus den Fugen geht, ist es ein wahres Vergnügen, zu sehen, wie einig und geschlossen wir in den Kampf ziehen." („Augs. Ztg.")
Dieser Passus wird von Zentrumsorganen nicht gebracht.

29. Januar. (Preußisches Abgeordnetenhaus.) Landwirtschaftlicher Etat. Absage Podbielskis an den Bund der Landwirte.

Abg. Herold (3.) polemisiert gegen den Bund der Landwirte, der den Bauernvereinen feindlich gegenüberstehe. Abg. v. Wangenheim (konf.) erwidert, der Bund der Landwirte habe die Aufgabe, die katholischen Bauern aufzuklären, daß das Zentrum durch seine Zustimmung zum Zolltarif die Landwirtschaft im Stich gelassen habe. Abg. Dr. Hahn (konf.): Der Zolltarif habe der Industrie alles, der Landwirtschaft nichts bewilligt, die Regierung verdiene daher kein Vertrauen; in der Bevölkerung herrsche vielmehr Erbitterung. Von der Regierung kann man nur sagen, sie betreibe Manchesterpolitik. Wo ist der Reichskanzler, der bereit wäre, eine kluge, zielbewußte, energische, rücksichtslose Politik gegenüber der Sozialdemokratie zu vertreten? Die Regierung ist liebenswürdig nach allen Seiten, was mich in meinem Nationalgefühl tief verletzt, auch gegenüber der Sozialdemokratie. Ich bestreite nicht, daß die Herren, die für den Antrag v. Kardorff gestimmt haben, von der edelsten patriotischen Absicht sich haben leiten lassen; sie haben aber nicht die richtige Einsicht gegenüber der jetzigen Regierung besessen. Unsere Pflicht ist es daher, das Volk aufzuklären und dafür zu sorgen, daß ein Reichstag gewählt wird, wenn die Handelsverträge kommen, die echte Bismarcksche Handelspolitik fortsetzt, das Volk aus der Zwangslage befreit, in die es durch die Handelsverträge von der Regierung gebracht ist. Das ist wahre nationale Politik. (Beifall.)
Landwirtschaftsminister v. Podbielski: Sie werden wohl alle mit mir empfinden, daß ich solche Worte nie und nimmermehr unwidersprochen

ins Land hinausgehen lassen kann. (Beifall.) Es hat mich in meinem konservativen Herzen wirklich tief geschmerzt, daß so etwas von unserer ländlichen Bevölkerung ausgesprochen werden kann. (Lebhafter Beifall.) Ich muß ganz offen sagen: ich habe das wärmste Herz für die Landwirtschaft, ich habe mit meinem ganzen Sein unausgesetzt für die Landwirtschaft gekämpft, aber mit dieser Rede ist das Tuch absolut mit mir zerschnitten. (Bravo!) M. H., mit dem Bund der Landwirte, der sich so vergessen kann, daß er solche Worte seinen Vertretern in den Mund legt, ist keines Rechtens von meiner Seite mehr. Diese Rede des Abg. Dr. Hahn konnte wohl an einer anderen Stelle gehalten werden, aber hier war keine Veranlassung dazu. (Sehr wahr!) Daß die Parteien sich auseinandersetzen über politische Auffassungen, das kommt in unserem politischen Leben vor; bisher ist es auch dabei geblieben; erst am Schluß der heutigen Sitzung — ich verstehe den Grund nicht, warum diese Provokation erfolgte — erscheint der dritte Vorsitzende des Bundes und hält eine Rede, die nun und nimmermehr in unsern ländlichen Kreisen, sicher aber auch nicht in konservativen Kreisen Widerhall finden kann. (Beifall.) Ich verstehe es, wenn solch ein Redner vor einer Versammlung, die gern seinen beredten Worten lauscht, Ausführungen macht, die leicht über die Situation hinwegtäuschen; hier aber, vor diesem Hause wundert es mich sehr, daß der Herr Vorredner in solcher Weise den Zolltarif und die Handelsverträge vorführt. Meine Herren! Der Zolltarif ist doch nur die Grundlage für die weiteren Vertragsverhandlungen. Der Vorredner spricht aber einmal vom Zolltarif und dann von den Vertragsverhandlungen und wirft so beides durcheinander. Daß man mit dem Zolltarif nicht zufrieden sein kann, verstehe ich. Aber daß jetzt bereits der Stab über die Handelsverträge gebrochen wird, von denen wir zunächst gar nicht wissen, wie sie sich gestalten werden, von denen, wie ich als Mitglied der Regierung versichern kann, selbst der Reichskanzler nicht sagen kann, wie sie ausfallen werden, ist mir unverständlich. Es ist einfach unbegreiflich, wie man in diesem Moment Verträge verurteilen kann, deren Schicksal noch der Zukunft überlassen bleiben muß. Das ist lediglich der Agitation wegen geschehen. Der Vorredner hat die Frage der Meistbegünstigung und alles andere gleichzeitig mit hineingebracht. Ich kann diese Rede nur aufrichtig bedauern; ich hatte noch geglaubt, daß innerhalb des Bundes der Landwirte diejenigen Elemente die Oberhand behalten würden, die in ihrer gemeinsamen Vertretung der Interessen das allgemeine Heil unserer Landwirtschaft sehen. Durch die provokatorische Rede ist ein für allemal diese Ueberzeugung für meine Person geendet. Ich möchte nur noch einmal wiederholen, was der Reichskanzler hier unter dem Beifall der Mehrheit dieses hohen Hauses ausgesprochen hat; die Worte gingen dahin: „Die königliche Staatsregierung ist bei der Aufstellung des Tarifs bestrebt gewesen, den Interessen der Landwirtschaft soweit als irgend möglich entgegenzukommen, und sie ist ohne Ausnahme davon überzeugt, daß der Tarif erhebliche Vorteile bietet, und wird bei den bevorstehenden Handelsvertragsverhandlungen nicht bloß mit Worten, sondern auch mit der Tat bestrebt sein, die Interessen der Landwirtschaft gewissenhaft wahrzunehmen." — Das ist auch der Standpunkt, auf dem ich stehe, und den ich jederzeit bereit bin, mit meiner ganzen Person zu vertreten. (Lebhafter, lang anhaltender Beifall.)

29. Januar. Der Reichstag wählt mit 195 von 285 abgegebenen Stimmen den Grafen Ballestrem wieder zum Präsidenten. Graf Ballestrem nimmt die Wahl an.

29. Januar. (Reichstagswahl.) Bei der Ersatzwahl in Schleswig-Eckernförde erhält Spethmann (fr. Bp.) 5124, Hoffmann (Soz.) 4480, Graf Reventlow (Bd. b. Lbw.) 3231, Hansen (nl.) 2952 Stimmen. In der Stichwahl (9. Februar) erhält Spethmann 7383, Hoffmann 5277 Stimmen.

31. Januar. Der Reichstag genehmigt das Abkommen mit der Schweiz über den gegenseitigen Patent-, Muster- und Markenschutz.

31. Januar. Der Reichstag genehmigt in zweiter Beratung den Gesetzentwurf über die gewerbliche Kinderarbeit und fordert in einer Resolution die Veranstaltung einer Enquete über landwirt= schaftliche Kinderarbeit.

31. Januar. Das Preußische Abgeordnetenhaus be= spricht die Schulverhältnisse in Trakehnen (vgl. 1902 S. 158). Die Freisinnigen und Nationalliberalen richten scharfe Angriffe gegen die Gestütsverwaltung, die Rechte und der Landwirtschaftsminister verteidigen sie.

Januar. (Preußen.) Ostmarkenfragen.

In der Oeffentlichkeit werden die gesellschaftlichen Zustände unter den Deutschen der Provinz Posen lebhaft diskutiert. Den Anlaß gibt der Selbstmord des Landrats v. Willich in Birnbaum. Er war mit dem Führer des Bundes der Landwirte, Major Endell, in Konflikt geraten und nach Behauptung der meisten deutschen Blätter vom Oberpräsidenten v. Bitter nicht unterstützt worden. Es wird lebhaft über diese Zwistig= keiten, die vielfach den Agrariern und der Schwäche des Oberpräsidenten schuld gegeben werden, geklagt.

1. Februar. (Berlin.) Staatsminister a. D. Rudolf v. Del= brück, bis 1876 Präsident des Reichskanzleramts, fast 86 Jahre alt, †. (Vgl. Deutsche Rundschau, Juli 1903.)

Februar. Die „Grenzboten" veröffentlichen folgenden Brief des Kaisers, in dem er sein Glaubensbekenntnis formuliert:

Mein lieber Hollmann: Mein Telegramm an Sie wird Ihnen die Zweifel behoben haben, welche Sie bezüglich des Schlußpassus des Vor= trages noch gehegt haben. Er ist vollkommen klar von den Zuhörern ver= standen worden und mußte daher so bleiben. Es ist Mir aber sehr lieb, daß durch Ihre Anfrage die Materie des zweiten Vortrages nochmal an= geschnitten ward, und Ich ergreife gern diese Gelegenheit, nach Durchlesen des Abzuges nochmals Meine Stellung ganz klar zu präzisieren. Während einer Abendgesellschaft bei uns hatte Professor Delitzsch Gelegenheit, mit Ihrer Majestät der Kaiserin und General-Superintendent Dryander ein= gehend mehrere Stunden zu konferieren und zu debattieren, wobei Ich Mich zuhörend und passiv verhielt. Er verließ dabei leider den Stand= punkt des strengen Historikers und Assyriologen und geriet in theologisch= religiöse Schlüsse und Hypothesen hinein, welche doch recht nebelhaft oder gewagt waren. Als er aber auf das Neue Testament kam, wurde es bald

klar, daß er bezüglich der Person unseres Heilandes so ganz abweichende
Anschauungen entwickelte, daß Ich ihm darin nicht nur nicht folgen konnte,
sondern einen Meinem Standpunkte diametral entgegengesetzten konstatieren
mußte. Er erkennt die Gottheit Christi nicht an, und daher soll als Rück-
schluß auf das Alte Testament dieses keine Offenbarung auf denselben als
Messias enthalten. Hier hört der Assyriologe und forschende Geschichts-
schreiber auf, und der Theologe mit all seinen Licht- und Schattenseiten
setzt ein. Auf diesem Gebiet kann Ich nur dringend ihm raten, nur sehr
vorsichtig Schritt vor Schritt zu gehen und jedenfalls seine Thesen nur in
theologischen Schriften und im Kreise seiner Kollegen zu ventilieren, uns
Laien aber, und vor allem die Orientgesellschaft, damit zu verschonen; vor
deren Forum gehört das alles nicht. Wir graben aus und lesen, was wir
finden, und geben das heraus zum Wohle der Wissenschaft und Geschichte,
aber nicht um Religionshypothesen eines unter vielen Gelehrten begründen
oder verfechten zu helfen. Es ist eben bei Delitzsch der Theologe mit dem
Historiker auf und davon gegangen, und dient der letztere nur noch als
Folie für den ersteren. Ich finde es schade, daß Delitzsch nicht bei seinem
ursprünglichen Programm geblieben ist, welches er im vorigen Jahre entwickelte: nämlich auf Grund der Funde unserer Gesellschaft nach wissenschaftlich erprobter Uebersetzung der Inschriften zu vergleichen, inwiefern
dieselben eine Illustration zu der Chronik des Volkes Israel enthalten,
d. h. Aufklärung über geschichtliche Ereignisse, Sitten und Gebräuche, Ueberlieferungen, Politik, Gesetzgebung u. s. w. Mit anderen Worten, inwiefern
die unleugbar mächtige und hochentwickelte babylonische Kultur in Wechsel-
beziehung zu den Israeliten stand, auf sie einwirken konnte, ja sogar ihnen
einen Stempel aufdrücken mochte. Und dadurch eine gewisse Ehrenrettung
— vom rein menschlichen Standpunkte aus — für die im Alten Testament
gewiß recht kraß, scheußlich und einseitig dargestellten Babylonier zu erwirken. Das war seine ursprüngliche Absicht — wie Ich sie wenigstens
auffaßte — und eine sehr reichhaltiges und uns allen interessantes Gebiet,
dessen Durchforschung, Erhellung und Erklärung uns Laien im höchsten
Maße interessieren muß und ihm zu höchsten Dank verpflichtet. Aber
dabei mußte er nun auch bleiben. Er hat aber leider im Feuereifer das
Ziel überschossen. Wie nicht anders zu erwarten, haben die Grabungen
Mitteilungen zu Tage gefördert, welche auch auf das religiöse Gebiet im
Alten Testament Beziehung haben. Das Faktum hätte er rubrizieren
müssen und Koinzidenzen — wo solche vorkamen — hervorheben und er-
läutern können, aber alle rein religiösen Schlüsse dem Zuhörer selbst zu
ziehen überlassen müssen. So wäre seinem Vortrag Interesse und Wohlwollen des Laienpublikums voll erhalten worden. Das hat er leider nicht
getan. Er hat in sehr polemischer Weise sich an die Offenbarungsfrage
herangemacht und dieselbe mehr oder minder verneint bzw. auf historisch
rein menschliche Dinge zurückführen zu können vermeint. Das war ein
schwerer Fehler. Denn er tastete damit manchem seiner Hörer an sein
Innerstes und Heiligstes. Und ob berechtigt oder unberechtigt — das ist
hier für den Augenblick ganz einerlei, da es sich nicht um eine pure wissenschaftliche Versammlung von Theologen, sondern um Laien aller Stände
und Geschlechter handelte — hat er manchem Lieblingsvorstellungen oder
gar Gebilde umgestoßen oder angerempelt, mit welchen diese Leute heilige
und teure Begriffe verbinden, und ihnen unzweifelhaft das Fundament
ihres Glaubens erschüttert, wenn nicht entzogen. Eine Tat, an die nur
ein gewaltiges Genie sich heranwagen dürfte, zu der aber das bloße Studium der Assyriologie noch nicht berechtigt. Goethe behandelt diese Angelegenheit auch einmal, indem er ausdrücklich darauf aufmerksam macht,

man müsse sich vorsehen, bei einem großen allgemeinen Publikum auch nur
„Terminologiepagoden" entzwei zu machen. Es ist dem vortrefflichen Professor in seinem Eifer der Grundsatz etwas entgangen, daß es gar sehr
wichtig ist, genau zu unterscheiden zwischen dem, was angemessen ist, dem
Ort, Publikum u. s. w., und was nicht. Als Theologe von Fach kann er für
seinen Kollegenkreis Thesen, Hypothesen und Theorien sowie Ueberzeugungen
aussprechen in Fachschriften, welche nicht angängig auszusprechen sein
würden in einem populären Vortrag oder Buch.

Ich möchte nun noch einmal auf Meinen persönlichen Standpunkt
bezüglich der Offenbarungslehre oder -Anschauung zurückkommen, wie Ich
ihn Ihnen, mein lieber Hollmann, und andern Herren auch des öftern
schon auseinandergesetzt habe. Ich unterscheide zwei verschiedene Arten
der Offenbarung: eine fortlaufende, gewissermaßen historische und eine rein
religiöse, auf die spätere Erscheinung des Messias vorbereitende Offenbarung.
Zur ersten ist zu sagen: Es ist für Mich keinem, auch nicht dem leisesten
Zweifel unterworfen, daß Gott sich immerdar in Seinem von Ihm geschaffenen Menschengeschlecht andauernd offenbart. Er hat dem Menschen
„Seinen Odem eingeblasen", d. h. ein Stück von sich selbst, eine Seele ge-
geben. Mit Vaterliebe und Interesse verfolgt er die Entwickelung des
Menschengeschlechts; um es weiter zu führen und zu fördern, „offenbart"
Er sich bald in diesem oder jenem großen Weisen, oder Priester oder König,
sei es bei den Heiden, Juden oder Christen. Hammurabi war einer,
Moses, Abraham, Homer, Karl der Große, Luther, Shakespeare, Goethe,
Kant, Kaiser Wilhelm der Große. — Die hat Er ausgesucht und Seiner
Gnade gewürdigt, für ihre Völker auf dem geistigen wie physischen Gebiet
nach Seinem Willen Herrliches, Unvergängliches zu leisten. Wie oft hat
Mein Großvater dieses nicht ausdrücklich betont, er sei ein Instrument nur
in des Herrn Hand. Die Werke der großen Geister sind von Gott den
Völkern geschenkt, damit sie an ihnen sich fortbilden, weiterfühlen können
durch das Verworrene des noch Unerforschten hienieden. Gewiß hat Gott
der Stellung und Kulturstufe der Völker entsprechend den verschiedenen
sich verschieden „geoffenbart" und tut das auch noch heute. Denn so wie
wir am meisten durch die Größe und Gewalt der herrlichen Natur der
Schöpfung überwältigt werden, wenn wir sie betrachten, und über die in
ihr offenbarte Größe Gottes bei ihrer Betrachtung staunen, ebenso sicherlich
können wir bei jedem wahrhaft Großen und Herrlichen, was ein Mensch
oder ein Volk tut, die Herrlichkeit der Offenbarung Gottes darinnen mit
Dank bewundernd erkennen. Er wirkt unmittelbar auf und unter uns ein!
Die zweite Art der Offenbarung, die mehr religiöse, ist die, welche zur
Erscheinung des Herrn führt. Von Abraham an wird sie eingeleitet, langsam, aber vorausschauend, allweise und allwissend, denn die Menschheit
war sonst verloren. Und nun beginnt das staunenswerteste Wirken, Gottes
Offenbarung. Der Stamm Abrahams und das sich daraus entwickelnde
Volk betrachten als Heiligstes mit eiserner Konsequenz den Glauben an
einen Gott. Sie müssen ihn hegen und pflegen. — In der ägyptischen
Gefangenschaft zersplittert, werden die zerteilten Stücke von Moses zum
zweitenmal zusammengeschweißt, immer noch bestrebt, ihren „Monotheis-
mus" festzuhalten. Es ist das direkte Eingreifen Gottes, das dieses Volk
wiedererstehen läßt. Und so geht es weiter durch die Jahrhunderte, bis
der Messias, der durch die Propheten und Psalmisten verkündet und an-
gezeigt wird, endlich erscheint. Die größte Offenbarung Gottes in der
Welt! Denn Er erschien im Sohne selbst; Christus ist Gott; Gott in
menschlicher Gestalt. Er erlöste uns, Er feuert uns an, es lockt uns, Ihm
zu folgen, wir fühlen Sein Feuer in uns brennen, Sein Mitleid uns stärken,

Seine Unzufriedenheit uns vernichten, aber auch Seine Fürsprache uns retten. Siegesgewiß, allein auf sein Wort bauend, gehen wir durch Arbeit, Hohn, Jammer, Elend und Tod, denn wir haben in Ihm Gottes offenbartes Wort und Er lügt niemals.

Das ist Meine Ansicht über diese Frage. Das Wort ist insbesondere für uns Evangelische alles durch Luther geworden, und als guter Theologe mußte doch Delitzsch nicht vergessen, daß unser großer Luther uns singen und glauben gelehrt: „Das Wort sie sollen lassen stahn!" Es versteht sich für Mich von selbst, daß das Alte Testament eine große Anzahl von Abschnitten enthält, welche rein menschlich historischer Natur sind und nicht „Gottes geoffenbartes Wort". Es sind rein historische Schilderungen von Vorgängen aller Art, welche sich in dem Leben des Volkes Israel auf politischem, religiösem, sittlichem und geistigem Gebiete des Volkes vollziehen. Wie z. B. der Akt der Gesetzgebung am Sinai nur symbolisch als von Gott inspiriert angesehen werden kann, als Moses zu einer Auffrischung vielleicht altbekannter Gesetzesparagraphen (möglicherweise dem Kodex Hammurabis entstammend) greifen mußte, um das in seiner Zusammensetzung lockere und wenig widerstandsfähige Gefüge seines Volkes zusammenzufassen und zu binden. Hier kann der Historiker aus Sinn oder Wortlaut vielleicht einen Zusammenhang mit den Gesetzen Hammurabis, des Freundes Abrahams, konstruieren, der logisch vielleicht richtig wäre; das würde aber niemals der Tatsache Eintrag tun, daß Gott Moses dazu angeregt und insofern sich dem Volke Israel geoffenbart hat. — Daher ist es Meine Auffassung, daß unser guter Professor hinfürder lieber die Religion als solche bei seinen Vorträgen in unserer Gesellschaft anzuführen und zu behandeln vermeiden, dagegen was die Religion, Sitten u. s. w. der Babylonier u. s. w. in Beziehung zum Alten Testament bringt, ruhig schildern möge. Für Mich ergibt sich daraus die nachfolgende Schlußfolgerung:

a) Ich glaube an Einen, Einigen Gott.

b) Wir Menschen brauchen, um ihn zu lehren, eine Form, zumal für unsere Kinder.

c) Diese Form ist bisher das Alte Testament in seiner jetzigen Ueberlieferung gewesen. Diese Form wird unter der Forschung und den Inschriften und Grabungen sich entschieden wesentlich ändern; das schadet nichts, auch daß dadurch viel vom Nimbus des auserwählten Volks verloren geht, schadet nichts. Der Kern und Inhalt bleibt immer derselbe, Gott und Sein Wirken!

Nie war Religion ein Ergebnis der Wissenschaft, sondern ein Ausfluß des Herzens und Seins des Menschen aus seinem Verkehr mit Gott.

Mit herzlichstem Dank und vielen Grüßen
stets Ihr treuer Freund
gez.: Wilhelm I. R.

P. S. Sie können von diesen Zeilen den ausgiebigsten Gebrauch machen, wer will, kann sie lesen.

Die konservative Presse sieht in dem Briefe eine Verurteilung der liberalen Theologie, deren Führer Professor Harnack in den letzten Jahren viel am Hofe verkehrt hatte. — Den Anlaß zu diesem Briefe haben mehrere Vorträge des Berliner Professors Delitzsch über „Babel und Bibel" gegeben, die viel Beachtung gefunden hatten. Sie kritisierten die historischen Grundlagen des Alten Testaments. — Vgl. Harnack, Preußische Jahrbücher Bd. 111, 3 und 112, 2 S. 193; Chronik der christlichen Welt 1903, Nr. 10; Christliche Welt 1903 Nr. 6 ff. Gunkel; Fr. Delitzsch, Babel und Bibel.

Anfang Februar. (Bayern.) Süddeutsche Preßfehde über die Swinemünder Depesche und die Haltung des Zentrums.

Im Anschluß an den Delegiertentag des Zentrums findet eine lebhafte Preßfehde zwischen liberalen und klerikalen Organen statt. In den liberalen Blättern wird namentlich Abg. Heim angegriffen, weil er mit seinen Aeußerungen den Kaiser und den Regenten beleidigt habe. Die katholische Presse führt unter scharfen Angriffen auf die bayerische Regierung aus, diese Aeußerungen seien durch die Mitteilung, der Prinzregent habe dem Reichskanzler über seine Rede zur Swinemünder Depesche besondere Freude und Anerkennung ausdrücken lassen, hervorgerufen. Die Regierung habe diese Mitteilung gerade am Delegiertentag gemacht, um den Regenten gegen das Zentrum auszuspielen, und das habe Heim in solche Erbitterung versetzt. Hiergegen wendet sich die „Süddeutsche Reichskorrespondenz": „Man erhebt gegen den Ministerpräsidenten den törichten Vorwurf, diese Veröffentlichung sei von ihm absichtlich für den Delegiertentag zurückgestellt worden und scheut sich nicht, zu behaupten, Graf Crailsheim habe damit die geheiligte Person des Regenten selbst in den Kampf der Parteien gezogen und so die Verantwortung für — Dr. Heim zu tragen. . . . Auf die letzte geradezu groteske Beschuldigung einzugehen, wird uns wohl niemand zumuten. Wie aber verhält es sich mit der Veröffentlichung? Sie rührt weder von dem Ministerpräsidenten, noch von einem sonstigen Mitgliede der Regierung her. Die bayerische Regierung hätte allerdings an und für sich nicht den geringsten Grund gehabt, aus einer Vertrauenskundgebung des Regenten an den Reichskanzler ein Geheimnis zu machen. Ist es schon so weit, daß das Zentrum den Anspruch erhebt, die Krone müßte bei solchen Anlässen erst sein Placet einholen und Bayerns Regent müßte seine Anschauung über politische Vorgänge und Ereignisse nach der Ansicht einer Partei im Lande formen oder ummodeln? . . . Ein Danktelegramm, wie die Zentrumsblätter sagen, ist nicht abgegangen, davon haben auch die ‚Münchener Neuesten Nachrichten' nichts berichtet. Der Ministerpräsident entledigte sich vielmehr des Allerhöchsten Auftrages beim nächsten Gesandtenempfang. So konnte der Dank des Reichskanzlers erst ein oder zwei Tage vor dem Zentrumstag eintreffen und die Zeit der, wir wiederholen es, nicht vom Ministerpräsidenten herrührenden Veröffentlichung also gar nicht in Rücksicht darauf bestimmt worden sein; sonst hätte man doch wohl den Tag des Beginnes gewählt."

Im weiteren Verlauf der Debatte behaupten katholische Blätter, z. B. „Kölnische Volkszeitung", die Tage des Ministeriums Crailsheim seien gezählt, worauf die „Münchener Neuesten Nachrichten" erwidern: „Wir wissen bestimmt, daß Leute, die so etwas schreiben, an paranoia politica leiden." (Mitte Februar.)

Anfang Februar. (Hessen.) Die Regierung legt einen Entwurf zu einem neuen Wahlgesetze vor.

Danach soll die Zweite Kammer künftighin aus 55 Abgeordneten bestehen, von denen 15 auf die größeren Städte entfallen, die bisher 10 Abgeordnete wählten. Die übrigen 40 Abgeordneten werden von den nicht mit einem besonderen Wahlrecht begabten Städten und den Landgemeinden in den zu diesem Zweck gebildeten Wahlkreisen gewählt. Die Zweite Kammer geht aus direkten (bisher indirekten) Wahlen mit geheimer Abstimmung hervor. Stimmberechtigt bei den Wahlen der Abgeordneten sind alle Hessen männlichen Geschlechts, die 1. zur Zeit der Wahl das 25. Lebensjahr zurückgelegt haben, 2. zur Zeit der Wahl wenigstens drei Jahre in dem Groß-

herzogtum wohnen und wenigstens seit drei Jahren die hessische Staatsangehörigkeit besitzen, und 3. seit Anfang des Rechnungsjahres, in welchem
die Wahl vorgenommen wird, zu einer direkten Staats- oder Gemeinde-
steuer herangezogen sind.

Anfang Februar. (Elsaß-Lothringen.) Es bildet sich eine
katholische Landespartei mit folgendem Programm:

Auf politischem Gebiete: Gleichstellung Elsaß-Lothringens mit den
anderen Bundesstaaten; allgemeines, gleiches, geheimes, direktes Wahlrecht
für den Landesausschuß; freiheitliche Reform des Vereins- und Versammlungsrechts. Auf wirtschaftlichem und sozialem Gebiete: Zweckmäßige Einschränkung der Ausgaben in der Zivil- und Militärverwaltung und gerechte Verteilung der Steuern; Schutz der nationalen Arbeit und Produktion; Ausbau der sozialen Gesetzgebung für die verschiedenen Erwerbsstände.
Auf religiösem Gebiete: Aufhebung aller Ausnahmegesetze gegenüber den
religiösen Genossenschaften; Konfessionalität der Schule; volle Anerkennung
der Rechte der Kirche, der Gemeinde und der Familie auf dieselbe; Freiheit des Unterrichts.

3. Februar. (Reichstag.) Etat. Bülow über die Diäten-
und Jesuitenfrage. Neueinteilung der Wahlkreise.

Abg. **Spahn** (3.) fordert, daß der Bundesrat den Reichstags-
beschlüssen über Zahlung von Diäten und die Aufhebung des Jesuitengesetzes zustimme. Die Jesuiten hätten sich in China Verdienste um die
Deutschen erworben, einem französischen Jesuiten habe der Kaiser sogar
die Chinamedaille verliehen. Abg. **Barth** (fr. Vg.) beantragt eine Resolution, in welcher die Regierung ersucht wird um Vorlage eines Gesetzentwurfs betr. Neueinteilung der Reichstagswahlkreise unter Berücksichtigung
der seit Gründung des Reiches erfolgten Verschiebung der Bevölkerung.

Reichskanzler Graf **Bülow:** Abg. Spahn hat für den Beschluß des
Reichstags namentlich praktische Gesichtspunkte angeführt, wie die Auswahl
geeigneter Kandidaten für die Reichstagswahlen, die Aussicht auf einen
stärkeren Besuch der Reichstagssitzungen und damit die Förderung der parlamentarischen Geschäfte. Wie ich gegenüber einzelnen Mitgliedern dieses
Hauses schon keinen Zweifel darüber gelassen habe, will ich auch hier gern
bekennen, daß ich mich auch heute diesen Zweckmäßigkeitsgründen nicht
verschließe, denselben vielmehr einen erheblichen Wert beimesse, obwohl nach
den in anderen Parlamenten gemachten Erfahrungen der erhoffte Erfolg
der Maßnahmen nicht ganz sicher erscheint. Aber auch, wenn ich von der
unbedingten Nützlichkeit der Gewährung von Diäten völlig überzeugt wäre,
so stehe ich der Frage doch gegenüber als oberster Reichsbeamter, der über
die Interessen und Anschauungen der verbündeten Regierungen nicht hin-
weggehen kann, sondern ihnen entsprechend seine Haltung einzurichten hat.
Der Beschluß des Reichstags vom 9. oder 10. November 1901 verlangt die
Aenderung eines Artikels der Reichsverfassung, dem von den Schöpfern der
Reichsverfassung ein besonderes Gewicht beigelegt wurde. Wir alle wissen,
daß die Diätenlosigkeit als notwendiges Korrelat der Vorschriften über das
allgemeine, gleiche, direkte und geheime Wahlrecht gedacht war, und wenn
auch die Ansicht von der Zweckmäßigkeit der Diäten im Laufe der letzten
Jahre sicherlich an Boden gewonnen hat, so vertreten doch auch heute noch
zahlreiche Politiker von zweifellos nationaler Gesinnung den Standpunkt,
keine Einführung von Diäten ohne einen Ausgleich beim Wahlrecht, so
z. B. Einführung einer Altersgrenze für das aktive Wahlrecht oder Einführung einer Wahlpflicht, alles Vorschläge, die meines Erachtens auf eine

3*

Mehrheit in diesem Hause kaum zu rechnen haben werden. (Zustimmung links.) Und dann bedenken Sie auch, daß die deutschen Bundesregierungen und die verbündeten Regierungen bei dem Abschlusse des Bundes zu gunsten der Reichseinheit auf wertvolle Rechte verzichtet haben. Unter diesen Umständen ist es begreiflich, wenn die Neigung für eine Maßnahme, die zweifellos eine tiefgehende Aenderung der Reichsverfassung bedeutet, nicht groß ist. Ebenso zweifellos ist es, daß jede Aenderung der Reichsverfassung der gründlichsten und reiflichsten Prüfung bedarf. Aus diesen Gründen bin ich heute noch nicht in der Lage, die Zustimmung des Bundesrats zum Beschlusse dieses Hauses wegen Gewährung von Anwesenheitsgeldern zu erklären. Was nun die Anträge des Grafen Hompesch und Genossen und des Grafen Limburg-Stirum und Genossen angeht, so habe ich das Nachstehende zu sagen: Die Zulassung von Niederlassungen des Ordens der Gesellschaft Jesu dürfte aus denselben Gründen, die den Erlaß des Jesuitengesetzes herbeigeführt haben, die Zustimmung der verbündeten Regierungen nicht finden, dagegen bin ich der Ansicht, daß die konfessionellen Verhältnisse innerhalb des Deutschen Reiches es nicht länger notwendig erscheinen lassen, eine Anzahl deutscher Staatsangehöriger deshalb, weil sie dem Orden Jesu angehören, unter die Bestimmungen eines Ausnahmegesetzes zu stellen, oder dem Reiche gegenüber den ausländischen Angehörigen dieses Ordens eine besondere Ausweisungsbefugnis zu geben. Ich glaube vielmehr, daß die allgemeinen Reichs- und Staatsgesetze genügen werden, um den kirchlichen Frieden zwischen den beiden christlichen Bekenntnissen zu sichern. In diesem Sinne werde ich, insoweit die Stimmen Preußens im Bundesrate von Einfluß sind, zu den vorliegenden Initiativanträgen des Reichstages Stellung nehmen.

Abg. Spahn (8.) bedauert, daß der Bundesrat nicht das ganze Jesuitengesetz beseitige, dankt aber dem Reichskanzler im Namen des katholischen Volkes, daß wenigstens der § 2 fallen solle. Abg. Bassermann (nl.): Solche Kompensationen, wie sie der Bundesrat für Diäten fordere, würde der Reichstag nie bewilligen. Die Neueinteilung der Wahlkreise sei wie schon einmal im Jahre 1890 abzulehnen. Abg. Fürst Bismarck (wild): Diäten würden das Niveau des Reichstags herabsetzen. Abg. v. Vollmar (Soz.): Die Sozialdemokraten seien für die Aufhebung des Jesuitengesetzes, weil es ein Ausnahmegesetz sei. Abg. Spahn könne mit der Erklärung des Kanzlers zufrieden sein. „Praktisch hat er, was er will, und faktisch besteht zu seiner und des Zentrums großer Freude das Jesuitengesetz fort." (Große Heiterkeit.)

　　3. Februar. (Preußisches Abgeordnetenhaus.) Polenpolitik, Fall Löhning. (Vgl. 1902 S. 132.)

　　Finanzminister v. Rheinbaben bespricht ausführlich die Verabschiedung des Provinzialsteuerdirektors Löhning; sie sei erfolgt, weil Löhning die offizielle Ostmarkenpolitik nicht mehr unterstützen wollte, und die Gefahren, die das Deutschtum in den Ostmarken bedrohen, machten den Beamten einen besonderen Grad des Eifers zur Pflicht. Die Beamten dürften sich nicht etwa passiv verhalten oder gar hindernd der Regierungspolitik in den Weg treten. Mit dem Kastengeist, mit der Verheiratung Löhnings habe die Angelegenheit nichts zu tun. Abg. Kindler (fr. Vp.) und Abg. Sattler (nl.) bedauern, daß im Osten unter den Beamten ein Kastengeist herrsche, von dem auch der Oberpräsident nicht frei sei. Die Redner der konservativen Parteien billigen die Haltung der Regierung.

　　Geh. Rat Löhning widerspricht in der „Vossischen Zeitung" in einer ausführlichen Erklärung der Darstellung des Ministers.

3. Februar. (Berlin.) Der deutsche Landwirtschaftsrat erklärt mit großer Mehrheit seine Zustimmung zum Zolltarif.

5. Februar. (Preußisches Abgeordnetenhaus.) Etat des Ministeriums des Innern. Polizeiliche Übergriffe. Polenfrage, Fall Willich. (Vgl. S. 30.)

Minister des Innern Frhr. v. Hammerstein bespricht mehrere Verhaftungen, die in der Oeffentlichkeit scharf kritisiert worden waren und führt aus, daß solche Uebergriffe zu tadeln seien und er alle Auswüchse und Mängel in der Polizeiverwaltung abzustellen bemüht sei. Das Publikum müsse aber auch die Polizeiorgane durch Entgegenkommen und Achtung unterstützen. Er sei bestrebt, die Vorbildung der Polizeibeamten zu verbessern; es solle vermieden werden, daß die aus der Armee übernommenen jungen Polizeibeamten gleich in den Dienst gestellt werden, da dies zu zahlreichen Mißständen geführt habe. Es sei eine Art von Polizeischulen errichtet worden, zunächst in Hannover und Berlin. Erfreulicherweise seien auch die kommunalen Verwaltungen bestrebt, ähnliche Schulen zu schaffen.

Abg. Ernst (fr. Vg.) bespricht den Selbstmord des Landrats v. Willich, der dem Bunde der Landwirte zum Opfer gefallen sei. Willich sei aus dem Bunde ausgeschieden, weil ihm dessen Politik dem Deutschtum schädlich erschienen sei; seit dieser Zeit habe der Bund ein Kesseltreiben gegen ihn veranstaltet, und die Regierung habe ihn preisgegeben: sie habe ihm die Alternative gestellt, entweder sich mit seinen Gegnern zu versöhnen oder um seine Versetzung einzukommen. Diese Verleugnung habe ihn in den Tod getrieben. Minister des Innern v. Hammerstein: Willich sei stets von der Regierung unterstützt worden, so habe Oberpräsident v. Bitter die Würde des Kammerherrn für ihn beantragt. Die Ursache des Selbstmordes sei sein krankhafter Zustand gewesen. Abg. Krause (nl.) bekämpft in scharfen Ausführungen die Darstellung des Ministers; der Oberpräsident habe den Landrat dem Bunde geopfert, der unter Führung des Majors v. Endell einen gesellschaftlichen, wirtschaftlichen und politischen Terrorismus in Posen eingerichtet habe. Abg. v. Heydebrand (konf.) und Abg. v. Zedlitz (fr.k.) verteidigen den Oberpräsidenten, Abg. Frhr. v. Wangenheim (Bd. d. Ldw.): Nicht gegen Willich sondern gegen Endell wäre eine wohlorganisierte Hetze jahrelang geführt worden. Endell würde durch Veröffentlichung seines Aktenmaterials viele deutsche Existenzen in Posen bloßstellen können.

Februar. Stimmen zur Polenpolitik.

Anläßlich der Verhandlungen des Abgeordnetenhauses wird die Polenpolitik viel besprochen. So schreibt die „Kreuzzeitung" im Hinblick auf Mitteilungen, daß Oberpräsident v. Bitter sein Abschiedsgesuch eingereicht habe: Es sei klar, „daß es bei Festhaltung der bisherigen Ostmarkenpolitik für einen gewissenhaften Beamten überhaupt sehr schwer sei, sich für längere Zeit in der verantwortlichen Stellung zu halten, die Dr. v. Bitter bisher bekleidet habe. . . . Auch wir haben uns leider mehr und mehr die Auffassung angeeignet, daß man den Ostmarken gegenüber von einer ‚Politik' kaum noch reden kann, daß vor allen Dingen dem Vorgehen der Staatsregierung das wesentliche Merkmal für diesen Begriff fehlt, nämlich das feste Ziel in allen Einzelpunkten dieses Vorgehens und die Sicherheit seiner Erreichbarkeit bei Anwendung der unseren heutigen Anschauungen entsprechenden Mittel." Die „Tägliche Rundschau" bemerkt dazu (17. Februar): „Das ist ja fast der Stil der ‚Kölnischen Volkszeitung‘; nun fehlt nur noch, daß das führende Blatt der deutschen Konservativen ein Sammelbecken für die unschuldigen Kindlein von Wreschen aufstellt."

Am 24. Februar schreibt ein Posener Geistlicher in der „Täglichen Rundschau": „Es mag heutzutage nicht opportun sein, aber im Interesse der Sache ist es nötig, es offen auszusprechen, daß die großen Hoffnungen, die man jetzt auf eine germanisatorische Tätigkeit der Schule setzt, eitle Illusionen sind. Es ist sogar ein eigentümliches Verhängnis, daß die Volksschule, gerade je treuer sie arbeitet, desto mehr das Polentum fördert. Denn sie macht die polnische Jugend zweisprachig und verschafft ihr dadurch einen großen Vorsprung vor der deutschen, die aus allen Gebieten der Industrie, des Handwerks, der Technik und sogar aus den Bureaus der Beamten immer mehr verdrängt wird. Ja, wenn den polnischen Kindern zugleich mit der deutschen Sprache auch deutsche Gesinnung eingeflößt würde, dann möchte man sich's gefallen lassen. Aber wo soll denn die herkommen? Die haben ja die polnischen Lehrer selbst nicht, und sie bilden weitaus das Gros der hiesigen Lehrerschaft. Leute, wie jener Koralewski in Wreschen, der, obwohl Pole von Geburt, sich aufrichtig als Deutschen bekennt, sind weiße Raben. Zwei Drittel der hiesigen Lehrer sind stramme Polen und machen auch gar kein Hehl daraus. Wer von ihnen eine germanisatorische Tätigkeit erwarten wollte, der müßte ein unheilbarer Optimist sein." — In weitaus dem größten Teile der bürgerlichen Blätter wird die Regierung aufgefordert, auf dem eingeschlagenen Wege zu verharren; die einzelnen Vorgänge werden sehr verschieden beurteilt.

6. Februar. (Reichstag.) Etat des Reichskanzlers. Zuckerkonvention. Burenfrage.

Abg. Rösicke-Kaiserslautern (Wb. d. Lbw.) kritisiert die Brüsseler Zuckerkonvention, bei der England das beste Geschäft gemacht habe, da es nach dem Wortlaut des Artikel 11 nicht gezwungen werden könne, den Prämienzucker seiner Kolonien mit Strafzöllen zu belegen. Wenn demgegenüber gesagt werde, das sei praktisch belanglos, so müsse doch gefragt werden, weshalb England einen so großen Wert darauf lege, daß es bezüglich seines Kolonialzuckers völlig freie Hand behalten wolle. Ursprünglich seien die Ansichten über die Tragweite des Artikel 11 geteilt gewesen; jetzt habe England amtlich und authentisch sich zu der eben dargelegten Auffassung bekannt. Deutschland habe also den Fehler begangen, die Konvention bedingungslos zu ratifizieren, bevor über die Tragweite ihrer Bestimmungen volle Klarheit geschaffen war.

Staatssekretär Frhr. v. Richthofen: Der Herr Vorredner hat wieder die bekannten Angriffe gegen die Haltung Deutschlands zur Brüsseler Konvention vorgebracht. Ich möchte meinerseits heute einmal den Spieß umdrehen. Die parlamentarische Verhandlung auswärtiger Angelegenheiten hat ihre zwei Seiten, sie kann nützlich und sie kann schädlich sein. Sie kann, bevor es zum Abschluß von Verträgen zwischen zwei Staaten gekommen ist, die eigene Regierung auf etwaige Fehler aufmerksam machen, die zu vermeiden sind. Sie kann aber auch — ich will nicht sagen, dem Gegner, aber doch dem anderen Kontrahenten die Möglichkeit geben, etwaige Lücken in dem Vertrag zu sehen, die er zu seinen Gunsten ausfüllen und ausnützen kann. Das gilt auch von der parlamentarischen Verhandlung der Brüsseler Zuckerkonvention. Bei den Vorbesprechungen in Brüssel haben die englischen Delegierten sich auf den Standpunkt gestellt, daß England nicht gezwungen werden könne, Zuschlagszölle auf den Prämienzucker seiner Selbstverwaltungskolonien zu legen. Sie haben aber darauf verzichtet, diese ihre Anschauung im Text der Konvention zum Ausdruck zu bringen. Die anderen Delegierten standen nun vor der Wahl, entweder die britischen Delegierten an die Wand zu drücken und zu sagen, ihr müßt unsere gegenteilige Auffassung ausdrücklich anerkennen, oder aber die Konvention zu bewilligen und eine definitive Stellungnahme zu der noch offenen Frage sich vorzubehalten, bis sie praktisch werden würde. In den meisten der in Frage kommenden Parlamente ist nun diese Frage überhaupt nicht erörtert worden, in anderen ist sie nur gestreift worden, in anderen wieder, und speziell im deutschen, ist sie mit uns eigener Gründlichkeit behandelt worden (Heiterkeit), und gerade die Verhandlungen des deutschen Parlaments haben dazu geführt, daß die Aufmerksamkeit der ganzen Welt auf diese Fragen gelenkt worden ist. Die Folge ist unzweifelhaft die gewesen, daß, wenn ich so sagen darf, man dem Löwen auf den Schwanz getreten hat. Es kam zu lebhaften Erörterungen über die Frage, und die britische Regierung wurde durch ihr Parlament gezwungen, zu der Frage in viel schärferer Form Stellung zu nehmen, als sonst wohl geschehen wäre. Jedenfalls hatte bis dahin niemand ein besonderes Interesse an dieser Frage an den Tag gelegt. Für uns bleibt nichts weiter übrig, als zunächst abzuwarten. Jedenfalls haben wir uns für den Fall, daß größere Quantitäten Zucker aus den Selbstverwaltungskolonien nach England eingeführt werden sollten, volle Aktionsfreiheit vorbehalten.

Abg. Liebermann v. Sonnenberg (Antis.) polemisiert gegen die Aeußerung des Kanzlers über den Aufenthalt der Buren in Berlin. Reichskanzler Graf Bülow: Ich kann den Gewährsmann, von welchem ich neulich sprach, mit Namen nicht nennen, ohne mich einer Indiskretion schuldig zu machen, das aber kann ich neuerdings versichern, daß es sich um eine Persönlichkeit handelt, an deren voller Glaubwürdigkeit nicht der mindeste Zweifel besteht. Das wird mir Herr Liebermann v. Sonnenberg hoffentlich um so mehr glauben, wenn ich hinzufüge, daß die betreffende Persönlichkeit nicht, wie er meint, ein Diplomat ist. (Heiterkeit.) Dieser Mittelsmann also schrieb mir damals: „Die Burengenerale kamen gestern abend zu mir, um mir zu sagen, daß die Einhändigung einer Anfrage über eine Audienz beim britischen Botschafter nie in ihrem Willen gelegen habe; eine Anfrage beim britischen Botschafter einzureichen, erscheine ihnen vollkommen ausgeschlossen, sie würden also warten, bis sie berufen würden." Welche Einflüsse wirksam gewesen sind, um bei den Burengeneralen diese plötzliche und vollständige Sinnesänderung herbeizuführen, bin ich nicht in der Lage zu sagen. Tatsache ist jedenfalls, daß die anfänglich bei den Burengeneralen vorhanden gewesene Neigung und Bereitwilligkeit, eine Einladung zu einer Audienz bei Seiner Majestät nachzusuchen, hinterher modifiziert worden ist. Wenn die Generale hinterher für ihre Sinnesänderung darauf hingewiesen haben, auch der König von England hätte sie zu einer Audienz befohlen, so ist dies Argument kein durchschlagendes, denn die Herren Burengenerale waren damals schon englische Untertanen, die der englische König zu sich bescheiden konnte. Für jeden anderen Souverän aber waren sie britische Staatsangehörige und mußten sich somit der Vermittlung der englischen Botschaft bedienen. Jedenfalls war, nachdem durch die Sinnesänderung der Buren eine ganz neue Sachlage geschaffen worden war, eine Audienz der Generale beim Kaiser vollkommen ausgeschlossen.

7./14. Februar. (Reichstag.) Beratung sozialpolitischer Fragen.

Beim Etat des Reichsamts des Innern findet eine ausführliche Debatte über Sozialpolitik statt, namentlich über Arbeiterschutz, Herabsetzung der Arbeitszeit und Koalitionsrecht. Den Standpunkt der Regierung vertritt vornehmlich Staatssekretär Graf Posadowsky, der sich für Fortführung der Sozialreform erklärt. Die Sozialdemokraten fordern einen allgemeinen Maximalarbeitstag, der überall abgelehnt wird. Die Rechte verlangt Aufhebung der Bäckereiverordnung und den Befähigungsnachweis, was Posadowsky ablehnt. Zwischen den Sozialdemokraten und dem Zentrum kommt es zu scharfen Differenzen.

7. Februar. (Preußisches Abgeordnetenhaus.) Etat des Innern. Theaterzensur. Neueinteilung der Wahlkreise.

Abg. Barth (fr. Vg.) kritisiert die Theaterzensur, die vollständig vergesse, daß bei bedeutenden Werken der Stoff zur Nebensache werde. Das Verbot der Aufführung treffe fast immer nur Werke hervorragender Dichter, elende Machwerke verbiete man nicht. Warum seien „Das Tal des Lebens" von Dreyer und „Maria von Magdala" von Heyse verboten worden? Minister des Innern Frhr. v. Hammerstein: Vom 1. Mai 1901 bis zum 26. Januar d. J. sind in Berlin 723 Theaterstücke eingegangen. Davon wurden 630 genehmigt, 51 zurückgezogen und 10 nicht genehmigt. Unter diesen 10 befinden sich 5 deutsche und 5 französische; 29 Stücke sind noch unerledigt. Unter den nicht genehmigten befinden sich auch die beiden, die der Abg. Barth speziell angeführt hat. In dem Dreyerschen Stücke wird dargestellt, wie vor längeren Jahren in einem Zweige des brandenburgischen Herrscherhauses versucht worden ist, in ungesetzlicher und unsittlicher Weise einen Nachfolger zu erzielen. Ich kann nicht zugeben, daß die Behandlung eines solchen Gegenstandes für eine Theateraufführung geeignet ist, denn die große Masse der Besucher gehört nicht zur Elite der gebildeten Menschen, die nur die künstlerischen Schönheiten des Werkes und nicht den Stoff ins Auge fassen. In dem Stücke „Maria von Magdala" ist die Lösung gewiß in hohem Maße sittlich. Aber ist es möglich, auf einem Durchschnittstheater ein Stück aufzuführen, worin die Grundlage des Christentums, der freiwillige Opfertod Christi in Verbindung gebracht, ja beinahe abhängig gemacht wird von dem Willen, von den Einflüssen einer Buhlerin, ob sie einen römischen Hauptmann zu sich nehmen will oder nicht. Das widerspricht so sehr jedem christlichen Empfinden, daß eine öffentliche Darstellung auf dem Theater absolut unzulässig ist. (Lebhafter Beifall.) Ich halte deshalb dieses Zensorurteil für vollständig gerechtfertigt. Dieser Fall beweist wieder, daß die Präventivzensur für die Theater erwünscht und nützlich ist. Hätten wir sie nicht, so würde leicht unglaubliches Unheil angerichtet werden können. Es muß für uns alle eine Beruhigung sein, daß wir die Garantie haben, daß in ernsten Theatern nur Stücke aufgeführt werden, wo wir unsere Frauen und Töchter hinführen können, ohne sie selbst vorher gesehen zu haben.

Hierauf wird nach kurzer Debatte folgender Antrag Barth (fr. Vg.) abgelehnt: die Regierung zu ersuchen, 1. die gesetzgeberische Initiative zur Einführung der geheimen Stimmenabgabe bei den Wahlen zu ergreifen und 2. eine Abänderung des Gesetzes von 1860, betreffend Feststellung der Wahlbezirke für das Abgeordnetenhaus, entsprechend den in den letzten 40 Jahren eingetretenen Verschiebungen der Bevölkerung, in die Wege zu leiten. — Für den ersten Teil stimmen Freisinnige und Zentrum, für den zweiten Freisinnige und Nationalliberale.

7. Februar. (Sachsen.) Der Eisenbahnrat stimmt dem Tarifreformplan der Regierung mit einigen Aenderungen zu. (Vgl. 1902 S. 183.)

Unverändert ist der Regierungsvorschlag geblieben, Rückfahrkarten im Binnenverkehr sowie im direkten Verkehr mit Bahnen, die für Hin- und Rückfahrt keine Preisermäßigung gewähren, nicht mehr auszugeben und sie mit entsprechender Preiserhöhung nur für die sächsischen Strecken im direkten und durchgehenden Verkehr bestehen zu lassen. Billigung fand gleichfalls der Regierungsvorschlag, die Einheitspreise für das Personen- kilometer in 1. Klasse auf 7, in 2. Klasse auf 4,5, in 3. Klasse auf 3 und in 4. Klasse auf 2 Pfennige, sowie den Zuschlag auf Schnellzugskarten auf 1 Pfennig für die 1. bis 3. Klasse festzusetzen. Ein im Eisenbahnrat ge- stellter Antrag auf Führung der 4. Klasse an Sonntagen wurde angenommen. Freigepäck soll in Uebereinstimmung mit der Regierungsvorlage fortgewährt werden; ein Antrag auf Aufhebung des Freigepäcks und Ermäßigung der Gepäckfracht wurde abgelehnt. In Wegfall kommen die Preisermäßigungen für Gesellschaftsfahrten, zusammengestellte Fahrscheinhefte, die Arbeiter- monatskarten, Arbeiterrückfahrkarten, die festen Rundreise- und die Sonn- tagsfahrkarten. — Die sächsischen Handelskammern hatten den Entwurf lebhaft bekämpft.

9. Februar. (Berlin.) Generalversammlung des Bundes der Landwirte.

Nach dem Geschäftsbericht hat der Bund im abgelaufenen Jahre nicht zugenommen. Die Bundesleitung erklärt dies damit, daß im Hin- blick auf die Reichstagswahlen und die dann nötige verstärkte Agitation die Abhaltung von Versammlungen und die Werbung von Mitgliedern im zweiten Halbjahre 1902 auf das äußerste beschränkt worden ist. Von den 25 000 Großgrundbesitzern des Deutschen Reiches gehören dem Bunde nur 1455, das sind 6 v. H., an, mit einer Beitragssumme von etwa 54 000 ℳ, das sind 10 v. H. der Gesamtbeiträge. Von den Bundesmitgliedern wohnen jetzt östlich der Elbe 111 500, westlich der Elbe 138 500. In der Debatte wird die Annahme des Antrags Kardorff (1902 S. 170) zum Zolltarif scharf getadelt, mehrere Redner proklamieren für die Reichstagswahlen erbitterten Kampf gegen die Freikonservativen und Nationalliberalen. Dem Vorstand des Bundes, der das Zollkompromiß bekämpft hat, wird einstimmig Dank und Vertrauen ausgesprochen. Die Regierung wird scharf angegriffen, weil ihre Handelsvertragspolitik zum Ruin der Landwirtschaft und des Mittelstandes führe und nur Groß- kapitalisten und Proletarier züchte.

10. Februar. (Reichstag.) Debatte über die Veteranen- unterstützung.

Abg. Nißler (konf.) bringt folgende Interpellation ein: Ist der Reichskanzler in der Lage, über die Erhebungen Mitteilungen zu machen, die angestellt worden sind auf Grund der vom Reichstage unterm 6. März 1901 beschlossenen, wie folgt lautenden Resolution: a) den Reichskanzler zu ersuchen, dafür Sorge tragen zu wollen, daß die Auszahlung der den Kriegsveteranen nach Maßgabe des Gesetzes vom 22. Mai 1895 gebührenden Beihilfe womöglich vom Tage der Anerkennung ihrer Berechtigung erfolge; b) den Antrag Nißler, die Beihilfen sämtlichen Veteranen zu gewähren, deren Erwerbsfähigkeit dauernd auf weniger als ein Drittel herabgesetzt ist, dem Reichskanzler zur Anstellung weiterer Erhebungen zu überweisen. Der Interpellant tadelt, daß noch nichts für die Kriegsteilnehmer, deren Bedürftigkeit immer größer werde, geschehen sei, obwohl sich der Reichstag so oft für sie verwendet habe. Ferner fragt er, in welcher Höhe der Invalidenfonds noch bestände, und welche Ausgaben er zu leisten habe.

Staatssekretär Frhr. v. Thielmann: Der Invalidenfonds ist jetzt schon seit Jahren nicht mehr in der Lage, die ihm obliegenden Ausgaben aus den regelmäßigen Einnahmen zu decken. Die Folge wird sein, daß der Invalidenfonds in einigen Jahren aufgezehrt sein wird. Vor 1908 wird das nicht der Fall sein, aber später als 1910 schwerlich. Die sämtlichen Ausgaben werden, soweit sie auf Gesetz beruhen, auf den ordentlichen Etat übernommen werden müssen. Was nun die Interpellation unter a betrifft, so habe ich sofort an die Bundesregierungen ein Rundschreiben erlassen, darnach zu verfahren. Im Etat von 1903 sind 9 Millionen für die Veteranen ausgeworfen, woraus 75000 Veteranen ihre 120 Mark erhalten können. Diese Summe ist in der Budgetkommission gutgeheißen worden. Es ist darin ein überschießender Betrag von über ¼ Million enthalten, aus dem auch solche Anwärter werden berücksichtigt werden können, deren Berechtigung zur Anwartschaft sich im Laufe des Jahres 1903 herausstellen wird. Sonach ist unter voller Zustimmung der Budgetkommission der Zustand geschaffen worden, daß jedem Anwärter, dessen Berechtigung von den Behörden anerkannt ist, eine monatliche Rente von 10 Mark zu teil wird. Was nun den älteren Antrag Nißler betrifft, der darauf hinausging, daß denjenigen Veteranen, deren Erwerbsfähigkeit infolge von Krankheiten u. s. w. dauernd auf weniger als ein Drittel des ortsüblichen Tagelohnes herabgesetzt worden ist, Unterstützungen gewährt werden sollten, so ist auch damals sofort an sämtliche Bundesregierungen im Sinne der Resolution geschrieben worden, daß weitere Erhebungen stattfinden sollten. Beiläufig bemerkt, gehören die Leute, die vom Felde selber eine Verwundung oder Krankheit oder Siechtum davongetragen haben, nicht zu denen, die die heutige Interpellation im Auge hat, sondern zu den Kriegsinvaliden. Als solche sind sie pensioniert worden, und soweit sie nicht als Invaliden anerkannt und pensioniert sind, erhalten sie aus dem Allerhöchsten Pensionsfonds eine Unterstützung. Der Dispositionsfonds des Kaisers von 3 Millionen wird zum größten Teil für solche Unterstützungen verwandt. Die Vertreter des Herrn Kriegsministers werden mir bezeugen, daß noch jetzt allmonatlich nicht unbeträchtliche Summen an solche Kriegsteilnehmer gezahlt werden. In dem bereits erwähnten Rundschreiben wird gefragt, ob sich die Zahl derjenigen Kriegsteilnehmer feststellen läßt, deren Erwerbsfähigkeit bei gänzlicher Vermögenslosigkeit auf ein Drittel des ortsüblichen Taglohnes herabgemindert worden sei. Preußen antwortete, daß ihm das erforderliche Material nicht zur Verfügung stehe. Diese Antwort kann Sie nicht überraschen. Nach der Schätzung des Kriegsministers sind etwa 600000 Kriegsteilnehmer an dem Kriege gegen Frankreich und aus früheren Kriegen vorhanden. Sie werden mir zugeben, daß es beinahe ein Ding der Unmöglichkeit ist, von allen die Vermögens- und Erwerbsverhältnisse, die Arbeitsfähigkeit und Arbeitsgelegenheit so genau festzustellen, um mit einiger Sicherheit zu schätzen, wie viele unter den Antrag Nißler fallen. Die Antwort der übrigen Bundesstaaten lautete im großen und ganzen beinahe wörtlich ebenso.

In der Besprechung erklären Redner aller Parteien, daß endlich etwas für die Veteranen geschehen müsse.

11. Februar. (Württemberg.) Die Zweite Kammer genehmigt mit 55 gegen 25 Stimmen die Novelle zum Volksschulgesetz.

Hiernach wird die geistliche Ortsschulaufsicht beibehalten, über die Bezirksaufsicht, die bisher von Geistlichen im Nebenamt versehen worden war, wird bestimmt: Die Bezirksschulaufsicht wird in der Regel als Hauptamt ausgeübt. Als Bezirksschulaufseher im Hauptamt werden Schulmänner oder Geistliche, welche der Konfession der ihnen untergebenen Schullehrer angehören, angestellt. Zum Bezirksschulaufseher kann von der Oberschulbehörde auch ein Geistlicher derjenigen christlichen Konfession, welcher die ihm untergebenen Schullehrer angehören, in widerruflicher Eigenschaft bestellt werden. — Als Oberschulbehörde soll für die evangelischen Volksschulen statt des Konsistoriums ein evangelischer Oberschulrat gebildet werden. Für die katholischen Volksschulen verbleibt der katholische Kirchenrat die Oberaufsichtsbehörde mit der Bezeichnung „Katholischer Oberschulrat". Die Leitung des Religionsunterrichtes in den Volksschulen einschließlich der Bestimmung der Katechismen und Religionshandbücher und insbesondere die Visitation des Unterrichts unbeschadet des dem Staate zustehenden Oberaufsichtsrechtes wird den Oberkirchenbehörden übertragen.

Das Zentrum lehnt die Vorlage wegen der Bestimmungen über die Bezirksaufsicht ab, die Sozialdemokraten wegen der Bestimmungen über den Religionsunterricht.

11. Februar. (Sachsen.) Trennung der Ehe des Kronprinzenpaares. (Vgl. 1902 S. 183.)

Es wird folgendes Urteil veröffentlicht: Die Ehe der Parteien wird wegen Ehebruchs der Beklagten, begangen mit dem Sprachlehrer Giron, dem Bande nach getrennt. Der Beklagten werden als der allein Schuldigen die Kosten des Verfahrens auferlegt.

12. Februar. (Preußisches Abgeordnetenhaus.) Debatte über die Gerichtsferien. (Vgl. 1902 S. 106.)

Abg. Hirsch-Essen (nl.) interpelliert die Regierung über die Abschaffung der Gerichtsferien, die besonders im Interesse der Industrie zu erstreben sei. Justizminister Schönstedt: Er stehe einer Beseitigung der Gerichtsferien ablehnend gegenüber. Auf seine Anfrage hin hätten sich sämtliche Oberlandesgerichte und Anwaltskammern gegen die Aufhebung der Gerichtsferien ausgesprochen, weil die Vorteile durch die Nachteile weit überwogen würden. Die Gerichtsferien beständen in allen Kulturländern, auch in Oesterreich, wo sie sogar erst auf Betreiben der Volksvertretung eingeführt worden seien. Allerdings seien sie ursprünglich im Interesse der Landwirtschaft eingeführt worden, die gerade während der Erntezeit das Bedürfnis der Ruhe habe, aber auch für alle anderen Kreise der Bevölkerung bestehe das lebhafteste Bedürfnis nach einer Zeit der Ruhe im Hochsommer. Mit dem zunehmenden Wohlstande, der fortschreitenden Entwickelung des Verkehrs werde sich dieses Bedürfnis immer noch verstärken und in weitere Kreise verbreiten. Die meisten Richter seien wirtschaftlich nicht in der Lage, etwa im Winter nach dem Süden zu gehen. Es würden doch fast alle für dieselben Monate, nämlich die der Reisezeit im Hochsommer, ihren Urlaub nachsuchen. Die Besorgung von Vertretern der Richter würde ja Sorge der Gerichte sein, aber die Vertretung selbst brächte die schwerwiegendsten Uebelstände mit sich, Verschleppungen der Prozesse, weil der betreffende Richter sich erst einarbeiten müsse, wechselnde Auffassung der Rechtslage u. s. w. Jeder häufige Wechsel des Richters schädige das Ansehen der Rechtsprechung. Als Mißstand erkenne er an, daß oftmals eilige und klare Sachen auch unter die schwierigen Sachen aufgenommen würden. Er habe darüber Erhebungen eingeleitet und werde seinerzeit an die entsprechenden Anregungen herantreten. Eine wesentliche Erleichterung und Verbesserung würde sich in vielen Fällen dadurch erreichen lassen, daß wenigstens ein erster Termin abgehalten würde, um zu einem vorläufig vollstreckbaren Urteile zu kommen. Er wolle ferner bei

ben Gerichten anregen, mehr Prozesse als bisher für Feriensachen zu erklären, jedoch sei er hier auf den guten Willen der Gerichte angewiesen.
Was er aber aus eigener Macht tun könne, sei die Vermehrung der Zahl
der Ferienkammern, und das wolle er tun. Er erkenne an, daß der Kreis
der Feriensachen der Erweiterung bedürftig sei, und er werde versuchen,
diesem Bedürfnisse abzuhelfen.

13. Februar. (Karlsruhe.) Staatsminister a. D. Dr. Nokk,
bis 1901 Präsident des badischen Staatsministeriums, 70 Jahre
alt, †.

Mitte Februar. Angriffe auf den Botschafter in Washington.

Durch die Presse gehen Behauptungen, daß der Botschafter Speck
v. Sternburg in Unterredungen mit amerikanischen Journalisten geäußert
habe, die Anschauung des Fürsten Bismarck, wonach deutsche Gesandte
nicht mit Frauen jenes Landes verheiratet sein sollten, in welchem sie das
Deutsche Reich vertreten sollen, sei veraltet. Ferner habe er gesagt, daß
er als Botschafter nicht nur seinem eigenen Lande, sondern auch dem
Lande, bei dem er akkreditiert sei, zu dienen habe, daß Amerikas Interessen
auch die seinigen seien. — In vielen Blättern wird er deshalb scharf getadelt und verspottet.

15. Februar. (Preußen.) Bischof Korum von Trier läßt
in den Kirchen Triers folgenden Erlaß über die konfessionslosen
Schulen verlesen:

Die heiligste Pflicht der Eltern ist die gute Erziehung ihrer Kinder.
Die Religion muß aber die Grundlage der Erziehung bilden. Nach wiederholten Entscheidungen der Kirche ist es katholischen Eltern nicht erlaubt,
ihre Kinder in nichtkatholische oder konfessionslose Schulen zu schicken, besonders wenn an demselben Orte katholische Schulen vorhanden sind.
Dieser Grundsatz gilt auch für Trier und für die hiesige konfessionslose
höhere Töchterschule und kann nicht abgeändert werden. Daher erklären
die Pfarrer der Stadt Trier im Anschluß an den Erlaß des hochwürdigsten
Herrn Bischofs: Wenn katholische Eltern ihre Kinder ohne die wichtigsten
von der Kirche anerkannten Gründe, welche für schulpflichtige Kinder höchst
selten gelten können, und ohne die notwendigen Vorsichtsmaßregeln dieser
Schule überweisen, so versündigen sie sich schwer und können im Sakramente
der Buße nicht losgesprochen werden. Demnach bitten und beschwören die
Pfarrer der Stadt Trier die katholischen Eltern, dieser ihrer heiligen Pflicht
und ihrer Verantwortung vor Gott doch eingedenk zu sein.
Der Erlaß wird in protestantischen Kreisen scharf angegriffen.

16. Februar. (Reichstag.) Der Reichskanzler legt folgende
Denkschrift über die Venezuelafrage vor:

Nachdem die Regierung der Vereinigten Staaten von Venezuela die
in den Ultimaten des deutschen und des britischen Vertreters in Caracas
aufgestellten Forderungen abgelehnt hatte, ist zur Durchsetzung dieser Forderungen von den Seestreitkräften Deutschlands und Großbritanniens die
Blockade über venezolanische Häfen verhängt worden. An dieser Blockade
hat sich auch Italien beteiligt, das ähnliche Ansprüche gegen Venezuela
erhoben hatte. Auf Wunsch der venezolanischen Regierung haben darauf
zur Beilegung dieser Streitigkeiten in Washington Verhandlungen zwischen
Vertretern der drei beteiligten Mächte und Venezuela stattgefunden, die

gestern durch Zeichnung eines deutschen, eines englischen und eines italienischen Protokolls zum Abschluß gelangt sind. Nach dem in Abdruck angeschlossenen deutschen Protokolle hat die venezolanische Regierung sämtliche von Deutschland erhobenen Forderungen als berechtigt anerkannt. Die nach dem Ultimatum in erster Linie stehenden Reklamationen aus den venezolanischen Bürgerkriegen von 1898 bis 1900, die den Anlaß zu der Aktion gegen Venezuela gegeben haben, werden von der venezolanischen Regierung sofort teils bar, teils in Wechseln mit kurzen Fristen bezahlt; für die Einlösung dieser Wechsel ist besondere Sicherheit geleistet. Die übrigen Reklamationen, die im einzelnen noch nicht geprüft waren, sollen einer gemischten Kommission zur Feststellung überwiesen werden; ein Mitglied der Kommission wird von der kaiserlichen Regierung ernannt. Für die Bezahlung dieser Reklamationen sind gleichfalls entsprechende Sicherheiten bestellt, die Frage, inwieweit diese Sicherheiten ausschließlich Deutschland, Großbritannien und Italien oder auch anderen Mächten für ihre Ansprüche gegen Venezuela zugute kommen, soll in Ermangelung anderweitiger Vereinbarung durch den ständigen Schiedshof im Haag entschieden werden. Endlich hat sich Venezuela verpflichtet, die zum größten Teile in deutschem Handel befindliche 5 v. H. venezolanische Anleihe von 1896 zugleich mit seiner gesamten auswärtigen Schuld in befriedigender Weise neu zu regeln und dadurch insbesondere auch den Ansprüchen der deutschen Großen Venezuela-Eisenbahn-Gesellschaft gerecht zu werden. Die in dem deutschen Ultimatum aufgestellten Forderungen sind hiernach erfüllt. In ähnlicher Weise sind auch Forderungen Großbritanniens und Italiens erledigt worden. Die drei Mächte werden daher unverzüglich die von ihnen verhängte Blockade aufheben und die diplomatischen Beziehungen mit der venezolanischen Regierung wiederherstellen.

18. Februar. (Bayern.) Ministerwechsel.

Staatsminister Graf Crailsheim tritt zurück; an seiner Stelle wird Kultusminister v. Podewils zum Ministerpräsidenten und Minister des Königlichen Hauses ernannt. Kultusminister wird Ministerialrat Ritter v. Wehner, der katholisch ist und für klerikal gesinnt gilt.

Der Ministerwechsel wird durchweg als Erfolg des Zentrums aufgefaßt. Die „Kölnische Volkszeitung" schreibt: „Dem Zentrum liegt es fern, nun ein großes Jubelgeschrei anzustimmen. Es begnügt sich mit der Tatsache der Beseitigung eines Ministers, dessen ausschlaggebender Einfluß sich immer unheilvoller geltend machte, dem die Hauptschuld an der immer auffälligeren Abschließung der Krone gegen eine unmittelbare Berührung mit der Mehrheitspartei im Landtage beizumessen ist und der auch vor allem die föderalistischen Interessen Bayerns nicht mit dem Nachdruck zu wahren wußte, wie es der Volkswille und keineswegs bloß eine einseitige Liebhaberei der Zentrumspartei verlangt.... Frhr. v. Feilitzsch und Frhr. v. Riedel klammern sich nach wie vor an ihre Stühle. Das Zentrum kann warten. Beide haben das Schicksal ihres Kollegen reichlich verdient, und die Abrechnung wird ihnen nicht erspart bleiben."

20. Februar. Dem Reichstage geht eine Novelle zum Krankenversicherungsgesetz zu. — Die erste Lesung wird am 27. Februar beendet.

21. Februar. (Preußisches Abgeordnetenhaus.) Erste Beratung des Gesetzentwurfs betr. die Bildung eines Ausgleichsfonds für die Eisenbahnverwaltung.

Finanzminister Frhr. v. Rheinbaben: Die Einnahmen des Eisenbahnetats betrugen mehr als die Hälfte der Gesamteinnahmen, 1902 1406 Millionen Mark. Dementsprechend konnten die Staatseisenbahnen einen erheblichen Beitrag zur Deckung der allgemeinen Staatsausgaben leisten. Dieser Beitrag betrug 1900 171 Millionen Mark, 1901 185 Millionen Mark und 1902 157 Millionen Mark, 1903 nur 110 Millionen Mark. Die Staatsfinanzen können nach der Entwickelung, die sie genommen haben, auf diesen Beitrag nicht verzichten. Wenn diese Mittel nicht zur Verfügung gestanden hätten, so hätten wir in den letzten Jahren die Kulturaufgaben lange nicht in dem Maße fördern können, wie wir es erfreulicherweise getan haben. Sonst wären wir vor die Notwendigkeit einer Verdoppelung der Einkommensteuer gestellt. Es ist nun aber auf der anderen Seite durchaus berechtigt, Fürsorge zu treffen, um der Eisenbahnverwaltung zu geben, was sie nötig hat, um ihre große wirtschaftliche Aufgabe zu erfüllen. Hierzu gehört eine gewisse Stabilität, denn nur bei der Gleichmäßigkeit ihrer Entwickelung kann sie ihre Aufgabe lösen. Um nicht die Eisenbahnverwaltung fortgesetzten Schwankungen auszusetzen, ist man in den letzten Jahren dazu übergegangen, das Extraordinarium der Eisenbahnverwaltung höher zu dotieren, als es früher der Fall war. Dies hing von dem zufälligen Umstand ab, ob gerade das letzte Jahr einen Rechnungsüberschuß ergeben hat. War ein Rechnungsüberschuß da, dann stand auch der Dispositionsfonds der Eisenbahnverwaltung zur Verfügung, und so hat die Eisenbahnverwaltung weder für 1902 noch für 1903 einen Dispositionsfonds zur Verfügung. Nachdem dies hohe Haus aber wiederholt die Zweckmäßigkeit des Fonds anerkannt hat, glaube ich, daß es uns auch zustimmen wird, wenn wir jetzt einen Weg gehen, den jede Betriebsgesellschaft geht, indem sie in guten Jahren einen Reservefonds zurücklegt. Aus diesem Fonds sollen nicht nur die angeforderten 30 Millionen Mark, sondern auch das Extraordinarium der Eisenbahnen auf einer angemessenen Höhe gehalten werden. Dieser Dispositionsfonds wird also einerseits der Eisenbahnverwaltung die Stabilität der Entwickelung gewährleisten, sie ist aber auf der anderen Seite auch von hohem Werte für die Finanzverwaltung. Die steten Schwankungen in der Höhe der Zuschüsse der Eisenbahnverwaltung ergeben ein falsches Bild für die gesamte Finanzlage des Staates. Für das nächste Jahr müssen wir mit einem Defizit von 72 Millionen Mark rechnen. Dies wird vermieden werden, wenn wir in den fetten Jahren etwas zurücklegen für die mageren Jahre. Diesem Gesichtspunkt entspricht der § 3a der Vorlage. Der Hauptvorteil ist aber ein indirekter: Wird ein solcher Ausgleichfonds geschaffen, so hat die Eisenbahnverwaltung das größte Interesse ihrerseits, die Einnahmen bescheiden zu schätzen und die ganze Wirtschaftsführung vom finanziellen Gesichtspunkte einzurichten, um möglichst Mehrerträgnisse zu erzielen.

Abg. Dr. Am Zehnhoff (Z.): Ein Teil des Zentrums lehne die Vorlage ab. Es sei zu fürchten, daß durch die Vorlage das Budgetrecht allzusehr eingeschränkt wird, und zweitens sei es richtiger und einfacher, daß auf dem bisher eingeschlagenen Weg fortgeschritten wird, alte Schulden zu decken, schon um eine Sparsamkeitspolitik zu veranlassen. Die Berechtigung der vom Finanzminister vorgeschlagenen Verbesserung sei durchaus anzuerkennen, aber man sollte das Gesetz von den Fesseln, die ihm anhaften, befreien, man sollte sich nicht gesetzlich beschränken nur auf Verbesserungen; diese 30 Millionen Mark sollten auch angegriffen werden können, wenn nur eine Vergrößerung des Betriebs in Frage kommt. Abg. Richter (fr. Bp.) ist gegen die Vorlage. Warum solle der Ausgleichsfonds nur auf die Defizits angewendet werden, die durch die Eisenbahnverwaltung entstehen, und nicht auch zur Deckung des Defizits im Rechnungsjahre überhaupt? Der Entwurf beschränkt die Rechte des Hauses, beeinträchtigt die Uebersicht und fördert eine Finanzgebarung, die ich nicht vereinbar halte mit dem Staatsinteresse. Minister der öffentlichen Arbeiten Budde: Der Fonds solle keineswegs eine Abtrennung der Eisenbahnverwaltung von der Finanzverwaltung vorbereiten. — Die Vorlage wird an die Budgetkommission verwiesen, nachdem sie noch mehrere Redner der Rechten und Nationalliberalen günstig beurteilt haben.

22. Februar. (Württemberg.) Herzog Nikolaus von Württemberg, der letzte protestantische Agnat, 70 Jahre alt, †.

23./24. Februar. (Preußisches Abgeordnetenhaus.) Eisenbahnetat. Tarifreform. Grundsätze Buddes. Beamtendisziplin und Koalitionsfreiheit.

Minister der öffentlichen Arbeiten Budde stellt als seinen Grundsatz für die Aufstellung des Etats hin: kein Optimismus bei der Einnahmeschätzung, vorsichtige Veranschlagung der Ausgaben. Ich bin nicht prophetisch genug veranlagt, um jetzt schon sagen zu können, wie groß der Rückgang für 1902 sein wird; in den zehn Monaten, deren Ergebnis uns bekannt ist, ist es erheblich besser geworden. Die Einnahmen dieser zehn Monate sind 27,7 Millionen Mark höher, als die Isteinnahmen für 1901. Ich bin so glücklich, Ihnen auch ankündigen zu können, daß die Ausgaben niedriger geworden sind, so daß die Zahlen, die der Finanzminister Mitte Januar angab, sich um einige Millionen bessern. Allerdings fällt in diese Zeit die schwere wirtschaftliche Krisis, andererseits hatten wir aber auch Mehreinnahmen durch die Düsseldorfer Ausstellung und die Streiks in Frankreich. Wir hoffen aber für 1903 auf eine ähnliche Steigerung. . . . Eine Tarifreform, die vielfach gewünscht werde, sei bei der finanziellen und wirtschaftlichen Lage augenblicklich nicht möglich, werde aber für die Zukunft erstrebt. Sparsamkeit sei an manchen Stellen zu üben, so könne das Schreibwerk vermindert werden. . . . Die Betriebssicherheit muß erhöht werden, vollkommene Sicherheit gibt es ja nicht, aber was erreicht werden kann, wird erreicht werden. Je schneller und schwerer unsere Züge werden, desto weniger reicht unser leichter Oberbau aus. 19 330 Kilometer müssen mit schwerem Material versehen werden. Das geht nicht von heute auf morgen, aber ein Programm muß da sein. Die 9900 Kilometer Schnellzugsstrecken werden in fünf Jahren umgewechselt. Bis jetzt sind bereits so viele Erneuerungen gemacht worden, daß noch etwa 5000 Kilometer übrig bleiben. Eine Untersuchung hat ergeben, daß die Klagen nicht unberechtigt sind, daß die Gangart unserer Wagen nicht so gut ist wie die ausländischer. Ich hoffe, daß dem durch den schweren Oberbau abgeholfen wird. . . . Ein Beamtenheer von 365 000 Köpfen bedarf einer guten Organisation. Alle Umsturzbestrebungen müssen vermieden werden. (Beifall.) Meine Vergangenheit bürgt dafür, daß ich alles ausmerzen werde, was dem nicht folgen wolle. (Lebhafter Beifall.) Wer sich agitatorisch an der sozialdemokratischen Propaganda beteiligt (Aha! links), wird als Arbeiter sofort entlassen (Beifall rechts), wenn er den Treueid geschworen hat, wird er im Disziplinarwege beseitigt. Das ist das Testament, das ich von meinem Amtsvorgänger übernommen habe und das ich halten werde. (Beifall.) Diese Frage ist um so ernster, als wir in einem Nachbarlande die überaus traurigen Folgen gesehen haben, wenn nicht die nötige Energie obwaltet. (Beifall.) Es besteht zwar ein hamburgischer Verein unter sozialdemokratischer Leitung, der sich bemüht, in unsere

Arbeiterschichten hereinzukommen und sich rühmt, eine große Anzahl Mitglieder zu zählen. Aber gerade dieses Rühmen macht mißtrauisch; ich
glaube nicht, daß die Zahlen richtig sind. Es gibt auch andere Vereine,
die wiederholt betont haben, daß sie königstreu sind, die mit Petitionen
und Bittschriften kommen und Unterstützung bei der Erziehung der Kinder,
Fürsorge für Wohnungen u. s. w. wünschen. Allen diesen Wünschen stehen
wir mit offenem Herzen gegenüber und werden das unsere tun. Ich bin
bereit, Tag und Nacht für meine Beamten zu arbeiten, aber die Beamten
müssen Disziplin im Leibe haben. (Beifall.) Wir müssen, wenn wir das
fordern, aber auch für unsere Beamten sorgen. Das haben wir, soweit
es möglich war, getan. Es sind 3000 neue Beamtenstellen geschaffen,
tausend Stellen niederer Ordnung in solche höherer Ordnung umgewandelt,
den Wünschen der Diätare ist weiter entgegengekommen, die Dienstdauer
und die Ruhepausen sind anderweitig geregelt. Ich werde aber dem
„Sozialpolitischen Verein" nicht gestatten, Sendboten in die Betriebe zu
entsenden, ich habe für diese Zwecke deshalb eine eigene Kommission gebildet. Ich bin Minister der öffentlichen Arbeiten und will deshalb,
daß eine Prüfung aller Schäden in größter Oeffentlichkeit erfolgt.

Abg. Macco (nl.) billigt im allgemeinen die Ausführungen des
Ministers, empfiehlt aber, jede Beschwerde der Beamten genau zu prüfen
und Mißständen abzuhelfen; nur so sei treue Pflichterfüllung von ihnen
zu verlangen. Die Tarifsätze für Rohstoffe müßten im Interesse der Industrie möglichst niedrig angesetzt werden. Die technischen Beamten müßten
eine bessere Stellung in der Verwaltung erhalten als bisher. Abg. Frhr.
v. Erffa (kons.) ist erfreut, daß der Minister Experimente mit der Tarifreform nicht machen will und rät von jeder Herabsetzung der Personentarife ab. Abg. Oeser (fr. Vp.) protestiert gegen die Aeußerung des
Ministers über die Beamten, die eine Verkürzung des Beamtenwahlrechts
und der Koalitionsfreiheit in Aussicht stellten. Gleiches Recht müsse für
alle gelten. Minister Budde: Ich habe niemand an seine politische Ueberzeugung gehen wollen; das habe ich nicht getan. (Sehr richtig! rechts.)
Ich habe nur gesagt, daß jemand, der Eisenbahner ist und unter den
Eisenbahnern die Theorien einer Umsturzpartei predigen und betätigen und
dafür Propaganda machen will, nicht unter die Eisenbahner gehört, und
das wiederhole ich. (Sehr richtig! rechts.) Jeder kann in seinem Herzen
denken und tun, was er will. Ich frage als Minister der öffentlichen
Arbeiten nicht nach Stand und Gesinnung, nicht, ob jemand Heide oder
Christ ist; davon bin ich vollständig frei. Aber im Dienst der Eisenbahn
kann ich nur Leute brauchen, die den Treueid leisten und nicht brechen.
Ich kann nur Arbeiter brauchen, die so zusammen arbeiten, wie Eisenbahner zusammen arbeiten müssen. Die politische Gesinnung spielt dabei
keine Rolle. Auch ich unterschreibe das Wort: Gleiches Recht für alle!
Denn daraus ergibt sich, daß ich diejenigen, die die Ordnung stören, hinaussetzen muß. Das ist ein Hausrecht; das ist gleiches Recht für alle. Wenn
ich die große Mehrheit des Hauses hinter mir habe, die sagt, daß man
denjenigen hinaussetzen müsse, der in schleichender, heimlicher Weise allmählich die Disziplin untergräbt, dann sage ich: diejenigen, die verlangen,
daß ich ein solches Treiben dulde, sollen nicht gleiches Recht haben. Ich
beschränke auch nicht die Koalitionsfreiheit. Ich weiß gar nicht, wieviel
Vereine es gibt — es gibt auch ungefähr 32 Fachzeitungen. Niemandem
ist der Mund verschlossen. Aber wer Umsturz treibt, handelt gegen das
öffentliche Recht. Und hier handelt es sich um eine öffentliche Rechtsfrage,
die durchgeführt werden muß. Hier heißt es: wer soll Herr im Haus sein?
Die Umsturzpartei, die Sozialdemokraten, die das Ganze unterwühlen

wollen und den eigenen Dienst unmöglich machen, wie wir es ja in einem Nachbarlande sehen, oder ich, der Staatsminister? Solange ich hier bin, will ich Herr bleiben. Ich sage jedem Eisenbahner, er solle hingehen, wo er mit diesen Umsturzideen arbeiten kann, ich nehme ihm das nicht übel und bin ihm nicht böse. Ich wiederhole: ich habe niemandes politische Gesinnung angegriffen, sondern nur mein Hausrecht mir vorbehalten zum Wohle des Vaterlandes und des öffentlichen Bedürfnisses. (Beifall rechts.)

Abg. Gamp (fr.konf.) wünscht Vereinfachung der Gütertarife, eine Vereinheitlichung der Personentarife sei nicht angebracht. Zuschläge für Schnellzüge müßten erhalten bleiben.

Am folgenden Tage greift Abg. Krieger (fr. Vg.) den Minister wegen seiner Bedrohung des Koalitionsrechtes an. Kein preußischer Minister kann sich über das Gesetz hinwegsetzen. Das ist kein besonderes Verdienst, sondern Ihre verfluchte Pflicht und Schuldigkeit, wenn Sie keinen Unterschied zwischen der politischen Parteistellung machen! Es handelt sich um die Frage, ob den Eisenbahnarbeitern verboten ist, sich Vereinen anzuschließen, die sich die Erzielung besserer Lohnbedingungen zur Aufgabe machen, die in irgend einer Verbindung mit den Gewerkschaften stehen. Bis jetzt muß ich annehmen, daß solche Verbote bestehen, und dieses Verbot ist gegen das Koalitionsrecht der Arbeiter. Der Grund für solche Ausnahmebestimmungen ist die allgemeine Sozialistenfurcht, die heute herrscht. Das Verständnis für die Sozialdemokratie ist eben an jenen Stellen noch nicht aufgegangen, wenn sie glauben, man könne damit die Sozialdemokratie bekämpfen. Zuckerbrot und Peitsche ist auch das Rezept, das aus den Worten des Ministers herausklang. Mit solchen Mitteln stärkt man die Sozialdemokratie und züchtet Sozialdemokraten. Man hat das Koalitionsrecht den Arbeitern genommen und ihnen dafür Eisenbahnervereine gegeben, die unter der Führung von höheren Beamten stehen. Ist es da verwunderlich, daß die Arbeiter Mißtrauen gegen alle diese Eisenbahnarbeitervereine haben? Ich sehe dem Vorwurf, ich besorge die Geschäfte der Sozialdemokratie, mit Ruhe und Gelassenheit entgegen. Ich bin der Ansicht, die beste Kampfeswaffe gegen die Sozialdemokratie ist der Kampf für das Recht der Arbeiter. (Beifall links.)

Minister Budde: Ich protestiere auf das lebhafteste dagegen, daß ich die Koalitionsfreiheit der Arbeiter irgendwie angetastet habe oder antasten werde. (Lebhafte Zustimmung.) Ich protestiere auf das lebhafteste, daß ich irgend ein Gesetz verletzen werde. Das steht hier gar nicht in Frage, sondern in Frage steht: Wer soll die Macht haben, den Eisenbahnbetrieb zu führen oder stillstehen zu lassen? Ich protestiere ferner dagegen, daß ich irgend jemand bei der Abgabe seiner Stimme Vorschriften mache; die Eisenbahnangestellten können wählen, wen sie wollen, auch Sozialdemokraten; dagegen habe ich gar nichts. Ich glaube aber, der Vorredner würde mir solche Vorwürfe nicht gemacht haben, wenn er die Situation genau kennte. Die Sozialdemokratie ist die Partei des Umsturzes und ich werde Ihnen zeigen, daß die Sozialdemokratie sich tatsächlich damit beschäftigt, unsern Betriebsdienst zu untergraben. In jedem Arbeitsvertrage findet sich folgende Vorschrift: „Auch außerhalb des Dienstes hat der Arbeiter sich achtbar und ehrenhaft zu führen und sich von der Teilnahme an ordnungsfeindlichen Bestrebungen und Vereinen fern zu halten. Jeder Arbeiter soll den Nutzen der Staatseisenbahnverwaltung nach Kräften zu fördern bestrebt sein, insbesondere auch um die Abwehr von Gefahren und Nachteilen beim Betriebe bemüht sein." Also die Arbeiter verpflichten sich hierdurch, sich an ordnungsfeindlichen Bestrebungen nicht zu beteiligen. Nun ist in Hamburg ein Verband gegründet worden, der unter sozialdemokratischer Leitung steht, und die ganze Verfügung, die ich gestern mitgeteilt habe, bezieht sich bis jetzt lediglich auf diesen Verband. Die Teilnahme daran ist verboten, und wer sich doch daran beteiligt und Unordnung und Unzufriedenheit unter die Arbeiter bringt, wird entlassen. In dem Organ dieses Verbandes, dem „Weckruf", heißt es: „Die Lage der Eisenbahnarbeiter wird um kein Jota besser werden dadurch, daß ein General Minister wurde, solange der Arbeiter nicht die ökonomische Macht in Händen hat, dieselbe Macht, die, in anderen Händen konzentriert, ihn selbst in Fesseln legt." Da ist doch klar ausgesprochen, daß es sich um eine Machtfrage handelt. (Sehr richtig!) Weiter heißt es: „Wir wollen nur Männer haben, die gewillt sind, in den Kampf einzutreten, wir können keine Memmen und keine alten Weiber brauchen; jeder Kampf fordert Opfer." Verlangen Sie, daß ich keine Energie zeige, wenn die Leute sagen, sie wollen gegen mich kämpfen? Weiter wird in dem „Weckruf" gesagt, daß die Sozialdemokratie die einzige Partei ist, die für die Arbeiter eintritt, und daß alle anderen Parteien, also auch Sie, meine Herren von der Linken, nur ein heuchlerisches Spiel mit den Arbeitern treiben. (Hört, hört!) Sie ersehen aus diesem Zitat, daß der Verband der Eisenbahner mir und der ganzen Organisation den Krieg erklärt. Nun frage ich: Was steht höher? Das öffentliche Recht oder das Privatrecht, das vermeintliche oder wirkliche Recht des einzelnen? Ich gebe gern zu, daß der einzelne danach streben muß, mehr Lohn zu bekommen. Ich bin der erste, der mit dafür eintritt, und wenn mir ein Abgeordneter sagt: das ist deine verfluchte Pflicht und Schuldigkeit, so reiche ich ihm die Hand und sage: damit stimme ich überein. Aber die verfluchte Pflicht und Schuldigkeit der Arbeiter ist es, sich in die große Organisation einzufügen. Ich kann nichts besseres tun, als wenn ich meinen Betrieb vor derartigen Strömungen schütze. (Lebhafter Beifall.) Wie die mir unterstellten Beamten denken, dafür nur ein Beispiel. Der „Weckruf" behauptete, daß zahlreiche Lokomotivführer dem Verband angehören. Demgegenüber schreibt das Organ der Lokomotivführer, die „Deutsche Eisenbahnzeitung": „Die Behauptung, es gehören dem sozialdemokratischen Verband Lokomotivführer an, ist eine unverschämte und dreiste Verleumdung. Gerade das Lokomotivpersonal hat dem Verband so oft ins Gesicht gespuckt, daß es eigentlich wundernehmen muß, wie er so abgebrüht sein kann, immer wieder an die Lokomotivführer heranzugehen." Natürlich wird heute abend wieder geschrieben werden, daß das in meinem Ministerium abgefaßt ist. Das ist aber nicht so. Gegen Unwahrheiten kann ich natürlich nicht ankämpfen. (Zustimmung.) Ich habe hier eine ganze Mappe voll Ergebenheitsadressen von Eisenbahnarbeitern. (Zuruf links: Darauf ist nichts zu geben!) Ja, wenn das alles nichts ist, was soll denn was sein? (Sehr richtig!) Beweisen Sie mir doch, daß das alles falsch ist. Ich werde Ihnen die Namen geben, dann können Sie fragen, ob die Betreffenden einem Zwange unterlegen haben. Wenn etwas in der Verwaltung geschieht, was gegen die Arbeiter ist, so bin ich der erste, der auf der Bresche steht und für die Arbeiter kämpft. Ich halte es für unsere höchste Aufgabe, auf diese Weise die soziale Frage zu lösen. Es wird mir in der Presse vorgeworfen, ich hätte die Arbeiter mit Soldaten verglichen. Ja, insofern habe ich sie mit Soldaten verglichen, als sie dieselbe Fürsorge haben, deren sich die Soldaten seitens ihrer Vorgesetzten erfreuen, aber nicht in bezug auf das Wahlrecht. Soldaten dürfen ja gar nicht wählen. Die Eisenbahnarbeiter können wählen, wen sie wollen; aber sie dürfen nicht dem Hamburger Verbande beitreten, der den Kampf gegen die Eisenbahnverwaltung führt. Wohin es führt, wenn wir uns die Augen verbinden und alles gehen lassen, bloß weil man sagt, das ist wieder eine Beschränkung der Koalitionsfreiheit; das sehen Sie ja in anderen Ländern. (Sehr richtig!) Nein, das ist keine Beschränkung der Koalitionsfreiheit. Die politische Gesinnung des einzelnen ist mir ganz gleich, aber ich werde Energie entwickeln zur Erhaltung der Ordnung und der Disziplin innerhalb der Staatseisenbahnverwaltung. (Lebhafter Beifall.)

Abg. Sattler (nl.) und Abg. Kirsch (3.) stimmen dem Minister zu.

24. Februar. (Reichstag.) Die Budgetkommission lehnt die Errichtung einer besonderen militär-technischen Hochschule ab und empfiehlt der Reichsregierung, mit dem preußischen Kultusministerium wegen Erweiterung der technischen Hochschule in Charlottenburg in Verbindung zu treten.

25. Februar. (Berlin.) Es wird ein Bund der Kaufleute nach dem Muster des Bundes der Landwirte gegründet. Über 200 000 Mitglieder treten ihm sogleich bei.

26. Februar. (Berlin.) Im Reichsamt des Innern beginnen Besprechungen von Beamten und Vertretern der wichtigsten industriellen Organisationen über Kartelle. — Sie werden am 26. März und 13. Mai fortgesetzt. Die Verhandlungen werden zum Teil im „Reichs-Anzeiger" veröffentlicht.

27. Februar. (Reichstag.) In der Budgetkommission erwidert Kriegsminister v. Goßler auf eine Anfrage, ob man nach dem Muster des Auslandes Rohrrücklaufgeschütze beschaffen wolle, die Frage werde erwogen, sei aber noch nicht bringend.

27. Februar. (Preußen.) Der Oberpräsident von Posen, v. Bitter, tritt zurück. Der Abschied wird von der Presse mit dem Fall Löhning (S. 36; 1902 S. 132) und dem Fall Willich (S. 37) in Verbindung gebracht. Sein Nachfolger wird der Königsberger Regierungspräsident v. Waldow.

27. Februar. (Hessen.) Anträge auf Errichtung parteipolitischer Professuren der Nationalökonomie.

Die Zweite Kammer verweist einen von der Mehrheit der Kammer unterzeichneten Antrag Köhler (Antis.), die Regierung zu ersuchen, neben dem bestehenden Lehrstuhl für Nationalökonomie in Gießen auch einen solchen für Agrarwissenschaften zu errichten, sowie einen Antrag der Sozialdemokraten, das Ersuchen auf Berufung eines Professors sozialistischer Richtung auszudehnen, an einen Ausschuß. — Staatsminister Rothe lehnt die Anträge ab, da sie die Lehrfreiheit beschränkten; für die Regierung sei allein wissenschaftliche Tüchtigkeit maßgebend.

27. Februar. Der Reichstag verweist nach kurzer Beratung die Novelle zum Krankenversicherungsgesetz an eine Kommission.

28. Februar. (Preußisches Abgeordnetenhaus.) Inter-

pellationen über Flußregulierungen und Kanalbauten. Erklärungen Buddes.

Abg. v. Arnim (konf.) bringt folgende Interpellation ein: „Beabsichtigt die königliche Staatsregierung im Haushaltsetat für 1904 Mittel in angemessener Höhe zur nachhaltigen Beseitigung bringender Notstände in den Stromgebieten, namentlich der unteren Oder, Spree, Havel und Elbe, zu fordern?"

Minister der öffentlichen Arbeiten Budde: Die kgl. Staatsregierung erkennt das Vorhandensein eines Notstandes in den Gebieten der unteren Oder, der Spree und der Havel nach wie vor völlig an. Zur Beseitigung dieser Mißstände in den erwähnten Stromgebieten, insbesondere zur Verhinderung der Hochwassergefahr, zur Förderung anderer Landeskulturinteressen, darunter zur Verbesserung von Schiffbarkeit der Flüsse und zur Erhaltung des Stromlaufes sind von der Staatsregierung bereits, leider aber vergeblich, die erforderlichen Mittel in dem Jahre 1901 gefordert worden. Der Wunsch der Interpellanten, die bestehenden Notstände tunlichst bald beseitigt zu sehen, wird von der königlichen Staatsregierung durchaus geteilt, und wir hoffen mit den Interpellanten, daß es möglich sein wird, für das Jahr 1904 entsprechende Mittel zur Verfügung stellen zu können. Für die Unterelbe war in der wasserwirtschaftlichen Vorlage von 1901 eine Forderung nicht enthalten. Das zur Beseitigung der dort bestehenden Notstände dringend wünschenswerte Projekt ist von der Regierung aufgestellt, wird aber, da es gründlicher Prüfung bedarf und über die Zustimmung der Interessenten verhandelt werden muß, gesondert zu behandeln sein. (Beifall rechts.)

In der Debatte erwarten die Redner der Linken, daß die Regierung eine neue Kanalvorlage einbringe, während die Konservativen verlangen, daß die Flußregulierungen ohne Rücksicht auf neue Kanäle erfolgen sollen.

Abg. Beumer (nl.) bringt folgende Interpellation ein: „Sind die Vorarbeiten für den Bau eines Schiffahrtkanals vom Rhein zum Dortmund-Ems-Kanal durch das Emschertal (als Teilstrecke des Rhein-Weser-Elbe-Kanals) soweit abgeschlossen, daß die zu wählende Linienführung endgültig feststeht? — Ist die königliche Staatsregierung für diesen Fall bereit, um eine abermalige, die wirtschaftlichen Interessen des dortigen Industriegebiets schädigende Verschiebung dieser Linie zu vermeiden, alsbald und wenn möglich noch in dieser Tagung mit einer Kreditforderung an den Landtag heranzutreten, um den Grunderwerb für die projektierte Linie zu sichern?"

Minister der öffentlichen Arbeiten Budde: Es ist bekannt, daß die königliche Staatsregierung die Ausführung eines Kanals von Dortmund nach dem Rhein durch das Emscher Tal als Teilglied eines Rhein-Weser-Elbe-Kanals für notwendig erachtet. Ich erkläre namens der königlichen Staatsregierung, daß sie nach wie vor an dieser Auffassung endgültig festhält. (Beifall.) Was die besondere Frage der Interpellanten anbetrifft, ob die Vorarbeiten für diesen Kanal soweit abgeschlossen sind, daß die Wahl der Linien endgültig feststeht, so muß ich mitteilen, daß diese Feststellung bis heute noch nicht hat erfolgen können, denn in dem in Frage stehenden Gelände schreitet die Bebauung mit großer Schnelligkeit fort. Es sind in der ursprünglich geplanten Trace neuerdings angelegt worden ein Hochofenwerk, mehrere Arbeiterkolonien für die Zechen und viele einzelne Häuser. Daher habe ich eine erneute Prüfung der Linienführung angeordnet, die zurzeit noch nicht abgeschlossen werden konnte.

Hiermit erledigt sich der zweite Absatz der Frage von selbst, indem die Regierung, da eine Linienführung nicht feststeht, auch mit dem Grunderwerb bei dem Dortmund—Rhein-Ems-Kanal nicht vorgehen konnte.

Ende Februar. (Sachsen.) Die Konservativen, Nationalliberalen und der Bund der Landwirte beschließen, bei den Reichstagswahlen gemeinsam vorzugehen.

Ende Februar. (Preußen.) In den höheren Verwaltungsämtern finden mehrfache Verschiebungen statt, die von der Presse im allgemeinen als Schwächung des konservativen Elements charakterisiert werden.

1. März. (Sachsen.) Die Konservativen, Nationalliberalen, die Reformpartei und der Bund der Landwirte einigen sich zu gemeinsamem Vorgehen bei den Reichstagswahlen.

März. In allen Teilen Deutschlands finden zahlreiche Versammlungen statt, die lebhaft gegen die Aufhebung des § 2 des Jesuitengesetzes protestieren. (Vgl. Preußische Jahrbücher, Bd. 112 S. 184.) Der preußische Oberkirchenrat spricht sich ebenfalls dagegen aus. Die Zentrumspresse fordert fortgesetzt die Aufhebung.

1. März. (Berlin.) Diskussion über die Versicherung der Privatangestellten.

Eine Konferenz von 18 Verbänden der Privatangestellten stellt folgende Thesen auf, über die sie sich in einer späteren Zusammenkunft endgültig schlüssig machen wird. 1. Es ist die Schaffung einer besonderen Kasseneinrichtung für die Privatangestellten gemäß § 10 des Invalidenversicherungsgesetzes erforderlich. Dieselbe hat für die von ihr gewährten Alters- und Invalidenrenten, soweit sie sich im Rahmen der gesetzlichen Bestimmungen halten, den Reichszuschuß in Anspruch zu nehmen (§ 8 Abs. 2 JVG.), richtet indessen daneben eigene Gehaltsklassen mit erhöhten Leistungen und Renten ein. 2. Diese Gehaltsklassen sollen sich auf alle Privatangestellten ohne Unterschied der Gehaltshöhe erstrecken und Alters-, Invaliden-, Witwen- und Waisenrenten gewähren. 3. Die Einzahlungen sollen im Verhältnis zu den Gehaltsbezügen stehen. Die Prämien sind von Arbeitgebern und Arbeitnehmern zu gleichen Teilen zu entrichten. 4. Das Recht der Selbstversicherung in den höchsten Gehaltsklassen sowie das der Weiterversicherung für selbständig werdende Angestellte muß dem Versicherten gewahrt bleiben. 5. Das Heilverfahren der Landesversicherungsanstalten hat die Pensionsanstalt für Privatangestellte ebenfalls auszuüben. 6. Angestellte, die bei einer vom Reichsaufsichtsamt für die privaten Versicherungen zugelassenen Kasse versichert sind, sind von der Zugehörigkeit zur staatlichen Pensionsanstalt für Privatangestellte befreit, sofern jene Kasse die Mindestleistungen der staatlichen Anstalt erfüllt.

2. März. (Preußen.) Der Kronprinz und Prinz Eitel Friedrich treten eine Orientreise an. Sie besuchen Egypten, Palästina, Kleinasien, Konstantinopel.

Anfang März.   Zentrum und Polen in Westfalen.

Der Bochumer „Wiarus Polski" stellt für ein Wahlbündns zwischen Zentrum und Polen Forderungen auf, die die „Kölnische Volkszeitung" folgendermaßen zusammenfaßt: 1. Das Zentrum garantiert den Polen ständige Seelsorge in polnischer Sprache; 2. das Zentrum sorgt dafür, daß im Posenschen deutschen Katholiken für die polnischen Kandidaten eintreten; 3. in Oberschlesien verzichtet das Zentrum auf eigene Kandidaturen und unterstützt die Kandidaten des polnischen Wahlkomitees; 4. das Zentrum verpflichtet sich, die Polen im Kampfe gegen die ihnen feindliche Politik energisch und nicht nur mit Redensarten zu unterstützen. — Die „Kölnische Volkszeitung" erklärt dieses Programm für undiskutabel.

2. März.   (Preußisches Abgeordnetenhaus.) Interpellation über den Erlaß des Bischofs von Trier (S. 44). Erklärung Bülows.

Die nationalliberale Partei bringt folgende Interpellation ein: „Hat die königliche Staatsregierung Kenntnis davon genommen, daß die katholische Geistlichkeit in Trier im Anschluß an einen Erlaß des dortigen Bischofs von der Kanzel eine Erklärung verlesen hat, welche katholische Eltern, deren Kinder die staatliche höhere Töchterschule in Trier besuchen, mit kirchlichen Zuchtmitteln bedroht? In welcher Weise beabsichtigt sie die staatliche Autorität auf dem Gebiete des Schulwesens diesen geistlichen Uebergriffen gegenüber zu wahren?"

Abg. Hackenberg (nl.) begründet die Interpellation und bezeichnet den Erlaß als eine starke Herausforderung des Staates; er beruhe auf der Anschauung der katholischen Kirche von der Schule, die auf Zerstörung der paritätischen Schulen ausgehe.

Ministerpräsident Graf Bülow: Ich muß zunächst meinem tiefen Bedauern Ausdruck geben über die Art und Weise, wie der Bischof von Trier durch sein Vorgehen den konfessionellen Frieden gefährdet hat, den aufrecht zu erhalten bis jetzt erfolgreiches Bestreben der Staatsregierung gewesen war. Mein Bedauern ist um so lebhafter, als bis zu diesem plötzlichen Vorstoß des Bischofs von Trier derselbe weder mir noch dem Kultusminister gegenüber wegen der Trierer Schulverhältnisse irgendwelche Schritte getan hat. Auch daran möchte ich erinnern, daß meines Wissens weder im Plenum noch in der Kommission über das Lehrerinnenseminar und die staatliche Mädchenschule in Trier Ausstellungen erhoben wurden. Die diesbezüglichen Etatstitel sind immer anstandslos bewilligt worden. Das Vorgehen des Bischofs ist um so auffälliger, als auch ihm bekannt sein mußte, daß ich es als meine Pflicht betrachte, Gerechtigkeit zu üben gegenüber den Angehörigen beider Konfessionen ohne Kleinlichkeit oder Engherzigkeit in der einen oder anderen Richtung. Der Bischof von Trier konnte nach meiner ganzen politischen Vergangenheit nicht in Zweifel sein, wie aufrichtig ich bemüht bin, berechtigte Klagen unserer katholischen Mitbürger wirksam abzustellen. Der konfessionelle Zwiespalt, welcher durch das deutsche Volk geht, nötigt uns, uns ineinander zu schicken und uns miteinander einzurichten. Das ist nur möglich auf dem Boden eines praktischen modus vivendi, auf dem Boden der Tatsachen, denn Prinzipien sind unversöhnlich; prinzipielle Grundsätze mögen und sollen ausgefochten werden auf geistigem Gebiete mit geistigen Waffen, aber in der Praxis müssen wir miteinander auszukommen suchen. Wenn auf einer Seite der Bischof von Trier, und auf der anderen Seite der Begründer der Interpellation die Führung übernommen hat, so müssen wir uns wieder im

Kulturkampf befinden. Wir können uns nicht so verhalten, als wenn es nur Protestanten oder nur Katholiken in Deutschland gebe, sondern es muß Gerechtigkeit geübt werden von seiten der Staatsregierung durch objektive Geschäftsführung, von seiten der Konfessionen durch Achtung der Rechte und Würde des Staates. Das hat leider der Bischof von Trier außer acht gelassen, als er die schwerwiegende Prinzipienfrage aufwarf, ohne vorher zu versuchen, mit den staatlichen Behörden sich ins Einvernehmen zu setzen, und als er hierfür die ungewöhnliche und schroffe Form wählte, welche das Zustandekommen einer Verständigung ungemein erschweren mußte. Aus den Zeiten des Kulturkampfes sind noch unausgeglichene Inkongruenzen übrig geblieben und es ist bekannt gewesen, daß in der Diözese Trier solche Inkongruenzen in besonderem Maße vorhanden seien. Soweit Mängel an der Trier Schule vorhanden sind, ist es Pflicht des Staates, sie zu beseitigen, vor allem aber müssen wir erwarten, daß der Bischof sein Publikandum rückgängig macht. Der Bischof hat durch seine Abreise im Augenblicke der Veröffentlichung des Publikandums uns leider die Möglichkeit genommen, die Angelegenheit mit ihm direkt zu erörtern, dafür habe ich unsern päpstlichen Gesandten im Vatikan angewiesen, die Aufmerksamkeit der Kurie auf die Bedeutung des Falles zu lenken. Ich will hoffen, daß die Kurie mit uns dafür sorgen wird, daß der bedauerliche Zwischenfall ohne weitere schädliche Folgen für die Beziehungen zwischen Staat, Kirche und Allgemeinheit bleiben wird.

Kultusminister Dr. Studt widerlegt die vom Bischof erhobenen Anklagen gegen die Trierer Schulen. Der Unterricht würde nicht ausschließlich von evangelischen Lehrern erteilt und eine Zurücksetzung von Schülerinnen aus katholischen Schulen bei der Aufnahmeprüfung zum Seminar habe nicht stattgefunden. Von der katholischen Presse sei Anstoß genommen worden, daß Seminarschülerinnen ein Aufsatz über das Zusammentreffen zwischen Odysseus und Nausikaa aufgegeben worden sei: er könne den Mangel an Unbefangenheit in einer solchen Auffassung nur beklagen. Abg. Dittrich (8.): Es sei kein Kampf um die Staatsschule geplant. Es besteht ein Kampf um die Schule; er richtet sich aber nicht gegen die Herrschaft des Staates, sondern gegen den Geist in der Schule. Der Bischof habe den Staat nicht provoziert sondern nur die paritätische Schule angegriffen, die dem katholischen Ideal nicht entspräche. Abg. Graf Limburg-Stirum (konf.): Wir stehen grundsätzlich auf dem Boden der konfessionellen Schule, wir sind aber der Meinung, daß dabei auch die Allgemeinheit nicht außer acht gelassen werden darf und daß die Volksschulen einerseits und Mittel- und höhere Schulen anderseits nicht ganz mit demselben Maße gemessen werden können, weil der Besuch der Volksschule obligatorisch ist und der religiöse und konfessionelle Gedanke naturgemäß mehr betont werden muß. Von diesem Standpunkt aus bedauern wir das Verhalten der katholischen Geistlichen in Trier, und wir erwarten, daß die Staatsbehörden die staatlichen Interessen in vollem Umfange wahrnehmen werden. Die Abgg. Frhr. v. Zedlitz (fr.konf.), Müller-Sagan (fr.Vp.) und Barth (fr. Vg.) tadeln den Bischof scharf als Friedensstörer. Abg. Roeren (8.) verteidigt den Bischof; den Staat treffe die Schuld an dem Zwischenfalle, denn er habe die Mißstände 25 Jahre lang bestehen lassen.

Anfang März. Verbreitung der Wurmkrankheit unter den Bergleuten.

Der allgemeine Knappschaftsverein in Essen versendet an sämtliche Grubenverwaltungen des Ruhrbezirks Material über die Ausdehnung der Wurmkrankheit mit der gleichzeitigen Aufforderung, nur solche Leute noch als Arbeiter aufzunehmen, die absolut sicher nachweisen können, daß sie bisher nicht wurmkrank gewesen sind. Das gesamte Zentrum des Ruhrbeckens von Gelsenkirchen bis Dortmund sowie vom Emscherfluß bis an die von Dortmund nach Essen führende Eisenbahnlinie ist von der Seuche erfaßt, die ständig weitere Fortschritte macht. Diese werden durch die Berieselung der Gruben sehr gefördert; indessen lehnt die Bergpolizeibehörde die geforderte vorläufige Einstellung der Berieselung unter dem Hinweis darauf ab, daß diese Einrichtung die wesentlichste technische Errungenschaft der Neuzeit sei, um Einzel- sowie Massenunfälle zu verhüten.

5. März. Im Reichstage werden beim Justizetat mehrere Fälle von willkürlichen Verhaftungen durch die Polizei besprochen und scharf getadelt. Abg. Heine (Soz.) fordert Einführung der Entschädigungspflicht des Staates in solchen Fällen.

6. März. (Reichstag.) Etat. Debatte über die Straßburger katholisch-theologische Fakultät (1902 S. 266).

Abg. Sattler (nl.) bedauert, daß man die Fakultät mittelst eines Vertrags mit der Kurie anstatt durch staatliche Machtvollkommenheit eingerichtet habe. Der Inhalt bedeute ein weiteres Zurückweichen der Staatsgewalt vor der römischen Hierarchie, weil dem Bischof die Macht gegeben werde, mißliebige Professoren zu entsetzen. Das fortgesetzte Zurückweichen des Staates habe eine stille innere Wut innerhalb der evangelischen Bevölkerung erzeugt. Geh. Rat Halley: Die Behauptung von der Niederlage des Staates sei eine hohle Phrase. Die Errichtung der katholisch-theologischen Fakultät ist die wichtigste und durchschlagendste Neuerung, die die Universität seit ihrer Begründung erlebt hat. Sie sollte dem paritätischen Charakter der Universität vollständig gerecht werden. Sie sollte die Universität tatsächlich zu einer universitas literarum machen, was sie bis dahin noch nicht war, solange ihr die katholisch-theologische Fakultät fehlte. Sie sollte endlich, was die Studierenden der katholischen Theologie anlangt, diese in innigere Beziehungen mit dem deutschen wissenschaftlichen Leben bringen, als die jetzigen bischöflichen Seminare mit ihrer Abgeschlossenheit es vermochten. Uebrigens hat kein geringerer als Fürst Bismarck bei Begründung der Universität Straßburg 1871 den Gedanken ausgesprochen, daß Straßburg auch auf diesem Gebiete einen durchaus paritätischen Charakter erhalten sollte. Um das zu erreichen, konnten wir unmöglich autonom an die Errichtung einer katholisch-theologischen Fakultät herangehen. Wir waren gezwungen, uns mit der römischen Kurie ins Einvernehmen zu setzen, und es ist dabei ein Abkommen zu stande gekommen, das der Reichskanzler mit Recht als ein für beide Teile gutes Abkommen bezeichnet hat.

7./20. März. Das Preußische Abgeordnetenhaus berät den Kultusetat. In der Debatte werden namentlich Ordensfragen und die Konfessionalität der Schüler erörtert.

9./13. März. (Reichstag.) Zweite Beratung des Militäretats.

Am 9. März kritisiert Abg. Bebel (Soz.) die Verwendung von Kavalleriemassen im letzten Kaisermanöver als unkriegsgemäß. Kriegsminister v. Goßler: Durch diese Kavalleriemanöver solle die Möglichkeit, große Massen auf Einen Punkt zu versammeln, erprobt werden. — Am folgenden Tage bezeichnet Abg. Zubeil (Soz.) die Lohnverhältnisse und die soziale Fürsorge in den Spandauer Werkstätten als ungenügend. General v. Einem: Es würden Stücklöhne von 3,80—7 Mark gezahlt; die Arbeiter seien zufrieden wie 10000 neue Anmeldungen bewiesen. — Abg. Müller-Meiningen (fr. Vp.) kritisiert lebhaft die Kleidung, die zu wenig kriegsmäßig sei, insbesondere die zahlreichen Abzeichen und Auszeichnungen.

9. März. (Trier.) Folgender Erlaß wird von den Kanzeln verlesen (vgl. S. 54):

Gemäß den Erklärungen der Minister im Abgeordnetenhause und weiterer Mitteilungen hat die kgl. Staatsregierung die Absicht, den Wünschen der Katholiken in der hiesigen Schulfrage gerecht zu werden. Deshalb hat der Bischof in Uebereinstimmung mit dem Heiligen Vater angeordnet, daß unsere Kanzelpublikation wegen veränderter Umstände als nicht geschehen zu betrachten sei.

11. März. (Berlin.) Vereidigung des Erzbischofs von Köln. Rede des Kaisers.

Der Erzbischof Fischer von Köln legt den Eid in die Hände des Kaisers ab und hält nach der Eidesleistung eine Ansprache, in der es heißt: ... Ich verehre Ew. Majestät in tiefster Seele als den erhabenen Herrscher, dem das Wohl aller seiner Untertanen, auch — ich freue mich, es hier aussprechen zu können — seiner katholischen Untertanen am Herzen liegt. Ich verehre in Ew. Majestät den mächtigen, tatkräftigen Fürsten, der in einer Zeit, wo vielfach Unglaube und Gottlosigkeit sich brüstet und an den Fundamenten des christlichen Volkslebens rüttelt, vor aller Welt keinen Hehl macht aus seiner christlichen Ueberzeugung, vielmehr bei den verschiedensten Gelegenheiten seinen demütigen Glauben an die Majestät Jesu Christi, als des menschgewordenen Gottessohnes und Erlösers der Menschheit, kundgegeben hat.

Der Kaiser antwortet: Ich habe Mich bewogen gefunden, Sie, hochwürdiger Herr, bei Antritt Ihres Amtes persönlich zu empfangen und das eidliche Gelöbnis der Treue, welches Sie soeben abgelegt haben, selbst entgegenzunehmen. Als nach dem allzu frühen, auch von Mir tief beklagten Hinscheiden des Erzbischofs Dr. Simar die Wahl des Metropolitankapitels Sie auf den erzbischöflichen Stuhl zu Köln berief, habe Ich zu Ihrer Erwählung gern Meine Genehmhaltung aussprechen lassen. Seit mehr als 14 Jahren dem Metropolitankapitel angehörig, sind Sie, namentlich durch Ihre Wirksamkeit als Weihbischof, den Aufgaben des Sie jetzt erwartenden weiten und schwierigen Arbeitsfeldes näher getreten. Ihre reiche Erfahrung wird Ihnen die Führung des neuen Amtes erleichtern. Und Ihre Pflichttreue, sowie die Beweise patriotischer Gesinnung aus Ihrer früheren Tätigkeit sind Mir Gewähr, daß sie auch auf dem erzbischöflichen Stuhle zu Köln als guter Hirte der Ihnen anvertrauten Seelen, dem Mir soeben abgelegten Gelübde getreu, in den Gemütern der Geistlichen und Gemeinden den Geist der Ehrfurcht und Treue gegen Mich und Mein Haus, die Liebe zum Vaterlande und den Gehorsam gegen die von Gott geordnete Obrigkeit, sowie die Eintracht unter den Bewohnern des Landes pflegen und nähren werden. In dieser Erwartung erteile Ich Ihnen Meine landesherrliche Anerkennung und wünsche Ihnen, hochwürdiger Herr, zu der Verwaltung Ihres erzbischöflichen Amtes Gottes reichsten Segen.

12. März. (Reichstag.) Die Budgetkommission kritisiert

scharf die Etatsüberschreitungen beim Erwerb des Truppenübungs-
platzes für das 6. Armeekorps bei Neuhammer. — Am 18. März
werden die Forderungen bewilligt.

13. März. (Württemberg.) Die Zweite Kammer verweist
den Gesetzentwurf, die 4prozentigen Staatsanleihen (34 Millionen
Mark) in 3½prozentige umzuwandeln und eine Zwangstilgung
einzurichten, an eine Kommission. Alle Redner stimmen im
Prinzip zu.

14. März. (Reichslande.) Beim Landesausschusse wird
folgender Antrag über die Revision der Verfassung eingebracht:

Der Landesausschuß wolle beschließen, die Regierung zu ersuchen,
durch den Herrn Reichskanzler folgenden Wunsch dem Bundesrat und dem
Reichstag zu unterbreiten: Der elsaß-lothringische Landesausschuß spricht
den Wunsch aus: 1. daß die Verfassung des Deutschen Reiches und das
Reichsgesetz betr. Verfassung und Verwaltung Elsaß-Lothringens dahin
abgeändert werde, daß der Reichstag als gesetzgeberischer Faktor für Elsaß-
Lothringen ausgeschaltet werde; 2. dementsprechend dem Landesausschuß
die Befugnisse, die Stellung und den Namen eines Landtags für Elsaß-
Lothringen erteilt werde; 3. daß bei Beratung von elsaß-lothringischen
Angelegenheiten im Bundesrat die drei von dem Landesherrn zu ernennenden Vertreter Elsaß-Lothringens zur Abstimmung berechtigt seien.

15. März. (Bayern.) Der Delegiertentag der bayerischen
Nationalliberalen in Nürnberg faßt folgende Resolution:

Angesichts der unmittelbaren Bedrohung der Aufgaben des bayerischen Verfassungslebens auf religiösem und kulturellem Gebiete durch eine
skrupellose Agitation, die die Religion zur Magd engherzigster Partei-
politik herabwürdigt, und auf das schwerste das Land beunruhigt, das auf
das treue Zusammenwirken aller Kreise der Bevölkerung ohne Unterschied
der Konfession hingewiesen ist, — angesichts der Tatsache, daß diese Agitation, die auf die Zersetzung des Zusammenlebens zwischen Angehörigen
verschiedener Konfessionen hinarbeitet, sich anschickt, nun auch noch das
gewerbliche Leben unter Anwendung konfessionellen Boykotts zu vergiften,
ohne daß erkennbar die dazu berufenen Stellen ein Wort des Einspruches
gefunden haben, ist eine geschlossene Abwehr für alle verfassungstreuen Teile
der Bevölkerung Bayerns unabweisbar geboten. Daher rufen die heute
in Nürnberg versammelten Delegierten der nationalliberalen Landespartei
im diesseitigen Bayern ihre Angehörigen in Stadt und Land auf, sich zu
rühren und zu wehren. Daher fordern die Delegierten die Gesamtpartei
auf, neben dem steten Verteidigungskampf gegen die antimonarchischen und
antinationalen Bestrebungen der Sozialdemokratie für die zurzeit noch
vordringlicher gewordene Abwehr und Zurückdämmung des übermächtig
gewordenen Ultramontanismus mit aller Kraft und Entschiedenheit einzutreten; insbesondere bei den nächsten Reichstagswahlen diesem Grundsatz
gemäß zu handeln und speziell bei den Stichwahlen, wo nur immer einem
Sozialdemokraten oder Ultramontanen ein nichtultramontaner, monarchisch
gesinnter Kandidat gegenübersteht, auf diesen bis auf den letzten Mann
ihre Stimme zu vereinigen.

Mitte März. Der Bund der Landwirte stellt folgende

handelspolitische Grundsätze auf, von deren Anerkennung die Unterstützung der Reichstagskandidaten durch den Bund abhängig ge=
macht werden soll:

Der Bund der Landwirte erwartet (daher) von den mit seiner Unterstützung gewählten Abgeordneten in bezug auf die Handelspolitik: A. daß
sie ihren ganzen Einfluß auf die Regierung dahin geltend machen werden,
daß die sofortige Kündigung der noch laufenden Handelstarifverträge, ohne
Rücksicht auf den Stand neuer Verhandlungen erfolgt; B. daß sie neuen
Handelstarifverträgen, die eine Ermäßigung der landwirtschaftlichen Zollsätze des neuen Generaltarifs enthalten, nur zustimmen werden, wenn
a) vorher die Kündigung der Meistbegünstigungsverträge mit den Vereinigten Staaten von Amerika und mit Argentinien erfolgt ist; b) die
Industriezollsätze des neuen Generaltarifs bei der chemischen Industrie und
bei der Eisen- und Maschinenindustrie eine Herabsetzung erfahren, durch
welche die Parität zwischen dem der Landwirtschaft und Industrie gewährten Schutz hergestellt wird; c) die neuen Handelsverträge eine Klausel
enthalten, die dem Deutschen Reiche das Recht wahrt, in bezug auf die
Regulierung des Getreideimports besondere gesetzliche Maßregeln zu treffen;
d) die Vieh- und Fleischzölle nicht unter diejenigen Säße herabgemindert
werden, welche seinerzeit von der Tarifkommission des Reichstags als
Mindestzollsätze beschlossen und neuerdings in der dem Reichstage vorgelegten Resolution Herold verlangt worden sind; e) der innerhalb des
Rahmens des neuen Generaltarifs überhaupt noch mögliche Schutz für
tierische Produkte, Delfrüchte, Gärtnereiprodukte, Wein, Obstbau und Schäl-
wald gewahrt wird; f) die Verkehrs- und Tarifautonomie des Deutschen
Reichs auf sämtlichen Verkehrsstraßen gewahrt wird.

Mitte März. (Sachsen.) Sozialdemokratie und Armut.

Auf einer sozialdemokratischen Landeskonferenz in Mittweida wird
über die Erhöhung der Beiträge zum Wahlfonds beraten. Dabei betont
Delegierter Hähle-Chemnitz: Es sei zu bedenken, daß von unseren Parteigenossen den Leuten die Armut zu sehr eingeredet worden ist! Das bestätigt Sindermann-Dresden als richtig: man hat den Leuten immer vor-
geredet, ihr seid zu arm, bis sie es geglaubt haben!

("Tägliche Rundschau".)

17. März. Der Kaiser besucht den König von Sachsen in Dresden.

17. März. (Sachsen.) König Georg erläßt folgende Kund-gebung über die Ehescheidung des Kronprinzen:

An Mein Volk! Im Begriff, zur Erholung nach langer, ernster
Krankheit in den Süden zu reisen, drängt es Mich, noch einmal allen, die
gelegentlich des schweren Unglücks, das über Mich und Meine Familie
hereingebrochen ist, Mir herzliche Beweise der Teilnahme gegeben hat, von
ganzem Herzen zu danken. Mit diesem Ausdruck des Dankes verbinde
Ich den Ausdruck der zuversichtlichen Hoffnung, daß die Unruhe und Aufregung, welche infolge der betrübenden Vorgänge des vergangenen Winters
sich weiterer Kreise bemächtigt hat, endlich der Ruhe und dem früheren
Vertrauen Platz machen wird. Glaubet nicht denen, die euch vorstellen,
daß hinter all dem Unglück, das uns betroffen hat, nur geheimnisvoller
Lug und Trug verborgen sei, sondern glaubet dem Worte eueres Königs,
den ihr nie als unwahr erkannt habt, daß dem unendlich Schmerzlichen,

das über uns hereingebrochen ist, lediglich die ungebändigte Leidenschaft einer schon lange im stillen tief gefallenen Frau zu Grunde liegt. In der Ueberzeugung, daß Mein Volk Mir vertraut und sich in Meiner tiefen Bekümmernis immer mehr um Mich schart, trete Ich, von zuversichtlicher Hoffnung erfüllt, Meine Reise an.   Georg.

In der Presse war hier und da behauptet worden, daß der Ehebruch der Kronprinzessin durch jesuitische Einflüsse hervorgerufen worden sei. Giron habe im Auftrage der Jesuiten die Kronprinzessin, die ihnen unbequem gewesen sei, verführt. Gegen diese Anschauung, die in den meisten protestantischen Blättern abgelehnt worden ist, richtet sich der Erlaß, der im übrigen meist ungünstig kritisiert wird.

17. März. (Reichstag.) Kommissionsberatung über die ostasiatische Politik. Abstrich.

Staatssekretär Frhr. v. Richthofen bespricht die Räumung von Schanghai. Für die deutsche Politik während der chinesischen Wirren seien zwei Gesichtspunkte maßgebend gewesen; im Einvernehmen mit den anderen Mächten zu bleiben, also keinerlei Sonderstellung einzunehmen und den Schutz der Reichsangehörigen und unserer wirtschaftlichen Interessen nicht in geringerem Maße wahrzunehmen, als die anderen Mächte den Schutz ihrer Interessen. Infolgedessen mußten, nachdem England, Frankreich und Japan Besatzungen nach Schanghai gelegt hatten, auch wir uns veranlaßt sehen, das Gleiche zu tun. Während des Sommers 1902 machte sich bei einzelnen Mächten mit Rücksicht auf die inzwischen eingetretene ruhigere Lage und zu ihrer finanziellen Erleichterung mehr und mehr der Wunsch geltend, Schanghai wieder zu räumen. Nach den Grundsätzen, daß wir keine Sonderstellung einnehmen wollten, hatten wir jener Anregung grundsätzlich zugestimmt. Vor endgültiger Entschließung wurde ein Gutachten des Gesandten in Peking eingeholt, das dahin ging, die Zustände hätten sich so konsolidiert, daß ohne Gefahr für unsere Interessen die Aufrechterhaltung der Ordnung wieder wie früher den chinesischen Vizekönigen überlassen werden könne. Demnächst suchte die deutsche Politik gewisse Kautelen für die Zukunft dadurch zu schaffen, daß die Räumung gleichmäßig und gleichzeitig erfolgen und daß im Falle einer Wiederbesetzung Schanghais durch eine andere Macht auch Deutschland das gleiche Recht haben sollte. Nachdem hierüber ein Einverständnis erzielt, auch eine ausreichende Wahrung unserer Interessen durch die Bereitschaft der Marine zu dauernder Besetzung der chinesischen Station sichergestellt war, konnten wir auch unser tatsächliches Einverständnis mit der Räumung Schanghais erklären. Die augenblickliche Lage ist die, daß auf chinesischem Gebiete, abgesehen von Kiautschou, Weihaiwei und der Mandschurei, nur in Petschili noch fremde Truppen unterhalten werden, die hauptsächlich als Stütze für die Gesandtschaftswachen in Peking dienen. Die Zahl der fremden Truppen beträgt im ganzen 7400 Mann, davon entfallen auf England 1900, Frankreich 1800, Deutschland 1600, Japan 1050, Italien 900, Rußland 850. Von den deutschen Truppen stehen 300 in Peking, 400 in Tientsin, der Rest an unseren anderen Punkten Tschilis. An Reserven verfügt England über Truppen in Weihaiwei und in Hongkong und im Notfall über die indischen Truppen; Frankreich hat eine starke militärische Stellung in Indochina, Rußland in der Mandschurei, Japan genießt die Vorteile seiner nahen geographischen Lage. Demgegenüber haben wir nur über 1700 Mann regelmäßige Besatzung von Kiautschou zu verfügen; um dieses ungünstige Verhältnis einigermaßen auszugleichen, sind von den aus Petschili zurückgezogenen Truppen 600 Mann zur Verstärkung in Kiautschou zurückbehalten worden. Hiernach dürfte die regierungsseitige Zusage vom vorigen Jahre, einerseits unsere politische und wirtschaftliche Stellung zu behaupten und andererseits die Finanzkraft des Reiches möglichst zu schonen, erfüllt worden sein.

Auf Antrag des Abg. Richter (fr. Vp.) werden von der Summe für Unterhaltung des Kontingents in Tschili (15,3 Millionen Mark) drei Millionen gestrichen. Dagegen stimmen nur die Konservativen.

18. März. Der Reichstag genehmigt in dritter Beratung den Eisenbahnvertrag mit Luxemburg.

18. März. (Reichstag.) Die Budgetkommission über die Errichtung einer militärtechnischen Hochschule.

Die Kommission verwirft eine Forderung von 103 000 Mark für eine militärtechnische Akademie zur Weiterbildung von Offizieren, die auf technischen Hochschulen vorgebildet worden sind. Dagegen genehmigt sie mit 13 gegen 12 Stimmen einen Antrag Müller-Fulda-Groeber, nach dem die geforderten 103 000 Mark bewilligt werden für eine „Akademie für militärtechnische Gegenstände" zum Zwecke der Ausbildung der Offiziere in den militärtechnischen Fächern, während die Ausbildung in den allgemeinen technischen Fächern der technischen Hochschule in Charlottenburg verbleibt. Der Kriegsminister stimmt diesem Antrage zu.

19. März. (Reichstag.) Etat des Auswärtigen Amts. Venezuela; Dreibund; Orient. Magyaren und Deutsche, Mitteilung über Bismarcks Politik.

Abg. Frhr. v. Hertling (3.) fragt den Reichskanzler, ob die Aktion gegen Venezuela befriedigend verlaufen sei. In der öffentlichen Meinung halte man sie zum Teil für überflüssig und sei mißtrauisch gegen England. Er hielte das Zusammengehen mit England für nützlich. Erfülle ferner der Dreibund seine Aufgabe als Hort des europäischen Friedens und sei Italien ein zuverlässiger Bundesgenosse, oder sei von ihm, wie Delcassé am 3. Juni angedeutet habe, kein Wohlstand gegen Frankreich zu erwarten? Wie stelle sich ferner die Regierung zu den Vorgängen in Makedonien und könne Deutschland als nicht direkt beteiligte Macht nicht seinen Einfluß in Konstantinopel geltend machen, um die Wiederholung der dort begangenen Scheußlichkeiten zu verhüten?

Reichskanzler Graf Bülow: Ich bin dem Herrn Vorredner dankbar, daß er mir durch seine Anfrage Gelegenheit bietet, mich in eingehender Weise über den tatsächlichen Stand unserer auswärtigen Angelegenheiten auszusprechen. In der Venezuela-Angelegenheit handelt es sich für uns von Anfang an um irgend welche territoriale Machterweiterungsgelüste, noch um irgend welche Gloriole, sondern lediglich um die Abwickelung eines wegen der vollständigen Unzuverlässigkeit des Schuldners ungewöhnlich schwierigen Geschäftes mit außergewöhnlichen Mitteln. Das schließt natürlich nicht aus, daß wir in der Venezuela-Affäre auch die Pflicht hatten, unser Ansehen und die Ehre unserer Flagge zu wahren. Das war aber, wie die Verhältnisse lagen, nur möglich durch das von uns in Gemeinschaft mit England und Italien eingeschlagene Zwangsverfahren; denn eine Methode, den Pelz zu waschen, ohne ihn naß zu machen, ist bisher noch nicht entdeckt worden. Es handelt sich bei derartigen Unternehmungen nicht allein um den gerade schwebenden Fall, sondern auch um eine in die Zukunft reichende Warnung. Dieser Grundsatz ist nicht ad hoc für den Fall aufgestellt worden, sondern er wird

Geltung behalten müssen, solange es Regierungen gibt, welche die kommerzielle bona fides hinter andere minder egoistische Interessen zurücktreten lassen. Wenn wir eine solche Angelegenheit lediglich vom Geldstandpunkte aus behandeln wollten, so hieße das so viel, als ob wir uns jede, auch die frivolste Rechtsverletzung gefallen ließen, und dann brauchten wir in der Tat weder Schiffe noch Kanonen. Ich möchte aber keine Zweifel darüber lassen, daß es sich bei diesem Vorgehen nur um einen seltenen Ausnahmefall handelte. Ich denke nicht daran, die Anschauung zu vertreten, daß Deutschland für jedes irgendwie geartete Geschäft, das irgendwo in der Welt ein Deutscher unternimmt, gewissermaßen den Exekutor zu spielen hätte. Es müssen dazu immer noch besondere Umstände hinzukommen, und ein Beweis dafür, daß wir im vorliegenden Falle einschreiten mußten, liegt wohl auch darin, daß mit uns die englische Regierung sich genötigt gesehen hat, Zwangsmaßnahmen gegen Venezuela anzuwenden, während es doch sonst bekanntlich ein Grundsatz der englischen Handelspolitik ist, daß der Engländer sein Kapital im Ausland auf eigene Gefahr anlegt. Daß England in diesem Falle von dieser seiner Tradition abging, beweist, daß hier in der Tat eine Zwangslage vorlag. Was nun die Art unseres Vorgehens anlangt, so hat schon der Herr Vorredner hervorgehoben, daß wir gerade in diesem Falle mit besonderer Nüchternheit und Besonnenheit handeln mußten, wir mußten vor allem dafür sorgen, daß aus dieser verhältnismäßig untergeordneten Streitfrage nicht eine Störung unserer guten Beziehungen zu den anderen Mächten hervorging. An Versuchen, solche Störungen herbeizuführen, hat es tatsächlich nicht gefehlt; ich denke dabei natürlich nicht an irgend eine fremde Regierung, aber einem Teile der ausländischen Presse schien diese Gelegenheit günstig, um Mißtrauen zu säen zwischen den Kabinetten in Berlin einerseits und Washington und London anderseits. Aus den Berichten unserer Vertreter in Südamerika war zu entnehmen, daß dort, während der Konflikt noch schwebte, die unbegründetsten und unsinnigsten Gerüchte verbreitet wurden; so wurde verbreitet, daß wir uns mit Landerwerbsabsichten trügen, daß wir der Selbständigkeit dieser oder jener amerikanischen Republik nahetreten wollten. In der Verbreitung solcher Lügenmären zeichnete sich ganz besonders der „New-York Herald" aus; er hatte sich einen eigenen Beamten im deutschen Auswärtigen Amte erfunden (Heiterkeit), und er hat auf das bestimmteste versichert, wir wollten zunächst Venezuela, dann Columbia und endlich Brasilien annektieren. (Große Heiterkeit.) Diese Versuche, uns etwas anzuhängen, sind gescheitert, einmal an der Loyalität des Kabinetts von Washington und London, dann aber an der Durchsichtigkeit und Ehrlichkeit unserer Politik, die viel zu offen zutage lag, als daß es hätte gelingen sollen, uns mit Erfolg phantastische Eroberungsgelüste oder heimtückischer Geheimpläne anzudichten. Die Kabinette von London und Washington haben, unbeirrt durch diesen Preßunfug, den geraden Weg weiter verfolgt, und ich kann mit Befriedigung konstatieren, daß unsere Beziehungen zu England wie zu Amerika aus der Venezuelaaffäre ungeschädigt hervorgegangen sind. (Bravo!) Was nun die Beilegung des Zwistes mit Venezuela angeht, so sind nach dem Protokolle zur Beilegung der Zwistigkeiten die in dem deutschen Ultimatum aufgestellten Forderungen als angenommen anzusehen. Redner geht auf die Modalitäten des Vertrages ein und teilt mit, daß der erste von Venezuela ausgestellte Wechsel im Betrage von 250 000 Mark pünktlich eingelöst worden sei und daß der letzte Wechsel am 15. Juli fällig sei. Auf einen Ersatz der Blockadekosten habe Deutschland ebenso wie England und Italien verzichtet. Wir haben also, so schließt Redner diesen Teil seiner Ausführungen, dasjenige erreicht, was wir von Anfang an angestrebt hatten und was nach Lage der Sache zu erreichen war. Ich glaube sagen zu können, daß wir diese Aktion mit dem nötigen Nachdruck, aber auch mit der nötigen Abgrenzung eingeleitet und ohne Schwäche durchgeführt haben.

Ich komme dann zur Frage des Dreibundes. Daß der Dreibund rechtzeitig und in unveränderter Form erneuert werden konnte, ist ein Beweis dafür, daß er nicht auf einer zufälligen, vorübergehenden oder künstlich herbeigeführten politischen Konstellation beruht, sondern auf dauernden und gleichmäßig vorhandenen Bedürfnissen und Interessen der drei beteiligten Länder. Wenn ich das Wesen des Dreibundes in zwei Worten definieren soll, so will ich sagen, daß derselbe der inneren und äußeren Entwickelung der durch ihn verbundenen Reiche keine anderen Schranken auferlegt als diejenigen, welche durch die Rücksicht auf die Aufrechterhaltung des status quo und somit des Friedens geboten sind. Durch diesen seinen Charakter unterscheidet sich der Dreibund von einer langen Reihe ähnlicher Koalitionen, welche frühere Zeiten gesehen haben, namentlich den Alliancen des 18. und 19. Jahrhunderts. Der Dreibund, das glaube ich ohne Uebertreibung sagen zu dürfen, ist von allen diesen Alliancen diejenige, die gleichzeitig als die friedlichste, als die stärkste, als die dauerhafteste und als die elastischste bezeichnet werden kann. Die Erneuerung des Dreibundes ist nicht anstandslos und nicht ohne Schwierigkeiten vor sich gegangen. Ich geniere mich gar nicht zu sagen, daß es in Oesterreich wie in Italien auch Gegner des Dreibundes gibt, und zwar sind das diejenigen Elemente, die in der Regel auch Gegner der in den betreffenden Ländern bestehenden verfassungsmäßigen Institutionen sind. Gegenüber den Quertreibereien, die aus diesen Kreisen heraus in der Presse erhoben worden sind, habe ich bei der Erneuerung des Dreibundes an dem Gesichtspunkte festgehalten, daß der Dreibund seinen bisherigen defensiven Charakter ohne jede Einschränkung und ohne jede Abschwächung bewahren müsse. Das ist geschehen. Wir halten an unseren Verpflichtungen gegenüber unseren beiden Verbündeten mit deutscher Treue fest, wir haben aber auch jede mögliche Bürgschaft, daß unsere Verbündeten ebenso fest und treu zu uns stehen. Wir haben ferner daran festgehalten, daß die Unterhandlungen wegen der Dreibundserneuerung nicht verwischt und verquickt werden dürfen mit Beweggründen, die damit nichts zu tun haben, also namentlich nicht mit zoll- und handelspolitischen Fragen. (Beifall rechts.) Der Dreibund erleichtert die Aufrechterhaltung guter wirtschaftlicher Beziehungen zwischen den verbündeten Reichen; aber davon konnte selbstverständlich keine Rede sein, daß wir die Erneuerung des Dreibundes mit irgend welchen zollpolitischen Zugeständnissen erkauft hätten. (Beifall rechts.) Nun ist in einer Reihe von Zeitungen, die ich eigentlich für klüger gehalten hätte (Heiterkeit), gesagt worden, durch meine Bemerkung, der Dreibund sei für uns keine absolute Notwendigkeit mehr, sei die Erneuerung des Dreibundes erschwert worden. Das Gegenteil ist der Fall. Ich bin damit lediglich denen entgegengetreten, die sich und anderen einreden wollten, für Deutschland, das ich immer noch für das bündnisfähigste Land der Welt halte, sei die Erneuerung des Dreibundes eine größere Notwendigkeit als für die anderen beteiligten Mächte. Demgegenüber habe ich festgestellt, daß Deutschland an der Erneuerung des Dreibundes kein geringeres, aber auch nicht um ein Atom größeres Interesse hatte. Das schließt natürlich nicht aus, daß wir dieses Bündnis zwischen drei durch ihre geographische Lage, durch historische Traditionen und durch zahlreiche materielle und geistige Interessen aufeinander angewiesenen Ländern seinem vollen Werte nach schätzen. Nun hat auch die ausländische Presse davon gesprochen, daß der Dreibund an Bedeutung verloren habe. Das ist ein harmloses Vergnügen und ein gewisser Trost für diejenigen, die schon auf die Nichterneuerung des Dreibundes spekuliert hatten. Wenn diese betrübten Lohgerber, denen die Felle weggeschwommen sind, hinterher behaupten, die Felle hätten keinen Wert, so wollen wir ihnen dieses Vergnügen nicht mißgönnen. (Heiterkeit.) In französischen nationalistischen Blättern, die sich bekanntlich besonders phantasievoller Mitarbeiter erfreuen, wurden ja schon Betrachtungen darüber angestellt, wie die Landkarte von Europa sich gestalten würde, wenn der Dreibund nicht zu stande käme. (Heiterkeit.) In Wirklichkeit ist der Dreibund unverändert geblieben, er hat sich weder in seinem Charakter, noch in seiner Bedeutung irgendwie geändert, und damit, glaube ich, können wir alle durchaus zufrieden sein. Gewiß ist Deutschland stark genug, um sich im Notfalle auch allein behaupten zu können; das schließt aber nicht aus, daß wir die Wohltaten des Dreibundes sehr wohl zu schätzen wissen. Nun hat der Herr Vorredner auch eine Aeußerung des französischen Ministers Delcassé erwähnt, welcher gesagt hat, daß Italien durch den Dreibund nicht gezwungen werden könne, sich an einem Angriffe gegen Frankreich zu beteiligen. Ich glaube, daß mein verehrter Kollege damit nur hat sagen wollen, daß der Dreibund eben einen defensiven Charakter trägt, daß er ein Friedensbündnis ist, von dem niemand sich eines unberechtigten Angriffes zu gewärtigen hat. Das ist in Deutschland seit langem Gemeinschaft der öffentlichen Meinung. Wir können uns aber darüber nur freuen, wenn auch bei unseren Nachbarn, wenn speziell in Frankreich die Ansicht durchbringt von dem friedlichen Charakter des Dreibundes, daß der Dreibund niemand bedroht, der den europäischen status quo und den Frieden respektiert, daß er nur ein Bollwerk ist gegen solche Tendenzen, die beides gefährden. (Beifall.)

Endlich ist der Herr Vorredner auch auf den Orient gekommen, und zwar nicht auf den entfernten äußersten, sondern auf den uns näherliegenden Orient. Ich habe schon vor vier Jahren ausgesprochen, daß wir in Konstantinopel keinen besonderen, und insbesondere keinen ausschließlichen Einfluß anstreben. Es ist und bleibt für uns ein fundamentaler Grundsatz der deutschen Politik, daß wir keine aktive Orientpolitik treiben und daß wir im Orient für niemand die Kastanien aus dem Feuer holen. Aber gerade weil wir in Konstantinopel keine besondere Vormachtsstellung anstreben, gerade deshalb beruht unser Verhältnis zur Türkei auf solider Basis, auf dem Vertrauen, welches die Pforte zu der Loyalität unserer Politik hat. Was nun Makedonien anlangt, so steht Deutschland jeder Maßnahme sympathisch gegenüber, welche auf eine tatsächliche Besserung der Verhältnisse hinzielt, ohne auf der anderen Seite den europäischen Besitz der Türkei irgendwie zu erschüttern. Der russisch-österreichische Reformplan scheint mir in glücklicher Weise diese beiden Ziele zu kombinieren. In Makedonien würde meines Erachtens ein Fortwursteln ohne organische Reformen ebenso gefährlich sein, wie gewaltsame Abänderungsversuche. Diese beiden Klippen hat das Reformprojekt vermieden. Ich halte die Zustände in Makedonien für verbesserungsbedürftig, aber auch für verbesserungsfähig. Deutschland begegnet sich in dem Wunsche, auf dem Boden der bestehenden politischen Machtverhältnisse für Ruhe und Ordnung im Orient zu sorgen, durchaus mit den zunächst beteiligten Mächten, Rußland und Oesterreich. Ich resümiere mich dahin, daß wir gegenüber der Lage im Orient festhalten an den beiden erwähnten Gesichtspunkten der deutschen Politik, einmal, daß wir an der orientalischen Frage kein direktes Interesse haben, daß wir aber unsere Mitwirkung niemals fehlen lassen, wo es sich um die Erhaltung des allgemeinen Friedens handelt. (Beifall.)

Abg. Dr. Hasse (nl.) bedauert, daß man in der Venezuelafrage die nordamerikanische Vermittlung angenommen habe; der nordamerikanische Gesandte Bowen habe durch sein schroffes Auftreten das Ansehen Europas geschädigt. Man hätte noch eine moralische Sühne von Venezuela verlangen sollen. Peinlich habe in Deutschland das Auftreten des Gesandten Speck v. Sternburg berührt. Kränkend für das deutsche Gefühl sei es, daß sich in Ungarn ein magyarisches Willkürregiment gegen die Deutschen geltend mache und daß im ungarischen Reichstag die Deutschen ungestraft schnöde beschimpft würden. Der magyarische Größenwahn gefährde den Frieden in den Donauländern. Abg. Dr. Oertel (konf.): Der deutsche Handel werde Nachteile haben von der venezolanischen Verwickelung.

Reichskanzler Graf v. Bülow: Meine Herren, wenn ich bei der Verteilung der Zensuren durch den Abg. Oertel noch leidlich weggekommen bin, so hat der Abg. Hasse gegen mich und die von mir geleitete auswärtige Politik eine Reihe scharfer Angriffe erhoben. Der Abg. Hasse ist zunächst der Ansicht, daß wir von Venezuela mehr hätten erreichen können, daß wir in dieser Beziehung mehr hätten herausschlagen sollen. Dem Abg. Hasse genügen nicht die materiellen Zugeständnisse, welche uns Venezuela zu leisten sich bereit erklärt hat. Er verlangt von Venezuela auch noch eine besondere Sühne. Ich möchte wissen, welche Sühne eigentlich dem Abg. Hasse noch vorschwebt? Wünscht er, daß ich dem General de Castro das Verlangen unterbreite, etwa einen Sühneprinzen zu schicken? (Heiterkeit.) Ich gestehe, daß ich an dem chinesischen Sühneprinzen genug gehabt habe. (Große Heiterkeit.) Im übrigen bin ich der Ansicht, daß Venezuela uns gegenüber seine materiellen Verpflichtungen erfüllt. Wenn der Abg. Hasse so viel an dem auszusetzen hatte, was wir von Venezuela erlangt haben, so vergißt er wieder einmal, daß man in der Politik mit den gegebenen Verhältnissen rechnen muß; er vergißt, daß die Verhältnisse in Wirklichkeit anders liegen, wie sie vor der Kritik und namentlich vor der retrospektiven Kritik erscheinen. Der Abgeordnete Oertel hat eben an die Verhandlungen im englischen Parlament erinnert. Dort hat ein hervorragender englischer Staatsmann, Lord Rosebery, geäußert: Bei dem Ausgange der Venezuela-Angelegenheit hätte England 5500 Lstrl. bekommen, Deutschland aber 68000 Lstrl., also ungefähr zwölfmal soviel. Diese Summe repräsentiere das Verhältnis des Vorteils, welches England bei einem Zusammengehen mit Deutschland, und zwar in der letzten Zeit immer, nur gezogen habe; Lord Rosebery fügte hinzu, so läge es bei allen Abmachungen, welche England mit Deutschland gehabt hätte. Ich glaube, daß diese Abwägung von Lord Rosebery arithmetisch und politisch unzutreffend ist. Ich glaube, daß sowohl bei der Venezuelaaktion, als bei allen den Aktionen, wo wir in letzter Zeit mit England zusammengegangen sind, Licht und Schatten gleichmäßig verteilt gewesen sind. Sie können aber daraus ersehen, wie das Wort, daß niemand als Prophet im eigenen Vaterlande etwas gilt, ganz besonders für die Minister stimmt. Hüben und drüben schießt die Kritik über das Ziel hinaus und vorbei. Wir haben nach meiner Ueberzeugung von Venezuela im großen und ganzen dasjenige, was nach Lage der Dinge zu schaffen war, erreicht, was wir von Anfang an angestrebt und verlangt haben. Mehr zu verlangen und durchsetzen zu wollen, wäre nach meiner Kenntnis der Verhältnisse in Venezuela, wie nach meiner Beurteilung der inernationalen Verhältnisse, ein Fehler gewesen. Der Abgeordnete Frhr. v. Hertling hat vorhin in seinen Ausführungen mit Recht darauf hingewiesen, daß selbst in Deutschland unser Vorgehen gegen Venezuela verschieden beurteilt worden sei, und ebenso von den Deutschen in Venezuela; daß ein Teil der Deutschen in Venezuela gewünscht hätte, daß wir früher eingeschritten, daß wir mehr gefordert hätten, daß dagegen ein anderer Teil der Ansicht gewesen sei, daß wir die Blockade nicht hätten verhängen sollen. Die eine Auffassung ist ebenso unrichtig wie die andere. Es ist unrichtig, wenn ein Teil der Deutschen in Venezuela jammert über den kalten Wasserstrahl, den wir Venezuela haben applizieren müssen, und zwar deshalb, weil fremde Kaufleute einige Spritzer dabei abbekommen haben. Es war ebenso vorteilhafter und richtiger, daß, bevor wir die militärische Aktion einleiteten, alle friedlichen Mittel erschöpften, und daß wir, nachdem wir sie eingeleitet haben, sie in vernünftigen und besonnenen Grenzen gehalten haben. Nun sind von den Abgeordneten Hasse und Dr. Oertel scharfe Angriffe gegen unsern Vertreter in Washington gerichtet worden, und zwar wegen Aeußerungen, die er zu fremden Journalisten gemacht haben soll. Ich habe bereits, wie auch von den beiden Herren anerkannt worden ist, in der „Norddeutschen Allgemeinen Zeitung" erklärt, daß der Freiherr Speck v. Sternburg die ihm in den Mund gelegten Aeußerungen nicht getan hat, daß er insbesondere nicht gesagt hat, Anschauungen des Fürsten Bismarck seien antiquiert, und ebensowenig: er betrachte es als seine Aufgabe, dem Interesse anderer Länder ebenso zu dienen, wie den Interessen des eigenen Landes. Amtlich meldet er mir, er habe in Wirklichkeit lediglich und ausschließlich mit Entschiedenheit betont, daß Deutschland bei seinem Vorgehen in der venezolanischen Angelegenheit nicht die Absicht habe, Landbesitz zu erwerben. Die Venezuelaangelegenheit, habe er weiter gesagt, sei für Deutschland eine Geschäftssache — ungefähr dasselbe also, was ich heute gesagt habe —, die Einziehung einer Schuld. Deutschland gehe in allen Fragen und so auch in der Venezuelaangelegenheit offen und ehrlich vorwärts. Sie ersehen daraus, und Sie können daraus entnehmen, daß der Freiherr v. Sternburg von den Journalisten, die ihn interviewten, tatsächlich mißverstanden worden ist, und ich möchte bitten, gegen einen Vertreter Deutschlands auf einem so wichtigen Posten wie dem in Washington nicht Angriffe zu richten, die sich bei näherer Beleuchtung als nicht zutreffend erweisen. Es ist auch vom Abg. Hasse davon gesprochen worden, daß Freiherr v. Sternburg mit einer Amerikanerin verheiratet sei. Meine Herren! Die Gesuche unserer Diplomaten zur Vermählung mit Ausländerinnen sind zu verschiedenen Zeiten verschieden behandelt worden. Das ist ziemlich natürlich. Ich glaube nicht, daß sich derartige Fälle über einen Leisten schlagen lassen. Ich glaube nicht, daß sich in dieser Beziehung eine für alle Zeiten und für alle Fälle gültige, prinzipielle Regelung aufstellen läßt. Richtig ist, daß es Zeiten gegeben hat, wo der Grundsatz, daß der deutsche Diplomat, wenn überhaupt (Heiterkeit), so nur mit einer Inländerin verheiratet sein dürfe, schärfer akzentuiert wurde; am schärfsten ist er während der Reichskanzlerschaft des Grafen v. Caprivi betont worden. Der Fürst Bismarck hat den Grundsatz zwar auch betont, daß der Diplomat sich im allgemeinen mit einer Ausländerin nicht verheiraten solle. Er hat aber zahlreiche Ausnahmen zugelassen. Eine so absolute, radikale und doktrinäre Ablehnung, wie sie der Abg. Hasse fordert, wäre auch dem Fürsten Bismarck nicht kongenial gewesen. Insbesondere hat der Fürst Bismarck in zwei Fällen — daß ich nicht auf alle Fälle eingehe, werden Sie verstehen — Ausnahmen gemacht, es waren zwei Diplomaten, zwei ausgezeichnete Deutsche. Der eine war der langjährige Botschafter in Petersburg, General v. Schweinitz, und der andere war der Botschafter in Madrid, Freiherr v. Stumm. Sie suchten ausdrücklich einen Konsens nach, um sich mit Amerikanerinnen zu verheiraten. Der Fürst Bismarck erteilte nicht bloß den Konsens, sondern speziell bei der Erteilung des Konsenses an den General v. Schweinitz fügte er Bemerkungen der Art hinzu: die Versagung eines Konsenses an den Grafen v. Schweinitz zur Verheiratung mit einer Amerikanerin würde eine äußerst ungünstige Rückwirkung ausüben auf unsere mit Sorgfalt gepflegten Beziehungen zu den Vereinigten Staaten von Nordamerika. Es seien dort drüben genügend Strömungen vorhanden, die uns feindlich gegenüberstünden und die eine solche Versagung entsprechend auszunutzen versuchen würden. Ich glaube daher, denselben Grundsatz können wir auf unseren gegenwärtigen Vertreter in Washington anwenden. Dann hat mir der Abgeordnete Dr. Oertel meine Husarenstiefel vorgehalten. Darauf möchte ich erwidern, daß Fürst Bismarck zwar die bekannten Kürassierstiefel anzog, wo es ihm nötig und nützlich erschien, daß er aber auch sehr vorsichtig sein konnte und sich sehr wohl auf das Einlenken verstand. Das hat er in der Samoastreitigkeit und in der Karolinenfrage gezeigt. Speziell die Beziehungen zu Amerika sind vom Fürsten Bismarck auf das sorgfältigste gepflegt worden. Daß aber heute, wo die überseeischen Interessen ein viel größeres Gewicht haben, als in den 70er und 80er Jahren, die Beziehungen mindestens ebenso wichtig sind, wie zur Zeit des Fürsten Bismarck, wird von keiner Seite bestritten werden. Ich kann nicht schließen, ohne daß ich meinem Bedauern Ausdruck gebe über die Art und Weise, wie sich der Abg. Hasse ausgesprochen hat über einen Staat, über ein Volk, das uns seit vielen Jahren ein zuverlässiger Verbündeter ist. Ich habe schon früher dargelegt, daß wir uns in die inneren Verhältnisse anderer Staaten einzumischen und dieselben mit einer Herbheit zu kritisieren, wie dies eben der Abg. Hasse getan hat, weder ein Recht noch ein Interesse haben. (Beifall.) Wir haben nicht das Recht dazu, weil wir es uns auch nicht gefallen ließen, sondern uns auf das Ernsthafteste verbitten würden, wenn andere in unsere inneren Verhältnisse und Streitigkeiten sich einmischen würden. (Beifall.) Wir haben aber auch kein Interesse daran, weil wir durch eine solche Kritik Gefahr laufen, die Unterstützung von Persönlichkeiten und Kreisen in jenen Ländern zu verlieren, auf die bisher die deutsche Politik rechnen kann, ohne daß die Lage unserer Stammesgenossen dadurch irgendwie verbessert würde. Für unsere Reichsangehörigen müssen und werden wir eintreten, wann und wo ihnen Unrecht geschieht; das haben wir in Venezuela gezeigt. Aber für unsere Volksgenossen, die von uns völkerrechtlich getrennt sind, können wir nicht diplomatisch intervenieren. Das ist ein alter Grundsatz der deutschen Politik, den Fürst Bismarck aufgestellt hat und von dem keiner seiner Nachfolger abweichen wird. Meine Herren! Gerade weil wir wünschen müssen, daß das ungarische, magyarische Volk innerhalb des Rahmens der österreichisch-ungarischen Monarchie eine möglichst gewichtige Stellung in der Welt einnimmt, deshalb wünschen wir, daß es sich nicht absperrt gegen die deutsche Kultur, daß es sich freundlich stellt gegen die deutschen Elemente, die diesem Reiche immer treue und zuverlässige Bürger gewesen sind. Aber diesen Empfindungen dürfen wir, wie der Abg. Hasse es eben getan hat, keinen Ausdruck geben, der im Auslande Mißtrauen, im Inlande berechtigte Unzufriedenheit erwecken kann. Der Abg. Hasse hat gemeint, die Verhältnisse lägen heute anders als zur Zeit des Fürsten Bismarck. Im Gegenteil. In diesen großen Fragen ist, seitdem Fürst Bismarck am Ruder war, nicht der mindeste Umschwung eingetreten; und wie Fürst Bismarck unsere Beziehungen zu Ungarn behandelt hat, das ist noch heute absolut zutreffend. Ich habe zwei Erlasse des Fürsten Bismarck vor mir, die ich über diese Punkte mit Erlaubnis des Herrn Präsidenten verlesen möchte, weil sie auch historisch von Interesse sind. Der eine ist ein Erlaß aus dem Jahre 1883. Da hatte der damalige kaiserliche Generalkonsul in Ofen-Pest, Herr v. Thielau,

5*

betreffs der deutschen Schulfrage berichtet, daß bald nach dem Wieder-
zusammentritt des ungarischen Reichstags der in der vorhergegangenen
Session bekanntlich unerledigt gebliebene Mittelschulgesetzentwurf einem
Ausschuß überwiesen worden wäre. Ein aus diesem gebildetes Subkomitee
hätte im Einvernehmen mit einem Regierungskommissar sich der Aufgabe
unterzogen, den Entwurf neu festzustellen. Das Ergebnis hätte die Zustimmung der Majorität des genannten Ausschusses gefunden und würde
schon in der allernächsten Zeit Gegenstand der Beratung im Plenum des
Hauses sein. Aus der Mitte der an der Frage in hohem Grade interessierten siebenbürgischen Sachsen wären protestierende Stimmen laut geworden, die auch in Deutschland gehört seien und bei dem Berliner Schulverein in Form einer Erklärung ihr akutes Echo gefunden hätten. Als
er, Herr v. Thielau, etwa Mitte Februar dem Kultusminister v. Trefort
bei einem Diner begegnete, hätte Se. Exzellenz ihn beiseite gerufen und
geäußert, daß ungarische Untertanen einen Ton anschlügen, als ob sie die
Hilfe des Deutschen Reiches zum Schutze ihrer Nationalität herbeirufen
müßten. Die ungarische Regierung würde ein Mißverstehen ihrer Absichten sehr beklagen. Hierauf hätte er, der Generalkonsul, dem Herrn
Minister erwidert, daß er zu diplomatischen Verhandlungen nicht berufen,
jedoch bereit sein würde, persönlich und vertraulich, wenn es gewünscht
würde, ihm seine Mitwirkung zu leihen. Aus der früheren Haltung der
kaiserlichen Regierung dürfte Se. Exzellenz wohl entnehmen, daß dieselbe
sich einer Stellungnahme zu einer inneren Frage in einem fremden und
noch dazu befreundeten Reiche enthalten würde. Bei einer späteren, auf
seine Anregung stattgefundenen abermaligen Unterredung wäre Herr v. Trefort auch sachlich näher auf den Gegenstand eingegangen. Der Minister
hätte versichert, daß er nicht nur politisch, sondern gerade zur Beförderung
des Kulturelements den dauernden Anschluß an die deutsche Bildung für
Ungarn für unentbehrlich hielte. Als politisch einzig regierungsfähiger
Faktor in Ungarn sei das Magyarentum aus dem Kampfe hervorgegangen.
Wolle diese numerisch nicht überwältigende Nationalität die Stellung, zu
der sie einmal berufen, behaupten, so müßte an der Durchführung ihrer
Staatsidee auch festgehalten werden. Man stehe nicht nur Deutschland,
sondern auch Slawen und Walachen gegenüber. Der Mittelschulgesetzentwurf bezwecke das Aufsichtsrecht des Staates über die Gymnasien, die
gegenwärtig zum großen Teil lediglich von den Religionsgesellschaften abhängen. Von diesem Gesichtspunkt aus sei die Teilnahme von Regierungs-
kommissaren bei den Maturitätsprüfungen und die Erteilung der Befähigung zum Lehramte durch den Staat in Aussicht genommen. Außerdem
müsse der Staat verlangen, daß, wer zum Lehramt zugelassen werden soll,
der Staatssprache sich mächtig erzeige. Herr v. Trefort wäre über die
Erklärung, welche inzwischen von Herrn v. Bunsen und Genossen abgegeben
wäre, namentlich deshalb betroffen, weil sich auch hervorragende Gelehrte,
wie Gneist u. s. w., auf deren Urteil er viel halte, daran beteiligt hätten
— Randbemerkung des Fürsten Bismarck: „Professoren — das mildert
eher den Eindruck!" (Große Heiterkeit.) — Im Laufe des Gespräches
hätte Herr v. Thielau wiederholt, was er politisch von der Sache dächte,
dann aber auch nicht verhehlt, daß, wenn er auch den Publikationen des
Berliner Schulvereins eine praktische Bedeutung nicht zuschriebe, er es doch
nicht überraschend finden könnte, wenn in Deutschland, und namentlich in
Kreisen, wo man auf das Wirken deutscher Geisteskräfte mit Recht stolz
sein dürfte, Schritte, die in ihrer Konsequenz doch zum Untergange eines
Fleckchens deutscher Kultur führen mußten, empfindlich berührten. Je
milder man in Ofen-Pest die Sache behandle, je weniger sei nach seiner

Meinung ein nachhaltiger Eindruck in Deutschland zu besorgen. Gelegentlich hätte er, der kaiserliche Generalkonsul, bemerkt, ob es vom ungarischen
Standpunkt aus nicht Zweifeln begegnen würde, das deutsche Element
Siebenbürgens gegenüber dem Vordringen von Slawen und Rumänen noch
mehr zu schwächen, anstatt es als Alliierte zu stärken. Dies Argument sei
jedoch auf den Einwand gestoßen, daß alle Nationalitäten mit dem gleichen
Maß gemessen werden müßten. — Randbemerkung des Fürsten Bismarck:
„Das ist nicht mehr Politik, sondern Kreisrichterei." — Ueber die Wirkung
im Laufe der Jahre könnte ein Zweifel kaum bestehen und es läge eine
für jeden Deutschen tiefergreifende Tragik in der Entwickelung des Schick-
sals des Siebenbürger Sachsenstammes, der seine Eigenart so lange Zeit
hindurch zu wahren gewußt hatte. Daß hohe Regierung und Parlament
mit strenger Konsequenz an der Durchführung der magyarischen Staatsidee
auf dem Gebiete des Schulwesens festhalten werden würden, darüber dürfe
man sich einer Täuschung nicht hingeben. Die verschiedensten, und darunter sehr nüchtern urteilende Politiker, seien in diesem Punkt einig und
könnte die beinahe drohende Sprache des Berliner Vereins — Randbemerkung des Fürsten Bismarck: „Der und drohen!" — nur die Wirkung einer
beschleunigten, vielleicht sogar verschärften Durchführung haben. Gezeichnet
v. Thielau. — Darauf richtete der Reichskanzler Fürst Bismarck unter dem
2. März an den kaiserlichen Generalkonsul in Pest v. Thielau folgenden
Erlaß: „Euer Hochwohlgeboren gefälligen Bericht vom 22. vorigen Monats
habe ich erhalten und bin mit der Art einverstanden, wie Sie gegen den
Minister v. Trefort Ihre persönliche Ansicht über die ungarische Schulfrage
ausgesprochen haben. Ich ersuche Sie, wenn sich wieder eine Gelegenheit
zur Besprechung dieses Gegenstandes mit Herrn v. Trefort bietet, sich nicht
ausdrücklich auf einen erhaltenen Auftrag zu berufen, aber doch erkennen
zu lassen, daß Sie über unsere Auffassungen informiert sind, und muß zu
Einzelheiten das Nachstehende aussprechen: Die ungarische Regierung darf
den Kundgebungen des Schulvereins keine politische Bedeutung beilegen
und das Gewicht derselben nicht überschätzen. Ich kenne die betreffenden
Veröffentlichungen heute nicht im Text und auch meine Kollegen haben
von der Schrift des Prof. Heintze, die vor einem Jahre im ungarischen
Reichstage böses Blut gemacht hat, amtlich keine Kenntnis genommen. Die
mancherlei den Behörden zugegangenen Zuschriften sind ohne Bescheid gelassen worden. — (Randbemerkung des Fürsten Bismarck: Schon im Erlaß
vom 3. Februar 1882 an Prinz Reuß: „Wie dann auch alle seit Jahren
in Druckschriften und Eingaben von Privatpersonen uns zugegangenen
Klagen unbeantwortet geblieben sind.") — In einem Verein kann ein Professor mehr reden als zehn Minister verantworten können (Heiterkeit), und
auch die ungarische Regierung hat mit Abgeordneten zu tun, die sich nicht
durch das Staatsinteresse disziplinieren lassen. Der Name v. Bunsen würde
dem Herrn Minister keinen Eindruck gemacht haben, wenn er aus dem
Parlamentsalmanach ersehen hätte, daß der genannte Abgeordnete als
Schriftführer des Hilfsvereins für Ostpreußen Mitglied des Ausschusses
der Viktoriastiftung, stellvertretender Vorsitzender der Kaiser Wilhelm-Stif-
tung, Vorstandsmitglied des Berliner Hilfsvereins für die Armen, Aus-
schußmitglied der Afrikanischen Gesellschaft, Verwaltungsrat des Berliner
Asylvereins, erster Vizepräsident des Deutschen Fischereivereins, Vorsitzender
des Zentralvereins für Flußschiffahrt, sowie der Rabattsparanstalt bezeichnet
wird, wobei noch die Ehrenmitgliedschaft des Cobbenklub und das Reichstagsmandat vergessen sind. (Stürmische Heiterkeit.) Auch eine begabtere
Persönlichkeit würde außer stande sein, nach allen diesen Richtungen hin
Vertretbares zu leisten. Gneist, der zwar im übrigen auf einer ganz

anderen Linie der Begabung steht, als Bunsen, gehört doch noch zu den
Rednern und sein Gewicht im Reichstage besteht nicht in seinem politischen
Urteil, sondern in seinen positiven Kenntnissen und seinen oratorischen
Leistungen. Wir sehen gewiß mit Bedauern die Lage, in welche das
deutsche Element in Ungarn gebracht wird, aber wir können uns desselben
dort ebensowenig annehmen, wie in den russischen Ostseeprovinzen, in den
letzteren nicht, weil wir durch unsere Befürwortung die Sache nur verschlimmern würden; in Ungarn nicht, weil wir auf die Stärkung und die
Einheitlichkeit des ungarischen Reiches einen so hohen politischen Wert
legen, daß unsere Gemütsbedürfnisse dagegen zurücktreten müssen. Die
politische Beurteilung der Dinge hat uns zu der Ueberzeugung geführt,
daß im Gebiete der Stephanskrone die magyarischen und die deutschen
Interessen unzertrennbar sind. Dasselbe kann man von den slawischen
und ungarischen nicht sagen. Ich muß es deshalb mehr für eine vorcilige
wie für eine staatsmännische Auffassung halten, wenn man in Ungarn
meint, zu gleichmäßiger Behandlung aller nichtmagyarischen Nationalitäten
verpflichtet zu sein und die Deutschen mit den Slawen und Walachen in
dieselbe Kategorie stellt. Magyaren und Deutsche sind in Ungarn aufeinander angewiesen, keine von beiden Nationalitäten aber auf die Slawen.
An letzteren wird Ungarn bei seiner halbinselartig von den Slawenmassen
umringten Lage keinen sicheren Anhalt gegen panslawistische Ueberflutung
finden. Vielleicht werden Euer, indem Sie vergessen, daß Herr v. Trefort
den Grundsatz der gleichmäßigen Behandlung proklamiert hat, und indem
Sie diesen Grundsatz auf Rechnung anderer setzen, an denen es ja nicht
fehlen wird, Gelegenheit finden, den Herrn Minister davon zu unterhalten,
daß wir auch unsere Not mit den Doktrinären haben, welche den viel-
gestaltigen lebendigen Organismus des Staates in mechanische Regeln
zwängen wollen, und daß wir solche Verkennung des politischen Bedürfnisses und solche Verleugnung politischen Sinnes als Kreisrichterei zu bezeichnen pflegen. Zum Schluß wollen Euer dem Herrn Kultusminister
die Versicherung wiederholen, daß wir uns nach wie vor jeder Kritik der
Maßnahmen der ungarischen Regierung, auch wenn dieselben der öffentlichen Meinung bei uns nicht gefielen, enthalten würden, wie wir uns
auch durch mißfällige Urteile, welche dort über uns laut würden, in der
objektiven Beurteilung der Beziehungen zwischen Deutschland und Ungarn
nicht beirren lassen." Dem damaligen Botschafter war aus sicherer Quelle
ganz vertraulich mitgeteilt worden, daß Graf Andrassy sich geäußert habe,
man könne nicht wissen, ob nicht einmal die Zeit kommen werde, wo das
Deutsche Reich vielleicht von der nationalliberalen Partei gedrängt oder
aus einem anderen Grunde, nicht bloß in der Unifizierung der deutschen
Staaten weiter vorzugehen gezwungen sein werde, sondern auch seine
Machtsphäre über die deutschen Grenzen hinaus auch auf die österreichischen
Deutschen auszudehnen. Darauf hat der Reichskanzler an den Botschafter
v. Schweinitz in Wien folgenden Erlaß gerichtet: „Aus dem abschriftlich
angeschlossenen Bericht des kaiserlichen Botschafters in St. Petersburg wollen
Eure Exzellenz näher entnehmen, in welcher Weise Graf Andrassy sich dort
ausgesprochen haben soll. Eure Exzellenz werden gleich mir nicht ohne
Ueberraschung von diesen Aeußerungen Kenntnis nehmen, deren eigentliche
Veranlassung ich mir nicht mit Sicherheit klar machen kann. Im allgemeinen habe ich bis jetzt angenommen, und halte auch noch die Ueberzeugung fest, daß die von den Deutschland feindlichen Parteien in Oesterreich gewohnheitsmäßig kolportierten Besorgnisse vor unseren Absichten bei
dem Grafen Andrassy entweder nie vorhanden gewesen oder längst und
vollständig beseitigt seien. Daß das Deutsche Reich und die Bevölkerungen

der Länder, welche ihm durch Nationalität und geschichtliche Erinnerungen verbunden sind, auch nach Auflösung des früheren Deutschen Bundes fortfahren, sich in wohlwollender Weise für einander zu interessieren, ist natürlich. Wir glauben aber unsererseits diese Beziehungen seit 1866 nicht anders als zur Befestigung unserer Freundschaft mit Oesterreich-Ungarn und zur Förderung des inneren Friedens und der guten nachbarlichen Beziehungen des befreundeten Nachbarreiches benützt zu haben. Auch wird man sich in Wien und Pest schwerlich der Ansicht verschließen, daß die Macht und die Einheit des Deutschen Reiches durch diese Verschmelzung mit den tatsächlich seit 400 Jahren von uns getrennten österreichischen Erblanden eher verlieren als gewinnen würden. Ungerecht wäre es ferner, wenn solche Aeußerungen gegen uns nur aus einem gewissen Mißbehagen über die in Oesterreich-Ungarn vorhandenen, mit dessen Verfassung und Nationalitätsfragen zusammenhängenden Schwierigkeiten oder aus der Neigung hervorgegangen wären, für die eigenen Sorgen andere verantwortlich zu machen. Es ist natürlich, daß Graf Andrassy zunächst als Ungar empfindet und urteilt. So mag es denn vielleicht vergessen sein, wie wir fast geflissentlich jede Gelegenheit ergriffen haben, unsere Sympathie für den berechtigten Einfluß der ungarischen Hälfte der Monarchie an den Tag zu legen. Sind aber dennoch und selbst bei dem Staatsmann, welchem Kaiser Franz Joseph die oberste Leitung übertragen hat, Zweifel über unsere Politik entstanden, so kann ich dieselben bei einem Ungar höchstens auf die Frage der siebenbürgischen Sachsen zurückführen. Der Verlust der hergebrachten Selbständigkeit der Sachsen in Siebenbürgen hat in weiteren Kreisen Aufsehen erregt. Wir haben indessen niemals auch nur durch die leiseste Regung dem Verdacht Nahrung gegeben, als wollten wir irgendwo über fremde Untertanen deutscher Abstammung irgend eine Art von Intervention oder Schutzrecht beanspruchen. Wir sind von solchen Gedanken bezüglich der Siebenbürger Sachsen ebensoweit entfernt als von der Versuchung, aus unseren Stammesgenossen in den russisch-baltischen Provinzen, in Nordamerika oder in der Schweiz auf Grund der Nationalität und Sprache politisch annehmen zu wollen. Haben die Deutschen in Ungarn oder Siebenbürgen Grund, sich zu beklagen, so können wir das bedauern, werden uns aber dadurch in unseren politischen Beziehungen zu der Regierung des Landes so wenig wie in der vollständigen Enthaltung jeder Einmischung in dessen innere Angelegenheiten irre machen lassen. Sollten deutsche Zeitungen sich in anderem Sinne aussprechen oder die nationalen Sympathien gegen die Regierung des Königreichs Ungarn aufzuregen sich bemühen, so bedaure ich das, wie so manchen anderen Dienst, den solche Blätter für Geld oder aus Parteihaß unseren Feinden leisten." — Soweit Fürst Bismarck. Möge den Worten des Fürsten Bismarck gelingen, was mir bisher noch nicht gelungen ist, dem Abg. Hasse den Unterschied klar zu machen zwischen Phantasie und Wirklichkeit, zwischen Gefühlspolitik und jener Realpolitik, die allein dem Lande frommt, und an der ich festhalte. (Beifall.)

19. März. Das Preußische Abgeordnetenhaus ermächtigt den Abg. Dr. Porsch (Z.) während der Krankheit des Vizepräsidenten Frhrn. v. Heeremann die Funktion des ersten Vizepräsidenten zu übernehmen.

19./20. März. (Preußisches Abgeordnetenhaus.) Bewilligung der Ostmarkenzulagen und des Posener Residenzschlosses.

Die Regierung verlangt als Dispositionsfonds des Oberpräsidenten zur Förderung des Deutschtums in den Ostmarken 1 Million Mark, als Erziehungsbeihilfe an höhere Beamte 150000 Mark, und widerrufliche, nicht pensionsfähige Gehaltszulagen an die mittleren, Kanzlei- und Unterbeamten 1350000 Mark, ferner für Erwerb und Erschließung des Umwallungsgeländes der Stadt Posen, 2. Rate: 3 Millionen Mark und für Herstellung von Garnisonseinrichtungen in Wreschen und Schrimm 2984158 Mark, Vorarbeiten für ein Residenzschloß in Posen 50000 Mark.

Die freisinnigen Parteien beantragen, die Zulagen als unwiderrufliche zu gewähren. Abg. Windler (konf.) billigt die Forderung und hofft, daß das Posener Schloß ein Wahrzeichen der Zusammengehörigkeit der polnischen Landesteile mit der preußischen Monarchie und dem Deutschen Reiche sein werde. Abg. Keruth (fr. Vp.): Die Polenpolitik der Regierung schädige das Deutschtum, wie das Anwachsen der polnischen Stimmen z. B. in Danzig beweise. Warum solle es jetzt von der Ostmarkenzulage ausgeschlossen werden? Die ganze Vorlage sei abzulehnen und ein besonderes Gesetz über die Regelung der Beamtengehälter in gemischt-sprachigen Bezirken einzubringen. Finanzmin. Frhr. v. Rheinbaben: Die Ausdehnung der Maßregel auf alle gemischt-sprachige Gegenden müßte große finanzielle Folgen haben. Auch auf Oberschlesien dürfe man sie nicht ausdehnen, weil man nicht die dortige Agitation unterstützen wolle, daß die dortigen Polen dieselbe Geschichte hätten wie die Posener. Ueber die Frage der Widerruflichkeit sagt der Minister: Viel angegriffen worden ist die Widerruflichkeit der Zulagen, aber die Widerruflichkeit ist durchaus nichts neues. Da die Beamten im Osten einen besonders schwierigen und verantwortungsvollen Dienst haben und die örtlichen Verhältnisse große Schwierigkeiten bieten, so haben wir früher Stellenzulagen gewährt. Im Jahre 1891 haben wir für diesen Zweck 1170000 Mark, im Jahre 1899 2,5 Millionen zur Verfügung gestellt. Auch diese Stellenzulagen sind widerruflich gegeben worden, aber nirgends ist ein Mißbrauch zu politischen Zwecken hervorgetreten. Von dem Widerruf wird nicht seitens der Lokalbehörden, sondern von der Zentralinstanz Gebrauch gemacht werden. Die Zulage wird ja auch nicht für ein Jahr oder für drei Jahre gewährt, sondern nach Prüfung der Verhältnisse gegeben. Ist die Zulage einmal gegeben, so bleibt sie dem Beamten auch; es sei denn, daß die Voraussetzungen für ihre Entziehung gegeben sind. Und das kann nur geschehen durch Beschluß des zuständigen Ministers, der in diesem Hohen Hause Rechenschaft abzulegen hat. Ich glaube, die Gefahr eines Mißbrauches ist auch ausgeschlossen. Von dem Widerruf selber können wir schlechterdings nicht absehen, wenn wir nicht den Zweck der Maßregel gefährden. Die Maßregel bezweckt, den Beamten unter zum Teil schwierigen Verhältnissen eine Zulage zu geben für treues Aushalten im Osten. Sie können die Zulagen aber nur bekommen, wenn sie dienstlich und außerdienstlich ihre Pflicht erfüllen, insbesondere auch ihre nationale Pflicht. (Beifall rechts.) Wir können die Ostmarkenpolitik nur durchführen gestützt auf ein treues Beamtenpersonal. Wer sich dienstlich schlecht führt oder national unsicher ist, kann die Zulage nicht bekommen. Auf den Widerruf können wir nicht verzichten. Der Ausweg der Versetzung ist nicht angängig, das gäbe ein beständiges Zu- und Abströmen, das wir vermeiden wollen. Unwiderruflichkeit würde die ganze Maßregel hinfällig machen. Ich bin in der Lage, im Namen der Staatsregierung zu erklären, daß die Streichung des Wortes „Widerruf" die ganze Position für die Staatsregierung unannehmbar macht. (Beifall.)

Abg. Hobrecht (nl.) ist für die Vorlage, obwohl er gegen die

Widerruflichkeit schwere Bedenken hat. Die Beamten werden stets in Furcht vor der Entziehung leben und bei jeder Gelegenheit zu zeigen suchen, wie sie die Politik der Regierung unterstützen. (Sehr richtig! links.) Das führt zu Denunziationen (Sehr richtig! links), die wir vermieden wissen wollen. Die Regierung gibt ihre disziplinäre Gewalt nicht aus der Hand, wenn sie auf den Widerruf verzichtet. Was ist es denn für ein Unglück, wenn wirklich einmal ein Unwürdiger die Zulage etwas länger erhält, was bedeutet das gegenüber den Schäden, die dadurch entstehen, daß die ganze Klasse derer, die diese Zulage bekommen, in steter Furcht schwebt. (Sehr richtig! links.) Was uns schützt im Osten und die Hoffnung auf einen guten und — das wünschen wir — schließlich friedlichen Ausgang stärkt, ist ein tüchtiger und unbestechlicher, objektiver, vaterlandsliebender Beamtenstand und die Achtung und der Respekt, in dem dieser Beamtenstand auch bei der polnischen Bevölkerung steht. Stärken sie diesen Respekt! (Beifall b. d. Natlib.) Abg. Dittrich (Z.): Das Zentrum lehne trotz der wohlbekannten schwierigen Stellung der Beamten im Osten die Zulage ab, weil sie die Gegensätze verschärfen werde. Abg. v. Tiedemann (frkons.) begrüßt das Residenzschloß als ein Symbol: Es wird als ein helles, weithin leuchtendes Wahrzeichen betrachtet werden können der unzertrennlichen Zusammengehörigkeit der Provinz zu dem preußischen Staat. Ich meine aber, daß nun für die Stadt Posen genug getan ist, weil es niemals gelingen wird, Posen zu einer deutschen Stadt zu machen. Sie wird immer das Zentrum des Polentums bleiben. Aus diesem Grunde würde es mich auch sehr freuen, daß von einer deutschen Universität in Posen nicht weiter die Rede ist. Sie würde einen Herd bilden für die polnische Propaganda.

Abg. v. Glebocki (Pole): Das Polentum werde immer weiter wachsen trotz des Residenzschlosses. Das polnische Volk werde sich nicht durch die finanziellen Mittel, sondern nur durch Gerechtigkeit und Billigkeit gewinnen lassen, diese fehlten aber, wie die zahlreichen Schikanen gegen polnische Vereine bewiesen. Die Anwesenheit des Kaisers in Posen habe Anlaß zum Boykott gegen Polen gegeben und hierdurch die monarchische Gesinnung der Polen erschüttert. Finanzmin. Frhr. v. Rheinbaben: Die Erregung der Polen beweise, daß die Maßregel eine Stärkung des Deutschtums bedeute. — Am folgenden Tage behauptet Abg. v. Glebocki (P.), die Geschichte der Polen unter preußischer Herrschaft sei eine Leidensgeschichte auf jedem Blatt; die jetzige Mißwirtschaft sei weit schlimmer als die, an der der Orden zu Grunde gegangen sei. Finanzmin. v. Rheinbaben weist unter scharfem Protest gegen den aufreizenden Ton des Vorredners auf die grauenvollen Zustände in der Republik Polen und die Segnungen der preußischen Herrschaft hin. — Hierauf werden die Forderungen der Regierung gegen die Stimmen des Zentrums, der Polen und Freisinnigen angenommen. Ebenso werden die Forderungen über die Zulagen für die Lehrer in den Ostmarken angenommen.

20. März. (Reichstag.) Bei der Beratung des Etats des Auswärtigen tadelt Abg. Bernstein (Soz.), daß die deutsche Regierung Reichsangehörige nicht genügend gegen die Willkür der russischen Polizei schütze. Staatssekretär v Richthofen erwidert, wer in Rußland die russischen Gesetze verletze, müsse die Folgen tragen.

März. (Bayern.) Preßkämpfe um die Jesuiten und das Andenken Tillys.

In einer Versammlung gegen die Zulassung der Jesuiten in München hält Prof. Graf Du Moulin-Eckart eine Rede, in der er sagt: „Zur Schande des deutschen Volkes steht heute in der Feldherrnhalle das Erzbild Tillys." Gegen diese Worte entfaltet die klerikale Partei eine heftige Opposition, da sie eine Beschimpfung des Hauses Wittelsbach und eines edlen Kriegshelden enthielten. Veteranenvereine und höhere Offiziere protestieren ebenfalls. Ein von der Zentrumspartei verbreitetes Flugblatt fordert die Absetzung Du Moulins. Die „Allgemeine Zeitung" bemerkt dazu: Wie verhält sich diese Entrüstung und dieser Kraftaufwand zu Ehren eines belgischen Generals, der zuletzt im dreißigjährigen Krieg im Dienste des damaligen bayerischen Kurfürsten starb, zu der Tatsache, daß auch nicht mit einem Wort die Steuerzettel- und Kanonenrede des Herrn Schädler mißbilligt wird; daß nicht mit einem Wort gegen das Auftreten des Abgeordneten und Domherrn Dr. Pichler in Straubing Einspruch erhoben wird; daß der Pfarrer und Abgeordnete Hebel ohne auch nur den leisesten Tadel zu finden, in das Land hinausgesprochen hat, daß man bayerische Prinzen als preußische Lakaien ansehe; daß unter Vorsitz des Lyzealrektors Dr. v. Daller in München ein Dr. Heim den Prinz-Regenten als „gekrönten Agitator" für das Zentrum in Anspruch nehmen konnte; daß in München von Zentrumsorganisationen seit zwei Jahren und neuerdings Flugblätter verbreitet werden, die die Religion zu einem Mittel gewerblichen Boykotts machen.

21. März. (Reichstag.) Kolonialetat. Haussklaverei. Ansiedlung von Buren.

Abg. Stolle (Soz.) tadelt, daß die Haussklaverei noch nicht aufgehoben sei. Ministerialdir. Dr. Stübel: Die Haussklaverei bilde nur noch einen Uebergangszustand und jeder Haussklave könne sich durch Zahlung einer Abfindungssumme freilaufen. Der Herr sei verpflichtet, für den Sklaven im Alter und bei Krankheit zu sorgen. Abg. Schrempf (kons.) wünscht, daß die Kolonialverwaltung weniger bureaukratisch gestaltet, daß vielmehr Kaufleute zur Verwaltung herangezogen würden. Gouverneur Graf Götzen: Die Kaufleute seien in Ostafrika häufig nach ihren Wünschen gefragt worden, und die Verwaltung habe sie berücksichtigt.

Hierauf werden gegen die Stimmen der Sozialdemokraten, der freisinnigen Volkspartei und einen Teil des Zentrums 750000 Mark zur Fortführung der Eisenbahn Tanga—Korogwe—Mombo und 346000 Mark für den Betrieb der Usambarabahn bewilligt.

Abg. Arendt (RP.) fragt, ob in Südwestafrika sich Buren angesiedelt hätten. Gouverneur Oberst Leutwein: Die Ansiedelungsfrage der Buren ist nur vom Standpunkte des gesunden nationalen Egoismus zu betrachten. Der Bure ist nur als Viehzüchter zu brauchen, aber zu dieser Beschäftigung gehört Kapital. Diese Bedingung müssen wir zuerst an ihn stellen. Arme Angehörige anderer Nationen können wir auch brauchen, arme Buren nicht. Der Bur zieht mit Ochsenwagen, mit seiner Frau und vielen Kindern im Lande umher und ruiniert die Jagd, das Wasser, die Weiden und Anlagen. Wir haben einige Buren angesiedelt. In der ersten Periode (1896) hatten sie den betreffenden Platz wieder verlassen. 1900 hat die Verwaltung mit dem Gesandten der Transvaal-Republik im Haag verhandelt. Es hatten sich 27 Buren gemeldet, von denen sich nur 7 als brauchbar erwiesen haben. Haben die Buren die Reichsangehörigkeit angenommen, so werden sie ebenso behandelt wie alle übrigen Reichsangehörigen. Man sollte die Kolonien nicht zu sehr mit Fremden durchsetzen. Wir sind darin schon jetzt beinahe auf einer abschüssigen Bahn.

21. März. Der Reichstag bewilligt die Forderung für den Truppenübungsplatz bei Neuhammer mit einer Resolution, wonach die Wertabschätzung von Grundstücken, die für das Reichsheer erworben werden sollen, künftig unter Mitwirkung des Reichsschatzamtes stattfinden soll. — Ferner setzt der Reichstag die Forderung von 2 Millionen für Reparaturen an Kriegsschiffen auf eine herab.

23. März. Der Reichstag genehmigt den Gesetzentwurf über die Kinderarbeit in gewerblichen Betrieben in dritter Lesung.

23. März. Dem Reichstage wird die Bekanntmachung über die Abänderung des Wahlreglements vorgelegt. (Vgl. S. 20, 26.)

Darin wird bestimmt, daß die Stimmzettel aus weißem Papier bestehen und mit keinerlei Kennzeichen versehen sein dürfen. Sie sollen 9 bis 12 cm groß und von mittelstarkem Schreibpapier sein und müssen von dem Wähler in einem mit dem amtlichen Stempel versehenen Umschlage, der sonst keine Kennzeichen haben darf, abgegeben werden. Die Umschläge sollen 12 bis 15 cm groß und undurchsichtig sein. Es ist entweder durch Bereitstellung eines oder mehrerer Nebenräume, die nur durch das Wahllokal zu betreten und unmittelbar mit ihm verbunden sind, oder durch Vorrichtungen an einem oder mehreren vom Vorstandstische getrennten Nebentischen Vorsorge zu treffen, daß der Wähler den Stimmzettel unbeachtet in den Umschlag zu legen vermag. Der Wähler nimmt bei der Wahl seinen Umschlag entgegen, tritt an den Nebentisch, steckt den Wahlzettel unbeobachtet hinein und übergibt dann den Umschlag unter Nennung seines Namens an den Vorstand, der den Umschlag uneröffnet in die Urne legt. Diejenigen Stimmzettel, die nicht entsprechend den obigen Vorschriften abgegeben werden, sind ungültig.

23. März. (Bremen.) Die Kohlenladungsarbeiter des Norddeutschen Lloyd treten auf Veranlassung des Lloyd aus dem Hafenarbeiterverbande aus und bilden einen besonderen Verband mit eigener Pensionskasse.

23. März. (Berlin.) Abg. Frhr. Heeremann v. Zuydtwyk, Vizepräsident des Preußischen Abgeordnetenhauses, 69 Jahre alt, †.

24. März. Der Reichstag genehmigt den Etat gegen die Stimmen der Sozialdemokraten.

Der Etat balanziert mit 2417028912 Mark. Von den Ausgaben entfallen 1997229523 Mark auf die fortdauernden, 214950565 Mark auf die einmaligen ordentlichen, und 199848824 Mark auf die einmaligen außerordentlichen Ausgaben. Der Reichskanzler ist ermächtigt, zur Bestreitung einmaliger außerordentlicher Ausgaben die Summe von 159888325 Mark im Wege des Kredits flüssig zu machen.

24. März. Das Preußische Abgeordnetenhaus genehmigt das Etatsgesetz. (Annahme im Herrenhause 1. April.) Der Etat balanziert mit 2674281030 Mark, davon sind 157920797 Mark einmalige Ausgaben.

25. März. (Berlin.) Ein von über 400 Teilnehmern besuchter Delegiertentag der konservativen Partei Deutschlands faßt folgende Beschlüsse:

Wirtschaftspolitik. 1. Es wird gefordert, daß die bestehenden Handelsverträge baldigst gekündigt werden. 2. Daß bei Neuordnung unserer Handelsbeziehungen die Meistbegünstigung nicht ohne vollkommen gleichwertige Gegenleistungen eingeräumt wird. 3. Es soll nur solchen Handelsverträgen zugestimmt werden, welche unter gleichmäßiger Berücksichtigung aller Fabrikationszweige die Lage der Landwirtschaft wesentlich bessern und für ihr Gedeihen ausreichende Grundlagen bieten. 4. Eine Abschwächung der gegenwärtigen Börsengesetzgebung ist zu verhindern.

Arbeiterfürsorge und Mittelstand. I. Die konservative Partei treibt nicht Sozialpolitik, um die Gunst von Wählermassen zu erlangen und macht nicht unerfüllbare Versprechungen, wohl aber will sie die unerschütterlichen Grundsätze des Christentums und deren Betätigung in der Gesetzgebung zur Geltung gebracht sehen. II. Die Fürsorge für die wirtschaftlich Schwachen, welche durch die Allerhöchste Botschaft Kaiser Wilhelms I. vom 17. November 1881 eingeleitet ist, hat sich nicht nur auf die Arbeiter, für die durch Arbeiterschutz- und Versicherungsgesetze inzwischen bereits Bedeutendes erreicht worden ist, zu erstrecken. Der Mittelstand in Stadt und Land (Handwerker, Kleingewerbe, kleiner und mittlerer Grundbesitz u. s. w.), von dessen Gedeihen die Erhaltung des Vaterlandes abhängig ist, erscheint auf das höchste gefährdet und ist zum Teil unter die wirtschaftliche Lage von Lohnarbeitern herabgesunken. Die für den Mittelstand unabweisbaren Maßnahmen sind nicht länger hinauszuschieben. III. Daneben erstrebt die konservative Partei: 1. die weitere Ausgestaltung des Arbeiterschutzes, namentlich mit Bezug auf die Arbeit der Frauen und Kinder, soweit Gesundheit und Familienleben gefährdet erscheinen. 2. Die Verbesserung der Arbeiterversicherungsgesetze, wobei dem Plan einer Witwen- und Waisenversicherung ernstlich näher zu treten ist. IV. Der konservativen Partei würde das freudige Eintreten für die Arbeiterfürsorge wesentlich erleichtert werden, wenn die Regierungen im Reich und in den Einzelstaaten sich ausnahmslos entschließen möchten 1. für die Erhaltung und Förderung des Mittelstandes, 2. für einen besseren Schutz der nationalen Produktion, 3. gegen die gemeingefährlichen Bestrebungen der, jede göttliche und menschliche Autorität untergrabenden Volksverführer zielbewußt und energisch vorzugehen.

Die Delegierten beraten unter Ausschluß der Oeffentlichkeit, kurze Referate werden in der „Konf. Korresp." veröffentlicht. Viel besprochen wird namentlich ein Vortrag des Abg. Graf Limburg-Stirum über die innerpolitische Lage, worin er die Frage, „wie dem Volke die Religion zu erhalten sei", mit dem Hinweise auf die Fürsorge für die Kirche und Erhaltung der konfessionellen Volksschule beantwortet. Für das Verhalten gegen die anderen Parteien proklamiert er Unversöhnlichkeit gegen die Sozialdemokratie und ihre Helfershelfer und deshalb Prüfung der freisinnigen Kandidaten über deren Stellung zur Sozialdemokratie, Einvernehmen mit den übrigen Parteien insonderheit auch mit dem Zentrum, mit dem die Konservativen in christlicher und wirtschaftlicher Hinsicht zahlreiche Berührungspunkte hätten.

26. März. **Das Preußische Abgeordnetenhaus** genehmigt die Vorlage über die Gewährung von Wohnungsgeldzuschüssen an Staatsbeamte und die Vorlage über Regelung der Landestrauer.

27. März. (Gotha.) Der Landtag fordert die Regierung

auf, einer weiteren Erhöhung der Reichsangaben entgegenzutreten, auf jede Ersparnis in den bisherigen Ausgaben Bedacht zu nehmen, endlich eine anderweitige Regelung der finanziellen Beziehungen des Reiches zu den Einzelstaaten fortgesetzt anzuregen und zu betreiben.

28. März. (Berlin.) Die Reichstagswahlen werden auf den 16. Juni festgesetzt. — Der „Vorwärts" hatte angeblich auf Grund amtlicher Aktenstücke den 17. Mai als Termin angegeben und daraus geschlossen, daß die Regierung die Wähler überrumpeln wolle, er wird aber von der „Norddeutschen Allgemeinen Zeitung" scharf dementiert und von den übrigen Blättern verspottet.

28. März. Die „Norddeutsche Allgemeine Zeitung" schreibt über den Antrag Krafft im elsaß-lothringischen Landesausschusse (S. 58):

Der Irrtum, von dem auch dieser Antrag ausgeht, besteht darin, daß Elsaß-Lothringen dem Deutschen Reiche abgetreten, also kein selbständiges souveränes Staatengebilde ist, sowenig wie es dies unter französischer Herrschaft war ... Die Ausschaltung des Reichstags wird vielleicht auf Schwierigkeiten stoßen, da das Reich in Elsaß-Lothringen für Eisenbahnen, Festungen und andere Dinge große Summen verausgabt, z. B. den jährlichen Zuschuß von 400000 Mark für die Straßburger Universität, sich also für den Notfall auch einen Einfluß auf die Landesgesetzgebung sichern muß. Bisher ist übrigens der Reichstag nur in sehr seltenen Fällen angegriffen worden. Die Befugnisse eines deutschen Landtags besitzt der Landesausschuß in vollem Umfange, auch der Abänderung des Namens stände wohl kaum etwas entgegen. Wohl aber könnte es sich darum handeln, den Landesausschuß, der heute aus den Gemeinde- und Bezirksvertretungen von diesen gewählt wird, auf eine politische Grundlage zu stellen und ihm damit eine politische Zusammensetzung zu geben. Ob die Verhältnisse reif dazu sind, das zu entscheiden, ist in erster Linie Sache der Landesverwaltung, die, wie es scheint, dem Antrage nicht unfreundlich gegenübersteht. Eine direkte Abstimmung im Bundesrat durch eigene Vertreter ist dagegen ebenso unausführbar als unnötig. Die Landesverwaltung hat erstlich zwei Kommissare im Bundesrat, deren einer zudem mit dem Staatssekretär v. Köller und dem Unterstaatssekretär v. Schraut preußisches stellvertretendes Mitglied des Bundesrats ist. Da ohnehin über elsaß-lothringische Angelegenheiten im Bundesrat füglich nicht gegen Preußen entschieden werden kann, so ist diese Frage durch die tatsächlich bestehende Praxis längst im Sinne des Antrags erledigt, wenn auch nicht der Form, so doch dem Wesen nach.

30. März. (Preußisches Abgeordnetenhaus.) Staatsbeihilfe zu Arbeiterwohnungen. Ausgleichsfonds der Eisenbahnverwaltung.

Der Gesetzentwurf über die Bewilligung weiterer Staatsmittel zur Verbesserung der Wohnungsverhältnisse von Arbeitern und gering besoldeten Staatsbeamten wird ohne Debatte angenommen. Der Gesetzentwurf über Bildung eines Ausgleichsfonds für die Eisenbahnverwaltung wird nach längerer Diskussion gegen die Stimmen der Freisinnigen Volkspartei und eines Teils des Zentrums mit den von der Kommission beantragten Veränderungen des Regierungsentwurfs angenommen. Im Regierungsentwurf hieß es, daß für die Zwecke des Fonds erstmalig ein Anleihekredit von 60 Mill. Mark zur Verfügung gestellt werde mit der Maßgabe, daß in demselben Jahre nicht mehr als 30 Mill. Mark verwendet werden dürfen. Die Kommission hat einmalig 30 Mill. Mark bereitgestellt. Ferner soll die Summe von 30 Mill. Mark jedesmal in den Etat eingesetzt werden, also nicht außeretatsmäßig verrechnet werden. (Genehmigung in dritter Lesung 31. März.)

31. März. (Preußisches Abgeordnetenhaus.) Debatte über Feuerbestattung.

Das Haus verwirft nach erregter Debatte folgenden Antrag Barth (fr. Vg.): „Die königliche Staatsregierung zu ersuchen, die zur Einführung der fakultativen Feuerbestattung in Preußen erforderlichen gesetzgeberischen Maßregeln zu treffen." Für den Antrag stimmen die beiden freisinnigen Parteien, die Nationalliberalen und ein Teil der Freikonservativen unter Führung des Abg. Frhr. v. Zedlitz.

Ende März. (Rheinprovinz.) In dem bisher zur Zentrumspartei haltenden Rheinischen Bauernverein macht sich eine stärkere agrarische Richtung mit einer Spitze gegen das Zentrum geltend. Der Vorsitzende, Graf Spee, legt deshalb den Vorsitz nieder.

März. April. Streit zwischen Dasbach und Hoensbroech über Jesuitenmoral.

Am 31. März erklärt Abg. Dasbach (Z.) in öffentlicher Versammlung in Rixdorf, er zahle demjenigen 2000 Gulden, der den Nachweis erbringe, daß der Grundsatz, der Zweck heiligt die Mittel, sich in jesuitischen Schriften finde. Graf Paul Hoensbroech erbietet sich in einem offenen Briefe, den Nachweis zu erbringen und schlägt die Einsetzung eines unparteiischen Schiedsgerichts vor (10. April). Das Schiedsgericht kommt trotz mehrfachen Briefwechsels nicht zustande; Graf Hoensbroech veröffentlicht sein Beweismaterial in der Monatsschrift „Deutschland" (Juli) und erklärt, den „ausgelobten" Preis einklagen zu wollen.

Anfang April. (Preußen.) Der Kultusminister richtet einen Erlaß an alle Regierungen, daß in den Volksschulen wichtige sozialpolitische Fragen und wirtschaftliche Fragen wie Bekämpfung der Trunksucht, Gesundheitspflege, Obst-, Gartenbaukunde, Versicherungswesen, Bedeutung der Kolonien u. dgl. besprochen werden sollen.

1. April. (Bochum.) Differenzen zwischen Zentrum und Polen im westlichen Industriebezirk.

Der Ausschuß des Zentrumswahlkomitees veröffentlicht folgende Erklärung.

Der Ausschuß des Wahlkomitees der Zentrumspartei im rheinisch-westfälischen Industriegebiet hat mit dem sog. Zentralwahlkomitee der Polen, das seinen Sitz in Bochum hat, eine Einigung für die bevorstehende Reichs-

tagswahl herbeizuführen gesucht. Nach langen Verhandlungen war für
Sonntag den 29. März eine gemeinschaftliche Sitzung mit dem Polen-
komitee in Bochum festgesetzt. Die eigentlichen Führer der radikalen Richtung unter den Polen erschienen zu dieser Sitzung nicht, sie schickten vielmehr neun bisher wenig hervorgetretene Delegierte. Diese unterbreiteten
den Vertretern der Zentrumskomitees in einem Schriftstück die nachstehenden
Forderungen: 1. Die Zentrumspartei verzichtet auf eigene Kandidaturen
in Ostpreußen (mit Ausnahme von Braunsberg-Heilsberg), Westpreußen,
Ostpommern, Posen und Oberschlesien und wird die deutschen Katholiken
jener Bezirke offiziell und öffentlich durch die Presse zur Unterstützung der
polnischen Kandidaten auffordern. II. Die Zentrumspartei wird bei den
bischöflichen Behörden eine Verordnung erwirken, nach welcher: a) in allen
Gemeinden, in welchen die Polen in überwiegender Majorität sind, wie
dies vielfach in Sachsen der Fall ist, der Hauptgottesdienst mit polnischem
Gesang und Predigt für die Polen bestimmt sein soll; b) in allen Gemeinden, in welchen Polen und Deutsche annähernd gleich stark sind, soll
bei dem Hauptgottesdienste abwechselnd, also jeden zweiten Sonntag, pol-
nisch bezw. deutsch gepredigt und gesungen werden, für den anderen Teil
müßte alsdann möglichst zu einer anderen Zeit gepredigt werden; c) wo
die Polen schwächer als die Deutschen sind, aber dennoch eine starke Kolonie bilden, ist polnische Andacht an jedem Sonntag Nachmittag vor oder
nach der Hauptandacht abzuhalten; d) in allen anderen Gemeinden, in
welchen polnische Vereine bestehen, ist wenigstens jeden Monat polnische
Andacht abzuhalten; e) der Vorbereitungsunterricht zu der h. Beichte und
Kommunion ist an Kinder polnischer Eltern in polnischer Sprache zu erteilen; f) die wenigen Geistlichen in den deutschen Diözesen, welche der
polnischen Sprache vollständig mächtig sind, sind für die Seelsorge für die
Deutschen zu entbinden und ausschließlich für die Polen zu bestimmen,
somit auch in Gegenden anzustellen, wo die Polen zahlreich sind; g) den
polnischen Geistlichen aus dem Osten, welche mit Zustimmung ihrer Bischöfe
nach dem Westen kommen wollen, um sich der Polenpastoration für längere
oder kürzere Zeit zu widmen, ist dieses zu gestatten; h) die Kosten der
Polenpastoration haben die Kirchenkassen zu tragen; i) die polnischen An-
dachten sind wenigstens eine Woche vorher in polnischer Sprache von der
Kanzel und im Poslaniec katalocki (einem Beiblatt des Wiarus) anzu-
kündigen, sofern die Aufnahme unentgeltlich erfolgt. III. Die Führer der
Zentrumspartei übernehmen die Verpflichtung, dafür zu sorgen, daß die
Geistlichkeit von der Germanisation der Polen durch deutsche kirchliche
Vereine und durch Verbreitung deutscher Zeitungen in polnischen Familien
abläßt. IV. Die Zentrumsfraktion des Abgeordnetenhauses wird sofort
Aufhebung des Sprachenerlasses für die Bergwerke, sowie des Verbots der
polnischen Sprache in öffentlichen Versammlungen, insbesondere im Land-
kreise Bochum, beantragen. Bochum, den 29. März 1903.

Selbstredend mußten diese Forderungen in ihrer Gesamtheit für
jeden als unannehmbar erscheinen. Auch die abgesandten Delegierten mußten
das einsehen, denn sie erklärten namens ihrer Auftraggeber, in eine Diskussion über diese Forderungen nicht eintreten zu können, sie wünschten
vielmehr nur eine schriftliche Antwort und verließen dann das Beratungs-
zimmer. Ein Termin für diese Antwort war uns nicht angegeben. Trotzdem waren wir Mittwoch, den 1. April, wieder zusammen getreten, um
eventuell eine Antwort zu geben, indes fanden wir im Wiarus Polski
(Nr. 73 vom 31. März h.) folgenden Artikel vorliegend: Am vergangenen
Sonntag fand in Bochum im Saale des Herrn Mense eine Versammlung
des Hauptwahlkomitees statt. Die Beratungen waren sehr lebhaft. Zum

Zwecke von Verhandlungen mit dem Zentrumskomitee ausgesandte Delegierte kehrten zurück, ohne Berücksichtigung der Wünsche der Polen gefunden zu haben; deshalb beschloß das Hauptkomitee wie folgt: Weil die Repräsentanten der Zentrumspartei auf die Bedingungen des polnischen Hauptwahlkomitees hin nicht erklärten, daß sie dieselben annehmen, beschließen wir hiermit, in allen Bezirken für den Kandidaten der Polen, den Schriftsteller Joseph Chociszewski, Gnesen, zu stimmen. Stimmenthaltungen in besonderen Bezirken behält sich das polnische Hauptwahlkomitee vor. Dieses Verfahren des sog. polnischen Hauptkomitees dürfte alle ruhig denkenden Polen zur Einsicht bringen. Es ist deshalb diesseits beschlossen worden, folgende Antwort zu geben: An das polnische Hauptwahlkomitee, z. H. des Hrn. Redakteur Brejski, Bochum. Der Ausschuß des Wahlkomitees der Zentrumspartei für den rheinisch-westfälischen Industriebezirk, heute aufs neue zusammengetreten, um die Antwort auf die Forderungen des polnischen Wahlkomitees zu beraten, findet die Veröffentlichung des letzteren im Wiarus Polski, dem Organ des gen. polnischen Komitees, vom 31. März h. Jede sachliche Antwort ist durch diese Veröffentlichung gegenstandslos geworden. Bochum, den 1. April 1903. Der Ausschuß der Wahlkomitees der Zentrumspartei im rheinisch-westfälischen Industriebezirk.

2. April. (Oberschlesien.) Auf der Kohlengrube Königin Luise kommen durch eine Explosion 30 Bergleute um.

2. April. (Preußisches Herrenhaus.) Erklärung Buddes über die günstigen Finanzen des Eisenbahnetats. Beseitigung des Defizits.

Min. der öffentl. Arbeiten Budde nimmt Bezug auf die Etatsrede des Finanzministers (S. 4) im Abgeordnetenhause und führt aus, daß die Verhältnisse sich seitdem gebessert hätten. Die Verkehrssteigerung seit November-Dezember ist immer weiter vorwärts gegangen. Wir haben im November an Mehreinnahmen gehabt 5,4 Millionen Mark, im Januar 5,7 Millionen Mark, im Februar über 6 Millionen Mark. Und die Mehreinnahme hält wahrscheinlich auch für den Monat März noch an. Das Barometer für unseren Verkehr sind die Industrireviere an der Ruhr und in Oberschlesien. Wir haben an der Ruhr im März eine ganz erhebliche Verkehrssteigerung gehabt. Gegen das Vorjahr sind 18,7 v. H. vermehrte Wagengestellungen gewesen. Und wenn man berücksichtigt, daß im Vorjahr in den März das Osterfest fiel, so bleibt doch immer noch die Verkehrssteigerung 11,8 v. H. Die Hausbrandkohle spielt hier keine Rolle, sondern es kommt für diese Verkehrssteigerung lediglich in Betracht Industriekohle und Koks, und man kann daher annehmen, daß es der Industrie jetzt etwas besser geht, als im vorigen Jahre. In Oberschlesien sind die Wagengestellungen um 4,1 v. H. gestiegen, auch gedeckte Wagen sind in größerer Zahl gestellt worden, als im Vorjahre. Wenn man die ganzen Einnahmen auf das Kilometer reduziert, so haben wir in diesem Jahre auch eine höhere kilometrische Einnahme, wenn auch noch keine erhebliche. Nach den vorläufigen Ermittlungen beträgt die Mehreinnahme auf das Kilometer 481 Mark, während ich im Abgeordnetenhause im Februar die Steigerung erst auf 252 Mark beziffern konnte. Die Besserung ist also im letzten Monat erfolgt. Allerdings ist diese Steigerung noch lange nicht so groß, wie der Fall, den wir gehabt haben, wo in einem Jahre die kilometrische Einnahme um 2069 Mark zurückging. Wir haben uns also noch keinem Optimismus hinzugeben, sondern weiter sparsam zu wirtschaften. Wenn wir das aber tun, hoffen wir, daß das Ergebnis für 1903 besser sein wird, als der Etat es annimmt. Zum Schluß noch eine erfreuliche Mitteilung. Ich kann erklären, daß das Defizit pro 1902, das vom Finanzminister im Januar für den ganzen Staatshaushalt auf 35 Millionen angegeben wurde, dadurch verschwinden wird, daß es mir gelungen ist, in meiner Verwaltung 15 Millionen Mark zu sparen und außerdem so viel Mehreinnahmen zu haben, daß die vielgeschmähten Eisenbahnen mit einem Etat abschließen, der die 35 Millionen für 1902 voll deckt. (Beifall.)

3. April. (Preußisches Herrenhaus.) Debatte über die moderne Theologie und die Lehrfreiheit.

Frhr. v. Durant: Ich habe schon im vorigen Jahre über die Besetzung der Professuren der Theologie gesprochen. Es ist eine ganz falsche Anschauung, zu glauben, daß die sog. moderne Theologie oder, besser gesagt, die negative Theologie in gleiche Linie gestellt werden kann mit der andern Richtung der Theologie. Nur das ist Theologie, was auf dem Grunde des ökumenischen Bekenntnisses steht. Es ist leider auch von positiver Seite der Ausspruch bekannt, die Reformation sei eine Tat der Wissenschaft, nicht des Gewissens; das verstehe ich nicht. Ich begreife es auch nicht, wie man sagen kann, verschiedene Richtungen innerhalb der protestantischen Kirche seien notwendig. Um das zu verstehen, braucht man nur die Schriften von Harnack und Lemme über das Wesen des Christentums zu vergleichen. Die Theologieprofessoren sollten nach meiner Ansicht ihre Forschung mehr darauf richten, die Absichten Gottes zu ergründen, als seine Existenz anzuzweifeln und jedes Wunder zu leugnen. Die moderne Theologie bedeutet tatsächlich einen Abfall von Gott; das ist moderne Wissenschaft! Eine erfolgreiche Wirksamkeit kann nur durch den lebendigen Bibelglauben an die Macht des Gotteswortes erzielt werden. Wissenschaft ist neben dem Glauben nur insoweit von Wert, als sie die Grundwahrheiten der Kirche fundamental nicht antastet. Die künftigen Diener der Kirche sollen nur von solchen Lehrern ausgebildet werden, die wirklich den wahren und echten Glauben haben. Auch Männer wie Eduard von Hartmann und Baumgarten in Kiel haben es ausgesprochen, daß die meisten modernen Theologen, wie auch sie selbst, nicht mehr Vertreter der christlichen Religion sind. Das ist das Bekenntnis eines ehrlichen Mannes! Ebensowenig, wie man in der medizinischen Fakultät neben medizinischen Lehrstühlen solche für Homöopathie errichtet, darf man in der theologischen Fakultät neben theologischen Lehrstühlen solche für moderne Theologie errichten. In neuerer Zeit sind mir wieder viele unglaubliche Aeußerungen von modernen Theologen bekannt geworden. Ich freue mich, daß die Beunruhigung, die dadurch hervorgerufen wird, jetzt auch die Provinzialsynoden zu beseitigen suchen, indem sie sich mit dieser Frage eingehend beschäftigen. Ich freue mich weiter, daß Theologen der positiven Richtung vorzügliche Schriften herausgegeben haben, die ich auch Ihrem Studium, meine Herren, bringend empfehlen kann. Ich nenne u. a. zum Beispiel die Schriften des Hofpredigers Stöcker. Ich bin weit entfernt, die Freiheit der Wissenschaft und der Forschung an sich anzugreifen. Aber es ist immer ein Unterschied zu machen zwischen freier Forschung und unbeschränkter Lehrfreiheit. Wir halten es für unzulässig, daß die künftigen Diener der Kirche von Lehrern vorgebildet werden, die sich mit den fundamentalen Sätzen eben dieser Kirche in Widerspruch setzen. Eine Kirche, die derartiges duldet, müßte ihrem Verfall entgegensehen. Der Träger der Krone, der bei uns gleichzeitig summus episcopus der größten, unserer preußischen Landeskirche ist, muß sich dagegen verwahren. Ich verstehe nicht, warum man sich lediglich aus theoretischen Sorgen um die Unabhängigkeit der Kirche vor einem Einschreiten scheut. Daß eine Beseitigung der Uebelstände von heute auf morgen erfolgen könnte, halte ich allerdings für ausgeschlossen. Zunächst soll die Staatsregierung bei Anstellung von Professoren mehr als bisher von dem Gesichtspunkt sich leiten lassen, ob der Anzustellende geeignet erscheint, aufzubauen oder niederzureißen. Von einer gleichberechtigten Richtung kann nicht mehr die Rede sein, wenn man die göttliche Offenbarung leugnet, unsern Herrn und Heiland Jesus Christus aus dem Evangelium hinausweist und ihm den göttlichen Ursprung abspricht, alle Wunder in Abrede stellt und das Erlösungswerk als allgemeinen Vorgang im Innern des Menschen darstellt. Solche Ansichten sind von modernen theologischen Professoren aber mehrfach geäußert worden. Als Mittel dagegen denke ich mir in erster Linie eine andere Organisation der theologischen Fakultäten, durch welche das Theologische mehr vom Historischen getrennt wird. Man kann besondere Fakultäten für allgemeine Religionswissenschaft gründen. Ferner würde ich die Errichtung von Predigerseminaren als Gegengewicht gegen die verwirrenden Lehren für gut halten. Endlich erscheint mir auch der Vorschlag beachtenswert, Mittel bereit zu stellen, um den Geistlichen eine zeitweilige Ausübung des akademischen Berufes zu ermöglichen.

Kultusminister Dr. Studt lehnt jedes Eingreifen der Staatsgewalt gegen die theologische Wissenschaft ab, der Forschungsfreiheit dürfe kein: „Bis hierher und nicht weiter!" zugerufen werden. Professor Schmoller: Die Konsequenz der Anschauung Durants wäre, die theologische Fakultät aus der Universität hinauszudrängen, und das wäre für die Kirche ein größerer Schaden als für die Universitäten. Ohne historische Bildung könne heute kein Theologe auskommen. Das Dogma habe sich im Laufe der Jahrhunderte immer gewandelt, und so wenig man Melanchthon und Zwingli das Christentum abstreiten dürfe, weil sie weniger orthodox als Luther gewesen seien, so wenig dürfe man es Professor Harnack abstreiten, der für die moderne Zeit dasselbe sei, was Melanchthon für das 16. Jahrhundert war. Professor Löhning: Frhr. v. Durant steht auf dem Boden des Dogmas der katholischen Kirche, ich auf dem der evangelischen Reformation. Die Theologie hat die Wahrheitslehre aus dem Evangelium herauszuforschen. Ich sehe den Kern unseres christlichen Glaubens nicht in der starren, festen Form. Die deutschen Universitäten können nie und nimmer unterscheiden zwischen der Freiheit der Wissenschaft und der Lehrfreiheit, wie Frhr. v. Durant will. Ich protestiere dagegen im Namen der deutschen Professoren und noch mehr im Namen der akademischen Jugend, daß eine solche Unterscheidung gemacht wird. (Lebhafter Beifall.) Der deutsche Professor hat zu lehren, was er für wahr hält, sonst ist er nicht würdig, deutscher Professor zu sein. Man spricht oft von dem Kampfe in der Brust des jungen Theologen. Ja, sind denn unsere Studenten Kinder? Wir sollen sie zu Männern heranbilden, zum Kampfe für das Leben. Wer sagt uns, was Wahrheit ist? Das soll uns die Wissenschaft ergründen. Nicht die Pastoren können uns die Wahrheit allein geben, auch nicht die Synode oder Generalsynode. Das steht in Widerspruch mit der evangelischen Lehre, das ist katholisch. Luther nannte die Pastoren Bürgermeister ihrer Gemeinden. Die Freiheit des Christentums lassen wir uns nicht durch die Pastoren, nicht durch die Provinzialsynode und nicht durch die Generalsynode nehmen. — Generalsuperintendent D. Dryander tritt dem Frhrn. v. Durant in der Sache bei, erklärt es aber für durchaus unmöglich, durch Verwaltungsmaximen, durch Beschränkung der Lehr- und Lernfreiheit die von ihm geschilderten Gefahren zu vermeiden.

4. April. (Berlin.) Eine Konferenz unter Vorsitz des Handelsministers Möller berät über Maßregeln gegen die Wurmkrankheit.

7. April. Der Kaiser sendet folgendes Telegramm an den König von Dänemark:

Es ist Mir ein Bedürfnis des Herzens, Dir nochmals Meinen wärmsten Dank auszusprechen für die unvergeßlich schönen Tage, die Ich bei Dir und im Kreise aller der lieben Deinen verbringen durfte. Vom Tage des glänzenden Empfanges an, den Du und die Bevölkerung Deiner schönen Hauptstadt Mir bereitet hatten, bis zum letzten Augenblick, wo Ich Dir Lebewohl sagen mußte, war der Aufenthalt für Mich eine ungetrübte Freude. Empfange Meinen besonderen Dank dafür, daß Du Mich in den Kreis Deiner Familie aufgenommen hast und sei überzeugt, daß Ich Mich fortan als Sohn des Hauses fühle. Ich bitte zu Gott, daß er Dein nahes Geburtstagsfest für Dich, Dein Haus und Dein Volk zu einem Tage der Freude gestalten und Dich noch lange in ungetrübter Gesundheit erhalten möge.   Wilhelm.

11. April. (Essen.) Tötung eines Soldaten durch einen Vorgesetzten.

Der Einjährig-Freiwillige Hartmann, der in der Trunkenheit dem Marinefähnrich Hüssener das Honneur verweigert, wird von diesem arretiert, und da er zu entfliehen versucht, erstochen. — Das Ereignis wird lebhaft besprochen und veranlaßt heftige Angriffe gegen Hüssener und gegen die Vorschriften über das Verhältnis zwischen Vorgesetzten und Untergebenen. (Vgl. Reichstag.) Hüssener wird nach mehreren Gerichtsverhandlungen am 23. September zu zwei Jahren Festung verurteilt.

Mitte April. In der Osterwoche finden viele Delegiertentage der freien Gewerkschaften statt. Sie betonen namentlich die Notwendigkeit, mit ausländischen Organisationen zusammenzuwirken.

15. April. (Bremen.) Internationaler Kongreß gegen den Alkoholismus. Als Vertreter der Reichsregierung nimmt Staatssekretär Graf Posadowsky teil.

14./16. April. (Berlin.) Tagung der freien kirchlich-sozialen Konferenz. Hauptreferate: Professor Seeberg über die Persönlichkeit Christi; Paula Müller und Hofprediger a. D. Stöcker über die Stellung der Frau in der kirchlichen und bürgerlichen Gemeinde.

16. April. (Leipzig.) Der sächsische Gymnasiallehrerverein beschließt, auf eine Organisierung der Oberlehrer Deutschlands hinzuarbeiten.

17. April. (Berlin.) Auf 290 Millionen Mark dreiprozentiger Reichsanleihe werden 14 Milliarden Mark gezeichnet.

17. April. (Preußen.) Die deutschen und polnischen Sozialdemokraten Oberschlesiens beschließen, gemeinsame Kandidaten aufzustellen.

6*

20. April. (Berlin.) Im Reichseisenbahnamt beginnen Beratungen über Neuerungen im Eisenbahnbau und in der Betriebsordnung.

April. Die gesamte deutsche Presse, auch die sozialdemokratische, bekämpft scharf das Vorgehen Kanadas gegen die deutsche Einfuhr und befürwortet zollpolitische Gegenmaßregeln.

21. April. Die „Norddeutsche Allgemeine Zeitung" schreibt gegenüber Gerüchten über angebliche Heiratspläne des Kronprinzen:

Der Londoner „Daily Telegraph" hat die Nachricht gebracht, der Kronprinz werde im Laufe des Sommers einen Besuch in Karlsruhe machen, um dort der Prinzessin Alexandra von Cumberland zu begegnen. Diese Meldung ist gegenstandslos, sowohl den tatsächlichen Umständen nach, wie auch namentlich mit Beziehung auf die Tendenz, für die angeblich geplante Verbindung zwischen dem Kronprinzen und der Prinzessin von Cumberland Stimmung zu machen. Ebenso falsch ist die aus Gmunden datierte Angabe des „Hannoverschen Anzeigers", daß der Kaiser für den Herbst dieses Jahres einen Besuch am Hofe des Herzogs von Cumberland beabsichtige, voraussichtlich als Jagdgast des Herzogs, und mehrere Tage in Gmunden verweilen werde.

21. April. Der Reichstag genehmigt nach kurzer Beratung die Vorlage zum Schutz des Wahlgeheimnisses gegen die Stimmen der Reichspartei und der meisten Konservativen.

21. April. (Berlin.) Das Kaiserliche statistische Amt beginnt die Herausgabe eines „Reichs-Arbeitsblattes", das vornehmlich über die Bewegungen auf dem Arbeitsmarkt berichten soll.

22. April. Der Reichstag genehmigt in zweiter Beratung den Gesetzentwurf über die Phosphorzündwaren. — Danach soll weißer oder gelber Phosphor zur Herstellung von Zündhölzern und Zündwaren nicht mehr verwendet und solche Zündwaren weder feilgehalten noch eingeführt werden.

22. April. (Sachsen.) Reform des Personentarifs. Vgl. S. 40.

Das „Dresdener Journal" schreibt: „Da nach den neueren Vorgängen die Wahrscheinlichkeit vorliegt, daß die beteiligten deutschen Regierungen demnächst in neue Verhandlungen über eine allgemeine deutsche Personentarifreform eintreten, beschloß das Finanzministerium, die Durchführung der sächsischerseits geplanten Reformen bis auf weiteres auszusetzen. Dem Eisenbahnrate ging eine anderweitige Vorlage zu, nach der von der Herabsetzung der Preise für einfache Fahrkarten abgesehen wird. Daher erachtet es die Regierung für angängig, eine Steigerung der Preise für Rückfahrkarten um die Hälfte des Preisunterschiedes zwischen den preußischen und sächsischen Rückfahrkarten, also um 6¼ Prozent der sächsischen Preise, eintreten zu lassen.

23./25. April. (Preußisches Abgeordnetenhaus.) Beratung und Annahme des Gesetzentwurfs über die Befähigung zum höheren Verwaltungsdienst. Korpsfrage.

In zweiter Lesung genehmigt das Haus die Vorlage nach den Kommissionsbeschlüssen (23. April). Die Kommission hat den Regierungsentwurf dahin verändert, daß die Ernennung zum Regierungsreferendar durch den Regierungspräsidenten nur mit Zustimmung der Minister des Innern und der Finanzen erfolgen darf und daß bei dem Uebertritt von der Justiz zur Verwaltung eine einjährige Karenzzeit erforderlich ist; während dieser Zeit ist der Bewerber als Justitiar oder anderweitig bei der Verwaltungsbehörde zu beschäftigen. — Der Minister des Innern trat für die unveränderte Annahme der Regierungsvorlage ein, wonach der Regierungspräsident allein die Regierungsreferendare ernennt.

In der dritten Lesung (25. April) beantragt Abg. v. Richthofen (konf.) die Wiederherstellung der Regierungsvorlage, wozu Abg. v. Savigny (Z.) beantragt, in diesem Falle dem vom Regierungspräsidenten abgelehnten Referendar ein Recht der Beschwerde an den Minister des Innern und der Finanzen zu geben. — Abg. Friedberg (nl.) lehnt die Wiederherstellung der Regierungsvorlage ab, weil sie die jetzigen unbefriedigenden Zustände legalisieren würde. Wir haben im Jahre 1899 uns einmal unterhalten über das Verhältnis von Abligen und Bürgerlichen in der Verwaltung, und da hat sich ergeben, daß doch gewisse äußere Verhältnisse mitspielen. Von den Landräten sind 50 v. H. ablig, von den Regierungspräsidenten 71½ v. H.! Es hat sich herausgestellt, daß von 35 Regierungspräsidenten 21 ehemalige Korpsstudenten sind. Es scheinen sich also die höheren Beamten aus einer gewissen Bevölkerungsklasse zu rekrutieren, die wieder eine in sich abgeschlossene Kaste bildet, die wesentlich auf dem Wege durch das Korps herangezogen wird! Die Regierungspräsidenten scheinen die Referendarstellen nur für bestimmte Leute offen zu halten. Für den Antrag v. Savigny II können wir uns nicht erwärmen. Ein Referendar, der auf dem Beschwerdewege in das Regierungsreferendariat hineingekommen ist, hat von vornherein ein schlechtes Blatt. (Sehr richtig!) Es besteht eben ein gewisses Vorurteil bei den Regierungspräsidenten über die sozialen Klassen, aus denen die Anwärter hervorgehen. Von einem königl. preußischen Staatsminister kann man ein viel weiteres Gesichtsfeld erwarten und bei ihm kann man mehr Verständnis voraussetzen.

Minister des Innern Frhr. v. Hammerstein: Ich kann nicht dulden, daß den Regierungspräsidenten vorgeworfen wird, daß sie bei der Annahme von Regierungsreferendaren die Abligen bevorzugen. Ich muß diesen Vorwurf ganz ausdrücklich zurückweisen. Das ist nicht der Fall. (Große Unruhe.) Der Vorredner hat Statistiken aus früheren Jahren herangezogen; er hat auch behauptet, daß gegenwärtig 40 v. H. der angenommenen Regierungsreferendare dem Adel angehören. Meine Herren, was beweist denn das? Das beweist doch nur, daß der Adel, und zwar wesentlich der unvermögende Adel, aus dem die großen preußischen Könige den Staat gebildet haben (Lärm links und in der Mitte. Rufe: Oho!), dem Dienste des Vaterlandes sich widmet und damit sich bescheidet. (Erneute stürmische Unruhe links und in der Mitte; lebhafte Zurufe.) Ich muß überhaupt bestreiten, daß ein Prozentsatz von 40 etwas Besonderes wäre. Ich freue mich noch immer über jeden Referendar, der einer abligen oder Beamtenfamilie angehört; dann bin ich sicher, daß die Regierung mit ihren Beamten gut fährt. (Zurufe links: Nanu! Große Unruhe.) Während meiner Amtszeit sind mir schon viele Fälle vorgekommen, daß junge Beamte aus besonders wohlhabenden Kreisen, die in etwas entfernte Gegenden versetzt werden sollten, Widerspruch erhoben haben. Das ist mir bei den aus alten preußischen Beamtenfamilien hervorgegangenen Referendaren noch niemals vorgekommen. Das sind treue Diener des Königs und Vaterlandes. (Große Unruhe, stürmische Zurufe links und in der Mitte; Beifall rechts, der erneuten Lärm links hervorruft.) Es ist auch von den Vorrednern gesagt worden, die Zunahme des Adels in den Landratsämtern sei sehr auffallend; es seien, wenn ich mich nicht irre, 50 v. H. sämtlicher Landräte ablig. Ich möchte doch darauf hinweisen, daß nach dem Gesetz niemand zu einem Landratsamt gelangt, wenn er nicht vom Kreistag vorgeschlagen ist, und daß bei allen Vorschlägen, die mir gemacht werden — ganz gleich, ob die Vorgeschlagenen ablig oder bürgerlich sind — jedesmal die Mehrheit für die Bestätigung des betreffenden Landrats eine ganz überwiegende war, wenn nicht volle Einstimmigkeit geherrscht hat. Das bedeutet denn doch, daß diese Beamten die richtigen Leute am richtigen Platze sind; denn sonst würden diejenigen, die der Schuh drückt, wenn sie die Mehrheit wären, dem Betreffenden nicht ihre Stimme geben. (In der folgenden Unruhe gehen zunächst einige Ausführungen des Ministers über das Korpsstudententum unter den höheren Verwaltungsbeamten verloren.) Wenn darauf hingewiesen ist, daß tüchtige Verwaltungsbeamte zugleich Korpsstudenten sind, so kann ich als Korpsstudent vielleicht den Schluß daraus ziehen, daß das Korps eine ausgezeichnete Erziehung gibt (Zischen und Lachen links, lärmender Widerspruch links und in der Mitte), aber ich will davon nicht einmal Gebrauch machen, sondern ich will sagen: dadurch, daß die Leute Korpsstudenten sind, sind sie ja nicht unwürdig, Regierungspräsidenten zu werden (Lachen und Lärm links und in der Mitte), und wenn sie tüchtig sind, so werden sie Regierungspräsidenten. Wenn Sie mir einmal nachweisen können, daß ich jemand bei Sr. Majestät deshalb zum Regierungspräsidenten vorgeschlagen habe, weil er Korpsstudent sei (Oho-Ruf und Lärm links und in der Mitte), so bin ich damit einverstanden, daß Sie mir Vorwürfe machen; wenn ich ihn aber vorschlage, weil der Mann tüchtig und nebenbei Korpsstudent ist, so ist das in meinen Augen ein Vorzug persönlicher Art. (Es erhebt sich ein Sturm des Widerspruchs; aus der Linken und der Mitte werden dem Minister lebhafte Zurufe entgegengeschleudert.) Alle Stände haben freien Zutritt zu den höheren Stellungen; Sie können unter den Regierungspräsidenten Leute finden, deren Wiege in einem verhältnismäßig bescheidenen Hause stand; nur ihre persönliche Tüchtigkeit hat sie zu dem gemacht, was sie sind. M. H., ein republikanisch aristokratischer Zustand ist das nicht. Was ich bemüht bin, hochzuhalten, das ist die Aristokratie des Geistes, und die will ich auch unter den preußischen Beamten haben. (Stürmischer Widerspruch links und in der Mitte; als auf der Rechten eiger Beifall ertönt, entsteht links lebhaftes fortgesetztes Zischen. Während der Rede des Ministers hatten sich die Abgeordneten vor dem Rednerpulte und der Ministertribüne in dichten Scharen gesammelt.)   („Tägl. Rundschau".)

Nach weiterer Diskussion, in der der Minister sich dagegen verwahrt, nichtablige Verwaltungsbeamte als minderwertig bezeichnet zu haben, werden die Anträge abgelehnt und das Gesetz in der Fassung der zweiten Lesung angenommen.

24. April. (Reichstag.) Interpellation über den Fall Hüffener. (Vgl. S. 83.)

Das Zentrum verlangt in einer Interpellation Auskunft, 1. was dem Herrn Reichskanzler über die Tötung des Fußartilleristen Hartmann vom westfälischen Fuß-Artillerie-Regiment Nr. 7 in Köln durch den Kabetten zur See Hüssener in Essen bekannt ist, 2. ob der Reichskanzler bereit ist, dahin zu wirken, daß durch Abänderung der bestehenden Vorschriften über das Waffentragen beurlaubter Kadetten und Mannschaften der Begehung solcher und ähnlicher Verbrechen mehr als bisher vorgebeugt wird.

Abg. Stötzel (3.) begründet die Interpellation und führt aus, im Publikum greife die Meinung um sich, daß die jüngeren militärischen Vorgesetzten nicht genügend in der Behandlung der Untergebenen ausgebildet würden.

Staatssekretär des Reichs-Marineamtes v. Tirpitz: Am 14. April wurde gemeldet: Der Kanonier Hartmann vom Fuß-Artillerie-Regiment Nr. 7 ist in der vergangenen Nacht von dem Fähnrich Hüssener durch Stiche in die linke Brustseite getötet worden. Es ist die Leichenschau und Obduktion durch das Amtsgericht veranlaßt und die Marine-Inspektion der Ostsee benachrichtigt. Diese Mitteilungen wurden dann auf eine Rückfrage noch weiter ergänzt, daß mit dem Ermittelungsverfahren ein Kriegsgerichtsrat beauftragt worden sei. Nachdem die Interpellation bekannt war, habe ich von dem zuständigen Gericht in Kiel eine weitere telegraphische Nachricht erhalten, nach der Hüssener den Hartmann wegen auffälliger Trunkenheit stellte und ihm befahl, ihm zur Wache zu folgen. Hartmann folgte ihm 20 Schritte in Begleitung des Lüscher, dann riß sich Hartmann los, wobei Hüssener einen Stoß erhielt. Hartmann floh. Hüssener verfolgte ihn und rief ihm „Halt" zu, lief ihm nach, zog den Dolch, stieß zweimal nach ihm und stach ihn in den Rücken. (Pfui bei den Sozialdemokraten.) Hartmann war Hüssener sehr wahrscheinlich unbekannt. Weitere Ermittelungen schweben noch. Hüssener war nüchtern. Er bestreitet die Absicht, daß er Hartmann habe töten wollen. In kurzer Frist wird das Ergebnis der Untersuchung dieses unglücklichen Falles bekannt gegeben werden. Was die zweite Frage betrifft, so sind die Bestimmungen über den Waffengebrauch im Militärdienst ganz präzis und ebenso die Bestimmungen und Vorschriften über die Behandlung Betrunkener. Die Bestimmungen über die Verwendung von Waffen ist durch den neuen Artikel 13 geregelt. Danach dürfen Vorgesetzte von der Waffe Gebrauch machen gegen tätliche Angriffe eines Untergebenen oder um ihren Befehlen in äußerster Not und dringender Gefahr Gehorsam zu verschaffen. (Bewegung und Zurufe bei den Sozialdemokraten.) Dieser Kriegsartikel ist gegen früher dadurch verschärft worden, daß zwischen den Worten „äußerster Not" und „dringender Gefahr" früher ein „oder" stand. Es mußten beide Fälle zutreffen, um den Gebrauch der Waffe zu rechtfertigen. Soweit der Fall zu übersehen ist, die näheren Ermittelungen stehen ja noch aus, ist gegen diese Bestimmung verstoßen worden. Ich kann nur sagen, daß die Bestimmung auf das eindringlichste in der Instruktion dem betreffenden Personal eingeschärft und entsprechend häufig wiederholt wird. Im übrigen ist den Interpellanten ein kleiner Irrtum unterlaufen. Es handelt sich nicht um einen Kadetten zur See, sondern um einen Fähnrich, einen Unteroffizier mit Portepee. Dieser Fähnrich befindet sich im dritten Dienst- und 21. Lebensjahre. Ich bin fern davon, darin eine Entschuldigung erblicken zu wollen, sondern im Gegenteil, das verschärft die Angelegenheit. Ich sage das, um falschen Anschauungen, die darüber im Publikum verbreitet sind, hier entgegenzutreten und sie aufzuklären. Der Vorredner hat geglaubt, sagen zu können, und das ist auch im Publikum verbreitet, daß den betreffenden Chargen ein unrichtiges Verfahren gegen die Untergebenen anerzogen werde. Ich möchte doch dagegen auf das allerentschiedenste protestieren. Ich glaube, für niemand ist es unangenehmer, daß solche Fälle passieren, als für die Vorgesetzten selbst. Aber ein solcher exzeptioneller Fall, der sich noch nicht vollständig übersehen läßt, weil die Untersuchung noch nicht abgeschlossen ist, läßt sich nicht generalisieren. Was nun das Verbot des Waffentragens auf Urlaub betrifft: Wo soll da die Grenze sein? Soll der Garnisonsurlaub auch eingeschlossen werden? Schließlich würde es sich darum handeln, überhaupt das Waffentragen in der ganzen Armee zu verbieten (Lebhafte Rufe bei den Sozialisten: Sehr richtig! Andauernde Unruhe) und das glaube ich, wird nicht in der Absicht der Herren Interpellanten gelegen haben. Die Marineverwaltung bedauert auf das tiefste dieses unglückliche Vorkommnis. Ich glaube, daß in der Marine selbst die stärkste Sicherung liegt gegen eine Wiederholung eines derartigen Falles, soweit überhaupt ein solcher Schutz absolut gegeben werden kann.

In der Besprechung tadeln Abg. Lenzmann (fr. Vp.) und Abg. Bebel (Soz.) den Fähnrich Hüssener scharf und fordern, daß den Offizieren das Waffentragen außer Dienst überhaupt untersagt würde, um solche Exzesse zu vermeiden. Abg. Paasche (nl.) protestiert gegen die Generalisierung solcher Einzelfälle.

25. April. (Berlin.) Die preußische sozialdemokratische Landeskonferenz faßt folgenden Beschluß über die Beteiligung an den Landtagswahlen:

1. Für die Beteiligung an den preußischen Landtagswahlen ist ausschließlich der in Mainz (1900) gefaßte Parteibeschluß maßgebend: „In denjenigen deutschen Staaten, in welchen das Dreiklassenwahlsystem besteht, sind die Parteigenossen verpflichtet, mit eigenen Wahlmännern in die Wahlagitation einzutreten. Für die Landtagswahlen in Preußen bildet der Parteivorstand das Zentralwahlkomitee. Ohne dessen Zustimmung dürfen die Parteigenossen in den einzelnen Wahlkreisen keine Abmachungen mit bürgerlichen Parteien treffen." 2. Da bei der Teilnahme an den preußischen Landtagswahlen, wie an allen Parlamentswahlen, für die Sozialdemokratie in erster Linie die Entfaltung der Agitation zur Aufklärung der Massen steht, muß ohne Rücksicht auf etwaige materielle Erfolge überall dort in die Wahl eingetreten werden, wo überhaupt die Aufstellung sozialdemokratischer Wahlmannskandidaten möglich ist. Das gilt im besonderen auch für einzelne vorgeschrittenere Orte solcher Wahlkreise, in denen im allgemeinen an die Aufstellung sozialdemokratischer Wahlmänner nicht gedacht werden kann. 3. Kommt es bei den Urwahlen zur Stichwahl, in der nach Ausfall der Sozialdemokraten liberale Kandidaten solchen anderer Parteien gegenüberstehen, so wird im allgemeinen für die liberalen Kandidaten zu stimmen sein. 4. Die Entscheidung über die Stellungnahme der sozialdemokratischen Wahlmänner bei der Abgeordnetenwahl ist nach Feststellung des Ergebnisses der Urwahlen durch das Zentralwahlkomitee im Einvernehmen mit den in Frage kommenden Wahlkreiskomitees zu treffen. In Wahlkreisen, in denen ein sozialdemokratischer Abgeordnetenkandidat aufgestellt wird, ist zu fordern, daß derselbe an erster Stelle gewählt wird. Wird diese Forderung nicht erfüllt, so haben die sozialdemokratischen Wahlmänner in allen Wahlgängen nur für den sozialdemokratischen Kandidaten zu stimmen, und bei etwaigen Stichwahlen ist Wahlenthaltung zu üben. 5. Zur Vorbereitung der Wahlen ist sofort mit der Feststellung zu beginnen, an welchen Orten und in welchen Urwahlbezirken sozialdemokratische Wahlmannskandidaten aufgestellt werden können. Ferner ist von den sozialdemokratischen Gemeindevertretern überall darauf zu dringen, daß die Urwahlbezirkseinteilung möglichst bald veröffentlicht

wird. 6. Das Zentralwahlkomitee hat für das rechtzeitige Erscheinen einer billigen gedruckten Zusammenstellung der Wahlvorschriften Sorge zu tragen.

26. April. (Königsberg i. d. Neumark.) Botschafter a. D. v. Keudell, persönlicher Freund Bismarcks, 80 Jahre alt, †.

27. April. Das Preußische Abgeordnetenhaus genehmigt die Entwürfe über den weiteren Erwerb von Eisenbahnen für den Staat und über den Erwerb des ostpreußischen Südbahnunternehmens für den Staat.

28. April. (Elsaß=Lothringen.) Antrag auf Veränderung der Stellung Elsaß-Lothringens im Reiche.

Der Landesausschuß genehmigt mit großer Mehrheit folgenden Antrag: Die Landesregierung zu ersuchen, der Reichsregierung den Wunsch zu unterbreiten: 1. daß die Verfassung des Deutschen Reiches bezw. das Reichsgesetz betr. die Verfassung und Verwaltung Elsaß-Lothringens dahin abgeändert werde, daß der Reichstag als gesetzgeberischer Faktor für Elsaß-Lothringen ausgeschaltet wird; daß dementsprechend 2. dem Landesausschuß die Befugnisse, die Stellung und der Name eines Landtages für Elsaß-Lothringen erteilt werde; 3. daß bei Beratungen von elsaß-lothringischen Angelegenheiten im Bundesrate die drei vom Landesherrn zu ernennenden Vertreter Elsaß-Lothringens zur Abstimmung berechtigt sein sollten. — Staatssekretär v. Köller erklärt nach der Abstimmung: Die Landesregierung hat sich an der Erörterung nicht beteiligt, weil feststeht, daß ein etwaiges Gesetz, das dem Antrage entspricht, nicht angenommen werden kann, und daß es sich lediglich darum handelt, einen Wunsch des Landesausschusses an zuständiger Stelle vorzulegen. Die Landesregierung wird den Beschluß an zuständiger Stelle, der Reichsregierung, die, wie ich annehme, der Reichskanzler ist, unterbreiten.

29. April. (Reichstag.) Interpellation über die Kündigung der Handelsverträge.

Abg. Graf Limburg-Stirum (kons.) interpelliert, wann die Regierung die bestehenden Handelsverträge kündigen wolle. Staatssekretär Graf Posadowsky: Ganz abgesehen von den staatsrechtlichen Bedenken, welche in diesem hohen Hause wiederholt eingehende Erörterung gefunden haben, kann der Herr Reichskanzler zur Zeit aus dringlichen sachlichen Gründen, welche besonders auch die Landwirtschaft nahe berühren, keine Auskunft darüber geben, wann die bestehenden Handelsverträge durch neue ersetzt oder gekündigt werden können. Der Herr Reichskanzler muß daher die Beantwortung der Interpellation ablehnen.

In der folgenden Debatte fordern die Redner des Zentrums und der Rechten, daß die Regierung dem Auslande gegenüber in den landwirtschaftlichen Zöllen nicht zu nachgiebig sei.

30. April. Der Reichstag genehmigt nach eingehender mehrtägiger Debatte die Novelle zum Krankenversicherungsgesetz.

Das Gesetz bringt eine Anzahl Verbesserungen, die als unaufschiebbar betrachtet wurden. Die Regierung bezeichnet es selbst nur als Provisorium und verspricht binnen kurzem eine gründliche Reform vorzuschlagen. — Der Reichstag fordert in einer Resolution Ausdehnung der Krankenversicherung auf die Hausindustrie, das Gesinde, die land- und forstwirtschaftlichen Arbeiter.

30. April. Schluß des Reichstags. — Folgende Gesetze sind angenommen worden:

Gesetz über Aenderung des Zolltarifs (Reichs-Gesetzbl. 1903 Nr. 1), Kontrolle des Reichshaushalts, des Landeshaushalts von Elsaß-Lothringen und des Haushalts der Schutzgebiete (9), Aenderung der Seemannsordnung (10), Reichshaushaltsetat für 1903 (12), Etat für die Schutzgebiete (12), Verwendung von Mehrerträgen der Reichseinnahmen und Ueberweisungssteuern zur Schuldentilgung (12), Kinderarbeit in gewerblichen Betrieben (14), Gesetz über Phosphorzündwaren (24), Aenderung des Krankenversicherungsgesetzes (28), Ergänzung des § 51 des Reichsbeamtengesetzes vom 31. März 1873 (29).

30. April. (Preußisches Herrenhaus.) Gesetzentwurf über die Befähigung zum höheren Verwaltungsdienst. Korpsstudenten und Adelige. (Vgl. S. 85.)

Die Kommission beantragt, hinsichtlich der Ernennung der Regierungsreferendare die Beschlüsse des Abgeordnetenhauses umzustoßen und die Regierungsvorlage wiederherzustellen. — Professor Schmoller: Der Hauptschaden an unserer gegenwärtigen akademischen Erziehung, ob Jurist oder Verwaltungsbeamter, der Hauptschaden, der in dem gegenwärtigen Betriebe des Universitätsstudiums und des ersten Examens liegt, wird durch diesen Gesetzentwurf nicht verringert werden. Auch heute bleibt die Hauptursache des Schadens, daß weite Kreise der Studierenden der Rechte und der Staatswissenschaft die Vorlesungen ein, auch zwei Jahre nur besuchen und im dritten Jahre ihren Unterricht nicht durch die Wissenschaft, sondern handwerksmäßig durch den Einpauker bekommen. Ich füge gleich hinzu, dieser Uebelstand wird dadurch gesteigert, daß auch für das zweite höhere Examen — der Juristen oder Verwaltungsbeamten — der Einpauker wieder die Hauptsache tun soll und tut. Das ist der Grundübelstand, und wenn der nicht beseitigt wird, so hat alles wenig Zweck. Wenn ich die großen Schäden bedenke, die eine $1\frac{1}{2}$—2jährige reine Bummelei auf der Universität hervorruft, sollte ich meinen, es wäre nicht so schwer, doch ernstlich in dieser Beziehung zu bessern. Es gibt keinen anderen Stand der Welt, der verlangt, daß der Betreffende zwei Jahre faulenzen und bummeln kann. Nicht der Offizier, nicht der Fabrikant, nicht der Kaufmann, nicht der Unternehmer! M. H., ich gönne dem Studenten ja seine Freiheit, aber warum müssen es zwei Jahre unausgesetzt sein? Es wäre doch ganz genügend, daß er so und so viele Abende frei hat! Wer zwei Jahre bummelt, der leidet an Körper, Geist, Charakter und Moral notwendig großen Schaden. Gewiß, einzelne Ausnahmen kommen immer zwischendurch, aber schlimm ist es doch. Wir müssen den Mut haben, hier ein Kompromiß zu schließen zwischen der akademischen Freiheit und dem Lernzwange. Der Staat, die Examensordnungen der Universität und — ich möchte sagen: die studentischen Korporationen selbst müssen Hand anlegen. Wenn einmal die alten Herren der Korps, die Väter der Studenten, ernstlich mit den führenden Elementen der Universitäten zusammengingen, so wäre die Einleitung einer energischen Reform wohl möglich. Meine Herren! Daraus entsteht die Tatsache, daß wir viele tüchtige Beamte für den gewöhnlichen Dienst haben, aber daß im allgemeinen die staatswissenschaftliche Ausbildung, die Kenntnis der Gesetzgebung anderer Länder doch bei sehr vielen zu vermissen ist, und in dieser Beziehung will ich nur das eine anführen, daß ich in zahlreichen Unterhandlungen mit den Ministern v. Miquel und Bosse über diese großen Mißstände immer einig war. Wäre

diese Reform des akademischen Studiums in die Wege geleitet, dann wären
alle anderen Fragen gleichgültig. Die Frage, über die sich vielfach die
Minister nicht einig sind, ob sechs oder sieben Semester, ist ganz gleichgültig, wenn sechs Semester gearbeitet werden. Aber wenn man vier
Bummelsemester und zwei andere Semester als und ein siebentes verlangt,
so sagt man naturgemäß: das ist ein weiteres Bummelsemester. (Sehr
gut!) Sobald wir die Garantie haben, daß das nicht eintritt, dann ist
die Frage gelöst. Auch die Frage, ob man beim ersten Examen neben
Zivilrecht öffentliches Recht und Nationalökonomie ordentlich prüfen soll,
wird für alle leicht zu beantworten sein, sobald ein ordentliches Studium
vorangegangen ist. Sobald die Leute sechs Semester wirklich studiert haben,
kann man die Juristen und Verwaltungsbeamten in Zivilrecht und öffent-
lichem Recht prüfen. Auch die Frage, die im Abgeordnetenhause erörtert
worden ist, ob wir in der Verwaltung zu viel Korpsstudenten und Adelige
haben, hat doch nur eine wirkliche Bedeutung, wenn wir sie in Verbindung
mit dem Studium betrachten. Nicht der Korpsstudent an sich wird angegriffen, sondern das, daß er vier oder fünf Semester gebummelt hat.
Das ist der springende Punkt. Und wenn ich über diesen Punkt noch
etwas sagen darf, so möchte ich sagen, die Vorwürfe, die mein Kollege
Dr. Friedberg im Abgeordnetenhause erhoben hat, mögen vielfach unbegründet und übertrieben sein, aber sie bezeichnen eine Stimmung, die nicht
bloß bei den oberen und mittleren Klassen, sondern auch in den weitesten
Volksschichten vorhanden ist. Es ist eine Stimmung, die sich auf die
Statistik stützt, vielleicht auch auf allerlei kleine Vorkommnisse, die in die
Oeffentlichkeit gedrungen sind. Meine Herren, ich kenne einen ganzen Sack
voll solcher Geschichten. Ich will nur zwei anführen. Ein früherer preußischer Minister des Innern hat sehr häufig, wenn ihm ein Beamter zum
ersten Male vorgestellt wurde, ihn zuerst mit der Frage begrüßt: In
welchem Korps waren Sie? Er hat nicht gefragt, wo haben Sie studiert,
sondern nur, in welchem Korps waren Sie!! Ein Herr, den er so fragte,
hat ihm ohne weiteres stolz geantwortet: Ich war in gar keinem Korps!
Aber für viele ist das doch etwas unangenehm! Für viele Eltern entsteht
die Frage, muß ich meinen Jungen in ein Korps schicken, damit er Karriere
macht? (Unruhe.) Das ist eine natürliche Folge derartiger Fragen! Ein
anderer preußischer Minister des Innern war bei einer Weichsel-Ueber-
schwemmung in das Ueberschwemmungsgebiet gegangen. Es wurden ihm
sechs oder zehn Referendare oder Assessoren vorgestellt, die sich mit Lebens-
gefahr an den Rettungsarbeiten beteiligt hatten. Man erwartete, daß sich
der Minister über ihre kühnen Leistungen lobend äußern werde. Er soll
aber die einzelnen nur nach ihrem Korps und ihren Schmissen gefragt
haben. Und das wurde in den weitesten Kreisen erzählt. Ich bin überzeugt, daß sehr vielen jungen Leuten die Korps eine gute Erziehung geben.
Aber ich möchte doch im öffentlichen Dienst Leute sehen, die von Jugend
auf eine gute Erziehung genossen haben, und das sind die, die etwas gelernt haben. Und wir Professoren können wohl versichern — ich glaube
kaum, daß mir ein Dozent einer deutschen Universität widersprechen wird —,
so wie die Dinge liegen, sehen wir die Korpsburschen am allerwenigsten
in den Vorlesungen und noch weniger in den Seminaren. Das ist eben
die Kehrseite! Daß aus den Beamten- und Offiziersfamilien die Söhne
sich dem Staatsdienst widmen, ist eine alte preußische Ueberlieferung.
Wenn auch aus unserem reichen Adel eine erhebliche Anzahl Leute im
Staatsdienst ist, so halte ich das auch für einen großen Vorzug, für keinen
Fehler. Meine Herren, die höheren Klassen vom Staatsdienst auszuschließen, ist immer gänzlich falsch. Die französischen Zustände aus der

Revolution 1789 beruhen darauf, daß der Adel unter dem höheren Beamtenstande fehlte, daß das Frankreich des 18. Jahrhunderts nicht vom
Adel regiert war. Was beweist das? — Das beweist, daß staatstreue
Gesinnung, Patriotismus und eine große Staatsauffassung fehlten. Der
Dienst in der Selbstverwaltung ist die beste politische Schule für die höheren
Beamten, und schon deswegen dürfen wir die höheren Klassen und auch
den besitzenden Adel nicht davon ausschließen. Ich füge hinzu, auch die
besitzenden bürgerlichen Kreise dürfen wir nicht ausschließen. Ich erwähne
dabei, daß ich von manchen Seiten über die höheren Beamten, die aus
der haute finance stammen, mehr Klagen gehört habe, als über die aus
dem Adel. Das sind alles Dinge, die man erwägen muß. Es ist immer
wichtig, daß der Schein vermieden wird, als ob unser Beamtentum eine
einzelne soziale Klasse und ihre Interessen repräsentiere. Man hat gesagt,
es gebe in der Geschichte zwei große Organisationen, die mehr geleistet
haben, als alle anderen: die römische Kirche und der deutsche Beamtenstand. Sie verdanken das dem Umstande, daß in guten Zeiten diese großen
Organisationen immer darauf gehalten haben, daß sie nicht als Klassen-
rudimente, als Klassenvertretungen erschienen sind, sondern daß alle Fähigen
aus allen Klassen, auch aus den mittleren und unteren, in ihnen empor-
und bis in die höchsten Stellen gekommen sind. Der preußische Staat
bleibt diesen Grundsätzen treu. Ich schließe mit der Bitte an die königliche Staatsregierung: Wenn dieses Gesetz zu stande kommt, so möge sie
sich nicht veranlaßt sehen, diese viel wichtigere Hauptreform zu verzögern.

Minister des Innern Frhr. v. Hammerstein lehnt ein Kompromiß
zwischen akademischer Freiheit und Lernzwang ab, stimmt aber dem Vorredner im allgemeinen zu. Ein Klassenregiment solle nicht geschaffen werden
in der Beamtenschaft; Professor Schmoller hätte seine Anklagen lieber nicht
vorbringen sollen, da derartige Anekdoten nichts bewiesen. — Nach weiterer
Debatte stellt das Haus die Regierungsvorlage wieder her und genehmigt
folgende Resolutionen: A. Die Staatsregierung zu ersuchen, dafür zu sorgen,
daß bei der ersten Prüfung das Staats- und Verwaltungsrecht und die
Nationalökonomie und bei der Entscheidung über die Annahme zum höheren
Verwaltungsdienste der Ausfall der Prüfung in diesen Disziplinen ge-
bührend berücksichtigt werden. B. Die Staatsregierung zu ersuchen, es den
Regierungsassessoren zu ermöglichen, durch praktische Beschäftigung in
Zweigen der Selbstverwaltung (Provinzialverwaltung, Landwirtschafts-,
Handels- und Handwerkskammern u. s. w.), sowie in geeigneten wirtschaft-
lichen Betrieben (Landwirtschaft, Industrie, Banken u. s. w.) oder durch
Studienreisen ihre Ausbildung zu vervollständigen.

Im Anschluß an die Beratung des Gesetzentwurfs über die Vorbereitung zum höheren Verwaltungsdienst wird die Frage, ob Korpsstudenten und Adelige bevorzugt würden, lebhaft erörtert. — Das Organ
der Korps, die „Akademischen Monatshefte", weisen darauf hin, daß von
35 Regierungspräsidenten 21 ehemalige Korpsstudenten sind. Viele Stimmen sehen darin eine Bestätigung der Ausführungen von Abg. Friedberg
und Professor Schmoller. Die „Berliner Korrespondenz" widerspricht dieser
Auffassung.

April. Unwetter.

Im Laufe des April werden viele Gegenden Deutschlands von
Schneestürmen heimgesucht. Bis Ende des Monats wird bekannt, daß
infolgedessen 83 Schiffe untergegangen, 246 beschädigt worden sind. Auf
See sind 223 Personen ertrunken. An Land sind 194 Personen durch
Erfrieren, Verirren und anderen Unfällen dem Unwetter zum Opfer ge-

fallen. Allein in Schlesien sind 68 Menschen im Aprilschnee erfroren oder sonst verunglückt, und zwar ganz überwiegend am 18. und 19., meist wohl in der Nacht zum Sonntag.

1. Mai. Das Preußische Abgeordnetenhaus lehnt die Beschlüsse des Herrenhauses über den Gesetzentwurf betr. die Befähigung zum höheren Verwaltungsdienst ab und stellt gegen die Stimmen der konservativen Fraktionen die Fassung des Abgeordnetenhauses wieder her. — Infolgedessen ist das Gesetz gescheitert.

1. Mai. (Preußen.) Schluß des Landtags. — Folgende Gesetze sind angenommen worden:

Gesetz über Aenderung von Amtsgerichtsbezirken (Gesetz-Sammlung 1903 Nr. 7), Etat für 1903 (8), Erweiterung des Stadtkreises Gelsenkirchen (10), Erweiterung des Stadtkreises Münster (11), Gesetz über Landestrauer (12), Gewährung von Wohnungsgeldzuschüssen an die Staatsbeamten (14), Erwerb von Eisenbahnen für den Staat (15), Erwerb der ostpreußischen Südbahn (15), Bildung eines Ausgleichsfonds für die Eisenbahnverwaltung (16), Erweiterung des Staatsbahnnetzes und Beteiligung am Bau von Kleinbahnen (16), Deckung von Ausgaben des Rechnungsjahres 1901 (17), Nachtragsetat für 1903 (18), Bewilligungen zur Verbesserung der Wohnungsverhältnisse staatlicher Arbeiter (18), Kassierung einiger feuer- und baupolizeilicher Bestimmungen in Hessen-Nassau (18), Bildung von Gesamtverbänden der katholischen Kirche (20), Bildung kirchlicher Hilfsfonds für neu zu errichtende katholische Pfarrgemeinden (20), Ausdehnung des Gesetzes über Ablösung der Reallasten (21), Benützung ehemaliger Wallgrundstücke in Frankfurt a. M. (21).

4. Mai. (Lindau.) Die Prinzessin Luise von Toskana, ehemalige Kronprinzessin von Sachsen, wird von einer Tochter entbunden.

5. Mai. (Preußen.) Finanzminister Frhr. v. Rheinbaben unternimmt eine Studienreise nach Nordamerika.

6. Mai. (Elsaß=Lothringen.) Der Landesausschuß genehmigt den Nachtragsetat für die Errichtung einer katholisch-theologischen Fakultät in Straßburg gegen eine sozialdemokratische Stimme.

Mai. Die Presse über die Romreise des Kaisers. Deutschland, Italien und der Vatikan.

Die klerikale „Germania" schreibt über die Zusammenkunft des Kaisers mit dem Papst: „Die Unterredung war geheim und alles darüber Gemeldete ist Humbug. Der Papst empfing den Kaiser auf der Schwelle seines geheimen Audienzzimmers und ging dem Kaiser entgegen. Der Kaiser machte zwei Verbeugungen, ergriff beide ihm dargebotene Hände des Papstes und beugte sich tief auf dieselben, so daß seine Stirn die Hände berührte, und der Kaiser begab sich mit dem Papst in das Audienzzimmer. Nach einer Unterredung von 25 Minuten wurden die Prinzen durch den Kaiser vorgestellt; sie standen, während der Papst saß. Nach dem Empfang erklärte der Kaiser dem Erzbischof von Freiburg: In hohem

Grade war Ich erfreut, Seine Heiligkeit in so außerordentlich blühender Gesundheit angetroffen zu haben. Ich kann nur zu Gott beten, daß er Seine Heiligkeit noch recht lange erhalten möge zum Heile der ganzen Welt.'" Viele protestantische Blätter äußern sich kritisch über die Formen dieser Zusammenkunft, „die, wie die Berührung der päpstlichen Hände durch die kaiserliche Stirn, bedenklich an das Halten der pontifikalen Steig- bügel durch die römischen Kaiser erinnern". („Tägl. Rundschau".) Ferner wird hervorgehoben, daß der Besuch im Vatikan die Sympathien der nicht- klerikalen Italiener für Deutschland vermindert habe. Namentlich werden im Auslande solche Vermutungen geäußert. Gegen solche Nachrichten schreibt die „Norddeutsche Allgemeine Zeitung" (8. Mai): „Gewisse poli- tische Kreise im Auslande haben den Augenblick, in dem Se. Majestät der Kaiser den Boden Italiens wieder verlassen würde, kaum erwarten können, um ihre Treibereien zwischen Deutschland und Italien von neuem in Szene zu setzen. Nach einem Pariser Zeitungstelegramm verbreitet die ‚Agence Havas' aus Rom datierte Depeschen, die sich zu der Behauptung versteigen, die Art des Kaiserbesuches beim Papst habe in offiziellen italienischen Kreisen einen peinlichen Eindruck gemacht, der immer mehr zunehme. Infolge- dessen sei die politische Wirkung der Reise des Kaisers, soweit die italie- nische Regierung in Frage komme, gleich Null. Ob die Verbreitung solcher Tendenzdepeschen auf eine Irreführung der öffentlichen Meinung in Frank- reich berechnet ist, mag dahingestellt bleiben. Sollte damit die Absicht verbunden sein, in Italien gegen Deutschland Stimmung zu machen, so dürfte der Versuch sein Ziel völlig verfehlen. Tatsächlich konnten die äußeren Formen des Besuches Sr. Majestät beim Papst in Rom nur den gerade entgegengesetzten Eindruck erwecken, wie ihn die ‚Agence Havas' charakterisiert, da durch die Einhaltung feierlicher Formen bei der Fahrt nach dem Vatikan vor den Augen der Welt bezeugt wurde, wie wenig der Papst in dem Genuß der ihm zustehenden Rechte eines Souveräns be- schränkt ist. Die erwähnten französischen Ausstreuungen erhalten durch den Umstand ein eigenartiges Gepräge, daß sie in die Oeffentlichkeit durch die ‚Agence Havas' gebracht werden, die bekanntlich in der Pariser Pu- blizistik eine besondere Stellung einnimmt."

13. Mai. (Württemberg.) Die Abgeordnetenkammer ge- nehmigt einstimmig den Gesetzentwurf über die Tilgung der Staats- schuld.

Danach wird die 4prozentige Staatsanleihe von 1891/92 in eine neue 3½prozentige Schuld umgewandelt. An Stelle der bevorstehenden vertragsmäßigen Schuldentilgung wird die gesetzliche Schuldentilgung ein- geführt und ihre Höhe auf ³/₅ Prozent der im Anfange eines jeden Rech- nungsjahres bestehenden verzinslichen Staatsschuld festgesetzt. Außerdem wird bestimmt, daß von dem Ueberschuß des Staatshaushalts ²/₅ zur Schuldentilgung verwendet werden sollen.

14./19. Mai. Aufenthalt des Kaiserpaares in den Reichs- landen.

Am 14. Mai weiht der Kaiser das neue Christusportal an der Metzer Kathedrale ein. Als Vertreter des Papstes nimmt Kardinal Kopp teil. Der Kaiser richtet folgende Ansprache an Bischof Benzler: Es ge- reicht Mir zur besonderen Freude, Ihnen, hochwürdigster Bischof, das nun- mehr vollendete Portal des Metzer Domes übergeben zu können. Ein Meisterwerk der Architektur wie der Bildhauerkunst, hat seine biblische

Darstellung die freudige bewundernde Anerkennung des Papstes gefunden. Die Anwesenheit seines Stellvertreters ist eine besondere Ehre für das Bistum, wie das lothringische Land, wozu Ich Ihnen Meinen herzlichsten Glückwunsch ausspreche! Mögen durch die Pforte fromme Christen, treue deutsche Untertanen zum Dienste des Herrn ihren Eintritt nehmen. Das walte Gott!

20. Mai. (Dresden.) Der König eröffnet in Gegenwart zahlreicher Vertreter von Bundesregierungen die deutsche Städteausstellung.

An der Ausstellung, zu der alle Städte mit mehr als 25 000 Einwohnern eingeladen waren, haben sich etwa 140 Städte beteiligt. Zweck der Ausstellung ist, die während der letzten Jahrzehnte auf dem Gesamtgebiet der Städteverwaltung gemachten Fortschritte zur Darstellung zu bringen. Dabei sollen auch Gewerbetreibende und Industrielle Gelegenheit haben, ihre Erzeugnisse für den Bedarf der Gemeindeverwaltungen auszustellen. Die Objekte sind zu acht Gruppen geordnet, und zwar sind es folgende: 1. Verkehr, Beleuchtung, Straßenbau und Entwässerung, Brücken und Häfen, einschließlich des gesamten Tiefbau- und Vermessungswesens, der Straßenbahnen u. s. w., 2. Stadterweiterungen, Baupolizei und Wohnungswesen, 3. öffentliche Kunst (Architektur, Malerei, Bildnerei u. s. w.), 4. allgemeine Gesundheit und Wohlfahrt, Polizeiwesen, 5. Schulwesen, Volksbildung, 6. Armenwesen, Krankenpflege, Wohltätigkeitsanstalten und Stiftungen, 7. Kassen-, Finanz- und Steuerverwaltung, städtischer Gewerbebetrieb, Grundbesitz, Sparkassen und Leihwesen, 8. Registratur- und Bureaueinrichtungen, Beamtenschaft, Statistik und Literatur. („Allg. Ztg.")

23. Mai. (Berlin.) Schriftsteller Julius Lohmeyer, Herausgeber der „Deutschen Monatsschrift", †.

26. Mai. (Berlin.) Der bayerische Ministerpräsident Frhr. v. Podewils besucht den Reichskanzler. — In der Presse war von Verstimmungen zwischen Preußen und Bayern gesprochen worden, die „Norddeutsche Allgemeine Zeitung" erklärt das für Räubergeschichten.

26. Mai. (Danzig.) Der Kaiser wohnt dem Stapellauf eines Linienschiffes bei, das den Namen „Elsaß" erhält.

29. Mai. (Döberitz.) Auf dem Truppenübungsplatze Döberitz bei Spandau enthüllt der Kaiser einen Obelisken zum Andenken an Friedrich den Großen und hält dabei folgende Rede:

Vor 150 Jahren hat auf diesen Gefilden Friedrich II. Majestät, schon von seinen Zeitgenossen „der Große" genannt, einen erheblichen Teil seiner Armee zusammengezogen, um sie für die gewaltigen Kämpfe, welche er mit seinem weitschauenden Blick im Geiste vorhersah, zu üben und zu stählen. So wichtig war für ihn die Vorbereitungszeit, daß er es nicht scheute, die Kolonnen seinen kriegsgeübten Feldmarschällen zur Führung anzuvertrauen. Hier bildete der große Soldatenkönig, rastlos arbeitend, über den großen Gesichtspunkten auch das Detail nicht vergessend, seine Regimenter für die schweren Aufgaben des bald darauf einsetzenden siebenjährigen Krieges aus und schuf das innige Band zwischen seinen Soldaten und sich, welches letztere zu den äußersten Leistungen begeisterte, während er seinen Geist seinen Generalen einflößte und so den Grund legte für die unvergleichlichen Erfolge, welche in der siegreichen Ueberwindung einer gegen ihn verschworenen Welt in Waffen gipfelten. Unvergessen seien diese Leistungen, unvergessen die Namen der Helden jener großen Zeit! Spottend nannten damals Friedrichs Feinde seine kleine Armee die „Potsdamer Wachtparade"! Nun, er hat es gezeigt, was er an deren Spitze vermocht. Und auch in späteren Zeiten hat die „Potsdamer Wachtparade" jedem gebührend die Wege gewiesen, der mit ihr anzubinden versuchte. Zur Erinnerung an diese Zeit ist der Obelisk aus nordischem Granit errichtet. Eine Erinnerung an „Friedericus Rex, den König und Held", zur Nacheiferung für uns alle, in ungeschwächter Kraft rastlos an unserer Schlagfertigkeit zu arbeiten. Wenn jetzt die Hülle fällt, wenn zum Gruß die Fahnen und Standarten sich neigen, die Degen sich senken und Bajonette im Präsentiergriff blitzen, dann geschieht das nicht nur vor diesem Stein, sondern vor ihm, dem großen König, seinen Generalen und Feldmarschällen, vor seinem großen Nachfolger, Wilhem dem Großen und dessen Paladinen, die jetzt alle beim großen Alliierten droben versammelt auf uns herabblicken, und vor Preußens ruhmvoller Heeresgeschichte und Tradition. Achtung, präsentiert das Gewehr!

Bei der Frühstückstafel hält der Kaiser folgende Rede:

Das Glas, welches Ich nunmehr zu leeren im Begriff stehe, gilt dem Gardekorps und Meiner Armee. Sie ist an dem heutigen Fest- und Ehrentage in ihren Führern hier vertreten. Ich habe in letzter Zeit zwei Korps gesehen. Vor kurzem führte Ich einen Teil des Korps, dem die Grenzwacht in der Westmark anvertraut ist, über die einst blutgetränkten Felder zum Angriff. Rechts und links schritten wir zwischen Gräbern, geschmückt mit weißen Kreuzen. Marschrichtungspunkte waren die Denkmäler der preußischen Garden, darunter speziell vom Augusta-Regiment. Ein Augenblick, tiefergreifend für den, der ihn durchlebt. Denn er erinnerte an die gewaltigen Taten der deutschen Heere unter Friedrichs großem Nachfolger, Wilhelm dem Siegreichen. Heute greife Ich zurück auf die Anfangsgeschichte der damals noch kleinen preußischen Armee unter Friedrich. Vor zwei Tagen haben Sie auf den Brettern, die die Welt bedeuten, in erhebendem Spiel den König und sein Wirken auf dem Döberitzer Boden, ihn inmitten der Männer gesehen, deren Namen uns Preußen so teuer, und umgeben von seinen Regimentern, die ihm die Mühe mit dem Lohne dankten, daß sie mit ihrem Herzblut die Geschichte Preußens schreiben halfen. Fürwahr Ihnen, Meine Herren Generale, ist es — wie jedem Altpreußen — so wie Mir gewiß ergangen, daß es Ihnen allemal heiß und kalt den Rücken herunterlief, wenn vom großen König gesprochen ward oder er selbst gar in Person erschien! Sie sahen zu zweit den ganzen Jammer und das Elend deutscher Kleinstaaterei, welche, das Ausland nachäffend, oftmals lieber mit dem undeutschen Nachbarn sich verband, als auf seiten dessen zu stehen, der im Begriff stand, den Grundstein des neuen Deutschen Reichs zu legen und der deutschen Fürsten Zukunft fest zu sichern. In diesen Jammerzustand der Ohnmacht und Zerrissenheit fuhr der lorbeerumkränzte preußische Degen, geführt von der Hohenzollernhand des großen Friedrichs und „stabilierte" sein Reich als Basis, auf der einst Kaiser Wilhelm der Große das neue Deutsche Reich errichten konnte. Das war eine schöne, herrliche und große Zeit. — Gewiß, meine Herren, aber ebenso sicher ist es, daß die jetzige Zeit ebenfalls eine schöne und große werden kann und ist, auch für die Zukunft, wenn wir nur fest entschlossen sind, sie zu einer solchen zu machen. Der Deutsche ist oft so mutlos und melancholisch, oder, wenn es ihm zu gut geht, übermütig und überschwenglich. Da ist der einzige feste und unerschütterliche Pol in der Erscheinungen Flucht stets die preußische Armee gewesen und noch heute. Die staunenswerten Erfolge, die der König errang, und die in einem köstlichen Kranz herrlicher Siege ein unvergänglicher Besitz unserer Heeresgeschichte geworden sind, entwuchsen aus angestrengter Friedensarbeit geworbener Truppen, unter denen auch mancher Ausländer zu finden gewesen ist. Heute steht die Armee als eine nationale Einrichtung vor unsern Blicken, die Generale sind ihre Führer, von Soldat und Bürger mit Achtung und Vertrauen angesehen. Eine großartige Schule zur Erziehung unserer Jugend in nationalem Sinne! Sie, meine Herren, sind die Erzieher! Nicht nur Reglements, Taktik und Strategie, sondern auch Stolz und Dienstfreudigkeit sollen in meinem Rock gelehrt und Achtung und Liebe für unsere unvergleichliche Armeetradition; dann wird es um unsere Zukunft mit Hilfe „unseres großen Alliierten oben" gut bestellt sein. Dann kann Ich die Worte auch zu den Meinen machen für die gesamte Armee, welche Prinz Moritz von Anhalt-Dessau dem großen König über das Regiment Alt-Larisch nach Leuthen sagte, als Seine Majestät die Front des von ihm persönlich zum Angriff angesetzten Regiments abritt: „Ihro königliche Majestät können getrost Ihr Szepter und Krone denen Leuten anvertrauen, denn so diese vor denen Feinden davon lauffen, so möchte ich dorten auch nicht gerne mehr verweilen." Dann wird Meine Armee stets das Instrument bleiben, dessen Ich bedarf, damit Meine Politik — wenn nötig — Unterstützung findet: „wo es die Feder allein nicht mehr machen kann, so sie nicht von der Schärfe des Schwerts soutenieret wird." Es lebe Mein Gardekorps und die ganze preußische Armee!

Anfang Juni. Preßstimmen über den Zollkonflikt zwischen Deutschland und Kanada. (Vgl. Großbritannien.)

Die „Norddeutsche Allgemeine Zeitung" schreibt (2. Juni): Wie aus der geschichtlichen Entwicklung unzweifelhaft hervorgeht und wie in den Motiven des Gesetzes vom 11. Mai 1898 besonders dargelegt wird, handelt es sich ausschließlich darum, den tatsächlichen Zustand, der unter der Herrschaft des Handelsvertrags von 1865 bestanden hat, insoweit aufrecht zu erhalten, als dies von den bisherigen Kontrahenten gewünscht wird und ermöglicht werden kann. Diese Voraussetzung traf aber bei Kanada nicht zu, wo schon während der Dauer des Handelsvertrags von 1865 unter dem 23. April 1897 ein Gesetz in Kraft getreten ist, das der Einfuhr des britischen Mutterlandes und der britischen Kolonien von diesem Tage ab um 12,5 und ab 1. Juli 1898 um 25 Prozent ermäßigte Zollsätze zusicherte. Solange der Handelsvertrag noch dauerte, mußte diese Vergünstigung auch der deutschen Einfuhr zugute kommen; sie wurde ihr aber nach Ablauf des Vertrages vom 1. August 1898 entzogen und die Vorzugsbehandlung später ab 1. Juli 1900 auf 33¹/₃ Prozent erhöht. Nachdem die deutsche Meistbegünstigung in Kanada in Wegfall gekommen war, wurden den deutschen Herkünften auch nicht mehr die Vergünstigungen zu teil, die Frankreich auf das Sonderabkommen vom 6. Februar 1893 genießt. Deutschland war also auf dem kanadischen Markte gegenüber Großbritannien und Frankreich differenziert. Auf die kanadische Einfuhr mußten hiernach die autonomen Zollsätze ohne weiteres angewandt werden. Von der weiter gehenden gesetzlichen Befugnis, Straf- oder Zuschlagszölle aufzuerlegen, machte die deutsche Regierung gegenüber Kanada überhaupt nicht Gebrauch. Keine kanadische Ware hat vom Jahre 1898 bis jetzt einen Zollsatz über den autonomen Tarif jemals bezahlt. Die großbritannische Regierung brachte nur einmal im Jahre 1899 unsere Stellung gegenüber Kanada in amtlicher Form zur Sprache. Daraufhin wurden ihr in der Note vom 5. August 1899 die für Deutschland maßgebenden und vorstehend erörterten Gründe entwickelt. Eine Erwiderung hierauf ist der deutschen Regierung nicht zugegangen. Im November 1901 haben der kanadische Premierminister, der Finanzminister und der Zollminister den kaiserlichen Konsul in Montreal zu einer Besprechung wegen eines neuen Abkommens mit Deutschland eingeladen. Hierbei forderten die kanadischen Vertreter die Gewährung sämtlicher Zollherabsetzungen des deutschen Vertragstarifes, während Kanada Deutschland lediglich die in dem kanadisch-französischen Handelsabkommen ausgemachten Zollherabsetzungen einräumen wollte, die für Deutschland nur sehr geringen Werte sind. Jedes weitere Zugeständnis lehnten die kanadischen Vertreter von vornherein ab, insbesondere auch das Zugeständnis der allgemeinen Meistbegünstigung der deutschen Waren gegenüber denen dritter Länder, das Kanada in Deutschland für die kanadischen Erzeugnisse in Anspruch nahm und das es in den Verträgen mit Frankreich und anderen Staaten gemacht hat. Von deutscher Seite wurden gleichwohl die Verhandlungen nicht abgebrochen, vielmehr lediglich vorläufig vertagt. In keinem Stadium der Angelegenheit dachte die deutsche Regierung an irgend welche Einmischung in Gestaltung der inneren Verhältnisse Großbritanniens zu seinen Kolonien, sondern führte lediglich die Vorschriften des bestehenden Zollgesetzes aus. Wohl aber betonte die englische Regierung bei verschiedenen Anlässen, daß die Kolonien Großbritanniens als Gebiete mit eigenem Zollsystem zu betrachten sind und daß es ihrer Wahl vorbehalten bleiben müsse, ob sie einem Abkommen des Mutterlandes über die Handels- und Zollangelegenheiten beitreten wollen oder nicht. Diesem grundsätzlichen Standpunkt der großbritannischen Regierung entspricht es, daß Deutschland Kanada als eigenes Zollgebiet behandelt.

Die handelspolitischen Beziehungen zwischen Deutschland und Kanada werden durch folgende Daten charakterisiert: Am 30. Mai 1865 schloß der Zollverein mit Großbritannien einen Meistbegünstigungsvertrag ab, der bestimmte, daß in den britischen Kolonien die Erzeugnisse der Staaten des Zollvereins keinen höheren oder anderen Eingangsabgaben unterliegen sollten, als die gleichen Erzeugnisse Großbritanniens oder irgend eines anderen Landes. Dieser Vertrag wurde von Großbritannien am 30. Juli 1897 gekündigt. Gleichzeitig mit der Kündigung sprach die britische Regierung den Wunsch aus, über einen neuen Handelsvertrag zu unterhandeln. Diesem Wunsche wurde deutscherseits beigetreten. Als es bis zum Ablaufe des Handelsvertrages am 30. Juli 1898 zu einem neuen Vertrage nicht gekommen war, bewilligte Deutschland durch einen besonderen gesetzgeberischen Akt zuerst auf Grund des Gesetzes vom 11. Mai 1898 der Einfuhr des britischen Mutterlandes und der britischen Kolonien mit Ausnahme Kanadas das den Meistbegünstigungsstaaten zustehende Recht auf niedrigere Zollsätze. Diese Ermächtigung wurde wiederholt verlängert, zuletzt durch das Gesetz vom 29. Mai 1901 bis zum 31. Dezember 1903."

Die Ausführungen der „Norddeutschen Allgemeinen Zeitung" werden von der gesamten deutschen Presse gebilligt, auch der „Vorwärts" erklärt die Angaben für richtig. In der Presse wird vielfach der Meinung Ausdruck gegeben, daß die Pläne Chamberlains auf Widerspruch im englischen Kabinett stoßen würden. Die Forderung, daß Deutschland sogleich Zollzuschläge über den autonomen Tarif hinaus auf die kanadischen Waren legen soll, wird nur von der „Deutschen Tages-Ztg." erhoben.

Anfang Juni. (Bayern.) Der Ministerpräsident Frhr. v. Podewils erklärt in einer Unterredung nach seinem Besuch in Berlin, für die Aufhebung des § 2 des Jesuitengesetzes sei im Bundesrate keine Majorität vorhanden. Preußen und Bayern seien fast allein dafür.

3./5. Juni. (Darmstadt.) Tagung des evangelisch-sozialen Kongresses unter Vorsitz von Professor Ad. Harnack.

Hauptreferate: Prof. D. Wilhelm Herrmann-Marburg „Die sittlichen Gedanken Jesu in ihrem Verhältnis zu der sittlich-sozialen Lebensstellung der Gegenwart". Prof. D. Adolf Wagner-Berlin „Das ethische und soziale Moment in Finanzen und Steuern". Prof. D. Dr. Kahl-Berlin „Die Reform des deutschen Strafrechts im Lichte evangelischer Sozialpolitik". Oberlehrerin Fräulein Laura Herrmann-Berlin „Welches ist das Ziel der höheren Mädchenschule?"

3./6. Juni. (Frankfurt a. M.) Das Kaiserpaar wohnt dem Wettstreit der Gesangvereine bei. — Artillerie-Regiment „Frankfurt". — Preisverteilung. Aufgabe des Männergesanges.

Auf die Begrüßung durch den Bürgermeister Adickes erwidert der Kaiser (4. Juni): Es ist Mir ein Bedürfnis, im Namen Ihrer Majestät der Kaiserin und in Meinem der Stadt Frankfurt aus tiefem Herzen warmen Dank zu sagen für die Tage, die sie uns bereitet. Spontan, ein Ausbruch herzlicher Gefühle, war der gestrige Empfang, getragen von dem aus vielen tausend Kehlen gesungenen deutschen Liede. Es war so recht das Bild der kräftig sich regenden, nach allen Richtungen sich entwickelnden, großen Metropole, der Erfolg dessen, was das Schwert Meines siegreichen Großvaters für das Vaterland errungen hat, ein Beweis dafür, wie gut es Frankfurt unter preußischer Krone gegangen ist. Am Kyffhäuser her zog Meine Bahn zur alten Römerstadt ein. Das Kyffhäusertor ist gesprengt und offen sind die Tore und Gassen der Stadt Frankfurt geworden, vergangen die alten Zeiten und zur Geschichte geworden. Das neue Deutsche Reich hat Frankfurt zur neuen Bedeutung sich entwickeln sehen und so ist es denn Mein Wunsch, wie schon in früherer Zeit aus Frankfurt die ersten schönen Sprößlinge des deutschen Liedes erstanden und wie heute zum erstenmal in ihren Mauern deutsche Männer sich versammelt haben, um nach alter Sitte im Liede miteinander zu ringen, so möge in Verbindung mit der modernen Entwicklung und Ausgestaltung der Stadt wie hier im Rathause die Pflege der alten Traditionen und der alten Geschichte der Stadt Hand in Hand gehen; denn nur wer seine Geschichte pflegt, wer seine Traditionen hoch hält, kann in der Welt etwas werden. Die Ordenskette, die Sie um die Schultern Ihres Oberbürgermeisters glänzen sehen, ist ein Beweis dafür, wie gerade auf einem Meinem Herzen so naheliegenden und von Mir so eifrig durchforschten Gebiete, dem der sozialen Politik, Frankfurt an der Spitze marschiert, und wie es Mir am Herzen lag, die Stadt und ihr Oberhaupt dadurch zu zieren und Mein vollstes Einverständnis zu erklären mit den Wegen, die Sie hier eingeschlagen haben zum Segen für Ihre Bürger und zum Beispiel für das Vaterland. Es ist Mir aber wohlbekannt, daß außerdem noch ein Wunsch die Brust Frankfurts bewegt, dem ich gerne Folge geben werde. Es ist schon lange der Wunsch, daß die Zusammengehörigkeit der Stadt mit ihrer Garnison durch ein äußeres Band auch in der Heeresgeschichte sich kennzeichnen möge,

7*

und diesem Wunsche der Frankfurter Patrizier entgegenkommend, habe ich befohlen, daß vom heutigen Tage an das 2. hessische Artillerie-Regiment Nr. 63 „Frankfurt" heißen soll. So möge auch die Garnison in Verbindung mit der Bürgerschaft Frankfurts in Friede und Freundschaft, stolz auf ihren Namen auch Ihnen, den Bürgersöhnen, ein Heim bieten, und möge Gottes reichster Segen auf allen Ihren Unternehmungen ruhen, auf welchem Gebiete es auch sei. Das ist Mein heißester Wunsch und darauf leere Ich den Pokal auf das Wohl der Stadt Frankfurt. Hurra, hurra, hurra!

Bei der feierlichen Preisverteilung an die Sängervereine richtete der Kaiser an die Dirigenten folgende Ansprache: Meine Herren! Ich habe Sie zusammengerufen, um Ihnen zunächst Meine Freude auszusprechen, daß so viele Vereine der Aufforderung des Rundschreibens gefolgt sind und sich an dem Wettgesang beteiligt haben. Es ist das ein Beweis für die Arbeitsfreudigkeit und Sangesfreudigkeit unter Ihnen und zu gleicher Zeit ein Beweis dafür, wie rege das Interesse an der Pflege des Gesanges unter den Vereinen blüht. Ich will hierbei doch Gelegenheit nehmen, die Herren auf einiges aufmerksam zu machen, das auch für Sie vielleicht von Interesse sein kann, da es nicht nur der Ausfluß Meiner eigenen Anschauung, sondern auch fast aller Zuhörer ist. Ich muß auf die Wahl Ihrer Stücke einen Augenblick eingehen. Die Absicht, die bei diesem Gesangwettstreit vorgelegen hat, war die, daß durch ihn der Volksgesang, die Pflege des Volksliedes, gehoben und gestärkt und in weite Kreise verbreitet werden soll. Nun haben die Herren Kompositionen gewählt, die von unserem altbekannten guten Volkslied und Volkston wesentlich entfernt lagen. Sie haben Ihren Chören kolossale Aufgaben gestellt: sie sind zum Teil geradezu bewunderungswürdig gelöst worden, und Ich muß sagen, es hat uns alle in Erstaunen gesetzt und ergriffen, daß hier Hunderte von Männern, die vielleicht am Tage 8—12 Stunden in schwerer Arbeit, in ungünstiger Temperatur, umgeben von Staub und Rauch, gearbeitet haben, in der Lage gewesen sind, durch eifriges Studium und selbstlose Hingabe an die Arbeit so schwere Aufgaben zu übernehmen, wie wir sie hier gehört haben. Ich möchte aber glauben, daß in der Beziehung vielleicht die Dirigenten zum Teil selbst gefühlt haben, daß in der Wahl der Chöre das Äeußerste erreicht ist, was wir von Männergesangvereinen verlangen können. Ich möchte dringend davor warnen, daß sie nicht etwa auf den Weg treten, es philharmonischen Chören gleichzutun. Meine Ansicht ist, der Männergesangverein ist dazu nicht da. Er soll das Volkslied pflegen. Von den Kompositionen, die unserem Herzen nahe stehen, ist merkwürdig wenig gesungen worden. Sechs- bis siebenmal Hegar, achtmal Brambach. Ich kann Ihnen offen gestehen, wenn man diesen Meister öfters hintereinander hört, dann würde man jeden Verein mit Jubel begrüßen, der nur einmal „Wer hat dich, du schöner Wald" oder „Ich hatt' einen Kameraden" oder „Es zogen drei Burschen" gesungen hätte. Diese Kompositionen sind außerordentlich wertvoll für die Ausbildung der Technik. Es ist, als ob ein besonders hohes Sprunggestell aufgestellt würde; aber es mangelt Hegar und Brambach zu sehr an Melodik. Zudem komponieren die Herren Texte, die etwas lang sind. Ich bin im allgemeinen sehr dankbar, daß so schöne und patriotische Texte gewählt wurden, die von alten Kaisersagen und großer Vorzeit handeln. Ich glaube aber, daß zum Teil die Komponisten den Texten nicht gerecht werden. Es soll Meines Erachtens ein Chor aus schönen Männerstimmen nicht durch den Komponisten dahin gebracht werden, daß er Tonmalerei treibt und eine orchestermäßige Instrumentation nachmacht. Tonmalerei des Orchesters ist schon nicht immer angenehm, mit Männerstimmen noch bedenklicher. Die Länge

ermüdet, weil die Tonlage eines Männerchors immerhin beschränkt ist und
auf die Dauer zu gleichmäßig wirkt. Ich warne auch davor, nicht zu
lyrisch zu werden. Ich glaube, daß auch im Preischor die Lyrik zu sehr
vorwaltet. Die Herren werden gemerkt haben, daß die Chöre, die etwas
mehr Energisches und Männliches zeigten, beim Publikum mehr Beifall
gefunden haben. Die Sentimentalität, die in jeder deutschen Seele ruht,
soll in poetischen Schöpfungen auch zum Ausdruck kommen, aber da, wo
es sich um Balladen und Mannestaten handelt, muß der Männerchor
energisch zur Geltung kommen, am besten in einfachen Kompositionen. Es
wird vielleicht den Herren interessant sein, daß fast zwei Drittel aller
Vereine zu hoch eingesetzt und zum Teil um einen halben, Dreiviertel-,
einen, sogar um einen Fünfviertel-Ton zu hoch geschlossen haben. Deshalb haben ihnen die gewählten Aufgaben zum Teil selber geschadet. Es
war eine Freude, wenn einmal ein Verein so tief einsetzte, daß man das
Gefühl hatte, er hat noch Reserve übrig. Die Wahl der Chöre werde Ich
in Zukunft dadurch entsprechender zu gestalten versuchen, daß Ich eine
Sammlung veranstalten werde sämtlicher Volkslieder, die in Deutschland,
Oesterreich und der Schweiz geschrieben, gesungen und bekannt sind, gleichgültig ob der Komponist bekannt ist oder nicht. Sie wird katalogisiert
werden und Ich werde dafür Sorge tragen, daß sie allen Vereinen billig
und einfach zugänglich sein kann. Dann werden wir in der Lage sein,
aus diesem Kreise Lieder zu suchen, die wir brauchen. Wir sind hier am
Rhein, und nicht ein einziger Verein hat die „Drei Burschen" gesungen
oder „Joachim Hans von Zieten" und „Friedericus Rex". Wir sind hier
in Frankfurt, und kein einziger hat Kalliwoda gewählt. Wir haben Men-
delssohn, Beethoven, Abt: von ihnen ist nichts erklungen. Hiermit ist
nun wohl der modernen Komposition genug getan. Sie haben sich Aufgaben gestellt — Ich nehme auch das Preislied nicht aus. Ich selbst
halte es an einzelnen Stellen für viel zu schwer; Ich habe Gelegenheit genommen, mit den Preisrichtern darüber zu sprechen. Die Herren haben
ihren Gedankenaustausch in einem Promemoria zu Papier gebracht, das
den Vereinen zugänglich gemacht werden wird. Mein Kabinettsrat v. Lucanus wird es den Herren vorlesen.

Kabinettsrat v. Lucanus verliest hierauf folgendes Aktenstück: „Der
Eindruck, den das Wettsingen des ersten Tages auf das Preisrichterkolle-
gium ausübte, war derart, daß es für notwendig erachtet wurde, eine
bestimmte Stellung zu der Art der Komposition zu nehmen, die heute auf
dem Gebiete des Männergesanges als herrschende gilt; fast sämtliche von
den Vereinen vorgetragenen frei gewählten Chöre zeigten eine Art des
technischen Baues, die den a Capella-Stil des Männergesanges vollständig
verkennt, indem sie den Stimmen Intervalle, Lagen und harmonische Kombinationen rein instrumentaler Natur zumutet. Schlimmer noch ist das
vollständige Mißverständnis zwischen dem darzustellenden Vorwurf und den
aufgewandten Mitteln. Die enge Begrenzung der Stimmen, die ungestraft ihre Grenze nicht überschreiten darf, die beschränkte Farbenpalette
machen die Männerchöre von selbst zum Träger edler, schlichter Stimmung
lyrischer Art und selbst einfacher Balladen. Die gesuchte, gekünstelte Art,
wie sie in einer Reihe der gehörten Chöre sich zeigte, die Manie, jede
noch so unbedeutende Gelegenheit zu Tonmalerei auszunutzen, das Haschen
nach außergewöhnlicher Harmonie erschien uns geradezu als eine krank-
hafte, effekthascherische Art der Komposition, die infolge dieser Anlage an
Stelle großzügiger Einheit eine Mosaik von oft interessanten, fast nie aber
schönen Details bildet. Ein solches die Hauptbedingungen eines Kunst-
werkes verachtendes Gebaren aber bildet eine ernste Gefahr für die Zu-

kunft dieses so bedeutenden Kunstzweiges. Eine Hilfe dagegen ist nur möglich durch Zurückkehren zu natürlicher Einfachheit, zu gesundem Empfinden und zum Erkennen der wahren Zwecke dieser Kunst und durch Abweichen von aller Unnatur und Künstelei. Wir wollen durchaus nicht damit etwa sagen, daß nur das Volkslied dem Männerchor entspreche. Wir erkennen neben dem Volkslied ein sogenanntes Kunstlied auch im Männerchor an, aber nur wenn es den genannten Bedingungen entspricht. Es wird notwendig sein, daß in Zukunft vor allem auch als Preischor nur ein solches Stück gewählt werde, welches infolge der Beachtung dieser einfachen ästhetischen Grundregeln als ein Kunstwerk erkannt werden kann. Wir halten es für unsere Pflicht, Seine Majestät zu bitten, diese Bestrebungen durch sein allergnädigstes Wohlwollen zu unterstützen, und die Dirigenten, beziehungsweise Vorsitzenden der Vereine zu ermahnen, durch Erkennensuchen und Streben nach künstlerischer Wahrheit vor allem unserer Kunst wirksam zu dienen. Wir tun das um so mehr, als wir uns in dieser Ansicht mit Sr. Majestät in vollkommener Uebereinstimmung wissen."

Hierauf sagt der Kaiser: „Meine Herren! Ich erwarte von Ihnen, daß Sie möglichst dieser Ansicht und diesen Meinen Ratschlägen entsprechen werden. Ich bin fest davon überzeugt, daß dann auch die Sänger selbst noch mehr Freude an der Einübung haben. Ich glaube, daß da, wo die Noten erst eingeübt werden mußten, eine geradezu physische Anstrengung nötig gewesen ist, um das zu erreichen, was Sie erreicht haben, zumal bei den Mitgliedern, die in Fabriken arbeiten. Es ist erfreulich, wie viele vom Hammer und vom Amboß, von der Schmiede hergekommen sind, um hier zu singen. Aber es muß schlaflose Nächte gekostet haben. Wenn wir auf einfachen Gesang kommen, dann sind Sie in der Lage, mit den rein künstlerischen Vereinen zu konkurrieren, deren Mitglieder tagsüber in einer Atmosphäre leben, die besser und staubfreier ist, was doch auf die Stimmorgane sehr einwirkt. Sonst kann ich nur sagen, daß wir zum Teil geradezu ganz hervorragendes Material gehört haben, auch abgesehen von den Vereinen, die auch unter Ihnen als hervorragend anerkannt sind. Instrumental glockenartige Effekte! Unzweifelhaft ist, daß ein hoher Grad von musikalischer Begabung in der Bevölkerung steckt, der aber in einfachen, klangreichen Harmonien sich zu zeigen Gelegenheit haben muß. Wenn Sie diese einfachen schönen Chöre, wie sie das Volkslied und die Komposition darbieten, die ich genannt habe, so werden Sie selber Freude haben und weniger Schwierigkeiten, und gleichzeitig werden Sie das Publikum, das zum Teil aus Fremden besteht, besser mit unserem Volkslied bekannt machen. Sie werden mit dem Volksliede den Patriotismus stärken und damit das allgemeine Band, das alle umschließen soll. Ich danke Ihnen."

4. Juni. (Bayern.) Es wird eine Verordnung über die Schulpflicht erlassen, die in der Hauptsache ältere Verordnungen zusammenfaßt und redaktionell verändert.

9. Juni. (Württemberg.) Debatte in der Zweiten Kammer über Einmischung des Klerus in die Wahlagitation.

Abg. Hildenbrand (Soz.) zitiert folgenden Passus einer Rede, die Bischof Keppler von Rottenburg am Himmelfahrtstage in Mergentheim auf einer Firmungsreise gehalten hat: „Heute sind uns noch viel mehr als früher Männer notwendig, ganze Männer, ganze Katholiken. Einzutreten für Kirche und Glauben, die katholische Schule zu unterstützen in Kirche und Leben und Familie, in Presse und in Wahlen, das ist heutzutage Mannespflicht. Denn in Kriegszeiten wird erfordert, daß jeder treu zu seiner Fahne halte, und der, welcher das in solcher Zeit nicht tut, der ist ein Feigling und Verräter." Der Redner tadelt diese Stelle scharf als Wahlagitation und fordert, der Kultusminister möge seinen Einfluß dahin geltend machen, daß man in Ruhe gelassen werde vor solchen Eingriffen und zwar im Interesse der Gewissensfreiheit; er werde damit den konfessionellen Frieden fördern. Der Bischof sollte nicht nötig haben, im Interesse seines Amtes in die politischen Händel einzugreifen.

Kultusminister v. Weizsäcker: Es handle sich nicht um eine kirchliche Handlung des Bischofs, sondern um eine private Aeußerung; die Staatsregierung habe also kein legales Recht einzuschreiten und verhalte sich völlig neutral.

April—Juni. Wahlbewegung.

Zwischen Zentrum und Polen herrschen im Osten und im Westen erhebliche Differenzen. In Posen protestiert die radikale Volkspartei gegen ein Zusammengehen mit den deutschen Katholiken, weil diese lieber einen Hakatisten als einen Polen wählten und fordert eine gemeinsame polnische Wahlorganisation für das ganze Deutsche Reich. In Oberschlesien wird namentlich Graf Ballestrem als „Deutscher Kreuzritter" auf polnischem Boden angegriffen. Kardinal Erzbischof Kopp erläßt einen Hirtenbrief gegen die radikalpolnische Presse (7. Juni), was große Erregung und Protest auf seiten der Polen hervorruft.

Unter den bürgerlichen Parteien wird die Frage, wie man sich zur Sozialdemokratie stellen solle, viel erörtert, aber eine einheitliche Parole wird nicht gefunden. Die Sozialdemokratie liegt namentlich im Kampfe mit der freisinnigen Volkspartei, die den Sozialdemokraten unlautere Mittel, wie Saalabtreibungen, Sprengung von Versammlungen, persönliche Verleumbungen u. dgl. vorwirft. Im allgemeinen wird vorzugsweise die Stellung zu den Handelsverträgen in den Wahlaufrufen erörtert. Infolgedessen erklären sich bürgerliche Politiker gleichzeitig gegen die Sozialdemokratie wie gegen den Bund der Landwirte, weil beide die Handelsverträge auf der Grundlage des Zolltarifs ablehnten. Die „Preußischen Jahrbücher" fordern auf, im Interesse der konservativen Partei unter keinen Umständen für einen Bündler zu stimmen, damit nicht die Agrardemagogie die gemäßigten Konservativen überwuchern. Diese Parole wird von der „Kreuzzeitung" scharf angegriffen, aber viel beachtet und namentlich im Wahlkampfe gegen den agrarischen Führer Oertel verwertet. Von zentrumsfeindlicher Seite wird häufig über Wahlbeeinflussungen durch Geistliche Klage geführt. Ueber die Zahl der Kandidaten schreibt die „Allgemeine Zeitung" (Mitte Juni): „Nicht weniger als 1424 Kandidaturen werden in den 397 Wahlkreisen den Wählern empfohlen. Mehr als 100 Kandidaten haben aufgestellt: die Sozialdemokraten (394), die Nationalliberalen (178), das Zentrum (161), die Freisinnige Volkspartei (112), die Deutschkonservativen (111). Dann folgen die Antisemiten (50), die Freisinnige Vereinigung (41), der Bund der Landwirte (39), die Reichspartei (38), die Polen (25), die Deutsche Volkspartei (24), der Bayerische Bauernbund (20), die Elsässer (19), die Nationalsozialen (9), die Lithauer und Dänen (je 3), Masuren (1), dazu kommen noch die Welfen und die Rechtspartei in Mecklenburg (1). Unter diesen Kandidaten befinden sich nicht weniger als 147 Berliner, die Vororte eingerechnet. Davon sind 46 Sozialdemokraten und 43 Freisinnige, 16 Nationalliberale, 13 Konservative, 2 Bündler (Hahn und Bley), 2 Reichsparteiler, 14 Antisemiten aller Richtungen, 6 Zentrumsanhänger und 5 Nationalsoziale."

13. Juni. (Eisenach.) Beschluß der evangelischen Kirchenkonferenz über den Zusammenschluß der evangelischen Landeskirchen.

Die Deutsche Evangelische Kirchenkonferenz, deren Bestimmung es ist: „auf Grund des Bekenntnisses wichtige Fragen des kirchlichen Lebens in freiem Austausch zu besprechen und unbeschadet der Selbständigkeit jeder einzelnen Landeskirche ein Band ihres Zusammengehörens darzustellen und die einheitliche Entwickelung ihrer Zustände zu fördern", erachtet auch die einheitliche Vertretung und Förderung der gemeinsamen evangelisch-kirchlichen Interessen nach außen als ihre Aufgabe. Um für ihre Tätigkeit einen engeren Zusammenschluß herbeizuführen und ein jederzeit handlungsfähiges Organ zu besitzen, beschließt sie, unter Festhaltung ihrer sonstigen Ordnungen, ihren ständigen Ausschuß (Beschluß IV der Kirchenkonferenz von 1900), wie folgt zu gestalten: I. Der Ausschuß, welcher fortan den Namen „Deutscher Evangelischer Kirchenausschuß" führt, hat wie bisher die Aufgabe, die Konferenz in der ihr obliegenden Förderung einer einheitlichen Entwickelung der Zustände der einzelnen Landeskirchen zu unterstützen. Er hat ferner die gemeinsamen evangelisch-kirchlichen Interessen wahrzunehmen, insbesondere 1. gegenüber anderen deutschen und außerdeutschen Kirchengemeinschaften wie den nicht christlichen Religionsgesellschaften, 2. in bezug auf die kirchliche Versorgung der Evangelischen in den deutschen Schutzgebieten, 3. bezüglich der Förderung kirchlicher Einrichtungen für die evangelischen Deutschen im Auslande, sowie der Seelsorge unter deutschen Auswanderern und Seeleuten — zu 2. und 3. unter Rücksichtnahme auf konfessionelle Verhältnisse. II. Auf den Bekenntnisstand und die Verfassung der einzelnen Landeskirchen erstreckt sich die Tätigkeit des Ausschusses nicht. Ebenso bleiben die kirchenregimentlichen Rechte der Landesherren unberührt. III. Zur Erfüllung seiner Aufgaben hat sich der Ausschuß zu unterrichten, was in Anlaß der in der vorhergehenden und in den früheren Tagungen gefaßten Beschlüsse der Konferenz geschehen ist, und ist befugt, sich behufs des darüber notwendigen Gedankenaustausches mit den einzelnen Kirchenregierungen in Verbindung zu setzen. Der Ausschuß hat ferner die Entwickelung der Gesetzgebung, sowie die Handhabung der Gesetze auf den das kirchliche Leben berührenden Gebieten im Auge zu behalten, etwaige innerhalb seines Zuständigkeitskreises gelegene Anträge von Kirchenregierungen in Behandlung zu nehmen, das zur Förderung wichtiger gemeinsamer evangelisch-kirchlicher Interessen, sowie das zur Befriedigung gemeinsamer Bedürfnisse Erforderliche an den zuständigen Stellen anzuregen, insbesondere in Wahrung dieser Interessen mit den Behörden des Reiches und gegebenenfalls mit der Kirchenbehörde des betreffenden Landes in Verbindung zu treten, auch unter besonderen Umständen öffentliche Kundgebungen zu erlassen. Der Ausschuß sorgt für eine Sammlung der Gesetze, Verordnungen, Synodalverhandlungen und sonstiger für das kirchliche Leben der einzelnen Landeskirchen bedeutsamer Veröffentlichungen. IV. Zum Ausschuß entsendet die Konferenz fünfzehn ihrer Mitglieder. Zu ihnen gehört der Vorsitzende der Konferenz. Als weiter in den Ausschuß zu entsendende Mitglieder der Konferenz werden ihr drei aus dem Kirchengebiete der älteren, zwei aus dem Kirchengebiete der neuen Provinzen Preußens, je eins aus den Kirchengebieten Bayerns, Sachsens und Württembergs von den Abgeordneten der betreffenden Kirchenregierungen benannt. Gehört der Vorsitzende der Konferenz einem der vorgenannten Kirchengebiete an, so ruht oder beschränkt sich verhältnismäßig die betreffende Benennung, solange er als Vorsitzender der Konferenz Mitglied des Ausschusses ist. Scheidet er aus dieser Stellung vor Ablauf seiner Wahlperiode aus, so veranlaßt der Ausschuß, daß ihm als Ersatzmann ein Konferenzmitglied aus dem Kirchengebiete, welchem der Ausscheidende angehörte, benannt wird. In diesem Falle tritt der stellvertretende Vorsitzende der Konferenz bis zu ihrer nächsten Tagung dem Ausschusse als außerordentliches Mitglied bei. Die sieben übrigen in den Ausschuß zu entsendenden Mitglieder werden von denjenigen zur Konferenz erschienenen Abgeordneten benannt, welchen kein eigenes Benennungsrecht zusteht. Ist einer dieser Abgeordneten zum Vorsitzenden der Konferenz gewählt und hierdurch Mitglied des Ausschusses, so beschränkt sich die Benennung auf sechs Mitglieder. Bei der Benennung der in den Ausschuß zu Entsendenden ist in geeignetster Weise für annähernd gleichmäßige Vertretung durch geistliche und weltliche Mitglieder Sorge zu tragen. Den zur Benennung eines Mitgliedes Berechtigten wird dieserhalb Verständigung untereinander empfohlen. Die Entsendung in den Ausschuß erfolgt auf die Zeit bis zum Schluß der nächsten ordentlichen Kirchenkonferenz. Scheidet während dieser Zeit ein zum Ausschusse Entsandter aus der Konferenz aus, so veranlaßt der Ausschuß, daß ihm aus dem Kirchengebiete, welchem der Ausscheidende angehörte, ein Ersatzmann benannt wird. V. Unter Vorbehalt endgültiger Beschlußfassung der Konferenz über den Sitz des Ausschusses und den Vorsitz in ihm wählt der Ausschuß für die nächsten fünf Jahre den Vorsitzenden und dessen Stellvertreter aus seiner Mitte. Als Sitz des Ausschusses gilt auf so lange der Wohnsitz des Vorsitzenden. VI. Der Ausschuß wird vom Vorsitzenden wenigstens einmal im Jahre berufen; außerdem so oft es nötig erscheint, oder wenn wenigstens drei Mitglieder oder mit Bezug auf einen von ihnen gestellten Antrag drei Kirchenregierungen eine Sitzung verlangen. VII. Die Einladungen zu den Sitzungen des Ausschusses sollen in der Regel vierzehn Tage vor der Sitzung erfolgen und sind nebst der Tagesordnung den Kirchenregierungen mitzuteilen. Zur Gültigkeit der Beschlüsse ist erforderlich, daß mindestens zehn Mitglieder in der Sitzung anwesend sind. Die Beschlüsse werden durch Stimmenmehrheit gefaßt. Im Falle der Stimmengleichheit entscheidet bei Wahlen das Los, sonst die Stimme des Vorsitzenden. Die Beschlüsse des Ausschusses werden unter seinem Namen erlassen. Sie erlangen für die einzelnen Kirchenregierungen Verbindlichkeit durch deren Zustimmung. VIII. Gegenstände, welche sich dazu eignen, können durch schriftliche Abstimmung erledigt werden. Die Gültigkeit eines auf diesem Wege herbeigeführten Beschlusses setzt voraus, daß ein formulierter Entwurf desselben allen Ausschußmitgliedern vorgelegen und die Mehrheit ihm zugestimmt hat. Auf Antrag von mindestens drei Mitgliedern muß Beschlußfassung in einer Sitzung erfolgen. IX. Die vom Ausschusse innerhalb seiner Zuständigkeit gefaßten Beschlüsse werden vom Vorsitzenden in der durch die Geschäftsordnung zu regelnden Form zur Ausführung gebracht. Ueber die Geschäftsordnung beschließt der Ausschuß selbst. Sie ist den Kirchenregierungen und der Konferenz mitzuteilen. X. Der Ausschuß hat der Kirchenkonferenz zu Beginn jeder Tagung über seine Tätigkeit Bericht zu erstatten. Er wird Gegenstände, deren sofortige Erledigung er nicht für nötig, oder deren selbständige Erledigung er nicht für angemessen erachtet, der Beschlußfassung der Konferenz unterbreiten.

16. Juni. Reichstagswahlen. Statistisches.

Das Resultat des ersten Wahlganges ist folgendes:

	1903	1898
Zentrum	88	85
Sozialdemokraten	55	32

	1903	1898
Konservative	31	38
Polen	14	13
Reichspartei	6	10
Nationalliberale	5	10
Wilde (Elsässer)	10	9
Antisemiten	1	5
Bauernbündler	3	3
Bund der Landwirte	—	1
Freisinnige Vereinigung	—	1
Freisinnige Volkspartei	—	1
Dänen	1	1

An den Stichwahlen beteiligt sind 37 Konservative, 122 Sozialdemokraten, 24 Freisinnige Volkspartei, 65 Nationalliberale, 11 Freisinnige Vereinigung, 4 Elsässer, 8 Polen, 16 Reichspartei, 1 Bund der Landwirte, 5 Antisemiten, 35 Zentrum, 10 Wilde, 6 Bauernbund, 8 Deutsche Volkspartei, 8 Welfen, 8 Reformpartei.

An der Wahl haben sich 76,1% der Wahlberechtigten beteiligt (1898 68,1%; 1893 72,2%; 1890 71,6%; 1887 77,5%; 1884 60,6%; 1881 56,3%; 1878 63,4%; 1877 60,6%; 1874 61,3%; 1871 51%).

Die Stimmen verteilen sich nach dem Kaiserlichen Statistischen Amt folgendermaßen:

	1898:	1903:
Deutschkonservative	859 222	948 448
Deutsche Reichspartei	343 642	333 404
Nationalliberale	971 302	1 313 051
Freisinnige Vereinigung	195 682	243 230
Freisinnige Volkspartei	558 314	542 556
Deutsche Volkspartei	108 528	91 217
Zentrum	1 455 139	1 875 292
Polen	244 128	347 784
Sozialdemokraten	2 107 076	3 010 771
Antisemiten (Deutschsoziale Reformpartei, Christlichsoziale)	284 250	244 543
Bund der Landwirte	110 389	118 759
Bauernbund	140 304	111 375
Andere Parteien	268 234	248 024
Unbestimmt	92 637	55 249

Für die Sozialdemokraten insbesondere sind 3 087 000 Stimmen abgegeben worden. Diese verteilen sich auf die einzelnen Provinzen und Bundesstaaten folgendermaßen (in Klammern stehen die Ergebnisse der 1898er Wahl): Ostpreußen 55 000 (46 000), Westpreußen 19 000 (11 000), Berlin 218 000 (155 000), Brandenburg 244 000 (162 000), Pommern 55 000 (39 000), Posen 7000 (5000), Schlesien 174 000 (134 000), Sachsen 192 000 (148 000), Schleswig-Holstein 113 000 (82 000), Hannover 131 000 (98 000), Westfalen 140 000 (77 000), Hessen-Nassau 93 000 (74 000), Rheinprovinz 206 000 (112 000), also Preußen 1 647 000 (1 142 000), Bayern 212 000 (138 000), Sachsen 443 000 (299 000), Württemberg 100 000 (62 000), Baden 72 000 (50 000), Hessen 69 000 (49 000), Mecklenburg 56 000 (47 000), Oldenburg, Braunschweig, Anhalt 82 000 (61 000), sächsische Herzogtümer 81 000 (62 000), Fürstentümer 42 000 (34 000), Hansestädte 136 000 (111 000), Elsaß-Lothringen 68 000 (52 000). — Die Sozialdemokratie hat in Preußen 500 000 Stimmen oder über 44 Prozent gewonnen, im übrigen Deutschland 400 000 Stimmen oder 41 Prozent, also in ganz Deutschland 900 000 Stimmen oder fast 43 Prozent.

Juni. Die Presse über die Wahlen. Stichwahlparolen.

In erster Linie wird allgemein das Anwachsen der sozialdemokratischen Stimmen besprochen besprochen. Der „Vorwärts" schreibt: „Berlin-Deutschland hat das Tischtuch mit der Reaktion aller Farben endgültig zerschnitten; es ist die Hauptstadt der Sozialdemokratie geworden. Eine Siegesnachricht drängt die andere; nur ganz vereinzelt kommen Meldungen, die geringere Fortschritte zeigen. Rückschritte nirgends. Auch in rein agrarische Verhältnisse, wie Altenburg, sind wir siegreich eingedrungen. Das deutsche Volk hat in den Wahlen den gewaltigsten Protest gegen die herrschende Reaktion abgegeben. Mit Donnerstimme reden die Zahlen der Stimmen. Der Brotwucher ist gerichtet, und alles, was um ihn sich drängt. Die Wahlen sind ein zerschmetternder Schlag für das ganze herrschende System. Wenn die Nacht vollendet, was bis Mitternacht begonnen, dann bereitet sich eine Weltwende der deutschen Politik vor. Deutschland wird zum Lande des Sozialismus, dem unüberwindlich vorwärts drängenden, dem Befreier und Erlöser. Der Sieg des deutschen Proletariats ist der Sieg der deutschen Kultur. Unser das Reich — unser die Welt!"

Die bürgerlichen Parteiblätter suchen die Ursachen dieser Stimmenzunahme zu erklären. Die freis. „Berliner Ztg." weist darauf hin, daß die Juden vielfach mit den freisinnigen Parteien unzufrieden seien und deshalb die Sozialdemokratie verstärkt hätten, namentlich in Berlin. Andere liberale Blätter sehen in der Tarifvorlage und ihrer Behandlung die Hauptursache. Die „Köln. Volksztg." (klerikal) sagt, die Sozialdemokratie ziehe die Unzufriedenen deshalb am stärksten an, weil sie am kecksten gegen die Regierung auftrete; jedermann leite heute in Deutschland aus irgend einem persönlichen Aerger das Recht ab, sozialdemokratisch zu stimmen. Um die Regierung und Vorgesetzte zu ärgern, wählten viele sozialdemokratisch. Ferner wird die Niederlage des Bundes der Landwirte, der nur einen Führer in die Stichwahl bringt, lebhaft kommentiert. Die agrarische „Deutsche Tagesztg." erklärt sie aus der Regierungspolitik, die keine feste Wahlparole ermöglicht habe und aus der Feindschaft aller Parteien gegen die konsequenten Agrarier.

Für die Stichwahlen gibt die „Nordd. Allg. Ztg." die Parole aus, daß alle bürgerlichen Parteien überall gegen die Sozialdemokratie stimmen sollten. Die „Konf. Korr." stimmt diesem Vorschlag unbedingt zu; die „Kreuz-Ztg." wünscht namentlich, daß die Differenzen zwischen den beiden christlichen Bekenntnissen zurücktreten sollen und hofft, daß Konservative, Zentrum, Rechte und freisinnige Volkspartei den Umsturz gemeinsam bekämpfen werden. Die übrigen bürgerlichen Parteien geben keine allgemeine Parole aus, sondern überlassen die Entscheidung den Wahlkreisen; die freis. Vereinigung empfiehlt, im allgemeinen für die Sozialdemokraten gegen die Rechte zu stimmen.

„Kölnische Zeitung": „Wir denken, mit der Weltwende deutscher Politik und mit der Umwandlung Deutschlands in den Fackelträger der Sozialdemokratie wird es noch gute Wege haben. Die Sozialdemokratie verdankt ihre Erfolge längst nicht mehr ihrem prinzipiellen Charakter, sondern dem Zulauf, der sich jeder rohen und rücksichtslosen Opposition zuwendet."

Der Ausfall der Wahlen in Sachsen, wo von 23 Mandaten 18 den Sozialdemokraten zufallen (nach den Stichwahlen 22), wird von den Liberalen durchweg auf das sächsische Klassenwahlsystem zum Landtag zurückgeführt.

17. Juni. (Westpreußen.) Zwischen Thorn und Marien-
werder richten Wolkenbrüche großen Schaden an. Der Eisenbahn-
verkehr ist für kurze Zeit unterbrochen.

20. Juni. (Hamburg.) Der Kaiser nimmt teil an der
Enthüllungsfeier eines Kaiser Wilhelm=Denkmals und erwidert auf
die Ansprache des ersten Bürgermeisters:

Es ist Mir oft schon die Aufgabe geworden, großen Städten und
ihren begeisterten Bürgern Meinen Dank zu sagen; nie fand Ich die Aufgabe so schwer, für das, was Ich fühle und was Ich gesehen und erlebt
habe, den richtigen, den passenden und erschöpfenden Ausdruck zu finden.
Wenn Ich zunächst als Enkel des großen Kaisers, dessen ehernes Bildnis
die Stadt Hamburg soeben enthüllt hat, sprechen darf, so möchte Ich mit
tiefbewegtem Herzen Meinen Dank dafür abstatten, daß Hamburgs Bürgerschaft in so glänzender, großartiger und erhebender Weise den Ausdruck
gefunden hat, um ihr Deutschtum und ihre Dankbarkeit dem alten Helden
zu bezeigen. Das hat Meinem Herzen als seinem Enkel wohlgetan und
Mich tief gerührt. Zum anderen aber kann Ich es nicht unterlassen, den
wahrhaft überwältigenden Empfang, den Mir Groß und Klein, Jung und
Alt, Hoch und Niedrig hier hat zuteil werden lassen, hervorzuheben. Die
vielen Tausende von Gesichtern, die Mir heute entgegengeleuchtet haben,
sind Bürge dafür, daß der Gruß Mir aus tiefem Herzen und aus be-
wegtem Gefühl entgegenschallte, und Ich bitte den Senat und die Bürgerschaft, Meinen herzlichsten, tiefgefühltesten und heißesten Dank entgegennehmen und der Stadt mitteilen zu wollen. Gewiß, die junge Generation,
die heute mit uns das erzene Bild umstanden hat, für sie ist der große
Kaiser schon eine geschichtliche Person, und die Ereignisse, die sich um seine
Persönlichkeit weben, und die Zeit, in der er gewirkt hat, werden schon
in den Büchern beschrieben. Ich glaube, daß Ich wohl nicht zu viel sage,
wenn Ich der Vermutung Raum gebe, daß dereinst in künftigen Jahrhunderten die Ehrfurcht gebietende Gestalt Meines Großvaters mindestens
ebenso von Sagen umwogen, so gewaltig und hochragend über alle Zeiten
im deutschen Volke dastehen wird, wie einstens die Gestalt Kaiser Barba-
rossas. Freilich, die jüngere Generation ist jetzt gewöhnt, leichthin das,
was wir das Reich nennen, mit dem, was es uns gebracht hat, als etwas
Selbstverständliches anzusehen, ohne zu bedenken, was es gekostet hat, bis
es dazu gekommen ist. Und Ich glaube, wir erkennen auch hierin wieder
den Finger der Vorsehung, wenn wir auf die Ehrfurcht gebietende Gestalt hinblicken, die dort in stiller Haltung vor dem Rathause steht, in
ihrem Ernst und in ihrer stillen Abgeklärtheit des hohen Alters, daß gerade ihn die Vorsehung auserkoren hatte, um dieses, eines der schwierigsten
Werke auszuführen, die Einigung der deutschen Stämme. Denn niemand
konnte sich dem Zauber der Persönlichkeit, der einfachen Bescheidenheit, der
herzgewinnenden Liebenswürdigkeit des hohen Herrn entziehen, und so war
es ihm vergönnt, umgeben von gewaltigen Paladinen, die, ihm ergeben,
mit ihm arbeiteten, auszugleichen und zu versöhnen an Härten und scharfen
Lagen und immer das Ziel im Auge zu behalten, die Einigung des Vaterlandes. In langer Friedensarbeit, in stiller Werkstatt reisten die Gedanken, und fertig waren die Pläne des schon zum Greis gewordenen
Mannes, als die gewaltige Aufgabe an ihn herantrat, als er uns das
Reich wieder erstehen ließ. Ich hoffe, daß die Hamburger Jugend, wenn
sie an dem Denkmal vorbeigeht, nie die Zeit der Vorbereitung vergessen
werde, die dieser hohe Herr durchgemacht hat. Mit Recht erwähnten Sie

die Zeit Kaiser Wilhelms als einer großen, einer gewaltigen Zeit, gewaltig in ihren Impulsen, mächtig in ihrer flammenden Begeisterung. Meine Herren, Ich sollte denken, groß ist auch die Zeit, die uns noch vorbehalten ist. Die Aufgaben, die dem großen Kaiser gestellt waren, sind erfüllt, doch wollen wir nicht vergessen, wenn es uns zuweilen dünkt, daß die Aufgaben, die uns gestellt sind, zu schwer seien, was der hohe Herr durchgemacht hat. Vergessen wir nicht, daß er schon nachdenkend und mitlebend Jena und Tilsit gesehen hat, und doch hat er an der Zukunft des Vaterlandes nicht verzweifelt. Von Tilsit ist es nach Versailles gegangen! Ebenso wird es auch in Zukunft bestellt sein, auch unserer Zeit harren Aufgaben. Der große Kaiser mit seinen großen Mithelfern hat die Basis gelegt, den Grundstein zum Gebäude, an uns ist der Ausbau! Darum bin Ich der Ansicht und der festen Ueberzeugung, daß auch uns eine große Zukunft bevorsteht, wenn wir nur fest dazu entschlossen sind, sie dazu zu machen. Uns sind auch Aufgaben gestellt, mögen sie nun schwer oder leicht sein, wir haben sie anzufassen so gut wir eben können mit Darangabe unserer Kräfte; dann werden wir sie lösen, und Ich bin fest überzeugt, daß, wie damals, so auch heute, es dem Deutschen Reich und dem deutschen Volke nie an den richtigen Männern fehlen wird. Deswegen wende Ich Mich am heutigen Tage an der Stelle, wo Ich damals aus tiefstem Herzen Mich an das deutsche Volk mit einem Notschrei wandte, auch heute wieder an dasselbe: „Möge es seinen Idealen und sich selber treu bleiben." Dann wird es der Granitblock werden, der, wie er draußen den großen Kaiser trägt, so, getreu seinen Traditionen, die neuen Aufgaben und Schöpfungen, die an uns herantreten, auf seinem Herzen und mit seiner Kraft tragen wird. Möge es mit Entschlossenheit an die Aufgaben herantreten, die ihm der Himmel stellt, ohne zu fragen, ob sie schwer oder leicht sind, ohne sich darum zu kümmern, wie es sie lösen soll, wenn es nur erst herangeht! Die Augen auf! Den Kopf in die Höhe! Den Blick nach oben, das Knie gebeugt vor dem großen Alliierten, der noch nie die Deutschen verlassen hat, und wenn er sie noch so schwer geprüft und gedemütigt hat, der sie stets wieder aus dem Staube erhob; Hand aufs Herz, den Blick in die Weite gerichtet und von Zeit zu Zeit einen Blick der Erinnerung zur Stärkung auf den alten Kaiser und seine Zeit, und Ich bin fest überzeugt, daß, wie Hamburg in der Welt voraneweg geht, so wird unser Vaterland vorangehen auf der Bahn der Aufklärung, der Bahn der Erleuchtung, der Bahn des praktischen Christentums, ein Segen für die Menschheit, ein Hort des Friedens, eine Bewunderung für alle Länder. Das spreche Ich als feste Hoffnung und Zuversicht aus, darauf leere Ich Mein Glas: Es lebe die Stadt Hamburg! Hurra! Hurra! Hurra!

21. Juni. (Laurahütte in Oberschlesien.) Eine Wahlversammlung des Zentrums wird von den Polen gesprengt. Polizei und Feuerwehr stellt die Ruhe wieder her, nachdem mehrere Tausend Tumultuanten große Ausschreitungen verübt haben. — Am 19. und 30. September werden 47 Ruhestörer zu langjährigen Freiheitsstrafen verurteilt.

22. Juni. (Württemberg.) Abgeordnetenkammer. Debatte über Eisenbahnwesen.

Redner aller Parteien führen Beschwerde, daß Württemberg im Durchgangsverkehr nach Italien und der Schweiz systematisch umgangen werde. Abg. Haußmann (Vp.): Es müsse ein förmliches Komplott zwischen Baden und Bayern gegen Württemberg bestehen, und Preußen und die Schweiz müßten daran beteiligt sein. Minister Frhr. v. Soden bezeichnet das Verhalten Badens und Bayerns als unzulässig. — Folgender Antrag wird einstimmig angenommen: Die Kammer der Abgeordneten ersucht die Regierung, das Interesse Württembergs an der gleichartigen Entwicklung des Eisenbahnverkehrs den anderen Eisenbahnverwaltungen gegenüber mit aller Entschiedenheit zu verfolgen und auf eine Beseitigung des derzeitigen sowohl dem Sinn und dem Zweck des Art. 42 der Reichsverfassung, als den Grundsätzen einer einheitlichen deutschen Wirtschaftspolitik, wie dem Anspruch aller Bundesglieder auf Schutz gegen künstliche Unterbindung ihres Verkehrs durch andere Bundesstaaten widersprechenden Zustands hinzuwirken.

23. Juni. (Curhaven.) Der Kaiser nimmt teil an der Regatta auf der unteren Elbe und erwidert auf die Ansprache des Vorsitzenden des Seglervereins:

Ich darf wohl aus ganzem tiefstem Herzen den Dank aussprechen für die liebenswürdigen und beredten Worte des Grußes, die soeben an Mich ergangen sind. Mir ist es eine große Freude, Meine Herren, wieder unter Ihnen zu sein und mit Ihnen diesen schönen Tag verleben zu dürfen und Mich zu überzeugen, wie das Verständnis und die Passion für den Segelsport vorwärts geht und wie auf dem Gebiete des Jachtbaues und der Jachtflotte, welche an den Start sich drängt, wie von Jahr zu Jahr, so auch in diesem wieder bedeutende Fortschritte zu verzeichnen sind. Es ist in der freundlichsten Weise darauf Bezug genommen worden, daß die schöne Jacht, die den Namen der mächtigen Hansastadt Hamburg trägt, und die zum erstenmal sich auf der Elbe gezeigt hat, Meiner Initiative zu danken ist. Das ist wirklich zu viel gesagt, denn es steckt in den Hansastädten und zumal in Hamburg, so enorm viel Initiative, daß, wenn man bloß den leisesten Hinweis gibt, so geht auch schon die hanseatische Unternehmungslust ihren Weg und weiß ihren Weg zu finden. Es ist Mir eine besondere Freude gewesen, die heutige Regatta mitsegeln zu können. Es ist das erste Mal, daß Ich mit einem ebenbürtigen, gleichartigen Gegner zu kämpfen hatte, und ohne die unangenehme Bestimmung der Zeitvergütung empfinden zu müssen, unter der Ich jahrelang gelitten habe. Die Herren, die bisher den Vorteil davon gehabt haben, werden das vielleicht nicht so begreifen; aber angenehm ist es doch, wenn man einen ebenbürtigen Gegner hat, zumal wenn sich auf des Deckes Planken das Staatsoberhaupt von Hamburg bewegt, der heut zum erstenmal sich der Elbe vermählt hat. Es ist sodann erwähnt worden, daß der neue Hafen Meinen Namen bekommen hat. Ich bitte auch dafür herzlichsten Dank aussprechen zu dürfen. Es ist eine imposante, gewaltige Anlage, und was Mich bei derselben am meisten gefreut, ist, zu hören, daß sie schon wieder zu klein ist. Möge das stets so in Hamburg der Fall sein. Da wir nun von Schiffahrtsinteressen sprechen, so ist es am heutigen Tage Mir eine Freude, auch eines Ausbaues der Schiffahrtsinteressen zu gedenken, der in alle Zukunft mit dem Namen Hamburgs sich rühmlichst verknüpfen wird. Vor einigen Jahren hatte Ich auf einem Schiffe der Hamburg-Amerika-Linie hamburgischen Männern, von denen leider einige schon heimgegangen sind, die Idee nahegelegt, auch für unsere Handelsflotte zu einer Sicherheitsmarke zu kommen. Nach unendlichem Mühen und selbstloser, hingebender, stiller Arbeit ist das große Werk gelungen, und unsere Handelsflotte steht nun bald vor dem Augenblick, wo für sie die Marke eingeführt wird. Und

Ich glaube, im Sinne Ihrer aller zu sprechen, die mit den Interessen unserer Handelsschiffahrt verknüpft sind, und die wissen, was für eine Bedeutung in dieser Marke liegt, wenn Ich demjenigen, der sich in außerordentlicher Hingabe und regstem Eifer und unermüdlichem Fleiß dieser Arbeit unterzogen hat, unseren herzlichsten und tiefgefühltesten Dank ausspreche. Mein lieber Krogmann, Ich hoffe, daß wie dieses große Werk den uneingeschränktesten Beifall von Arbeitgebern und Arbeitnehmern gefunden hat, es dazu beitragen wird, die absolute Zuversicht in die Sicherheit unserer Schiffe und die Ehrlichkeit unserer Reeder zu setzen. Ich hoffe, daß mit dieser Marke der Name Krogmann und Hamburg sich verbinden wird. Ich möchte den Akt des Dankes nicht schließen, bis Ich auch Ihnen von hier aus ein Zeichen der Anerkennung überreicht habe. Ich überreiche Ihnen hiermit als Zeichen Meines Dankes den Kronenorden II. Klasse und hoffe, daß Sie denselben lange Jahre mit Ehren tragen mögen und daß die Seeleute, sowohl Kapitäne wie Mannschaften, sich Ihres Namens mit Dank erinnern mögen. Alles, was Ich sonst auf dem Herzen habe, fasse Ich zusammen in dem Rufe: Hamburg, der Norddeutsche Regattaverein und die Amerikalinie hurra, hurra, hurra!

25./30. Juni. (Kiel.) Besuch des amerikanischen Geschwaders.

26. Juni. (Kiel.) Der Kaiser begrüßt das amerikanische Geschwader. Rede an den amerikanischen Botschafter. Depeschenwechsel mit Roosevelt.

Der Kaiser nimmt nach dem Empfang der amerikanischen Seeoffiziere teil an einem vom amerikanischen Botschafter Tower gegebenen Festmahl und erwidert auf dessen Ansprache: Indem Ich Euer Exzellenz warm gefühlten Trinkspruch erwidere, entbiete Ich im Namen des deutschen Volkes dem amerikanischen Geschwader, dem Admiral Cotton und seinen Offizieren herzlichen Willkommengruß. Wir sehen in ihnen die Träger freundschaftlicher Gefühle seitens der Bürger der Vereinigten Staaten, die, wie Ich Euer Exzellenz versichern kann, von ganz Deutschland herzlich erwidert werden. Ich bin glücklich, daß Meine Hoffnungen auf bessere gegenseitige Verständigung zwischen unseren beiden Ländern infolge des persönlichen Verkehrs, den Mein Bruder Prinz Heinrich mit Euer Exzellenz Landsleuten pflegen konnte, in großem Maße verwirklicht worden sind und daß das Band der Freundschaft zwischen Deutschland und Amerika dadurch enger geknüpft wurde. Daß die der Harvard-Universität von Mir zum Geschenk gemachten Abgüsse mittelalterlicher deutscher Architektur so freundliche Aufnahme gefunden haben, erfüllt Mich mit besonderer Genugtuung. Ich hoffe, daß diese Nachbildungen aus unserer alten Kulturgeschichte viele junge amerikanische Studenten anspornen werden, nach Deutschland zu kommen, um dort die Originale und das Volk, welches diese Kunstwerke hervorgebracht hat, zu studieren. Mein aufrichtigster Wunsch geht dahin, daß unsere beiden Völker sich einander besser kennen lernen. Kein ernst denkender Bürger in Amerika und Deutschland ist, wie Ich weiß, der Meinung, daß die Harmonie und der Fortbestand unserer gemeinsamen Interessen gestört werden könnten durch Tatsachen, die unsere Beziehungen dauernd beeinflussen. Wir sind zu eng aneinander gewiesen durch unsere gemeinsamen Interessen. Rivalitäten auf dem Gebiete des Handels oder Gewerbes werden immer vorhanden sein, aber die Kraft, die uns zusammenführt, ist zu stark, um die Entstehung eines Antagonismus zu erlauben. Es ist Meine feste Ueberzeugung, daß die Hunderttausende von Deutschen, die in den Vereinigten Staaten leben und dort ihr gutes Fortkommen finden und die sich dabei in ihrem Herzen die warme Liebe für ihr altes Vaterland bewahrt haben, den Weg ebnen für eine ungestörte Entwicklung unserer Beziehungen, die für unsere Länder von so hoher Bedeutung sind. Es ist jetzt Meine Pflicht, Euer Exzellenz zu bitten, Seiner Exzellenz dem Präsidenten der Vereinigten Staaten Dank zu sagen für die erfreuliche Begegnung, die wir seiner Zuvorkommenheit verdanken. Wir alle bewundern seine Charakterstärke, seinen eisernen Willen, seine Hingabe an sein Land und seine unbeugsame Tatkraft, und wir ergreifen gern die uns über den Ozean entgegengestreckte Hand in herzlicher Freundschaft und im Gefühl, daß Blut dicker ist als Wasser. Meine Herren, Ich trinke auf das Wohl Seiner Exzellenz des Präsidenten der Vereinigten Staaten. Gott segne ihn und die Vereinigten Staaten.

An den Präsidenten der Vereinigten Staaten telegraphiert der Kaiser: Bei der Ankunft in Kiel wurde Ich von dem schönen amerikanischen Geschwader begrüßt und hatte das Vergnügen, Admiral Cotton und die Kapitäne zu empfangen. Es war Ihrerseits ein sehr glücklicher Gedanke, das Geschwader nach Kiel zu senden, und Ich bin dank diesem Umstande in der Lage gewesen, das prächtige Flaggschiff „Kearsage" heute zu besichtigen, wobei Ich den Kapitän zu dem außerordentlich hohen Maße von Tüchtigkeit und Eleganz des Schiffes und dem guten Aussehen der tapferen Mannschaft beglückwünschen konnte. Mit dem Ausdrucke Meines wärmsten Dankes versichere Ich Ihnen, daß das Geschwader mir herzlich willkommen ist, und Ich hoffe, ihm seinen Aufenthalt angenehm machen zu können. Jedermann wird sich darum bemühen, daß es sich hier heimisch fühle, in Erwiderung des freundlichen Empfanges, der Meinem Bruder von den Bürgern Amerikas zuteil geworden ist. Wilhelm I. R.

Präsident Roosevelt antwortet: Ich danke Ew. Majestät für die huldvolle Bewillkommnung des Geschwaders der Vereinigten Staaten und die in Ew. Majestät Depesche ausgesprochenen anerkennenden Worte. Ich erhielt von Admiral Cotton bereits Mitteilung über diese Freundlichkeit, die Ew. Majestät ihm und seinem Geschwader erwiesen haben. Diese Zeichen der Freundschaft und des Wohlwollens Ew. Majestät für die Vereinigten Staaten machten auf mich einen tiefen Eindruck. Ich erwidere die in Ew. Maj. Depesche gebrachten Gefühle auf das herzlichste. Theodore Roosevelt.

26. Juni. Reichstagsstichwahlen.

Das definitive Ergebnis ist folgendes:

	1890	1893	1898	1903
Deutschkonservative	73	72	52	52
Reichspartei	20	28	22	20
Antisemiten	5	16	12	9
Zentrum	106	96	101	100
Polen	16	19	14	16
Nationalliberale	42	53	48	52
Freisinnige Vereinigung	—	13	13	9
Freisinnige Volkspartei	66	24	29	21
Süddeutsche Volkspartei	10	11	8	6
Sozialdemokraten	35	44	56	82
Bund d. L. u. Bauernbund	—	—	18	8
Welfen	11	7	8	5
Elsässer	10	8	10	9
Christlich-Soziale	1	—	1	2
National-Soziale	—	—	—	1
Dänen	1	1	1	1
Wilde	—	9	12	5

Der „Vorwärts" schreibt über die Stichwahlen: „Der verzweifelte Zusammenschluß aller reaktionären Kräfte hat unsere Gegner vor schweren Verlusten nicht zu bewahren vermocht. Wir können darum mit Ruhe sagen, daß unsere vereinzelten Niederlagen nicht weniger eine reiche Zukunftssaat für uns bedeuten wie unsere zahlreichen Siege. Das große Werk der Aufklärung und der Befreiung vermögen unsere Feinde weder siegend noch fallend auch nur für einen Augenblick aufzuhalten. Denn je fester sich die reaktionäre Masse gegen uns zusammenschließt, desto klarer wird es in den Köpfen. Deutschland muß werden, was Sachsen ist!

Die „Tägliche Rundschau" gibt folgende Zusammenstellung über die Veränderungen: Die Konservativen besitzen 51 Mandate; sie hielten sich in 41 alten Wahlkreisen, gewannen 10 und verloren 13 Wahlkreise. Gewonnen wurden: 4 von Freif. Vgg., 2 von Freif. Vp., 2 von Natl., je 1 von Lit. und D. Vp. Verloren: 6 an Soz., 3 an Antis., 2 an Natl., je 1 an D. Vp. und Wild-Konf. — Die Reichspartei besitzt 19 Mandate; sie hielt sich in 16 alten Wahlkreisen, gewann 3 und verlor 4 Wahlkreise. Gewonnen wurden: je 1 von Soz., Zentr. und Frf. Vgg. Verloren: 2 an Soz., je 1 an Frf. Vp. und Bbd. — Die Nationalliberalen besitzen 50 Mandate; sie hielten sich in 35 alten Wahlkreisen, gewannen 15 und verloren 18 Wahlkreise. Gewonnen wurden: 4 von Soz., 3 von Frf. Vp., je 2 von Konf., Antis. und Bbl., je 1 von Zentr. und Welf. Verloren: 8 an Soz., 2 an Konf., je 1 an Bbl., Antis., Zentr., Pol., Frf. Vgg., Frf. Vp., Welf. und Wild (Christl.-Soz.). — Das Zentrum besitzt 100 Mandate; es hielt sich in 97 alten Wahlkreisen, gewann 3 und verlor 6 Wahlkreise. Gewonnen wurde: je 1 von Natl., Bbb. und Welf. Verloren: 2 an Soz., je 1 an Rp., Natl., Bbb. und Pol. — Die Freisinnige Vereinigung besitzt 9 Mandate; sie hielt sich in 7 alten Wahlkreisen, gewann 2 und verlor 8 Wahlkreise. Gewonnen wurde: je 1 von Antis. und Natl. Verloren: 4 an Konf., 3 an Soz., 1 an Rp. — Die Freisinnige Volkspartei besitzt 21 Mandate; sie hielt sich in 17 alten Wahlkreisen, gewann 4 und verlor 11 Wahlkreise. Gewonnen wurde: je 1 von Bbl., Rp., Natl. und Soz. Verloren: 4 an Natl., je 2 an Konf., Wild-Konf. und Soz., 1 an Wild-Lib. — Die Deutsche Volkspartei besitzt 6 Mandate; sie hielt sich in 3 alten Wahlkreisen, gewann 3 und verlor 4 Wahlkreise. Gewonnen wurde: je 1 von Konf., Natl. und Elf. Verloren: 2 an Bbb., je 1 an Konf. und Soz. — Die Sozialdemokraten besitzen 81 Mandate; sie hielten sich in 51 alten Wahlkreisen, gewannen 30 und verloren 7 Wahlkreise. Gewonnen wurden: 8 von Natl., 6 von Konf., je 3 von Antis. und Frf. Vgg., je 2 von Rp., Zentr., Wildlib. und Frf. Vp., je 1 von Bbl. und D. Vp. Verloren: 4 an Natl., je 1 an Rp., Frf. Vp., und Wild. — Der Bund der Landwirte und Bauernbund besitzen 7 Mandate; sie hielten sich in 2 alten Wahlkreisen, gewannen 5 und verloren 5 Wahlkreise. Gewonnen wurden: 2 von D. Vp., je 1 von Rp., Natl. und Zentr. Verloren: 2 an Natl., je 1 an Zentr., Frf. Vp. und Soz. — Die Antisemiten besitzen 9 Mandate; sie hielten sich in 5 alten Wahlkreisen, gewannen 4 und verloren 7 Wahlkreise. Gewonnen wurden: 3 von Konf., 1 von Natl. Verloren: je 3 an Natl. und Soz., 1 an Frf. Vgg. — Die Polen besitzen 16 Mandate; sie hielten sich in 14 alten Wahlkreisen, gewannen 2 und verloren 0 Wahlkreise. Gewonnen wurde: je 1 von Natl. und Zentr. — Die Elsässer besitzen 7 Mandate; sie hielten sich in 6 alten Wahlkreisen, gewannen 1 und verloren 4 Wahlkreise. Gewonnen wurde: 1 von wild-konf. Verloren: 3 an wild-kler., 1 an D. Vp. — Die Welfen besitzen 6 Mandate; sie hielten sich in 5 alten Wahlkreisen, gewannen 1 von Natl. und verloren 2 Wahlkreise an Natl. und Zentr. — Von Wilden werden 15 Wahlkreise vertreten. Es hielten sich 5 Abgeordnete in ihren alten Wahlkreisen, 10 Wahlkreise sind neu von Wilden besetzt, 4 an Angehörige von Fraktionen verloren.

1. Juli. (Preußen.) Der Oberpräsident von Schlesien, Fürst Hatzfeld-Trachenberg, tritt zurück. Sein Nachfolger wird der Oberpräsident von Hessen-Nassau, Graf Zedlitz-Trützschler, Oberpräsident von Hessen-Nassau der Regierungspräsident v. Windheim (August).

Anfang Juli. (Preußen.) Erlaß des Finanzministers und des Ministers des Innern an die Regierungspräsidenten über die Gewerbesteuerveranlagung.

Die Minister verweisen auf die Petitionen, die im Abgeordnetenhause eine Abänderung des Gewerbesteuergesetzes in der Richtung anstrebten, daß, wie die Miete für gemietete Räume, so die Hypothekenzinsen für die dem Gewerbetreibenden gehörenden Grundstücke, in denen er seine Geschäftsräume hat, von der Betriebseinnahme in Abzug zu bringen seien. Gegen eine solche Abänderung des Gewerbesteuergesetzes spricht sich der Erlaß mit dem Bemerken aus, daß die zu entrichtende Miete und die Hypothekenzinsen keineswegs ohne weiteres einander gleichgestellt werden können. Etwaigen Härten könnten die Gemeinden durch eine autonome Ordnung der Gemeindebesteuerung des Gewerbebetriebs gemäß § 29 des Kommunalabgabengesetzes abhelfen. Beispielsweise kann, sofern nicht überhaupt ein anderer Maßstab gewählt wird, der Besteuerung der Ertrag nach Abzug wie der Miete für gemietete, so auch des Mietswerts der dem Gewerbetreibenden eigentümlich gehörigen Geschäftsräume oder aber der Ertrag unter Hinzurechnung der für gemietete Geschäftsräume zu entrichtenden Miete zu grunde gelegt werden, und entsprechende Anordnungen lassen sich bei einer Besteuerung nach dem Anlage- und Betriebskapital treffen.

Anfang Juli. (Sachsen.) Ministerpräsident v. Metzsch über die Lehren der Reichstagswahlen.

Auf dem Gemeindetag in Pirna hält der Minister eine Rede, in der er ausführt, das Wahlresultat sei erschreckend; es sei herbeigeführt durch eine „zersetzende Agitation", welche zu einem Teile mit Erfolg gearbeitet habe, einen Riß zwischen Bürgertum und Arbeiterschaft zu schaffen. Ein Teil der Bevölkerung habe, irreleitenden Agitatoren folgend, in einer Weise gewählt, die für alles öffentliche Leben gefahrdrohend erscheinen müsse. Aber man dürfe den Mut und die Spannkraft nicht verlieren und müsse vorbeugend für die Zukunft eingreifen. Es bestehe ein chronischer Zustand der Unzufriedenheit, aus der heraus viele sich bewogen gefunden hätten, regierungsfeindlich zu wählen. Da sei es Pflicht und Gewissenssache aller öffentlichen Gewalten, in Stadt und Gemeinde mitzuhelfen, daß die Zustände wieder auf eine bessere Basis zurückgeführt würden. Auf ethischem Gebiete müßten Familie, Haus und Kirche die sittlichen und kulturellen Grundlagen festigen. „Hinsichtlich der wirtschaftlichen Fragen ist der Moment gekommen, wo die öffentlichen Gewalten zum Eingreifen verpflichtet sind. Dazu wollen wir schreiten, vor dieser Aufgabe, so schwer sie auch ist, wollen wir nicht zurückschreden. Wir wollen dort, wo wir anerkennen, daß verbesserungsfähige Zustände vorhanden sind, einsetzen. Wir wollen, wo wir erkennen, wir haben Fehler gemacht — und auch die

Regierung hält sich nicht für infallibel — einsetzen. Wir wollen bessere schaffen, unserem Volke die guten Fundamente erhalten. Wir wollen dafür sorgen, daß das große Sammelbecken der Unzufriedenheit, wenn auch nicht ganz, so doch etwas entleert wird und nicht noch einmal überflutet."

8. Juli. Die „Norddeutsche Allgemeine Zeitung" über deutsche und englische Flottenrüstungen. Protest gegen Balfour.

Die offiziöse „Norddeutsche Allgemeine Zeitung" zitiert folgenden Passus einer Rede des englischen Premierministers Balfour über die englische Marine: „But it must be remembered that the expenditure upon the British fleet alone amongst the fleets of the world is mainly of a defensive character, and that the other fleets of the world cannot claim to have that character. In these circumstances I think the initiative should come from the others." Sie bemerkt dazu: „Es darf wohl angenommen werden, daß die vom leitenden Staatsmanne Großbritanniens ausgesprochene Meinung, nur die englische Flotte diene defensiven Zwecken, während die übrigen Flotten der Welt nicht beanspruchen könnten, als defensive Kriegsinstrumente zu gelten, außerhalb Englands schwerlich Zustimmung finden wird. Um naheliegende Zeugnisse aus der jüngsten Vergangenheit anzuführen, sei nur auf die wiederholten Erklärungen des Präsidenten Roosevelt hingewiesen, daß eine starke amerikanische Kriegsflotte die beste Friedensbürgschaft bilden würde. Aehnliche Kundgebungen sind schon früher bei verschiedenen Anlässen von den Regierungen anderer Mächte ausgegangen."

10. Juli. (Reichstagswahl.) Bei der Nachwahl in Konitz-Tuchel wird Kulerski (Pole) mit 6024 Stimmen gewählt gegen v. Siforski (Pole) mit 2959, Aly (konf.) mit 2670, Bönig (Z.) mit 110, Schlichtholz (Soz.) mit 91 Stimmen.

11. Juli. (Preußen.) Abänderung des Reglements für die Wahlen zum Abgeordnetenhause.

Hiernach fällt die Bestimmung fort, daß auf Wunsch des Urwählers der Protokollführer bei den Urwahlen den Namen des Urwählers durch diesen selbst in die Liste eintragen läßt. Für die Wahl der Abgeordneten selbst sind in den Paragraphen 27 und 28 Erleichterungen geschaffen worden. Während bisher mehrere Wahlgänge erforderlich waren für den Fall, daß mehrere Abgeordnete zu wählen waren, hat nunmehr in diesem Fall jeder Wahlmann sofort anzugeben, wen er an erster, zweiter oder dritter Stelle zum Abgeordneten wählt. Es ist nicht unzulässig, für jede Stelle denselben Namen zu nennen. Der Protokollführer trägt den oder die von dem Wahlmann bezeichneten Namen sofort neben den Namen des Wahlmannes in die entsprechenden, zur Aufnahme der Abstimmungsvermerke bestimmten Spalten der Wahlmännerliste ein. Dabei sind Abkürzungen statthaft, welche keinen Zweifel über die gewählte Person lassen. Ein neu eingefügter Paragraph 31 bestimmt, daß die Wahlvorsteher und Wahlkommissäre für den vorschriftsmäßigen Verlauf der Wahlverhandlung verantwortlich sind, sie sind, soweit nicht Entscheidungen des Wahlvorstandes vorgeschrieben sind, berechtigt, alle zur geordneten Durchführung der Wahlverhandlung erforderlichen Entscheidungen und Anordnungen allein zu treffen und mit den gesetzlich zulässigen Mitteln in Vollzug zu setzen. Die Befugnis des Wahlvorstandes, das Wahlergebnis festzustellen, wird durch diese Vorschrift nicht berührt. Beschlüsse des Wahlvorstandes werden mit

8*

Stimmenmehrheit gefaßt; bei Stimmengleichheit entscheidet die Stimme des Wahlvorstehers (Wahlkommissars).

Mitte Juli. Seit dem 12. Juli wird Schlesien, insbesondere das Gebiet der Oder und Neiße, durch Wolkenbrüche und Hochwasser heimgesucht. (Vgl. unten.)

Mitte Juli. (Sachsen.) Das amtliche „Dresdener Journal" veröffentlicht folgende Bekanntmachung über die Reform des Landtagswahlrechts und die Berufung einer Abgeordnetenkonferenz hierüber:

„Die Regierung hat die Frage, in welcher Weise die Zweite Kammer der Ständeversammlung zusammenzusetzen sei, zu keiner Zeit als durch das Gesetz vom 28. März 1896 endgültig und auf immer entschieden angesehen. Sie hat dies noch auf dem letzten Landtage, als aus der Mitte der Zweiten Kammer Stimmen laut wurden, die einer Reform des Landtagswahlrechts das Wort redeten, durch den Mund des Ministers des Innern erklärt, der sich hierbei dahin aussprach, daß sie es „für absehbare Zeit als unerläßlich anerkenne, am Wahlgesetze Aenderungen eintreten zu lassen", und „sie empfehle jedermann, der daran Interesse hat, mitzuwirken, mitzuarbeiten, mitzudenken, damit sie seinerzeit in der Lage sei, wenn wir an diese schwierige Frage herantreten, von allen beteiligten Seiten, auf deren Urteil sie einen besonderen Wert lege, auch die nötigen Unterstützungen und Ratschläge zu finden". Um die Bedenken, die sowohl ihr selbst gegen das bestehende Wahlrecht beigingen, als auch von verschiedenen Seiten ihr entgegengebracht wurden, auf ihre innere Berechtigung zu prüfen, hat das Ministerium des Innern unmittelbar nach dem Schlusse des letzten Landtages Ermittlungen veranstaltet, insbesondere über das Verhältnis, in dem die Anzahl der zur dritten Wählerklasse Gehörigen, sowie die Summe ihrer Steuerleistungen zu der Anzahl und den Leistungen der in den beiden anderen Klassen Befindlichen steht. Diese Ermittlungen waren bereits im April des laufenden Jahres wenigstens so weit abgeschlossen, daß sie als Grundlage für weitere Arbeiten gelten können. Das Ergebnis bestärkte die Regierung in der Ansicht, daß das Gesetz vom 28. März 1896 die nicht beabsichtigte Wirkung gehabt hat, den Einfluß der in der dritten Wählerklasse gewählten Wahlmänner auf die Wahl der Abgeordneten auf ein den Grundsätzen der Gerechtigkeit nicht entsprechendes Maß herabzudrücken. Die Regierung hat hieraus Anlaß nehmen müssen, die Reform des Landtagswahlrechts ernstlich ins Auge zu fassen. Auf welchem Wege diese Reform in die Wege zu leiten sei, ist zur Zeit noch Gegenstand der Erwägung. Im Hinblick auf die außerordentliche Schwierigkeit der Aufgabe gedenkt sich die Regierung des Beirates einer etwa für Ende August oder Anfang September zusammenzurufenden Versammlung zu bedienen, in der namentlich auf dem fraglichen Gebiete besonders erfahrene Mitglieder beider Ständekammern ihren Platz finden sollen. Die Vorarbeiten werden bis dahin so weit gefördert werden, daß der Versammlung nicht nur das schon zusammengebrachte und weiter zu vervollständigende Material mitgeteilt, sondern auch formulierte Vorschläge unterbreitet werden können."

Die Vertreter der konservativen und nationalliberalen Partei sprechen sich reserviert gegen die Konferenz aus.

16. Juli. (Württemberg.) Die Zweite Kammer genehmigt

gegen die Stimmen der Sozialdemokraten und eines ritterschaft-
lichen Abgeordneten die Steuerreform. (Annahme in der Ersten
Kammer 17. Juli.)

Der wichtigste Teil ist die Reform der Einkommensteuer. Das
steuerfreie Jahreseinkommen ist auf 500 ℳ. angesetzt, aber Steuerpflichtige
unter 2000 ℳ. Einkommen, die verheiratet sind und ein oder zwei Kinder
unter 15 Jahren haben, erhalten eine Ermäßigung um eine Steuerstufe;
besitzen sie drei oder mehr Kinder, so tritt eine Ermäßigung um zwei
Stufen ein, wodurch das steuerfreie Einkommen für die meisten Arbeiter-
familien sich auf 800 ℳ. erhöht; Verheiratete mit 2000—3000 ℳ. Jahreseinkommen und drei oder mehr Kindern kommen ebenfalls in eine Steuerstufe niedriger. Ferner können Steuerpflichtige bis zu 5000 ℳ. Jahreseinkommen mit die „Leistungsfähigkeit wesentlich beeinträchtigenden Verhältnissen" (außergewöhnliche Belastung durch Erziehung der Kinder, Ali-
mentation mittelloser Angehöriger, Erfüllung der Militärpflicht, andauernde
Krankheit, besondere Unglücksfälle u. s. w.) eine Ermäßigung um insgesamt
drei Stufen erhalten. Steuerstufen: 500—650 ℳ. sind mit 2 ℳ. belastet,
650—800 ℳ. mit 3 ℳ., 800—950 ℳ. mit 4 ℳ., 950—1100 ℳ. mit 5 ℳ,
1100—1250 ℳ. mit 7 ℳ, 1250—1400 ℳ. mit 9 ℳ., bei 2000 ℳ. wird
1 Prozent als Steuer erhoben, bei 4000 ℳ. 2 Prozent, bei 7000 ℳ. 3 Prozent, bei 10000 ℳ. 3,4 Prozent, bei 20000 ℳ. 3,9 Prozent und bei 30000 ℳ.
4 Prozent; bei 60000 ℳ. 4,25 Prozent, bei 100000 ℳ. 4,5 Prozent, der
Höchstsatz mit 5 Prozent wird 200000 ℳ. erreicht. Steuerfrei sind die
Einkommen der kirchlichen Fonds, der Pensionsanstalten der Beamten und
Angestellten, das Kapitaleinkommen der Krankenkassen, Berufsgenossen-
schaften und Versicherungsanstalten, das der Unterrichts- und Erziehungsanstalten sowie der Stiftungen und Anstalten und Vereine für milde Zwecke
(Spitäler) und die Zinsen aus Sparkasseneinlagen. Abzugsberechtigt sind
die zur Erwerbung, Sicherung und Erhaltung des Einkommens verwen-
deten Ausgaben (Verwaltungs-, Betriebsausgaben, Geschäftunkosten, auch
Unterhalt und Lohn für Familienangehörige mit Ausnahme der Ehefrau),
Prämien für Haftpflichtversicherung, die jährlichen Abschreibungen, die
staatlichen Steuern ohne die Einkommensteuer selbst, die Schuldenzinsen
(bringt allein der Landwirtschaft eine Entlastung der Steuern um 20 Mill.
Mark) und die Beiträge zu Kranken-, Unfall-, Invalidenversicherungs-,
Witwen-, Waisen- und Pensionskassen.

Zur Durchsetzung des Gesetzes war ein Kompromiß zwischen Erster
und Zweiter Kammer erforderlich. Die Erste Kammer genehmigte die
Erhöhung der Steuersätze gegen die Konzession, daß eine einseitige Erhöhung der Einkommensteuer über diesen Einheitssatz hinaus nicht ohne
ihre Zustimmung erfolgen kann, also nicht wie im Etatsgesetz, sondern
im Wege der ordentlichen Gesetzgebung. Mit der Reform der Staatssteuer ist eine Reform der Gemeindesteuern verbunden. Danach wird die
kommunale Einkommensteuer bei 4 Prozent Vorausbelastung der Kataster
erhoben; der Höchstbetrag ist 50 Prozent der staatlichen Einkommensteuer.
Außerdem ist eine Bauplatzsteuer und eine Warenhaussteuer für die Kom-
munen beschlossen worden.

16.—23. Juli. (Berlin.) Tagung einer internationalen
Währungskonferenz.

Die Konferenz hat zum Zweck die Herbeiführung eines festen Wertverhältnisses zwischen dem Gelde der Silberwährungsländer und der Goldwährungsländer. Es beteiligen sich außer deutschen Kommissaren ameri-

kanische und mexikanische Delegierte, die bereits vorher in London, Paris und im Haag Konferenzen besucht haben. Am 23. wird einstimmig folgender Beschluß gefaßt: 1. Die Einführung eines Goldvalutasystems in den Ländern mit Silberumlauf, bestehend aus Silbermünzen mit unbeschränkter gesetzlicher Zahlungskraft, aber mit einem festen Goldkurs, würde die Entwicklung dieser Länder erheblich begünstigen und ihren Handel mit den Goldwährungsländern fördern, sowie die Gelegenheit zu gewinnbringender Kapitalanlage in der ganzen Welt erweitern. 2. Die Einführung eines einheitlichen Geldumlaufs in China, bestehend aus Silbermünzen mit voller gesetzlicher Zahlungskraft, ist dringend erwünscht. Die Vorteile einer solchen Reform sowohl für China als auch für die Goldwährungsländer, würden ganz außerordentlich gesteigert werden, wenn es gelänge, den Kurs der Silbermünzen im Verhältnis zum Gold zu fixieren. Für die Erreichung des letzteren Zwecks erscheint es geboten, daß die Prägung der neuen Silbermünzen nicht freigegeben wird, und daß die chinesische Regierung zu Beginn der Reform alle diejenigen Maßnahmen ergreift, welche ihr eine Einwirkung auf die ausländischen Wechselkurse ermöglichen. 3. Wenn auch in den Ländern mit Silberumlauf der Kurs der Silbermünzen von dem Stande der nationalen Volkswirtschaft und ihren Beziehungen zu anderen Nationen abhängig sein wird, so ist es doch wünschenswert, daß ein einheitliches Ausmünzungsverhältnis von Gold- und Silbermünzen in solchen Ländern bestehe, welche künftig eine Goldvaluta annehmen, und daß dieses Verhältnis auf etwa 32 zu 1 festgesetzt wird, falls keine weiteren ernstlichen Veränderungen im Silberpreis eintreten. 4. Die Schwankungen des Silberpreises würden durch eine verständige Regelmäßigkeit in den Silberkäufen der Regierungen zu Münzzwecken in gewissem Umfange eingeschränkt werden können. Eine solche Regelmäßigkeit würde erwünscht sein und wird den einzelnen Ländern empfohlen, soweit deren Münzgesetzgebung und monetäre Bedürfnisse nicht entgegenstehen. Dagegen wird zu diesem Zweck eine Aenderung der Münzgesetzgebung der Goldwährungsländer, insbesondere die Einführung des internationalen Bimetallismus, weder beabsichtigt noch für aussichtsvoll gehalten. Ferner würde es im Interesse der Beständigkeit des Silberpreises erwünscht sein, wenn er in den Ländern, in welchen die industrielle Verarbeitung von Silber einer Steuer unterliegt, diese Steuer aufgehoben oder ermäßigt werden würde.

21. Juli. Die „Norddeutsche Allgemeine Zeitung" schreibt über den Tod des Papstes:

„Ein friedliebender Kirchenfürst, ein warmherziger Freund der Armen und Unterdrückten, ein feinsinniger Gelehrter ist mit Leo XIII. dahingegangen, dessen Name weit über den Kreis der katholischen Kirche mit dem Gefühl aufrichtiger Hochschätzung genannt wird. Unser Kaiser verehrte in dem Entschlafenen einen persönlichen Freund. Die wiederholten Besuche des Kaisers legten für das gute Verhältnis zwischen den beiden ein beredtes Zeugnis ab. Beim Antritt des Pontifikates ging Papst Leo der Ruf voraus, daß er bestrebt sein werde, ein Friedenspapst zu sein. Diesen Ruf hat er dem Deutschen Reich gegenüber in richtiger Erkenntnis der wahren Interessen sowohl der Kirche wie der Staatsgewalt gerechtfertigt. Unter seiner tätigen Mitwirkung gelang es, den Kulturkampf beizulegen und einen modus vivendi mit der katholischen Kirche zu finden, der sich bis heute bewährte. Schon vor 18 Jahren übertrug ihm das Vertrauen der deutschen Regierung das Amt des Schiedsrichters im Karolinen-Streit mit Spanien. Wenn heute unter regem Anteil der katholi-

schen Bevölkerung am Ausbau des Deutschen Reiches weiter gearbeitet
werden kann, so ist dies nicht zum wenigsten der staatsmännischen Einsicht
des Papstes Leo zu danken, der auch nach Beilegung des Kulturkampfes
wiederholt und noch in seinem letzten Lebensjahre ein offenes Verständnis
für die staatlichen Bedürfnisse Deutschlands zeigte. Unter den vielen
Päpsten, die in der deutschen Geschichte eine Rolle spielten, wird Papst
Leo XIII. eine der sympathischsten Erscheinungen bleiben."

Der Kaiser telegraphiert aus Molde (Norwegen) an den
Kardinal Oreglia:

Schmerzlich bewegt durch die soeben erhaltene Trauernachricht, sende
Ich dem hohen Kardinalkollegium den Ausdruck Meiner aufrichtigen Anteilnahme an dem schweren Verlust, welchen die römisch-katholische Kirche durch
den Heimgang des Papstes Leo XIII. erlitten hat. Ich werde dem erhabenen Greise, der Mir ein persönlicher Freund war, und dessen so außerordentliche Gaben des Herzens und des Geistes Ich noch bei Meiner letzten
Anwesenheit in Rom, erst vor wenigen Wochen, erneut bewundern mußte,
ein treues Andenken bewahren.   Wilhelm I. R.

21. Juli. (Berlin.) Reichstagsabgeordneter R. Röslce, her=
vorragender Sozialpolitiker liberaler Richtung, fast 58 Jahre alt, †.
(Vgl. Soziale Praxis 1903 Nr. 44 und Preuß. Jahrbücher Bd. 79.)

Juli.   Streit in der sozialdemokratischen Partei.

In den „Sozialist. Monatsheften" empfiehlt Abg. Bernstein (vgl.
1902), daß die sozialdemokratische Fraktion entsprechend ihrer Stärke eine
Vertretung im Präsidium des Reichstags beanspruchen soll. Abg. Bebel
und der Schriftsteller Franz Mehring antworten in der „Neuen Zeit"
schroff, daß dieser Vorschlag allen sozialdemokratischen Prinzipien zuwider-
laufe, weil mit dem Präsidentenposten gewisse höfische Repräsentations-
pflichten verbunden seien. Abg. v. Vollmar erklärt die Erörterung der
Vizepräsidentenfrage in der Presse für taktisch fehlerhaft, wendet sich aber
scharf gegen Bebel, der die Meinungsfreiheit in der Partei unterdrücken
wolle, und weist der Fraktion die Aufgabe zu, über die Präsidiumsfrage
zu beschließen. Nach seiner Meinung hat die Fraktion den ihr zukommen-
den Vizepräsidenten zu verlangen. — In der weiteren Diskussion erklärt
sich auch Abg. Singer gegen Bernstein und Abg. Bebel kündigt eine
Diskussion dieser und anderer Streitfragen auf dem Parteitag an, wo
Klarheit über die in der Partei geltende Anschauung geschaffen werde solle:
„Ich bin überhaupt der Ansicht, daß die Zeit des Vertuschens und des
gegenseitigen Komödienspiels in der Partei vorbei ist und wir uns klar
darüber werden müssen, wie wir zueinander stehen. Ich kann kein Bedürfnis nach einer anderen parlamentarischen Taktik und nach gänzlich
neuen Aufgaben für die Fraktion anerkennen, da ich in dem großartigen
Ausfall der letzten Reichstagswahlen zu Gunsten der Partei nur die dank-
bare und zustimmende Anerkennung der Wähler zu der Taktik, die bisher
die Fraktion im Reichstag innegehalten hat, und zu der Tätigkeit, die sie
dort entfaltete, erblicke."

In der bürgerlichen Presse wird überwiegend die Ansicht vertreten,
daß der Reichstag einen Sozialdemokraten nicht ins Präsidium wählen
könne, weil der Reichstag als Organ der Verfassung sich nicht von einer
Partei vertreten lassen könne, die grundsätzlich die Vernichtung der geltenden Verfassung anstrebe. So namentlich die konservativen, nationalliberalen und mehrere Zentrumsblätter. Abg. Bassermann (nl.), der

eine bedingungslose Wahl eines Sozialdemokraten befürwortet, weil er erwartet, daß sie das Verantwortlichkeitsgefühl der Partei stärken, sie geneigter zu positiver Mitarbeit machen und den radikalen Flügel immer mehr schwächen werde, steht fast allein. Einige Stimmen fordern, man solle dem sozialdemokratischen Präsidentschafts-Kandidaten das Versprechen abnehmen, die bisherigen repräsentativen Pflichten des Präsidiums, d. h. zu Hofe zu gehen, erfüllen zu wollen.

Juli. (Preußen.) Abhilfe für die Hochwassernot in Schlesien. Es werden Sammlungen unter Beteiligung des Kaiserpaars veranstaltet, die bald über eine Million einbringen. Minister des Innern Frhr. v. Hammerstein bereist das Ueberschwemmungsgebiet, worüber die „Berliner Korresp." berichtet (21. Juli): „Ueber die Provinz Schlesien, die den Verheerungen durch Hochwasser stets besonders ausgesetzt gewesen ist, hat die neueste Katastrophe dieser Art ein Unheil gebracht, wie es in gleichem Umfange seit einem halben Jahrhundert nicht zu verzeichnen gewesen ist. Der angerichtete Schaden ist in allen Teilen des schlesischen Hochwassergebiets sehr erheblich, wenn auch naturgemäß verschieden in der Art, je nachdem es sich um Verwüstungen durch angeschwollene Gebirgsbäche oder um solche durch Ausuferungen der Oder, der großen Verkehrsader Schlesiens, handelt. Während durch die in Wild- und Sturzbäche umgewandelten Gebirgsflüsse Zerstörungen an Gebäuden, Brücken, Wegen und Obdachlosigkeit zahlreicher Bewohner in besonders großem Umfange herbeigeführt wurden, ist in dem Ueberschwemmungsgebiete der Oder der Bruch der Deiche an zahllosen Stellen, die Ueberflutung weiter, bebauter Flächen und ein enormer Ernteverlust zu verzeichnen. Aber nicht nur der Verlust der diesjährigen Ernte kommt in Frage, sondern in zahlreichen Fällen auch die Hinwegschwemmung oder die Zerstörung der Ackerkrume durch Verschlammung und Verschotterung des Bodens, die zugleich mit der durch Ueberflutung hervorgerufenen Feuchtigkeit der menschlichen Wohnstätten eine drohende Gefahr für die Gesundheitsverhältnisse der Bewohner bildet. Wie bekannt, hat der Minister des Innern, Frhr. v. Hammerstein, das schlesische Hochwassergebiet in Begleitung der zuständigen örtlichen Staats- und Kommunalbeamten bereist. Es geschah dies in erster Linie, um das hohe Interesse der Staatsregierung an der Inangriffnahme einer umfassenden Hilfsaktion an den Tag zu legen, sodann aber, um die Staatsregierung auch durch eigene Anschauung eines ihrer Glieder über Art und Umfang des Schadens zu unterrichten. Die zunächst und in weiterer Folge notwendig gewordenen und vom Minister des Innern mit den örtlichen Instanzen besprochenen Maßregeln werden sich in dreifacher Richtung zu bewegen haben. Zunächst handelt es sich um die Linderung der augenblicklich drängenden Not. Dazu wird hoffentlich das Ergebnis der mit Energie und in weitestem Umfange aufgenommenen Sammlungen, die großer Opferfreudigkeit begegnen und an denen sich alle Kreise nicht nur Schlesiens, sondern voraussichtlich ganz Preußens und Deutschlands beteiligen werden, ebenso genügen, wie zur Bestreitung der unmittelbaren Kosten der Aufräumung und der Desinfektion. Die letztere namentlich ist von weitesttragender Bedeutung, da erfahrungsgemäß das Auftreten epidemischer Krankheiten, namentlich der Ausbruch von Typhusepidemien als Folgeerscheinung derartiger Wasserkatastrophen zu den häufig beobachteten Erscheinungen gehört. Sodann handelt es sich um möglichst genaue Feststellung des Schadens nach Umfang und Wert, namentlich soweit wenig Bemittelte von Verlusten getroffen sind oder einzelnen die Ernährungsquelle zerstört ist. Die Art dieser Feststellung durch die zuständigen Verwaltungsorgane ist für alle Teile der Provinz nach den gleichen Grund-sätzen vereinbart worden. Erst nach Eingang der Berichte, die mit äußerster Genauigkeit und Beschleunigung erstattet werden sollen, wird für die Staats-regierung die Möglichkeit gegeben sein, zu der Frage der Staats- und Kommunalhilfe in der schweren Bedrängnis einer blühenden Provinz definitiv Stellung zu nehmen. Endlich werden umfassende Maßregeln erwogen werden müssen, durch welche einer Wiederholung ähnlicher Katastrophen nach Mög-lichkeit vorgebeugt werden kann. Natürlich kann ein lückenloses Programm für diese vorbeugende Aktion im gegenwärtigen Augenblicke nicht aufgestellt werden. Daß hier in erster Linie möglichst ausgedehnte und gründliche Flußregulierungen und die Schaffung eines den Fortschritten der modernen Wasserbautechnik entsprechenden Eindeichungssystems in Frage kommen, ver-steht sich von selbst. Jedenfalls wird die königliche Staatsregierung der Lösung dieser für das Wohl und Wehe einer wertvollen, mit der Geschichte und den Geschicken der Monarchie engverflochtenen Provinz so außerordent-lich wichtigen Fragen dasjenige hervorragende Interesse zuwenden, das der Bedeutung des Gegenstandes entspricht."

Dieser Bericht wird von allen Seiten lebhaft getadelt, namentlich daß die Regierung nicht sofort Hilfsmittel bereitstelle. Am 25. Juli schreibt die „Norddeutsche Allgemeine Zeitung": „Zur Linderung des durch die Wasserschäden in Schlesien hervorgerufenen Notstandes hat das Staats-ministerium in seiner Sitzung vom letzten Freitag einen Kredit bis zur Höhe von 10 Millionen Mark, unter Vorbehalt der Genehmigung des Landtags, zur Verfügung gestellt. Die Festsetzung dieses Betrages und die sofortige Flüssigmachung eines Teiles der Summe ist, wie wir hören, auf direkte Veranlassung des Ministerpräsidenten erfolgt."

Ende Juli. Es wird scharf kritisiert, daß die amerikanischen Millionäre Morgan und Vanderbilt von preußischen Behörden bei Besuch einiger Städte offiziell empfangen werden.

30. Juli. Deutschland und die Papstwahl. Die „Nord-deutsche Allgemeine Zeitung" schreibt gegenüber einigen Aeußerungen des „Figaro":

„Der Pariser Figaro kommt in seiner heute hier eingegangenen Nummer auf die Behauptung zurück, daß der deutsche Kaiser seinen ganzen Einfluß aufwende, um einem ihm genehmen Kardinal bei der Papstwahl zum Siege zu verhelfen. Der Figaro sollte doch wissen, daß eine Unwahr-heit dadurch noch nicht in eine Wahrheit umgewandelt wird, daß man sie wiederholt. Nicht für den Figaro, der aus naheliegenden Gründen in dieser Frage unbelehrbar ist, sondern für solche Kreise, die sich durch die Ausstreuungen des Pariser Organs möglicherweise irreführen lassen könnten, sei hiermit nochmals festgestellt, daß von keiner deutschen Stelle Einflüsse zu Gunsten oder zu Ungunsten eines Kardinals aufgeboten werden. Da-nach wird wohl auch eine angebliche Unterredung zu bewerten sein, die ein Mitarbeiter des Pariser Journals in Rom mit dem Kardinal Kopp hatte. In dieser Unterredung soll nach einem Telegramm der Vossischen Zeitung Kardinal Kopp allerlei Aeußerungen über Winke und Anregungen des deutschen Kaisers bezüglich der Papstwahl gemacht haben."

1. August. Die mit den Verhandlungen über den russischen Handelsvertrag betrauten Kommissare begeben sich zur Eröffnung der Verhandlungen nach Petersburg.

August. Angebliche Verschwörung gegen das Reichstags=wahlrecht.

Der „Vorwärts" behauptet, eine Anzahl Abgeordneter anderer Politiker und Großindustrieller wolle eine Agitation zur Beseitigung des geheimen und allgemeinen Wahlrechts beginnen, der Führer der Bewegung sei ein Dr. Giesebrecht in Bayern, der den Aufruf verfaßt habe. — Die Nachricht wird von vielen bürgerlichen Blättern verspottet; die Vertreter der Parteien leugnen jede Beziehung zu dem Aufrufe Giesebrechts.

Anfang August. (Elsaß=Lothringen.) Die Regierung erläßt Bestimmungen über Errichtung eines Arbeitsnachweises, die am 1. September in Kraft treten sollen.

Die einzelnen Arbeitsnachweisstellen, zur Zeit in Colmar, Mülhausen, Markich, Gebweiler, Straßburg, Schlettstadt, Schiltigheim, Saarunion, Buchsweiler, Zabern, Metz, Diedenhofen und Saargemünd treten miteinander in telephonischen Verkehr. Die Gebühren für den Fernsprechverkehr nach auswärts und ebenso die Abonnementsgebühren für den Telephonanschluß werden auf die Staatskasse übernommen. Die Arbeitsnachweisstellen stellen wöchentlich zweimal Nachweisungen darüber auf, wie viele Nachfragen nach Arbeitern der einzelnen Berufsarten, sowie Arbeitsangebote von ihnen nicht befriedigt wurden. Diese Nachweisungen werden je am Dienstag und Freitag ausgefertigt und so rechtzeitig zur Post gegeben, daß sie noch an jenen Tagen bis 4 Uhr nachmittags sich in der Hand der Landeszentralstelle für Arbeitsnachweis, die mit der Arbeitsnachweisstelle in Straßburg verbunden wird, befinden. Die Landeszentralstelle überträgt den Inhalt von Nachweisungen sofort in eine gemeinsame Liste und übersendet die vervielfältigten Abdrücke noch an demselben Tage an die einzelnen Arbeitsnachweisstellen des Landes, an die sämtlichen Kreis- und Kantonstädte, woselbst sie durch öffentlichen Anschlag ungesäumt zur Kenntnis der stellensuchenden Arbeiter gebracht werden, an die Redaktion der Landwirtschaftlichen Zeitschrift in Straßburg, an die badischen, württembergischen und pfälzischen Hauptarbeitsnachweisstellen und an solche kleinere Gemeinden, für die es besonders gewünscht wird. Direkte Anfragen werden von der Landeszentralstelle gleichfalls erledigt. Der Verwalter der Landeszentralstelle erhält eine feste Vergütung aus Staatsmitteln, desgleichen die Beamten, welche die Nachweisungen aufstellen. Die Portokosten für die Versendung der Nachweisungen und der Listen, sowie alle sonstigen sächlichen Kosten der Zentralstelle werden von der Staatskasse getragen. Alle für den Verbindungsdienst und zu statistischen Zwecken dienende Formulare werden vom Ministerium unentgeltlich geliefert. Jährlich findet einmal eine Zusammenkunft der Verwalter der Arbeitsnachweisstellen statt behufs Austausches ihrer Erfahrungen und Erörterung gemeinsamer Fragen. Hierfür werden Tagegelder und Reisekosten aus der Staatskasse gewährt.

August. Preßbemerkungen zur Papstwahl und zum öster=reichischen Veto.

Die „Norddeutsche Allgemeine Zeitung" schreibt (5. Aug.): „Der neue Papst wird in der deutschen Presse mit Sympathie begrüßt, auf die er nach seinem durch seine Frömmigkeit, Reinheit, Sitten, Wohltätigkeit, Milde und Sinnesart ausgezeichneten Vorleben Anspruch hat. Eine Meinung über die politische Richtung des neugewählten Papstes zu äußern, wäre verfrüht. Der Nachfolger Leos XIII. hegt wohl beim Antritt der

Regierung keine Voreingenommenheit für oder gegen einzelne Mächte. Die Wahl ruft, soweit es sich übersehen läßt, in allen Ländern die Befriedigung der katholischen Welt hervor; sie ist mit der Genugtuung erfüllt, daß nach dem Heimgang eines hervorragenden Papstes die Tiara von neuem einen ihrer so würdigen Träger gefunden hat."

Die „Kölnische Volkszeitung" bespricht das Veto Oesterreichs gegen Rampolla: „Selbstverständlich müssen wir vom Standpunkte der katholischen Kirche diesen Schritt tief bedauern. Ein Recht zu einem solchen Schritte hatte Oesterreich nicht. Alle für die Papstwahl gültigen Konstitutionen betonen auf das strengste die unbedingte Freiheit und Unabhängigkeit der Wahl; nichts ist in diesen Konstitutionen mit einer solchen Sorgfalt und Vorsicht behandelt, wie das Bestreben, jeden äußeren Einfluß von der Papstwahl fernzuhalten, und nichts ist klarer, als daß dieses Bestreben sich gerade in erster Reihe gegen die oft gemachten Versuche weltlicher Regierungen richtet, auf irgend welche Weise die Papstwahl in ihrem Sinne zu beeinflussen. Die Stellungnahme Oesterreichs behält also, mag sie auch noch so sehr sich auf frühere Präcedenzfälle und das Beispiel anderer katholischer Mächte berufen, den Charakter einer Anmaßung."

Anfang August. (Preußen.) Im Ruhrrevier macht sich eine starke Gärung unter den Bergleuten wegen der Ausbreitung der Wurmkrankheit bemerkbar. — Die Zechenverwaltungen erhöhen die Unterstützungsgelder für Wurmkranke. — Am 3. November berichtet der „Reichs-Anzeiger" über die Maßregeln der Regierung.

4. August. (Berlin.) Eine internationale Konferenz für Funkentelegraphie (Telegraphie ohne Draht), an der sich Deutschland, England, Oesterreich-Ungarn, Frankreich, Italien, Rußland, Spanien und die Vereinigten Staaten beteiligen, tritt zusammen.

6. August. (Baden.) In Heidelberg wird die hundertjährige Zugehörigkeit der Universität zu Baden gefeiert. Der Großherzog nimmt an der Feier teil.

10. August. Die Kaiserin besucht das Überschwemmungsgebiet in Schlesien.

12. August. (Gossow i. d. Neumark.) Der frühere Reichstagspräsident (1881—84, 1887—95), Wirkl. Geh. Rat v. Levetzow, †. Geboren am 12. September 1828; 1876 Landesdirektor der Provinz Brandenburg, 1890 Mitglied des Herrenhauses.

15. August. (Berlin.) Der Kaiser hält einen Kronrat ab, der sich mit den Überschwemmungen beschäftigt.

15. August. (Preußen.) Generalleutnant v. Einem, genannt v. Rothmaler, wird zum Kriegsminister ernannt.

August. (Preußen.) Die Berliner Führer der Freisinnigen Vereinigung treten in der „Nation" lebhaft für ein Zusammengehen mit den Sozialdemokraten bei den Landtagswahlen ein; im Lande, namentlich in den Seestädten, erhebt sich Widerspruch dagegen.

Mitte August. Angeblicher Plan eines Kaiserschlosses. Prozeß.

Der „Vorwärts" berichtet, vom Hofe sei die Errichtung eines Kaiserschlosses bei Spandau geplant, in das sich die kaiserliche Familie bei etwaigen sozialdemokratischen Unruhen zurückziehen wolle. Ferner sei die Begründung eines neuen Wahlbezirkes für das Schloß und Umgebung geplant, damit das Schloß in einem ausschließlich königstreuen Wahlkreise sich befinde. Als Gewährsmänner bezeichnet der „Vorwärts" den Hofmarschall v. Trotha und den Architekten Ebhardt. — Beide erklären, von solchen Plänen nichts zu wissen, und die Erzählung wird in der bürgerlichen Presse nicht ernst genommen. Am 21. August wird die Redaktion des „Vorwärts" durchsucht und Anklage gegen einen Redakteur erhoben wegen Majestätsbeleidigung in idealer Konkurrenz mit grobem Unfug. Er wird wegen Majestätsbeleidigung zu 9 Monaten Gefängnis verurteilt (16. Okt.). Die Majestätsbeleidigung besteht darin, daß er dem Kaiser Furcht vor dem Volke und die Absicht, den Plan auch mit ungesetzlichen Mitteln durchzuführen, unterschiebt.

15./16. August. (Baden.) Staatssekretär des Auswärtigen Frhr. v. Richthofen besucht den Großherzog auf Schloß Mainau. Preßgerüchten zufolge sucht der Staatssekretär den Großherzog zu bestimmen, die Niederlassung von Orden in Baden zu gestatten.

19. August. (Koburg.) Abgeordnetentag des Verbandes deutscher evangelischer Pfarrer.

19. August. (Mecklenburg-Schwerin.) In Wismar wird die hundertjährige Zugehörigkeit der Stadt zu Mecklenburg in Anwesenheit des Großherzogs gefeiert.

August. Erörterungen über den Kaiser, den Reichskanzler und die Jesuitenfrage.

Der (evangelisch-orthodoxe) „Reichsbote" berichtet von Differenzen, die angeblich zwischen dem Kaiser und dem Grafen Bülow über die Jesuitenfrage stattgehabt hätten. Der Kaiser habe sich beschwert, daß er über die Stimmung in der Nation unrichtig informiert worden sei und erst durch die Proteste des Evangelischen Bundes und die Eingabe des Oberkirchenrates (S. 53) die wahre Stimmung der Evangelischen gegen die Aenderung des Jesuitengesetzes erfahren habe; er habe infolgedessen befohlen, daß Preußen im Bundesrate gegen die Aufhebung des § 2 stimme (19. Aug.). — Die „Norddeutsche Allgemeine Zeitung" erklärt, die Mitteilung über den Oberkirchenrat und das Verbot beruhe auf Erfindung; der „Reichsbote" hält seine Behauptung über die Auseinandersetzung zwischen Kaiser und Kanzler trotzdem aufrecht. Hierzu bemerkt die klerikale „Kölnische Volkszeitung": „Wie man sieht, bleibt der Reichsbote bei seiner Mitteilung mit der denkbar größten Entschiedenheit. Wir haben die Empfindung, daß angesichts dessen die Sache mit dem Dementi der „Norddeutschen Allgemeinen Zeitung" nicht abgetan sein kann, zumal wenn man in Betracht zieht, daß der „Reichsbote" Beziehungen zu Hofkreisen hat. Das bißchen § 2 des Jesuitengesetzes könnte hiernach leicht von großer Bedeutung für unsere innerpolitischen Verhältnisse werden. Wie stände der deutsche Reichskanzler und preußische Ministerpräsident gegenüber dem Reichstage, wie stände er insbesondere gegenüber der Zentrumsfraktion da, wenn es nicht gelänge, jeden Zweifel auszuräumen, daß in der Frage der

Stellung Preußens zu der Aufhebung des § 2 des Jesuitengesetzes nicht eine jener Wandelungen eingetreten sei, wie sie beispielsweise seinerzeit die überraschende Wendung in der Frage des Zedlitzschen Schulgesetzentwurfes brachten!" Die „Norddeutsche Allgemeine Zeitung" schreibt (am 26. August): „Unsere Erklärung, daß die Mitteilung über eine Auseinandersetzung zwischen dem Kaiser und dem Reichskanzler in der Jesuitenfrage auf Erfindung beruht, genügt dem „Reichsboten" nicht. Er meint, wir dementieren nur, daß eine Auseinandersetzung auf Grund der Vorstellung des evangelischen Oberkirchenrats erfolgt sei. Demgegenüber sei ihm nunmehr, „schlicht und einfach", wie er will, gesagt: „Die Behauptung, daß zwischen dem Kaiser und dem Reichskanzler über die Frage der Aufhebung des § 2 des Jesuitengesetzes überhaupt eine Auseinandersetzung stattgefunden habe, ist eine Lüge."

22. August. (Sachsen.) In Crimmitschau legen die Textilarbeiter die Arbeit nieder, weil die Arbeitgeber den zehnstündigen Arbeitstag, eine zehnprozentige Lohnerhöhung ablehnen. Die Heimarbeiter schließen sich dem Streik an.

22. August. Der Staatssekretär des Reichsschatzamts Frhr. v. Thielmann tritt zurück; sein Nachfolger wird der bayerische Bevollmächtigte zum Bundesrat Frhr. v. Stengel. — Der Wechsel wird vielfach mit der Notwendigkeit einer Reichsfinanzreform in Verbindung gebracht.

24.—27. August. (Köln.) 50. Generalversammlung der Katholiken Deutschlands. Schulfrage; Verhältnis zwischen Kirche und Staat; Glaubensspaltung und Duldung.
An der Versammlung nehmen teil außer vielen Bischöfen die Erzbischöfe Fischer von Köln und Ferrari von Mailand. Das Präsidium führt der Vorsitzende der bayerischen Abgeordnetenkammer v. Orterer, der über die Notwendigkeit einer christlichen Schule spricht. Er sagt: Wir brauchen gute, von echt religiösem Geiste beseelte Lehrer, die keineswegs ultramontan zu sein brauchen. In Preußen geht in dieser Beziehung etwas vor. Die Landtagswahlen werden hoffentlich nicht ohne Ergebnisse für die Ausgestaltung der Schule bleiben. In der Erörterung hierüber ergibt sich allgemeine Uebereinstimmung. — Abg. Schädler spricht über die Aufgaben der Katholiken. Der Liberalismus habe abgewirtschaftet, der Feind der Kirche sei jetzt vor allem die Sozialdemokratie. Die Katholiken seien bereit, den Kampf gegen sie zu führen. Auch der Kampf mit der weltlichen Autorität sei für die katholische Kirche trotz alles neuen Sirenengeflüsters nicht beendet. Zwar zum Kaiser und den Fürsten dürfe man volles Vertrauen haben. „Aber in unseren Ministerhotels und in den Kabinetten, bei den Regierungen geht ein böser Geist um, ein böser Geist, erfüllt von Vorurteilen, ein Geist, der von katholikenfeindlichen Bestrebungen von außen her genährt wird. Und dieser böse Geist — ich zitiere ihn, weil er ja dann seine Macht verliert — (Heiterkeit), dieser böse Geist geht noch fort und fort um in den Geheimratsbureaus, und deshalb müssen unsere Generalversammlungen immer wieder hinweisen auf das, was uns bedrückt und was wir begehren." — Professor Mausbach spricht über die Förderung der christlichen Kunst, die in engster Beziehung zur Moral stehen müsse. Am Schluß des Tages sagt Erzbischof Fischer: Die Spaltung im Glauben

ist das beklagenswerte Mißgeschick unseres Vaterlandes und unseres Volkes
Aber sie ist eine Tatsache, die es Gott zugelassen hat, die wir einstweilen
nicht ändern können. Aber wehe dem, der dieses Mißgeschick ausbeuten
und der die Kluft, die mitten durch das Herz unseres Volkes geht, zu einer
noch mehr klaffenden machen wollte! Wer das tut, der ist ein Verräter
am Vaterland. Ich stelle fest, daß eine solche Handlungsweise den Generalversammlungen der Katholiken in Deutschland fern liegt. Auch in Köln
ist kein für unsere im Glauben von uns getrennten deutschen Brüder ver-
letzendes Wort gefallen. So ist es recht. Wir müssen uns gegenseitig
schonen, gegenseitig achten, gegenseitig lieben; wir müssen für einander
beten, ja beten, meine Herren, für die geistige Einheit Deutschlands, des
ganzen, weiten deutschen Vaterlandes. Die Zeiten sind schwer und ernst.
Der Geist des Umsturzes arbeitet an der Zerstörung von Thron und Altar
und nagt an dem Lebensmark unseres Volkes. Da sollten alle, die noch
fest stehen im Glauben an unseren Herrn Jesus Christus als den menschgewordenen Gottessohn und den Erlöser der Menschen, alle gläubigen
Christen im deutschen Vaterland, statt sich zu befeinden und gegenseitig
zu verletzen, gemeinsam Schulter an Schulter kämpfen für das gemeinsame,
christliche Erbgut.

27./28. August. (Kassel.) Der Kaiser besucht Kassel aus
Anlaß der Manöver. Trinksprüche auf das Armeekorps und den
Oberpräsidenten Grafen Zedlitz.

Am 27. August bringt der Kaiser folgenden Trinkspruch aus: Mein
Glas gilt dem Wohle des XI. Armeekorps, zusammengesetzt aus den thürin-
gischen und den kurhessischen Regimentern. Es liegt Mir am Herzen, dem
Armeekorps Meinen Glückwunsch auszusprechen, daß es seine Wurzeln
wieder weit hinausgetragen hat in die Anfänge der alten Geschichte der
landgräflichen kurhessischen Regimenter. Mein Wunsch für das Armeekorps
geht dahin, daß es sich stets im Frieden, wie im Kriege der hervorragenden Geschichte dieser Regimenter erinnern möge und daß es sich auch der
neuen Ehrung würdig zeigen möge, daß Ich ihm gestattet habe, seine
Traditionen zurückführen zu können auf die glorreichen und tapferen
Streiter der früheren kurhessischen Truppen. Mein Glas gilt dem Wohl,
Gedeihen und Blühen des XI. Armeekorps. Hurra! Hurra! Hurra!

Am folgenden Tage hält der Kaiser auf einem Festmahl für die
Provinz folgende Rede: Indem Ich Mein Glas auf das Wohl der Provinz erhebe, spreche Ich Meine Freude aus, so viele der Kurhessen und
Nassauer um Mich versammelt zu sehen, und heiße die Herren alle herzlich bei Mir willkommen. Es ist Mir stets eine Freude, wenn Ich Mich
in dem, eine Weile für Mich zur zweiten Heimat gewordenen Kassel auf-
halten und Mich daran erfreuen kann, daß die alten Beziehungen der
Kasselaner zu Mir in herzlicher und inniger Begrüßung wieder zum Ausdruck kommen, wie auch am heutigen Tage durch den besonders schönen
Schmuck der Stadt. Ich bitte Ew. Exzellenz, den Kasselanern in Meinem
Namen auszusprechen, wie gerührt Ihre Majestät die Kaiserin und Ich
durch die spontane, freudige Begrüßung der Bevölkerung und durch die
Ausschmückung der Straßen sind, und Unsern warmen und herzlichen Dank
zu sagen. Ich freue Mich, auf dem Boden zu sein, auf dem Ich gelernt
habe, von kundiger Hand geleitet, daß die Arbeit nicht nur um sich selber
willen da ist, sondern daß man in der Arbeit seine ganze Freude finden
soll, die ernsthaften, unablässigen Vorbereitungen, die Ich in Meinen Stu-
dien auf dem Gymnasium und unter der Leitung des Geheimrat Hinz-

peter hier vornehmen konnte, haben Mich befähigt, die Arbeitslast auf die
Schultern zu nehmen, die von Tag zu Tage in wachsender Bürde zunimmt. Und wenn schon damals Meine Lehrer, überzeugt von der hohen
Aufgabe, die ihnen übergeben war, alles daran setzten, jede Stunde und
jede Minute auszunutzen, um Mich für den kommenden Beruf vorzubereiten, so glaube Ich doch, daß niemand von ihnen sich darüber hat
klar sein können, welche ungeheure Arbeitslast und welche niederdrückende
drückende Verantwortlichkeit demjenigen aufgebürdet ist, der für 58 Millionen Deutsche verantwortlich ist. Jedenfalls bereue Ich keinen Augenblick die Mir damals schwer vorgekommenen Zeiten, und Ich kann wohl
sagen, daß die Arbeit und das Leben in der Arbeit Mir zur zweiten Natur
geworden sind. Und das danke Ich dem Kasselaner Boden. Schmerzlich
bewegt es Mich, daß Ich am heutigen Tage, ehe Ich das Wohl der Provinz ausbringe, zugleich das Scheideglas für Ew. Exzellenz trinken muß.
Wenn etwas Meinen tiefen Schmerz noch erhöht, so ist es das, daß Ich
mit Rührung sehe, wie aus allen Teilen der Provinz uneingeschränkt die
Trauer sich kundgibt über Ew. Exzellenz Scheiden. Wenn auch die Provinz vollinhaltlich begreift, daß, wo die Not am höchsten ist, der Fürst
zu dem Mann greifen muß, der ihm der rechte an Ort und Stelle zu
sein scheint, da empfindet sie es doch tief, daß ihr das Oberhaupt genommen
wird. Das beweist, daß Ew. Exzellenz die Aufgaben hier noch in weit
höherem Maße zu erfüllen im stande waren, wie Ich bei der Berufung
gehofft hatte. Es ist Ihnen gelungen, in der Provinz Vertrauen zu gewinnen und diese verschiedenartige Bevölkerung an Ihre Persönlichkeit zu
fesseln und sie mit Vertrauen und Zuversicht zu erfüllen, daß sie freudig
an ihre schwere Arbeit ging. Verschieden sind die Gaben von Natur und
Vorsehung in diesem Lande ausgebreitet. Sehen wir einen Teil desselben
in hartem Ringen um den Ertrag des Bodens erstarken, so können wir
auf der anderen Seite die Industrie, zumal im südlichen Teile, sich entwickeln sehen. Auch Kunstdenkmäler und historische Erinnerungen, schöne
Kirchen, wie Erinnerungen an noch ältere Zeiten, so die Burg auf dem
Taunus, wo der eherne Schritt der römischen Legionäre einst auf Geheiß
der Cäsaren römische Kultur den unbändigen Germanen einprägte, alles
das vereinigt sich in dieser Provinz. Das erfordert von dem Oberpräsidenten ein solches Maß verschiedener Kenntnisse, daß es eingehender und
tiefgreifender Selbstarbeit bedarf, um allen diesen Gebieten einigermaßen
gewachsen zu sein. Wo Ich hingehört habe, in jedem Stande und jeder
Beschäftigung ertönt Ew. Exzellenz Lob. Und deshalb beglückwünsche Ich
die Provinz zu diesem Ausgang, und Ich darf wohl im Namen der Provinz Ihnen den Dank aussprechen für die aufopfernde Arbeit, der Sie
sich zu ihrem Wohle unterzogen haben. Die Provinz möge daraus ersehen, wie es Mir am Herzen liegt und wie Ich bestrebt bin, soweit es
in Meiner Macht steht, die Männer einzusetzen, von denen Ich glaube,
daß sie den Aufgaben gewachsen sind. Sie mögen auch in Zukunft das
Vertrauen zu Mir haben, daß Ich bestrebt bin, die Nachfolger so zu wählen,
wie es zu ihrem Wohle nötig ist. Alle Meine Wünsche fasse Ich zusammen,
indem Ich rufe: Die Provinz blühe, grüne und gedeihe! Hurra, hurra, hurra!

28. August. (Preußen.) Zum Präsidenten der Ansiedlungs-
kommission wird Landrat Blomeyer in Meseritz ernannt.

29. August. (Göttingen.) Der Vertretertag der National-
Sozialen beschließt mit geringer Mehrheit, die Partei aufzulösen
und den Parteigenossen den Anschluß an die Freisinnige Vereinigung

zu empfehlen. Die Ursache dieses Beschlusses ist der geringe Erfolg bei den Reichstagswahlen.

31. August. (Breslau.) Der Präsident des Preußischen Oberkirchenrats D. Barkhausen, †. — Geboren im Jahre 1831 wurde er 1890 zum Unterstaatssekretär im Kultusministerium, 1891 zum Präsidenten des Oberkirchenrats ernannt.

31. August. September. (Mannheim.) Delegiertentag der nationalliberalen Jugendvereine.

Die nationalliberalen Jugendvereine erstreben eine Organisation der nationalliberalen Wähler unter 40 Jahren und verlangen energische Betonung der liberalen und sozialpolitischen Programms; insbesondere betreiben sie den Kampf gegen das Zentrum und jede reaktionäre Strömung. Manche Stimmen sprechen sich daher auch für die Wahl von Sozialdemokraten in die Einzellandtage aus, weil hierdurch die Reaktion, der beste Nährboden für die Sozialdemokratie, geschwächt werde. (Vgl. über das Programm Preuß. Jahrb. Bd. 113 S. 381.) Diese Auffassung findet aber viele Gegner. — Die Versammlung verwirft jede Aenderung des Reichstagswahlrechts und verlangt seine Ausdehnung auf die Bundesstaaten.

Ende August. (Elsaß-Lothringen.) Der Kaiser und die Wasserverhältnisse in Metz.

Folgendes Telegramm des Kaisers an den Statthalter Fürst Hohenlohe-Langenburg wird veröffentlicht: Wiederum, wie in den letzten Jahren, ist in Metz, vorläufig in der Zivilbevölkerung, eine Typhusepidemie ausgebrochen, die die Garnison ernstlich gefährden kann. Sie hat ihren Ursprung in der schlecht verwahrten „Bouillon-Quelle" und ihrer in unerhörtem Zustand befindlichen Leitung. Diese Sachlage ist lediglich Schuld der Stadtverwaltung Metz, die absolut nicht zu energischem Handeln bezüglich ihrer Wasserversorgung sich entschließen kann. Laut Meldung der Kommission, die im Vorjahre die sanitären Verhältnisse in Metz und Umgegend untersuchte — darunter Exzellenz v. Leuthold und Koch —, sind die Zustände geradezu himmelschreiend und empörend; trotz allen Drängens und Protestierens des Generalkommandos des 16. Armeekorps, das andauernd auf die schwere Gefahr für das Militär hingewiesen und das Wasser als unbrauchbar bezeichnete, hat die Stadt nichts Ernstes getan! Das ist nun nicht länger angängig! Im Kriegsfall würden diese Zustände eine Katastrophe unvermeidlich zur Folge haben. Ich ersuche Ew. Durchlaucht umgehend mit den allerschärfsten Mitteln den Zuständen ein Ende zu machen und die Stadt zu ihrer Pflicht zu zwingen. Wilhelm I. R.

Hierauf depeschiert Statthalter Fürst Hohenlohe sofort an den Metzer Stadtvorstand, daß, wenn nicht schleunigst Abhilfe geschaffen würde, die Sanierungsarbeiten von der Landesverwaltung auf Kosten der Stadt in Angriff genommen werden würden. Am 30. August geht dem Statthalter vom Bürgermeister in Metz die Meldung zu, daß mit den Sanierungsarbeiten bereits begonnen sei.

Die Metzer Stadtverwaltung behauptet, daß der Kaiser unrichtig über die Metzer Verhältnisse informiert sei.

1. September. Das „Kolonialblatt" veröffentlicht Grundsätze über die einheitliche Schreib- und Sprechweise der geographischen Namen in den deutschen Schutzgebieten.

1./2. September. Der Kaiser besucht Dresden aus Anlaß der Kaisermanöver. Bei der Galatafel erwidert er auf die Begrüßung des Königs Georg:

Gestatten Ew. Majestät, Meinen aus tiefstem Herzen kommenden Dank auszusprechen für die erhabenen Worte, die Ew. Majestät soeben aussprachen. Tief ergriffen von der Wärme des Empfanges in Ew. Majestät Residenzstadt, die Ich Gott sei Dank schon oft betreten durfte, drängt es Mich, vor allem Meine Freude auszudrücken über das herrliche Korps, das heute so schönes leistete. Ew. Majestät erhabene Person und die wenigen alten, um Ew. Majestät versammelten Generale aus alter Zeit bilden für uns jüngere Offiziere eine Generation, die uns gelehrt hat, was Soldat sein heißt und wie man Soldat wird. Es wird Mein Bestreben sein, in enger Fühlung mit den bewährten Führern aus großer Zeit, von ihnen lernend und, an ihrem Lobe Mich erbauend, die Truppen so auszubilden, wie es zum Besten des Vaterlandes und Meiner Armee dienen kann. Ich spreche Ew. Majestät Meinen herzlichsten und innigsten Glückwunsch zum heutigen Tage aus und bin fest überzeugt, daß Ew. Majestät gütiges landesväterliches Herz sich heute auch gefreut hat, nicht nur über die Landeskinder im Waffenrock, sondern auch über die stolze Schar der Landeskinder im schwarzen Rock, die mit Orden auf der Brust geschmückt, Ew. Majestät strahlenden Auges und liebend und beglückt angesehen haben. Wir aber vereinigen unsere Gefühle für die erhabene Person Ew. Majestät, das königlich sächsische Haus, die königlich sächsische Armee und rufen: „König Georg Hurra! Hurra! Hurra!"

1./4. September. (Dresden.) Deutscher Städtetag.

An dem Tag nehmen 400 Vertreter von 160 Städten von über 25 000 Einwohner teil. Der Eröffnung wohnt der Deutsche Kronprinz bei; im Namen Sachsens begrüßt Ministerpräsident Frhr. v. Metzsch die Städte. Den Vorsitz führt Oberbürgermeister Kirschner-Berlin. Es referieren Oberbürgermeister Adickes-Frankfurt a./M. und Beutler-Dresden über soziale Aufgaben der Städte, Professor Wuttke-Dresden über die Lehren der deutschen Städte-Ausstellung. Es wird beschlossen, eine Agitation einzuleiten gegen das Verbot, städtische Abgaben auf Lebensmittel zu legen (§ 13 des Zolltarifgesetzes. Vgl. 1902 S. 166).

Anfang September. Streit in der sozialdemokratischen Partei.

Abg. Bebel wendet sich in der „Neuen Zeit" gegen die Abgg. v. Vollmar und Heine, die Bernsteins Standpunkt in der Vizepräsidentenfrage teilen. Zwei Erklärungen, die er in dieser Angelegenheit im „Vorwärts" veröffentlichen will, werden von der Redaktion abgelehnt. Bebel greift diese „Bevormundung" in der „Leipziger Volkszeitung" heftig an und verspricht mit den „Revisionisten" auf dem Parteitag abrechnen zu wollen. Der Parteitag müsse auch über die Präsidentenfrage beschließen, nicht die Fraktion, wie die Revisionisten wollten.

Anfang September. (Sachsen.) Vorschlag der Industriellen zur Wahlrechtsreform.

Der Verband sächsischer Industrieller richtet an die Regierung eine Denkschrift, in welcher er eine Neueinteilung der Landtagswahlkreise als notwendigsten Bestandteil der Wahlrechtsreform bezeichnet, da die 37 städtischen Wahlkreise jetzt 2 202 414 Einwohner gegenüber den 1 999 802 Einwohnern der ländlichen Bezirke aufwiesen. Unzureichend sei vor allem die

Vertretung der Großſtädte: Dresden wähle einen Abgeordneten auf 93919, Leipzig auf 91225, Chemnitz auf 103456 Einwohner. Von den 37 ſtädtiſchen Wahlkreiſen hatten 14 mehr als 60000 Einwohner, von den 45 ländlichen nur 4. Die ländliche Bevölkerung zahle 9752000, die ſtädtiſche dagegen 25499000 Mark direkte Staatsſteuern. Von drei Großſtädten des Königreichs ſei 1901 beinahe die Hälfte der geſamten direkten Steuern aufgebracht worden. Die Zahl der ſtädtiſchen Wahlkreiſe ſei daher bis jetzt eine viel zu kleine geweſen. Aber die Trennung in ſtädtiſche und ländliche Kreiſe ſei überhaupt nicht mehr aufrechtzuerhalten, da Induſtrie und Gewerbe vielfach in die ländlichen Kreiſe übergeſiedelt ſeien. Der Verband ſchlägt daher die Schaffung von ſo viel Wahlkreiſen mit etwa gleicher Bevölkerungsziffer vor, als der Zahl der zu wählenden Abgeordneten entſpricht, unter Berückſichtigung der vorauszuſetzenden ſchnelleren Vermehrung der ſtädtiſchen Bevölkerung.

3. September. (Merſeburg.) Der Kaiſer gibt aus Anlaß der Kaiſermanöver dem Landtag der Provinz Sachſen ein Diner und hält folgende Rede:

Ich heiße die Vertreter der Provinz Sachſen und der Altmark von Herzen willkommen. Die Kaiſerin und Ich freuen uns von Herzen, einmal wieder hier zu ſein. Wie ſollte es auch anders ſein! Spricht doch Merſeburg unſer Herz an als ein gutes Stück kerniger deutſcher Erde, und der Empfang, der uns heute ſeitens der Merſeburger zuteil geworden iſt, er hat die guten, warmen und patriotiſchen Gefühle in lohender Flamme zum Ausdruck gebracht. Erinnerungsreich iſt der Boden, den die Herren bewohnen und bebauen, und ertragsreich zugleich. Sehen auf der einen Seite von Hügeln die Tangermünder kaiſerlichen Türme herab auf den Waſſerſpiegel, als Zeugen des Anfangs eines großen Gedankens und eines hellen Kopfes unter den deutſchen Kaiſern, ſo grüßen auf der anderen Seite die Türme Wittenbergs den Strom, wo der größte deutſche Mann für die ganze Welt die größte befreiende Tat getan hat und die Schläge ſeines Hammers aufweckend über die deutſchen Gefilde ſchallen ließ. Kämpfte hier der erſte deutſche König Heinrich I. gegen den Uebermut ſeiner öſtlichen Nachbarn und wurde er in ſeiner ſchlichten kernigen deutſchen Geſtalt der Begründer der deutſchen Ritterlichkeit, ſo grüßt uns von fern her das goldene Kreuz der Wartburg, auf der eine der herrlichſten deutſchen Frauen erblüht iſt, die je den Kranz der deutſchen Frauen geziert hat. So iſt es wohl erklärlich, daß in dem Herzen dieſer Provinz die Geſchichte eine große Rolle ſpielt und daß die Gefühle für deutſches Weſen, deutſche Art und für das Königshaus von Geſchlecht zu Geſchlecht ſich forterben. Ich wünſche der Provinz von ganzem Herzen ein fortſchreitendes Blühen und Gedeihen in ihrer Entwicklung, helle, klare und zielbewußte Köpfe unter ihren Bewohnern und Gottes Segen zu ihrem Gedeihen und Blühen. Sachſen und die Altmark! Hurra! hurra! hurra!

Das lebhafte proteſtantiſche Bekenntnis des Kaiſers wird in der Preſſe viel bemerkt und von der proteſtantiſchen mit Genugtuung betont. Die „Kölniſche Volkszeitung" ſchreibt: „Der Kaiſer hat durch ſeine Rede in Merſeburg den proteſtantiſchen Theologen gezeigt, daß man den Dr. Luther und die Reformation in der ſchwungvollſten Weiſe preiſen kann, ohne die Empfindungen der Katholiken zu verletzen. Bisher wurde das immer beſtritten; die Herren ſuchten allen Ernſtes nachzuweiſen, ohne Beſchimpfung der katholiſchen Kirche laſſe ſich Luthers Lob nicht ſingen. Wenn ſie in der Weiſe des Kaiſers die Reformation feiern, ſo wird kein Katholik etwas dagegen zu erinnern haben. Die Verſchiedenheit der Auffassungen muß als etwas Gegebenes hingenommen werden; von beiden Seiten haben wir mit der Tatsache zu rechnen, daß man dort in Luther den Mann sieht, der seinen Anhängern den Weg der Wahrheit gezeigt habe, während man hier der Ansicht ist, daß er sie in die Irre geführt." Der „Bayerische Kurier" schreibt: „Seine Majestät der Kaiser hat da wieder einmal als Protestant gesprochen, was zur Beruhigung für jene dienen mag, die da fürchten, es möge der hochgemute Hohenzollernsproß eines Tages dem römischen Papst den Steigbügel halten. Wir Katholiken nehmen es dem Kaiser auch gewiß nicht übel, wenn er seine protestantische Gesinnung gelegentlich offen bekundet. Anderseits freilich, welche Entrüstung würde durch das ganze protestantische Lager lodern, wenn sich etwa ein deutscher katholischer Fürst erlaubte, das Papsttum auf Kosten der Reformation zu verherrlichen! Die Verherrlichung Luthers durch den Kaiser geschieht aber im Grunde auch nur auf Kosten des Katholizismus, denn worin soll die ‚befreiende Tat' Luthers bestehen, als darin, daß er das deutsche Volk aus der ‚römischen Knechtschaft befreit' hat?"

3. September. (Reichstagswahl.) Bei der Ersatzwahl (für Rösicke) erhält Schrader (fr. Vg.) 11083, Käppler (Soz.) 12715, Schirmer (konf.) 3494 Stimmen. Bei der Stichwahl (11. Sept.) erhält Schrader 14456, Käppler 13048 Stimmen.

Anfang September. Der „Vorwärts" und Soldatenmißhandlungen.

Der „Vorwärts" berichtet, daß einer seiner Redakteure einem Berliner Regimentskommandeur schriftlich auf Uebelstände, worüber ihm Mitteilungen gemacht worden waren, aufmerksam gemacht habe. Das Militärgericht habe von ihm die Nennung des Beschwerdeführers verlangt; da er diese ablehnte, sei er wegen Zeugnisverweigerung in Haft genommen worden.

Weitaus die meisten bürgerlichen Blätter tadeln scharf dieses Verfahren, da es die Sozialdemokraten als Märtyrer für die Sache der Unterdrückten und Mißhandelten erscheinen lasse.

5. September. (Leipzig.) Der Kaiser nimmt die Parade über das XIX. Korps ab. Beim Paradediner erwidert er auf die Begrüßung des Königs Georg:

Darf Ich Eurer Majestät nochmals Meinen herzlichen Glückwunsch zum heutigen Tage zu Füßen legen und dem Armeekorps nochmals von ganzem Herzen Meine vollste Anerkennung aussprechen für die mustergültige Art und Weise, mit der es sich bei der heutigen Parade gezeigt hat? Unter den Korps das jüngste, hat es in seinen Paradeleistungen es den ältesten und besten schon gleichgetan. Das verspricht Gutes für die Zukunft, das verspricht auch, daß, wenn Eure Majestät rufen, das Korps draufgehen wird wie das älteste! Indem Ich Mein Glas auf das Wohl des Korps erhebe, trinke Ich zugleich auf das Wohl Seiner Majestät des Königs Georg. Hurra! Hurra! Hurra!

6. September. Das Kaiserpaar besucht Halle a. S.

8. September. (Mainz.) Unter Teilnahme des Großherzogs von Hessen wird eine internationale Ausstellung für Photographie und graphische Künste eröffnet.

9. September. (Mannheim.) Deutsch-österreichisch-ungarischer Binnenschiffahrtskongreß.

11. September. Der Kaiser richtet folgendes Schreiben an den König von Sachsen:

Durchlauchtigster großmächtigster Fürst! Freundlichst lieber Vetter und Bruder! Es gereicht Mir zur aufrichtigsten Freude, Eurer Majestät bei Beendigung der vor Mir abgehaltenen Manöver Meine vollste Anerkennung über den vortrefflichen Zustand der beiden königlich sächsischen Armeekorps erneut zum Ausdruck zu bringen. Die hervorragenden Leistungen der Truppen ließen bei allen Gelegenheiten erkennen, daß das Auge ihres Königs, des in Krieg und Frieden rühmlichst bewährten Führers, ihre Ausbildung sorgfältigst überwacht. Mich aber erfüllt es stets mit hoher Genugtuung, daß Ich Mich mit Eurer Majestät in vollkommener Uebereinstimmung weiß über die Ziele, die zur Erhaltung und Förderung der Schlagfertigkeit des Heeres anzustreben sind. Eure Majestät bitte Ich, Ihren Truppen und deren Führern von Meiner lebhaften Anerkennung Kenntnis geben zu wollen. Zugleich ist es Mir ein Bedürfnis, Eurer Majestät auch bei dieser Gelegenheit Meinen wärmsten Dank für die herzliche Aufnahme zu wiederholen, die Mir in Eurer Majestät Hause und Ihrem Lande in so wohltuender Weise bereitet worden ist. Mit der Versicherung der vollkommensten Hochachtung und wahren Freundschaft verbleibe Ich Eurer Majestät freundwilliger Vetter und Bruder

Wilhelm I. R.

Merseburg, den 11. September 1903.

11. September. (Elsaß-Lothringen.) Das Gesetzblatt für Elsaß-Lothringen veröffentlicht den Erlaß über die Errichtung der katholisch-theologischen Fakultät in Straßburg. (Vgl. 1902 und 1901.)

11./12. September. (München.) Der Handwerks- und Gewerbekammertag fordert obligatorische Fortbildungsschulen während der Lehrzeit, Zwangsversicherung für Handwerker und gesetzliche Regelung der Begriffe „Handwerk" und „Fabrik".

12. September. Der Kaiser reist nach Ungarn zur Jagd und nach Wien. (Vgl. Österreich-Ungarn.)

13./19. September. (Dresden.) Parteitag der Sozialdemokratie. Zunahme der Partei. Mitarbeit an bürgerlichen Blättern. Stellung der Akademiker. Vizepräsidium im Reichstage. Revisionismus.

Abg. Singer wird zum Vorsitzenden gewählt. — Abg. Gerisch berichtet über die Parteipresse. Es sei überall eine starke Zunahme des Abonnentenstandes zu verzeichnen. So stieg die Abonnentenzahl des „Vorwärts" auf 78 500, die der „Leipziger Volkszeitung" auf über 30 000, die des „Hamburger Echo" auf 37 400. Die Zunahme der Abonnenten der „Pfälzischen Post" betrug seit Jahresfrist über 4000, die des „Sächsischen Volksblattes" in Zwickau im letzten Vierteljahr 2250, die der „Rheinischen Zeitung" in Köln über 2000, der „Volksstimme" in Frankfurt a. M. über 4000. Die „Bremer Bürgerzeitung" gewann 2700 neue Abonnenten,

4500 gewann die „Breslauer Volkswacht". Mit über 2000 neuen Abonnenten steigerten die „Erfurter Tribüne" und die „Magdeburger Volksstimme" ihren Abonnentenstand. Um 3400 neue Abonnenten wuchs der „Volksfreund", das Organ der ostsächsischen Wahlkreise, desgleichen auch die „Münchener Post". Die in Hamburg hergestellte Unterhaltungsbeilage „Neue Welt" erscheint in einer Auflage von 278000 Exemplaren. Die Jahresrechnung des „Vorwärts" speziell bilanziert mit 788995 M. auf der Einnahmeseite und mit 716656 M. bei den Ausgaben, so daß ein Reingewinn von rund 72340 M. verbleibt. Für Redaktionsgehälter wurden im Berichtsjahre allein 55000 M. verausgabt.

Der Parteivorstand stellt folgenden Antrag: „1. Kann es mit den Interessen der Partei für vereinbar erachtet werden, daß Parteigenossen als Redakteure und Mitarbeiter an bürgerlichen Preßunternehmungen tätig sind, in denen an der sozialdemokratischen Partei gehässige oder hämische Kritik geübt wird? Antwort: Nein! 2. Kann ein Parteigenosse Redakteur oder Mitarbeiter eines bürgerlichen Blattes sein, auf welches obige Voraussetzung nicht zutrifft? Diese Frage ist zu bejahen, soweit Stellungen in Betracht kommen, in denen der Parteigenosse nicht genötigt wird, gegen die sozialdemokratische Partei zu schreiben oder gegen dieselbe gerichtete Angriffe aufzunehmen. Im Interesse der Partei sowohl wie im Interesse der in solchen Stellungen befindlichen Parteigenossen liegt es jedoch, daß den letzteren keine Vertrauensstellungen übertragen werden, weil solche sie früher oder später in Konflikt mit sich und der Partei bringen müssen."

Der Antrag ist hervorgerufen durch die Mitarbeiterschaft einiger Sozialdemokraten wie Göhre und Berthold an der Berliner Wochenschrift „Zukunft". Da in dieser Zeitschrift scharfe Artikel gegen die Sozialdemokratie erschienen waren, hatten Fr. Mehring und Kautsky in der „Neuen Zeit" gegen die Mitarbeit an der „Zukunft" protestiert. Gegen diese Artikel der „Neuen Zeit" richten Dr. Braun, Göhre, Heine und Dr. Berthold eine Beschwerde an den Parteivorstand, worauf dieser die obige Erklärung abgibt. Die Beschwerdeführer kritisieren die Erklärung in einem Briefe an den Parteivorstand scharf.

Abg. Dr. Braun wendet sich gegen den Antrag und greift Mehring heftig an, der aus unlauteren Motiven die Frage der Mitarbeit an bürgerlichen Blättern aufgeworfen habe. Kautsky: Solches Literatengezänk sei eine Folge des Ueberwiegens der Akademiker unter den Führern; man solle eine Karenzzeit für Akademiker einführen. Abg. Zubeil: Es handle sich um eine Strömung, welche die Sozialdemokratie von ihrem traditionellen Boden abdrängen und sie zu einer Reformpartei umwandeln will. Man müsse die jungen Akademiker beaufsichtigen und sie nicht selbständig für die Partei arbeiten lassen. Sonst könnte es passieren, daß diese jungen Akademiker Flugblätter schreiben, die ausführen, daß der Herrgott doch lebt und auch zum Wohle der Sozialdemokratie tätig ist. Redakteur Bernhard, ein Mitarbeiter der „Zukunft", verteidigt seine schriftstellerische Tätigkeit und greift Mehring scharf an, der den verstorbenen Abg. Schönlank an Harden, den Herausgeber der „Zukunft", empfohlen und nachher verraten habe. Abg. Bebel: Trotz des Ekels, den eine solche Debatte errege, müsse man die schmutzige Wäsche weiter waschen, anstatt wie die bürgerlichen Parteien solche Dinge zu vertuschen. Es sei unmöglich, daß ein Sozialdemokrat an der „Zukunft" mitarbeite, weil diese die Partei gemein beschimpfe. Es sei bedauerlich, daß es in der Partei Elemente gäbe, die moralisch so tief gesunken sind, daß sie an einem solchen Organe bis in die letzten Tage hinein noch mitarbeiten und mit Maximilian Harden, der aus niedriger Spekulation ein Bismarckblatt begründet habe, gewisse freundschaftliche Beziehungen unterhalten. Die Angriffe auf Mehring seien ungerecht; sein Verhalten, das oft widerspruchsvoll erscheine, erkläre sich aus seinem Temperament. Abg. Göhre protestiert scharf gegen die Beleidigungen, die Bebel gegen die Mitarbeiter der „Zukunft" ausgesprochen habe. Warum habe ihn Bebel vier Jahre an der „Zukunft" mitarbeiten lassen, anstatt ihn früher auf das Unschickliche aufmerksam zu machen? Franz Mehring verteidigt sich; es seien alte längst widerlegte Fabeln gegen ihn ausgegraben worden. — Die Resolution wird mit 283 gegen 24 Stimmen angenommen.

Zur Vizepräsidentenfrage beantragt Abg. Bebel: „Der Parteitag erwartet, daß die Fraktion zwar ihren Anspruch geltend machen wird auf die Stellung eines Vizepräsidenten und eines Schriftführers im Reichstag durch einen Kandidaten aus ihrer Mitte, daß sie es aber ablehnt, höfische oder sonstige Verpflichtungen zu übernehmen, die nicht durch die Reichsverfassung oder durch die Geschäftsordnung vorgeschrieben sind." — Er führt aus: Der Ausfall der Wahlen habe bei allen bürgerlichen Parteien die Neigung zu reaktionären Maßregeln gestärkt. Daß das so kommen mußte, haben wir vorausgesehen. In dieser Beziehung ist uns der Deutsche Kaiser mit seinem impulsiven Charakter von großer Bedeutung. Wir können in seiner Stellungnahme immer merken, wie der Wind weht. Und die Art, wie der Repräsentant des einzigen protestantischen Kaisertums sich zum Oberhaupte der katholischen Kirche und zu der katholischen Geistlichkeit stellte, hat uns gezeigt, wohin die Strömung geht. Rückwärts, rückwärts, Don Rodrigo, immer rückwärts! . . . Ich glaube aber nicht an ein Ausnahmegesetz oder an eine Wahlrechtsänderung. An den entscheidenden Stellen wird man sich fragen, ob ein solcher Schritt gegenüber den drei Millionen Stimmen ratsam wäre. Versuchte man es, dann hätten wir noch viele Millionen hinter uns, die katholischen Arbeiter, die Mehrheit der Nation, alle würden geschlossen hinter uns stehen. . . . Solle man unter diesen Umständen die Taktik ändern? Allerdings, aber nicht in dem Sinne, daß wir jetzt bremsen, Halt machen, sondern wir müssen entsprechend der gewachsenen Zahl und Kraft noch energischer, schärfer, rücksichtsloser vorgehen als bisher. (Stürmischer minutenlanger Beifall.) Wenn wir auch im Reichstag weiter isoliert stehen werden, so schließe das nicht aus, daß wir Konzessionen annehmen. Wir haben über den Wert dieser Konzessionen in der Fraktion oft die schwersten Kämpfe. Da ist die rechte Seite, die für die kleinsten Konzessionen zu haben ist, während die andere Seite es nicht der Mühe wert hält. Und da sage ich: Bei der jetzigen Zusammensetzung der Fraktion werden die Kämpfe sich noch vermehren und es ist nicht unmöglich, daß die sogenannte rechte Seite die Oberhand erhält. Da halte ich es für nötig, daß die Partei diese Situation kennen lernt und Stellung nimmt. Die Partei muß eine Direktive geben, nach der marschiert werden muß. (Stürm. Beifall.) — Im weiteren greift er aufs schärfste die rechte Seite der Partei an, die unter Führung der Abgg. v. Vollmar und Heine eine Annäherung an die bürgerliche Gesellschaft versuchten und die Partei spalteten. So habe schon einer der Revisionisten, die Notwendigkeit des Reichsbudgets zu bewilligen, anerkannt. Solche faulen Elemente müsse man dem Parteitag benunzieren, die keine Entscheidung mögen, weil sie sich fürchten; die immer sagen: Es ist nicht wahr, wir sind nicht gespalten, wir sind ja ganz einig, wir sind alle Brüder, Leute mit denselben Karten! Das sind die schlimmsten Genossen! Darum würden sie auch immer von den Gegnern gelobt. So Vollmar von den Nationalsozialen. München sei das Hauptquartier des Revisionismus, das Kapua der Sozialdemokratie; keiner wandle ungestraft unter

Bierkrügen. Zwar sei die Armee der Revisionisten klein, aber weil dieser Revisionismus durch die Wahlen eine Stärkung erfahren hat und in der Fraktion zur Geltung kommen will, weil das dann auch neue unausgesetzte Kämpfe und Reibereien widerlichster Art gibt, so verlange ich: die Repräsentation des Volkes soll entscheiden.

Abg. v. Vollmar: Bebel suche sich zum Diktator der Partei aufzuwerfen und jede freie Meinungsäußerung zu unterdrücken. Ebenso wie er jetzt die Annahme der Vizepräsidentschaft als elendes Kompromiß bekämpft, habe er früher die Beteiligung an den Landtagswahlen bekämpft... Es ist doch töricht, mit voller Lungenkraft immer wieder zu rufen: Die Partei ist in Gefahr! Ich behaupte, daß dieses Geschrei niemals mehr der Berechtigung entbehrt hat, als jetzt, und werde es beweisen. Man spricht hier von der Volksseele. Man stellt es so dar, als ob das Gefühl der Volksmasse etwas Untrügliches ist. Die Geschichte aller Zeiten — auch die Parteigeschichte — lehrt, daß es immer vorgekommen ist, daß das Volksempfinden sich getäuscht hat, und auch, daß es getäuscht werden kann. (Beifall und Unruhe.) Bebel sehe sein heftiges Temperament als einen Freibrief für alles und jedes an, aber er habe durch sein Auftreten in Bayern unendlich geschadet. In welchem Tone hat denn Bebel gesprochen: ich werde sagen, ich werde nicht dulden, ich werde den Kopf waschen, ich werde abrechnen u. s. w. Ich, Ich, Ich, immer Ich — ist das nicht die Sprache des Diktators? Man lese die Geschichte der englischen Revolution. So sprach der Lordprotektor Cromwell zum Parlament.... Nicht Bebel, sondern Kautsky ist in dieser Sache die Hauptperson. Er ist der Fanatiker der Theorie. (Großer Beifall. Lärm.) Er ist der Partei gewordene deutsche Professor, der lieber die Welt zu grunde gehen läßt, als daß er von seinem schönen Lehrgebäude auch nur einen Span herausnehmen läßt. (Beifall und großer Lärm.) Die Einheitlichkeit der Partei heißt bei ihm die Alleinherrschaft seiner Ansicht — (Tosender Lärm, Stadthagen und Zubeil schreien dem Redner gröbliche Beleidigungen zu.) — Vollmar nach einer Weile: Genossen, ich warte noch eine Weile, bis sich zeigen wird, ob es noch ein klein wenig Meinungsfreiheit hier gibt. (Erneuter Lärm.) Parteigenossen, Sie haben Bebel ruhig angehört und da ist es Ihre Pflicht und Schuldigkeit, auch mich anzuhören (Beifall und lärmende Zurufe), sonst setzen Sie sich dem Verdacht aus, Terrorismus hier üben zu wollen. (Bebel: Demagogie! Demagogie!) Hierauf fordert der Redner zur Einigkeit auf, da bei den bevorstehenden großen Aufgaben keine Zeit zu prinzipiellen Streitigkeiten sei.

Abg. Meist verlangt eine schärfere Resolution. Die Zweckmäßigkeitspolitik und Rechnungsträgerei würde bald dazu führen, daß man schließlich noch sage: „Wir sind Sr. Majestät allergetreueste Opposition." Wir brauchen und sollen uns nicht vor einem Konflikt fürchten. Die Massen erwarten, daß die Partei ihren revolutionären Standpunkt aufrechterhalten und daß wir denen, die die Partei davon abdrängen wollen, den Stuhl vor die Türe setzen. (Stürmischer, donnernder Beifall.) Nach weiterer lebhafter Debatte, in der u. a. die Abgg. Bernstein und Moltenbuhr gegen Bebel sprechen, wird die Resolution über den Vizepräsidenten in folgender Fassung angenommen: „Der Parteitag fordert, daß die Fraktion zwar ihren Anspruch geltend macht, die Stelle des ersten Vizepräsidenten und eines Schriftführers im Reichstag durch Kandidaten aus ihrer Mitte zu besetzen, daß sie es aber ablehnt, höfische Verpflichtungen zu übernehmen oder irgend welchen Bedingungen sich zu unterwerfen, die nicht durch die Reichsverfassung geboten sind." Ferner werden folgende Resolutionen angenommen: „Der Parteitag verurteilt auf das entschiedenste die revisionistischen Bestrebungen, unsere bisherige bewährte und siegeskrönte, auf dem Klassenkampf beruhende Taktik in dem Sinne zu ändern, daß an Stelle der Eroberung der politischen Macht durch Ueberwindung der Gegner eine Politik des Entgegenkommens an die bestehende Ordnung der Dinge tritt. Die Folge einer derartigen revisionistischen Taktik wäre, daß aus einer Partei, die auf die möglichst rasche Umwandlung der bestehenden bürgerlichen in die sozialistische Gesellschaftsordnung hinarbeitet, also im besten Sinne des Wortes revolutionär ist, eine Partei wird, die sich mit der Reformierung der bürgerlichen Gesellschaft begnügt. Daher ist der Parteitag im Gegensatz zu den in der Partei vorhandenen revisionistischen Bestrebungen der Ueberzeugung, daß die Klassengegensätze sich nicht abschwächen, sondern stetig verschärfen und erklärt: 1. daß die Partei die Verantwortlichkeit ablehnt für die auf der kapitalistischen Produktionsweise beruhenden politischen und wirtschaftlichen Zustände und daß sie deshalb jede Bewilligung von Mitteln verweigert, welche geeignet sind, die herrschende Klasse an der Regierung zu erhalten; 2. daß die Sozialdemokratie einen Anteil an der Regierungsgewalt innerhalb der bürgerlichen Gesellschaft nicht erstreben kann. Der Parteitag erwartet, daß die Fraktion die größere Macht, die sie durch die vermehrte Zahl ihrer Mitglieder wie durch die gewaltige Zunahme der hinter ihr stehenden Wählermassen erlangt, entsprechend den Grundsätzen unseres Programms dazu benutzt, die Interessen der Arbeiterklasse, die Erweiterung und Sicherung der politischen Freiheit und der gleichen Rechte für alle aufs kraftvollste und nachdrücklichste wahrzunehmen und den Kampf wider Militarismus und Marinismus, wider Kolonial- und Weltmachtpolitik, wider Unrecht, Unterdrückung und Ausbeutung in jeglicher Gestalt noch energischer zu führen, als es ihr bisher möglich gewesen ist und für den Ausbau der Sozialgesetzgebung und die Erfüllung der politischen und kulturellen Aufgaben der Arbeiterklasse energisch zu wirken."

Für die Resolutionen, die mit großer Mehrheit angenommen werden, stimmen mehrere Revisionisten wie Vollmar und Heine, weil sie ihre Anschauungen durch sie nicht für getroffen erachten. — Die Verhandlungen waren durchweg stürmisch; die Redner wurden andauernd von heftigen Zwischenreden unterbrochen und die verschiedenen Gruppen schleuderten sich die schärfsten persönlichen Beleidigungen zu. — Eine Konferenz der preußischen Delegierten beschließt, bei den Landtagswahlen ohne Rücksicht auf die Liberalen selbständig vorzugehen.

14./16. September. (Hamburg.) Tagung des Vereins für Sozialpolitik. Referate: E. Francke, Die Lage der in der Seeschiffahrt beschäftigten Arbeiter. Sombart, Hecht, Jastrow: Die wirtschaftliche Krisis seit 1900.

18. September. (Kiel.) Stapellauf des Linienschiffes „Hessen". Der Großherzog von Hessen vollzieht die Taufe.

21. September. (Danzig.) Der Kaiser nimmt an der Enthüllung eines Kaiser Wilhelm-Denkmals teil. Einer Abordnung der Staatswerkstättenarbeiter erwidert er auf ihre Huldigung:

Ich danke Ihnen für die Worte, die Sie an Mich im Namen der Arbeiter ausgesprochen haben und bitte Sie, diesen Meinen Dank den Arbeitern der Werkstätten zu überbringen. Es ist Mir eine Freude, gerade am heutigen Tage Sie zu sehen, am Tage der Enthüllung des Denkmals des großen Kaisers, an dessen Taten einzelne von Ihnen mitgetan. Dieser große Kaiser hat dem deutschen Volke die jahrhundertelang ersehnte Einheit gebracht. Erst durch den Aufbau des einigen Deutschen Reiches ist es möglich gewesen, daß die gewaltige Entwicklung im Handel und Industrie so viele kräftige Fäuste deutscher Arbeiter hat beschäftigen können. Ich sollte daher meinen, daß im Hinblick auf die ehrwürdige Gestalt des ersten Deutschen Kaisers die deutsche Arbeiterschaft Freude und Genugtuung empfinden möchte für die Erstehung eines so ungeheuren Feldes der Tätigkeit, auf dem sie ihre Tätigkeit entwickeln kann. Und Ich sollte meinen, daß auch sie das höchste Interesse daran hat, dieses Deutsche Reich ungeschmälert und ungestört zu erhalten, und im Innern wie nach außen festgefügt zusammenzuhalten. Denn nur in einem solchen wird die deutsche Arbeiterschaft Lohn, Lebensunterhalt und Zufriedenheit haben, und mit Vertrauen in die Zukunft blicken können. Ein großer Teil der deutschen Arbeiter geht durch die Reihen der Armee und lernt dort die Schulung und Disziplin. Die Schulung gibt ihnen die Möglichkeit, auf den feindlichen Gebieten Siege über Siege zu erringen. Ueberall weiß man, was deutsche Arbeit bedeutet; überall wird sie geschätzt und anerkannt. Das ist nur möglich durch die große Erfahrung und den hohen Stand der Bildung der deutschen Arbeiterschaft. Ich hoffe nach wie vor, daß die Gesinnungen, denen Sie heute Ausdruck gegeben haben im Namen Meiner Arbeiter der k. und k. Werkstätten auch in den Herzen der übrigen Arbeiter schlagen, und daß nach wie vor Sie sich immer bewußt sind, daß Sie zunächst Deutsche sind, und daß Sie die Arbeit des Deutschtums im Frieden nach außen zu Ehren zu bringen haben, wie Sie auch im Kriege nicht zögern werden, zur alten bekannten Waffe zu greifen, wenn es gilt, das Vaterland zu verteidigen. Solange solche Empfindungen maßgebend sind, so lange, davon bin Ich fest überzeugt, wird das Vaterland sich weiter entwickeln zum Segen und zur Freude seiner Arbeit. Ich danke Ihnen.

24. September. (Mülheim a. d. Ruhr.) Auf dem christlich-sozialen Parteitag spricht sich Abg. Stöcker optimistisch über die Fortschritte des christlich-sozialen Gedankens aus.

26. September. (Hannover.) Delegiertentag der nationalliberalen Partei Preußens.

Er betont die Notwendigkeit des Kampfes gegen das Zentrum und die mit ihnen verbündeten Konservativen, um nicht die Schule unter kirchliche Herrschaft fallen zu lassen. — Ein Vorschlag des Berliner jungliberalen Vereins, bei den Landtagswahlen eventuell mit den Sozialdemokraten zusammenzugehen, wird abgelehnt, die Bekämpfung der Sozialdemokratie, als einer in Wahrheit rückschrittlichen Partei, vielmehr als Pflicht hingestellt.

Ende September. Anläßlich mehrerer Prozesse wegen Soldatenmißhandlungen wird in der Presse erörtert, ob die bestehenden Gesetze zur Ausrottung der Mißstände ausreichten.

28./29. September. (Ulm.) Die Generalversammlung des Evangelischen Bundes spricht sich gegen die Aufhebung des § 2 des Jesuitengesetzes aus.

29. September. (Bayern.) Der Landtag tritt zusammen. Finanzminister Frhr. v. Riedel legt das Budget vor.

Der Minister sagt in seiner Rede:

Die Befriedigung, mit der ich in früheren Budgetreden die jeweiligen Rechnungsergebnisse verkünden konnte, ist diesmal eine etwas geminderte; die Rechnungsnachweisungen lassen zwar für das Jahr 1900 noch einen stattlichen Aktivrest, nämlich von 17831749 ℳ ersehen, dagegen hat das Jahr 1901 mit einem Passivrest von 3372999 ℳ. abgeschlossen und es liegt daher eine Schwankung von mehr als 21 Millionen Mark innerhalb ein und derselben Finanzperiode vor. Immerhin hat diese an sich wenig erfreuliche Wendung der Dinge, wie alles in der Welt, auch ihr Gutes; sie ist vielleicht geeignet, einzelne Finanzpolitiker von ihrer irrtümlichen Meinung über unsere sogenannte „Ueberschußwirtschaft" zu heilen, und liefert jedenfalls den handgreiflichen Beweis, wie berechtigt die in den letzten Jahrzehnten bei der Aufstellung des Budgets im allgemeinen geübte Vorsicht gewesen und wie notwendig es ist, mit der Uebernahme nicht absolut bringender Ausgaben auf die Staatskasse zurückzuhalten, bis die Deckungsmittel vorhanden oder doch hinreichend sicher gestellt sind. Es ist zugleich eine Selbstanklage, die ich mir nicht schenken will, wenn ich beifüge, daß wir in letzterer Hinsicht unter dem Eindrucke des so lange anhaltenden Steigens der Staatseinnahmen allmählich, wenigstens einigermaßen, weicher und nachgiebiger geworden sind; allein die Erkenntnis der schwankenden Grundlagen eines großen Teiles unserer Staatseinnahmen und der Tatsache, daß wir nicht reich genug sind, um die sich fort und fort mehrenden Ansprüche an die Staatskasse alle zu berücksichtigen, sowie die Erinnerung daran, daß Regierung und Volksvertretung die heilige Pflicht haben, sich stets die Interessen der Gesamtheit und die Zukunft des Staates vor Augen zu halten, wird die Rückkehr zu einer etwas strengeren Beurteilung mancher Anforderungen erleichtern und weiteren Kreisen begreiflich erscheinen lassen. Da dem hohen Hause ohnehin eine genaue Detailnachweisung des Ergebnisses der 25. Finanzperiode 1900/1901 zugeht, so will ich Sie heute nicht mit einer Darstellung der Einzelresultate ermüden; es wird jedoch von Interesse sein, zu vernehmen, daß der ungünstige Abschluß des Jahres 1901 hauptsächlich dadurch herbeigeführt wurde, daß das Mindererträgnis der Eisenbahnen in diesem Jahre rund 684000 ℳ., dann die Mehrausgabe bei den Pensionen u. s. w. rund 2 Millionen bezifferte, daß jedoch das hierdurch veranlaßte Defizit durch erhöhte Erträgnisse bei fast sämtlichen Einnahme-Etats und durch Ersparungen bei den Staatsausgaben auf die Summe von 3372000 ℳ herabgemindert wurde. Von den Einnahme-Etats haben im Jahre 1901 namentlich folgende mit Mehrerträgnissen abgeschlossen: die direkten Steuern mit 1728000 ℳ., die Zölle und indirekten Steuern mit 638000 ℳ., die Aerarialrente der Bank mit 533000 ℳ., der Etat der Forst-, Jagd- und Triftverwaltung mit 3664000 ℳ., der Zinsen und Renten mit 714000 ℳ. und der Leistungen der pfälzischen Eisenbahnen mit 435000 ℳ — Es verbleibt hiernach für die ganze Finanzperiode 1900/1901 ein Aktivrest von 14458749 ℳ. 71 ₰. Ueber einen Teil dieses Ueberschusses ist bereits durch die Bestimmungen in §§ 7 und 17 des Finanzgesetzes vom 10. Aug. 1902 und durch die Beschlüsse zu dem Etat der Einnahmen an Ueberweisungen seitens des Reichs für die 26. Finanzperiode Verfügung getroffen; bezüglich des Restes enthält der Finanzgesetz-Entwurf die entsprechenden Vorschläge. Indem ich nun zur Besprechung des Budgets für die 27. Finanzperiode 1904 und 1905 übergehe, schicke ich voraus, daß die bezüglich der Gestaltung desselben anfänglich gehegten Befürchtungen glücklicherweise übertrieben waren; wir stehen noch lange nicht vor dem Bankerotte, wie einige Tagesblätter vielleicht mir zu Ehren zu schreiben die

Güte hatten. Zwar kann ich unsere Finanzlage auch heute noch nicht für ganz gesund erklären, allein der Patient befindet sich bereits auf dem Wege der Besserung, und wenn er die richtige Diät beobachtet und einige stärkende Mittel empfängt, und wenn es gelingt, ihn vor empfindlichen Luftströmungen zu schützen, deren Abwendung leider nicht ganz in unserer Macht liegt, dann wird die völlige Genesung nicht lange auf sich warten lassen. Die Strömungen, die ich im Auge habe, bestehen namentlich in einer zu starken oder zu raschen Vermehrung unserer Staatsschulden, sowie in einer etwaigen Mehrbelastung durch finanzielle Leistungen an das Reich. Das Emporschnellen des diesmaligen Staatsschuldetats mit einem jährlichen Mehrbedarf von $6\frac{1}{2}$ Millionen hat die Bilanzierung des Budgets außerordentlich erschwert. Gleichwohl wird die kgl. Staatsregierung, von der Ansicht ausgehend, daß die wirtschaftliche Entwicklung des Landes auch in minder günstigen Zeiten gefördert werden solle, dem Landtage den zugesagten, insbesondere für das platte Land wichtigen Entwurf eines Lokalbahngesetzes in Vorlage bringen; nur möchte ich heute schon bitten, sich bezüglich des Umfanges und Tempos der Eisenbahnbauten einige Reserve aufzuerlegen, denn wir sind bedauerlicherweise genötigt, noch einige weitere nicht unbeträchtliche Kreditforderungen für weniger oder gar nicht produktive Zwecke einzubringen.

Nachdem der Minister die Notwendigkeit, das Reich finanziell auf eigne Füße zu stellen, betont hat, fährt er fort: Das Budget der 27. Finanzperiode schließt in Einnahme und Ausgabe mit einem Betrag von 473 050 948 ℳ ab, d. i. gegenüber dem Budget der 26. Finanzperiode mit einem Mehr von 18 146 257 ℳ, und gegenüber dem ersten Budget (1878/79), das ich zu vertreten hatte, mit einem Plus von 251 417 600 ℳ. Der Mehrbetrag der Ausgaben, wovon 10 716 127 ℳ auf Betriebs- und Verwaltungsausgaben und 7 430 040 ℳ auf den eigentlichen Staatsaufwand treffen, wäre jedenfalls beträchtlich höher, wenn sich die Ministerien nicht ernstlich bemüht hätten, möglichste Sparsamkeit walten zu lassen, was allerdings nicht selten eingehende und langwierige Verhandlungen erforderte. Zu dem immerhin noch recht erheblichen Mehrbedarfe für die Staatsaufwandausgaben tritt noch abgleicherschwerend der Umstand hiezu, daß der Etat der Zölle und indirekten Steuern infolge des Rückganges des Malzaufschlags mit einem Minderreinertragnis von rund $1\frac{1}{2}$ Millionen abschließt, wofür Ersatz zu schaffen ist. Ungeachtet dieser Schwierigkeiten kann die Abgleichung des Budgets, und zwar auf vollkommen einwandfreier Grundlage, ohne Erhöhung der direkten Steuern stattfinden, soferne der Landtag geneigt ist, dem Gesetzentwurfe bezüglich des Gebührenwesens und der Erbschaftssteuer, den ich soeben eingebracht habe, seine Zustimmung zu erteilen. Derselbe schlägt unter Vorbehalt einiger Ausnahmen vor, für die Dauer der 27. Finanzperiode, sonach in provisorischer Weise, die nach dem Gesetze über das Gebührenwesen vom 11. November 1899 anfallenden Gebühren und die nach dem Gesetze über die Erbschaftssteuer vom gleichen Tage sich ergebenden Erbschaftssteuern um je zehn vom Hundert zu erhöhen. Da eine derartige Erhöhung namentlich im Hinblick auf die vielen in den letzten Jahren eingetretenen Gebührenerleichterungen nicht wohl als drückend zu erachten ist und sich überdies in einfachster Weise vollziehen läßt, so kann ich die Annahme des Entwurfes nur dringend befürworten. Hierdurch würde ein Einnahmezufluß von ca. $2\frac{1}{2}$ Millionen und zugleich die Möglichkeit geschaffen, den Etat der Erbschaftssteuern, Gebühren und Stempelabgaben unter Berücksichtigung des Durchschnittsanfalles der letzten Jahre mit einem Gesamtmehrertragnisse von 3 154 360 ℳ abzuschließen. Die Mehrertragnisse der übrigen Einnahmeetats und die Speisung des

Etats der Uebertragungen mit 1444147 ℳ. liefern alsdann die Mittel, um das Gleichgewicht zwischen Ausgaben und Einnahmen herzustellen und überdies den Etat der Allgemeinen Reserve mit 455891 ℳ. auszustatten.

30. September. (Warnemünde.) Eine Dampffährenverbindung zwischen Warnemünde und Gjedser wird in Gegenwart des Großherzogs von Mecklenburg-Schwerin und des preußischen Ministers der öffentlichen Arbeiten Budde eröffnet.

Ende September. Anfang Oktober. Konservative Opposition gegen Bülow.

Blätter der Linken, u. a. „National-Zeitung", behaupten, daß konservative Kreise darauf ausgingen, den Grafen Bülow zu stürzen. Die „Kreuz-Zeitung" gibt zu, daß „allerdings agrarische Kreise und leider auch vereinzelte Konservative" solche tadelnswerte Bestrebungen hätten, leugnet aber, daß sie der konservativen Partei in der Gesamtheit zur Last zu legen seien. Die konservative Opposition, zu der auch Freikonservative gehören, verlangt nach der „National-Zeitung" vor allem Maßregeln gegen die Sozialdemokratie.

1. Oktober. (Berlin.) Die „Zeit", nationalsoziale Wochenschrift, geht ein infolge der Auflösung des nationalsozialen Vereins. (Vgl. 1901.)

Anfang Oktober. (Schlesien.) Die Polen in Oberschlesien gehen bei den Landtagswahlen ohne Rücksicht auf das Zentrum vor. „Germania" und „Kölnische Volkszeitung" tadeln scharf diese Kriegserklärung gegen das Zentrum, lehnen aber die Änderung ihrer bisherigen Polenpolitik ab.

September. Oktober. Die Presse über den sozialdemokratischen Parteitag.

Der Streit zwischen den beiden Richtungen wird in der Presse und in Versammlungen noch wochenlang unter den schärfsten gegenseitigen Beschuldigungen fortgesetzt. — Mehring verteidigt sich in einer Broschüre, Maximilian Harden in der „Zukunft" gegen die Angriffe; er wirft namentlich den Revisionisten vor, ihn gegen die Anschuldigungen, deren Grundlosigkeit ihnen bekannt gewesen sei, nicht in Schutz genommen zu haben. Abg. Göhre legt sein Reichstagsmandat nieder. Die sozialdemokratische Presse beklagt im allgemeinen, daß der Parteitag wegen persönlichen Gezänks unfruchtbar verlaufen sei, und daß eine Freude über den letzten Wahlsieg nicht aufgekommen sei. Die bürgerliche Presse sieht im allgemeinen Bebel als den Sieger und die Revisionisten als die Besiegten an; die Blätter, die ein gesetzgeberisches Vorgehen gegen die Sozialdemokraten empfehlen, behaupten, die Mauserungstheorie habe Fiasko gemacht und der revolutionäre Charakter des Klassenkampfes sei bestätigt. Manche Blätter wie „Kölnische Volkszeitung" erwarten, daß die Debatten in der Sozialdemokratie künftig noch schärfer sein würden, denn es sei unmöglich, daß die beschimpften Revisionisten Bebel die Beleidigungen vergessen könnten. Die „Tägliche Rundschau" hofft, daß die Verhöhnung der Akademiker unzufriedenen Elementen in studentischen Kreisen eine Warnung sein werde, sich der Sozialdemokratie anzuschließen. Die „Preußischen Jahrbücher" (Bd. 114) sehen nicht in Bebel sondern in den Revisionisten die Sieger. Bebel habe in der Fraktion bereits die Herrschaft verloren und deshalb die Streitfrage vor den Parteitag gebracht, den er mit seiner Leidenschaft fortzureißen hoffte. Er habe aber nicht gewagt, einen Antrag einzubringen, dem die Revisionisten nicht zustimmen konnten; somit seien sie in ihren Bestrebungen ungehindert.

3. Oktober. (Bayern.) Dem Landtage geht ein Entwurf zur Änderung des Wahlgesetzes zu.

Der Entwurf führt das direkte Wahlrecht ein, die relative Mehrheitswahl (mit der Einschränkung, daß der Gewählte ein Drittel der abgegebenen Stimmen auf sich vereinigen muß; andernfalls findet eine Nachwahl ohne dies Erfordernis statt), den einjährigen Besitz der Staatsangehörigkeit als Bedingung der aktiven und passiven Wahlfähigkeit, und ebenso die einjährige Entrichtung einer direkten Staatssteuer. Weiter wird an der Leistung des Verfassungseides als Bedingung für das aktive Wahlrecht festgehalten. Das aktive Wahlrecht beginnt mit dem 25. Lebensjahre, das passive mit dem 30. Die Abgeordnetenzahl wird auf 163 erhöht (bisher 159); auf 38000 Einwohner kommt ein Abgeordneter (bisher 31500). Die Mandate werden auf die Landesteile folgendermaßen verteilt: Es haben Abgeordnete nach

	geltendem Rechte	dem Entwurf
Oberbayern	28	34
Niederbayern	20	18
Pfalz	20	22
Oberpfalz	16	15
Oberfranken	18	16
Mittelfranken	19	21
Unterfranken	19	18
Schwaben	19	19
	159	163

4. Oktober. (Hamburg.) Der Parteitag der deutsch-sozialen Reformpartei fordert nach Vorträgen der Abg. Liebermann v. Sonnenberg und Raab den Schutz des Reichstagswahlrechts und den Ausbau des Koalitionsrechts und der Versicherungsgesetze.

Anfang Oktober. Der Norddeutsche Lloyd und die Hamburg-Amerika-Linie kündigen das Abkommen über die Überfahrtspreise der den Ozean befahrenden Linien.

5./6. Oktober. (Bayerische Abgeordnetenkammer.) Interpellationen und Debatte über die Verstaatlichung der pfälzischen Bahnen.

Abg. Hammerschmidt (lib.) bringt folgende Interpellation ein: Aus welchen Gründen hat die kgl. Staatsregierung von der für den Ablauf der Zinsgarantiezeit in Aussicht gestellten Verstaatlichung der Pfälzischen Bahnen abgesehen? Hat die kgl. Staatsregierung nun trotzdem die Absicht, für den weiteren Ausbau des pfälzischen Bahnnetzes Sorge zu tragen und in welcher Weise soll dies geschehen? Ist die Verstaatlichung überhaupt noch beabsichtigt und innerhalb welcher Zeit? Die Begründung ist folgende: Durch die Tagesblätter ist bekannt geworden, daß die kgl. Staatsregierung, entgegen ihrer in der letzten Session geäußerten Absicht, von ihrem Rechte, bei dem Ablaufe der Zinsgarantiezeit die Pfälzischen Bahnen zu übernehmen, vorerst keinen Gebrauch machen will. Bei der großen wirtschaftlichen, finanziellen und schließlich auch politischen Bedeutung, welche diese Frage für das ganze Königreich und insbesondere für die Pfalz hat, sowie angesichts des berechtigten Verlangens der Verwaltung und vor allem auch des Personals der Pfälzischen Eisenbahnen, über die dadurch geschaffene Lage rückhaltlose Aufklärung zu erhalten, scheint es dringend nötig, die Anschauung und die Pläne der kgl. Staatsregierung schon jetzt kennen zu lernen.

Abg. Reeb (Z.) stellt folgende Interpellation: Welche Stellung nimmt die kgl. Staatsregierung zur Frage der Verstaatlichung der Pfälzischen Eisenbahnen und insbesondere des Ausbaues des pfälzischen Eisenbahnnetzes ein? Hierzu ist folgende Begründung aufgestellt: Am 31. Dezember 1904 erlischt mit der Fusion der drei pfälzischen Eisenbahngesellschaften die Zinsgarantie des bayerischen Staates. Der kgl. Staatsregierung ist das Recht eingeräumt, vom 1. Januar 1905 ab die Pfälzischen Eisenbahnen zu erwerben. Wenn die kgl. Staatsregierung von diesem Rechte Gebrauch machen will, muß sie bis längstens 1. Januar 1904 ihren Entschluß der pfälzischen Eisenbahnverwaltung kundgeben. Da dieser Termin nahe bevorsteht und die Angelegenheit von großer Bedeutung ist, so glauben die unterzeichneten Abgeordneten, die obige Frage an die kgl. Staatsregierung richten zu sollen.

Ministerpräsident Frhr. v. Podewils: Die Regierung halte es für nötig, die Verstaatlichung noch hinauszuschieben. Die sofortige Verstaatlichung sei einerseits nicht notwendig, denn die Pfalz leide bei der guten Verwaltung der Bahnen durch die Gesellschaften keinen Schaden, andererseits sei es bedenklich, dem Staatshaushalt jetzt ein neues Risiko aufzubürden. Dazu kommt, daß in Zukunft möglicherweise die Uebernahmebedingungen sich für den Staat günstiger gestalten könnten. Der Kaufpreis sei 245,5 Millionen Mark, der Reingewinn habe im Jahre 1902 im ganzen 11 Millionen und nach Abzug der Amortisationskosten nur 9 Millionen Mark betragen. Dieses Bild verändere sich jedoch zu Ungunsten des Staates, da dieser für Personal, Pensionen, Bahnhofsbauten und anderes viel mehr anwenden müsse als die Privatbahngesellschaften. Die Ausgaben würden somit viel größer werden. Dabei sei es zweifelhaft, ob die Einnahmen auf der bisherigen Höhe bleiben würden.

10. Oktober. (Berlin.) Der Parteitag der Freisinnigen Vereinigung beschließt, den Parteigenossen im Lande anheimzugeben, ob sie unter Berücksichtigung der lokalen Verhältnisse bei der Landtagswahl mit den Sozialdemokraten gemeinsam vorgehen wollen.

11. Oktober. (Posen.) Enthüllung eines Bismarckdenkmals.

An der Feier nehmen teil Fürst Herbert Bismarck, die städtischen und Provinzialbehörden, Minister des Innern Frhr. v. Hammerstein, Finanzminister Frhr. v. Rheinbaben, Tausende von Vereinsvertretern und anderen Gästen. Frhr. v. Hammerstein und Frhr. v. Rheinbaben feiern das Denkmal als Wahrzeichen deutscher Gesinnung und ermahnen die Deutschen der Ostmark, auf dem bisherigen Wege zu verharren.

11. Oktober. (Nürnberg.) Der bayerische Städtetag fordert Reform der Staats- und Kommunalsteuern, so daß die Realsteuern den Gemeinden zufallen, ferner intensivere Besteuerung des Baugeländes und Aufhebung des § 13 des Zolltarifgesetzes. (Vergl. S. 129.)

11. Oktober. (**Elsaß-Lothringen.**) Es wird eine liberale Landespartei begründet, die u. a. völlige Gleichstellung Elsaß-Lothringens mit den Bundesstaaten verlangt.

12. Oktober. (**Bayerische Abgeordnetenkammer.**) Die Wahlrechtsvorlage wird nach kurzer Beratung an eine Kommission verwiesen. Sie findet im allgemeinen Zustimmung, nur wird die Altersgrenze für das passive Wahlrecht auf 25 Jahre und eine andere Wahlkreiseinteilung verlangt.

15. Oktober bis 4. November. (**Berlin.**) Tagung der fünften preußischen Generalsynode. — Erhöhung des Witwen- und Waisenfonds. Besetzung der theologischen Professuren. Proselytenfrage. Feuerbestattung. Jesuitenfrage, Toleranzantrag.

Die Synode zählt 198 Mitglieder, von denen 52 der konfessionellen Rechten, 89 der sogenannten Positiven Union und 55 den Mittelparteien angehören. Die kirchliche Linke im engeren Sinn ist auf der Generalsynode nur durch ein Mitglied aus Schlesien vertreten, das sich gastweise der Mittelpartei angeschlossen hat. Mehr als die Hälfte der Synode besteht aus geistlichen Würdenträgern, darunter neben 10 Generalsuperintendenten und 9 Professoren der Theologie 69 Superintendenten. Die Minderheit setzt sich größtenteils aus hohen Staatsbeamten zusammen. Nicht im Staatsdienst stehend sind 11 Mitglieder, darunter zwei Bürgermeister und ein Kaufmann. — Präsident ist Graf Zieten-Schwerin.

Bei der Eröffnung wird folgender königlicher Erlaß, der die Bereitstellung von Staatsmitteln zur Aufhebung der gesetzlichen Pfarrbeiträge an den Pfarr-Witwen- und Waisenfonds und zur Erhöhung der Dienstaufwandsentschädigung der Generalsuperintendenten verfügt, veröffentlicht:

Um den evangelischen Landeskirchen Meiner Monarchie einen neuen Beweis Meiner Fürsorge zu geben, bestimme Ich hierdurch, daß in den Entwurf des nächstjährigen Staatshaushalts behufs Aufhebung der gesetzlichen Pfarrbeiträge an den Pfarr-Witwen- und Waisenfonds eine an diesen zu zahlende Staatsrente von jährlich 850 000 Mark, sowie ferner die erforderlichen Mittel zur Erhöhung der Dienstaufwandsentschädigung der Generalsuperintendenten auf den durchschnittlichen Jahresbetrag von 2000 Mark eingestellt werden.

Hubertusstock, den 12. Oktober 1903.
gez. Wilhelm R.
ggez. Graf v. Bülow. Studt. Frhr. v. Rheinbaben.

Einer der wichtigsten Beratungsgegenstände betrifft das Interesse der Kirche an der Besetzung der theologischen Professuren. Darüber teilt der Oberkirchenrat der Synode mit (15. Okt.), daß die über diese Frage von dem evangelischen Oberkirchenrat im Jahre 1900 verfaßte Denkschrift von dem Generalsynodal-Vorstand einer eingehenden Beratung unterzogen worden ist. Das Ergebnis war, daß das Kollegium einstimmig dem Vorschlage zustimmte, mit dem Minister der geistlichen Angelegenheiten darüber ins Benehmen zu treten, ob es sich zur Gewinnung auch im praktischen Kirchendienst erfahrener theologischer Lehrkräfte nicht empfehle, geeigneten jüngeren Geistlichen Gelegenheit zu geben, während einiger Jahre ihre Begabung für das Lehramt zu erproben und, falls sie nicht definitiv dafür berufen werden, in den Kirchendienst zurückzukehren. Ebenso einmütig stimmte das Kollegium der Ansicht zu, daß eine weitere Aufnahme der von der 1., 2. und 3. Generalsynode gegebenen Anregungen wegen wirksamerer Geltendmachung des kirchlichen Interesses an der Besetzung der theologischen Professuren nicht in Aussicht zu nehmen sei. Der evangelische Oberkirchenrat ist hierauf mit dem Minister in Verbindung getreten und hat sich bereit erklärt, falls dieser geneigt sein würde, einigen jüngeren Geistlichen, die ihre Befähigung durch das Lizentiatenexamen und literarische Leistungen nachgewiesen haben, die Habilitation in einer theologischen Fakultät zu erlangen, für zwei bis drei Jahre bescheidenen Unterhalt behufs ihrer Erprobung im akademischen Lehramt zuzusichern, ihnen, falls sie in den Kirchendienst zurückzukehren wünschen, zur Anstellung im geistlichen Amt behilflich zu sein, auch die Zeit, welche sie als Universitätslehrer zugebracht, auf ihr kirchliches Dienstalter anzurechnen. Der Minister hat darauf geantwortet, daß er gern bereit sei, der Frage der probeweisen Heranziehung jüngerer wissenschaftlich tüchtiger Geistlichen zum akademischen Lehramt näher zu treten und hat eine nähere Erörterung der Angelegenheit im Wege der kommissarischen Beratung vorgeschlagen. Diese hat stattgefunden und zu einer Verständigung über den einzuschlagenden Weg geführt. Eine abschließende Vereinbarung ist noch nicht erfolgt.

Am 17. Oktober beschließt die Synode, daß die landeskirchlichen Pastoren über jede von ihnen vollzogene Proselytentaufe an das Provinzialkonsistorium berichten und zugleich angeben müssen, in welcher Weise die Vorbereitungen zur Taufe stattgefunden haben.

Am 19. Oktober berät die Synode die Anträge einer Provinzialsynode über die Besetzung der theologischen Professuren. Berichterstatter Professor Haupt: Sämtliche Anträge forderten größere Bürgschaften für die Kirchlichkeit der neu zu berufenden Professoren. Theologie und christlicher Gemeinglauben könnten unter Umständen in eine Art von Spannung geraten. Diese werde besonders groß sein in Zeiten großer geistiger Revolution. In einer solchen Zeit leben wir, da so viele neue Erkenntnisse auf dem Gebiete der Naturwissenschaft und Geschichte sich durchbringen, da sich eine ganz neue, die sogenannte moderne Weltanschauung herausbildet mit dem Anspruch, daß sie allein die richtigen Schlüsse aus diesen Erkenntnissen ziehe, die durchaus im Widerspruch stehen zu dem christlichen Glauben. Dadurch sei der Theologie eine sehr schwere Aufgabe erwachsen, und es sei nicht zu verwundern, daß sie in diesem Kampf der Geister manchmal scheinbar oder wirklich in Widerspruch trete zu dem Inhalt des christlichen Glaubens. Es sei ein großes Unrecht, zu glauben, daß Männer der Wissenschaft, die solchen Widerspruch erheben, dies in dem Bewußtsein tun, daß sie den Christen die Augen öffnen wollen. Ebenso falsch würde es sein, zu glauben, daß solche Männer aus ihrem eigenen Gewissen heraus sich zwingen lassen müßten, aus ihrem theologischen Lehramt auszuscheiden, denn sie seien sich durchaus nicht bewußt, Zerstörer des christlichen Glaubens zu sein. Darum fordere er in Rücksicht auf die Erklärung des Oberkirchenrats Uebergang zur Tagesordnung über die Anträge. — Entgegen seinem Vorschlage werden die Anträge an eine Kommission verwiesen.

Am 27. Oktober faßt die Synode folgenden Beschluß über die Bekämpfung der Prostitution: Die Generalsynode ist durch die Wahrnehmung, daß die Sünde der Unzucht in Stadt und Land weiter um sich greift, aufs schmerzlichste bewegt. Sie ist durchdrungen von der Ueberzeugung, daß der Verfall unseres Volkslebens unaufhaltsam ist, wenn diesem furchtbaren Schaden kein fester Damm entgegengesetzt wird, und daß hierzu vor allem in der öffentlichen Meinung, die nicht bloß eine sträfliche und verführerische Gleichgültigkeit gegen die Fleischessünden aufweist, sondern diese sogar entschuldigt, ja zu rechtfertigen sucht, eine entschiedene Umkehr zu heiliger Scheu vor dem göttlichen Gebote stattfinden muß, welches den Männern ebenso wie den Frauen jedes Standes einen reinen Wandel zur Pflicht macht. — Die Generalsynode spricht allen, die an der Hebung des religiös-sittlichen Volksbewußtseins und an der Bekämpfung der Leib und Seele verderbenden Erscheinungen der Prostitution, der geheim und öffentlich betriebenen Verbreitung anstößiger Literatur sowie des Unwesens auf dem Gebiete öffentlicher Schaustellungen arbeiten, ihren wärmsten Dank aus. Die Generalsynode vertraut, daß es der kgl. Staatsregierung trotz der vorliegenden Schwierigkeiten in immer höherem Maße gelingen werde, die gegen die Unzucht gerichteten gesetzlichen und sonstigen Bestimmungen nachdrücklich zur Geltung zu bringen, und daß sie auch nötigenfalls zu neuen Maßnahmen schreiten werde, um das schamlos ans Licht tretende Laster wirksam zu bekämpfen. — Die Generalsynode ersucht den evangelischen Oberkirchenrat, auch fernerhin geeignete Maßregeln dafür zu treffen, daß alle Diener der Kirche und der Schule, alle kirchlichen Gemeinde-Organe, alle Eltern, Erzieher und Pfleger der Jugend gegenüber jeder Form der Unzucht zu erneutem Ernst der Wachsamkeit, des Zeugnisses und des Vorbildes aufgerufen werden.

Am 28. Oktober nimmt die Synode folgendermaßen Stellung zum „Deutschen Evangelischen Kirchenausschuß": 1. Die Generalsynode dankt dem Evangelischen Oberkirchenrat, daß er in Verfolg ihres Antrags vom 3. Dezember 1891 den föderativen Zusammenschluß der deutschen evangelischen Landeskirchen verständnisvoll im Auge behalten und erfolgreich zum Zustandekommen des Deutschen Evangelischen Kirchenausschusses mitgewirkt hat. 2. Die Generalsynode erkennt an, daß die in dem Statut vom 13. Juni 1903 dem Deutschen Evangelischen Kirchenausschuß zugewiesenen Aufgaben im Grundsatz richtig bestimmt und nach dem Maße des gegenwärtig Erreichbaren den nächstliegenden Bedürfnissen entsprechend abgegeben sind. Sie wiederholt insbesondere ihr Einverständnis damit, daß auf den Bekenntnisstand und die Verfassung der einzelnen Landeskirchen die Tätigkeit des Ausschusses sich nicht erstreckt, und daß ebenso die kirchenregimentlichen Rechte der Landesherrn unberührt bleiben. 3. Dagegen spricht die Generalsynode auch jetzt ihre Ueberzeugung dahin aus, daß eine wahrhaft evangelisch volkstümliche Wirksamkeit dieses Ausschusses nur von der nachfolgend hinzutretenden Beteiligung synodaler Elemente erwartet werden kann. Sie vertraut, daß der Evangelische Oberkirchenrat auch diese Erweiterung fortgesetzt im Auge behalten werde.

Am 30. Oktober beantragt die Kommission folgenden Beschluß über die Professorenfrage: Generalsynode bekennt sich einmütig zu der Offenbarung Gottes in Christo Jesu, dem Gekreuzigten und Auferstandenen, als dem Lebensgrunde der Kirche. Sie erkennt die für die Theologie der Gegenwart vorhandenen Schwierigkeiten in der Behauptung und Verteidigung des biblischen Christentums an und hält die Freiheit der Forschung für eine unerläßliche Bedingung zu ihrer Ueberwindung. Sie spricht allen Theologen, die durch ihre Arbeit den evangelischen Glauben bekräftigen und verteidigen helfen, ihren Dank aus. Aber sie erklärt, daß die Kirche es nicht ertragen kann, daß der Grundsatz der Gleichberechtigung der Richtungen auf den Gegensatz der naturalistischen und der christlichen Weltanschauung ausgedehnt wird. Indem sie die vorgekommenen Aergernisse beklagt, welche die gläubige Gemeinde verwirren, gibt sie der Gewißheit Ausdruck, daß auch die gegenwärtigen Kämpfe innerhalb der theologischen Wissenschaft schließlich zur neuen Begründung und Vertiefung der unveränderlichen Wahrheit des Evangeliums führen werden. Sie ersucht die Staatsregierung, Theologen nicht zu berufen, welche die Heilstaten Gottes und den Offenbarungscharakter der heiligen Schrift als das Fundament der Kirche und der Heilsgewißheit nicht anerkennen. Sie erklärt es im Interesse der Kirche wie der Theologie für notwendig, daß es in keiner theologischen Fakultät, besonders für die Hauptfächer, an Professoren fehle, die fest im Glauben der Kirche stehen. Sie erkennt es dankbar an, daß der evangelische Oberkirchenrat zugesagt hat, in Gemeinschaft mit dem Herrn Kultusminister geeignete Geistliche bei dem Ergreifen des akademischen Berufes wirksam zu fördern, und hält es für erwünscht, wenn akademische Lehrer zuvor in einem Pfarramt der Kirche gedient haben. An dem Wunsche einer Mitwirkung des Generalsynodalvorstandes bei der Begutachtung der zu berufenden Dozenten hält die Generalsynode fest.

Dazu beantragt Frhr. v. Manteuffel (konfessionelle Gruppe): „Generalsynode bekennt sich einmütig zu Christo Jesu, dem eingeborenen Sohne Gottes, dem für uns Gekreuzigten und Auferstandenen, dem einigen Mittler unseres Heils. Sie vertraut, daß zu Professoren der Theologie nur Männer ernannt werden, welche in diesem Glauben und Bekenntnis des Sohnes Gottes stehen."

Professor Kawerau gibt folgende Erklärung im Namen mehrerer Mitglieder ab: „Die unterzeichneten Mitglieder erklären, daß sie den Kommissionsantrag aus folgenden Gründen ablehnen: 1. Sie wissen sich zwar in Uebereinstimmung mit den prinzipiellen Erklärungen des Antrages über die religiösen Voraussetzungen für einen gesegneten Betrieb der Theologie zum Besten der evangelischen Kirche. Aber sie müssen befürchten, daß der Antrag nach seiner Gesamttendenz und nach der Ausdeutung, die er in der Oeffentlichkeit finden würde, als eine kirchliche Zensurierung einzelner zum Gesamtleben der Theologie gehöriger theologischer Richtungen aufgestellt werden würde. 2. Der Antrag beklagt zwar nicht ohne Grund die Beunruhigung der Gemeinden durch Aeußerungen theologischer Professoren, verschweigt aber daneben die Verwirrung, die durch übereilte und unberechtigte Verdächtigung ernster theologischer Arbeit von seiten der kirchlichen Presse fortgesetzt angerichtet wird. 3. Die praktischen Forderungen des Antrages sind für uns unannehmbar, denn sie erwecken den Anschein, als ob die Staatsregierung bei Besetzung der theologischen Professuren ihre Pflicht der Kirche gegenüber bisher versäumt habe. Durch die Forderung einer Mitwirkung des Generalsynodalvorstandes wird nicht nur die bisher ausgeübte Tätigkeit des evangelischen Oberkirchenrats diskreditiert, sondern auch die ebenbürtige Stellung der Theologieprofessoren im Gesamtkörper der Universitäten gefährdet. Ueber die auch uns erwünschte Bereitstellung von Mitteln, um das Betreten des akademischen Berufes zu erleichtern, erachten wir eine von der uns heute beschäftigenden Materie getrennte Behandlung für angemessen."

Hofprediger a. D. Stöcker: Der protestantischen Theologie solle die freie Forschung nicht eingeschränkt werden. Aber die Kirche stehe vor der Frage: Christentum oder Entwickelung? Der Standpunkt, der die Naturgesetze als allgemein geltend auch in der Geisteswelt hinstellt, ist Rationalismus. Die Kirche und ihre Lehre können sich nur auf den Boden der Offenbarung, des persönlichen Gottes stellen. Die unverrückbare Grundlage auch für den Lehrer muß sein die Doppelstellung von Sünde und Gnade in der Auffassung des menschlichen Lebens. Sonst haben wir keine Theologie, sondern Sprachkunde, oder Geschichtskunde, oder Philosophie.

Wir rechnen nicht mit den Professoren, welche die Berührungspunkte mit anderen Wissenschaften suchen, sondern mit jenen, die sich auf die andere Seite stellen. Wir wollen die Probleme anerkennen, aber dazu braucht man nicht diese radikalen Geister zu Professoren zu machen. Wenn aus der Heiligen Schrift jedes Wunder genommen wird, dann ist es keine Heilige Schrift mehr. Professor Kahl: Die einzige Schranke für die evangelische Wissenschaft sei die Wahrheit; keine Universität könne Lehrer mit gebundener Marschroute ertragen. Reibungen zwischen Kirche und Theologie seien eben unvermeidlich.

Am 31. Oktober stellen Graf Hohenthal und Genossen folgenden Antrag: „Generalsynode wolle beschließen: Für den Fall der Annahme des Antrages v. Manteuffel diesem folgenden Zusatz zu geben: Denn sie ist davon überzeugt, daß die für die Theologie der Gegenwart bestehenden Schwierigkeiten in der Behauptung und Verteidigung des biblischen Christentums nur überwunden werden können, wenn die Freiheit der wissenschaftlichen Forschung mit der Gebundenheit an die Tatsachen des Heils in Einklang steht. Sie spricht allen Theologen, die durch ihre Arbeit den evangelischen Glauben bekräftigen und verteidigen helfen, ihren Dank aus. Aber sie erklärt, daß die Kirche es nicht ertragen kann, wenn der Grundsatz der Gleichberechtigung der Richtungen sogar auf den Gegensatz der naturalistischen und der christlichen Weltanschauung ausgedehnt wird. Indem sie die vorgekommenen Aergernisse beklagt, welche die gläubige Gemeinde verwirren, gibt sie der Gewißheit Ausdruck, daß auch die gegenwärtigen Kämpfe innerhalb der theologischen Wissenschaft schließlich zur neuen Begründung und Vertiefung der unveränderlichen Wahrheit des Evangeliums führen werden. Sie erkennt es dankbar an, daß der Evangelische Oberkirchenrat zugesagt hat, in Gemeinschaft mit dem Herrn Kultusminister geeignete Geistliche bei dem Eingreifen des akademischen Berufes wirksam zu fördern, und hält es für erwünscht, wenn akademische Lehrer zuvor in einem Pfarramt der Kirche gedient haben. An dem Wunsche einer Mitwirkung der Generalsynodal-Vorstandes bei der Begutachtung der zu berufenden Dozenten hält die Generalsynode fest."

Kgl. Kommissar Propst v. d. Golz: Die theologische Wissenschaft hat einen göttlichen Beruf, den sie nur auf dem Wege der Freiheit erfüllen kann. Das ist ja auch von allen Seiten hier anerkannt worden, aber es ist vielleicht nicht allen Herren klar genug, daß das Eingreifen einer Instanz, die Gewalt hat, in dieses Gebiet der Freiheit, des Forschens, des Lehrens doch den Charakter der Freiheit beeinträchtigen muß, und daß es deshalb eine Sache der Vorsicht, des Taktes ist, daß auch nicht der Schein entsteht, als ob irgendwelche Beschränkung beabsichtigt sei. Der Oberkirchenrat ist stets mit großer Zurückhaltung an alles herangetreten, was etwa die heutige ebenbürtige Stellung der Theologie im Organismus der Universitäten verletzen und schädigen könnte. Es ist hier auch von denen, die ein mehreres im Interesse der Kirche tun wollen, gesagt, sie denken nicht daran, die Erziehung der jungen Theologen den Universitäten zu nehmen, aber die Absicht tut es nicht allein. Man darf auch nicht Schritte unternehmen, die in ihrer Konsequenz schließlich dazu führen, daß die Erziehung in die Bahn der Seminarien hineingeleitet wird. Nach meiner Ueberzeugung wird das eintreten, wenn auch auf Umwegen, sobald eine missio canonica in unseren Protestantismus hineingetragen wird. Das Ende würde sein, daß der Staat nicht mehr gegenüber den Forderungen, die gestellt werden, den theologischen Fakultäten den ebenbürtigen Platz neben den anderen Fakultäten lassen kann (Sehr richtig!), und ebenso ist für die Kirche die notwendige Konsequenz, nicht gleich, aber nach einem

10*

Menschenalter, daß sie gezwungen wird, die wissenschaftliche Ausbildung in Seminarien durchzuführen, wodurch manches bequemer und leichter erreicht wird, aber der lebendige Zusammenhang der geistigen Arbeit der Nation verloren geht und damit der Zusammenhang mit dem Volkstum. Hier heißt es: principiis obsta! (Sehr richtig!) Die Arbeit der Theologie — Luther ist dafür ein Beispiel — muß kritisch sein. Zwei Aufgaben hatte die Reformation, die sich dahin zusammenfassen lassen: Zurück zum Urchristentum! und: Hinein in die Tiefe! Und so steht es auch heute noch. Wenn einmal die Zeit kommt, wo die Wissenschaft nicht den Mut oder die Freiheit hat, die ihr von Gott gestellte Aufgabe mannhaft auszuführen, so wäre das ein großes Unglück! — Der Redner stellt folgenden Antrag: „Mit Befriedigung hat die Generalsynode aus der Mitteilung des Evangelischen Oberkirchenrats vom 8. Oktober dieses Jahres ersehen, daß derselbe das hohe Interesse der Kirche an der Besetzung der theologischen Professuren würdigt, über geeignete Wege zur Wahrung dieses Interesses mit dem Generalsynodal-Vorstand in Beratung getreten ist, auch in Gemeinschaft mit ihm und in der Richtung der Kommissionsanträge bei der vierten ordentlichen Generalsynode einen Versuch angeregt hat, wissenschaftlich tüchtigen Geistlichen die Erprobung im akademischen Lehramt zu erleichtern. Gegenüber der vorhandenen Sorge, daß der für die Kirche unentbehrliche innere Zusammenhang der zu freier Arbeit berufenen theologischen Wissenschaft mit dem auf Gottes Wort gegründeten Glauben der Kirche gefährdet sei, bekennt die Generalsynode sich einmütig zu Christo Jesu, dem eingeborenen Sohn Gottes, dem für uns Gekreuzigten und Auferstandenen, dem einigen Mittler unseres Heils. Sie vertraut, daß zu Professoren der Theologie nur Männer ernannt werden, welche in dem Glauben und Bekenntnis des Sohnes Gottes stehen."

Nach weiterer Debatte wird folgende Kombination der Anträge v. Manteuffel, v. Goltz und Hohenthal angenommen mit 127 gegen 57 Stimmen. „Mit Befriedigung hat die Generalsynode aus der Mitteilung des Evangelischen Oberkirchenrats vom 8. Oktober d. J. ersehen, daß derselbe das hohe Interesse der Kirche an der Besetzung der theologischen Professuren würdigt, über geeignete Wege zur Wahrung dieses Interesses mit dem Generalsynnodal-Vorstand in Beratung getreten ist, auch in Gemeinschaft mit ihm und in der Richtung der Kommissionsanträge bei der vierten ordentlichen Generalsynode einen Versuch angeregt hat, wissenschaftlich tüchtigen Geistlichen die Erprobung im akademischen Lehramt zu erleichtern. Im Hinblick auf die von mehreren Provinzialsynoden zum Ausdruck gebrachten Sorgen bekennt sich Generalsynode einmütig zu Christo Jesu, dem eingeborenen Sohn Gottes, dem für uns Gekreuzigten und Auferstandenen, dem einigen Mittler unseres Heils. Sie gibt sich der Hoffnung hin, daß zu Professoren der Theologie nur Männer ernannt werden, welche in diesem Glauben und Bekenntnis des Sohnes Gottes stehen. Generalsynode ist überzeugt, daß die für die Theologie der Gegenwart bestehenden Schwierigkeiten in der Behauptung und Verteidigung des biblischen Christentums nur überwunden werden können, wenn die Freiheit der wissenschaftlichen Forschung mit der Gebundenheit an die Tatsachen des Heils in Einklang steht. Sie spricht allen Theologen, die durch ihre Arbeit den evangelischen Glauben bekräftigen und verteidigen helfen, ihren Dank aus. Aber sie erklärt, daß die Kirche es nicht ertragen kann, wenn der Grundsatz der Gleichberechtigung der Richtungen sogar auf den Gegensatz der naturalistischen und der christlichen Weltanschauung ausgedehnt wird. Indem sie die vorgekommenen Aergernisse beklagt, welche die gläubige Gemeinde verwirren, gibt sie der Gewißheit Ausdruck, daß auch die gegenwärtigen Kämpfe innerhalb der theologischen Wissenschaft schließlich zur neuen Begründung und Vertiefung der unveränderlichen Wahrheit des Evangeliums führen werden. An dem Wunsche einer Mitwirkung des Generalsynodal-Vorstandes bei der Begutachtung der zu berufenden Dozenten hält die Generalsynode unter Bezugnahme auf die Kommissionsbeschlüsse der vierten ordentlichen Generalsynode fest."

Hierauf wird ein Antrag, daß es dem Geistlichen gestattet sein soll, im Falle einer Feuerbestattung bei der häuslichen Trauerfeierlichkeit im Amtskleide zu erscheinen und seines Amtes zu walten, abgelehnt.

Am 3. November spricht sich die Synode einstimmig gegen die Aufhebung des § 2 des Jesuitengesetzes sowie gegen jede Abschwächung des Gesetzes aus.

Am 4. November wird einstimmig folgender Antrag zum Toleranzantrag (1901, 1902) angenommen: „Die Generalsynode wolle beschließen, im Hinblick auf den vom Reichstage beratenen Entwurf eines Gesetzes betr. die Freiheit der Religionsübung, den Evangelischen Oberkirchenrat zu ersuchen: in Zukunft, wenn nötig, aus dringenden kirchlichen Interessen und im Sinne des Beschlusses der deutschen evangelischen Kirchenkonferenz von 1902 dafür einzutreten, daß reichsgesetzlich nicht so, wie es durch jenen Gesetzentwurf versucht ist, in das Kirchenstaatsrecht der Einzelstaaten eingegriffen wird, und insbesondere dafür, daß die für die religiöse Erziehung der Kinder in Mischehen im Bereiche der Generalsynode bestehenden durchaus bewährten gesetzlichen Bestimmungen nicht geändert werden, wie solches in den §§ 2 und folgenden jenes Gesetzentwurfs beabsichtigt wird."

16. Oktober. Die Bayerische Abgeordnetenkammer verweist nach zweitägiger gereizter Debatte einen sozialdemokratischen Antrag auf Verkürzung der Arbeitszeit in staatlichen Betrieben an den wirtschaftlichen Ausschuß.

17. Oktober. (Potsdam.) Die Söhne des Kaisers Prinz August Wilhelm und Prinz Oskar werden konfirmiert.

Der Kaiser hält bei der Abendtafel folgende Ansprache an sie:

Meine lieben Söhne! In dem Augenblick, wo wir im Begriffe sind, die Gläser auf euer Wohl zu leeren und unsere Glückwünsche euch auszusprechen, daß ihr unter uns eingetreten seid als tatenfrohe Menschen in die Gemeinde des Herrn, um darin zu arbeiten, möchte Ich als euer Vater auch ein Wort euch mit auf den Weg geben. Der heutige Tag ist für euch in geistiger Beziehung gleichzustellen dem Tage, an dem der Offizier, der Soldat seinen Fahneneid ableistet. Ihr habt als Prinzen des königlichen Hauses schon im 10. Jahre das Recht, Uniform zu tragen. Damit möchte ich eure Taufe vergleichen. Ihr seid vorgemerkt als Streiter Christi. Mit dem heutigen Tage seid ihr sozusagen im Glauben mündig geworden. Die Wehr und Waffen und das Rüstzeug, dessen ihr euch bedienen sollt, sind euch von kundiger Hand gelehrt und bereit gelegt worden. Ihre Anwendung in allen Lebenslagen wird nun an euch liegen, auch darin werdet ihr noch zum Teil unterwiesen werden können, aber schließlich muß ein jeder lernen, die Waffen, auch die geistigen, selbst zu führen, die ihm anvertraut worden sind. Ich spreche mit Absicht im militärischen Sinne, weil ich annehme, daß auch ihr das schöne Gleichnis kennt, in welchem der Christ mit dem Krieger verglichen wird und in dem die Waffen aufgeführt werden, die ihm der Herr zur Verfügung gestellt hat. Ihr werdet gewiß die Gelegenheit haben, in späterer Zeit diese oder jene

von den Waffen anzuwenden, und ihr werdet gewiß das, was ihr heute
so schön in eurem Gelübde versprochen habt, auch betätigen. In sehr richtiger Weise hat in der herrlichen Ansprache, die euer geistiger Lehrer heute
an euch gerichtet hat, derselbe einen Begriff hervorgehoben für das, was
von euch verlangt wird, nämlich, daß ihr Persönlichkeiten werden sollt.
Es ist das derjenige Punkt, auf den nach meiner Ansicht es für den
Christen im täglichen Leben am meisten ankommt. Denn darüber kann
wohl kein Zweifel sein, daß wir von der Person des Herrn getrost sagen
können: Er ist die persönlichste Persönlichkeit gewesen, die je auf der Erde
unter den Menschenkindern gewandelt ist. Ihr habt in eurem Unterrichte
— und werdet es noch in Zukunft — von vielen großen Menschen gelesen
und gehört, von Weisen, Staatsmännern, Königen und Fürsten und auch
von Dichtern. Ihr habt von manchem Worte und Ausspruche gelesen und
sie haben euch erhoben, ja sogar begeistert. Gewiß, welcher deutsche Jüng-
ling sollte sich nicht erhoben fühlen und fortgerissen werden von den begeisterten Liedern, zum Beispiel denen unseres Körner, aber trotz allem,
es sind Menschenworte und keinem einzigen Worte unseres Herrn gleich.
Und das sei euch gesagt, damit ihr auch in der Lage seid, es zu vertreten,
wenn ihr einst im Strudel des Lebens steht und einen Meinungsaustausch
hört, vor allem über die Person unseres Heilands: Es hat niemals eines
Menschen Wort fertig gebracht: Leute aller Rassen und Leute aller Völker
gleichmäßig zu denselben Zielen zu begeistern und danach zu trachten, ihm
gleich zu sein und sogar ihr Leben für ihn zu lassen. Und das Wunder
ist nur dadurch zu erklären, daß die Worte, die er gesprochen hat, Worte
des lebendigen Gottes sind, welche Leben erwecken und lebendig bleiben
noch nach Tausenden von Jahren, wenn die weisen Worte längst vergessen
sein werden. Wenn Ich nun auf Meine persönlichen Erfahrungen zurück-
blicke, so kann Ich euch nur versichern, und ihr werdet dieselbe Erfahrung
machen, der Angel- und Drehpunkt unseres menschlichen Lebens, zumal
aber eines verantwortungsvollen und arbeitsreichen Lebens, das ist mir
klarer geworden von Jahr zu Jahr — liegt nur einzig und allein in der
Stellung, die man zu seinem Herrn und Heiland einnimmt. Ich nannte
ihn die persönlichste der Persönlichkeiten und das mit Recht. Wie es nicht
anders sein kann im menschlichen Leben und wie es uns allen begegnet,
so ist es auch mit ihm gewesen: Es ist der Streit der Meinungen um
ihn entbrannt. Manche waren für ihn, manche haben im Zweifel gestanden, und viele waren gegen ihn. Aber darüber kann kein Zweifel
sein, und der schärfste Feind und Leugner des Herrn ist nur der Beweis
dafür: der Herr lebt noch heute als ganze Persönlichkeit, die nicht ignoriert
werden kann! Noch heute schreitet seine Lichtgestalt unserem geistigen Auge
nur sichtbar und der Seele fühlbar unter uns einher: tröstend, helfend,
stärkend, auch Widerspruch und Verfolgung erweckend. Und weil er nicht
ignoriert werden kann, so wird jeder Mensch gezwungen, bewußt oder
unbewußt, das Leben, das er lebt, das Amt, das er führt und das Werk,
das er treibt, immer darauf zu basieren, unter welchem Gesichtswinkel er
unserem Heiland gegenüber steht und ob seine Arbeit im Sinne des Herrn
getan und ihm wohlgefällig ist, oder ob es das Gegenteil ist. Sein Gewissen, wenn es noch lebt, wird ihm stets darüber Auskunft geben. Gewiß, ich glaube gern, daß viele Menschen heute der Ansicht sind, im heutigen modernen Leben mit seinen vielfachen Aufgaben und verantwortungsvollen Stellungen sei es undenkbar, daß man sich mit der Persönlichkeit
des Heilands so eingehend beschäftigen und auf ihn Rücksicht nehmen kann,
wie es früher geschah. Die Menschheit hat sich neben dem Herrn den
Himmel ausgeschmückt mit vielen herrlichen Gestalten und frommen Christen,

die Heilige genannt werden und an die sie sich hilfesuchend wenden, aber das ist alles Nebensache und eitel; der einzige Helfer und Retter ist und bleibt der Heiland. Ich kann euch nur eines vom ganzem Herzen raten für euer zukünftiges Leben: schafft und arbeitet ohne Unterlaß, das ist der Kern des Christenlebens, wie er es uns vorgelebt hat! Werft einen Blick in die Schrift und leset die Gleichnisse unseres Heilands. Am schwersten wird der bestraft, der nichts tut, der sitzen bleibt, mit dem Strom mitgeht und die anderen arbeiten läßt, wie in dem Gleichnisse von dem Pfunde. Was auch eure Passionen und was auch eure Gaben sein mögen, es möge ein jeder darnach trachten, auf seinem Gebiete das Beste zu leisten und eine Persönlichkeit zu werden, in seine Aufgaben hinein zu wachsen, in ihnen zu schaffen und sie zu fördern nach dem Beispiele des Heilandes. Trachtet vor allem danach, daß das, was ihr vornehmt, möglichst stets zu einer Freude für eure Mitmenschen werden kann, denn das ist das Schönste, mit anderen sich gemeinsam freuen zu können, und wo das nicht möglich ist, daß euer Werk den Mitmenschen wenigstens zu Nutz und Frommen sein möge, wie unseres Herrn arbeitsreiches und tatenfrohes Leben es stets gewesen ist. Dann habt ihr das erfüllt, was von euch erwartet wird, dann werdet ihr brave deutsche Männer und tüchtige Prinzen meines Hauses werden und teilnehmen können an der großen Arbeit, die uns allen beschieden ist. Daß ihr eine solche Arbeit mit Segen zu ihrem Ziele führen möget und daß euch Gottes und des Heilandes Hilfe dabei nicht fehlen möge, darauf leeren wir am heutigen Tage unsere Gläser!

18. Oktober. (Berlin.) Enthüllung von Denkmälern des Kaisers und der Kaiserin Friedrich in Gegenwart des Kaiserpaares. Der Kaiser hält bei der Festtafel folgende Rede:

Den Gefühlen, die heute am Tage der Enthüllung sowohl die Kinder wie die Hausgenossen und Befreundeten der beiden hohen Dahingeschiedenen beseelt haben, das richtige Wort zu geben und sie in das richtige Gewand zu hüllen, ist einem langjährigen treuen Freunde und Hausgenossen gelungen. Und Ich glaube, daß Ich am heutigen Tage in keiner besseren Weise der Vergangenheit und der Wirksamkeit Meiner Eltern gedenken kann, als daß Ich die kurzen aber inhaltsreichen Sätze, die der Geheimrat Hinzpeter in dankbarer Liebe und Verehrung Meiner Eltern aufs Papier geworfen hat, Ihnen bekannt gebe: Diese stolzen, glänzenden Gestalten werden in den Beschauern auch der künftigen Geschlechter stets andere Empfindungen erwecken als die Bilder der nun abgeschlossenen Siegesallee. Ihre Sympathie und ihre Bewunderung werden immer mit Mitleid vermischt sein; ihre Ehrfurcht wird mehr den Leiden gelten als den Taten. Diese Figuren werden mehr die Sage beschäftigen als die Geschichte, denn sie repräsentieren mehr Ideen als Ereignisse. Wohl leuchtete auch ihr Leben weit über das Land; aber ehe es sich entfaltet und voll bewährt hatte, wurde es jählings zerrissen von einem unerhört grausamen Geschick. Der Kaiser Friedrich, der hochsinnige Fürst und weitherzige Mann, der tapfere Held und siegreiche Feldherr wurde in der Fülle der Kraft von heimtückischer Krankheit dahingerafft. — Die Kaiserin Friedrich, die warmherzige und kunstsinnige Frau von klarem Geist und starkem Willen wie von unersättlichem Wissensdurst und Schaffensdrang wurde in voller Blüte von demselben Feinde zu Tode gequält. — Ein Schicksal, so tragisch, daß es die Seele des Volkes tief erschütterte, sie mit Mitleid für das furchtbare Leiden wie mit Trauer um die eigenen verlorenen Hoffnungen erfüllte. Zu der Zeit, als diese beiden ihr gemeinsames Leben begannen, war die deutsche Nation in tiefer weitgreifender

Bewegung; sie begann nach langem Suchen und Tasten, nach harter Arbeit und Selbstzucht sich neue Formen zu schaffen für ihr Leben in Kirche, Staat und Gesellschaft, in Wirtschaft, Kunst und Wissenschaft. Das Bewußtsein, daß eine neue reichere Zeit für Deutschland angebrochen sei, beherrschte die Gemüter und erfüllte sie mit Furcht oder Hoffnung, mit fieberhafter Erregung. Und dieses zum Herrschen berufene Paar stärker als alle anderen; kein zweites war so voll von Träumen, Gedanken und Plänen; keines so mutig im Verlassen des Alten und Ergreifen des Neuen; keines so erfüllt mit Hoffnung und Vertrauen auf die Zukunft. Unter den strebenden, ringenden Zeitgenossen zeichneten sie beide in innigster geistiger Gemeinschaft sich aus durch ihren Eifer und Enthusiasmus für die neuen höheren Ziele, für die freiere Entwicklung aller Kräfte, für die reichere Entfaltung des Volkslebens. Unter der idealistisch gestimmten Generation ragten sie beide in vollster Seelenharmonie hervor durch ihren hochfliegenden Idealismus, den einzuschränken die Wirklichkeit in ihrem kurzen Dasein keine Zeit gefunden. Darum beginnt dieses Paar, der Tradition entgegen aber mit Recht hier nebeneinander nach dem Abschluß der Markgrafen, Kurfürsten und Könige die neue Reihe der Kaiser, denen höhere und schwierigere Aufgaben gestellt sind als jenen, zu deren Lösung sie höheren Schwung, stärkeren Idealismus nötig haben. Darum werden die kommenden Generationen mit dankbarer Verehrung an der Spitze einer neuen Hohenzollernreihe dieses strahlende Paar stehen sehen, welches seinen idealistischen Sinn auf alle realistischen Nachkommen vererben kann. Sie stehen hier am Eingang als glänzende Repräsentanten der schwärmerischen illusionsreichen Jugend des Deutschen Reichs und als leuchtende Personifikationen der Kulturbegeisterung, welche sie charakterisierte, und welche die deutschen Kaiser als Führer des vornehmsten Kulturvolks der Erde beseelen soll. So werden diese Marmorbilder hier trotz ihres Märtyrerscheins zu einer glücklichen Vorbedeutung für die Zukunft des Reichs wie der Dynastie. Unseren Gefühlen und Gesinnungen wollen wir dadurch Ausdruck geben, daß wir ein stilles Glas auf das Andenken der Toten leeren.

18. Oktober. Der „Vorwärts" veröffentlicht folgenden Aufruf zu den preußischen Landtagswahlen:

An die Wähler zum preußischen Landtag! Wähler! Die Landtagswahlen nahen heran. Am 12. November finden die Urwahlen statt, in welchen die Wahlmänner zu wählen sind, am 20. November finden alsdann die Abgeordnetenwahlen statt, deren Wahl die am 12. November gewählten Wahlmänner vorzunehmen haben. Die Urwähler wählen obendrein in drei Klassen, abgeteilt nach der Steuerleistung ihre Wahlmänner und ist bei diesen, wie nachher bei den Wahlen der Abgeordneten, die öffentliche Stimmabgabe Vorschrift. Dieses sind mit wenigen Worten gekennzeichnet die Grundlagen des Landtagswahlrechts, das nach dem Urteil des Fürsten Bismarck im konstituierenden Norddeutschen Reichstag im Jahre 1867 das elendste und erbärmlichste aller bestehenden Wahlgesetze ist. Die kapitalistische Entwicklung der letzten Jahrzehnte hat den plutokratischen Charakter dieses elendsten und erbärmlichsten aller Wahlgesetze noch verschärft. Mehr als je zuvor ist es der durch die erste und zweite Wählerklasse repräsentierte Besitz, der die Macht in den Händen hat und über den Ausgang der Wahlen entscheidet, wohingegen die große Masse der in der dritten Wählerklasse vereinigten Wähler nur dann ausschlaggebend wirken kann, wenn sie in den Parteiungen der ersten und zweiten Wählerklasse das Zünglein an der Wage bildet. Gestützt auf diese Möglichkeit hat die Sozialdemokratie den Beschluß gefaßt, sich an den bevorstehenden Wahlen versuchsweise zu beteiligen, um festzustellen, wie weit das arbeitende Volk bei einem solchen, Recht und Gerechtigkeit verhöhnenden Wahlsystem einen Erfolg zu erringen vermag. Wähler! Wir wissen, daß unter der Herrschaft dieses Dreiklassenwahlsystems und besonders auch wegen der damit verbundenen öffentlichen Stimmenabgabe große Hindernisse vorhanden sind, um die Stimmen des arbeitenden Volkes zur Geltung zu bringen. Hunderttausende, die bei den Reichstagswahlen zu uns halten und unsern Kandidaten ihre Stimmen geben, sind bei der öffentlichen Stimmenabgabe bei den Landtagswahlen gezwungen, entweder der Wahlurne fern zu bleiben und so auf die Ausübung ihres wichtigsten Staatsbürgerrechts zu verzichten oder sogar gegen ihre Ueberzeugung, einem Drucke von oben folgend, Kandidaten zu wählen, die sie als ihre Todfeinde ansehen. So kommt zu der Rechtlosigkeit noch die politische Heuchelei, zu welcher Staatsgewalt und herrschende Klassen ungezählte Wähler zwingen. Das hindert aber nicht, daß diese Gewalten sich als Hüter und Wahrer der öffentlichen Moral und Sittlichkeit aufwerfen. Um so notwendiger ist, daß diejenigen Wähler, die Rücksichten nicht zu nehmen haben, Mann für Mann am 12. November an die Wahlurne treten und den sozialdemokratischen Wahlmännern ihre Stimme geben, welche unsere Partei in allen den Wahlbezirken der Wahlkreise aufstellen wird, in welchen sie sich Erfolg verspricht. Wähler! Das bisher gültige Wahlsystem verhinderte, daß der preußische Landtag als eine Volksvertretung angesehen werden konnte. Er war bisher eine ausschließliche Vertretung der besitzenden Klassen und konnte nichts anderes sein, und dementsprechend sind auch die Gesetze, die diese „Volksvertretung" beschlossen und die Maßnahmen, denen sie ihre Zustimmung gegeben hat, ausgefallen. Die weitaus stärkste Partei in Preußen, die Sozialdemokratie, ist bisher im Landtag auch nicht durch einen Abgeordneten vertreten gewesen. So ist es gekommen, daß unter der Herrschaft dieser privilegierten Klassenvertretung sich vielfach Zustände herausgebildet haben, die eines Kulturstaates unwürdig sind. Neben der zweiten Kammer des Landtags, dem Abgeordnetenhause, besteht aber auch noch die erste Kammer, das sogenannte Herrenhaus, in dem die Privilegiertesten unter den Privilegierten vertreten sind, die es als ihre vornehmste Aufgabe ansehen, jedem wirklichen Fortschritt ein Hindernis zu bereiten und die staatliche Entwicklung in den Daumschrauben eines mittelalterlichen feudalen Absolutismus zu zerquetschen. Ist schon das Abgeordnetenhaus eine Versammlung Gewählter, die jedem Begriff einer Volksvertretung Hohn spricht, in dem Herrenhaus begegnen wir einer Versammlung Ernannter, deren Hauptverdienst um Staat und Gesellschaft für die große Mehrzahl unter ihnen darin besteht, daß sie sich die Mühe nahmen geboren zu werden und zu verzehren, was sie nicht erworben haben. Gegen diese entwürdigenden Zustände muß bei den bevorstehenden Wahlen zum Landtag durch eine möglichst große Zahl sozialdemokratischer Stimmen energisch Protest erhoben und der Versuch gemacht werden, durch Wahl von sozialdemokratischen Vertretern den Interessen der bisher unvertreten gebliebenen arbeitenden Volksmehrheit einigermaßen gerecht zu werden, um Zustände zu bekämpfen, die eine Schmach für unser Zeitalter und eine Schande für den Staat sind. Wähler! Darum auf zur Wahl am 12. November! Die Kandidaten der Sozialdemokraten werden im Falle ihrer Wahl einzutreten haben: Für das allgemeine, gleiche direkte und geheime Wahlrecht für alle Vertretungskörper (Staat, Gemeinden 2c.) an alle für mündig erklärten Staatsangehörigen. Gesetzliche Einteilung gleicher Landtagswahlkreise. Proportionalwahl (Verhältniswahlsystem). Beseitigung des Herrenhauses. Freiestes Vereins-, Versammlungs- und

Koalitionsrecht für alle Staatsangehörigen, insbesondere auch für die Arbeiter in den Staatsbetrieben und die ländlichen Arbeiter; Aufhebung des Gesetzes über die kriminelle Bestrafung des Kontraktbruchs der ländlichen Arbeiter; Beseitigung der Dienstbotenordnungen. Einführung des achtstündigen Normalarbeitstages in den Staatsbetrieben und Staatswerkstätten; auskömmliche Löhne nach Maßgabe der örtlichen Verhältnisse; Verallgemeinerung der Gewerbe-Aufsicht und Wahl von Vertretern der Arbeiter und Arbeiterinnen als Hilfspersonen für die Gewerbe-Aufsicht; auskömmlicher Arbeiterschutz. Volle Gleichberechtigung der im preußischen Staate lebenden Nationalitäten, insbesondere in Bezug auf den Gebrauch ihrer Muttersprache. Trennung der Kirche vom Staat und der Schule von der Kirche. Volle Freiheit der Religionsübung und volle Selbstverwaltung der religiösen Gemeinschaften. Verbot öffentliche Mittel für irgend welche religiösen Zwecke zu verwenden. Hebung des Volksschulwesens durch möglichste Erhöhung der Leistungen für die körperliche und geistige Ausbildung; Vermehrung und materielle Besserstellung der Lehrer; Einheitsschule für alle schulpflichtigen Kinder; Unentgeltlichkeit des Unterrichts und der Lehrmittel; Einführung des obligatorischen Fortbildungsschulunterrichts für Stadt und Land; Uebernahme der Kosten für die Volksbildung durch den Staat. Förderung der öffentlichen Gesundheitspflege nach den Anforderungen der Hygiene; Bau von Hospitälern, Heil- und Rekonvaleszentenanstalten durch den Staat; Verstaatlichung oder Kommunalisierung der Apotheken. Beseitigung des Wohnungselends und der Wohnungsnot durch staatliche Maßnahmen; Wohnungsgesetzgebung; Bau von Wohnungen in staatlicher Regie; Vermehrung des staatlichen Eigentums an Grund und Boden. Förderung von Kunst und Wissenschaft und Zugängigmachung ihrer Erzeugnisse und Ergebnisse für die Gesamtheit; Errichtung von Museen und wissenschaftlichen Sammlungen; öffentliche Bibliotheken 2c. Förderung von Industrie und Landwirtschaft durch Errichtung höherer Fach-Lehranstalten, Lehrwerkstätten, Musterwirtschaften, Musterbetriebe; Unterstützung des Genossenschaftswesens; Kanal-, Eisenbahn- und Straßenbau durch den Staat; Regulierung der Wasserstraßen und Schaffung von Schutzeinrichtungen gegen Ueberschwemmungsgefahren; Entschädigungspflicht des Staats, soweit durch sein Verschulden dem einzelnen Schaden zugefügt wird. Verstaatlichung der Gruben und Bergwerke. Ermäßigung und Vereinfachung der Personen- und Frachttarife; Einführung der Reichsverwaltung für das gesamte Eisenbahnwesen. Verbesserung der Rechtspflege durch erhebliche Vermehrung der Richterstellen; Verbilligung und Vereinfachung der Rechtspflege. Bekämpfung aller Vorrechte, die einzelnen Ständen und Klassen auf Kosten der Gesamtheit eingeräumt wurden. Beseitigung der eximierten Gutsbezirke. Keine Liebesgabenpolitik. Volle Gleichberechtigung bei der Besetzung öffentlicher Aemter und Stellen; Schutz der Beamten gegen Uebergriffe von oben und finanzielle Besserstellung der niederen Beamtenklassen. Schutz des Publikums gegen Uebergriffe von Beamten, volle Verantwortlichkeit und Entschädigungspflicht des Staats für die Uebergriffe seiner Beamten. Reform der Armen- und Waisenpflege im Sinne größtmöglichster Humanität. Reform der Steuergesetzgebung; Erhöhung der Progression für die Einkommen über 6000 Mark; Einführung der Progression für die Vermögens- und Erbschaftssteuer. Volle Selbstverwaltung der Gemeinden: Beseitigung des Bestätigungsrechts für gewählte Gemeindebeamte. Wähler! Das sind die Mindestforderungen, die wir zu stellen haben und welche der Staat erfüllen muß, will er dem idealen Zweck, dem zu dienen er vorgibt, Schutzanstalt für die Armen, Schwachen, Unterdrückten und Ausgebeuteten, ein Schirmer des Rechts und ein Bestrafer des Unrechts zu sein, auch nur einigermaßen gerecht werden. Ist dieses Ziel, das wir dem Staate zuschreiben, auch das Eure, so unterstützt unsere Kandidaten durch Eure Stimmen bei den Wahlen! An unsere Parteigenossen aber richten wir die Aufforderung, so weit es noch nicht geschehen ist, unverzüglich in die Wahlagitation einzutreten und alles aufzubieten, was in ihren Kräften steht, um den Ausfall der Wahlen am 12. und 20. November zu einem für die Partei möglichst günstigen zu gestalten. Hoch die Sozialdemokratie! Das Zentral-Wahlkomitee für die preußischen Landtagswahlen: Auer, Bebel, Eberhardt, Gerisch, Pfannkuch, Singer, Wengels.

18. Oktober. (Berlin.) Der Parteitag der (antisemitischen) Deutschen Reformpartei spricht sich gegen die Beteiligung von Staatsbeamten an Konsumvereinen, Warenhäusern und Produktivgenossenschaften aus.

20./27. Oktober. (Bayerische Abgeordnetenkammer.) Etat. — Ministerwechsel. Krone und Parlament. Beziehungen zum Reiche.

Abg. Schädler (3.) bespricht die Veränderungen im Ministerium. Das Zentrum habe den Grafen Crailsheim ohne Bedauern scheiden sehen, aber es fordere kein Parteiministerium wie die Liberalen, sondern wünsche, daß alle Staatsbürger vom Staate gleich behandelt würden. Der religiöse Friede werde durch die Agitation des Evangelischen Bundes getrübt, der heftige Angriffe auf die katholische Moraltheorie richte; die katholische Abwehr werde durch die Polizei behindert. Die Unterscheidung zwischen religiösem und politischem Katholizismus sei Heuchelei. Der Staat solle den unsittlichen Darstellungen in Literatur und Kunst sowie dem Unglauben auf den Hochschulen entgegentreten. Abg. Wagner (lib.) bestreitet, daß Graf Crailsheim, wie Schädler behaupte, liberale Politik getrieben habe; er sei dem Zentrum vielmehr weit entgegengekommen, aber ohne es zu befriedigen zu können. Anscheinend habe die Krone einem Druck des Zentrums bei der Entlassung Crailsheims nachgegeben. Eine weitere Aufklärung über diese Frage sei erwünscht. Die Vorwürfe über Störung des religiösen Friedens durch die Protestanten seien ungerecht. Das Zentrum verdanke seine Erfolge vor allem den Wahlbeeinflussungen durch Beichtstuhl und Kanzel. Ministerpräsident Frhr. v. Podewils gibt folgende Erklärung über den Personenwechsel: Die Minister auszuwählen, zu ernennen und die Minister zu entlassen, ist nach unserer Verfassung ausschließliches Recht der Krone. Dieses unbeschränkte Recht, für dessen Ausübung eine Verantwortlichkeit gegenüber dem Landtag nicht begründet ist, hat erst im vorigen Jahre noch Staatsminister Graf Crailsheim hervorgehoben und es ist gegen diese feststehende Auffassung von keiner Seite eine Einwendung erhoben worden. Die königliche Staatsregierung könnte sich in der Beantwortung der gestellten Frage auf diesen Hinweis beschränken. Dieselbe hat sich aber, schon um Legendenbildungen vorzubeugen, die allerhöchste Ermächtigung erbeten, dem noch die folgenden Mitteilungen anfügen zu dürfen, denen nicht die Bedeutung einer Verantwortung beigelegt werden kann. Als Grund für die Ministerkrisis im Februar laufenden Jahres hat seinerzeit eine offizielle Mitteilung Differenzen über die Behandlung gewisser Angelegenheiten bezeichnet. Die Meinungsverschiedenheiten betrafen, wie damals schon angedeutet wurde, die Frage, ob der Vorsitzende im Ministerrate zu gewissen Handlungen ohne vorherige Füh-

lungnahme mit den andern Ministern befugt sei. Diese hielten für die
fraglichen Handlungen mit Rücksicht auf deren ganze Bedeutung solche
vorherige Kollektivberatung für um so entschiedener geboten, als eine kurz
vorher erfolgte Allerhöchste Anordnung für alle irgend wichtigeren Angelegenheiten gemeinsame Beratung im Ministerrate besonders vorgesehen
hatte. Wenn hiernach die Differenz auf dem Gebiete der Geschäftsbehand-
lung sich bewegte, so standen doch keineswegs nur formale Dinge von
untergeordneter Bedeutung, sondern es kam gleichzeitig das wichtige und
entscheidende Interesse in Frage, ob in materieller Hinsicht das Selbst-
bestimmungsrecht der Ministerkollegen in Angelegenheiten, die sie vermöge
des Prinzips der Solidarität in den leitenden Regierungsgrundsätzen mit
ihrer politischen Verantwortlichkeit zu decken hatten, gewährleistet blieb.
Die Lage erfuhr eine unerwartete Verschärfung dadurch, daß Graf v. Crailsheim sein Entlassungsgesuch einreichte, ehe die Angelegenheit zum Abschluß
gelangt war, sonach in einem Stadium derselben, in welchem die Einreichung des Gesuches überraschend wirken mußte. Die Krisis, die hie-
durch geschaffen war, hat damit zu jener Lösung gedrängt, die sie durch
die Allerhöchste Genehmigung des Entlassungsgesuches gefunden hat. Eine
Veränderung in den Regierungsgrundsätzen ist infolge des Personalwechsels
nicht eingetreten. Das Ministerium wird nach wie vor die guten Beziehungen zwischen Bayern und dem Reiche auf der durch die Reichsverfassung geschaffenen Grundlage sorgfältig pflegen und sich bei der Führung
der Geschäfte im Innern nicht von Parteirücksichten, sondern lediglich durch
die pflichtgemäße Bedachtnahme auf die Interessen der Krone und des
Landes leiten lassen.

In den folgenden Tagen wird namentlich das Verhältnis Bayerns
zum Reich behandelt. Dazu bemerkt Ministerpräsident Frhr. v. Podewils
(am 22.): Das Verhältnis Bayerns zum Reich und das Verhältnis Bayerns
zu Preußen und zu den anderen Bundesstaaten ist ein solches, wie wir
es nur mit Genugtuung begrüßen und wünschen können, daß es immer
so bleiben möge. Und daß es glücklicherweise so ist, das ist die Frucht
der allerseits und stets betätigten Erkenntnis jener Momente, welche die
Gegenseitigkeit des Vertrauens und der Sympathie unter den Bundesstaaten gewährleisten, in denen das Ganze eben doch seine sicherste und
schönste Stütze findet. Unverbrüchliche Treue und Hingabe an das ange-
stammte Herrscherhaus und das engere Vaterland, rückhaltlose Treue zu
Kaiser und Reich, wie es von den großen Parteien des Landes stets und
erst in den jüngsten Zeiten wieder in gewissermaßen programmatischem
Uebereinstimmen verlangt worden ist, es sind dies so selbstverständliche
Grundforderungen, daß ich darüber kaum ein Wort zu sagen, geschweige
denn mich darob in eine große rhetorische Pose zu werfen brauche. Und
ebenso überflüssig erscheint mir alles Diskutieren darüber, in welcher
Priorität etwa jene beiden Forderungen zueinander zu stehen haben. Treue
loyale Pflichterfüllung gegen das Reich und treue loyale Pflichterfüllung
gegen die engere Heimat, das geht so sehr Hand in Hand, so sehr in einem,
daß alles tun, alles pflichtgemäße Genügen und Verdienen nach der einen
Richtung ein Verdienen zugleich nach der anderen bedeutet, daß jedes
Fehlenlassen hier wiederum zugleich als schuldvolles Schädigen dort sich
empfindsam machen würde. In vollem Bewußthalten unserer Selbstver-
antwortung können wir unsere Aufgabe, wie dies schon oft betont worden
ist, nun und nimmermehr in einer unfruchtbaren Passivität oder gar Ver-
neinung suchen, sondern nur in jener sich nicht verschließenden aktiven
Mitarbeit, die unter voller Wahrung der verfassungsmäßigen Stellung
Bayerns, seiner Rechte und seiner Interessen bereitwillig überall mit ein-

setzt und mitwirkt, wo es gilt, die nationale Ehre zu wahren, die Macht, das Ansehen und die Wohlfahrt des Reiches zu fördern. (Bravo links.) In den weiteren Debatten bis zum Schluß der allgemeinen Etatsdebatte (27. Oktober) werden vorwiegend konfessionelle Streitpunkte erörtert.

21. Oktober. Zum Präsidenten des Reichsgerichts wird an Stelle des zurückgetretenen Dr. v. Öhlschläger der Direktor im Reichsjustizamt Dr. Gutbrod ernannt.

19./21. Oktober. (Berlin.) Die Finanzminister der größeren Bundesstaaten beraten über die Finanzierung des Reichshaushalts für 1904, sowie über Anregungen zur Abstellung der Mängel, die sich in den zur Zeit geltenden finanzgesetzlichen Bestimmungen des Reiches bemerklich machen.

22. Oktober. (Sachsen.) Bei den Abgeordnetenwahlen werden in 29 Wahlkreisen gewählt: 17 Konservative, 9 Nationalliberale, 1 Reformparteiler, 1 Wildliberaler und 1 Deutschfreisinniger. Die Zweite Kammer setzt sich demnach aus 56 Konservativen, 23 Nationalliberalen, 1 Wildliberalen, 1 Deutschfreisinnigen und 1 Mitglied der Reformpartei zusammen.

24. Oktober. Der oberschlesische Klerus erläßt folgenden Aufruf zu den Landtagswahlen (vgl. S. 103):

Die Interessen der katholischen Sache und die Interessen des oberschlesischen Volkes verlangen es bringend, daß wir nach wie vor einig zusammenhalten und unentwegt der alten Fahne des Zentrums folgen. Das Zentrum ist immer für die berechtigten Interessen des oberschlesischen Volkes eingetreten und wird dies auch weiter tun gemäß der in seinem Wahlaufruf zu den bevorstehenden Landtagswahlen von neuem aufgestellten Forderung: „Die Religion, die Muttersprache, die volkstümlichen Sitten und Gebräuche der polnischen Untertanen nicht anzutasten und namentlich auch ihnen gegenüber nach jeder Richtung hin Gerechtigkeit walten zu lassen." Wir fordern deshalb alle Glaubensgenossen und Landsleute auf, vollzählig an den bevorstehenden Wahlen zum Landtag sich zu beteiligen und bei den Wahlmänner- und Abgeordnetenwahlen nur zuverlässigen Zentrumsmännern ihre Stimme zu geben.

24. Oktober. (Küstrin.) Der Kaiser nimmt teil an der Enthüllung eines Denkmals des Großen Kurfürsten und Friedrichs des Großen. Auf die Ansprache des Bürgermeisters erwidert er:

In patriotischen und warm empfundenen Worten hat soeben der Herr Bürgermeister im Namen von Küstrin Mir den Willkomm ausgesprochen und zugleich den Einfluß, die Wirksamkeit und die Bedeutung des Herrschers geschildert, dessen Standbild hier enthüllt worden ist. Indem Ich Küstrin Meinen herzlichen Dank ausspreche für den begeisterten Empfang seiner Bürgerschaft und die schöne Ausschmückung ihrer Stadt, so kann Ich auch hinzufügen, daß es Mich mit Freude und Befriedigung erfüllt, diese Stätte historischer Erde zu betreten. Wir haben soeben vernommen, auf welcher Grundlage das Leben aufgebaut war. Diese Grundlage ist es, die Meinen Vorfahren und Meinem Hause zu der Stellung

geholfen und auch dahin gebracht haben, wo wir jetzt stehen. Diese Grundlage ist auch die Meinige. Ich habe es erst vor wenigen Tagen ausgesprochen. Die Stadt Küstrin ist mit Unserem Hause auf das innigste verknüpft gewesen. Sie hat zwei der bedeutendsten Meiner Vorfahren Stätte
und Heim gegeben, dem Großen Kurfürsten und dem großen König. In
schwerer Zeit ist hier der Große Kurfürst verwahrt worden, um späterhin
in einzig bestehender Arbeit ein Land wieder emporzuheben aus einem
Zustande, wie er kaum in einem anderen herrschte. Ein Land, welches
zerrissen, zerstampft, verwüstet und verkommen am Boden lag, hat der
jugendliche Fürst unbekümmert durch die große Aufgabe zu hoher Blüte
emporgebracht und zu einer bedeutungsvollen Stellung unter den Mächten.
Und der große König hat in seiner Jugend in schwerer Stunde die Schule
durchmachen müssen, die es ihm ermöglichte, nachher der Mann und der
Charakter zu werden, als den ihn die Vorsehung brauchte, um aus Preußen
das zu machen, was es geworden ist. Wir können wohl annehmen, daß
er in den schweren Stunden, die er hier durchgemacht, in sich klar geworden ist und begriffen hat, daß seine Lebensaufgabe die sein müsse, zu
der er sich nachher als König bekannte: daß er der erste Diener des Staates
sein müßte. Das konnte er nur lernen durch Unterordnung und Gehorsam, mit einem Worte, kurz durch das, was wir Preußen als „Disziplin"
bezeichnen. Und diese Disziplin muß ebenso im Königshause, wie im
Bürgerhause, im Heere wie im Volke wurzeln. Respekt vor der Obrigkeit, Gehorsam gegen die Krone und Gehorsam gegen den elterlichen und
väterlichen Einfluß, das müssen wir aus diesen Erinnerungen lernen und
diesen Eigenschaften entspringen dann diejenigen, die wir mit „Patriotismus" bezeichnen, nämlich Unterordnung des eigenen Ichs, des eigenen
Subjekts zum Wohle des Ganzen. Das ist es, was uns in dieser Zeit
besonders nottut! Ich habe aber die feste Ueberzeugung, daß in den alten
historischen Mauern von Küstrin die gleichen Eigenschaften am Tage sind,
und wenn darüber noch ein Zweifel gewesen wäre, so wäre er geschwunden
angesichts der Haltung und der Stimmung der Bürgerschaft und der
schönen patriotischen Worte, die heute hier gesprochen worden sind. Daß
diese Eigenschaften unter den Märkern und vor allem unter Küstrinern
nie aussterben mögen und daß Küstrin mit gutem Beispiel vorangehen
möge, für das Vaterland zu leben und zu wirken in guten und schweren
Tagen, darauf trinke Ich diesen Pokal!

25. Oktober. (Württemberg.) Der Parteitag der Nationalliberalen in Marbach verwirft einerseits Ausnahmegesetze gegen die
Sozialdemokratie, andererseits ein Zusammengehen bürgerlicher Parteien mit Sozialdemokraten.

25. Oktober. (Münster i. W.) Es wird ein Denkmal des
in Peking gefallenen Gesandten Frhrn. v. Ketteler (vgl. 1900) enthüllt.

25. Oktober. (Sachsen.) Konferenz über die Wahlrechtsreform.

14 von der Regierung berufene Politiker beraten einen Entwurf
der Regierung zur Aenderung des Wahlrechts. Danach soll das Land in
16 Wahlkreise eingeteilt werden, in denen von je drei Klassen zusammen
48 Abgeordnete in direkter geheimer Wahl zu wählen sind. Die Klassen-
einteilung soll in der Weise erfolgen, daß alle Wähler, die 300 Mark und
mehr direkte Steuern bezahlen, sämtlich der ersten Klasse, diejenigen, die

38 bis 300 Mark direkte Steuern zahlen, der zweiten Klasse und diejenigen, die weniger als 38 Mark zahlen, der dritten Klasse angehören.
Ferner sollen 35 Abgeordnete von Berufsständen gewählt werden. Wie
diese zahlenmäßig auf die Hauptberufsstände, Handel und Industrie, Landwirtschaft und Arbeiterschaft zu verteilen sind, ist noch unbestimmt. — Die
Konferenz hält nur eine Sitzung ab; der Entwurf soll noch einmal über-
arbeitet werden.

**25./26. Oktober. (Frankfurt a. M.) Kongreß der nicht-
sozialdemokratischen Arbeiter. — Koalitionsrecht, Arbeiterkammern,
Organisation.**

Es sind vertreten: der Gesamtverband der christlichen Gewerkschaften
mit 46 Delegierten (93000 Mitglieder), sonstige Berufsvereine mit 38
Delegierten (158000 Mitglieder), evangelische Arbeitervereine (102500 Mitglieder) mit 37 Delegierten, evangelische Gesellenvereine (1500 Mitglieder)
mit 1 Delegierten und die katholischen Arbeitervereine mit 46 Delegierten
(201000 Mitglieder). In letzter Stunde haben sich noch die katholischen
Gesellenvereine (etwa 60000 Mitglieder) entschlossen, den Kongreß zu beschicken. Es sind demnach im ganzen rund 200 Delegierte, die 620000
Arbeiter und Gehilfen vertreten, anwesend. In der Gruppe „sonstige
Berufsvereine" sind vereinigt die Eisenbahnerverbände, der Verband der
Bayerischen Staats-Hütten- und Salinenarbeiter, der Verband des Bayerischen Post- und Telegraphenpersonals, der deutsch-nationale Handlungs-
gehilfenverband, verschiedene Kellnerbunde, der Gutenbergbund und der
Verband der Kutscher Rheinland-Westfalens. Die Gruppe der evangelischen
Arbeitervereine umfaßt 8 Verbände und 16 Einzelvereine. — Es sollen
als stimm- und redeberechtigte Delegierte an dem Kongreß nur Arbeiter
und aus dem Arbeiterstande hervorgegangene Beamte der Vereine und
Organisationen teilnehmen. Der Bericht des Organisationskomitees betont,
diese Forderung sei diktiert durch den Grundsatz: Die nichtsozialdemokra-
tische Arbeiterbewegung kann nur dann Erfolge haben, wenn die Arbeiter
auf sozialem Gebiet ihr Geschick selbst in die Hand nehmen.

An den Kaiser wird ein Huldigungstelegramm geschickt, worauf
folgende Antwort erfolgt: Ich spreche den zum ersten deutschen Arbeiterkongreß dort vereinigten Vertretern der deutschen Arbeiterschaft für den
Huldigungsgruß und die Versicherung ihrer monarchischen Treue und vater-
ländischen Gesinnung Meinen herzlichsten Dank aus. Ich werde die Beratungen des Kongresses mit Meinem Interesse begleiten und auch in Zukunft alle Anregungen und Maßnahmen, welche geeignet erscheinen, das
Mir und Meiner Regierung am Herzen liegende Wohl der deutschen Arbeiter zu fördern, gern Meinen Schutz und Beistand zuteil werden lassen.
                                        Wilhelm I. R.

In den Beratungen wird die ungleiche Handhabung des Koalitionsrechts gerügt. Schiffer, ein Vertreter des christlichen Textilarbeiterver-
bandes: Wie scharf sind manche Arbeiter wegen einer leichtfertigen Aeußerung gegen einen Arbeitswilligen bestraft worden, aber nur Arbeiter! Die
Arbeitgeber sind keinen Schwierigkeiten ausgesetzt. Würde die Koalitionsfreiheit nach der positiven Seite hin genügend ausgebaut und geschützt, so
könnte man sich auch gewisse Strafbestimmungen gefallen lassen; angesichts des immer krasser und planmäßiger auftretenden sozialdemokratischen
Terrorismus erscheint dies sogar als notwendig. Allerdings genügen keineswegs Strafbestimmungen wegen Mißbrauchs des Koalitionsrechts, auch
die Verhinderung seiner Ausübung muß unter Strafe gestellt werden.

Heute werden die Arbeiter, die ihrem Unternehmer mit Streik oder Sperre drohen, auf Grund des Strafgesetzes bestraft. Wenn der Unternehmer aber seine Arbeiter auf die Straße wirft, weil sie ihr Koalitionsrecht ausüben, geht er straffrei aus, ja genießt meist den Schutz der Behörden.

In einer Resolution wird gefordert: 1. Sicherung und Erweiterung des Koalitionsrechtes. 2. Schaffung eines einheitlichen und freiheitlichen Vereins- und Versammlungsrechts für das ganze Reich an Stelle der einzelstaatlichen Vereinsgesetze, worin alle das Koalitionsrecht und die Tätigkeit der Berufsvereine einengenden Bestimmungen der Vereinsgesetze beseitigt sind. 3. Verleihung der Rechtsfähigkeit an die Berufsvereine zur Sicherstellung ihrer Vermögensrechte ohne Einschränkung ihrer Bewegungsfreiheit.

Ferner werden folgende Beschlüsse gefaßt: Für die Einführung von Arbeitskammern: „Die Versammlung spricht ihr lebhaftes Bedauern darüber aus, daß die in den kaiserlichen Erlassen vom 4. Februar 1890 in Aussicht genommenen gesetzlichen Institutionen (Arbeitskammern) zur ‚Pflege des Friedens zwischen Arbeitgeber und Arbeitnehmer, an denen Arbeiter durch Vertreter, welche ihr Vertrauen besitzen, an der Regelung gemeinsamer Angelegenheiten beteiligt und zur Wahrnehmung ihrer Interessen bei Verhandlungen mit den Arbeitgebern und mit den Organen der Regierung befähigt werden‘, noch nicht verwirklicht sind. Sie bedauert das um so mehr, als ähnliche Institutionen in Deutschland für andere Berufsklassen seit längerer Zeit bestehen und erfolgreich und nützlich wirken. Die Versammlung erblickt in paritätischen Arbeitskammern ein wichtiges Mittel, a) der Verschärfung der Klassengegensätze und der damit verbundenen wachsenden Verbitterung und Entfremdung von Arbeiter und Arbeitgeber Einhalt zu tun durch Beratung und Verständigung über gemeinsame Angelegenheiten, insbesondere aus dem Arbeitsverhältnis; b) die Rechte und Interessen der Arbeiter sicher zu stellen und zu fördern und so den Arbeiterstand in seinem Bestreben, eine größere Anteilnahme an den geistigen und materiellen Gütern der Kultur zu erlangen, wirksam zu unterstützen. Es ist deshalb die Schaffung solcher Arbeitskammern als eine der nächsten und wichtigsten Aufgaben der deutschen Sozialpolitik anzusehen. In diesem Sinne ersucht die Versammlung die Regierung und die Volksvertreter in den Parlamenten, baldmöglichst die geeigneten Schritte zur Verwirklichung der Arbeitskammern einzuleiten und verpflichtet die Teilnehmer des Kongresses, für diesen Gedanken in ihren Korporationen lebhafte Propaganda zu machen.“ Ueber die Organisation: „§ 1. Der Ausschuß des deutschen Arbeiter-Kongresses bezweckt, zwischen den Arbeiterorganisationen Deutschlands, die auf dem Boden der kaiserlichen Botschaften von 1881 und 1890 stehen, eine gegenseitige Verständigung bei allen die Arbeiter betreffenden sozialen Angelegenheiten von Fall zu Fall herbeizuführen, um ein gemeinsames Vorgehen zu ermöglichen; vor allem erstrebt er die volle Ausnützung der aus der sozialpolitischen Gesetzgebung entspringenden Rechte. Der Anschluß neuer Arbeiterorganisationen erfolgt mit Genehmigung des Ausschusses. § 6. Alle Beschlüsse des Ausschusses werden mit einfacher Stimmenmehrheit gefaßt. Sie haben für die beteiligten Organisationen nur insofern bindende Kraft, als sie sich auf seine Geschäfts- und Kassenführung beziehen, im übrigen übt der Ausschuß nur eine zwischen ihnen vermittelnde Tätigkeit nach Maßgabe des § 1 dieser Satzungen aus.“

Oktober. Die Presse über den Arbeiterkongreß.

Der „Vorwärts“ verhöhnt den Kongreß: „Es ist nur eine Variation des uralten Themas: die Arbeiter durch ein sozialpolitisches Eiapopeia einzulullen und einzufangen, durch das Linsengericht der Bewilligung einiger sogenannter ,berechtigter Forderungen' sie um das Erstgeburtsrecht ihrer völligen Befreiung zu betrügen. Es gibt aber keine isolierten ,berechtigten' Forderungen. Das ganze weite Gebiet des gesellschaftlich-politischen Daseins ist untrennbar und unteilbar. Das Proletariat ist an allen politischen und sozialen Fragen unmittelbar interessiert und so kann es nur als Klasse im Klassenkampf mit einem allumfassenden Programm erfolgreich kämpfen."

Die „Berliner Neuesten Nachrichten" finden, daß der Kongreß zu radikale Forderungen aufstelle, um segensreich zu wirken, z. B. sei das freie Koalitionsrecht unmöglich. Aehnlich sprechen sich „Kreuz-Zeitung" und „Hamburger Nachrichten" aus. Weitaus die meisten bürgerlichen Blätter begrüßen den Kongreß mit Sympathie und erwarten davon eine Belebung der Sozialpolitik und günstige Wirkung auf die Sozialdemokratie.

30. Oktober. Die Bayerische Abgeordnetenkammer genehmigt den Entwurf der Errichtung eines Verkehrsministeriums gegen 9 Stimmen der Freien Vereinigung.

31. Oktober. (Stettin.) Das Kaiserpaar wohnt dem Stapellauf eines Linienschiffes bei, das die Kaiserin „Preußen" tauft.

1. November. (Charlottenburg.) Theodor Mommsen †.

Geboren am 30. Januar 1817 in Garding, 1858 Professor in Berlin, 1874 ständiger Sekretär der Akademie der Wissenschaften. 1873—82 nationalliberaler, später freisinniger Landtagsabgeordneter. Sein Hauptwerk, die „Römische Geschichte", ist zuerst 1854 erschienen.

Der Kaiser sendet folgendes Telegramm an die Witwe: „Schmerzlich bewegt durch Ihre Meldung von dem Hinscheiden Ihres Gatten, spreche Ich Ihnen und den Hinterbliebenen der Familie des Verewigten Meine herzliche Teilnahme aus. Gott der Herr tröste Sie in Ihrem schweren Leide! Die ganze gebildete Welt nimmt teil an Ihrem Verluste. Hat sie doch in dem Entschlafenen ihren größten humanistischen Gelehrten, einen Meister der römischen Geschichtsforschung und unübertrefflichen Organisator wissenschaftlicher Unternehmungen verloren. Was den Heimgegangenen aber Mir besonders nahe gebracht hat, das sind seine Verdienste um die Erforschung des Limes. In dankbarer Anerkennung seines Wirkens auf diesem Gebiete hatte Ich bereits angeordnet, daß eine Marmorbüste des großen Forschers von Künstlerhand gefertigt und auf der Saalburg aufgestellt wird. Ich wollte ihm hierdurch zu seinem kurz bevorstehenden sechzigjährigen Doktorjubiläum eine Freude bereiten. Durch Gottes Ratschluß hat er diesen Tag nicht mehr erleben sollen; sein Bildnis aber wird der Nachwelt die Züge eines seltenen Mannes überliefern, dessen Name für alle Zeiten ein Ehrenblatt in der Geschichte der deutschen Wissenschaft bilden wird. Gezeichnet Wilhelm I. R." — An der Beerdigungsfeier am 5. November nimmt der Kronprinz teil.

4. November. (Posen.) Die neue kgl. Akademie wird eröffnet.

Sie hat die Aufgabe, „das deutsche Geistesleben in den Ostmarken durch ihre Lehrtätigkeit und ihre wissenschaftlichen Bestrebungen zu fördern". Die Lehrtätigkeit besteht vornehmlich in der Abhaltung von Vorlesungen, Vortrags- sowie Uebungsvorlesungen, und wissenschaftlichen Fortbildungskursen für verschiedene Berufszweige. Außerdem hat die Akademie die

Verpflichtung, die „Gesellschaft für Kunst und Wissenschaft" in ihren Bestrebungen zu unterstützen. Sie untersteht dem Unterrichtsminister bezw. dem Kurator, zur Zeit Oberpräsident der Provinz Posen. Die Zulassung setzt das Einjährigen-Zeugnis oder den Nachweis einer gleichwertigen Bildung voraus, doch sind Ausnahmen zulässig. Die Einschreibegebühr beträgt 10 ℳ., dazu kommen 5 ℳ. Auditoriengeld für jedes Semester. Die Vortragsvorlesungen finden unentgeltlich statt, für die Uebungsvorlesungen und Fortbildungskurse darf mit ministerieller Genehmigung ein Honorar erhoben werden. Der viersemestrige Besuch der Akademie berechtigt zur Zulassung zur Diplomprüfung. Dem Lehrkörper gehören vorläufig 13 Professoren, 4 Dozenten und 13 mit Vorlesungen Beauftragte an. Erster Rektor ist Professor Kühnemann. — An der Einweihungsfeier nehmen außer den Provinzialbehörden der Kultusminister und ein Vertreter des Reichskanzlers teil.

Die meisten deutschen Zeitungen versprechen sich Erfolg von der Akademie; die „Leipziger Neuesten Nachrichten" sind skeptisch: „Man wird so lange eine Politik im Zirkel betreiben, als man sich nicht entschließt, radikal vorzugehen, mit der Parität zu brechen, den Grundsatz der Enteignung durchzuführen, den Uebergang deutschen Bodens in polnische Hand durch das Gesetz zu verhindern, dem Staat das Vorkaufsrecht zu sichern und eine großzügige Besiedlung mit zuverlässigen deutschen Elementen herbeizuführen."

4./5. November. (Wiesbaden und Wolfsgarten bei Darmstadt.) Zusammenkunft des Kaisers mit dem Zaren. Der Reichskanzler und der russische Minister des Auswärtigen nehmen an der Zusammenkunft teil.

6./12. November. (Bayerisches Abgeordnetenhaus.) Beratung des Militäretats. Mißhandlungen; Veteranenunterstützung.

Abg. Keidel (Soz.) beschwert sich über Soldatenmißhandlungen. Abg. Schädler (Z.) tadelt den Luxus im Offizierkorps und die Vernachlässigung des Militärgottesdienstes. Abg. Hammerschmidt (lib.) fordert Entfernung der Offiziere und Unteroffiziere aus dem Heere, die sich Mißhandlungen hätten zu Schulden kommen lassen. — (7. Nov.) Kriegsmin. Frhr. v. Asch: Er bedauere, daß eine Abnahme der Mißhandlungen nicht zu bemerken sei, er erkläre aber unumwunden, daß er sie in keiner Weise entschuldigen wolle noch könne und mit aller Kraft dahin wirken werde, diese Dinge hintanzuhalten. Es sei schon grundsätzlich befohlen, daß mit Unteroffizieren, die sich der Mißhandlung Untergebener schuldig gemacht haben, nicht wieder kapituliert werde, und auch gegen höhere Vorgesetzte, in deren Befehlsbereich öfter Mißhandlungen vorkommen, werde streng eingeschritten. — Am 10. November erklärt der Kriegsminister auf mehrere Beschwerden, daß die Entschädigung für Einquartierung voraussichtlich erhöht werden wird.

Am 12. beantragen Abg. Nißler (fr. Vg.) und Baumann (Z.) eine Abänderung des Gesetzes über den Reichsinvalidenfonds dahin, daß solchen Personen des Unteroffiziers- und Mannschaftsstandes des Heeres und der Marine, welche an dem Feldzuge 1870/71 oder an den von deutschen Staaten vor 1870 geführten Kriegen ehrenvoll Anteil genommen haben und deren Erwerbsfähigkeit infolge von Alter, Krankheit oder anderen Gebrechen dauernd auf weniger als ein Drittel herabgesetzt ist, soweit sie unterstützungsbedürftig sind und auf diese Unterstützung Anspruch erheben, eine Beihilfe gewährt werde. — Kriegsminister Frhr. v. Asch begrüßt den Antrag. Wenn von Reichswegen in reichlicherem Maße als bisher die Veteranen unterstützt werden könnten, dann würde ich mich dessen um so mehr freuen, als für die bayerischen Veteranen die Summe, welche durch Gesetz vom Jahre 1898 als Mittel des Okkupationsfonds dem Kriegsministerium zur Unterstützung von Veteranen gegeben wurde, dann dazu dienen könnte, in werktätigerer Art als bisher für die Unterstützung der Kriegsteilnehmer eintreten zu können. Die Summe, welche dem Kriegsministerium in dieser Hinsicht zur Verfügung steht, beträgt jährlich 350 000 ℳ.; hiervon erhalten gegenwärtig 518 Köpfe Unterstützung. Es sind aber von diesen Veteranen, welche teils fremder Pflege bedürfen, teils gänzlich oder zum größten Teil erwerbsunfähig sind, noch 120 Bittsteller vorgemerkt. Würden allen diesen nun die Wohltaten der Reichsbeihilfen zufallen, dann würden die Mittel des Okkupationsfonds für die Veteranen verwendet werden können, welche, wenn auch noch erwerbsfähig, aber doch in beschränkter Lage sind.

Finanzminister Frhr. v. Riedel: Der Invalidenfonds würde den Anforderungen, die die Anträge an ihn stellen, nicht gewachsen sein, wenn ihm nicht neue Einnahmen eröffnet werden. Wenn er nicht eine weitere Vermehrung erfahre, würde er schon durch die ihm jetzt obliegenden Verpflichtungen im Jahre 1910 erschöpft sein. Die bayerische Regierung werde es an tatkräftiger Mitwirkung an der Erweiterung der Veteranenbeihilfen nicht fehlen lassen, sobald nur die Finanzen des Reiches halbwegs ins reine gebracht sein werden. — Die Anträge werden einstimmig angenommen. — Nach einigen Debatten über die Offizierspensionierungen, die, wie der Kriegsminister einigen Zentrumsabgeordneten gegenüber betont, nach streng sachlichen Gesichtspunkten erfolgten, wird die Beratung über den Militäretat geschlossen.

7. November. (Darmstadt.) Das Zarenpaar reist ab nach Rußland.

7. November. (Potsdam.) Stimmlippenoperation des Kaisers.

Die „Norddeutsche Allgemeine Zeitung" veröffentlicht folgende Kundgebung: „Seine Majestät der Kaiser haben sich heute der Operation eines Stimmlippen-Polypen unterzogen. Die Operation wurde von dem Geheimrat Professor Schmidt ausgeführt und verlief ganz glatt. Sr. Majestät ist bis zur Heilung der Operationswunde nur die Enthaltung des Stimmgebrauchs auferlegt. Potsdam, 7. November 1903.

v. Leuthold. Moritz Schmidt. Ilberg."

Die Heilung verläuft glatt. In der Oeffentlichkeit wird die Befürchtung geäußert, daß die Krankheitsursache Krebs sein könnte, was von medizinischer Seite, u. a. vom Operateur selbst, als schlechthin ausgeschlossen bezeichnet wird.

11. November. (Baden.) Nach Abschluß der Ergänzungswahlen hat die Zweite Kammer folgende Zusammensetzung: 26 Nationalliberale (bisher 24), 23 Zentrum (23), 5 Demokraten (5), 6 Sozialdemokraten (6), 2 Freisinnige (2), 1 Antisemit (1).

11. November. (Metz.) Schluß eines Militärprozesses.

Leutnant Bilse, der in einem Roman die Verhältnisse der Garnison Forbach und des Offizierkorps des Trainbataillons scharf kritisiert

11*

hatte, wird wegen Beleidigung von Vorgesetzten und Verletzung des Dienst-
gehorsams zu sechs Monaten Gefängnis und zur Dienstentlassung verurteilt. — Der Prozeß veranlaßt lebhafte Preßerörterungen über das
Leben in kleinen Garnisonen und über die Trainoffiziere. (Vgl. Colmar
v. d. Golß, Deutsche Revue 1903, Dezember.)

12. November. (Sachsen.) Der König eröffnet den Landtag. — Die Thronrede bezeichnet die Finanzlage als etwas günstiger, obwohl eine erhöhte Schuldentilgung noch nicht möglich sei.
Eine Regelung der finanziellen Beziehungen zwischen Reich und
Bundesstaaten sei dringend notwendig.

Mitte November. (Posen.) Polnische Kleriker des Priester-
seminars verweigern den Besuch der Akademie. Der Erzbischof
zwingt sie durch Karzerstrafen und Androhung der Relegation den
Widerstand aufzugeben.

14. November. (Preußen.) Die sozialdemokratische Parteileitung gibt folgende Wahlparole aus:

In Wahlkreisen, in denen zwei oder drei Abgeordnete zu wählen
und in denen unsere Wahlmänner zwischen Freisinnigen und weiter rechts
stehenden Parteien ausschlaggebend sind, haben wir für unser Eintreten
zu gunsten der Freisinnigen die Wahl eines sozialdemokratischen Abgeordneten zu verlangen. Wird diese Forderung abgelehnt, so haben sich unsere
Wahlmänner bei Stichwahlen der Stimmabgabe zu enthalten.

14. November. (Sachsen.) Die konservative Mehrheit der
Zweiten Kammer beschließt, keine nationalliberalen und freisinnigen
Abgeordneten zu Kommissionsmitgliedern zu wählen. Der Beschluß
führt zu scharfen Auseinandersetzungen.

14./15. November. (Heilbronn.) Der Parteitag der Deutschen Volkspartei spricht sich für eine Zusammenfassung der Gruppen
der bürgerlichen Linken aus; Anträge auf Zusammengehen mit den
Sozialdemokraten werden abgelehnt.

16. November. (Bayern.) Die Landtagssession wird bis
zum 31. Januar 1904 verlängert.

19. November. (Bayerische Abgeordnetenkammer.)
Änderung der Geschäftsordnung.

Die Liberalen und die freie Vereinigung beantragen, daß über eine
Vorlage, die in der ersten Beratung abgelehnt ist, noch eine zweite Beratung stattfinden muß, wenn 15 Mitglieder der Kammer es beantragen.
Dadurch wolle man die Minderheit vor einer Vergewaltigung durch die
Mehrheit schützen. — Die aus dem Zentrum bestehende Mehrheit lehnt
den Antrag ab und beschließt, daß die zweite Beratung in solchen Fällen
von dem Antrage von 30 Abgeordneten abhängig sein soll. — Die Liberalen greifen diesen Beschluß scharf an, weil nur das Zentrum immer
30 Abgeordnete zur Stelle haben könne. — Ferner wird die Redezeit für
Bemerkungen zur Geschäftsordnung auf 5 Minuten beschränkt.

20. November. (Preußen.) Landtagswahlen.

Das Wahlergebnis ist folgendes: Konservative 148 (bisher 144), Freikonservative 54 (58), Zentrum 97 (100), Nationalliberale 79 (75), Freisinnige Volkspartei 23 (25), Freisinnige Vereinigung 8 (11), Polen 13, Dänen 2, Bund der Landwirte 2, Reformpartei 2, Fraktionslose 5.

21. November. (Düsseldorf.) Der Verein zur Wahrung der gemeinschaftlichen wirtschaftlichen Interessen Rheinlands und Westfalens spricht sich scharf gegen Binnenschiffahrtsabgaben auf Strömen aus.

21. November. (Reichstagsersatzwahl.) Im 15. sächsischen Wahlkreise (Flöha) wird für Göhre (vgl. S. 140) Stücklen (Soz.) mit 16 039 Stimmen gegen Rüdiger (nl.) mit 10 509 gewählt.

23. November. (Bayerische Abgeordnetenkammer.) In der Beratung einiger Petitionen gegen die Errichtung eines Beamtenwarenhauses spricht sich Minister des Innern Frhr. v. Feilitzsch scharf gegen ein solches Warenhaus aus.

24. November. (Preußen.) Wirkl. Oberkonsistorialrat Voigts wird zum Präsidenten des evangelischen Oberkirchenrats ernannt.

25. November. (Holtenau.) Rückkehr des Südpolarschiffes „Gauß" von der antarktischen Expedition. Der Führer der Expedition, Professor v. Drygalski, wird vom Prinzen Heinrich und den Kieler Behörden empfangen.

25. November. Die Bayerische Abgeordnetenkammer genehmigt einstimmig einen Antrag Müller (Soz.), daß die Regierung die Offiziere und Unteroffiziere, die sich Mißhandlungen haben zu schulden kommen lassen, aus dem Heere entfernen soll. Kriegsminister Frhr. v. Asch verspricht Entfernung aus dem aktiven Dienste.

30. November. (Berlin.) Der Kolonialrat beginnt seine Herbsttagung.

1. Dezember. (Baden.) Eröffnung des Landtags.

Nach der Thronrede beträgt der Fehlbetrag 11 Millionen Mark. Die Regierung schlägt eine Erhöhung der Einkommen- und Kapitalrentensteuer, eine Warenhaussteuer und Umwandlung der Ertragssteuer in Vermögenssteuer vor. Das Reich müsse finanziell leistungsfähig gemacht werden.

1. Dezember. (Reichstagswahl.) Bei der Ersatzwahl im Kreise Stallupönen-Goldap-Drahlehmen wird Kreth (konf.) mit 9011 Stimmen gegen Dirichlet (fr. Vp.) mit 752 Stimmen gewählt.

3. Dezember. (Berlin.) Reichskanzler Graf Bülow eröffnet den Reichstag mit folgender Thronrede:

Geehrte Herren! Seine Majestät der Kaiser haben mich zu beauftragen geruht, Sie in seinem und der verbündeten Regierungen Namen am Beginne der ersten Tagung der neuen Legislaturperiode willkommen zu heißen. Seine Majestät vereinigen sich mit seinen hohen Verbündeten in dem Wunsche, daß es Ihnen gelingen möge, die wichtigen und schwierigen Fragen, die auf den verschiedenen Gebieten der Reichsverwaltung an sie herantreten werden, in einmütigem Zusammenwirken mit den Regierungen zu gedeihlicher Lösung zu bringen. Auch haben Seine Majestät mich beauftragt, von dieser Stelle aus seinen kaiserlichen Dank auszusprechen allen, die an seinem Leiden und an seiner Heilung einen seinem Herzen wohltuenden Anteil genommen haben. Der wirtschaftliche Druck, welcher seit mehreren Jahren auf allen Staaten mit hochentwickelter Industrie lastet und auch gegenwärtig noch nicht ganz überwunden ist, hat auch auf die Finanzen des Reiches seine ungünstigen Einwirkungen ausgeübt. Trotz sparsamster Bemessung der Ausgaben muß zur Herstellung des Gleichgewichtes im Reichshaushaltsetat neben der Heranziehung der Bundesstaaten zu ungedeckten Matrikularbeiträgen wiederum auf die Anleihe zurückgegriffen werden. Das Bedürfnis einer besseren Ordnung der Reichsfinanzen und des finanziellen Verhältnisses zwischen dem Reiche und den Einzelstaaten hat sich immer mehr geltend gemacht. Wenn auch eine durchgreifende organische Reform zur Zeit noch nicht erfolgen kann, so soll sie doch einstweilen durch Beseitigung der bestehenden größten Uebelstände wenigstens angebahnt werden. Zu diesem Zwecke wird dem Reichstag ein Gesetzentwurf betreffend die anderweite Ordnung des Finanzwesens des Reiches zugehen. Auf dem Gebiete des Heerwesens soll zunächst die Verlängerung des mit dem 31. März 1904 ablaufenden Gesetzes betr. die Friedenspräsenzstärke des deutschen Heeres vom 25. März 1899 um ein Jahr vorgeschlagen werden. Es ist ferner allseitig als dringendes Bedürfnis anerkannt worden, das Versorgungswesen für die Offiziere und Mannschaften des Reichsheeres den zeitigen Lebens- und Erwerbsverhältnissen entsprechend gesetzlich neu zu regeln. Zwei Gesetzentwürfe, durch welche auch die Versorgung der Offiziere und Mannschaften der Marine und der Schutztruppen auf gleicher Grundlage neu geordnet werden soll, werden Gegenstand der Beschlußfassung des Bundesrats sein. Die sozialpolitische Gesetzgebung auf den in früheren Kundgebungen vorgezeichneten Grundlagen fortzuführen, den Bedürftigen erweiterte Fürsorge, den Schwachen erhöhten Schutz zu gewähren, sind die verbündeten Regierungen unbeirrt durch politische Strömungen fest entschlossen. Sie geben sich der Hoffnung hin, in allen Kreisen volles Verständnis dafür zu finden, daß durch das schnelle Anwachsen unserer Bevölkerung und durch die allgemeine Entwicklung unserer Erwerbsverhältnisse die Tätigkeit der Regierungen und die Opferfreudigkeit des deutschen Volkes noch vor große Aufgaben gestellt sind, wenn wir den Anforderungen steigender Kultur gerecht werden sollen. Durch eine besondere Vorlage ist den verbündeten Regierungen vorgeschlagen, in Erfüllung eines weitverbreiteten Wunsches Streitigkeiten der Handlungsgehilfen aus ihrem Dienstverhältnisse vor einem durch sachkundige Beisitzer aus den Kreisen der Arbeitgeber und der Arbeitnehmer verstärkten Gericht in einem schleunigen Verfahren zum Austrage zu bringen. Das Börsengesetz vom 22. Juni 1896 verfolgt in den Bestimmungen des Abschnittes 4 über den Börsenterminhandel unter anderem das Bestreben, einer Ausnutzung des Börsenverkehrs zu unwirtschaftlichen, insbesondere zu reinen Spielzwecken entgegenzuarbeiten. Indessen haben sich unter dem Schutze einzelner Vorschriften des Gesetzes Mißbräuche herausgebildet, die Treue und Glauben verletzen und hierdurch den volkswirtschaftlich berechtigten und notwendigen Börsenverkehr empfindlich schädigen. Um diese

Erscheinungen zu beseitigen, wird eine Aenderung jenes Gesetzabschnittes zur Beratung gestellt werden. Im Anschluß hieran soll versucht werden, durch eine Aenderung der Reichsstempelgesetzgebung berechtigten Interessen des Börsenverkehrs entgegenzukommen. Dabei werden auch Unzuträglichkeiten zu beseitigen sein, die sich im Gebiete dieser Gesetzgebung in anderer Richtung, insbesondere in Bezug auf die Ausspielungen, ergeben haben. Bedauerlicherweise sind neuerdings in einem Teile der deutschen Rebgelände Schädlinge in einem Umfange aufgetreten, der für die Zukunft unseres Weinbaues zu schweren Besorgnissen Anlaß gibt. Die geltenden gesetzlichen Bestimmungen haben sich zur erfolgreichen Bekämpfung der drohenden Gefahr in manchen Punkten als unzulänglich erwiesen. Es wird daher eine Vorlage ausgearbeitet, die den Behörden schärfere Waffen in die Hand geben soll, um auf diese Weise jenen kostbaren Zweig der deutschen Landwirtschaft vor größerem Unheile zu bewahren. In Erfüllung eines Wunsches, der vom Reichstage in früheren Legislaturperioden wiederholt ausgesprochen ist, verhandelt der Bundesrat über einen Gesetzentwurf, welcher die Frage eines gesetzlichen Entschädigungsanspruchs für unschuldig erlittene Untersuchungshaft zu regeln bestimmt ist. Die wirtschaftliche Erschließung unserer Schutzgebiete hängt davon ab, daß es gelingt, sie mit leistungsfähigen Verkehrsmitteln auszustatten. Besonders dringlich ist dies für die Entwicklung für Deutsch-Ostafrika. Es besteht die Absicht, den schon dem letzten Reichstage vorgelegten Gesetzentwurf über die Zinsgarantie für eine Bahn von Dar-es-Salaam nach Mrogoro, nachdem dieser Entwurf wiederholter Prüfung unterworfen worden ist, mit einigen Aenderungen Ihrer Beschlußfassung von neuem zu unterbreiten. Auf Grund des im Vorjahre aufgestellten neuen Zolltarifs sind mit mehreren Staaten des europäischen Kontinents Unterhandlungen wegen Neugestaltung der bestehenden Handels- und Tarifverträge eingeleitet worden. Bei der gegenwärtigen Sachlage erscheint es zweckmäßig, die bisherigen Grundlagen für die Regelung des handelspolitischen Verhältnisses zum britischen Reiche einstweilen beizubehalten. Es wird Ihnen deshalb der Entwurf eines Gesetzes zugehen, welches dem Bundesrat über den 31. Dezember dieses Jahres hinaus die Befugnis zur meistbegünstigten Behandlung britischer Angehöriger und Erzeugnisse beilegt. Das Deutsche Reich unterhält zu allen fremden Mächten gute und freundliche Beziehungen. In der schwierigen mazedonischen Frage, welche die europäische Diplomatie in der letzten Zeit am meisten beschäftigt, stehen deutsche Interessen erst in zweiter Linie. Die Regierung Seiner Majestät des Kaisers hat aber an ihrem Teile mitgewirkt, um ernsteren Verwicklungen tunlichst vorzubeugen und zum Erfolge der Bestrebungen der nächstbeteiligten Mächte für ruhige und geordnete Zustände in Mazedonien beizutragen. Seine Majestät der Kaiser hat zu seiner Freude auch in diesem Jahre mit seinen hohen Verbündeten in Rom und in Wien und mit dem befreundeten Herrscher des russischen Reichs in persönlichen Gedankenaustausch treten können. Dabei ist der Wunsch und die Hoffnung aufs neue befestigt worden, daß der Friede, das größte Gut für die Wohlfahrt der Völker, auch ferner vor gefährlichen Störungen bewahrt bleibe. Geehrte Herren! Sie stehen im Begriff, Ihre bedeutsamen und verantwortungsvollen Arbeiten aufzunehmen. Möchten Ihre Verhandlungen dazu beitragen, den friedlichen Ausgleich bestehender Gegensätze zu fördern, die wirtschaftliche Lage des deutschen Volkes mehr und mehr zu bessern und des Reiches Macht und Ansehen zu unserer aller Wohl zu heben und zu stärken. Auf Allerhöchsten Befehl Seiner Majestät des Kaisers erkläre ich im Namen der verbündeten Regierungen den Reichstag für eröffnet.

4. Dezember. Der Reichstag wählt den Grafen Ballestrem (Zentr.) zum Präsidenten, den Grafen Stolberg (konf.) zum ersten, den Dr. Paasche (nl.) zum zweiten Vizepräsidenten. Bei der Wahl des ersten Vizepräsidenten erhält Abg. Singer (Soz.) 68 Stimmen.

4. Dezember. Dem Reichstag geht folgender Gesetzentwurf über Änderungen im Finanzwesen des Reiches zu:

§ 1. Die Vorschriften über die Ueberweisung eines Teiles des Ertrags der Zölle und der Tabaksteuer, dann des Ertrags der Stempelabgaben an die Bundesstaaten (§ 8 des durch die Bekanntmachung vom 24. Mai 1885, Reichs-Gesetzbl. S. 111, veröffentlichten Zolltarifgesetzes, § 55 des durch Bekanntmachung vom 14. Juni 1900, Reichs-Gesetzbl. S. 275, veröffentlichten Reichsstempelgesetzes) sowie die Bestimmung § 2 des Gesetzes, betreffend Verwendung von Mehrerträgen der Reichseinnahmen und Ueberweisungssteuern zur Schuldentilgung, vom 28. März 1903 (Reichs-Gesetzbl. S. 109) werden aufgehoben. § 2. Artikel 70 der Verfassung erhält folgende Fassung: Artikel 70. „Zur Bestreitung aller gemeinschaftlichen ordentlichen Ausgaben dienen zunächst die aus den Zöllen und gemeinsamen Steuern, aus dem Eisenbahn-, Post- und Telegraphenwesen, sowie aus den übrigen Verwaltungszweigen fließenden gemeinschaftlichen Einnahmen. Insoweit die Ausgaben durch diese Einnahmen nicht gedeckt werden, sind sie, solange die erforderlichen Deckungsmittel nicht auf andere Weise, insbesondere durch Einführung weiterer Reichssteuern beschafft werden, durch Beiträge der einzelnen Bundesstaaten nach Maßgabe ihrer Bevölkerung aufzubringen, welche in Höhe des budgetmäßigen Betrags durch den Reichskanzler ausgeschrieben werden. Insoweit diese Beiträge in den Ueberweisungen keine Deckung finden, sind sie den Bundesstaaten am Jahresschluß in dem Maße zu erstatten, als die übrigen ordentlichen Einnahmen des Reichs dessen Bedarf übersteigen. Etwaige Ueberschüsse aus den Vorjahren dienen, insoweit durch das Gesetz über den Reichshaushaltsetat nicht ein anderes bestimmt wird, zur Deckung gemeinschaftlicher außerordentlicher Ausgaben.“ § 3. Der budgetmäßige Betrag der von den Bundesstaaten aufzubringenden Matrikularbeiträge soll in der Regel den Betrag der von ihnen in den fünf Vorjahren durchschnittlich empfangenen Ueberweisungen nicht übersteigen. § 4. Dieses Gesetz tritt mit dem 1. April 1904 in Kraft.

9. Dezember. (Reichstag.) Etat. Stengel und Schädler über die Finanzreform. Defizit.

Der Etat schließt in Ausgabe und Einnahme mit 2 460 735 004 Mark ab. Das Defizit für 1902 beträgt 30 723 000 Mark. — Schatzsekretär Frhr. v. Stengel: Von dem Fehlbetrag kämen nur 8¾ Millionen auf Mehrausgaben. Der Ausfall an Einnahmen setzt sich zusammen aus einem Ausfall bei der Zuckersteuer und den mit dem Bankwesen zusammenhängenden Steuern. Das Etatsjahr 1903 werde mit einem Fehlbetrage von 20 Millionen abschließen. Der Etat sei äußerst sparsam aufgestellt, nur bei Heer und Marine würden 16½ Millionen mehr gefordert. Die schlechte Finanzlage wurzele ebenso in der wirtschaftlichen Depression wie in den gesetzlichen Bestimmungen. Hier solle die Finanzvorlage einsetzen. Der Schwerpunkt der Vorlage liegt in der Einschränkung der Frankensteinschen Klausel und in der Ordnung des Artikels 70 der Verfassung. Ohne ersichtlichen Zweck wird heute über eine halbe Milliarde zwischen dem Reich

und den Bundesstaaten hin- und hergeschoben. Daraus resultiert ein
Mangel an Bewegungsfreiheit, der sich nach dem Inkrafttreten des neuen
Zolltarifs ganz besonders fühlbar machen muß. Die verbündeten Regierungen wollen deshalb unter Wahrung des Budgetrechts des Reichstags
den Anfang zu einer rationellen Finanzwirtschaft machen. Da ist kein
Grund zur Beunruhigung vorhanden. Schließlich hat das Volk auch ein
Recht, den Etat zu verstehen. Ich glaube nicht, daß es für die Konser-
vierung der Klausel in ihren wesentlichen Punkten eine bessere Lösung
gibt als die hier vorgeschlagene Einschränkung; ich bin überzeugt, daß der
Schöpfer der Klausel, wenn er noch am Leben wäre, gleichfalls die vorgesehene Einschränkung empfehlen würde. (Lachen links.) Das Recht der
Erhebung von Matrikularbeiträgen bleibt dem Reiche gewahrt. Wir unterscheiden aber zwischen gedeckten und ungedeckten Matrikularbeiträgen. Frhr.
v. Stengel hebt dann den subsidiären Charakter der Matrikularbeiträge
hervor und betont, die Aenderung der Matrikularbeiträge ist um so mehr
am Platze, als diese eine rohe Besteuerungsart darstellen, die allerdings
schwer zu ändern ist. Die Bestimmung, daß der Durchschnitt der Ueberweisungen aus den letzten fünf Jahren regelmäßig nicht überschritten werden
soll, wird vorgeschlagen, weil eine dauernde Abwälzung des Reichsetats
auf die Bundesstaaten nicht ertragen werden könnte und weil das Reich
den Einzelstaaten die Erfüllung ihrer kolossal gewachsenen Aufgaben nicht
erschweren soll. Es liegt uns völlig ferne, die Frankensteinsche Klausel
in die Luft sprengen zu wollen. Ebenso falsch ist es, der Vorlage nach-
zusagen, sie arbeite der Verminderung der Reichsschuld entgegen und müsse
neue Steuern im Gefolge haben. Der Reichstag behält doch das Recht,
Steuervorlagen anzunehmen oder abzulehnen.

Abg. Dr. Schädler (Z.) gibt seiner Freude über die Heilung des
Kaisers Ausdruck. Die geforderte Oberstleutnantszulage sei überflüssig;
eine Veteranenbeihilfe sei nötig, eventuell durch eine Wehrsteuer. Der
Marineetat sei nicht sparsam aufgestellt, Kiautschou koste schon 70 Millionen, ohne etwas zu bringen. Die Frankensteinsche Klausel dürfe nicht
beseitigt werden, sie sei eine konstitutionelle Garantie für das Einnahme-
bewilligungsrecht. — Im Offizierkorps müßten die unsauberen Elemente,
die der Bilseprozeß gezeigt habe, ausgemerzt werden, der Luxus müsse
abnehmen. Eine Statistik der Soldatenmißhandlungen, die eine erstaun-
liche Raffiniertheit offenbaren, sei wünschenswert.

9. Dezember. (Baden.) Es wird eine Reform des Landtagswahlrechts vorgelegt.

Wahlberechtigt zur Zweiten Kammer sind alle Staatsangehörigen
mit vollendetem 25. Lebensjahre. Die Wahl ist geheim und direkt. Die
Mitgliederzahl der Zweiten Kammer steigt von 63 auf 70, alle vier Jahre
wird die Kammer neu gewählt. Die absolute Majorität entscheidet; wenn
eine solche nicht zustande kommt, entscheidet in einem zweiten Wahlgange
die relative. Die Wahlkreise werden in 25 städtische und 45 ländliche eingeteilt. Die Erste Kammer bestand bisher aus den Prinzen des groß-
herzoglichen Hauses, den Häuptern einiger standesherrlichen Familien, aus
acht Mitgliedern, die der Großherzog für die zweijährige Sitzungsperiode
ernennt, aus dem katholischen Bischof und dem evangelischen Prälaten und
aus den acht von den Grundherren und zwei von den Landesuniver-
sitäten gewählten Mitgliedern. Es sollen nunmehr sieben gewählte Mitglieder hinzutreten, nämlich ein Abgeordneter der technischen Hochschule und
sechs Abgeordnete der Berufskörperschaften (drei von der Handelskammer,
zwei von der Landwirtschaftskammer und einer von den Handwerkskam-

mern zu wählen). Ferner wird in der Erhöhung der Zahl der landes-
herrlich ernannten Mitglieder von 8 auf 10 bestimmt, daß vier dieser
Mitglieder aus der Zahl der Oberbürgermeister und Bürgermeister der
Gemeinden von mehr als 3000 Einwohnern oder der Vorsitzenden der elf
Kreisausschüsse zu entnehmen sind. — Die Erste Kammer erhält das Recht,
die einzelnen Bestimmungen der Finanzvorlagen zu prüfen, bei Meinungsverschiedenheiten entscheidet eine Abstimmung beider Kammern in gemeinsamer Sitzung unter Leitung des Präsidenten der Zweiten Kammer.

10. Dezember. (Bayern.) Reichsratskammer. Graf Crailsheim über seine Ministertätigkeit. Beziehungen zum Papst, zum
Reich, zu Preußen.

Beim Etat des kgl. Hauses und des Auswärtigen erklärt der frühere
Minister Graf Crailsheim: Ich bin nun seit langer Zeit der Gegenstand heftiger Angriffe, Angriffe teils persönlicher Natur, teils solcher auf
meine Politik und Verwaltung. ...... Was die Angriffe gegen meine
amtliche Tätigkeit anlangt, so ist es begreiflich, daß ich, nachdem ich 23
Jahre in exponierter Stellung stand, Angriffe zu erfahren hatte und noch
zu erfahren habe. Ich bin an dieselben so gewöhnt, daß ich offen gestehe,
einen erheblichen Eindruck machen sie auf mich nicht. Ich setze ihnen das
Bewußtsein entgegen, daß ich stets das Beste gewollt habe. Es mag ja
sein, daß ich nicht immer das Richtige getroffen habe; ich habe auch nicht
immer Erfolge gehabt. Allein eine 23jährige Ministertätigkeit kann ja
nicht eine ununterbrochene Kette von Erfolgen sein, und ein Mensch ist
ja von Irrtümern und Fehlgriffen nicht bewahrt. Ich habe mich stets
nur als Vertreter der Krone betrachtet. Ich habe es streng vermieden,
mich in die Arme einer Partei zu werfen und habe daher von hüben und
drüben Angriffe erfahren. Ich stand zu keiner Partei — vorbehaltlich
meiner persönlichen Beziehungen zu einzelnen Abgeordneten — auf einem
intimen Fuße, allein meine Beziehungen zu allen Parteien waren korrekte,
welche ein ruhiges Zusammenarbeiten ermöglichten. So war es bis zum
Schluß des vorigen Landtages. Von da war ich auf einmal der Gegenstand heftiger Angriffe. Sie kennen ja das äußere Vorkommnis, welches
den Wendepunkt bildete. Ich habe dasselbe nicht herbeigeführt, allein ich
vermochte es unter den gegebenen Verhältnissen auch nicht zu hindern.
Aber die Frage darf wohl berechtigt sein: was hat sich denn am Schluß
des Landtages so plötzlich verändert und welches war die politische Lage
vom Schluß des vorigen Landtages bis zu meinem Rücktritt? Was die
Beziehungen der bayerischen Regierung zum päpstlichen Stuhle anlangt,
so waren dieselben während der ganzen Zeit meiner Amtsführung durchaus vorzüglich. Friktionen sind äußerst selten eingetreten, und wenn sie
vorkamen, so wurden sie in gegenseitigem freundschaftlichen Einvernehmen
rasch und leicht erledigt. Auch sonst wurden kirchliche und religiöse Interessen von seiten der Regierung jederzeit gewahrt und ich glaube von seiten
des anwesenden hochwürdigsten Vertreters des Episkopats keinen Widerspruch zu erfahren, wenn ich behaupte, daß alle Wünsche und Anregungen,
welche von kirchlicher Seite kamen, ein offenes Ohr und eine freundschaftliche Prüfung erfuhren, vorbehaltlich der Schranken, welche die Verfassung
und der Charakter Bayerns als paritätischer Staat in Hinsicht auf die
interkonfessionellen Verhältnisse mit sich bringen. Die Regierung war ferner
immer bemüht, die konfessionellen Gegensätze zu mildern. Wenn diese
Gegensätze heute eine Schärfe angenommen haben, wie seit langer Zeit
nicht, so ist die Regierung jedenfalls daran unschuldig, denn die Regierung
hat immer im Sinne der Mäßigung und Versöhnung gewirkt. Aus-

schreitungen auf konfessionellem Gebiete ist die Regierung entgegengetreten, soweit es die bestehenden Gesetze gestatteten. .... Ich habe nie ein Hehl daraus gemacht, daß ich ein warmer und überzeugter Anhänger der Reichsidee bin, und zwar gerade deswegen, weil ich mich einen treuen Sohn meiner engeren Heimat nennen darf. Die Sehnsucht der deutschen Nation nach Einigung ist nie geschwunden, auch unter den ungünstigsten Verhältnissen ist das deutsche Nationalgefühl wieder laut geworden, und es war vorauszusehen, daß es sich früher oder später Luft machen würde. Wenn dies nun in stürmischer Zeit vielleicht gewaltsam geschah, dann war zu fürchten, daß die im Interesse der deutschen Kultur so unendlich wichtige Eigenart der deutschen Stämme gefährdet und daß das segensreiche Band zwischen den Fürsten und Völkern gelockert werden könnte. Durch die Errichtung des Deutschen Reiches und die auf unsere geschichtlichen Verhältnisse zugeschnittene Reichsverfassung ist der Strom des deutschen Nationalgefühls in ein festes Bett geleitet worden, in welchem er seine Kraft entfalten kann, ohne daß zu befürchten wäre, er möchte die Ufer überschreiten. Das war der eine Grund, aus dem ich vom bayerischen Standpunkte aus die Errichtung des Deutschen Reiches begrüße. Der andere Grund ist der, daß nun Bayern den Schutz und Schirm des mächtigen Deutschen Reiches genießt. Man braucht die Geschichte Bayerns nicht weit zurückzublättern, um zu finden, daß Bayern in seinem territorialen Bestande, ja sogar in seiner Existenz gefährdet war. Diese Zeiten könnten wiederkommen und sie würden wahrscheinlich wiederkommen, wenn Bayern isoliert dastände. Nunmehr aber sind solche Zeiten endgültig vorbei. Wer Bayern zu nahe tritt, hat es mit dem mächtigen Deutschen Reiche zu tun, und wenn irgend einem bayerischen Staatsangehörigen im Auslande ein Haar gekrümmt wird, ist er des Schutzes des Deutschen Reiches sicher. Daß durch die Gründung des Deutschen Reiches der deutsche Namen zu Ehren gekommen ist, daß das deutsche Volk, welches früher der Paria unter den Nationen war, zu Ansehen gelangt ist, daß die in dem deutschen Volke liegenden Kräfte nunmehr entfesselt sind und sich an den Aufgaben des großen Reiches beteiligen können, daß sich der Wohlstand mächtig gehoben hat, wird auch der entschiedenste Gegner des jetzigen Verhältnisses nicht leugnen können. Darum sage ich: Das deutsche Volk schuldet den tiefsten Dank den deutschen Fürstenhäusern, welche die erforderlichen Opfer gebracht haben, um die Einheit herbeizuführen, insbesondere dem hochsinnigen Bayernkönig, welcher die deutsche Kaiserkrone schuf. Möge das deutsche Volk seine Dankbarkeit dadurch beweisen, daß es dasjenige erhält und festigt und nicht durch innere Uneinigkeit gefährdet, was die Opferwilligkeit der deutschen Fürsten geschaffen hat. Bei meiner Politik gegenüber dem Reiche war ich stets darauf bedacht, den föderativen Charakter des Deutschen Reiches zu wahren, da nur hierin eine Bürgschaft für seinen dauernden Bestand liegt. Auch die Reservatrechte betrachte ich durchaus nicht als die Eierschalen des Deutschen Reiches, welche sich mit der Zeit abstoßen müssen, sondern als diejenigen Zugeständnisse, welche Bayern bei dem Eintritt in das Bundesverhältnis billigerweise erwarten konnte, da ein Staat von der großen Bedeutung Bayerns gar viele Aufgaben selbständig erfüllen kann, welchen ein deutsches Fürstentum nicht gewachsen ist. Dieses Verhältnis ist ein dauerndes und infolgedessen betrachte ich auch die Reservatrechte als eine dauernde Eigenschaft. Aber nicht allein auf die Wahrung der Reservatrechte war ich bedacht, sondern mein Bestreben war dahin gerichtet, bei allen gesetzgeberischen und Verwaltungsmaßnahmen des Reiches eine unnatürliche und unnötige Einengung des Wirkungskreises der Einzelstaaten zu verhindern. In diesen Bestrebungen begegneten wir einer verständnisvollen Aufnahme von seiten des Fürsten Bismarck, des ersten Kanzlers des Reiches, und da der jetzige Reichskanzler in den Bahnen seines großen Vorgängers wandelt, können wir wohl der Zukunft mit Befriedigung entgegensehen. Wenn wir mit unseren Anträgen so vielfache Erfolge erreichten, so verdanken wir es den freundschaftlichen Beziehungen, welche wir zu den Bundesregierungen und insbesondere zu dem Präsidialstaate Preußen unterhielten. Dieses freundschaftliche Verhältnis zu Preußen ist nun manchen Kreisen ein Dorn im Auge. Ich habe in der Presse mehrfach Ausführungen gelesen, es sei ja nicht notwendig, die Freundschaft mit Preußen zu pflegen, Preußen habe nur 17 Stimmen im Bundesrate von 58; es sei leicht, eine Majorität gegen Preußen zu finden. Wer so spricht, kennt zwar den Buchstaben der Reichsverfassung, er hat aber keine Ahnung von den tatsächlichen Verhältnissen, und ich möchte der gegenwärtigen Regierung nicht raten, solche Bahnen einzuschlagen. Wenn alle unsere Anregungen bei Preußen einer freundschaftlichen Prüfung sicher sind, so beruht das auf der Voraussetzung, daß wir in großen nationalen Fragen, bei welchen wichtige Interessen des Reiches auf dem Spiele standen, auch uns auf seiten Preußens stellten. Wir haben es auch jederzeit getan und wir konnten dies um so leichter tun, als in solchen Fragen ein Gegensatz zwischen den Interessen des Reiches und den Einzelstaaten nicht besteht. Die von mir eingehaltene Politik hat dahin geführt, daß Bayern ein großes Ansehen im Bundesrate genießt und daß es einen Einfluß äußert, welcher weit über das Stimmenverhältnis hinausgeht, über welches wir im Bundesrate verfügen. Der Herr Staatsminister wird wohl bei seinem Besuche in Berlin kaum den Eindruck gehabt haben, daß es nötig ist, dem Einfluß Bayerns noch etwas hinzuzufügen.

10. Dezember. (Reichstag.) Etat. Rededuell Bebel=Bülow. Auswärtige Fragen, Sozialpolitik, sozialdemokratischer Zukunftsstaat.

Abg. Bebel (Soz.): Die riesige Schuldenlast des Reichs sei in erster Linie durch die Flottenausgaben hervorgerufen. Diese ganze Misere verdanke man in erster Linie dem Zentrum und seinem Bewilligungseifer. Der Handel mit China gehe kläglich zurück. Deutschland solle sein moralisches Gewicht geltend machen, um Rußland aus der Mandschurei zu entfernen. — Die Militärverwaltung sei kopflos bei der Artilleriebewaffnung vorgegangen; die deutsche Artillerie sei weit schlechter als die französische. In der ganzen Armee herrsche Unzufriedenheit über die unaufhörlichen Bekleidungsvorschriften. Die Ausbildung sei rein parademäßig. Die Steuerverteilung sei höchst ungerecht, weil sich die besitzenden Klassen drückten. Die Handelsverträge würden am neuen Zolltarif scheitern. Gedenke etwa die Regierung agrarischen Wünschen entsprechend eine Schiffahrtsabgabe auf den Strömen einzuführen? Die Koalitionsfreiheit der Arbeiter würde durch die materielle Uebermacht der Arbeitgeber brutal zerstört; gegen Arbeiter und Arbeitgeber messe Gericht und Polizei mit zweierlei Maß, wie Vorgänge in Iserlohn und Crimmitschau bewiesen. Warum bringe die Regierung nicht eine Vorlage auf Einführung des Zehnstundentags ein wie in Frankreich? Die Stellung des Deutschen Reichs entspreche nicht seiner Würde. Die Venezuelaangelegenheit hätte von Anfang an dem Haager Schiedsgericht vorgelegt werden sollen. Warum laufe man den Vereinigten Staaten nach, warum empfange man einen Vanderbilt so feierlich? Das sei schwächlich. Noch schlimmer sei das Kriechen vor Rußland, dessen Polizei die deutsche Handlangerdienste leiste. Ein so barbarisches Reich, dessen Regierung nach Zeitungsnachrichten die Absicht des

serbischen Königsmordes gekannt aber nicht gehindert habe, dürfe nicht von
Deutschland unterstützt werden.

Reichskanzler Graf von Bülow: Ich darf es dem Kriegsminister
von Einem überlassen, die Angriffe zurückzuweisen, die der Abg. Bebel
gegen die Organisation unseres Heeres gerichtet hat. Ich gestehe allein
von vornherein, daß ich auf diesem Gebiete, was die Einrichtungen unseres
Heerwesens angeht, in kavalleristischen und in artilleristischen Fragen, was
die Uniformierung betrifft und andere militärische Detailfragen, größeres
Vertrauen zu dem Herrn General v. Einem habe als zu dem Abg. Bebel.
(Sehr richtig! rechts.) Darin soll keine besondere Unfreundlichkeit für den
Abg. Bebel liegen. Aber die Erfahrung beweist, daß auf solchen Gebieten
ein Quentchen eigener Anschauung, Praxis und Kenntnis schwerer wiegen
als phantasievolle Vorstellungen. Der Abg. Bebel hat im ersten Teil seiner
Rede vom Drill gesprochen. Der Drill ist nicht Selbstzweck und soll nicht
Selbstzweck sein; aber als Mittel zum Zweck hat er sehr wesentlich beigetragen zu den Erfolgen der preußischen Waffen seit Friedrich Wilhelm I.
„Drill und Erziehung", hat der alte Kaiser gesagt, „haben den preußischen
Soldaten zu dem gemacht, was er ist." Der Abg. Bebel hat sich auch
verbreitet über die Manöver, und zwar in einer Weise, die glauben läßt,
daß er kaum je an einem Manöver teilgenommen hat. Der Zweck der
Manöver wie der aller militärischen Uebungen kann im wesentlichen immer
nur die kriegsmäßige Ausbildung sein. Aber in dieser Beziehung haben
die Manöver einen großen Wert als Erziehungsmittel für Marsch- und
Gefechtsleistung, als Erziehung für die Führer, als Vorbereitung für den
Ernstfall. Daß aber auch im Ernstfalle die Kavallerie, auf die es der
Abg. Bebel besonders abgesehen hat, eine bedeutsame Rolle spielen wird,
so gut wie sie es im letzten Kriege getan hat, wie sie es getan unter
Napoleon und Friedrich dem Großen, ist die Ansicht vieler einsichtiger
Militärs in Deutschland und außerhalb unserer Grenzen. In dieser Beziehung kann ich dem Praktiker folgen, nicht aber dem Laien und auch
nicht dem beredtesten Dilettanten. (Beifall rechts.) Der Abg. Dr. Schäuler
hat gestern eine Anzahl von Soldatenmißhandlungen zur Sprache gebracht.
Wir alle verurteilen Roheit und Grausamkeit. Brutalität und Ungerechtigkeit empören mich gerade so sehr wie Sie. Und als Reichskanzler füge
ich hinzu, daß ich in voller Uebereinstimmung mit den Kriegsministern
aller Bundesstaaten es als die heilige Pflicht der Militärverwaltung betrachte, mit allen geeigneten Mitteln derartigen Ausschreitungen entgegenzutreten, ihnen vorzubeugen, sie auszurotten. (Beifall rechts.) Je höher
unser Heer steht, desto mehr müssen wir seinen Schild blank halten, desto
energischer werden wir alles daran setzen, um dem begründeten Beschwerden
abzuhelfen. Ich bestreite auch keinem Mitgliede dieses Hohen Hauses das
Recht, militärische Fragen in den Kreis seiner Erörterungen zu ziehen.
Die Kritik muß aber sachlich und gerecht sein, sie darf nicht blind tadeln
und blind verwerfen. Sie muß in militärischen Fragen auch auf die militärischen Interessen Rücksicht nehmen und auf nationale Gesichtspunkte;
sie darf weder das Selbstvertrauen unseres Volkes erschüttern, noch unser
Ansehen, das wir im Auslande genießen, schädigen und die Aussichten des
Friedens gefährden. Es gibt eine doppelte Art der Kritik. Es gibt eine
Kritik, die offen und ungescheut Mißstände zur Sprache bringt in der Absicht, sie dadurch zur Abstellung zu bringen und dadurch den Körper gesund zu erhalten. Es gibt aber auch eine Art Kritik, die mehr auf Agitationsstoff als auf die Sache bedacht ist. Das ist die Art der Kritik, die
seit Monaten, seit Jahren auf dem heikelsten Gebiet, das wir haben, auf
dem Gebiet, in dem die höchsten Interessen des Vaterlandes auf dem Spiel

stehen, von sozialdemokratischer Seite geübt wird. (Lebhafter Beifall rechts, große Unruhe bei den Sozialdemokraten.) Das ist ja überhaupt kennzeichnend für sie, und das zog sich wie ein roter Faden durch die Ausführungen Bebels, immer jeden einzelnen Fall zu verallgemeinern, immer die Ausnahme zur Regel zu machen. Wenn sich irgendwo ein Mitglied der bürgerlichen Gesellschaft, ein Richter, ein Unternehmer, ein Offizier, ein Unteroffizier, ein Geistlicher, ein Jurist eine Blöße gibt, so stellen Sie die Sache so dar, als ob daran die ganze bürgerliche Gesellschaft schuld wäre, als ob die Schuld daran die heutige bürgerliche Ordnung trüge, als ob es nicht auch bei Ihnen räudige Schafe gäbe (Unruhe links), als ob es nicht auch bei Ihnen nichtsnutzige und gemeine, schwache Menschen gibt. Die Armee setzt sich zusammen im Friedenszustande aus 600000 Mann und einem Offizier- und Unteroffizierkorps von rund 50000 Mann. Daß bei dieser halben Million Menschen Ausschreitungen vorkommen, daß von diesen Ungerechtigkeiten begangen werden können, berechtigt nicht zu Angriffen, wie sie in letzter Zeit so vielfach gegen die ganze Institution gerichtet worden sind. Solche Erscheinungen finden sich auch in anderen Berufsklassen. Auch in anderen Berufsständen kommen Ausschreitungen und Mißhandlungen vor. Ich konstatiere ferner, daß diese Erscheinungen in der Armee von Jahr zu Jahr zurückgehen, und will weiter konstatieren, daß, wo sie sich zeigen, sie mit der größten Strenge bestraft werden. Nach meiner Ansicht können derartige Infamien gar nicht streng genug bestraft werden. Es ist auch gestern vom Abg. Schädler Bezug genommen worden auf die Vorgänge in einer unserer Grenzgarnisonen, in Forbach. Ich stimme dem Abgeordneten darin zu, daß ich glaube, daß die rückhaltslose Aufdeckung solcher Vorgänge nützlich ist, und daß nicht nur die Oeffentlichkeit ein heilsames Korrektiv bildet, sondern daß sie auch ein gutes Zeichen ist, daß nichts vertuscht wird. Ich bin weiter der Ansicht, daß solche Vorgänge Fingerzeige sein sollen, um von sachlichen Motiven geleitete Verbesserungen durchzuführen. Kein Heer der Welt, das deutsche Heer so wenig, wie irgend ein anderes, und noch weniger, als ein irgend anderes Heer, soll auf seinen Lorbeeren ausruhen. Mit Recht hat der Abg. Schädler gewarnt, derartige Fälle zu verallgemeinern. Und ich lege nicht nur vor dem Inlande, sondern auch vor dem Auslande Verwahrung dagegen ein, daß die Sache, wie dies wiederum vielfach in der sozialdemokratischen Presse geschehen ist, so dargestellt wird, als ob solche häßlichen Erscheinungen für das deutsche Offizierkorps typisch wären, daß solche Sachen diesem angehängt werden, als ob nur das deutsche Offizierkorps — oder vorzugsweise — solche Erscheinungen zeigte. Das ist in meinen Augen Heuchelei: das halte ich für Pharisäertum. Es wird auch anderswo gesündigt; ganz ohne Sünde und Schuld scheint nicht einmal die Sozialdemokratie zu sein. (Große Heiterkeit.) Ich protestiere dagegen, daß das deutsche Offizierkorps für seine mißratenen Kinder verantwortlich gemacht wird. Das deutsche Offizierkorps ist noch heute davon durchdrungen, daß kein Stand mehr einer ehrenhaften Gesinnung — ich meine im bürgerlichen Sinne des Wortes — einer idealistischen Weltauffassung bedarf, als derjenige, dem die Verteidigung des Vaterlandes anvertraut ist. Unser Offizierkorps wird sich immer gegenwärtig halten, daß die großen Erfolge vor 30 Jahren zurückzuführen waren auf die altpreußische schlichte und einfache Art, auf die altpreußische Tüchtigkeit und Anspruchslosigkeit, die ihre Pflicht tat ohne viel Wortgepränge, wie die beiden Alvensleben, wie Feldmarschall Graf Roon und der große Moltke. Dann wird auch unser Offizierkorps das Lob verdienen, das ihm Fürst Bismarck erteilte, daß kein Land der Welt uns unsere Vorzüge und unser Offizierkorps nachmachen könne.

Meine Herren! Ich wende mich jetzt zu den Auslassungen des Abg. Bebel über das Gebiet der auswärtigen Politik. Was unsere ostasiatische Politik angeht, so hat der Abg. Bebel mir zwei Vorwürfe gemacht, die eigentlich im Widerspruch miteinander stehen. Auf der einen Seite hat er mir vorgeworfen, daß unsere ostasiatische Politik eine zu aktive wäre, eine phantastische, eine abenteuerliche; andererseits fände er, daß ich mich zu passiv in der Mandschurei verhielte. Ich muß gestehen, daß ein größerer Mangel an Logik mir noch nicht vorgekommen ist. (Unruhe bei den Soz.) Wenn es einen Punkt in Ostasien gibt, und auch in der ganzen Welt, wo wir nichts zu tun haben, so ist es die Mandschurei. Wenn also der Abg. Bebel für die Chungusen und Mongolen, die, wie ich glaube, die Mandschurei bewohnen, einen neuen Kreuzzug unternehmen will als der neue Peter von Amiens (Heiterkeit), so lasse ich ihn allein hingehen. (Große Heiterkeit; Widerspruch des Abg. Bebel.) Ich habe den Abg. Bebel dahin verstanden, daß ich in Ostasien zu unternehmungslustig bin und in der Mandschurei zu wenig. Ich lehne das ab. Der Abg. Bebel hat weiter gemeint, unsere ostasiatische Politik würde zu Komplikationen führen. Wie das möglich sein wird, ist mir nicht klar. In Ostasien ist unsere Politik so besonnen und loyal, daß gar kein Grund und Anlaß zu begründeten Ausstellungen gefunden werden kann. Ich kann also auch in keine Konflikte verwickelt werden. Wenn wir verwickelt werden, so würden wir das gute Gewissen für uns haben. Wir würden nur eine defensive Rolle einnehmen. Ich betone es, daß nach menschlicher Berechnung und soweit die anderen Staaten den Frieden wünschen und die Verträge achten, wir sicherlich nicht in Konflikte verwickelt werden. Der Abg. Bebel ist dann auf Venezuela zurückgekommen und hat seinem Bedauern darüber Ausdruck gegeben, daß wir unsere Venezuela-Differenzen nicht sofort an das Schiedsgericht nach dem Haag verwiesen haben. Ja, auch das haben wir nicht getan, weil Präsident Castro, für den der Abg. Bebel im vorigen Jahr mit so großer Lebhaftigkeit eintrat, sich von vornherein hierzu nicht verstehen wollte, sondern erst als wir ihm diese Forderung mit gewissem Nachdruck zu Gemüte führten. (Beifall und Heiterkeit.) Ich möchte, meine Herren, meinem tiefen Bedauern Ausdruck geben über die Art und Weise, wie sich der Abg. Bebel soeben ausgesprochen hat über Rußland. Die Art und Weise, wie der Abg. Bebel sich bemüht hat, Stimmung zu machen gegen Rußland und wie er die russischen Verhältnisse kritisiert hat, wird sicherlich Genugtuung erregen bei denjenigen unserer ausländischen Gegner, die die guten Beziehungen zwischen Rußland und Deutschland zu trüben suchen. (Lebhafter Beifall rechts, große Unruhe bei den Sozialdemokraten.) Ich bin aber überzeugt, daß ich die Mehrheit dieses hohen Hauses auf meiner Seite habe, wenn ich sage, daß eine derartige Art und Weise, über die inneren Verhältnisse eines befreundeten Nachbarstaates, wenn ich sage, daß eine derartige zügellose Art und Weise der Kritik (Sehr richtig! rechts und lebhafter Beifall rechts; Oho! und stürmische Unruhe links), jawohl, daß eine so zügellose Art und Weise der Kritik: abzusprechen über die inneren Verhältnisse eines befreundeten Staates (Erneutes Oho!) nicht der Tradition des deutschen Volkes entspricht, noch seinen Wünschen, noch seinen Interessen (Erneute Unruhe). Ich bin überzeugt, daß ich die große Mehrheit des deutschen Volkes hinter mir habe (Unruhe bei den Sozialdemokraten), wenn ich hiermit erkläre, daß ich mich durch die Rede des Abg. Bebel nicht abhalten lassen werde, auf das sorgsamste die Beziehungen zu Rußland zu pflegen. (Zuruf bei den Sozialdemokraten: Auch die Polizeiwirtschaft Rußlands? — Unruhe. — Vizepräsident Dr. Paasche: Ich bitte, nicht zu unterbrechen!) Nun ist der Abg. Bebel weiter eingegangen auf unser Verhältnis zu Amerika. Er hat mir da vorgeworfen, daß wir Amerika gegenüber zu sanftmütig auftreten. Das ist derselbe Vorwurf, der vielfach in der gelben Presse von Amerika gegen die Leiter der dortigen Politik erhoben worden ist, und das beweist, daß auf beiden Seiten des großen Wassers die einsichtigen, besonnenen und verständigen Leute eine gute Beziehung zwischen Amerika und Deutschland zu erreichen, die weniger verständigen und besonneneren Leute dieselbe zu trüben suchen. Was Herrn Vanderbilt angeht, über den Herr Bebel sich in so wenig freundlicher Weise ausgesprochen hat, so hat dieser Herr die deutschen Herren, die Amerika vor zwei Jahren besuchten, in der entgegenkommendsten Weise aufgenommen. Es war ganz natürlich, daß auch ihm ein höflicher Empfang zuteil wurde. Von irgend welcher Unterwürfigkeit — es handelt sich ja weder um einen Oberstkommandierenden noch um einen Oberpräsidenten, sondern nur um einen Assessor und einen General, der von früher her mit Vanderbilt bekannt war — ist nicht die Rede gewesen. Es ist nur zu wünschen, daß häufig Ausländer zu uns kämen. Denn im allgemeinen kennt der Deutsche das Ausland besser, als das Ausland uns, und wenn wir solche Fremden höflich und freundlich empfangen, so vergeben wir uns gar nichts. (Sehr richtig! rechts.) Nun hat der Abg. Bebel sich weiter ausgesprochen über den Stand der Handelsverträge. Er hat sich über den Stand der Handelsvertragsverhandlungen in einer Weise ausgesprochen, die im höchsten Grade geeignet wäre, das Zustandekommen von Handelsverträgen zu erschweren, wenn man im Auslande annehme, daß der Abg. Bebel auf unsere Politik einen bestimmenden Einfluß ausüben könnte. Der Abg. Bebel hat alle Argumente zusammengetragen, um die Stellung unserer Unterhändler zu erschweren und die Stellung der fremden Unterhändler zu stärken. (Sehr richtig! rechts und in der Mitte. Widerspruch und Gelächter links.) Demgegenüber stelle ich fest, daß die Verbündeten Regierungen nach wie vor an dem Wunsche festhalten, auf für uns annehmbarer Basis baldmöglichst zu Handelsverträgen zu kommen. Weiter hat Bebel die Frage der Abgaben für Wasserstraßen berührt; über die habe ich die bestimmte Erklärung abzugeben: Nach der ganzen Entstehungsgeschichte des § 54 der Reichsverfassung kann es keinem Zweifel unterliegen, daß durch diese Verfassungsbestimmung das Recht der Einzelstaaten beseitigt werden sollte, auf den deutschen Strömen lediglich für die Befahrung derselben irgend welche Abgaben zu erheben. Jede Ausnahme von diesem reichsgesetzlichen Grundsatze würde hiernach der Genehmigung durch ein besonderes Reichsgesetz bedürfen und zwar, wie das bei den Verhandlungen über das Gesetz vom 5. April 1886 betr. die Erhebung einer Schiffahrts-Abgabe auf der Unterweser ausdrücklich hervorgehoben ist, eines Reichsgesetzes, welches im Bundesrate unter Wahrung der Vorschriften des Art. 78 der Reichsverfassung zu beschließen ist. Dem Bundesrat liegt keinerlei Antrag vor, von dem allgemeinen Grundsatze des Art. 54 der Reichsverfassung eine Ausnahme zu erwägen und zu beschließen, und dürfte deshalb auch für das hohe Haus und die beteiligten Erwerbskreise kein Grund bestehen, auf die in der Presse enthaltenen Erörterungen einer theoretischen Streitfrage einzugehen, welche durch die Reichsverfassung dem Gebiete der Reichsgesetzgebung vorbehalten worden ist und bei der auch bestehende vertragsmäßige Abmachungen mit fremden Staaten in Betracht kommen würden. Nun hat mich Herr Bebel lebhaft erinnert an das, was ich vor einigen Jahren gesagt habe über meine sozialpolitische Auffassung. Dabei hat er gefragt, warum ich nicht den Ehrgeiz hätte, ein Millerand zu werden. Das will ich Ihnen sagen, Herr Bebel, einmal weil Herr Millerand durch und durch ein Franzose ist, ein französischer Patriot, während Sie und Ihre Freunde bei jeder

Gelegenheit erklären, daß Sie nicht auf demselben nationalen Boden ständen wie wir (Beifall. — Abg. Bebel: Sehr richtig!), und dann, wenn ich mich wirklich zum Millerand entwickeln oder mir einen Millerand zulegen würde (Heiterkeit), diesem Millerand von keiner Seite mehr Knüppel zwischen die Räder geschoben werden würden, als von dem Herrn Abg. Bebel. (Sehr richtig! Heiterkeit.) Darüber, Herr Bebel, werden Sie sich doch selbst nicht nach den Verhandlungen des Dresdener Parteitages irgendwie im Zweifel sein. (Lebhafter Beifall und stürmische Heiterkeit.) Ich habe vor einem Jahr gesagt, daß von einem Stillstand der sozialpolitischen Gesetzgebung nicht die Rede sein könne, daran halte ich vollkommen fest. Die Verbündeten Regierungen werden sich, wie Sie aus der Thronrede ersehen haben, in ihren arbeiterfreundlichen Bestrebungen nicht irre machen lassen. Wir werden auch weiter bestrebt sein, Leben und Gesundheit der Arbeiter immer besser zu schützen. Wir werden auch versuchen, die großen Fragen der Arbeitszeit und der Arbeiterverfassung, der Frauen- und Kinderarbeit, der Lohnzahlungsmethode so weit zu lösen als möglich ist unter voller Aufrechterhaltung unserer Konkurrenzfähigkeit auf dem Weltmarkt. Wir betrachten es als die Pflicht des Staates, wie, wenn ich nicht irre, mein so kompetenter Nachbar, der Herr Graf Posadowsky einmal, ich glaube in Düsseldorf, gesagt hat, den Arbeiter in möglichst umfassender, in möglichst wenig bedrückender, dem Stande unserer heutigen Kultur entsprechender Weise gegen Gefahren seines Berufslebens zu schützen. Wir wollen nicht nur fortführen, was auf dem Gebiete des Arbeitsschutzes und der Arbeiterversicherung schon geschaffen ist, sondern wir hoffen auch, nach und nach denjenigen Aufgaben näher treten zu können, die noch der Lösung harren. Diese Aufgaben sind für das nächste Jahrzehnt die Witwen- und Waisenversorgung, und ich hoffe, auch später einmal die Arbeitslosenversicherung. Wir werden aber diese Aufgabe nur lösen können, wenn wir auf der sozialen Bahn, wenn wir in dem, was ich den Kampf gegen das menschliche Elend nenne, Schritt für Schritt vorgehen, ohne den Boden der Wirklichkeit unter den Füßen zu verlieren, ohne durch Forderungen, wie sie von sozialdemokratischer Seite gestellt werden, unser ganzes wirtschaftliches Leben mit Katastrophen zu bedrohen. Durch Forderungen, von denen jeder weiß, daß sie nicht oder noch nicht realisiert werden können, wird lediglich ein besonnener und stetiger Fortschritt auf der sozialen Bahn erschwert. Und indem Sie fortgesetzt solche Forderungen erheben, erleichtern Sie nicht die sozialpolitische Reform, wie dies Herr Bebel mir in freundliche Aussicht stellen wollte, sondern Sie erschweren sie. (Sehr wahr!) Es gibt noch eine andere Ursache, welche die sozialpolitische Gesetzgebung erschwert. Herr Bebel hat niemals ein Hehl daraus gemacht, daß er ein Gegner der heutigen Verfassung, ein Gegner der Monarchie, ein Republikaner ist. Durch nichts aber werden die Bestrebungen zugunsten der Arbeiter mehr erschwert und nichts ist ein größeres Hemmnis für die Verbesserung der Lage der Arbeiter als die Art und Weise, wie von sozialdemokratischer Seite verquickt werden die Bestrebungen zugunsten der Arbeiter mit antimonarchischen Zielen und Tendenzen (Sehr wahr! und Lärm bei den Sozialdemokraten), und nichts ist unlogischer. Die Geschichte beweist, daß die Sozialreform eines Landes völlig unabhängig ist von seiner Staatsverfassung. Die Geschichte beweist ferner, daß es mit der Republik allein auch nicht getan ist. (Sehr richtig! bei den Sozialdemokraten.) Ich habe auch in Republiken gelebt und stehe solchen Fragen sehr objektiv gegenüber, ich kann Sie versichern, daß da auch mit Wasser gekocht wird (Heiterkeit), und daß es da auch sehr häufig hapert, und daß es ein Irrtum ist, zu glauben, daß es irgend ein politisches Universalserum gäbe, um alle menschlichen Krankheiten und Leiden zu heilen. (Zuruf bei den Sozialdemokraten: Behaupten wir denn das?) Ich sage also, daß die Art und Weise, wie die Sozialdemokratie beständig bestrebt ist, ihre republikanische Gesinnung zu bekunden, schädlich ist für die Fortführung der Sozialreform, und daß sie auch in hohem Grade ungerecht ist, denn es gibt keine Republik, wo so viel für die arbeitenden Klassen geschehen ist, als im monarchischen Deutschland (Sehr richtig!) von der Politik unseres alten Kaisers Wilhelm I. bis heute. (Sehr richtig!) Das ganze Ausland gibt zu, daß weder in England, noch in Frankreich, noch in Amerika, noch in irgend einem anderen Lande der Welt für die arbeitenden Klassen geschehen ist, was bei uns geschehen ist. In der Schweiz, wo der Abg. Bebel während eines Teiles des Sommers lebt, wird ihm nicht entgangen sein, daß große sozialpolitische Gesetze zwar angenommen wurden von der Bundesversammlung, aber in der Volksabstimmung fielen. (Sehr richtig.) Das bekannte Projekt der Arbeitslosenversicherung für Basel-Stadt ist von dem Großen Rat des Kantons angenommen, dagegen im Referendum abgelehnt worden. Das ist eine schöne Illustration zu allen Angriffen, die der Abg. Bebel eben gegen die bürgerlichen Klassen, gegen die höheren Klassen gerichtet hat. — Ich will in diesem Zusammenhange nicht eingehen auf die Frage der indirekten oder direkten Steuern. Der Abg. Bebel hat eben noch mit großer Lebhaftigkeit plädiert für die direkten Steuern. Es wird dem Herrn Abg. Bebel nicht unbekannt sein, daß in keinem Lande der Welt der Widerstand gegen die Einführung direkter Steuern und namentlich progressiver direkter Steuern, die Herrn Bebel als Ideal vorschweben, stärker ist als in dem republikanischen Frankreich. (Zuruf des Abg. Bebel: Die Regierung macht's nicht!) Aber Herr Millerand! Herr Bebel hat weiter eine entsetzliche Schilderung entworfen von unseren heutigen Zuständen. Er vergleicht dieselben zweimal mit den Zuständen in dem kaiserlichen Rom, im sinkenden Rom. Da muß ich wirklich sagen: ein hinkenderer Vergleich ist mir noch nicht vorgekommen. Ich habe mich doch auch mit römischer Geschichte beschäftigt. Wo in aller Welt soll denn eine Aehnlichkeit bestehen zwischen den damaligen Zeiten und den heutigen? Ich versichere Sie, daß der Senat zur Zeit des Kaisers Tiberius ganz anders aussah, wie dieses hohe Haus. (Stürmische Heiterkeit.) Hätte dort jemand eine Rede gehalten, wie heute der Abg. Bebel, es wäre ihm schlecht bekommen. (Große Heiterkeit.)

Der Abg. Bebel hat auch von Byzantinismus gesprochen. (Sehr richtig!) Ich habe mich wirklich gewundert, daß der Abg. Bebel das Wort in den Mund genommen hat. Ihm wird doch wohl nicht unbekannt sein, daß es nicht nur einen Byzantinismus nach oben gibt, sondern auch einen nach unten. (Lebhafte Zustimmung.) Es gibt nicht nur Fürstenschranzen, es gibt auch Volksschranzen. (Sehr richtig und Heiterkeit.) Das sind diejenigen, die immer dem untrüglichen Masseninstinkt schmeicheln. Das sind diejenigen, die finden, daß der Herr „Demos" sich niemals irren könne. Und von diesen Volksschranzen hat unser großer Dichter gesagt, „sie seien die schlimmsten von allen". (Heiterkeit.) Herr Bebel hat Vorgänge zur Sprache gebracht, die sich in Crimmitschau abgespielt haben. Ich muß es selbstverständlich dem sächsischen Herrn Bevollmächtigten überlassen, im einzelnen auf die Ausführungen zu antworten. Ich möchte aber doch folgendes sagen: Wenn Herr Bebel von dem Terrorismus der Arbeitgeber sprach, wenn er über Unterdrückung klagte, wenn er in allen Tonarten alle möglichen Freiheiten fordert, so erwidere ich ihm, wo herrscht denn weniger Freiheit als bei Ihnen! (Große Unruhe bei den Sozialdemokraten.) Keine Partei hat im Wahlkampfe die Redefreiheit und die

Koalitionsfreiheit anderer Parteien weniger geachtet, als die Sozialdemokratie. (Großer Lärm bei den Sozialdemokraten, Zustimmung bei den anderen Parteien.) Daß Ihnen das nicht gefällt, weiß ich wohl. Das ist aber kein Grund, mich beständig zu unterbrechen. Ich habe Herrn Bebel nicht unterbrochen. Ich denke, wir wollen von beiden Seiten hübsch anständig diskutieren. (Zustimmung.) Ich sage also, keine Partei hat die Redefreiheit und Versammlungsfreiheit anderer Parteien weniger respektiert, als die sozialdemokratische. (Unruhe bei den Sozialdemokraten.) Keine Partei führt gegenüber den Führern anderer Parteien eine rohere, eine freiheitsfeindlichere Sprache als die Sozialdemokratie. (Unruhe bei den Sozialdemokraten.) Und welche Tyrannei üben Sie auf den Bauplätzen und den Werkstätten gegenüber dem einzelnen Arbeiter, der sich der Sozialdemokratie nicht unterwerfen will! Wie gewaltsam gehen Sie vor, wie tyrannisch in den Krankenkassen-Verwaltungen! (Großer Lärm bei den Sozialdemokraten. Sehr richtig! rechts.) Und wie ist es mit der Meinungsfreiheit bei Ihnen bestellt? Sie reden, meine Herren, immer über das finstere Mittelalter. Es hat niemals ein Konzil gegeben, wo eine solche Unduldsamkeit, Engherzigkeit und Ketzerriecherei geherrscht hat, als auf Ihrem letzten Parteitage. Keine Erklärung, keine Bulle ist je so intolerant abgefaßt worden, wie damals die Erklärung des Abg. Bebel. Wie war es denn nach den Wahlen? Als da der Abg. Bernstein eine gewisse Sehnsucht durchblicken ließ nach einem sozialdemokratischen Vizepräsidenten (Lachen bei den Sozialdemokraten), erfuhr er von dem Abg. Bebel einen Rüffel von einer Schärfe, die ich nicht gegenüber dem jüngsten Beamten in einem der mir unterstellten Ressort zur Anwendung bringen würde. (Heiterkeit.) Da nehme ich alle die Herren zu Zeugen, die hinter mir stehen. (Heiterkeit.) Sie haben ja in Dresden förmliche Exkommunikationen ausgeübt, excommunicatio major und minor. (Heiterkeit.) Sie haben einen Index aufgestellt, in welchen Zeitungen geschrieben werden soll und in welchen nicht geschrieben werden soll. Reden Sie uns von allem, nur nicht von Freiheit! (Sehr gut!) Die Freiheit, die Sie meinen, ist die Willkür für Sie, der Terrorismus für die andern. (Beifall.) „Und willst Du nicht mein Bruder sein, so schlag' ich Dir den Schädel ein!" (Stürmische Heiterkeit.) Herr Bebel hat hier eine Rede gehalten, wo sich eine kritische Bemerkung an die andere reihte, wie eine Perle an die andere, und wenn ich der Sozialdemokratie ein Zeugnis auszustellen hätte, so würde ich sagen: Kritik, Agitation und — das gebe ich Ihnen vollkommen zu, da können Sie sehen, wie objektiv ich bin — Disziplin und Opferfreudigkeit Ia (Große Heiterkeit), positive Leistungen, Klarheit des Programms Vb. (Stürmische Heiterkeit. Einzelne Abgeordnete klopfen vor Vergnügen auf den Tisch.) In den 80er Jahren beschäftigte sich Fürst Bismarck mit dem Anwachsen der Sozialdemokratie. Mein großer Amtsvorgänger sagte damals: „Ich bin über diese Vergrößerung gar nicht unglücklich. Je größer die Zahl der sozialistischen Abgeordneten wird, desto mehr wird ihnen die Ehrenpflicht obliegen, doch bald mit positiven Plänen hervorzutreten und zu sagen, wie sich in ihrem Kopf die Zukunft der Welt und die Verfassung gestaltet. Bisher sind Sie damit im Rückstand geblieben. Was dasteht, ist alles schlecht. Das unterliegt Ihrer Kritik, wird alles verworfen. Die Kritik ist außerordentlich leicht, aber das Bessermachen! Meine Herren, wenn ich doch endlich eine Verfassung, eine solche Gesetzgebung sehen könnte, wie die Herren Führer der Sozialdemokratie sie sich denken. Sie sind jetzt 25; das zweite Dutzend haben Sie also. Ich will Ihnen noch das dritte geben. Wenn Sie aber 36 sind, erwarte ich mit Sicherheit, daß Sie Ihren vollen Operationsplan zur Verfassung,

wie sie sein soll, uns entwerfen. Sonst glaube ich, Sie können nichts!"
(Heiterkeit.) Seitdem sind beinahe 20 Jahre verflossen. Die Sozialdemokratie hat das sechste Dutzend Mandate bereits überschritten (Zuruf bei
den Sozialdemokraten: Wir haben sieben!), aber den vollen Operationsplan
der Verfassung, den Fürst Bismarck von Ihnen verlangte, haben Sie noch
immer nicht verraten. Wenn man früher sagen konnte, daß es dazu noch
zu früh sei, so könnte ich doch eine solche Entschuldigung heute nicht mehr
gelten lassen. Herr Bebel hat im Juni v. J. in Karlsruhe gesagt, daß der
Untergang der bürgerlichen Gesellschaft viel näher bevorstehe, als diese selbst
glaube. Das ist es doch natürlich, daß wir wissen möchten, was uns bevorsteht. (Heiterkeit.) Daß Herr Bebel einen genauen und detaillierten
Plan besitzt, muß ich nicht nur anstandshalber annehmen (Heiterkeit),
sondern das hat er selbst auch auf einem der letzten sozialdemokratischen
Parteitage, ich weiß nicht, war es in Lübeck oder Mainz, gesagt. Da erklärte er, in der Zeit der Aktion sei es zu spät für theoretische Diskus-
sionen, der Plan des Zukunftsstaates müßte schon vorher genau und in
allen Details ausgearbeitet sein. Sie besitzen also einen solchen ganz genauen Plan (Heiterkeit), den sollen Sie uns zeigen! Es geht Herrn Bebel
oder der Sozialdemokratie wie dem Verteidiger von Paris, General Trochu,
während der Belagerung durch die Deutschen. Der sprach immer von
einem geheimnisvollen Plan, durch den alles wunderschön werden sollte.
Wenn man den Plan sehen wollte, dann sagte er: Der Plan ist bei meinem
Notar mit meinem Testament deponiert, beide werden gleichzeitig geöffnet
werden. (Heiterkeit.) Den Plan des Abg. Bebel möchte ich aber doch noch
bei seinen Lebzeiten sehen. Also sagen Sie uns doch statt fortgesetzter
Klagen und Beschwerden endlich, aber nicht in negativer Kritik, nicht in
verneinenden Redensarten, sondern in positiven Angaben, was Sie nun
an die Stelle des heutigen setzen wollen, wie es nun eigentlich praktisch
aussehen soll in dem Paradies, in das Sie uns führen wollen. (Heiterkeit; Zurufe bei den Sozialdemokraten: Sie mit!) Ich danke Ihnen, daß
Sie mich dahin mitnehmen wollen. Daß für die Sozialdemokraten doch
die Verpflichtung vorliegt, endlich einmal mit der Sprache herauszurücken,
hat auch ein Ihnen nahestehender, ein Ihnen befreundeter Politiker hervorgehoben, der — leider nicht mehr Abgeordnete Barth (Heiterkeit) — der
in einem Artikel der „Nation" vor einigen Wochen schrieb, für die Sozialdemokratie sei jetzt endlich der Augenblick gekommen, nicht mehr wie bisher
eine politisch unfruchtbare Demonstration zu machen, sondern zu zeigen,
was sie Positives leisten, vorbringen könnte. Meine Herren, ich habe mich
nicht erst seit heute und gestern, nein seit Jahren bemüht, aus Ihren
Reden, denen ich mit voller Aufmerksamkeit zugehört habe, aus Ihren
Schriften mich zu informieren, wie nun eigentlich Ihr Zukunftsstaat praktisch eingerichtet werden soll. (Ruf bei den Sozialdemokraten: Eugen
Richter!) Die Ausbeute war unendlich gering. Das Gescheiteste, was ich
noch darüber in vielen Jahren gelesen habe, war ein Aufsatz, der vor drei
Jahren in einer Zeitschrift erschien, deren Mitarbeiter zum Teil persönliche Bekannte von mir waren, und der mir übersandt wurde, in der
Zeitschrift „Kosmopolis" und dann die Broschüre „Die soziale Revolution"
von Karl Kautsky, die ich als grünen Bädeker für die Reise nach Utopien
stets in meinen Reichstagsakten mit mir trage. In dem Aufsatz des Abgeordneten Liebknecht hieß es über den Zukunftsstaat: „Verschwinden werden
die Kasernen, denn wir haben keine Soldaten mehr, und verschwinden
werden die Zuchthäuser, denn die Gesellschaft wird sich ohne Verbrechen
behelfen. (Heiterkeit.) Verschwinden werden die Justizpaläste, verschwinden
werden rein aus Schönheitsrücksichten die entsetzlichen Bauungeheuer, durch

die man heute den Menschen beweisen will, daß außerhalb dieser Welt der
Materie eine bessere Welt über dem Sternenzelt ist — also die Kirchen.
Denkmäler der Kunst wird man dafür um so andachtsvoller verehren.
Verschwinden werden die Bastillen der Arbeiter, nämlich die Fabriken,
verschwinden werden die Löcher, die gut genug für das Vieh sind, und
verschwinden werden die ungesunden, fieberverbreitenden Häuser, genannt
Wohnstätten! Der Unterschied zwischen Stadt und Land wird aufhören.
Dann werden die Menschen nicht mehr Sklaven sein und, ohne sich von
den Kulturgelüsten zu trennen, in der freien Natur leben können!" Meine
Herren! Da frage ich doch mit aller Rücksicht, die ich für einen ehrlichen
und überzeugten Mann habe, der jetzt unter der Erde ruht, ist es möglich, von dem Zukunftsprogramm einer großen Partei, die alles Bestehende
umstürzen will, ein nebelhafteres, phantastischeres und unklareres Bild zu
entwerfen (Sehr richtig!), als das hier einer der hervorragendsten, der
hervorragendste parlamentarische Führer der Sozialdemokratie getan hat?
(Sehr richtig!) Was mich bei solchen Zukunftsbildern noch immer wundert,
ist, daß die Farben nicht viel dicker aufgetragen werden. Wenn Sie schon
das Aufhören der Verbrecher und der Zuchthäuser und der großen Städte
und der Fabriken versprechen, warum nicht auch das Aufhören von Kopf-
weh und Zahnschmerzen, von Tod und Krankheit? (Heiterkeit.) Bei Herrn
Kautsky habe ich gelesen, daß am Tage nach dem Siege der Sozialdemokratie die Grundeigentümer, die Großindustriellen, die Kapitalisten ihres
Besitzes enteignet würden. Daß bei einem solchen großen Raubzug auch
nur die Lage der Arbeiter sich dauernd bessern würde, dafür bleibt Herr
Kautsky den Beweis vollkommen schuldig. Darüber, wie in dem Zukunftsstaat praktisch regiert werden soll, wie bei der in Aussicht genommenen
Herabsetzung der Arbeitszeit und Hinaufsetzung der Arbeitslöhne eine Ver-
ringerung der Produkte verhindert werden soll, wie dem Arbeiter auch
nur der bescheidenste Rest von persönlicher Freiheit und eigener Initiative
bleiben soll, welcher Maßstab der Verteilung gelten soll, ob gleichmäßig
oder nach Maßgabe der Leistung — über alle diese einschneidenden und
grundlegenden Fragen erfahren wir so gut wie gar nichts. Ich bin also
berechtigt zu erklären, daß es der Sprung eines Blinden ins Dunkle ist,
den uns die Sozialdemokratie mit ihrer ganzen Agitation zumutet. (Zustimmung und Beifall.) Was Sie an Stelle des Bestehenden setzen wollen
— das hat ja der Dresdener Parteitag in glänzender Beleuchtung gezeigt —,
das wissen Sie eben selbst nicht, darüber sind Sie selbst im Unklaren,
darüber sind Sie sich selbst nicht einmal untereinander einig. Bei der
Durchführung Ihres Parteiprogramms käme es hinaus auf die Schaffung
eines riesigen Staatszuchthauses, auf ein kolossales Ergasterion, wo es kein
Mensch aushalten würde. (Sehr richtig!) Es wird aber niemals gelingen,
einen solchen Zukunftsstaat herbeizuführen. Selbst wenn durch Anwendung
der brutalsten Gewalt, durch die von Ihnen in Aussicht genommene Dik-
tatur des Proletariats momentan der Besitz aller Menschen gleich gemacht
würde, so würde es selbstverständlich morgen wieder arm und reich geben,
(Lachen bei den Sozialdemokraten.) Ich sehe aus den Verhandlungen
Ihres Parteitages, daß jeder von Ihnen den andern für viel dümmer
hält als sich selbst. An dieser Besonderheit der Menschen, an diesem Bedürfnis nach individueller Freiheit werden Sie scheitern, auch wenn Sie
sich nicht vorher die Köpfe einrennen an den ehernen Mauern der gegenwärtigen Staats- und Gesellschaftsordnung, die sehr viel stärker ist als Sie
glauben. (Sehr wahr! rechts.) Den Abg. Bebel ertappt man auf Schritt
und Tritt in Widersprüchen. Untergang der Staats- und Gesellschaftsordnung wäre ja doch nur möglich bei einem Mangel an Egoismus und

bei einem Altruismus, bei einer gegenseitigen Bruderliebe, wie sie meines Wissens in keinem Staatswesen und in keiner Gesellschaft anzutreffen gewesen ist. Ihre Republik, meine Herren, wäre wie die Republik des Plato nur möglich bei Engeln und Engelsöhnen. Bilden Sie sich etwa ein, ein solcher Engel zu sein. (Heiterkeit.) Sie sind mir ein netter Engel (Stürmische Heiterkeit), wenn Sie immerfort an Mißtrauen, an Haß, an alle schlechten menschlichen Eigenschaften appellieren. Wer den berechtigten und natürlichen Egoismus, auf dem bis jetzt jede menschliche und staatliche Ordnung beruht hat, ersetzen will durch eine angeblich höhere Form des Gemeindewesens, der muß selber anfangen, duldsam zu sein. Statt solcher Harmonie haben Sie uns in Dresden eine Kakophonie aufgeführt. (Große Heiterkeit.) Der Abg. Bebel hat sich am Eingange seiner Ausführungen auch wiederum gegen den Militarismus gewendet. Er glaubt natürlich, es ginge auch ohne Armee oder mit einem Milizheer. Ich möchte nur wissen, was er täte, wenn wir von unseren Nachbar angegriffen würden. Gegenüber Zuständen, wie sie der Abg. Bebel hervorrufen will, läge die Versuchung für einen solchen Angriff sogar sehr nahe. Und selbst wenn er vermieden würde, so beweist doch die ganze Geschichte, daß der Beste nicht in Frieden leben kann, wenn es dem bösen Nachbar nicht gefällt. Was würden Sie nun also machen, Herr Bebel, wenn wir ohne starke und ohne wohldisziplinierte Armee von unseren Nachbarn angegriffen würden? Und die auswärtige Politik des Herrn Bebel zu realisieren, müssen wir eine viel stärkere Armee haben als heute. (Sehr richtig!) Er will überall intervenieren, in Finnland, Rumänien, sogar in der Mandschurei. (Heiterkeit.) Das ist ja an und für sich ganz schön und macht dem menschlichen Gefühl vielleicht alle Ehre. Das ist aber nicht durchzuführen ohne eine ganz ungewöhnlich starke Armee. Und wie denkt sich Herr Bebel die künftige Leitung der auswärtigen Politik? Wen haben Sie also beispielsweise als Minister des Aeußern ins Auge gefaßt? (Zuruf: Ledebour! Heiterkeit.) Ich fürchte nach den Auslassungen des Herrn Bebel auf dem Dresdener Parteitag, daß es ein Akademiker nicht sein darf. (Heiterkeit.) Sich auf diese Fragen vorzubereiten, haben Sie doch allen Grund, wo Sie uns sagen, daß unser Untergang so nahe bevorsteht und wo Sie ebenfalls in Dresden erklärt haben, die Sozialdemokratie würde, wenn sie am Ruder wäre, ihre Sache ganz wunderschön machen, und wie denken Sie sich das Verhältnis zu Rußland (Heiterkeit), über das Sie sich eben in Ihrer so gehässigen Weise ausgesprochen haben? Vor einigen Wochen las ich in einer italienischen Zeitung einen Brief, den Herr Bebel an einen Freund, den Abg. Enrico Ferri, einen italienischen Sozialdemokraten, gerichtet hat. In dem Brief hieß es, die deutsche Sozialdemokratie ignoriere das Zarentum. (Zuruf des Abg. Bebel: Wenn es nach Deutschland kommt!) Aber glauben Sie, daß Sie, wenn Sie einmal am Ruder wären, das mächtige russische Reich mit 120 Millionen Einwohnern ignorieren würden? Ich lese ständig in sozialdemokratischen Blättern Angriffe gegen Rußland, beinahe so scharf, wie sie hier der Abg. Bebel ausgesprochen hat, ich lese da beständig, kein Mittel solle unversucht gelassen werden, dem russischen Kaisertum den Abscheu und Haß des deutschen Volkes zum Ausdruck zu bringen. Glauben Sie, daß damit ein friedliches Verhältnis zwischen uns und Rußland möglich ist, wie es den wohlverstandenen Interessen des deutschen Volkes entspricht? Wer vor solchen Unklarheiten, vor solchen Widersprüchen, vor soviel Rätseln steht, der sollte sich mehr in seiner Kritik mäßigen, als es Herr Bebel getan hat. (Sehr gut!) Er soll nicht die bestehenden Einrichtungen umstürzen wollen, denn er hat gar nichts Besseres an die Stelle zu setzen. Das größte Pech, das Herrn Bebel und der Sozialdemokratie passieren könnte — ich habe das oft gesagt —, wäre, wenn Sie durch irgend ein Wunder plötzlich an die Gewalt kämen. (Zurufe bei den Sozialdemokraten: Tun Sie es doch!) Dann würden Sie Ihre Unfähigkeit nach innen und außen, Ihre Unfähigkeit, auswärtige Politik zu führen, Ihre ganze Impotenz in bengalischer Beleuchtung zeigen. (Lebhafte Zustimmung.) Ich gebe allerdings zu, daß diese Geschäftsübernahme auch für uns nur heilloses Pech sein würde (Heiterkeit), denn wenn Sie auch nichts Neues, nichts Dauerndes organisieren und durchführen würden, im Zerstören und Ruinieren würden Sie groß sein. (Lebhafte Zustimmung.) In der langen Ausführung des Herrn Bebel traten zwei Gesichtspunkte hervor: einmal das von ihm ja früher so oft proklamierte unverhüllte Bestreben, die bestehende Ordnung der Dinge, unsere bestehende Staats- und Gesellschaftsordnung umzustürzen, und dann Klagen über mangelndes Entgegenkommen des Staates gegenüber der sozialdemokratischen Bewegung. Solche Klagen erinnern mich an das französische Sprichwort von dem Tier, das sehr böse sich verteidigt, wenn es angegriffen wird. Verteidigen wird sich der Staat und verteidigen werden wir uns. (Zuruf bei den Sozialdemokraten: Wer ist der Staat?) Sie werden das schon merken! Wir werden die bestehende Ordnung der Dinge, wir werden die Fundamente, auf welchen diese Ordnung ruht: die Religion, die Monarchie, die langsam angewachsene Kultur, wir werden das Haus, das vielen Geschlechtern Obdach gewährt hat und das noch unsere Kinder aufnehmen soll, zu verteidigen wissen und verteidigen können, denn an diesem Hause haben so viele Geschlechter gearbeitet, viele große Kaiser und viele tüchtige Männer. Es ist das Resultat von viel hingebender Treue, von Schweiß und Blut. Aufzubauen ist schwer, einzureißen ist leicht. Die Künstler, die einen Tempel aufführen, werden selten geboren. Aber Herostrate, die bereit sind anzuzünden, die sind zu Dutzenden vorhanden. (Beifall.) Wir werden unser Haus zu verteidigen wissen mit aller Festigkeit, aber mit aller Ruhe. Wir werden die Gefahren nicht fürchten, wir wissen sehr wohl, welche Gefahren die Quellen unserer Zukunftshoffnungen, die Quellen unserer Macht und Wohlfahrt bedrohen, und alle Versuche, an die Stelle der organischen, gesetzmäßigen und verfassungsmäßigen Fortentwicklung die widerrechtliche und gewaltsame Revolution zu setzen, werden nach meiner Ueberzeugung scheitern an dem gesunden Sinn des deutschen Volkes, das sich selbst aufgeben würde, wenn es Ihnen (nach links) folgen würde. (Lebhaftes Bravo! rechts und in der Mitte. Unruhe bei den Sozialdemokraten.)

10. Dezember. (Baden.) Dem Landtage geht eine Vorlage auf Erhöhung der Einkommen- und Kapitalrentensteuer um 20 Prozent zu.

11. Dezember. Im Reichstage bildet sich eine neue Fraktion, die freie wirtschaftliche Vereinigung. Ihr gehören 11 Abgeordnete antisemitischer und agrarischer Richtung an.

11./15. Dezember. (Reichstag.) Etat. Vorgänge in der Armee. Bekämpfung der Sozialdemokratie.

Abg. Sattler (nl.) bedauert die Soldatenmißhandlungen der letzten Zeit. Preuß. Kriegsminister v. Einem tadelt scharf die im Bilseprozeß aufgedeckten Schäden, die zum Teil durch Unachtsamkeit des Kommandeurs entstanden seien. Gegen die Mißhandlungen werde aufs schärfste vorgegangen werden. Aber man müsse auch bedenken, daß viele Vorgesetzte durch verhetzte Soldaten geflissentlich gereizt würden. Die Angriffe Bebels gegen das deutsche Geschütz seien ungerecht; es sei besser als das französische, das zu schwer und kompliziert sei. Abg. Richter (fr. Vp.) stimmt dem Kriegsminister in der Beurteilung der Mißhandlungen zu, tadelt aber, daß die Offiziere aus zu engen Kreisen rekrutiert würden. Beruf der Eltern und andere äußere Umstände seien maßgebender für die Aufnahme als Tüchtigkeit. Abg. v. Kardorff (RP.) fordert Kündigung der Handelsverträge mit Meistbegünstigung, um die neuen Verhandlungen zu erleichtern, sowie Ausnahmemaßregeln gegen die Sozialdemokratie. Am 15. fordert Abg. Graf Limburg-Stirum Repressivmaßregeln gegen die Sozialdemokratie. Reichskanzler Graf Bülow lehnt das ab, weil dafür keine Mehrheit vorhanden sei. Der Regierung sei es mit der Bekämpfung der Sozialdemokratie voller Ernst, aber nicht mit Hitze sondern mit Besonnenheit. — Der Etat und die Finanzreformvorlage werden an die Budgetkommission verwiesen.

11. Dezember. (Bayern.) Reichsratskammer. Erwiderung des Ministerpräsidenten v. Podewils auf Crailsheims Rede (S. 170).

Ministerpräsident Frhr. v. Podewils sagt mit Bezug auf die Bemerkungen Crailsheims über das Verhältnis zu Preußen: Der von einer solchen Seite der königlichen Regierung erteilte Rat ist geartet, weithin die Befürchtung oder wenigstens den Grund zu einer Befürchtung zu verbreiten, als ob die von dem Herrn Reichsrat angedeutete politische Tendenz nicht außer dem Bereich der Möglichkeit wäre. In diesem Sinne und zumal in dem gegebenen Zusammenhang vermag ich den der königlichen Staatsregierung erteilten Rat nicht anzunehmen, zumal im Hinblick auf die Erklärungen der Regierung in der Zweiten Kammer des Landtags, die hierzu gewiß auch nicht den Schein eines Anlasses gegeben haben, und zumal in einer solchen Aeußerung eine Unterstützung oder eine Stärkung der Regierung nicht erblickt werden kann. Die königliche Regierung wird künftig ebensowenig wie es bisher geschehen ist, ihre Politik auf eine prinzipielle Majorisierung Preußens gründen. Vor einer solchen Annahme sind wir auch an der maßgebenden Stelle im Reiche vollständig gesichert, auch wenn wir einmal in der einen oder anderen Sache eine andere Meinung haben und dieselbe in rückhaltloser Offenheit mannhaft vertreten sollten. Man hat auch in uns dort jenes feste Vertrauen, auf welchem das gute Verhältnis unter den Bundesstaaten basiert ist, und man wird sich in diesem Vertrauen nicht erschüttern lassen. Das wissen wir, das weiß ich, weil es mir wiederholt in bündigster Weise versichert worden ist. Wir werden in freundschaftlichstem Zusammengehen mit der Präsidialmacht und mit den anderen Bundesstaaten allezeit treu loyal unter unserem teuern weiß-blauen Banner zur nationalen Fahne stehen.

12. Dezember. Der Reichstag genehmigt die Verlängerung des Handelsprovisoriums mit England auf zwei Jahre gegen die Stimmen der freien wirtschaftlichen Vereinigung.

13. Dezember. (Berlin.) Der Reichskanzler empfängt eine Abordnung Arbeiter, die ihm die Beschlüsse des Frankfurter Kongresses (S. 159) vorlegen. Er verspricht ernste und sachliche Prüfung.

14. Dezember. (Bayern.) Ein Verkehrsministerium wird errichtet; es soll am 1. Januar 1904 in Kraft treten. Minister wird Ministerialrat v. Frauendorfer.

15. Dezember. (Sachsen.) Die Zweite Kammer bewilligt einstimmig 10 000 Mark für Entsendung von 40 Gendarmen in das Crimmitschauer Ausstandsgebiet. (Annahme in der Ersten Kammer am 21. Dezember.)

Dezember. Die Presse über die Etatsberatung im Reichstage.

Die bürgerliche Presse sieht allgemein in der Rede Bülows vom 10. Dezember einen großen oratorischen Erfolg gegenüber Bebel; der „Vorwärts“ vermißt jedes Verständnis für die sozialdemokratische Weltanschauung. — Die Aussichten der Finanzreform werden im allgemeinen skeptisch betrachtet, weil das Zentrum meist dagegen sei. — Mehrere Zeitungen wie „Deutsche Tageszeitung“, „Post“ greifen den Reichskanzler an, weil er keine Maßregeln gegen den sozialdemokratischen Terrorismus ergreifen wolle.

17. Dezember. (Potsdam.) Der König von Dänemark besucht den Kaiser.

17./19. Dezember. (Hannover.) Der Kaiser nimmt an der Hofjagd an der Göhrde teil. — Am 19. wird in Hannover das 100jährige Bestehen des Infanterie-Regiments 75, des Ulanen-Regiments 13, des Artillerie-Regiments 10 gefeiert. Der Kaiser erwidert dabei auf eine Ansprache des Prinzen Albrecht:

Mit herzlichem Dank erhebe Ich Mein Glas und wünsche, daß jeder von Ihnen es Mir nachtut mit einem Rückblick auf die Vergangenheit, zumal auf die deutsche Legion, in Erinnerung an ihre unvergleichlichen Taten, welche im Verein mit Blüchers Preußen bei Waterloo das englische Heer vom Untergang retteten, auf die Vergangenheit von 1866, wo tapfer brav und unerschrocken der blanke Heerschild hannoveranischer Ehre hoch und blank gehalten wurde, auf die Vergangenheit von 1870, darunter auf den Helden von Beaune-la-Rolande, der leider nicht mehr unter Uns ist, auf die Gegenwart, die hier versammelt ist und die Ich von Herzen hier begrüße, und auf die Zukunft, die in den drei Regimentern verbürgt ist, und welche ebenso glänzend und ebenso blank, rein und schön sein möge, wie die Vergangenheit, das ist die Aufgabe, die Ich den Regimentern stelle! Die deutsche Legion und ihre Traditonen: Hurra! Hurra! Hurra!

18. Dezember. (Sachsen.) Die Behörden verbieten die geplanten Weihnachtsbescherungen für die ausständigen Textilarbeiter.

Das Verbot ist damit begründet, daß das terroristische Verhalten der ausständigen Arbeiter gegen die Arbeitswilligen im verstärkten Maße wahrzunehmen gewesen sei. Ferner weist die Behörde darauf hin, daß durch die in den letzten Tagen auswärts abgehaltenen Versammlungen und durch die Flugblätter die Behörden und die Sicherheitsorgane unter Nichtachtung jeder behördlichen Autorität weiter angegriffen und verunglimpft

worden sind, so daß zu erwarten steht, daß die geplanten Weihnachtsbescherungen zu ähnlichen Verhetzungen mißbraucht werden. — Die Ausständigen beschließen die Bescherung in Schmölle (Altenburg) vorzunehmen,
sie wird aber dort ebenfalls verboten. Infolge dessen treten viele Aus-
ständige aus der Landeskirche aus. — Versuche zur Vermittlung, die
Professor Böhmert und Geheimrat Roscher machen, scheitern an dem
Widerstand der Arbeitgeber. In den liberalen und Zentrumsblättern wird
diese Haltung der Arbeitgeber vielfach getadelt, ebenso, daß Ministerpräsident
von Metzsch den Empfang einer Arbeiterabordnung ablehnt. Es wird
behauptet, daß infolge dessen die Streikenden mehr als vorher unterstützt
würden, so daß sie bis Mitte Februar mit Geld versehen seien. (Ende
Dezember.)

20. Dezember. (Mecklenburg-Schwerin.) Großherzog
Friedrich Franz verlobt sich mit Prinzessin Alexandra, der Tochter
des Herzogs von Cumberland.

Dezember. Zwischen der „Kreuzzeitung" und dem Evangelischen Bunde finden lebhafte Auseinandersetzungen statt wegen
des Verhältnisses zwischen Konservativen und Zentrum. Die „Konservative Korrespondenz" tritt auf die Seite der „Kreuzzeitung"
und tadelt die Tätigkeit des Evangelischen Bundes als friedens-
störend.

22. Dezember. (Bayerische Abgeordnetenkammer.) Schluß
einer siebentägigen Debatte über den Etat des Ministeriums des
Innern. Die Beratung, in der es zu scharfen Auseinandersetzungen
zwischen Zentrum und Liberalen kommt, dreht sich hauptsächlich
um die Not der Landwirtschaft und um den Kampf gegen unsitt-
liche Literatur.

24. Dezember. (Klotzsche bei Dresden.) Professor der Geo-
graphie Sophus Ruge (geboren am 26. März 1831) †. Sein Hauptwerk ist die Geschichte des Zeitalters der Entdeckungen.

24. Dezember. (Stuttgart.) Albert Schäffle †.
Geboren 24. Februar 1831 in Nürtingen; 1860 Professor in
Tübingen; Mitglied des Zollparlaments 1868, 1871 Februar bis Oktober
österreichischer Handelsminister. Hauptwerke: „Die Nationalökonomie oder
allgemeine Wirtschaftslehre" 1861, „Die Quintessenz des Sozialismus" 1885.

29. Dezember. (Bayern.) Bericht des Ausschusses der Kammer
über den Wahlgesetzentwurf.
Die Allgemeine Zeitung stellt die Veränderung gegen die Regierungsvorlage zusammen: Die Wahlkreiseinteilung ist ein integrierender Bestandteil des Gesetzes. (Diese Bestimmung fehlte in der Vorlage.) Das
Mindestalter für das passive Wahlrecht ist 25 Jahre (nach der Vorlage
30 Jahre.) Die Vereinigung mehrerer kleiner Gemeinden zu einem Wahlbezirke ist gestattet (nach der Vorlage notwendig). Die in der Vorlage
enthaltene Mindestgrenze von 1500 Einwohnern für einen Wahlbezirk ist

beseitigt, die Höchstgrenze von 3500 Einwohnern dagegen beibehalten. In die Wahllisten ist auch das Lebensalter der Wahlberechtigten aufzunehmen. Die Wahlhandlung wird um 7 Uhr (nach der Vorlage um 6 Uhr) nachmittags geschlossen. Zur Sicherung des Wahlgeheimnisses sind die Stimmzettel mit amtlich abgestempelten Umschlägen zu versehen und im Wahllokale Wahlzellen bereit zu stellen, in denen der Wähler seinen Stimmzettel unbeobachtet in den Umschlag legen kann. (Diese Vorschriften fehlten in der Vorlage.) Die Bestimmungen über die Gültigkeit der Stimmzettel sind entsprechend ergänzt. Diäten und zwar 10 Mark; erhalten auch die in München wohnenden Abgeordneten. (Nach der Vorlage sollten diese vom Diätenbezuge ausgeschlossen sein.)

II.
Die österreichisch-ungarische Monarchie.

1. Januar. (Pest.) Ministerpräsident v. Szell empfängt eine Abordnung der liberalen Partei und sagt über das Abkommen mit Österreich (vgl. 1902 S. 209):

Ich komme soeben aus einer Schlacht; an mir klebt noch der Staub des Kampffeldes. Erst vor wenigen Stunden hat der große Kampf und die große Arbeit den Abschluß gefunden. Es gibt jedoch in diesem Kampf keinen Sieg und keine Niederlage; und doch hat es in diesem Kampfe einen Sieger gegeben. Sieger ist der Gedanke geblieben, daß zwei Staaten die, wie Ungarn und Oesterreich, durch die Gemeinsamkeit des Herrschers und durch unlösliche Bande verknüpft sind, richtig handeln, wenn sie bestrebt sind, auch die wirtschaftliche Gemeinsamkeit aufrecht zu erhalten, indem sie mit Berücksichtigung ihrer wechselseitigen Interessen sich verständigen und eine billige Ausgleichung der Interessen versuchen.

3. Januar. (Wien.) Beginn der deutsch-tschechischen Ausgleichskonferenzen. (Vgl. 1902.)

Auf Veranlassung des Ministerpräsidenten v. Körber treten die deutschen und tschechischen Abgeordneten mit Ausnahme der Alldeutschen zu einer Beratung der nationalen Angelegenheiten Böhmens und Mährens zusammen. Ministerpräsident v. Körber führt aus, die Regierung begrüße es dankbar, daß von deutscher wie tschechischer Seite wieder einer gemeinsamen Erörterung der Vorzug gegeben sei; denn die Regierung sehe in jeder solchen Begegnung eine Annäherung von großer moralischer Bedeutung selbst für den Fall, daß ein ganzer Erfolg nicht ohne weiteres erzielt werden sollte. Die Regierung werde dem Verlaufe der Konferenz mit gespanntestem Interesse folgen. Sie werde in einer für die Konferenz bestimmten Denkschrift nachzuweisen suchen, daß die Austragung des deutsch-tschechischen Streites am besten schrittweise geschehe; nicht eine Erörterung der Prinzipien, sondern allein die Bekundung des Willens zum Frieden auf beiden Seiten könne die Entscheidung bringen. Bei ruhiger Arbeit werde unzweifelhaft eine zuverlässige Orientierung der Regierung sowohl in den Böhmen wie in den Mähren betreffenden Angelegenheiten erreicht werden. — Die Vertreter der Parteien sprechen sich sämtlich zurückhaltend aus.

Nach den Vorschlägen, die der Minister der Konferenz nach einigen Tagen vorlegt, soll Böhmen in 10 Kreise eingeteilt werden, von denen 5 tschechisch, 3 deutsch und 2 gemischtsprachig sein sollen. Von den 234 Bezirksgerichten sollen 94 deutsch, 133 tschechisch und 7 gemischtsprachig sein, von den Bezirkshauptmannschaften 58 tschechisch, 40 deutsch und 6 gemischtsprachig.

6. Januar. (Prag.) Parteitag der alldeutschen Partei.

Die Leitung hat der Abg. Wolf. Der Tag erklärt, die Alldeutschen wollten in ehrlicher Kampfgenossenschaft mit der Deutschen Volkspartei zusammenwirken und mit allen anderen deutschen Parteien einen gemeinsamen Volksrat beschicken. Die Partei mache sich die Förderung der Los von Rom-Bewegung zur Pflicht. Die Partei wolle eine Arbeitskraft sein und weise jede leere Demonstrationspolitik von sich.

12. Januar. (Prag.) Das Exekutivkomitee der tschechischen Reichsrats- und Landtagsabgeordneten lehnt die Körberschen Sprachenvorschläge ab als dem tschechischen Volke feindlich.

17. Januar. (Cisleithanien.) Abgeordnetenhaus. Schluß einer Sitzung nach 54stündiger Dauer. Die Obstruktion der tschechischen Radikalen hatte die lange Dauer veranlaßt; sie wollten die Beratung einiger Dringlichkeitsanträge erzwingen, müssen aber schließlich die Obstruktion einstellen.

17. Januar. (Cisleithanien.) Das Abgeordnetenhaus verweist nach kurzer Debatte die Brüsseler Zuckerkonvention an eine Kommission.

20. Januar. (Wien.) Abbruch der Verständigungskonferenzen.

Abg. Pacak (Tsch.) stellt folgende Grundsätze für die Regelung der Sprachenfrage auf: 1. als Landessprache haben im Königreich Böhmen sowohl die tschechische als die deutsche Sprache in dem ganzen Lande, in jeder Beziehung zu gelten und sie müssen deshalb in allen Geschäftszweigen des offiziellen Dienstes gleichmäßig angewendet werden. 2. Jede Person, welche sich einer Landessprache bedient, ist demnach berechtigt, bei allen Behörden des ganzen Landes nach den ganz gleichen Vorschriften diese Landessprache zu gebrauchen. — Abg. Eppinger erklärt namens der Deutschen, daß nach dieser Erklärung eine Berücksichtigung der deutschen Forderungen ausgeschlossen erscheine. — Ministerpräsident v. Körber: Die Regierung erwäge in ihrem Entwurfe die Mittel und Wege, um einen Ausgleich der beiderseits streitigen Interessen anzubahnen. Dieser Entwurf brauche ihres Erachtens jedoch nicht unabänderlich zu sein; sie würde sich vielmehr anderen, vernünftigen und praktisch durchführbaren Vorschlägen gegenüber nicht ablehnend verhalten, denn für sie sei nicht dies Substrat für die Verständigung, sondern die Verständigung als solche die Hauptsache. Das Wichtigste bezüglich der Sprachenfrage sei, die Handhabung der Sprache im äußeren Schriftverkehr, sprachliche Befähigung der Beamten u. s. w., eventuell auch ohne bestimmte Unterlagen im Detail durchzusprechen. Solche Detailfragen fänden jedoch besser im kleineren Kreise ihre Erledigung, weshalb er, der Ministerpräsident, die Verweisung der Diskussion an die Subkomitees für wünschenswert halte. — Abg. Herold (Tsch.): Nachdem der Ministerpräsident selbst davon abgegangen sei, zu verlangen, daß der von ihm vorgelegte Gesetzentwurf die Grundlage der Besprechung bilde, seien die Tschechen bereit, Vertreter in ein Subkomitee zu schicken, welches die einschlägigen Fragen sowohl in der Sprachenfrage als auch in der Verwaltungsreform erwägen solle. — Abg. Eppinger: In der heutigen Erklärung der Tschechen würden Grundsätze festgestellt, von denen dieselben selbst gut wüßten, daß sie für die Deutschen unannehmbar seien. Durch diese Erklärung der tschechischen Vertreter sei demnach die Verhandlungsgrundlage, die von der Regierung selbst aufgestellt, aber nach den heutigen Erklärungen des Ministerpräsidenten teilweise verlassen worden sei, zerstört, es erscheine also auch die Wahl des Subkomitees gegenstandslos, bevor nicht eine für die Deutschen annehmbare Grundlage für die Verhandlungen geschaffen sei.

23. Januar. (Cisleithanien.) Der Tschechenklub faßt mit 34 gegen 6 Stimmen folgenden Beschluß über die parlamentarische Taktik:

Der Klub beschließt, bei seinem Beschluß vom 16. Oktober 1902 zu verharren, demzufolge gegen die jetzige Regierung des Ministerpräsidenten v. Körber mit allen zulässigen parlamentarischen Mitteln anzukämpfen ist, und behält sich vor, die Mittel von Fall zu Fall zu wählen. Aus taktischen Gründen räumt der Klub den Vorrang vor seinen Dringlichkeitsanträgen ein: der Erledigung der Zuckervorlage, der ersten Lesung des Wehrgesetzes und der Dringlichkeitsanträge, betreffend die Mängel der Prager Hochschule und betreffend die Geschäftsordnung. Die parlamentarische Kommission wird mit der Ausarbeitung der bei der ersten Lesung der Wehrvorlage abzugebenden Erklärung und einer an das Volk zu richtenden Denkschrift über die Stellung des Klubs im Parlament beauftragt.

28. Januar. In beiden Reichshälften werden die Vorlagen über die Fortdauer der wirtschaftlichen Gemeinschaft eingebracht.

Der neue Zolltarif enthält durchweg eine bedeutende Erhöhung der bisherigen Sätze, z. B. für die Getreidearten:

	Maximal	Minimal	Bisher
Weizen, Spelt	7,50	6,30	3,57
Roggen	7,00	5,80	3,57
Gerste	4,00	2,80	1,79
Hafer	6,00	4,80	1,79
Mais	4,00	2,80	1,19
Hirse	1,75	—	1,19
Reis	6,00	—	3,57

28. Januar. (Cisleithanien.) Abgeordnetenhaus. Erste Beratung der Wehrvorlage.

Auf mehrere Anfragen über die zweijährige Dienstzeit erwidert der Landesverteidigungsminister Graf Welsersheimb: Vom militärischen Standpunkt aus sei die Frage des zweijährigen Dienstes eine noch nicht endgültig gelöste. Auch in Deutschland bestehe sie nur für einzelne Kategorien der Wehrmacht. Aber darüber sei man einig, daß für Unteroffiziere eine zweijährige Dienstzeit ungenügend sei. Die zweijährige Dienstzeit habe in Deutschland eine jährliche Mehrausgabe von 55 Millionen Mark neben einer einmaligen Ausgabe von 60 Millionen Mark zur Folge gehabt und in Frankreich würden die jährlichen Mehrkosten auf 70 Millionen Francs veranschlagt, wobei für die Ausgestaltung der Armee, die der Einführung der zweijährigen Dienstzeit vorausgegangen war, eine andere, fundamentalere Bestimmung des Wehrgesetzes erfolgte, unter teilweiser Aufrechterhaltung der dreijährigen Dienstpflicht für die Marine, für einzelne

Waffen und Branchen, sowie für die Unteroffiziere gegen eine angemessene Kompensation. Die Vorbedingungen für die Einführung der zweijährigen Dienstzeit wenigstens bei der Infanterie würden auch in Oesterreich erst geschaffen werden müssen und die Kosten würden hier erheblich größer sein, als in Deutschland und Frankreich. Ueber die Vorlage sagt der Minister: Der größte Teil des Mehrbedarfes an Truppen betreffe die Artillerie, welche durch außerordentliche Vervollkommung in ihrer Wirksamkeit eine relativ erhöhte Bedeutung habe. Dazu trete auch die Erneuerung des Materials. Es komme hauptsächlich ein neuer Typ einer Haubitze in Betracht. Der erste Schritt, um welchen es sich hier handle, sei die Aufstellung von 14 Batteriedivisionen und die Erhöhung des Bestandes der Gebirgsartillerie, wofür die Delegationen bereits die Mittel genehmigt hätten. Die Gesamtheit des Mehrerfordernisses für 1903 beziffern sich auf rund 16 700 Rekruten für das stehende Heer und 4250 Rekruten für die Landwehr. Es erübrigten sodann für die vorzeitige Beurlaubung beim Heer 5200 Mann und bei der Landwehr 250 Mann. Obiges Mehrerfordernis entspricht jedoch noch keineswegs dem natürlichen Zuwachs der Bevölkerung. Zusammen werde die Erhöhung des Gesamttruppenbestandes beim Heer nach einer gewissen Reihe von Jahren, deren Anzahl eben nach den vorhandenen Budgetmitteln sich richten wird, sich auf 32 742 Mann beziffern. Einstweilen wird der Mehrbedarf 21 000 Rekruten betragen. Hiervon entfallen auf die diesseitige Landeshälfte einschließlich der Landwehr 14 100. Der materielle Schlußeffekt wird für 1903 auf die von den Delegationen bereits bewilligten 4 900 000 Kr. und für 1904 auf rund 7 Millionen und nach vollständiger Durchführung der Erhöhung des Bestandes im Maximum auf 20 Millionen sich stellen, wovon zwei Drittel auf die diesseitige Reichshälfte entfallen. Hinsichtlich der Ersatzreservisten werde die Heeresverwaltung, falls im Laufe der Spezialberatung der Antrag gestellt werden sollte, auf die geplante Heranziehung von 6000 Mann Ersatzreservisten zu verzichten, nicht weiter darauf bestehen. (Lebhafter Beifall.) Auf den Zwischenruf des Abg. Schoißwohl: Die ungarische Armee! bemerkt Graf Welsersheimb: Es ist der Wille des Kaisers, daß das gemeinsame Heer nicht nur in Form und Beitragsleistungen, sondern auch im Wesen durchaus gemeinsam bleibe! (Lebhafter Beifall.) Zum Schluße erinnert der Minister an die außerordentlichen traurigen Folgen, die ein unglücklicher Krieg nach sich ziehen würde und bemerkt: Militärlasten sind gewiß eine Last, aber eine notwendige Last. Ich appelliere an Sie alle, an die öffentliche Meinung und an ihre Organe: Wollen wir für die Wahrung unserer Interessen stark sein, ja oder nein? Wer die Verantwortung für das „Nein" übernehmen will, der möge sie tragen. Ich aber übernehme jede Verantwortung dafür, daß das Maß des in dieser Vorlage Verlangten ein minimales und unerläßliches ist. (Lebhafter Beifall.) Die Wehrvorlage wird sodann an den Wehrausschuß verwiesen.

28. Januar. (Cisleithanien.) Abgeordnetenhaus. Finanzminister v. Böhm-Bawerk legt den Gesetzentwurf über die Konvertierung der Obligationen der einheitlichen Staatsschuld vor.

Der Minister erbittet vom Hause angesichts der Erstarkung des österreichischen Staatskredites im Zusammenhange mit der sinkenden Tendenz des Zinsfußes, die Ermächtigung, jenen Teil der mit 4,2 v. H. verzinslichen Staatsschuld, an welchem die österreichischen Finanzen unmittelbar und materiell interessiert seien, einer zeitgemäßen Konvertierung unterziehen zu dürfen. Ueber jenen Teil der einheitlichen Staatsschuld, an dem Ungarn interessiert sei und bezüglich dessen Verhandlungen mit

Ungarn schwebten, solle einstweilen nicht verfügt werden. Der zur unmittelbaren Konvertierung bestimmte Teil solle einen Maximalbetrag von 3620 Millionen Kronen umfassen. Der Minister erhoffe von der Vorlage einen weitgehenden Erfolg für den österreichischen Staat und das Volk, erstens einen moralischen für das Ansehen des Staatskredites, dadurch daß ein Zinsfuß verschwinden werde, der eine Erinnerung an Zeiten bilde, in welchen der österreichische Staatskredit weniger gefestigt und der Volkswohlstand weniger entwickelt gewesen sei, zweitens einen materiellen Erfolg, indem die Durchführung der Konversion eine nicht zu unterschätzende Erleichterung der Staatsschuld und eine wesentliche Ersparung an Steuergeldern, erzielen könne und, wie er hoffe, erzielen werde. Aus diesen Gründen und im Interesse der bei Konversionen notwendigen und gebotenen Raschheit bitte der Minister, da die Vorlage wohl von allen Abgeordneten ohne Unterschied der Parteirichtung begrüßt werden könne, um wohlwollende und besonders rasche Beratung der Vorlage.

Ende Januar. (Ungarn.) Das Abgeordnetenhaus beginnt die Generaldebatte über die Wehrvorlage.

Die Opposition bekämpft die Vorlage, indem sie nicht die Erhöhung der Rekrutenziffer, sondern das Institut der gemeinsamen Armee und die deutsche Kommandosprache angreift. Um der Opposition entgegenzukommen, erklärt sich die Regierung auf Betreiben des Präsidenten des Abgeordnetenhauses Graf Apponyi bereit, die Abzeichen und Embleme der gemeinsamen Armee dualistisch auszugestalten.

30. Januar. (Cisleithanien.) Das Abgeordnetenhaus genehmigt die Brüsseler Zuckerkonvention (vergl. 1902), die Zuckersteuer und das Kontingentierungsgesetz. — Annahme im Herrenhause 31. Januar.

Januar. Februar. (Ungarn.) Die Redakteure mehrerer deutscher Blätter werden wegen Aufreizung gegen die magyarische Nationalität verurteilt, weil sie ihre Leser zur Pflege ihrer Muttersprache auffordern. (Vgl. Dibelius, Preuß. Jahrbücher Bd. 112.)

5. Februar. (Ungarn.) Abgeordnetenhaus. Andrassy über die Wehrvorlage. Großmachtstellung. Armeesprache.

Abgeordnete der Opposition behaupten, die Wehrvorlage sei ein Erzeugnis des Ehrgeizes der Dynastie, die eine Großmachtstellung einnehmen wolle. Abg. Graf Julius Andrassy bestreitet diese Behauptung mit dem Hinweis, daß der Souverän auf seine Stellung in Deutschland und Italien verzichtet habe. Ferner bekämpft er die Behauptung, die orientalische Frage sei ein Wauwau-Gespenst, das man heraufbeschwöre, wenn man es brauche, das aber verschwinde, wenn es seine Dienste getan habe. „Ich habe zwar," bemerkt er, „volles Vertrauen zu unserer auswärtigen Politik; allein für so geschickt halte ich unsere Diplomatie nicht, daß sie Aehnliches bewirken kann." (Heiterkeit.) Als er den Gebrauch der deutschen Armeesprache verteidigt, wird ihm von der Opposition zugerufen: „Schämen Sie sich nicht, als ein Andrassy gegen das Recht der ungarischen Sprache aufzutreten!" Graf Andrassy fährt mit erhobener Stimme fort: Wer an meinem Patriotismus zweifelt, den verachte ich! Unter großer Unruhe des Hauses führt Redner aus, daß der Gebrauch einer einheitlichen Armeesprache eine Frage der Zweckmäßigkeit sei; das Recht der ungarischen Staatssprache werde

dadurch nicht verletzt. Die Armee sei der ungarischen Gesetzgebung unterworfen und beruhe auf den Bewilligungen des ungarischen Reichstages.
Das Recht der ungarischen Staatssprache könne man jedoch nicht auf gemeinsame Institutionen anwenden. Die Opposition, möge nicht die ihr
durch die Hausordnung eingeräumte Freiheit mißbrauchen; denn eine Obstruktion gegen diese Vorlage, die man bekämpfen, aber nicht als verfas-
sungswidrig bezeichnen könne, wäre eine parlamentarische Revolution, die
dem Parlamentarismus zum Unheil gereichen würde. (Große Unruhe und
stürmischer Widerspruch links, lebhafter Beifall rechts.)

6. Februar. (Cisleithanien.) Das Abgeordnetenhaus verweist alle Anträge auf Abänderung der Geschäftsordnung an einen
Ausschuß von 48 Mitgliedern.

12. Februar. (Cisleithanien.) Das Abgeordnetenhaus genehmigt die Vorlage über die Konvertierung der Rente von 4,2
Prozent in eine 4prozentige, wodurch 7,2 Millionen Kronen jährlich erspart werden. (Annahme im Herrenhause 16. Februar.)

Die „Köln. Volksztg." schildert die Vorgeschichte dieses Beschlusses:
Bei der Begründung des Dualismus (1867) weigerte sich Ungarn, die von
Oesterreich ohne die parlamentarische Genehmigung Ungarns ausgegebenen
4,2 prozentigen Staatsschuld-Titres (Renten) mit zu übernehmen und verpflichtete sich lediglich, einen jährlichen Zinsenbeitrag von etwa 30 Millionen
Gulden zu leisten. Oesterreich hat also allein für sich die sog. gemeinsame
Schuld übernommen und getragen, und zwar die ganze Staatsschuld. Nach
österreichischer Auffassung hat also Oesterreich das Recht, auch die ganze
Staatsschuld zu konvertieren, d. i. auch den Teil derselben, welcher dem
ungarischen Zinsenbeitrag pro rata entspricht. Ungarn müßte also, auch
wenn Oesterreich einen niedrigeren Zinsfuß für die Rente einführt, b. h.
konvertiert, nach wie vor seine 30 Millionen jährlich zahlen. Nach österreichischer Auffassung ist die Konvertierung lediglich eine Sache, die Oesterreich mit den Besitzern der Rentenpapiere auszumachen hat. Bei den Ausgleichsverhandlungen zeigte sich aber, daß hierin Ungarn anderer Ansicht ist.
Ungarn glaubt, daß Oesterreich nur den auf unsere Rechtshälfte entfallenden
Teil der Staatsschuld ohne Genehmigung Ungarns konvertieren dürfe;
offenbar will also Ungarn auch eine Zinsenersparnis für sich herausschlagen.
Auch möchte sich Ungarn die Möglichkeit, die Rückzahlung des Kapitals
(oder eines Teils desselben) statt der Zinsenzahlung (oder zur Verminderung seines Zinsenbeitrags) offen lassen und zwar nicht zum effektiven
Zinssatz von 4,2, sondern um 5 Prozent, der niemals bestanden hat; das
würde die Verpflichtung Ungarns an Oesterreich um rund 20 Millionen
Kronen herabmindern. Bei den Ausgleichsverhandlungen ergab sich nun,
daß sowohl die österreichische, wie die ungarische Regierung auf ihrem
Standpunkt beharrten, so daß die Frage aus dem Komplexe der Ausgleichs-
materien ausgeschaltet wurde. Gleichwohl wurden zwei Dinge als fest-
stehend angenommen: daß Ungarn seine Zinsenbeitragslast durch die
Kapital-Rückzahlung erleichtern kann und daß, wenn auch Oesterreich seinen
Rechtsstandpunkt (die ganze Rente konvertieren zu können) aufrecht erhält,
es tatsächlich ohne Zustimmung Ungarns doch nur den auf Oesterreich entfallenden Teil der Staatsschuld konvertieren solle. Daraufhin erklärte
Herr v. Körber, daß diese Frage ausgeschieden wurde, er fügte aber hinzu:
Die Bahn für die Konversion des unsere Reichshälfte belastenden über-
wiegenden Schuldteils ist frei; also nicht des ganzen Schuldteils im Be-

trage von etwa fünf Milliarden, der ungarische Block bleibt ausgeschlossen, nicht prinzipiell, aber faktisch. Auf Grund dieses Standes der Dinge brachte die österreichische Regierung ihre Rentenkonversionsvorlage ein. Sie enthielt die Bestimmung, daß die Regierung ermächtigt werden solle, „Rente im Maximalbetrage von 3620 Millionen", also mit Ausschluß des auf Ungarn (entsprechend dem von ihm gezahlten Zinsenbeitrage) entfallenden Blockes von 1400 Millionen, „der einheitlichen Staatsschuld zu konvertieren", und zwar zum Zinsfuß von „höchstens" 4 Prozent (statt der bisherigen 4,2). Im Budgetausschuß wurde dieser Antrag der Regierung angenommen. Der Finanzminister hatte erklärt, daß Oesterreich sich durchaus nicht seines Rechtes, die ganze Staatsschuldrente zu konvertieren, begebe, sondern nur faktisch bloß den auf uns entfallenden Teil der Rente konvertiere; er erklärte ferner, daß die Regierung diesen Teil der Rente auf dem Zinsfuß von 4 Prozent konvertieren wolle, gleichzeitig aber neue Rententitres ausgeben wolle zu 3¾ Prozent, um das Geld zur Rückzahlung der zurückströmenden Papiere zu gewinnen. Nun aber geschah das Unerwartete. Das österreichische Abgeordnetenhaus strich die bedeutungsvollen Worte: „im Maximalbetrage von 3620 Millionen" und das Wörtchen „höchstens". Durch Streichung der Worte „im Maximalbetrag von 3620 Millionen" hat es die Regierung ermächtigt, eventuell auch die ganze gemeinsame Rente zu konvertieren. Ungarn sollte keinerlei Anlaß haben, aus der Nichtkonvertierung der 1400 Millionen den Beweis zu schöpfen, daß Oesterreich selbst sein Recht, auch diese zu konvertieren, aufgegeben habe. Anderseits aber ist der Finanzminister nach wie vor in der Lage, nur 3620 Millionen zu konvertieren, da er nun das Recht hat, einfachhin Obligationen der Staatsrente in anders verzinsliche umzuwandeln.

17./19. Februar. (Cisleithanien.) Abgeordnetenhaus. Annahme der Wehrvorlage.

Die deutsche Fortschrittspartei, die deutsche Volkspartei und der verfassungstreue Großgrundbesitz erklären sich für die Vorlage im Interesse der Erhaltung der Schlagfertigkeit des Heeres und der Wehr- und Bündnisfähigkeit Oesterreichs. Wir alle wissen, sagt Abg. Ludwigstorff, daß der Hort des Friedens in Europa der Dreibund ist, dessen Grundlage das deutsch-österreichische Bündnis ist, das uns am Herzen liegt. Dieses Bündnis verpflichtet uns, einen entsprechenden Teil der Lasten auf uns zu nehmen, denn es muß ein starkes Oesterreich an der Seite des starken Deutschland stehen. Wenn wir die Erhaltung des Friedens wollen, müssen wir die Mittel dazu bewilligen. Abg. Herold: Die Jungtschechen lehnen die Vorlagen ab, um ihr Mißtrauen gegen das ganze Regierungssystem auszudrücken.

18. Februar. Abg. Passor: Die Polen, welche ein starkes und großes Oesterreich aus nationalen Gründen wünschen, stimmten für die Vorlage im Interesse der Erhaltung der Großmachtstellung des Reiches. Sie würden zwar eine Abrüstung sicherlich begrüßen, doch könne Oesterreich nicht damit vorgehen, weil es sich sonst auf Gnade und Ungnade den starken Staaten ausliefern würde. Abg. Dr. Lueger: Die Christlich-Sozialen würden Mann für Mann für die Vorlage stimmen, da die Regierung drei von ihnen aufgestellte Hauptpostulate betreffend die Begünstigung von Familienernährern, betreffend das Lieferungswesen, sowie die Abschaffung resp. Einschränkung der letzten Waffenübung befriedigend beantwortet habe. Er beantragt sodann unter Hinweis auf die Sonderbestrebungen Ungarns bezüglich des Heerwesens eine Resolution, in welcher die Regierung aufgefordert wird, an der Gemeinsamkeit der Armee ent-

schieben festzuhalten und etwaigen Versuchen, die Fahnen und sonstigen Armeeembleme zu ändern, energisch entgegenzutreten. — Weiter tadelt er die Prozesse gegen die deutschen Zeitungen in Ungarn scharf.

Am folgenden Tage wird die Vorlage mit 217 gegen 108 Stimmen angenommen. (Annahme im Herrenhause 26. Februar.)

28. Februar. (Ungarn.) Abgeordnetenhaus. Debatte über die Armee und das Verhältnis zu Österreich. (Vgl. S. 190, 194.)

Abg. Ratkay (Kossuthpartei) interpelliert die Regierung über die beleidigenden Aeußerungen, die im österreichischen Reichsrat Ungarn gegenüber gefallen seien und über die Erklärung des österreichischen Landesverteidigungsministers Grafen Welsersheimb, in der unter Berufung auf den Willen des Monarchen die Einheit der gemeinsamen Armee und die Unveränderlichkeit ihrer Tradition und ihrer Abzeichen den Aspirationen der ungarischen Nation gegenübergestellt worden sei. Ministerpräsident v. Szell: Sofern für Ungarn beleidigende Aeußerungen im Reichsrate gefallen seien, bedauere er, daß niemand ihnen entgegengetreten sei. Was die Aeußerung des Grafen Welsersheimb über die Aufrechterhaltung des jetzigen Charakters der gemeinsamen Armee betreffe, eine Aeußerung, die der Minister mit der Bemerkung begleitete, daß er sie namens Sr. Majestät abgebe, so stehe dieselbe auf dem Boden des Gesetzes. Es sei in ihr nur die Erklärung enthalten, daß alle Faktoren, auch der oberste Faktor, die Verfassung, Hüter der Gemeinsamkeit seien. Dieser Erklärung des Grafen Welsersheimb entspreche auch die Anschauung der ungarischen Regierung und der liberalen Partei. Für diese Anschauung sei sie stets eingetreten und werde auch künftig für sie eintreten.

3. März. (Ungarn.) Abgeordnetenhaus. Debatte über die Reise Lamsdorffs nach Wien. (1902 S. 295.)

Auf eine Anfrage, welchen Zweck die Konferenz des russischen Ministers des Auswärtigen Graf Lamsdorff mit dem Grafen Goluchowski verfolgt habe, erwidert Ministerpräsident v. Szell: Der Zweck der Reise habe darin bestanden, die Grundzüge der Reformen und administrativen Maßnahmen festzustellen, welche hierauf der Türkei vorgeschlagen wurden. Besondere Abmachungen seien bei dieser Gelegenheit nicht getroffen worden, eine Abweichung von der übereinstimmenden Auffassung, die 1897 zwischen Oesterreich-Ungarn und Rußland festgesetzt worden ist, sei nicht geschehen. Der Ministerpräsident fährt dann folgendermaßen fort: „Beide Großmächte mißbilligen alle Bestrebungen und Tendenzen, von welcher Seite sie auch immer kommen, welche auf eine gewaltsame Umwälzung gerichtet sind oder dazu führen können. Falls trotz dieser Mahnung die Bevölkerung sich zu revolutionären Schritten verleiten lassen würde, so würde niemand, auch Rußland nicht, die Türkei verhindern, daß sie eine energische Repression übe. Die Aufnahme, welche das von allen Großmächten unterstützte Reformprojekt bei der Pforte gefunden, gestattet zu hoffen, daß diese im Einvernehmen mit den Mächten unternommene Aktion nicht ergebnislos sein werde."

3. März. (Prag.) Frhr. Ladislaus v. Rieger, früher Führer der Alttschechen, 84 Jahre alt, †.

4. März. (Cisleithanien.) Abgeordnetenhaus. Der Jungtschechenklub beschließt, gegen das Budget und den Ausgleich mit

13*

Ungarn nur die schärfste Opposition aber nicht die Obstruktion anzuwenden.

8. März. (Pest.) Bei einer Straßenkundgebung der Unabhängigkeitspartei gegen die Wehrvorlage kommt es zu heftigen Zusammenstößen mit den Sozialisten.

10. März. Äußerungen des Papstes über den Thronfolger.

Eine Abordnung des katholischen Schulvereins überreicht dem Papst ein lebensgroßes Bild des Thronfolgers Erzherzog Franz Ferdinand, des Vereinsprotektors. Der Papst dankt in einer Ansprache, die schließt: „Danken Sie dem Erzherzog, meinem Liebling, aufrichtig und herzlich für die unschätzbare Gabe, die er mir durch den katholischen Schulverein zukommen ließ. Ich werde das Bild in meinem Arbeitszimmer aufbewahren.“

17. März. (Cisleithanien.) Abgeordnetenhaus. Beratung der Ausgleichsvorlage.

Die Redner der Alldeutschen verwerfen den Ausgleich, weil er nur Ungarn zu gute komme. Die Vertreter der übrigen deutschen Parteien erkennen an, daß es durch die Geschicklichkeit und Beharrlichkeit der Regierung bei den Verhandlungen mit Ungarn gelungen sei, verschiedene Härten des früheren wirtschaftlichen Verhältnisses zu Ungarn mildern, und begrüßen den beschlossenen Ausgleich als Beendigung des gegenwärtigen, jede Entwicklung der Industrie hemmenden Zustandes der Ungewißheit. Der Ausgleich müsse angenommen werden, weil der wirtschaftliche Bruch mit Ungarn das größere von den beiden Uebeln wäre und betont die Notwendigkeit, die nächsten 10 Jahre zur Festigung und Selbständigmachung des österreichischen Wirtschaftsorganismus, sowie zur Schaffung einer neuen Form für die wirtschaftliche Gemeinschaft mit Ungarn zu verwenden.

20./21. März. (Pest.) Straßentumulte.

Anläßlich des Jahrstags des Todestages Ludwigs Kossuths suchen Studenten durch Straßentumulte die öffentlichen Gebäude zum Hissen von Trauerfahnen zu zwingen. Bei dem Eingreifen der Polizei werden mehrere Personen verwundet. — Am folgenden Tage greift die Opposition im Abgeordnetenhaus die Regierung wegen Eingreifens der Polizei scharf an; ehe der Polizeichef nicht suspendiert sei, könne keine verfassungsmäßige Sitzung mehr stattfinden. Ministerpräsident v. Szell verspricht eine Untersuchung über das Vorgehen der Polizei, weist aber den Versuch der Opposition, den Reichstag in einen Konvent umzuwandeln, schroff ab.

21. März. Die Wiener Arbeiterzeitung veröffentlicht folgenden Duellerlaß des Kriegsministers:

Auszug aus dem Reichs-Kriegsministerialerlaß, Präs.-Nr. 989, vom 6. März 1903. Streng reservat! Dem Reichs-Kriegsministerium sind die Statuten und der Gründungsbericht eines Vereines, der sich im Vorjahre unter dem Namen Allgemeine Antibuellliga konstituiert hat, zugekommen. Aus diesem ergibt sich, daß der Verein den Zweck verfolgt, Ehrenangelegenheiten, die seine Mitglieder betreffen, im Wege eigener Ehrenräte, die in den Orten, wo der Verein seine Tätigkeit entfaltet, von Fall zu Fall aufgestellt werden, zur Austragung zu bringen. Bei solchen Austragungen ist das Duell prinzipiell ausgeschlossen, und Vereinsmitglieder, die Forderungen zum Zweikampfe erlassen, annehmen oder als Sekundanten fungieren, damit aus dem Vereine ausgeschlossen. In dem Streben dem

Verein einen möglichst ausgedehnten Wirkungsbereich zu sichern, ist die Leitung desselben eifrig bestrebt gewesen, Mitglieder in den vornehmen Gesellschaftsklassen zu erwerben und hat diesen zur Pflicht gemacht, ihrerseits für die weitere Ausbreitung des Vereins zu sorgen. Demgemäß weist das vom Verein mit 1. Januar 1903 veröffentlichte Mitgliederverzeichnis eine stattliche Zahl von Namen aus den besten Kreisen, darunter auch nichtaktive Offiziere, insbesondere solche „außer Dienst" auf. Der letztere Umstand veranlaßt das Reichskriegsministerium, in dieser Angelegenheit Stellung zu nehmen und zu erwägen, ob es zulässig erscheint, daß Offiziere, gleichviel, ob sie dem aktiven oder nichtaktiven Stande angehören, der erwähnten Antiduellliga oder einem anderen die gleichen Tendenzen verfolgenden Verein beitreten dürfen. Durch die allerhöchst sanktionierte Vorschrift über das ehrenrätliche Verfahren sind zur Beurteilung der Fälle, in denen sich Offiziere und Kadetten gegen die Standesehre vergehen, weiter mit Standesangehörigen oder anderen Personen in Ehrenhändel geraten, einzig und allein die vorgesetzten Kommandanten und Behörden und nach deren Ermessen die militärischen Ehrenräte berufen. Damit steht im Widerspruch, wenn Offiziere (Kadetten) durch den Beitritt zu einem Vereine, der für seine Mitglieder eigene ehrenrätliche Institutionen schafft, für ihre Ehrenangelegenheiten, neben dem militärischen Ehrenrate, an den sie von Diensteswegen gewiesen sind, hierfür noch ein zweites Forum, den Vereinsehrenrat, anerkennen. Sie müßten dadurch in Kollision mit ihren Standespflichten geraten, können daher einem solchem Vereine nicht angehören. Den nichtaktiven Offizieren ist im Anschlusse an diese Belehrung bekannt zu geben, daß jene, die bisher der Einladung zur Teilnahme an den mehrgenannten Vereinen Folge leisteten, ihren Austritt aus denselben anzumelden haben.   Pitreich, m. p., Feldmarschalleutnant.

Der Erlaß wird von den klerikalen Blättern scharf verurteilt.

21. März. (Ungarn.) Verschiebung der Assentierung.

Da das Gesetz über die Bewilligung des Rekrutenkontingents pro 1903 seitens des ungarischen Parlaments noch nicht votiert und daher keine Aussicht vorhanden ist, die Assentierung gemäß der ministeriellen Verordnung vom 19. Februar, am 1. April zu beginnen und am 30. Mai zu beenden, ordnet der Honvedminister an, daß die diesjährige Hauptassentierung weiterhin verschoben werde. In der Hoffnung jedoch, daß das Gesetz über die Bewilligung des Rekrutenkontingents vom Parlament wenigstens zeitig genug votiert werden wird, um die Assentierung in der Zeit vom 4. Mai bis 20. Juni zu ermöglichen, verfügt der Minister, für diesen Fall schon jetzt die nötigen Vorbereitungen einzuleiten. Zum Schlusse der Verordnung heißt es, daß die Regierung die Verantwortung für alle Nachteile, welche aus den durch die parlamentarische Zwangslage notwendig gewordenen Verfügungen sowohl den Behörden, wie den Wehrpflichtigen und deren Angehörigen erwachsen könnten, von sich ablehnen müsse.

26. März. (Ungarn.) Abgeordnetenhaus. Interpellation über die Duellfrage.

Abg. Benedek (Kossuthpartei) befragt die Regierung über den Duellerlaß des Reichskriegsministers (S. 196). Honvedminister v. Fejervary: Er habe seinerseits eine gleiche Verordnung betreffs der Honvedarmee erlassen. Der Zweikampf sei zwar eine gesetzlich verbotene Handlung, das Offizierskorps könne sich jedoch über die gesellschaftliche Auffassung, welche die Zurückweisung des Duells unter Umständen als Zeichen der Feigheit betrachte, nicht hinwegsetzen. Das Offizierskorps sei nicht berufen, der

Gesellschaft in dieser Hinsicht neue Auffassungen zu oktroyieren; die Armee habe ihre spezifischen Vorschriften über Ehrenaffären. Da vorauszusetzen sei, daß diese mit den Statuten der Antiduellliga in Widerspruch stehen würden, könne der Offizier, der diese Statuten zur Richtschnur seines Verhaltens mache, über die Folgen nicht im Unklaren gelassen werden. (Zwischenruf links: Mit dem Gesetz aber darf der Offizier in Konflikt geraten!) Das Offizierkorps beugt sich dem Zwange der gesellschaftlichen Auffassung. Möge die Antiduellliga für ihre Idee kämpfen. Falls es ihr gelingt, ihre Auffassung in der Gesellschaft zum Siege zu führen, wird auch das Offizierkorps nicht verfehlen, sich den neuen Ideen anzupassen. (Beifall rechts.)

Ende März. (Agram.) Es finden mehrtägige große Ausschreitungen von Kroaten statt; sie verlangen die Entfernung aller nichtkroatischen Straßen- und Firmenschilder. Militär muß einschreiten.

31. März. (Cisleithanien.) Der Geschäftsordnungsausschuß des Abgeordnetenhauses lehnt mit 22 gegen 9 Stimmen den Antrag Schalk ab, nach welchem das Deutsche die ausschließliche Geschäftssprache des Hauses sein soll.

31. März. Die Regierungen legen den Parlamenten den Gesetzentwurf über die Aufnahme der Barzahlungen vor.

Hierdurch wird die Oesterreich-Ungarische Bank, welcher die Pflicht auferlegt wird, die von ihr ausgegebenen Noten gegen gesetzliches Metallgeld österreichischer und ungarischer Prägung auf Verlangen bei Verlust ihres Privilegiums einzulösen, weiter verpflichtet, Zwanzig- sowie Zehnkronennoten zur vollen Befriedigung des Verkehrsbedürfnisses auszugeben, die bis 400 Millionen Kronen voll, darüber hinaus aber bis zu wenigstens 40 Prozent metallisch bedeckt sein müssen. Der Gesetzentwurf sieht weiter vor, daß im Falle einer notwendig werdenden Aufteilung, die von den beiderseitigen Regierungen für die Einlösung der Staatsnoten hinterlegten Gelderlage nach dem Verhältnis von 70 zu 30 erfolgen soll. Endlich schlagen die Regierungen eine Verkoppelung des Kontingents der Fünfkronenstücke vor, welche nach Maßgabe des Verkehrsbedürfnisses successive ausgeprägt und ausgegeben werden sollen. Der Tag des Inkrafttretens des Gesetzes wird auf dem Verordnungswege festgesetzt werden.

Ende März. (Böhmen.) Ämterverteilung zwischen Deutschen und Tschechen.

Die Reichenberger „Deutsche Volkszeitung" berechnet den Anteil der Deutsche und Tschechen an den böhmischen Staatsämtern. Danach gibt es in Böhmen 24 721 k. k. Beamte und Angestellte; davon sind 18 054 Tschechen und bloß 5 305 Deutsche; bei 1 347 konnte die Nationalität nicht sichergestellt werden. Die Deutschen machen also nicht viel mehr als ein Fünftel aus. Nach der Bevölkerungsziffer sollten den Deutschen 10 117 Stellen gebühren; diese sind also um rund 4800 Stellen verkürzt, was einen Gehaltsentgang von $10^{1}/_{2}$ Millionen Kronen für die Deutschen ausmacht. — Was die einzelnen Verwaltungszweige anbelangt, sind bei der Statthalterei 1 329 Tschechen, 372 Deutsche und 111 Ungewisse. Beim Oberlandesgericht 2 196 Tschechen, 686 Deutsche und 211 Ungewisse. Bei der Postdirektion 3 989 Tschechen, 1 154 Deutsche und 309 Ungewisse. Bei der

Staatsbahndirektion 6468 Tschechen, 1575 Deutsche und 372 Ungewisse. Bei den Bergbehörden 22 Tschechen, 5 Deutsche und 3 Ungewisse. Bei den Landesbeamten gibt es 1066 Tschechen und 13 Deutsche.

3. April. (Cisleithanien.) Abgeordnetenhaus. Schönerer über Bülows Rede zum Schutz der Deutschen in Ungarn (S. 67) und das deutsch-österreichische Bündnis.

Abg. v. Schönerer (alld.): Solche Worte, wie sie Graf Bülow gesprochen, müssen bei den Deutschen Oesterreichs, den alleinigen Stützen des Bundesverhältnisses mit Deutschland, Zweifel wecken, ob dieses Bundesverhältnis den Interessen der Deutschen Oesterreichs noch entspricht. Wenn uns gesagt wird, daß wir niemals auf eine Unterstützung vom Deutschen Reiche rechnen können, daß dieses Bundesverhältnis nur zur Rückendeckung jener dient, die das Deutschtum in Oesterreich schädigen, so drängt sich die Frage auf, welchen Zweck es hat, sich für ein Bündnis einzusetzen, das deutschfeindliche Bestrebungen in der Monarchie fordert. Die Regierung solle den Minister des Aeußern darauf aufmerksam machen, daß die Deutschen in Oesterreich ihre Zuneigung und ihre Stütze dem Bündnis mit Deutschland mehr und mehr entziehen müßten, falls von der deutschen Reichsregierung keinerlei Verständnis und Teilnahme für die nationalen Interessen Deutscher in Oesterreich-Ungarn entgegengebracht wird.

April. (Mähren.) Demonstrationen gegen den Erzbischof Kohn.

Ein tschechisches Blatt „Pozor“ veröffentlicht seit Monaten Angriffe gegen den Erzbischof von Olmütz, Dr. Kohn, weil er tschechenfeindlich und moralisch minderwertig sei. Der Erzbischof hält einen P. Ocasek für den Urheber, er wird aber von dem geistlichen Gericht freigesprochen. Trotzdem läßt ihn der Erzbischof in dem Priesterseminar zu Kremsier internieren. Wegen dieses Rechtsbruchs kommt es zu Tumulten und Angriffen auf das Seminar. Durch Indiskretion wird der wirkliche Urheber der Angriffe, P. Hofer, verraten, der sich aber dem Gericht des Erzbischofs entzieht. Ocasek wird freigelassen (21. April).

26. April. (Prag.) Die Versammlung der tschechischen Vertrauensmänner beschließt einstimmig, daß die Regierung kein Vertrauen verdiene, weil sie sich den hegemonistischen Ansprüchen der Deutschen füge, und daß die Tschechen in entschiedener Opposition verharren und eventuell vor der Obstruktion nicht zurückschrecken sollen.

27. April. (Ungarn.) Abgeordnetenhaus. Szell über die Obstruktion gegen die Heervorlage und den Verfassungskonflikt.

Abg. Kossuth hat das Angebot gemacht, dem Budgetprovisorium gegenüber nicht zu obstruieren, falls die Regierung in den nächsten vier Monaten die Verhandlung über die Wehrvorlage nicht fortsetze. Ministerpräsident v. Szell lehnt den Vorschlag ab, weil es ein verstecktes Fallenlassen der Wehrvorlage bedeute. Die Vorlage sei notwendig, weil die Entwicklung der Wehrkraft Oesterreich-Ungarns anderen Staaten gegenüber zurückgeblieben sei. Ueber die Obstruktion sagt er: Die Lage des Landes und die öffentliche Meinung fordert, daß ich die Bastei der Verfassung verteidige und meinen Platz behaupte. Dies ist meine Pflicht und ich werde sie erfüllen. Ich war vor die Alternative gestellt, entweder eine die Obstruktion unmöglich machende Verschärfung der Hausordnung herbeizuführen, oder die öffentliche Gewalt so unparteiisch und maßvoll zu handhaben, daß jede Obstruktion als schnöde Ungerechtigkeit erscheint. Ich wählte letzteres. Redner dankt den Führern der Oppositionellen, die anerkannt haben, daß seit 1867 die Verwaltung niemals unparteiischer und die Wahlen niemals unbeeinflußter gewesen seien. Dennoch wollen diese Führer den Willen der Majorität nicht respektieren, trotzdem dieser Wille frei und ohne Einmischung der Verwaltungsorgane zum Ausdruck gelangt ist. Alles lasse sich gut machen. Man könne Irrtümer verbessern und schlechte Gesetze ändern oder aufheben. Die Verletzung der Verfassung und die Mißachtung des Gesetzes sei aber nie zu reparieren. (Stürmischer Beifall rechts.) Die Vorbereitungen für die Einführungen der zweijährigen Dienstzeit würden getroffen. Als Vertreter des parlamentarischen Prinzips könne er an diesem Tage nicht vom Platze weichen. Falls er gezwungen sein sollte, die Regierung ohne Budget weiterzuführen, so werde er dies in dem Bewußtsein seiner Verantwortlichkeit tun, weil die Pflicht gegen den König und das Vaterland ihm dies gebieten. Kein ungarischer Staatsmann hätte unter den gleichen Verhältnissen einen anderen Entschluß fassen können.

1. Mai. (Ungarn.) Da das Abgeordnetenhaus infolge der Obstruktion das Budgetprovisorium nicht erledigt hat, tritt der budgetlose (ex lex-) Zustand ein. — Ministerpräsident v. Szell, der erklärt, die Regierung trotzdem weiterführen zu wollen, wird von der Opposition stürmisch angegriffen, die liberale Partei stimmt ihm zu.

10. Mai. (Tirol.) Ein Erlaß des Unterrichtsministers stellt fest, 1. daß die Innsbrucker Universität als deutsche erhalten bleiben soll, 2. daß beabsichtigt wird, in kürzester Zeit die Verlegung der italienischen Kurse in eine Stadt außerhalb Tirols zu veranlassen.

April. Mai. Juni. (Ungarn.) In Kroatien finden stürmische Kundgebungen gegen die Magyaren statt. Militär muß mehrfach einschreiten; in einigen Bezirken wird das Standrecht verkündet.

12. Mai. (Ungarn.) Abgeordnetenhaus. Debatte über die kroatischen Unruhen.

Abg. Barabas (Kossuthpartei) schildert grell die Ausschreitungen in Kroatien, die gegen den ungarischen Staat gerichtet seien und alle Magyaren bedrohten. Ministerpräsident v. Szell: Es sei durchaus unwahr, daß das Leben und die Sicherheit der Ungarn in Kroatien bedroht sei. Banus Graf Khuen-Hedervary habe umfassende Maßregeln gegen die friedenstörenden Elemente getroffen, und wo ungarische Fahnen und Embleme verunglimpft worden wären, sei eine strenge Bestrafung eingetreten. (Beifall rechts und links.) Er weise die Behauptung zurück, als ob alle Kroaten von Haß gegen die Ungarn erfüllt seien, und protestiere energisch gegen die aufgetauchte Unterstellung, als ob von Wien aus die Umtriebe der kroatischen Agitatoren begünstigt würden und als ob Vorgänge ähnlich denen vom Jahre 1848 eintreten und kroatische Demagogen zur Auflehnung gegen Ungarn verleitet würden. (Lebhafter Beifall rechts.)

16. Mai. (Böhmen.) Eine Versammlung deutscher Vertrauensmänner in Trebnitz beschließt die Gründung eines deutschen Volksrats für Böhmen. Die Christlich-Sozialen sollen wegen ihrer undeutschen Politik von dem Volksrat ferngehalten werden.

16. Mai. (Tirol.) Tumulte an der Innsbrucker Universität.

Bei der Antrittsvorlesung eines italienischen Dozenten kommt es zu blutigen Schlägereien zwischen deutschen und italienischen Studenten. — Hieran knüpfen sich heftige Preßfehden zwischen den Deutschen und Italienern in Tirol. Die Italiener verlangen vielfach eine besondere italienische Universität in Triest.

21. Mai. (Ungarn.) Verschiebung der Rekruten-Aushebung.

Der Landesverteidigungsminister benachrichtigt die Komitatsbehörden, daß in Ungarn infolge der bekannten politischen Vorgänge die Aushebungen für das Heer vom 1. Juli auf den 29. August verschoben werden mußten.

Ende Mai. (Cisleithanien.) Kroatische Unruhen.

Anläßlich der kroatischen Unruhen kommt es auch in Laibach zu Kundgebungen, bei denen Militär einschreitet. — Es werden Gerüchte über zahlreiche standrechtliche Hinrichtungen verbreitet; Ministerpräsident v. Körber bezeichnet sie im Abgeordnetenhause als aus der Luft gegriffen (22. und 26. Mai). — Die dalmatinischen Abgeordneten bitten um eine Audienz beim Kaiser in der Angelegenheit der Vorfälle in Kroatien. Die Audienz wurde auf Antrag v. Körbers nicht gewährt, weil die inneren Angelegenheiten der ungarischen Krone nicht zum Gegenstande der Beschwerdeführung aus den österreichischen Ländern gemacht werden können.

4./5. Juni. (Cisleithanien.) Abgeordnetenhaus. Angriffe der Tschechen auf die Dynastie.

Abg. Choc (tsch. radikal) greift den Thronfolger scharf an, weil er sich in einem Café von einer Sängergesellschaft ein Lied hat vorsingen lassen, in dem ein Tscheche verspottet wird. Der Redner sagt: Dieses Vorgehen des Thronfolgers ist gewiß sehr eigentümlich, es ist eine Provokation, es bedeutet eine Beleidigung des tschechischen Volkes. Wir wissen, daß es nicht richtig ist, daß behauptet wird, daß der Thronfolger ein Freund des tschechischen Volkes sei. Wir wissen auch, daß wir eine derartige Behandlung von dem Thronfolger nicht verdienen. Das tschechische Volk hat sich eine andere Behandlung von den Habsburgern verdient. Wir wissen auch, daß wir von einem habsburg-lothringischen Thronfolger, der Franz oder Ferdinand heißt, nichts Gutes erwarten können, geschweige denn von einem habsburg-lothringischen Thronfolger, der Franz und Ferdinand heißt. Deswegen ersuche ich den Präsidenten des Hauses, den Ministerpräsidenten zu ersuchen, er möge das Vorgehen des Herrn Erzherzogs Franz Ferdinand in „Venedig in Wien" rügen. — Der Präsident ruft den Redner unter heftigen Protesten der radikalen Tschechen zur Ordnung.

10. Juni. (Cisleithanien.) Beschlüsse der Quotendeputation.

Die ungarische Deputation beantragt die bisherige Quote bis auf 1913 festzulegen. Der Antrag wird einstimmig abgelehnt. Abg. Chlumecky beantragt, das ungarische Renuntium dahin zu beantworten, daß die österreichische Quotendeputation an dem vorjährigen Beschlusse, betreffend Feststellung der Quote mit 34,4 zu 56,6 mit einer Geltungsdauer bis 1909, festhalte. Die Abstimmung ergibt Stimmengleichheit, worauf der Vorsitzende der Deputation für den Antrag Chlumecky entscheidet.

16. Juni. (Ungarn.) Ministerpräsident v. Szell gibt seine Demission, da es ihm nicht gelingt, die Obstruktion zu beseitigen, und da in der liberalen Partei der von Apponyi geführte Flügel sich der Opposition in der Armeefrage zuneigt.

24. Juni. (Cisleithanien.) Neuorganisation der deutschen Parteien.

Die deutsche Fortschrittspartei, die deutsche Volkspartei, der verfassungstreue Großgrundbesitz und die Christlichsozialen einigen sich zu folgender Resolution: Die Vollversammlung der Mitglieder der deutschen Parteien erklärt es für geboten, in allen jenen Fragen, welche die nationalen Interessen des deutschen Volkes und seine Stellung im Reiche berühren, ein einheitliches Vorgehen anzustreben, und beschließt zu diesem Zwecke, unter voller Aufrechterhaltung und Unabhängigkeit der Parteien einen aus der Vollversammlung zu wählenden und aus 14 Mitgliedern bestehenden Vollzugsausschuß einzusetzen, sowie aus der Mitte dieses Vollzugsausschusses einen engeren Ausschuß von vier Mitgliedern zu entsenden. Der letztere wird ermächtigt, die erwähnten Fragen rechtzeitig wahrzunehmen und vorzuberaten, auf Grund dieser Vorberatung im Einvernehmen mit dem weiteren Ausschusse eine übereinstimmende Beschlußfassung der vertretenen Verbände anzubahnen und diese übereinstimmend gefaßten Beschlüsse auszuführen. Weiteren deutschen Abgeordneten wird der Beitritt zu diesem Verbande offen gehalten. Von der Versammlung wird sodann der 14gliederige Vollzugsausschuß und der Viererausschuß gewählt. Der Viererausschuß besteht aus den Abgg. Baernreither, Derschatta, Groß und Lueger. Diese vier Mitglieder, welche Vertreter der vier kartellierten Parteien sind, werden in den Sitzungen des Vollzugsausschusses, der sich heute konstituiert, abwechselnd den Vorsitz führen. Die Alldeutschen halten sich wegen der Beteiligung der Christlichsozialen von der Parteivereinigung, in der sie nur eine Erneuerung der alten Obmänner-Konferenzen erblicken, zunächst fern. Sie erklären aber, daß sie bei der Behandlung bestimmter nationaler Fragen ihre Mitwirkung nicht versagen und, wenn sie von den bezüglichen Aktionen des Vollzugsausschusses verständigt werden sollten, von Fall zu Fall auch einen Vertreter zu den gemeinsamen Beratungen der deutschen Parteien entsenden würden.

26. Juni. (Ungarn.) Neubildung des Ministeriums.

Nachdem ein Versuch des Grafen Stefan Tisza, ein Kabinett zu bilden, gescheitert ist, übernimmt der Banus von Kroatien, Graf Khuen-Hedervary, die Kabinettsbildung. Am 27. bildet er folgendes Ministerium: Khuen Präsidium und Inneres, General Kolosvary Honvedminister, Abg. Professor Tomasics Minister für Kroatien. Die übrigen Minister bleiben dieselben wie bisher. — Graf Khuen hat der Opposition versprochen, die Militärvorlagen zurückzuziehen und diese Fragen im Herbst bei der Revision des Wehrgesetzes zu regeln. Dann sollen für die Erhöhung des Rekrutenkontingents nationale Zugeständnisse in der Armee bewilligt werden. Die Kossuthpartei verspricht Einstellung der Opposition.

26. Juni. (Cisleithanien.) Das Ministerium Körber reicht seine Demission ein.

Das Wiener „Fremdenblatt" schreibt darüber: Das Kabinett Körber wurde zu seinem Entschluß nur durch die Wendung der Dinge in Ungarn, namentlich durch die Art und Weise gebracht, unter welcher dort die Wehrvorlage zurückgezogen wurde. Es kamen dabei sowohl die früheren von der Regierung bezüglich der Vorlage im österreichischen Parlament eingegangenen Verpflichtungen in Betracht, als auch die möglichen Nachwirkungen ihres Aufgebens auf die österreichischen Verhältnisse. Die Versuche, den Rücktritt des Kabinetts auf andere Beweggründe zurückzuführen, widersprechen den offenkundigen Tatsachen.

30. Juni. (Cisleithanien.) Die „Wiener Zeitung" gibt bekannt, daß auf Grund des § 14 durch kaiserliche Verordnung ein sechsmonatiges Budgetprovisorium dekretiert worden ist.

30. Juni. (Ungarn.) Abgeordnetenhaus. Programmrede des Grafen Khuen. Haltung der Opposition.

Die Münchener „Allg. Ztg." berichtet darüber: Nach den einleitenden Worten, die sich auf seine Ernennung zum Ministerpräsidenten beziehen, führte Graf Khuen-Hedervary etwa aus: Der Ausgangspunkt der parlamentarischen Wirren und der außergesetzlichen Zustände ist bekanntlich die Gesetzvorlage betreffend das erhöhte Truppenkontingent gewesen. Wir haben uns im Interesse der Wiederherstellung geordneter Zustände im Abgeordnetenhause entschlossen, die Verhandlung jener Vorlage einstweilen auszusetzen.... Bei diesem Worte „einstweilen" erhebt die Linke tosenden Widerspruch. Entrüstete Zurufe werden laut. Das Wort „einstweilen" wird höhnisch wiederholt. Die Abgg. Polonyi und Barabas schreien: Betrug, Wortbruch! Wir sind überlistet! Wir werden „einstweilen" weiter obstruieren! Der Präsident gibt ein Glockenzeichen, ruft die Abgg. Zoltan und Lengyel zur Ordnung und ermahnt zur Ruhe, jedoch ohne Erfolg. Präsident Apponyi ruft schließlich: Es ist die elementarste Forderung der Gerechtigkeit, den Redner nicht auf Grund eines unterbrochenen Satzes, den er nicht zu Ende führen konnte, anzugreifen! Hierauf vermochte der Ministerpräsident seine Rede fortzusetzen und erklärte, daß die Beratung des Gesetzentwurfs über die Erhöhung des Rekrutenkontingents suspendiert werde, weil in einer später einzureichenden Wehrvorlage ohnehin ein erhöhtes Kontingent enthalten sei. Für dieses Jahr werde nur das normale Kontingent beansprucht. Mit der Einreichung der organisatorischen Wehrvorlage werde der derzeitige Gesetzentwurf als überflüssig zurückgezogen, nicht bloß suspendiert.... Wieder ertönen Zurufe von rechts, welche einen gewaltigen Lärm veranlassen. „Schändlich", „empörend", hört man rufen. Dann konnte der Ministerpräsident wieder ruhig in seiner Rede fortfahren. Er bespricht das Arbeitsprogramm des Hauses und erklärt, er werde die Ermächtigung verlangen, mit den Handelsvertragsverhandlungen zu beginnen, ehe der Zolltarif fertiggestellt sei. Dies sei, zumal mit Rücksicht auf den Handelsvertrag mit Italien, notwendig. Der Ministerpräsident geht sodann auf die Einzelheiten seines politischen Programms über und erklärt sich als überzeugten Anhänger des Dualismus und der gemeinsamen Armee. Er betont, daß er für alle Maßregeln zur Förderung der Wehrkraft, die übrigens nie zu den Interessen der Nation im Gegensatz stehe, eintreten werde. Er sei ein treuer Anhänger der liberalen Prinzipien, da sie in der geschichtlichen Ueberlieferung begründet seien und sich als staatserhaltenden Faktor und als Kraftquelle des Staates bewährt hätten. Eine der wichtigsten Aufgaben sei die Kräftigung des Ungartums. Die Agitation gegen das Ungartum dürfe nicht geduldet werden. Die Interessen der Staatsbürger der anderen Volksstämme seien von dem Schicksal der Ungarn nicht zu trennen. Wenn es den Ungarn wohl ergehe, hätten sich stets auch alle anderen Stämme des Wohlergehens erfreut. Endlich appelliert der Ministerpräsident an die wirtschaftliche Initiative der Gesellschaft, um durch den materiellen Aufschwung eine kräftige Grundlage nationaler Entwicklung zu schaffen. (Lebhafter Beifall rechts und im Zentrum.)

1. Juli. Durch Entscheidung der Krone wird die Quote zu den gemeinsamen Ausgaben vom 1. Juli 1903 bis 30. Juni 1904 wie bisher für Österreich auf 66⁴⁶/₄₉ v. H., für Ungarn auf 33³/₄₉ v. H. festgesetzt.

7./11. Juli. (Cisleithanien.) Ende der Ministerkrisis. Rücktritt Rezels.

Der Kaiser genehmigt das Entlassungsgesuch des tschechischen Landsmannministers Rezel durch ein Schreiben vom 11. Juli, lehnt aber die Demission Körbers durch folgendes Handschreiben ab:

Mein lieber Dr. v. Körber!

Nach reiflicher Ueberlegung und eingehender Prüfung der Gründe, welche Sie veranlaßt haben, mir Ihre und des gesamten Ministeriums Demission anzubieten, vermag ich nicht, trotz der Schwierigkeiten, die nach Ihrem Dafürhalten die Lage beherrschen und hemmend auf Ihre Tätigkeit wirken, Ihrer Bitte um Enthebung zu willfahren. Angesichts der in allernächster Zeit ihre Regelung erheischenden hochwichtigen Angelegenheiten, welche Ihren bewährten Kräften anvertraut bleiben müssen, bedarf ich Ihrer überaus wertvollen Dienste auch fernerhin. Indem ich Ihrer und der übrigen Mitglieder des Ministeriums für die vielfachen bisherigen Verdienste mit Dank und Anerkennung gedenke, zähle ich auf Ihren so oft erprobten Patriotismus. Ich versichere Sie meines fortdauernden vollen Vertrauens.

Wien, 7. Juli.

Franz Joseph.

7. Juli. (Ungarn.) Im Abgeordnetenhause erklärt Ministerpräsident Graf Khuen, er hoffe, daß die Krise sich friedlich beilegen lasse und Neuwahlen nicht nötig seien. — Die Unabhängigkeitspartei beschließt, an der Aufhebung der Obstruktion festzuhalten.

13. Juli. (Wien.) Reichsfinanzminister Benjamin v. Kallay, seit 1882 Reichsfinanzminister und Abministrator von Bosnien, 63 Jahre alt, †. — Sein Nachfolger wird der bisherige Gesandte in Athen Frhr. v. Burian (27. Juli).

13. Juli. (Ungarn.) Überschwemmungen richten im Gebiet der Flüsse Arva, Waag und Poprad großen Schaden an.

14. Juli. (Ungarn.) In Agram explodieren vor den Häusern einiger Geistlicher Dynamitpatronen ohne Schaden anzurichten.

14. Juli. (**Ungarn.**) Wiederbeginn der Obstruktion im Abgeordnetenhause.

Eine Gruppe der Unabhängigkeitspartei unter Führung des Abg. Barabas (30—40 Abgeordnete) agitiert gegen die Aufhebung der Obstruktion, um die Zweiteilung der Armee zu erzwingen. Trotz dem Widerspruch Kossuths beschließt sie die Obstruktion zu erneuern. Am 15. Juli motiviert Abg. Barabas im Abgeordnetenhause den Beschluß, der einen Bruch des mit Khuen geschlossenen Abkommens darstellt (S. 202), folgendermaßen: Wir müssen die Gelegenheit schon jetzt ergreifen, denn unser König befindet sich in vorgerückten Jahren und die wenigen Jahre müssen wir im Vertrauen auf seine Achtung vor den Gesetzen und vor seinem Eide benützen. Jeder Ungar weiß, daß sodann sehr trübe Tage für das Land kommen werden. Nur dann wird die Nation stark sein, wenn auch die Armee von nationalem Selbstbewußtsein erfüllt ist. Gerade deshalb fürchten wir auch keine Drohungen. Die Drohungen mit dem Verfassungsbruch und mit dem Absolutismus schrecken uns nicht."

20. Juli. (**Ungarn.**) Bei dem Marsche des 12. Infanterie-Regiments von Trebinje nach Bielek sterben 15 Soldaten am Hitzschlag. Nach amtlichen Erklärungen ist die Ursache der plötzliche Eintritt unerträglicher Hitze.

21. Juli. (**Ungarn.**) Abgeordnetenhaus. Apponyi über die Armeefrage.

Der Präsident des Hauses, Graf Apponyi, erklärt sich grundsätzlich für die Politik des Grafen Khuen. Hinsichtlich der Armeereform halte er eine Erhöhung des Rekrutenkontingents für notwendig innerhalb der finanziellen Grenzen, die der Honvedminister bezeichnet habe. Was das militärische Strafverfahren angehe, so fordere er, daß bei öffentlicher Verhandlung die ungarische Sprache angewendet werde. Bezüglich der Versetzung ungarischer Offiziere nach Ungarn fordere er beschleunigtes Tempo. Betreffs der ungarischen Kommandos habe er stets behauptet, dies sei kein Reservatrecht der Krone, das der Verfügung der Parlamentsfaktoren entzogen sei; doch sei es ein Irrtum, anzunehmen, daß die Gesetze vom Jahre 1867 das ungarische Kommando festsetzen, ferner daß diese gesetzliche Vorschrift nur mißachtet worden sei, und daß es deshalb die Aufgabe der Obstruktion sei, dem ungarischen Kommando Geltung zu verschaffen. Dieser Standpunkt, den die Obstruktion als Rechtsgrundlage gewählt habe, sei unhaltbar. — Ich halte die Forderung, daß bei den ungarischen Regimentern als Dienst- und Kommandosprache die ungarische Sprache zur Geltung komme, für eine Forderung, die früher oder später verwirklicht werden muß. (Stürmischer Beifall auf allen Seiten des Hauses.) Ich bin dieser Anschauung, weil ich in der Erfüllung dieser Forderung ein Mittel der Konsolidierung der ungarischen Nation erblicke. Diese Konsolidierung zu fördern, ist das höchste Interesse der Dynastie und der Nation. Ich fordere jetzt jedoch deshalb nicht die Verwirklichung dieses meines Standpunktes, weil ich zur Zeit große und fast unbesiegbare Schwierigkeiten dabei voraussehe. Ich schließe jedoch aus, daß Schwierigkeiten von seiten der Krone erhoben werden, denn ich bin überzeugt, daß, sobald der wohlerwogene nationale Wille zum Ausdruck gelangen wird, der Monarch kein Hindernis in den Weg legen wird. Die Obstruktion flöße ihm die größten Besorgnisse ein. Redner erörtert dann die Besprechungen des Ministerpräsidenten mit der Opposition und erklärt es für unbillig und ungerecht, die Erörterung der Militärfragen nicht bis zur Zeit der Behandlung des Wehrgesetzes verschieben zu wollen. Er erinnere daran, daß in dem Verhältnisse zwischen Krone und Nation auch das Prestige der Nation gewahrt werden müsse. Völlig ungerechtfertigt aber sei es, im vorliegenden Falle von der ultima ratio zu sprechen, denn niemals seien Krone und Regierung bereitwilliger gewesen, Entgegenkommen zu beweisen als jetzt.

Ende Juli. (Ungarn.) Sprachenverordnung des Honvedministers.

Danach wird der Gebrauch der deutschen Sprache beim höheren Offizierkurs der ungarischen Landwehr eingeschränkt. Die schriftlichen Aufgaben sind in Hinkunft stets in ungarischer Sprache auszuführen, insofern das Lehrziel nicht unbedingt die deutsche Sprache erheischt. Auch die Titel der schriftlichen Aufgaben, die bisher in deutscher Sprache verfaßt wurden, sind in Zukunft ungarisch abzufassen. Der kgl. ungarische höhere Landwehroffizierkurs in Budapest hat wie der k. k. Landwehr-Subalternoffizierkurs in Wien den Zweck, aktive Subalternoffiziere in den höheren Kriegswissenschaften zu unterrichten. Beide Kurse dienen zugleich als Vorbereitungsschule für die Kriegsschule, zu welcher jährlich die zehn besten Besucher kommandiert werden.

29. Juli. (Ungarn.) Abgeordnetenhaus. Versuch, die Obstruktion durch Bestechung zu schwächen.

Abg. Zoltan Pap (Kossuthpartei) erklärt, daß gestern der ehemalige Abg. Dienes ihm 12 000 Kr. übergeben habe, damit er von der Obstruktion zurücktrete und Budapest verlasse. Dienes habe 2000 Kr. für Provision zurückbehalten; 10 000 Kr. die er (Pap) angenommen habe, um ein corpus delicti in Händen zu haben, lege er auf den Tisch des Hauses nieder. In den Wandelgängen sei ihm mitgeteilt worden, daß Dienes jetzt ein Bücherkolporteur sei und von keiner Seite als ein Vertrauensmann angesehen werden könne. Abg. Lovassy berichtet, daß an den Direktor des Magyar Orszag, Aufrecht, die Anfrage gerichtet worden sei, wegen des Preises, den das Blatt fordern würde, wenn es die Einstellung der Obstruktion befürworte. Abg. Thot beantragt die Einsetzung einer Kommission zur Untersuchung der Vorfälle. Der Antrag wird einstimmig angenommen.

Hierauf erhebt sich (um 1 Uhr mittags) der Ministerpräsident Graf Khuen, um zu beantragen, die Erörterung über sein Programm zu unterbrechen und zur Verhandlung der Indemnitätsvorlage überzugehen. Nach den ersten Worten erhebt die Obstruktion ein viertelstündiges, ohrenbetäubendes Geschrei, so daß sich der Vizepräsident genötigt sieht, die Sitzung zu unterbrechen. Nach Wiederaufnahme erhebt sich der Ministerpräsident wiederum, worauf der tobende Lärm aufs neue beginnt. Der Ministerpräsident steht zehn Minuten aufrecht, ohne zum Wort gelangen zu können und läßt sodann durch den Schriftführer den schriftlichen Antrag überreichen, das Haus möge in die Verhandlungen der Indemnitätsvorlage eintreten. Als dies die Obstruktion bemerkt, stürzen die Abgg. Rathany und Fay nach dem Präsidententisch und versuchen, dem Schriftführer den Antrag zu entreißen. Dieser wehrt sich mit Gewalt gegen die auf ihn Eindringenden von der Obstruktion und nimmt das Blatt mit dem Antrag in die andere Hand. Doch gelingt es den Angreifenden von der anderen Seite, das Blatt zu erhaschen und zu zerreißen. Indessen erhielt der Präsident die zweite Ausfertigung des in zwei Exemplaren eingereichten

Antrages. Der Antrag ist somit eingereicht. Die Tribüne um den Präsidententisch füllt sich mit Abgeordneten beider Parteien, die in leidenschaftlichen Wortwechsel geraten. Die Sitzung wird fortgesetzt bis nach Mitternacht und nach stürmischen Debatten der Antrag Khuens angenommen, nachdem die Opposition den Saal verlassen hat.

30. Juli. (Ungarn.) Der Gouverneur von Fiume, Graf L. Szapary, erklärt, der Urheber des Bestechungsversuchs zu sein. Er habe, von politischen Abenteurern irre geführt, den Versuch auf eigene Faust, ohne Wissen des Ministerpräsidenten unternommen.

31. Juli. (Ungarn.) Abgeordnetenhaus. Kossuth und Khuen über die Bestechungsfrage.

Abg. Kossuth bespricht die Mitteilung Paps und erklärt, es liege ihm fern, einen Verdacht auszusprechen. Nachdem jedoch der Gouverneur in Fiume, ein der Regierung nahestehender Mann, die Urheberschaft der Bestechung eingestanden hat, ruhe der Verdacht auch auf dem Ministerpräsidenten, und wenn es in dieser Richtung nicht gelänge, die öffentliche Meinung vollständig zu beruhigen, erscheine der Ministerpräsident als ungeeignet, um auf seinem Posten bleiben zu können. (Stürmischer Beifall links.) Präsident Graf Apponyi beantragt hierauf, einen Untersuchungsausschuß zur Aufklärung der Bestechungsangelegenheit zu wählen und das Haus zu vertagen, bis der Ausschuß seinen Bericht erstatten werde. Dieser Antrag wurde angenommen mit der Einschränkung, daß die Vertagung nicht über den 10. August dauern soll. Ministerpräsident Graf Khuen-Hedervary erklärt mit Bezug auf die Äußerung Franz Kossuths, er werde vor dem Untersuchungsausschuß erscheinen. (Allgemeine Zustimmung.) Kossuth erklärte, mich wegen der Bestechungsangelegenheit nicht verdächtigen zu wollen. Er fordert mich aber auf, meinen Platz zu verlassen. (Beifall links.) Meiner Ansicht nach würde ich mich nicht nur gegen mich, sondern auch gegen das Land versündigen, wenn ich dieser Aufforderung Folge leisten würde. (Lebhafter Beifall rechts, Bewegung links.)

3. August. (Pest.) Ministerpräsident Graf Khuen-Hedervary erklärt vor der parlamentarischen Untersuchungskommission, er habe von den Bestechungsversuchen Szaparys keine Kenntnis gehabt und nie Beziehungen zu Dienes und den übrigen in diese Angelegenheit verwickelten Personen gehabt.

8. August. (Wien.) Der katholische Historiker Onno Klopp (geb. 9. Oktober 1822 in Leer in Ostfriesland) †. Er schrieb u. a.: Der Fall des Hauses Stuart; Friedrich II. und die deutsche Nation; Tilly im 30jährigen Kriege.

10. August. (Ungarn.) Abgeordnetenhaus. Khuen kündigt seinen Rücktritt an.

Ministerpräsident Graf Khuen erklärt, die Regierung habe sich zur Aufgabe gestellt gehabt, die Beendigung des ex lex-Zustandes herbeizuführen, um die normale Geschäftsführung im Parlament wieder zu ermöglichen. Zu diesem Behufe sei die Erhöhung des Rekrutenkontingents zurückgezogen worden. Die Aussicht, daß die Regierung diese Mission würde erfüllen können, sei anfangs verheißungsvoll gewesen, doch die Möglichkeit des Gelingens der Aufgabe habe sich sehr bald mehr und mehr vermindert, bis sie völlig geschwunden war. Darum habe es die Regierung für ihre patriotische Pflicht gehalten, ihre Mission in die Hände des Monarchen zurückzulegen und um ihre Demission nachzusuchen. Der König habe das Gesuch angenommen und sich die formale Erledigung desselben für später vorbehalten. Der Ministerpräsident bittet das Haus, sich bis zur Bildung des neuen Kabinetts zu vertagen und teilt mit, daß der König nach Ungarn kommen werde.

13. August. (Ungarn.) Bericht der parlamentarischen Kommission über die Bestechungsfrage.

Die Kommission kommt zu dem Resultat, daß Graf Ladislaus Szaparty an den Interessen des Vaterlandes gesündigt habe, daß aber die Regierung oder der Ministerpräsident an der Angelegenheit nicht beteiligt gewesen sei. Es wird festgestellt, daß es sich bei der Tat Szaparys nur um den vereinzelten Versuch eines Vergehens gehandelt habe, und daß durch das Untersuchungsverfahren die unantastbare moralische Integrität eines jeden Mitgliedes der ungarischen gesetzgebenden Körperschaften außer allen Zweifel gestellt werde. Da die Notwendigkeit, in dieser Angelegenheit weitere Maßnahmen zu treffen, nicht vorliegt, so wird beantragt, das Haus möge über den Zwischenfall zur Tagesordnung übergehen.

(Der Bericht wird infolge einer Indiskretion von einigen Blättern veröffentlicht, ehe er dem Abgeordnetenhause mitgeteilt wird.)

Mitte August. (Galizien.) Diskussion über die Sonderstellung Galiziens.

Die Frage, ob die gegenwärtige Verfassung Cisleithaniens zu erhalten oder in föderativem Sinne umzugestalten sei, wird seit längerer Zeit viel erörtert. Der Krakauer „Przeglond Wszechpolski", das Organ der „polnischen Nationalliga", erklärt sich für eine Auflösung in mehrere Provinzen: Man wende zwar dagegen ein, daß die Polen durch die Annahme der Sonderstellung Galiziens die Tschechen und die anderen Slawen Oesterreichs der Germanisierung ausliefern würden. „Aber die Polen haben durchaus nicht die Verpflichtung, sich bei der Wahrnehmung ihrer nationalen Interessen von Rücksichten auf die anderen slawischen Völkerschaften beirren zu lassen. Am allerwenigsten brauchen die Polen auf die Tschechen Rücksicht zu nehmen, da diese wiederholt bewiesen haben, daß sie bei der Verfechtung ihrer nationalen und staatsrechtlichen Kombinationen sich um die Interessen der Polen nicht im geringsten bekümmern."

15. August. Das Wiener „Fremdenblatt" schreibt über die Papstwahl und das Veto Österreich-Ungarns im Konklave:

„Die Wahl Pius X., die von der gesamten katholischen Welt und weit darüber hinaus mit einmütiger Befriedigung aufgenommen wurde, bot der Presse aller Länder reichlichen Stoff zur Diskussion, insbesondere ist auch die Nachricht viel kommentiert worden, daß von Oesterreich-Ungarn gegen eine der Kandidaturen Einspruch erhoben wurde. Wenngleich die vielsachen und zum Teil sehr dramatischen Ausschmückungen, mit denen diese Nachricht verbreitet wurde, insbesondere die Darstellung, als wäre es aus diesem Anlaß in dem h. Kollegium zur förmlichen Debatte gekommen, den Eindruck zu einem phantasievoll erfundenen machen, so ist es doch, wie wir nach an maßgebender Stelle eingeholten Erkundigungen konstatieren können, Tatsache, daß die Monarchie von ihrem Vetorecht Gebrauch machte. Das österreich-ungarische Kabinett verfolgte dabei den Zweck, die Erwäh-

lung eines Kardinals von friedlichem und versöhnlichem Sinne herbeizuführen, und es darf ihr zur Genugtuung gereichen, daß aus der Urne ein
Mann hervorgegangen ist, der überall beifällig begrüßt wurde. In Pius X.
hat ein Mann den päpstlichen Stuhl bestiegen, dessen maßvolles und festes
Wesen die Hoffnung eröffnet, daß nicht Reibungen auftreten und daß sich
nicht politische Gesichtspunkte in den Vordergrund drängen, welche die Erfüllung der erhabenen Mission der Kirche beeinträchtigen. In dem Interesse Oesterreich-Ungarns lag es, daß einer Wahl vorgebeugt wurde, die,
wie manche Erfahrungen der letzten Zeit schließen ließen, Differenzen hätten
mit sich bringen können, die gerade ein Verhältnis, wie es zwischen Kirche
und Staat ist, nicht trüben sollen. Man braucht denn auch wohl kaum
besonders hervorzuheben, daß das österreichisch-ungarische Kabinett nicht durch
eine Anregung seitens irgend einer anderen Macht zu dem Schritte bewogen wurde, den es unternommen hat."

18. August. (Ungarn.) In Zapresitsch demonstrieren Kroaten gegen ungarische Fahnen; beim Einschreiten der Gendarmerie
werden mehrere Kroaten getötet und schwer verletzt. Auch in
Agram kommen Unruhen vor.

20.—25. August. (Pest.) Verhandlungen des Kaisers mit
den Parteiführern.

Der Kaiser empfängt außer den Ministern den Präsidenten des
Magnatenhauses Grafen Albin Csaky, den Präsidenten des Abgeordneten-
hauses Grafen Albert Apponyi, die gewesenen Ministerpräsidenten Graf
Julius Szapary, Alexander Wekerle, Desider Banffy, Koloman Szell, ferner
den Grafen Julius Andrassy, Grafen Stephan Tisza und Grafen Alexander
Karolyi, den ehemaligen Minister des Innern Karl Hieronymi, den Abgeordneten Emerich Hodossy und den Präsidenten der Volkspartei Grafen
Johann Zichy. — Alle empfehlen dem Kaiser, einige Konzessionen in der
Armeefrage zu machen, am weitesten geht Apponyi, der die ungarische
Dienst- und Kommandosprache erstrebt. Das „Fremdenblatt" schreibt über
die Verhandlungen: „In politischen Kreisen verlautet, daß die Krone die
meisten der nationalen Forderungen für gefahrbringend für die Armee
ansehe, jedoch an jenen Konzessionen, die von der früheren Regierung zugestanden wurden und die Einheit der Armee nicht tangieren, festhält.
Es heißt ferner, daß es fast ausgeschlossen sei, daß die in Frage kommende
Dienst- und Kommandosprache zum Gegenstand einer eingehenden Diskussion
gemacht werden könne. Wohl aber sollen die Politiker, die vor Sr. Majestät
erschienen sind, den Eindruck gewonnen haben, daß man maßgebendenorts
die nationalen Forderungen nicht a limine abweist, sondern daß es wahrscheinlich ist, daß Bestimmungen, durch welche für eine dem ungarischen
Geiste entsprechende Erziehung der militärischen Jugend vorgesorgt werden
soll, Aussicht auf Verwirklichung haben. Es wird darauf hingewiesen,
daß fast alle Politiker, welche vor dem Kaiser erschienen, sich für die Gewährung gewisser nationaler Forderungen eingesetzt haben — der eine in
größerem, der andere in kleinerem Maßstabe. Fast alle Politiker hätten
betont, daß die einzige Lösung der Krisis die Gewährung der nationalen
Konzessionen sei."

Die Lösung der Krisis wird verschoben.

24. August. (Pest.) Beim Brande eines großen Waren-
hauses kommen gegen 60 Personen um.

August. Folgen der ungarischen Ministerkrisis für die gemeinschaftliche Armee.

Infolge der parlamentarischen Krisis in Ungarn kann das Rekrutengesetz in Ungarn nicht bis Ende September votiert werden, daher kann am 1. Oktober keine Aushebung vorgenommen werden. Auch in Oesterreich ist eine Aushebung unmöglich, weil bei Annahme des Rekrutengesetzes durch den Antrag Chiari bestimmt worden ist, die Rekrutenaushebung nur in demselben Maßstabe wie Ungarn vorzunehmen. Um den normalen Heeresstand von 300 000 Mann nicht zu vermindern, ordnet der Reichskriegsminister provisorisch an (26. August), daß die Mannschaften des dritten Jahrganges, die gewöhnlich von Ende September bis 31. Dezember beurlaubt waren, bis zum 31. Dezember im aktiven Dienst zu behalten sind. Das Wiener "Fremdenblatt" schreibt dazu: "Hunderttausend wehrpflichtige Männer beiläufig, die seit drei Jahren unter den Fahnen stehen, hätten Ende September dieses Jahres in ihre Heimat, zu ihren Familien und zu ihren Berufen zurückkehren sollen. Seit 35 Jahren ist es bisher immer der Fall gewesen, daß vor dem 1. Oktober der dritte Jahrgang beurlaubt wurde. Heuer aber wird der Monat September vorübergehen und der dritte Assentjahrgang wird weiter unter den Fahnen bleiben; seit der Einführung der allgemeinen Wehrpflicht ereignet es sich zum erstenmal, daß das Ende des Monats September für jene Soldaten, die schon im dritten Jahre dienen, nicht auch das Ende ihres Dienstes bedeutet. Die Kriegsverwaltung hat sich genötigt gesehen, die entsprechende Verfügung zu treffen. Die gemeinsame Armee hat keine Rekruten — in Ungarn können sie nicht assentiert, in Oesterreich nicht eingestellt werden — und so mußte denn aus gewichtigen militärischen Gründen zu jener Maßregel gegriffen werden, die gewiß in den weitesten Kreisen der Bevölkerung als eine unvorhergesehene Ueberraschung wird wirken müssen. Allein nicht aus Trotz, nicht um eine Pression auf politische Parteien auszuüben, entschloß sich die Kriegsverwaltung zu diesem Schritt; nicht leichten Herzens wird diese Verfügung getroffen, sondern unter dem Zwange eiserner Notwendigkeit. Die plötzliche Reduktion der Armee um ein volles Drittel ihres Präsenzstandes vermag wohl keine Großmacht vorzunehmen; das verbietet die Sorge um die Erhaltung des Prestige und des Ansehens. . . . Die ganze Organisation des Heeres käme durch die plötzliche Verminderung des Aktivstandes ins Wanken, der Garnisonsdienst könnte auf die Dauer durch die zwei Jahrgänge allein nicht bestritten werden. Kurz, es würde zu den politischen Wirren, welche die Monarchie so schwer schädigen, noch ein militärisches Chaos sich gesellen, das dem Ansehen und dem Prestige des Reiches die schwersten Wunden schlagen würde. Die verderblichen und zerstörenden Wirkungen der Politik der extremen ungarischen Parteien beginnen sich immer stärker fühlbar zu machen."

31. August bis 3. September. Besuch des Königs von England in Wien.

Ende August. (Ungarn.) Die Führer der Nationalitäten beraten über eine gemeinsame Kundgebung der Sachsen, Rumänen, Slowaken, Kroaten und Serben gegen die Militärforderungen der magyarischen Obstruktion.

1. September. Eine zwischen dem ungarischen und dem österreichischen Finanzminister abgeschlossene Übereinkunft tritt in Kraft, wonach im Verkehr zwischen Ungarn und Österreich auf Zucker eine Surtaxe von 3½ Kronen gelegt wird.

5. September. (Prag.) Politik der Tschechen angesichts der Militärfrage und ungarischen Krisis.

Der Jungtschechenklub faßt einstimmig eine Resolution, die als erste Pflicht der tschechischen Abgeordneten bezeichnet, auf den Sturz der gegenwärtigen Regierung und die Beseitigung des jetzigen Regierungssystems hinzuarbeiten. Der Klub fordert die Abgeordneten auf, im Sinne der Dezentralisation der Legislative und der Exekutive und der Durchführung des gleichen Rechtes für die Völker Oesterreich-Ungarns Beschlüsse zu fassen, und dahin zu wirken, daß die Maßnahmen der Heeresverwaltung betreffs der Nichtentlassung der im dritten Jahre dienenden Mannschaften, als in das Rekrutenbewilligungsrecht der Legislative eingreifend, nicht durchgeführt, sondern aufgehoben werden. Endlich wird verlangt, daß die Führer der Partei eine Taktik festsetzen und Schritte unternehmen, um alle tschechischen Kräfte auf die vereinbarte gemeinsame Grundlage zu vereinigen.

Der Abg. Klofac reist, wie der „Czas" mitteilt, nach Pest, um mit der ungarischen Opposition Verbindungen anzuknüpfen, in der Hoffnung mit Hilfe der ungarischen Krisis die staatsrechtlichen Forderungen der Tschechen durchzusetzen.

September. (Cisleithanien.) Proteste gegen die Zurückbehaltung des dritten Jahrgangs.

Am 28. August macht Abg. Nowak den Ministerpräsidenten v. Körber auf die Härte des Ministerialerlasses aufmerksam, worauf der Ministerpräsident erwidert: Wir haben alle möglichen Modalitäten erwogen, um den durch die Vorgänge in Ungarn hervorgerufenen Rückwirkungen auf dem Gebiete der Armee vorzubeugen, konnten uns jedoch zu keinem Auswege entschließen, der in der bezüglichen Vorsorge in Oesterreich zu anderen Maßnahmen geführt hätte, als in Ungarn. Seien Sie überzeugt, daß es unsere aufmerksamste Sorge ist, diese harte Maßregel, wenn irgend möglich, noch ganz zu verhindern oder nach Möglichkeit zu mildern, jedenfalls aber durch spätere Benefizien auszugleichen.

Am 4. September beschließt der Wiener Gemeinderat, eine Petition an die Regierung um Zurückziehung des Erlasses zu richten, eventuell den Reichsrat einzuberufen, um rechtzeitig Beschlüsse über die Lage fassen zu können. — Am 14. September beschließen der niederösterreichische und salzburgische Landtag einstimmig, die Regierung dringend zu ersuchen, von der Heeresverwaltung die sofortige Aufhebung der Verordnung betr. die Zurückbehaltung des dritten Jahrganges der Militärdienstpflichtigen zu verlangen, eventuell die sofortige Einberufung des Reichsrates zu veranlassen. — Die Regierungsvertreter erklären die Landtage für inkompetent in dieser Reichsangelegenheit.

7. September. (Wien.) Tagung der interparlamentarischen Konferenz unter dem Vorsitz des früheren Ministers v. Plener.

September. (Cisleithanien.) Die deutschen Parteien und die Militärfrage.

Am 7. September faßt der Vollzugsausschuß der vereinigten deutschen Parteien (Deutsch-Fortschrittler, Deutsche Volkspartei, liberaler Großgrundbesitz und Christlich-Soziale) eine Resolution, welche die baldige Einberufung des österreichischen Reichsrates fordert und gegen die Zurückbehaltung des dritten Assentjahrgangs ernste Bedenken äußert. Der Ministerpräsident, dem die Resolution mitgeteilt wird, erwidert, daß er den Reichsrat im ersten Momente, wo die Verhältnisse in Ungarn geklärt sein würden, einberufen werde. So lange jedoch in Ungarn alles in der Schwebe sei, müsse er auf die Einberufung des Reichsrates verzichten. Die „Alldeutsche Korrespondenz“, die die Anhänger Schönerers vertritt, erklärt, die Alldeutsche Vereinigung verfolge die gegenwärtigen Vorgänge in Ungarn mit Genugtuung, da dieselben das alldeutsche Programm der Erfüllung näher rücken. Sie erblicke in diesen Vorgängen nur die Vorboten für die Verwirklichung der im Linzer Programm aufgestellten Forderung nach der bloßen Personalunion und sie müsse im wirtschaftlichen Interesse der Bevölkerung der diesseitigen Reichshälfte wünschen, daß diese von Ungarn angestrebte Trennung je früher je besser stattfinde, damit der für die industriellen, landwirtschaftlichen und gewerblichen Kreise nachteiligen Ungewißheit ein Ende bereitet werde. Die Alldeutschen werden daher die auf die Trennung abzielenden Forderungen Ungarns nicht bekämpfen. Die sofortige Tagung des Reichsrates würde sich nicht als Mittel zur Gesundung der Situation erweisen, da die Tschechen den Zusammentritt des Reichsrates nur benützen würden, um ihrerseits mit neuen Ansprüchen hervorzutreten.

Am 8. September spricht sich der Parteitag der freien Alldeutschen (Wolffsche Richtung) für die bloße Personalunion mit Ungarn aus, fordert aber die Einberufung des Reichsrats.

11. September. (Cisleithanien.) Unterstützung der vom Hochwasser Betroffenen.

Eine kaiserliche Verordnung ermächtigt die Regierung, zur Unterstützung der hilfsbedürftigen Bevölkerung in den Anfang September vom Hochwasser betroffenen Ländern zur Wiederherstellung des beschädigten Staatseigentums (Verkehrswege) Staatsmittel bis zu 15 Millionen Kronen aufzuwenden. Davon sollen zunächst 6 Millionen der notleidenden Bevölkerung Böhmens, 3 Millionen derjenigen Schlesiens und 2 900 000 Kr. jener Galiziens zugewendet werden.

16. September. (Chlopy.) Der Kaiser erläßt folgenden Armeebefehl:

Die Staatsgeschäfte nahmen Mich in jener Zeit in Anspruch, welche Ich den diesjährigen Manövern des 7. und 12. Korps so gern gewidmet hätte. Indem Ich den General der Kavallerie Erzherzog Franz Ferdinand mit meiner Vertretung betraute, blieb ich durch dessen Berichte in steter Kenntnis des Verlaufes des Manövers und hatte die erwartete Befriedigung durch Se. kaiserliche und königliche Hoheit nur Lob und Anerkennung des gesamten Zustandes und der Leistungen beider Korps des Heeres, sowie der beigezogenen Heerkörper der ungarischen Landwehr zu vernehmen. Den großen Kavalleriemanövern in Galizien anwohnend, konnte Ich Mich von deren lehrreichen Anlage, Leitung und Durchführung, sowie von der vorzüglichen Verfassung und hohen Leistungsfähigkeit aller beteiligten Truppen erneut überzeugen. Je sicherer begründet Mein günstiges Urteil über den militärischen Wert, die hingebungsvolle Dienstesfreudigkeit und das einmütige Zusammenwirken aller Teile meiner Gesamtwehrkraft ist, desto mehr muß und will Ich an deren bestehenden und bewährten Einrichtungen festhalten. Mein Heer, insbesondere dessen gediegenes Gefüge, das einseitige Bestrebungen in Verkennung der hohen Aufgabe, welche dasselbe zum Wohle beider Staatsgebiete der Monarchie zu erfüllen hat, zu lockern geeignet wären, möge wissen: daß Ich nie der Rechte und Befugnisse Mich begebe, welche dem obersten Kriegsherrn verbürgt sind. Gemeinsam und einheitlich wie es ist, soll Mein Heer bleiben: Eine starke Macht zur Verteidigung der österreich-ungarischen Monarchie gegen jeden Feind! Getreu ihrem Eide ist Meine Gesamtwehrmacht fortschreitend auf dem Wege der ernsten Pflichterfüllung und durchdrungen von jenem Geiste der Einigung und der Harmonie, welcher jede nationale Eigenart achtet, alle Gegensätze löst und die besonderen Vorzüge jeden Volksstammes zum Wohle des großen Ganzen verwertet.

September. Aufnahme des Armeebefehls.

Der Wiener katholische Zentrumsklub begrüßt den Befehl mit großer Freude, da er die Einheit der Armee garantiere. In Ungarn sehen die Vertreter der Opposition darin eine Kriegserklärung gegen die Wünsche der Nation und die Verfassung, die liberale Partei beschließt in einer Parteikonferenz Stellung zu nehmen. — Am 19. September wird offiziös über die Bedeutung des Befehls berichtet: An sehr maßgebender Stelle berührte es sehr schmerzlich, daß ein Teil des Armeebefehles vom 16. September in der öffentlichen Meinung Ungarns eine solche Auslegung findet, die den Intentionen an Allerhöchster Stelle nicht im entferntesten entspricht. Der Allerhöchste Kriegsherr beruhigte in dem Armeebefehl das Heer darüber, daß er eine Zerreißung der im Sinne des Gesetzartikels 12 des Jahres 1867 gemeinsamen Armee nicht gestatte und es ebensowohl im Interesse der Monarchie als auch im eigensten Lebensinteresse Ungarns nicht gestatten werde. Dieser Armeebefehl, der kein staatsrechtlicher Akt ist, präjudiziert jedoch nicht jene im Interesse der Parität wünschenswerten Abänderungen, die die liberale Partei als notwendig erachtet und welche der Ministerpräsident Graf v. Khuen in sein Programm aufgenommen hat. Die Lösung dieser Fragen bildet in maßgebenden Kreisen den Gegenstand von Erwägungen.

18./19. September. Besuch des Deutschen Kaisers in Wien.

Bei einer Galatafel am 18. werden folgende Trinksprüche gewechselt. Kaiser Franz Josef: Herzlich willkommen heiße ich Ew. Majestät und gebe meiner Freude Ausdruck, den treuen Freund und Bundesgenossen heute in unserer Mitte zu empfangen. Ew. Majestät sind durch Ihre Hierherkunft dem von Mir gehegten Wunsche des Wiedersehens mit einer Bereitwilligkeit entgegengekommen, die in Mir das Gefühl warmer Erkenntlichkeit wachruft und die das schon so feste Gefüge unserer gegenseitigen Beziehungen gewiß mit neu erhöhter Kraft ausstatten wird. Von dieser Zuversicht durchdrungen, bitte Ich Ew. Majestät, mir zu gestatten, daß Ich das Glas auf Ihr Wohl, sowie auf unsere unerschütterliche Freundschaft erhebe und dabei ausrufe: Seine Majestät der Kaiser Wilhelm lebe hoch!

Kaiser Wilhelm: Von tiefer Dankbarkeit erfüllt bitte ich Ew. Majestät, in Gnaden den Ausdruck meines innigen Dankes entgegennehmen zu wollen für die freundlichen Worte, mit welchen Ew. Majestät Mich soeben bewillkommnet haben, sowie für den herzlichen und glänzenden Empfang, den Mir die stets gastfreie und ewig schöne Kaiserstadt an der Donau, Ew. Majestät Residenz, bereitet hat. Nichts konnte Mir willkommener sein, als dem Wunsch Ew. Majestät entsprechend hierherzueilen, um Meinen in Ehrfurcht geliebten, erhabenen Freund und Bundesgenossen zu begrüßen. Der Anblick Ew. Majestät stolzer Regimenter war Mir eine Herzensfreude, denn den Bund unserer Länder tragen und festigen unsere beiden Heere zum Wohle des Friedens in Europa. Wenn Ich mein Glas nunmehr auf das Wohl Ew. Majestät erhebe, bitte Ich zugleich, der Dolmetsch der Gefühle aller Deutschen im Reiche sein zu dürfen, wenn Ich dem Wunsche Ausdruck gebe: Gott segne und erhalte Ew. Majestät und Ihr erlauchtes Haus! Seine Majestät der Kaiser und König Franz Joseph Hurra!

22. September. Der niederösterreichische Landtag spricht in feierlicher Sitzung seinen Dank für den Armeebefehl aus und erklärt sich bereit, für die Macht und Einheit des Heeres jederzeit einzutreten.

22. September. (Ungarn.) Handschreiben des Königs an Khuen-Hedervary über die Militärfrage. Khuen mit der Kabinettsbildung betraut.

König Franz Josef richtet folgendes Schreiben an den Grafen Khuen-Hedervary:

Lieber Graf Khuen-Hedervary!

Mein väterliches Herz ist mit tiefer Trauer erfüllt angesichts der beklagenswerten Zustände, welche in Meinem geliebten Ungarn das politische Leben seit Monaten zur Unfruchtbarkeit verdammen und beinahe schon die Tätigkeit der Staatsmaschine behindern. Als im Jahre 1867 einerseits zwischen den Ländern Meiner ungarischen Krone und andererseits zwischen den im Reichsrat vertretenen Königreichen und Ländern die Mittel der aus der pragmatischen Sanktion sich ergebenden gemeinsamen und vereinten Verteidigung aufgezeichnet wurden, hat der § 11 des Gesetzartikels XII vom Jahre 1867 festgesetzt, daß die auf die einheitliche Führung, Leitung und innere Organisation der gemeinsamen Armee bezüglichen Angelegenheiten durch Mich zu ordnen seien. Und gleichwie Ich jederzeit streng darüber wachte, daß die auf Grund dieses Gesetzes übernommenen Verpflichtungen von jeder Seite ehrlich und gewissenhaft erfüllt werden, ebenso bin Ich entschlossen, die Mir zustehenden Rechte ungeschmälert aufrecht zu erhalten und unberührt meinen Nachfolgern zu überantworten. Als der ungarische Reichstag dieses Mein Recht anerkannte, wollte er nicht nur für die Großmachtstellung der Monarchie, sondern auch für die Kraft und Sicherheit seines eigenen Vaterlandes und seiner Nation Vorsorge treffen. Gerade deshalb könnte Ich Verfügungen nicht zustimmen, die in ihren letzten Konsequenzen zur Schwächung der beiden Staaten der Monarchie führen und das von Meinen Vorfahren ruhmreichen Angedenkens übernomme Erbe der Gefahr des Niederganges aussetzen könnten. Und aus demselben Grunde könnte Ich der Erfüllung jener Forderungen nicht zustimmen, welche eine derartige Umgestaltung erprobter Institutionen bezwecken, daß sie den Interessen Meines geliebten Ungarn nicht entsprechen und in ihrer letzten Konsequenz die Integrität der Länder Meiner heiligen Krone gefährden. Andrerseits verschließe Ich Mich nicht der Verwirklichung jener aus Meiner königlichen Macht sich ergebenden Maßregeln, hinsichtlich deren Meine Regierung in der letzten Zeit angesichts des Reichstages bereits Erklärungen abgegeben hat und die in Gemeinschaft mit den Ihnen von Mir bezeichneten Punkten jenen Rahmen bilden, inhaltlich dessen Ich solche Maßregeln für zulässig halte. Meine ungarische Nation ist seit dem Ausgleich riesenhaft vorwärts geschritten. Mit Genugtuung beobachtete Ich jene erfreuliche Entwicklung als neuerlichen Beweis für die Weisheit jenes Werkes, welches durch das gegenseitige Vertrauen der Krone und der Nation geschaffen wurde. So muß dem sein und so muß dem auch fernerhin bleiben. Die Gnade der heiligen Vorsehung hat unser Verfassungsleben bisher vor jeder ernsten Erschütterung bewahrt. Nur die Nüchternheit und Besonnenheit der Nation, die wohlbedachte Erwägung aller in Betracht kommenden großen Interessen kann uns auch in der Zukunft vor jeder Prüfung bewahren. Es ist daher Meine Herrscherpflicht, die Nation aufmerksam zu machen, daß Ich auch jetzt noch an dem Ausgleich festhalte. Es ist Meine Ueberzeugung, daß der Geist, welcher dieses Werk geschaffen, in alter Kraft in dem der Nation fortlebt. Ich vertraue Ihrer Einsicht, daß Sie die gesetzliche Vertretung Meines Meinem Herzen nahestehenden Ungarns über Meine väterliche Absicht aufklären und aus dem heutigen, dem Lande und der Monarchie gefährlichen Zustand die glückliche Entwirrung finden werden. In dieser Voraussetzung habe Ich Mich entschlossen, Sie mit der Bildung der neuen Regierung zu betrauen, wovon Ich Sie durch Mein beigelegtes Handschreiben verständige.

Wien, 22. September.

(gez.) Franz Joseph.

(gez.) Graf Khuen-Héderváry.

23. September. (Pest.) In der Konferenz der liberalen Partei gibt Graf Khuen-Héderváry folgende Erklärung ab über das kgl. Handschreiben und seine politischen Absichten:

Se. Majestät nahm mit Schmerz und tiefem Bedauern Kenntnis davon, daß der von ihm erlassene Armeebefehl solchen Auffassungen und Mißverständnissen, ja Mißdeutungen begegnete, welche zu dem Schlusse gelangten, als ob diese Kundgebung Sr. Majestät als gesetzlichen obersten Kriegsherrn des Heeres eine Verletzung der ungarischen Verfassung oder der ungarischen Nation, der gesetzlichen Rechte Ungarns und der ungarischen Staatlichkeit enthalte. Das ist ausgeschlossen, das könnte nicht geschehen und das hat den Absichten des Königs fern gelegen. Man kann und darf dem Armeebefehl, von welcher Seite immer es sei, eine solche Auslegung berechtigter Weise nicht geben. (Zustimmung.) Wie wenig diese verfassungsmäßige Auffassung der Gefühle des Königs für die ungarische Nation in dieser Hinsicht Zweifel erleidet und erleiden kann, davon wird vielleicht am besten jenes Handschreiben Zeugnis ablegen, das in der Sonderausgabe des Amtsblattes veröffentlicht wurde. Nach Verlesung dieses Allerhöchsten Reskriptes wird es, wie ich glaube, jedermann klar sein, daß Se. Majestät sich der verfassungsmäßigen Rechte und Pflichten vollbewußt ist. Es kann sich daher an die Handlung oder an ein Wort Sr. Majestät, welche Art sie auch immer sein mögen, keine solche Auslegung heranwagen, welche dies zweifelhaft machen könnte. Das gute Verhältnis und das Vertrauen zwischen dem Könige und der Nation sind das höchste Gut der Nation; ohne dieses ist eine weitere Entwicklung und ein Erstarken der Nation gar nicht denkbar....... Was die Frage der militärischen Erziehung anbetrifft, so wollen wir erreichen, daß das ungarische Element in dem Rahmen des ungarischen Heeres in größerer Anzahl zur Geltung komme durch eine Vermehrung der Stiftungen zur Ausbildung ungarischer Staatsbürger und dadurch, daß der Vortrag eines bedeutenden Teiles der Lehrgegenstände in den Militärerziehungsanstalten Ungarns in ungarischer Sprache gehalten wird. Hierdurch wird, was das stete Streben der Nation war, die ungarische Nation in dem gemeinsamen Heer in möglichst großer Anzahl zur Geltung kommen....... Der Monarch erwarte seine Vorschläge zur Lösung der Krisis und habe ihn mit der

Kabinettsbildung betraut. Indem ich mich dieser Verfügung Sr. Majestät unterwarf, faßte ich dies so auf, daß ich die Betrauung übernehme, damit zum Zwecke einer Berührung von König und Nation ein verfassungsmäßiges Organ und eine verantwortliche Person vorhanden sei, welche den König deckt und welche berufen sein soll, die Worte des Königs zu verdolmetschen und ihre verfassungsmäßige Beurteilung zu ermöglichen. (Lebhafte Zustimmung.) Diese Uebernahme bedeutet also nicht, daß ich die Absicht habe, eine definitive Regierung zu bilden. Ich wollte nichts anderes, als in diesem hochwichtigen Augenblicke der Vermittler jenes Vertrauens sein, welches zwischen dem König und der Nation unbedingt notwendig ist. (Lebhafter Beifall.) Ich bitte Sie, meine Mission in diesem Sinne aufzufassen und glaube, daß die Kundgebung des Königs so hochwichtig ist, daß sie — ich bin davon tief überzeugt — in ganz Europa gerechte Aufmerksamkeit erregen wird. Diese Kundgebung Sr. Majestät hat den Zweck, daß jenes Verhältnis zwischen dem König und der Nation, welches auf Vertrauen beruht, auch künftig unverletzt und unverkürzt erhalten bleibe und keinem wie immer gearteten Mißverständnis ausgesetzt sei. Ich glaube, daß mit dem königlichen Handschreiben dieser Zweck auch erreicht werden wird. Dies wünsche ich, dies wünschen wir alle; und ich appelliere an Ihren Patriotismus. Meine Herren! Ich glaube, daß in diesem Augenblicke — da, wie ich vorhin schon angedeutet habe, nach erfolgter Bildung der Regierung ohnehin Gelegenheit gegeben sein wird, Ihren Standpunkt und Ihr Programm ausführlich zu entwickeln — die Notwendigkeit einer anderen Beschlußfassung vielleicht nicht vorliegt und überflüssig ist.“

Die liberale Partei beschließt, die Aufklärung über den Chlopyer Armeebefehl beruhigt zur Kenntnis zu nehmen und von jeder weiteren Beratung darüber abzusehen. Ueber den politischen Inhalt des königlichen Handschreibens soll nach der Kabinettsbildung beraten werden.

24./29. September. (Ungarn.) Abgeordnetenhaus. Stürmische Angriffe auf Khuen und den König.

Auf der Tagesordnung steht die Beratung über den Armeebefehl und die Ernennung Khuens zum Ministerpräsidenten. Die Münchener „Allgemeine Zeitung“ berichtet über die Sitzung: Als Graf Khuen-Hedervary den Sitzungssaal betritt, erhebt sich in den Reihen der Unabhängigkeitspartei der Ruf: „Es lebe die Verfassung!“ Der Abg. Olay (äußerste Linke) meldet sofort die Inkompatibilität des Ministerpräsidenten an. Er begründet die Inkompatibilität damit, daß Graf Khuen-Hedervary an dem Bestechungsversuch des Grafen Szapary mitschuldig sei. Während der Begründung des Antrags ertönen aus den Reihen des äußersten linken Flügels die Rufe: „Schmach! Schande! Man muß ihn (Khuen-Hedervary) hinauswerfen!“ Hierauf ergreift Kossuth (Unabhängigkeitspartei) das Wort und führt aus: Es sei die Pflicht und die Aufgabe des Hauses, zu verhindern, daß die verfassungsmäßigen Rechte der Nation verkümmert und die Grenze der Kronrechte weiter gezogen werde; könne er es aber nicht verhindern, so müsse der Reichstag dagegen wenigstens protestieren. Durch das königliche Handschreiben sei die durch den Armeebefehl geschlagene Scharte nicht ausgewetzt worden; das Handschreiben habe im Gegenteil die Wunde vertieft, die der Nation zugefügt worden. (Beifall auf der äußersten Linken.) Der König sei von ungetreuen Ratgebern umgeben, die vergessen hätten, daß man mit Pronunciamientos an die Armee nicht konstitutionell regieren könne. Der König sei oberster Kriegsherr nur auf Grund des Gesetzes; er habe die Verfassung beschworen. (Abg. Barabas ruft: „Fal-

scher Eid!" Rufe rechts: "Zur Ordnung!" Der Präsident ruft Barabas
zur Ordnung.) Kossuth bespricht die gestrigen Erklärungen Dr. Körbers
im österreichischen Abgeordnetenhause über den Einfluß Oesterreichs auf
die gemeinsame Armee. Aus diesen Erklärungen gehe hervor, daß der
ungarische König in ungarischen Angelegenheiten österreichische Minister zu
Rate ziehe. Redner beantragt, eine Adresse an den König zu richten, in
der die Beschwerden des Landes klargelegt werden. In dem vom Redner
empfohlenen Adreßentwurfe wird unter anderem gesagt, der Ausdruck
"Meine Armee" sei unrichtig und unzulässig. Dieser Ausdruck stamme
aus einer Zeit, wo die Fürsten das Heer aus eigenen Mitteln erhielten.
In der Zeit der Volksheere sei dieser Ausdruck nicht mehr der Sachlage
entsprechend, da das Heer der Nation gehöre, und es sei auch nicht zulässig, die Nation als Volksstamm zu bezeichnen, wie dies in dem Armeebefehl geschehen sei. Der Adreßentwurf erklärt ferner, es bestehe ein
Widerspruch zwischen dem Handschreiben und den Erklärungen des österreichischen Ministerpräsidenten. Der Schlußpassus des Adreßentwurfs lautet:
Wenn wir das Wohlergehen unseres Staates nur um den Preis der Aufopferung unserer Rechte und unserer Sprache erlangen können, so rufen
wir niemals, niemals, niemals! Die Verlesung der Adresse wird von der
äußersten Linken mit stürmischem Beifall aufgenommen. Darauf wird die
Sitzung unterbrochen. — Nach der Pause ergreift Ministerpräsident Graf
Khuen-Hedervary unter großer Unruhe des Hauses das Wort. Von
der äußersten Linken ertönt der Ruf: "Bestecher!" Der Präsident ermahnt
den Abg. Lenghel zur Ruhe. Nachdem der Lärm ungefähr zehn Minuten
gedauert hat, tritt der Abg. Rigo auf den Ministerpräsidenten zu und sagt
ihm, jedoch nur so, daß es der Ministerpräsident und die umstehenden
Personen hören konnten: "Versuchen Sie nicht zu sprechen! Fordern Sie
uns nicht heraus!" Die Abgeordneten strömen nach der Mitte des Saales.
Es entsteht ein ungeheurer Lärm. Der Ministerpräsident setzt sich. Die
Sitzung wird suspendiert. — Nach fünf Minuten wird die Sitzung wieder
eröffnet. Der Präsident, Graf Apponyi, sagt: Der Ministerpräsident teilt
mir mit, der Abg. Franz Rigo habe ihm gesagt: "Gehen Sie hinaus,
fordern Sie nicht das Haus heraus!" Da der Ministerpräsident dies als
eine Verletzung der Immunität ansieht, verweise ich den Fall an den Im-
munitätsausschuß! Nach dieser Erklärung des Kammerpräsidenten ergreift
der Ministerpräsident Graf Khuen-Hedervary abermals das Wort; er ist
jedoch in dem ungeheuren Tumult kaum verständlich. Im Laufe seiner
Rede kommt Graf v. Khuen-Hedervary zu einer Stelle, in welcher er, kraft
der Ermächtigung des Königs, den Armeebefehl erläutert. Abg. Barabas
ruft dazwischen: "Wir glauben dem König nicht." Es entsteht ein ungeheurer Lärm. Die Regierungspartei, die sich bisher ziemlich ruhig verhalten hat, springt wie ein Mann von den Bänken auf und alle schreien:
"Schurke! Verräter!" Das Toben dauert fort. Der Präsident erklärt,
Barabas solle eine Entschuldigung vorbringen. Rufe von rechts: "Es gibt
hier keine Entschuldigung!" Auch die klerikale Volkspartei wendet sich mit
entrüsteten Zurufen gegen die Mitglieder der Kossuthpartei. Der Lärm
und der Tumult spotten jeder Beschreibung. Inmitten des Lärms ruft
eine Stimme: "Es lebe der König!" Die Mehrheit stimmt in den Ruf
ein; stürmisch ertönt es minutenlang von rechts: "Es lebe der König!",
während man von der linken Seite den Ruf hört: "Es lebe die Verfassung!" — Nachdem die Ruhe wiederhergestellt ist, setzt der Ministerpräsident
seine Rede fort und schließt mit dem Antrage, das Haus möge sich bis
zur Konstituierung der Regierung vertagen. (Beifall rechts.) Zurufe von
der äußersten Linken: "Chloph!" Abg. Barabas erhebt sich, angeblich, um

eine Entschuldigung vorzubringen. Er beginnt seine Rede damit, daß er sagt: Es gibt niemanden, auch in der Regierungspartei nicht, dessen Herz nicht von Bitterkeit erfüllt ist. (Stürmischer Widerspruch rechts.) Auf die Zurufe einiger Mitglieder der Kossuth-Partei setzt Barabas sich hierauf, ohne ein Wort der Entschuldigung zu sagen. — Der Präsident beantragt, über Barabas eine protokollarische Rüge zu verhängen, was angenommen wird.

Am 29. September gibt Abg. Barabas folgende Erklärung ab: In der letzten Sitzung sei ihm der Ausdruck: „Wir glauben dem königlichen Worte nicht!" in hochgradiger Erregung irrtümlich entschlüpft. Er habe eigentlich sagen wollen: „Wir glauben nicht, daß dies das Wort des Königs sei!" Er bitte das Abgeordnetenhaus, das Wort als nicht gesprochen zu betrachten, da ihm, wie jedem Ungarn, fernliege, die geheiligte Person des Königs absichtlich beleidigen zu wollen. (Beifall.)

23. September. (Cisleithanien.) Zusammentritt des Reichsrats. Erklärung Körbers im Abgeordnetenhause über die Ministerkrisis und Militärfrage.

Der Ministerpräsident v. Körber legt dem Abgeordnetenhause ein Rekrutengesetz vor, wodurch die vom Reichsrate beschlossene Rekrutenvorlage insofern abgeändert wird, als die Einreihung ausgehobener Rekruten nach einer höheren als in den vorangegangenen Jahren bewilligten Kontingentsziffer nur dann und insoweit zu erfolgen hat, als auch das betreffende auf Ungarn entfallende Rekrutenkontingent zur Einreihung gelangt. Er führt aus, daß die Regierung gezwungen wurde, zur geordneten Fortführung und Verwaltung den § 14 anzuwenden, und erinnert daran, daß, während das Haus unter natürlicher Bekundung des Patriotismus trotz der wirtschaftlichen Depression nicht unerhebliche Erhöhung des Truppenkontingents bewilligt habe, in Ungarn bei der Beratung des entsprechenden Gesetzentwurfes Schwierigkeiten entstanden seien, die zur Herabsetzung des Rekrutenkontingents auf das Maß der früheren Jahre führten. Die Verhandlung dieses Gesetzentwurfes im ungarischen Parlamente habe weiter Gelegenheit geboten zur Erhebung nationaler Forderungen, die zu grundlegenden Aenderungen in den bisherigen Einrichtungen der gemeinsamen Armee führen müßten, und die somit nicht nur eine Einengung der Hoheitsrechte des obersten Kriegsherrn beabsichtigen, sondern auch den gesetzlichen Rechten und Interessen der diesseitigen Reichshälfte Abbruch tun müßten. (Zustimmung.) Unter diesen Umständen habe das Ministerium am 26. Juni die Portefeuilles dem Kaiser zur Verfügung gestellt, der indes das Entlassungsgesuch nicht angenommen, sondern dem Kabinett das Vertrauen der Krone ausgesprochen habe und den Ministerpräsidenten zu der ausdrücklichen Erklärung vor dem Reiche ermächtigt habe, daß in allen Armeefragen der gesetzliche Einfluß der diesseitigen Reichshälfte vollauf gewahrt bleiben werde. (Lebhafter Beifall.) Einige der ungarischen Forderungen seien diskutabel; zu denselben gehöre aber keinesfalls die Aenderung der Kommando- und Dienstsprache. (Zustimmung.) Der Wille des allerhöchsten Kriegsherrn sei, daß die Armee der österreich-ungarischen Monarchie bleibe, wie sie ist, gemeinsam, einheitlich und in allen Grundlagen unversehrt. (Lebhafter Beifall.) Zur eigentlichen Veranlassung der Einberufung des Reichsrates übergehend, verweist der Ministerpräsident darauf, daß die im Gesetz vorgesehene Zurückbehaltung der Mannschaften des dritten Jahrganges bis Ende Dezember seit 25 Jahren bei verschiedenen Truppenteilen, namentlich im Okkupationsgebiet und Süddalmatien, nach Bedarf zur

Anwendung gekommen sei. Angesichts der gesamten politischen Lage habe die Regierung an eine Schwächung der militärischen Bestände nicht denken können, und so habe sich die Kriegsverwaltung entschlossen, eventuell auch in der diesseitigen Reichshälfte die drittjährigen Mannschaften unter den Waffen zu behalten, wobei sie keinen Augenblick die Härte der geplanten Maßregeln übersehen habe. Die Regierung beanspruche nur ein Kontingent nach dem Ausgang der vergangenen Jahre, solange die Erhöhung des Kontingents nicht auch in Ungarn bewilligt werde. Er empfehle deshalb rascheste Annahme der Vorlage, zumal alle Vorbereitungen getroffen seien, damit unmittelbar nach der Beschlußfassung des Hauses die Entlassung des dritten Jahrganges erfolgen könne. Jede Verzögerung in der Behandlung dieser Vorlage würde daher nur eine Verlängerung der Dienstpflicht der Dienenden zur Folge haben. Das Haus werde sich während der kurzen Tagung auch mit unaufschiebbaren Notstandsfragen beschäftigen müssen; es habe aber in den wenigen Tagen eine Aufgabe, für deren Lösung ihm der Dank der Bevölkerung sicher sei. (Lebhafter Beifall. Widerspruch und Lärm seitens der Tschechen.)

25. September. (Böhmen.) Der Hainspacher Vikariats=klerus protestiert in einer Kundgebung gegen die nationale Agi=tation des tschechischen Klerus und fordert eine nationale Schei=dung der Pfarrsprengel. — Am 7. Oktober richtet eine Versamm=lung deutscher Kleriker in Eger eine ähnliche Petition an den Erzbischof von Prag.

26. September. (Cisleithanien.) Beschluß des Abgeord=netenhauses über die Rekrutenvorlage.

Das Haus genehmigt nach mehrtägiger heftiger Debatte gegen die Stimmen der Sozialdemokraten, Alldeutschen und tschechisch=Radikalen die Rekrutenvorlage mit einigen Aenderungen. Die Regierung ist danach ermächtigt, von dem Rekrutenkontingent, dessen Aushebung mit dem Gesetze vom 26. Februar 1903 bewilligt wurde, die Zahl von 59024 Rekruten (die frühere Zahl) einreihen zu lassen. Die Bewilligung zur Einreihung einer erhöhten Rekrutenzahl für das Heer bleibt der Gesetzgebung vor=behalten. — Nach der Regierungsvorlage sollte die Einstellung der erhöhten Ziffer sogleich nach der entsprechenden Bewilligung in Ungarn erfolgen.

27. September. Entlassung des dritten Jahrgangs.

Ein Erlaß des Kriegsministeriums ordnet unter Aufhebung des am 26. August ergangenen Erlasses die dauernde Beurlaubung der britt=jährigen Mannschaft der sich aus Oesterreich ergänzenden Truppenteile an. Bei den sich aus Ungarn ergänzenden Truppenanstalten hat nur die Beurlaubung der nach Oesterreich heimatberechtigten Mannschaft unbedingt zu erfolgen.

28. September. (Cisleithanien.) Das Herrenhaus geneh=migt die Rekrutenvorlage.

Sämtliche Redner betonen die Notwendigkeit die Einheitlichkeit des Heeres zu erhalten. — Ministerpräsident v. Körber sagt über die Vorlage: Der Friede beruhe auf der vollbereiten Wehrfähigkeit des Staates. An den Grundlagen der Armee dürfe ebensowenig gerüttelt werden wie an der uneingeschränkten Ausübung der Hoheitsrechte des obersten Kriegsherrn, die im Interesse des gemeinsamen Heeres geboten sei. Darum sei jeder

Erörterung über die Möglichkeit einer späteren Abweichung von den in dem Armeebefehl vorgezeichneten Linien die innere Berechtigung versagt.

29./30. September. (Ungarn.) Abgeordnetenhaus. Angriff auf Körber. Demission Khuens.

Abg. Kraznay (Kossuthpartei) wendet sich gegen die Rede des Ministerpräsidenten v. Körber, der mit ebenso viel Unwissenheit als bösem Willen sich in die Angelegenheit Ungarns eingemischt habe. Ministerpräsident Graf v. Khuen-Hedervary: Er halte es für seine Pflicht, sich über die letzte Rede des österreichischen Ministerpräsidenten zu äußern. Nach seiner Ueberzeugung haben die ungarischen Blätter die Rede Dr. v. Körbers unrichtig aufgefaßt. Dr. v. Körbers Auffassung sei, daß er im Sinne der österreichischen Verfassung berechtigt sei, sich über militärische Fragen zu äußern und die Armee zu verteidigen, wenn er glaube, daß die Interessen derselben in der anderseitigen Reichshälfte nicht genügend gewahrt würden. Das Recht zu einer solchen Auffassung könne nicht bestritten werden. Auch er (Redner) habe im entgegengesetzten Falle hierzu das Recht. Er erkläre ganz bestimmt, daß er mit Dr. v. Körber über die militärischen Frage nicht verhandelt habe. Kossuth fordert im Interesse des Landes, daß über die Erklärung des Ministerpräsenden morgen eine Debatte eröffnet werde. Das Haus beschließt, morgen Sitzung zu halten (Große Bewegung.)

Infolge dieser Abstimmung reicht der Ministerpräsident die Demission des Kabinetts ein. — Am folgenden Tage spricht Abg. Kossuth im Abgeordnetenhause sein Befremden aus, daß die Regierung streike und fordert die Ernennung eines Ministerpräsidenten, der die Uebergriffe des österreichischen Ministers scharf zurückweise. Abg. Geza Kubinyi (Regierungspartei) führt aus, daß er, ohne einen Auftrag seitens der liberalen Partei erhalten zu haben, erklären müsse, daß die liberale Partei kein Kabinett unterstützen werde, das nicht die Ermächtigung erhalte, die Rechte Ungarns zu wahren und die verletzenden Aeußerungen des Ministerpräsidenten Dr. v. Körber auf das entsprechende Maß zu reduzieren.

30. September bis 3. Oktober. Zar Nikolaus besucht den Kaiser Franz Joseph.

In den Toasten wird das enge Einvernehmen Rußlands und Oesterreich-Ungarns in der Balkanfrage im Interesse des Friedens betont. Am 3. Oktober reisen beide Kaiser nach Mürzsteg zur Jagd, wo nach Zeitungsberichten Verabredungen über die makedonische Frage getroffen werden. Die beiderseitigen Minister des Auswärtigen nehmen an der Zusammenkunft teil.

Anfang Oktober. (Ungarn.) Aus deutschen und rumänischen Bezirken melden sich Hunderte von Rekruten zum freiwilligen Diensteintritt und werden sofort eingestellt.

5. Oktober. Die österreichisch-ungarische und die russische Regierung richten folgende identische Note an ihre Botschafter in Konstantinopel:

Sie sind kürzlich beauftragt worden, zu erklären, daß Oesterreich-Ungarn und Rußland an dem Werk der Beruhigung, das sie unternommen haben, festhalten und auf ihrem zu Beginn des Jahres ausgearbeiteten Programme beharren, ungeachtet der Schwierigkeiten, die der Durchführung desselben sich bisher entgegengestellt haben, denn in der Tat, während einerseits die revolutionären Komitees Unruhen hervorgerufen und die christliche Bevölkerung von drei Vilajets davon abgehalten haben, an der Durchführung der Reformen mitzuwirken, haben andererseits die Organe der Pforte, welche mit der Ausübung der Durchführung der Reformen betraut waren, es dabei allgemein an dem wünschenswerten Eifer fehlen lassen und sind von dem Geiste, der diese Maßregeln eingegeben hat, nicht durchdrungen gewesen. Um nun ihren festen Entschluß darzulegen, auf der vollständigen Durchführung jener Reformen zu bestehen, die von der Pforte angenommen und bestimmt worden sind, die allgemeine Sicherheit zu gewährleisten, haben sich die beiden Regierungen über eine wirksame Art der Kontrolle und der Ueberwachung geeinigt. Sie werden in dieser Beziehung unverzüglich eingehende Instruktion erhalten. Wenn die beiden Mächte auch das Recht und die Pflicht der Pforte in vollem Umfange anerkennen, die durch die aufrührerische Agitation der Komitees hervorgerufenen Unordnungen zu unterdrücken, so beklagen sie doch, daß die Unterdrückung von Ausschreitungen und Grausamkeit begleitet gewesen sind, unter welchen friedliche Bewohner zu leiden gehabt haben. Es scheint ihnen deshalb bringend geboten, den Opfern der bedauerlichen Vorgänge zuhilfe zu kommen. Die oben erwähnten Instruktionen werden Sie auch von den Einzelheiten der humanitären Aktion unterrichten, welche zum Zwecke der Unterstützung der aller Existenzmittel beraubten Bevölkerung, zur Erleichterung der Repatriierung und Wiederherstellung der durch Brand zerstörten Dörfer, Kirchen und Schulen sich als notwendig erweisen. Die Regierungen Oesterreich-Ungarns und Rußlands hegen die feste Hoffnung, daß ihre beständigen Bemühungen das Ziel, in den schwergeprüften Provinzen dauernde Beruhigung herbeizuführen, erreichen werden und sind überzeugt, daß ihre unparteiischen Ratschlägen von allen jenen, an welche sie gerichtet sind, im eigenen Interesse werden gehört werden.

6. Oktober. (Ungarn.) In Szegedin legen zurückbehaltene Soldaten am Denkmal Kossuths einen Kranz nieder. Als er entfernt wird, kommt es zu Tumulten, so daß das Militär einschreiten muß.

Mitte Oktober. (Ungarn.) Der König überträgt dem Grafen Tisza die Kabinettsbildung, nachdem Verhandlungen mit Koloman v. Szell und dem Grafen Andrassy gescheitert sind.

17. Oktober. (Wien.) Der König der Belgier, Leopold, besucht den Kaiser Franz Joseph.

19. Oktober. (Ungarn.) Die Militärkommission der liberalen Partei legt ein Programm vor. (Siehe 26. Oktober.)

21. Oktober. (Ungarn.) Der König lehnt das ihm vom Finanzminister v. Lukacs vorgetragene Programm der liberalen Partei ab. — Urteile der Presse.

In der liberalen Partei herrscht darüber große Aufregung, es wird überhaupt an der Möglichkeit gezweifelt, den Standpunkt der Krone und der Partei zu vereinigen. Der „Budapesti Hirlap" (lib.) schreibt: „Hoheitsrechte, wie man sie in Wien interpretiert, kann man wohl in Oesterreich haben, aber in demjenigen Oesterreich, dem der Kaiser die sogenannte

Verfassung gegeben hat, wo die Hoheitsrechte als von Gottes Gnaden
gekommen, betrachtet werden. Aber in Ungarn kommt jedes Verfassungsmäßige Recht, folglich auch die sogenannten Hoheitsrechte, bloß von der
Nation. Ausschließlich die Nation ist diejenige, die Rechte zu vergeben
hatte, hat und haben wird. Was die Nation fordert, ist nicht mehr als
gerecht und wenn sie jetzt nachgeben würde, so wäre es eine Deklaration
dessen, daß der König in Ungarn Hoheitsrechte von Gottes Gnaden hat
und nicht Hoheitsrechte von der Gnade der Nation."

Der oppositionelle „Független Magyarország": „Also zurück, Ihr
Herren! Ihr müßt mit neuen Katzbuckeleien kommen, untertäniger als
bisher. Ihr seit Bettler und Nichtswürdige. Wozu diese Angelegenheiten
im Hause des Kaisers? Lakaien und Hunde haben draußen zu stehen,
und Ihr seid ja ungarisches Gesindel und ungarische Hunde. So steht es
mit dem Volke. Seine leitenden Personen sind Bajazzi für ein Puppen-
theater, die Herr v. Körber bald in den Vordergrund zieht, bald verschwinden läßt. Heute Khuen, morgen Tisza, dann Lukacs und so weiter.
Sie kommen Euch bald mit Freundlichkeit, bald mit Drohungen, das
Land aber schaut, kuscht und zahlt."

24. Oktober. (Pest.) Der ungarische Katholikentag fordert
die Errichtung einer katholischen Universität.

24. Oktober. (Istrien.) Die slavische Minderheit des Landtags obstruiert gegen die italienische Mehrheit, weil keines ihrer
Mitglieder in Kommissionen gewählt wird.

26. Oktober. (Ungarn.) Der König genehmigt nach einigen
Beratungen mit Tisza das Programm der liberalen Partei mit
einigen Änderungen.

Das Programm der Partei lautet (mit den vom König verlangten
Aenderungen): 1. Die Abzeichen des gemeinsamen Heeres, welche heute in
Verwendung sind, entsprechen nicht der staatsrechtlichen Stellung des
Landes. Diese Dinge sind daher unserem Staatsrechte entsprechend zu
ändern. 2. Das Militärstrafverfahren soll auf den Prinzipien der Münd-
lichkeit und Oeffentlichkeit basieren, und ehebaldigst dem Parlamente vorgelegt werden. Hierbei ist die Sprache des ungarischen Staates zur
Geltung zu bringen. Die bezüglichen Modalitäten werden die vorzulegenden
Gesetze festzustellen haben. 3. Die oberste Entscheidung bezüglich der gesetzlichen Begünstigungen bei Ableistung der Dienstpflicht im Heere ist ausschließlich dem Landesverteidigungsminister zu übertragen, es soll die
Gewährung dieser Begünstigungen auf eine möglichst billige Grundlage
gestellt werden. 4. Ein auch in unserem alten Gesetze wiederholt zum
Ausdrucke gebrachter Wunsch und von niemand bestrittener Rechtsanspruch
der ungarischen Nation, ein aus dem Gesichtspunkte der möglichen Steigerung
der Kriegstüchtigkeit eminentes Interesse des Heeres ist es, daß die ungarischen Truppen mit ungarischen Offizieren versehen werden sollen und
daß die Söhne der Nation in der Führung des Heeres im entsprechenden
Maße zur Geltung kommen sollen. Wir finden es daher für notwendig,
daß a) im Sinne des allerhöchsten Handschreiben vom 11. August 1868
die bei nichtungarischen Truppen dienenden Offiziere, welche ungarische
Staatsbürger sind, zu ungarischen Truppen versetzt werden. b) Das
Offiziersbildungsanstaltswesen ist derartig zu entwickeln, daß die Bedeckung
des im Status des ungarischen Offizierskorps vorhandenen Mangels und

die Versorgung der ungarischen Truppen mit ungarischen Offizieren ständig gesichert werde. Zu diesem Behufe soll durch Schaffung von Stiftungsplätzen für ungarische Jünglinge in entsprechender Zahl und — insofern dies notwendig ist — durch Errichtung neuer Militärbildungsanstalten auf uugarischem Gebiete, eventuell durch den weiteren Ausbau der Honvedsbildungsanstalten, die Ausbildung von so vielen ungarischen Jünglingen zu Offizieren sichergestellt werden, daß in jeder Branche des Offizierskorps des Heeres die Zahl der ungarischen Jünglinge jenes Maß erreiche, welches dem Zahlenverhältnisse der ungarischen Rekrutenmannschaft entspricht. c) Zu diesem Zwecke erscheint es notwendig, daß in den auf ungarischem Gebiete befindlichen und womöglich unter Leitung von ungarischen Offizieren stehenden Offiziersbildungsanstalten des Heeres der Lehrplan derartig abgeändert werde, daß in den Anstalten in einem beträchtlichen Teile der Lehrgegenstände die Lehr- und Prüfungssprache die ungarische ist, wenigstens in dem Sinne, daß die Unterrichtssprache den Fortschritt der eintretenden Jünglinge nicht behindert und daß die daselbst ausgebildeten Zöglinge die ungarische Sprache vollkommen innehaben, so daß nach einer entsprechenden Uebergangszeit für die ungarischen Staatsbürger die Kenntnis der ungarischen Sprache eine obligatorische Grundbedingung für die Ernennung zum Offizier wäre. (In diesem Passus fordert der König zwei Streichungen, im Eingang die Worte „und womöglich unter Leitung von ungarischen Offizieren stehenden", sowie den Schlußsatz von „so daß" bis „Offizier wäre".) d) Die auf Kosten des Landes zu errichtenden ungarischen Stiftsplätze werden jenseit der Landesgrenzen nur für solche Anstalten verliehen werden, denen entsprechende Anstalten auf ungarischem Gebiete nicht zur Seite stehen. Sowie aber solche Anstalten auch auf ungarischem Gebiete errichtet werden, werden die entsprechenden ungarischen Stiftungsplätze nur an diesen Anstalten verliehen werden. 5. Sämtliche Behörden der ungarischen Truppen haben mit den ungarischen Behörden ungarisch zu korrespondieren. 6. Die auf Kroatien und Slavonien bezüglichen Bestimmungen des Gesetzartikels 30 vom Jahre 1868 werden hierdurch nicht berührt. 7. Zahlreiche und wichtige Fragen werden innerhalb des Rahmens der Revision des Wehrgesetzes zu erwägen sein, vor allem die zweijährige Dienstzeit mit Rücksicht auf die finanzielle Lage des Landes, ferner auf die gesetzliche Feststellung des Friedensstandes und die Kontingentierung der Ersatzreserve, wie auch die eventuelle Abschaffung und Regelung des zweiten Dienstjahres der Einjährig-Freiwilligen. 8. Der bezüglich der Kommando- und Dienstsprache des Heeres bestehende gegenwärtige Zustand wird auf Grundlage der im Jahre 1867 anerkannten konstitutiouellen Herrscherrechte Seiner Majestät aufrecht erhalten. Anstatt dieses Passus verlangt der König folgende Fassung: „Die Partei hält ihren Standpunkt aufrecht, daß es dem König zukomme, die Kommando- und Dienstsprache des einen ergänzenden Teil der gesamten Armee bildenden ungarischen Heeres auf Grund seiner im Paragraph 11 des Gesetzartikels 12 vom Jahre 1867 anerkannten konstitutionellen Herrscherrechte zu bestimmen." Weiter besagt das Programm: Die politische Verantwortlichkeit des Ministeriums erstrecke sich auch hierauf, wie auf alle Akte der Krone, und der gesetzmäßige Einfluß des Reichstages bestehe auch diesbezüglich aufrecht, wie bezüglich jedes konstitutionellen Rechtes. Diesen Zustand kann die Gesetzgebung, Krone und Reichstag zusammen, abändern. Indem der Reichstag diese Rechte des Landes betont, nimmt er die Frage der Kommando- und Dienstsprache in sein Programm nicht auf, weil er dies aus wichtigen politischen Gründen, welche große Interessen der Nation berühren, nicht für wünschenswert erachtet.

27. Oktober. Der Böhmische Landtag wird wegen andauernder Obstruktion der Deutschen vertagt. (Über die Ursache der Obstruktion s. Übersicht.)

27. Oktober. (Galizien.) Die ruthenischen Abgeordneten beschließen, den Landtag zu verlassen, weil ihre Wünsche in sprachlicher Hinsicht, insbesondere der Bau eines ruthenischen Gymnasiums in Stanislau, nicht erfüllt sind.

30. Oktober. (Ungarn.) Kabinettsbildung.

Die liberale Partei genehmigt nach mehrtägiger Beratung das vom König und Tisza festgestellte Militärprogramm. — Hierauf wird folgendes Kabinett gebildet: Tisza Präsidium und Inneres, Lucacs Finanzen, Hieronymi Handel, Plosz Justiz, Tallian Ackerbau, Nyisy Honvedminister, Berczeviczy Unterricht und Cseh Minister für Kroatien.

Oktober. (Wien.) Der niederösterreichische Landtag tadelt auf Antrag des Bürgermeisters Lueger die Handhabung der Vivisektion an der Wiener Universität. Da die medizinische Fakultät dagegen protestiert, entspinnt sich eine längere Erörterung.

Ende Oktober. (Böhmen.) Geistliche und nationale Verhältnisse.

Der Erzbischof von Prag ermahnt in einem Rundschreiben seine Kleriker, allein der Kirche ohne Rücksicht auf die Nationalität zu dienen. — In deutschen Kreisen wird lebhaft über das Ueberhandnehmen der Slawen im Klerus geklagt; so studierten 1900 in Böhmen 345 Tschechen, 111 Deutsche katholische Theologie, in Mähren 20 Deutsche und 243 Tschechen. Auch in den übrigen Ländern ist das Verhältnis für die Deutschen ungünstig.

4./5. November. (Ungarn.) Im Abgeordnetenhause verhindert die Opposition durch lärmende Kundgebungen den Ministerpräsidenten Grafen Tisza seine Programmrede zu halten. — Die Obstruktion geht von den Klerikalen aus.

4. November. (Ungarn.) Im Magnatenhause legt Ministerpräsident Graf Tisza sein Programm dar:

Er weist auf die schwere und andauernde Störung der parlamentarischen Arbeiten hin und führt aus, den Ausgangspunkt dieser Störung habe der Widerstand gegen die Erhöhung des Rekrutenkontingents gebildet. Später sei in weiten Schichten der öffentlichen Meinung die ungarische Kommandosprache gefordert worden; doch sei sich die gesamte Nation darüber einig, daß sie die Erfüllung dieses Wunsches nicht unter Aufopferung der Harmonie zwischen der Krone und der Nation fordern dürfe. Es werden nunmehr bezüglich der Geltendmachung des Ungartums in der gemeinsamen Armee so bedeutende Reformen vorgeschlagen, daß gehofft werden kann, daß eine Beruhigung eintreten werde. Die Herstellung normaler parlamentarischer Verhältnisse ist um so notwendiger, als wir bei einem Wendepunkt der internationalen Wirtschaftspolitik angelangt sind, der auch von seiten Ungarns eine Stellungnahme fordert. Wir dürfen nur nicht durch Störung des verfassungsmäßigen Gleichgewichts die öffentlichen Gewalten zur Untätigkeit und Ohnmacht verurteilen. Er werde für eine unveränderte Annahme der Ausgleichsvorlagen eintreten. Die Regierung werde bemüht sein, daß bei den Verhandlungen über die Handelsverträge die landwirtschaftlichen und industriellen Interessen im gerechten Verhältnis berücksichtigt werden.

6. November. (Ungarn.) Ministerpräsident Graf Tisza legt im Abgeordnetenhause unter großer Unruhe der Opposition sein Programm dar.

7. November. (Ungarn.) Das Abgeordnetenhaus wählt an Stelle Apponyis, der wegen seiner reservierten Stellung zum neuen Kabinett das Präsidium niedergelegt hat, Perczel zum Präsidenten.

8. November. (Böhmen.) Die Jungtschechen, Alttschechen und böhmischen Agrarier einigen sich über ein gemeinsames Programm.

Es bezeichnet als Grundlage des gemeinsamen Vorgehens der drei Parteien das böhmische staatsrechtliche Programm. Zur Erreichung des gemeinsamen Zieles werden die Parteien anstreben: föderative Einrichtung eines habsburgischen Staates, Errichtung einer zweiten tschechischen Universität in Mähren, Reform des schlesischen Volksschulwesens in nationalem Geiste, Errichtung von tschechischen Volksschichten mit dem Rechte der Oeffentlichkeit in Nieder-Oesterreich, besonders in Wien, gerechtere Form der Wahlordnungen in den gesetzgebenden Körperschaften, Sicherung der Einheit aller Länder der böhmischen Krone und ihrer Unteilbarkeit in politischer, nationaler und kirchlicher Hinsicht, insbesondere Sicherung gegen jeden Versuch politischen oder wirtschaftlichen Anschlusses Oesterreichs und namentlich von Ländern der böhmischen Krone an das Deutsche Reich. Bezüglich der Heereseinrichtungen wollen die Parteien hinwirken auf ausgiebige Pflege und Gebrauch der tschechischen Regimentssprache, Einführung der tschechischen Sprache in militärischen Erziehungsanstalten als Unterrichtssprache, Gebrauch der tschechischen Sprache bei Kontrollversammlungen sowie im Verkehr mit den Militärbehörden, mit autonomen Behörden und mit der Bevölkerung Böhmens.

9./11. November. (Wien.) Parteitag der österreichischen Sozialdemokratie.

Es findet eine Auseinandersetzung zwischen Radikalen und Revisionisten statt, bei der die Radikalen unterliegen. Die hervorragendsten Führer Adler und Daszynski bekennen sich zum Revisionismus. Es wird geklagt über das Nachlassen der Agitation zugunsten des allgemeinen Wahlrechts; die staatsrechtliche Gemeinschaft mit Ungarn wird für schädlich erklärt; sie diene nur dem materiellen Interesse Ungarns und dem Glanze der Dynastie.

13. November. (Ungarn.) Die Unabhängigkeitspartei beschließt, die Militärvorlage mit den schärfsten Mitteln zu bekämpfen.

17. November. (Cisleithanien.) Der Finanzminister v. Böhm-Bawerk legt dem Abgeordnetenhause das Budget vor, das in der Ausgabe 1 734 771 291 Kronen und in der Einnahme 1 737 509 991 Kronen beträgt.

17. November. (Cisleithanien.) Abgeordnetenhaus. Körber über die Militärfrage, Verhältnis zu Ungarn, Handelsverträge.

Ministerpräsident v. Körber führt aus, seine letzten Aeußerungen über die Armeefrage (S. 218) seien in Ungarn vielfach abfällig kritisiert worden. Er könne aber nichts davon zurücknehmen, da er sich streng an die Ausgleichsgesetze gehalten habe. Der Ursprung der Armee sei teils österreichisch, teils ungarisch, ihre Bestimmung aber diene der ganzen Monarchie. Deshalb wurde auch die einheitliche Leitung und Führung, sowie die innere Organisation ausschließlich in die Hände des gemeinsamen Herrschers gelegt. Das österreichisch-ungarische Gesetz von 1867 stelle ein zwischen Oesterreich und Ungarn weise verabredetes Gleichgewicht in Bezug auf die Armee dar, das im Interesse der Monarchie vor jeder Veränderung zu behüten sei. Die österreichische Regierung habe die jüngsten Erklärungen der ungarischen Regierung geprüft und nichts daran wahrgenommen, was den Ausgleichsgesetzen zuwider sein könnte und die Einheitlichkeit der gesamten Armee und der Monarchie zu alterieren vermöge. Wenn Ungarn mit diesen Erklärungen auch die Schwierigkeit der Votierung des gemeinsamen Budgets und die Erneuerung der Handelsverträge wegzuräumen gedenke, so bringe Oesterreich diesen Bemühungen seine wärmsten Sympathien entgegen. Im Interesse der Dynastie sei es gelegen, jetzt und in Zukunft das einträchtige Zusammenleben der beiden Reichshälften zu fördern. — Was die wirtschaftliche Lage betreffe, so sei der Weg zur Besserung der wirtschaftlichen Interessen durch die Erneuerung des Ausgleiches mit Ungarn vorgezeichnet. Ein Zoll- und Handelsbündnis mit Ungarn sei der beste Handelsvertrag, den Oesterreich erzielen könne und sei auch der beste Handelsvertrag für Ungarn. Beide Reichshälften litten unter den Kämpfen der letzten Jahre, in beiden werde der Gedanke zum Durchbruch kommen, daß Friede und Freundschaft mehr nützen, als die unausgesetzte Aufwühlung der Gemüter. — Von den Handelsverträgen sei der mit Italien der dringendste, auch mit Deutschland und Rußland werde man bald in Verhandlungen eintreten.

18. November. (Ungarn.) Abgeordnetenhaus. Ministerpräsident Graf Tisza wendet sich gegen die Rede Körbers vom 17.:

Die Bemerkungen des Dr. v. Körber über das ungarische Staatsrecht seien dilettantische Aeußerungen eines distinguished foreigner, über die er sich meritorisch nicht weiter äußern wolle und nicht weiter zu äußern brauche. Es mache ja nichts aus, wenn das österreichische Staatsrecht über die Hoheitsrechte der Krone andere Bestimmungen enthalte als das ungarische; derartige Abweichungen seien für Ungarn gewiß kein Unglück. Seine (Tiszas) Auslassungen über die Hoheitsrechte hätten die Zustimmung des allein maßgebenden Faktors gefunden. Auf dieser Grundlage habe er die Bildung des Kabinetts übernommen und bei dieser klaren Sachlage könne man die Kommentare von einer nicht kompetenten Stelle, die nicht mitzusprechen habe, mit der größten Kaltblütigkeit hinnehmen. Sicherlich aber würden alle Faktoren der ungarischen Politik sich energisch jedem etwaigen Versuche widersetzen, nicht bloß theoretische Aeußerungen zu machen, in welchen er niemand beirren wolle, sondern in ähnlicher Richtung auch in die Praxis einzugreifen. — Sämtliche Parteien, auch die radikale Opposition, stimmen Tisza stürmisch zu.

20. November. (Cisleithanien.) Abgeordnetenhaus. Debatte über Tiszas Rede vom 18. Erklärung Körbers.

Die vereinigten deutschen Parteien und die Klerikalen interpellieren die Regierung wegen der Angriffe Tiszas auf Oesterreich. Tiszas Auffassung sei geeignet, auf die Führung, Leitung und innere Organisation der gesamten Armee eine Rückwirkung auszuüben, und daß infolgedessen der Reichsrat das Recht und die Pflicht habe, diese Rückwirkung nach allen Richtungen hin in Erwägung zu ziehen, um so mehr, als die diesseitige Reichshälfte zu den Kosten des gemeinsamen Heeres mehr als zwei Drittel beitrage. Graf Tisza habe zudem einen Ton angeschlagen, der um so mehr als unerhört bezeichnet werden müsse, als Dr. v. Körber seinerseits zweifellos in entgegenkommender Weise gesprochen hatte und als die Rede des Grafen Tisza an eine Regierung gerichtet war, welche unter demselben Monarchen dieselben verfassungsmäßigen Pflichten ausübt, wie die ungarische Regierung, und mit welcher gerade im gegenwärtigen Augenblicke die für beide Staaten wichtigsten Angelegenheiten verhandelt werden müssen.

Ministerpräsident v. Körber: Er habe, als er in der letzten Sitzung des Abgeordnetenhauses ein Bild der innerpolitischen Lage entwarf, naturgemäß auch die Militärfrage berühren und seine Anschauungen über deren gesetzliche Grundlagen entwickeln müssen. In einer Uebergehung dieser Frage hätte das Haus eine ernstliche Mißachtung seiner Prärogative erkennen können. Bei gewissenhafter Interpretierung der auf die österreichische Reichshälfte bezüglichen Ausgleichsgesetze habe er den Wortlaut dieser Gesetze zitiert, der im Laufe der Zeit leider vielfach verdunkelt worden sei. Er könne den Wert begreifen, welchen der ungarische Ministerpräsident auf die Konstatierung des Rechtes des ungarischen Reichstages lege, die Ausgleichsgesetze im Einverständnisse mit der Krone selbständig zu mobilisieren, aber auch Tisza habe zugeben müssen, daß eine solche Aenderung jeder praktischen Geltung entbehre, so lange sie nicht auf gesetzlichem Wege auch in Oesterreich beschlossen werde. Ich kann mich — fährt Herr v. Körber fort — ebensowenig wie irgend ein Oesterreicher chauvinistisch an eine Formel halten, sondern muß das Wesen der Sache berücksichtigen, welches darin besteht, daß der Inhalt der Ausgleichsgesetze für beide Teile so lange verbindlich bleibt, als er nicht von beiden Teilen auf gesetzlichem Wege geändert wird. An dieser unerschütterlichen, vielleicht recht bürgerlich aussehenden, aber in der Wahrheit wurzelnden Ueberzeugung halte er fest. Er verweise darauf, daß auch der ungarische Ministerpräsident bei der Aufstellung seiner Theorie sich auf das Ausgleichsgesetz beziehen mußte, weil dies eben ein unübersteigliches Hindernis sei, das zum Vorteil der Monarchie einseitigen Aspirationen im Wege stehe. Es ist gewiß wahr, daß wir im Interesse der Monarchie auch unter schmerzvollen Erregungen Entgegenkommen bis zum äußersten bewahren. (Zustimmung bei den Deutschen. Zwischenrufe bei den Tschechisch-Radikalen; Gegenrufe: So gehen Sie doch nach Ungarn! Neuerliche Unterbrechung seitens der Tschechisch-Radikalen und stürmische Rufe der Mehrheit: Ruhe! Ruhe! Ruhe! Der Präsident ruft alsdann den tschechischen Abg. Choc zur Ordnung.) Aber wenn man uns zumutet, uns unser Recht zu reklamieren und zu bezeugen, streitig machen zu lassen, wenn man beansprucht, daß wir überhaupt österreichisches Recht preisgeben, so sage ich: Niemals! (Stürmischer Beifall der großen Mehrheit des Hauses.) Und so wenig unser Recht angetastet werden darf, so wenig lassen wir diese Plätze hier als minderwertige hinstellen, denn sie sind uns im Namen des Staates anvertraut und wir haben sie zu verteidigen wie der Soldat die Ehre der Fahne. (Lebhafter Beifall.) Wenn, was Gott verhüten wolle, das Wort „Fremder" jemals in dieser Monarchie für den Angehörigen einer Reichshälfte in Geltung käme, so würde daran zu erinnern sein, daß der ungarische Ministerpräsident der Erste war, der dies Wort ausgesprochen hat. (Lebhafter Beifall und Händeklatschen auf seiten der Mehrheit; Lärmen bei den Tschechisch-Radikalen.)

Die Tschechen erklären, die Obstruktion fortsetzen zu wollen, so lange Körber Ministerpräsident sei und so lange die Armee zu Germanisierungszwecken mißbraucht werde.

21. November. (Ungarn.) Abgeordnetenhaus. Ministerpräsident Graf Tisza polemisiert gegen die Ausführungen Körbers:

Ein österreichisch-ungarisches Ausgleichsgesetz sei nicht vorhanden; es gebe nur ungarische, und in vielen Punkten von diesen abweichende österreichische Gesetze, auf deren Dispositionen die Handhabung der gemeinsamen Angelegenheiten beruhe. Weiter führt Graf Tisza bei der Richtigstellung einer anderen Bemerkung Körbers aus, daß auch ein einseitiges ungarisches Gesetz, selbst wenn es gemeinsame Angelegenheiten abändere, jedenfalls Rechtskraft besitze. Dasselbe Recht, das Ungarn zustehe, stehe natürlich auch Oesterreich zu. Es sei eine Entstellung, zu behaupten, daß Ungarn dem Grundsatz der Parität Abbruch tun wolle.

22. November. (Ungarn.) Der ehemalige Ministerpräsident Baron Banffy gründet in Klausenburg eine neue Partei, die in den Dienst des „nationalen Chauvinismus" treten soll.

November. (Tirol.) Die Eröffnung einer freien italienischen Hochschule in Innsbruck wird verboten, weil eine Störung der Ruhe davon zu befürchten sei.

25. November. (Cisleithanien.) Im Abgeordnetenhause erklärt Ministerpräsident v. Körber, eine Verständigung zwischen Deutschen und Tschechen sei vom allergrößten Vorteil für Österreich; Abg. Groß (fortschrittl.) hält sie bei den jetzigen Forderungen der Tschechen für unmöglich.

25. November. (Ungarn.) Die liberale Partei beschließt, im Abgeordnetenhause die Abhaltung von Doppelsitzungen zu beantragen. Abg. Graf Apponyi tritt deshalb mit 22 Anhängern aus. — Die bisher parteilosen 10 sächsischen Abgeordneten treten in die liberale Partei ein.

27. November. (Ungarn.) Abgeordnetenhaus. Finanzminister v. Lukacs legt das Budget für 1903 vor, das die Einnahmen und Ausgaben auf 1084 Millionen Kronen veranschlagt.

27. November. (Ungarn.) Das Abgeordnetenhaus beschließt nach $8\frac{1}{2}$stündiger stürmischer Sitzung die Abhaltung von Doppelsitzungen.

Anfang Dezember. Der Reichskriegsminister legt in einem Erlaß an die Militärkommandos dar, daß es für die Offiziere wichtig ist, die nationale Sprache ihres Regiments zu erlernen.

3. Dezember. (Cisleithanien.) Im Abgeordnetenhause verurteilt Jaworski, der Führer des Polenklubs, die tschechische Obstruktion scharf. Die Tschechen erklären, ihre Haltung erst nach Körbers Sturz ändern zu wollen.

5. Dezember. (Ungarn.) Die Kossuthfraktion gibt die Obstruktion auf, die liberale Partei verzichtet auf die Doppelsitzungen. Nur die katholische Volkspartei und einige Radikale setzen die Obstruktion fort.

7. Dezember. Der Reichskriegsminister bestimmt, daß die Abgänge, die sich am Jahresschlusse bei den aus den Ländern der ungarischen Krone sich ergänzenden Truppen durch Entlassung der Drittjährigen ergeben, durch Einberufung der im nächsten Jahre übungspflichtigen Mannschaft für den 4. Januar zu einer 28tägigen Übung zu decken sind, soweit es sich für den Dienstbetrieb als notwendig erweist.

9. Dezember. (Cisleithanien.) Der Versuch, die Geschäftsordnung des Abgeordnetenhauses zu reformieren, scheitert, weil die kleinen Parteien ihre Dringlichkeitsanträge nicht zurückstellen wollen.

9. Dezember. (Cisleithanien.) Abgeordnetenhaus. Auf eine Interpellation des italienischen Klubs verspricht Minister v. Körber die Errichtung einer italienischen Universität an einem passenden Ort. Innsbruck sei dazu ungeeignet.

12. Dezember. (Cisleithanien.) Herrenhaus. Windischgrätz und Körber über die Armeefrage.

Fürst Windischgrätz interpelliert über die Lage in der Heeresangelegenheit. Ministerpräsident v. Körber: Die Regierung halte an dem Standpunkte fest, daß eine Aenderung der Ausgleichsgesetze nur im Einverständnis beider Reichshälften und auf verfassungsmäßigem Wege erfolgen könne. Bezüglich der Heeresfrage halte die Regierung an der ursprünglichen Auffassung fest, daß die einheitliche Leitung und Führung sowie die innere Organisation ausschließlich dem Monarchen zustehe. Daß auch für Akte der Krone innerhalb dieser Kompetenz die Verantwortlichkeit der Regierung gelte, folge aus der Verfassungsmäßigkeit in beiden Staatsgebieten. Der Ministerpräsident sei in Kenntnis aller beabsichtigten Maßnahmen gewesen. Er wolle jedoch, da sie zum guten Teil noch nicht endgültig feststehen, in eine Wertabschätzung derselben nicht eintreten, sondern erkläre nur, daß die äußere und die innere Einheitlichkeit der Armee, ihre Grundlagen und Traditionen nicht alteriert werden würden. Die Armee werde die alte bleiben, erfüllt vom Gefühl der Pflicht, für Thron und Reich ihren letzten Blutstropfen zu opfern. Die zu treffenden Verfügungen würden den gegebenen staatsrechtlichen Verhältnissen in keiner Weise widersprechen. Den Gedanken einer Trennung der Armee weise er zurück, sie wäre ein Verbrechen gegen das gesamte Reich. So weit könne es nicht kommen, solange die Ausgleichsgesetze gelten. Fürst Windischgrätz: Der Oberbefehl des Kaisers über die Armee gehöre zu den un-

beschränkten Rechten der Krone, über deren Quelle hierzulande keine Erörterung nötig sei. Redner bekämpft aufs schärfste den Gedanken der
Schaffung einer selbständigen ungarischen Armee und begrüßt die Erklärung
des Ministerpräsidenten, daß die äußere und innere Einheitlichkeit der Armee, ihre Grundlage und Organisation nicht geändert werden. In dieser
Beziehung werde die Regierung nicht nur die Unterstützung des Hauses,
sondern auch Unterstützung seitens der Gesamtheit der an der Aufrechterhaltung der Machtstellung interessierten Bevölkerung der diesseitigen
Reichshälfte finden. Die Regierung werde jedoch nur dann in die Lage
versetzt sein, das Schwergewicht ihres Einflusses bei den für die gemeinsamen Angelegenheiten der Monarchie verantwortlichen Ratgebern der
Krone einzusetzen, wenn wieder geregeltes parlamentarisches Arbeiten im
Reich möglich sei.

12. Dezember. (Cisleithanien.) Der Reichsrat wird wegen
andauernder Obstruktion der Tschechen im Abgeordnetenhause vertagt.

14. Dezember. (Ungarn.) Im Abgeordnetenhause erwidert
Ministerpräsident Graf Tisza auf die Rede Körbers vom 12.:

Ich fühle mich verpflichtet, der betrübenden Erscheinungen zu gedenken, welche die jüngste Debatte im österreichischen Herrenhause geoffenbart hat. (Lebhafte Zustimmung auf allen Seiten des Hauses.) Wir begegnen daselbst lebendigen Reminiszenzen des Zentralismus, der den Staat
zweimal an den Rand des Abgrundes gebracht hat. Der Dualismus hat
diese Aera beendigt. Der Grundgedanke des Ausgleichs war, einen konsolidierten ungarischen Staat auf nationaler Grundlage zu errichten und
gleichzeitig auch Oesterreich zu konsolidieren. Ungarn unterstützte diese
Bestrebungen Oesterreichs mit aller Kraft. Trotzdem hatten die Bemühungen wenig Erfolg. Der staatliche Zusammenhang in Oesterreich ist
gelockert; und nun sind wir Zeugen der verhängnisvollen Verblendung,
daß jene Faktoren, deren Aufgabe es sein würde, Oesterreich zu konsolidieren, und die damit gescheitert sind, nun mit dem Anspruch hervortreten,
in Ungarn Einfluß zu üben. Graf Tisza bemerkt sodann bezüglich der
Aeußerung Dr. v. Körbers, daß die durch die nationalen Zugeständnisse
an Ungarn verheißene Militärreform noch keine vollzogene Tatsache sei. Es
wäre eine Verletzung der schuldigen Ehrfurcht gegen die Krone, daran zu
zweifeln, daß die zugesagten Reformen auch wirklich durchgeführt werden.
Diese Reformen ständen mit dem Ausgleich nicht in Widerspruch. Es sei
völlig überflüssig, daß man in Oesterreich die gemeinsame Armee und den
Ausgleich gegen ungarische Aspirationen verteidige. Ungarn halte treu
zum Ausgleich. Die von Kossuth vertretene Idee der Personalunion habe
nur einen starken Bundesgenossen, nämlich jene Strömung in Oesterreich,
welche sich bemühe, den Ausgleich im zentralistischen Sinne auszulegen.
(Lebhafter Beifall auf allen Seiten des Hauses.)

15. Dezember. (Wien.) Die Delegationen treten zusammen.
Die österreichische wählt Gautsch, die ungarische den Grafen Szapary zum Präsidenten. — Das Budget für 1904 balanziert mit
374 975 389 Kronen.

16. Dezember. (Wien.) Im Ausschuß der ungarischen Delegation legt der Minister des Auswärtigen, Graf Goluchowski, die
auswärtige Lage dar.

Er gedenkt zunächst der Erneuerung des Dreibundes: Damit wurden neuerdings die Verhältnisse konsolidiert, welche die Basis unserer Friedens- politik bilden und seit bald einem Vierteljahrhundert dem ganzen euro- päischen Kontinent eine Aera ruhiger und erfolgreicher Entwicklung gesichert haben. Die Bürgschaften dafür, daß der Fortbestand des Dreibundes unsere politischen Interessen auch in der Zukunft vollauf zu gewährleisten vermag, sind sehr reeller Natur und um so höher anzuschlagen, als sie bei einer gleichmäßigen Verteilung von Rechten und Pflichten allen Teilen neben der Förderung des erhabenen Friedenswerkes eine hinreichende Bewegungs- freiheit einräumen, um ihnen die nachdrückliche Wahrnehmung und Ver- tretung ihrer spezifischen Interessen zu gestatten. Gegen die Richtigkeit dieser Auffassung dürfte heutzutage kaum mehr ein Widerspruch erhoben werden, was die Genugtuung beweist, mit der die Kunde von der Fort- dauer unserer Allianzverhältnisse ziemlich allgemein entgegengenommen wurde, ja das Verständnis, welches man dieser Tatsache selbst in jenen Kreisen entgegenbrachte, die noch in der jüngsten Vergangenheit, wenn auch vornehmlich vom engeren Parteistandpunkte beeinflußt, unserer politischen Orientierung ganz entschieden abhold waren. Zwar fehlt es auch heute nicht an Widersachern; dieselben sind aber vereinzelt und rekrutieren sich aus Leuten, die prinzipiell an allem Kritik üben, oder Elementen, die vor keiner noch so albernen Erfindung zurückschrecken, um ihrer planmäßigen Minierarbeit immer neue Nahrung zu verschaffen. Bedauerlich ist es, daß diesen unverantwortlichen Widersachern innerhalb unseres eigenen Gebietes öfters gleich unverantwortliche Elemente von auswärts sozusagen in die Hände spielen, indem sie ihnen ein vollkommenes und leicht verwendbares Material zu allerlei Hetzkampagnen bieten. Doppelt bedauerlich ist es, wenn derartige Mannschaften aus einem Lande stammen, mit dem wir, wie mit Italien, im engen Friedens- und Freundschaftsbunde stehen. Die irredentistischen Manifestationen, die dort seit einigen Monaten im ver- stärkten Maße zum Vorschein kommen, können nicht entschieden genug ver- urteilt und zurückgewiesen werden; ich halte indessen dafür, daß es dennoch verfehlt wäre, denselben ein größeres Gewicht beizulegen als das hohler Demonstrationen, die vor allem berufen sind, der eigenen Regierung arge Verlegenheiten zu bereiten. Die vornehme Ruhe und Gelassenheit, die man diesem Treiben gegenüber bei uns zu beobachten pflegt, wird im Verein mit den von der königlich italienischen Regierung an den Tag gelegten korrekten Bemühungen, den fraglichen Verirrungen Einhalt zu gebieten, wohl am ehesten dazu beitragen, die erwünschte Ernüchterung bald herbeizuführen und die guten Beziehungen, die uns ebenso wie dem Nachbarkönigreiche am Herzen liegen müssen, vor ernsteren Trübungen zu bewahren. Freundschaftlich seien die Beziehungen Oesterreich-Ungarns zum russischen Reiche, die sich allmählich vertiefen und von denen eine Ver- mehrung der Friedensgarantien erwartet werden dürfe. Man dürfe heute wohl mit Genugtuung konstatieren, daß die Hoffnungen, welche an die St. Petersburger Entente vom Jahre 1897 geknüpft wurden, vollauf ge- rechtfertigt erscheinen. Die Erkenntnis nämlich, daß kein eigentlicher Grund zu einer Politik des Mißtrauens und der latenten Anfeindung vorhanden sei, habe beiderseits immer festere Wurzeln gefaßt. In Bezug auf das Balkanproblem bemerkt Graf Goluchowski: Als sich in den letzten Monaten des vorigen Jahres eine bedenkliche Gärung unter der christlichen Bevölke- rung der europäischen Türkei herausstellte, verständigten sich die Kabinette von Wien und St. Petersburg angesichts der Gefahr, die ein längeres Zuwarten zur Folge gehabt hätte, im Wege eines schriftlichen und Ende

Dezember 1902 beim Wiener Besuch des Grafen Lamsdorff in mündlichem Gedankenaustausch über die zu ergreifenden Sanierungsmaßregeln. Zu allererst wurde die Notwendigkeit erkannt, einen anderen als den bisherigen modus procedendi zu wählen, die Beschlußfassung über die zu treffenden Maßnahmen dem schwerfälligen Apparate des europäischen Konzerts zu entziehen und die Angelegenheit zu zweien in die Hand zu nehmen auf Grund eines von den Signatarmächten des Berliner Vertrages zu erwirkenden Mandates. Nach einvernehmlicher Feststellung dieser Modalität handelte es sich nunmehr darum, einen passenden, gefahrvollen Umwälzungen vorbeugenden Aktionsplan zu entwerfen. Die Aufgabe war keine leichte. Von dem Bestreben geleitet, eine Reihe von Maßregeln bei der türkischen Regierung durchzusetzen, die bei der gebotenen Schonung der Lebensbedingungen des türkischen Reiches und der Erhaltung der Autorität des Landesherrn der christlichen Bevölkerung der europäischen Türkei ernste Garantien für eine wirkliche und nachhaltige Besserung ihrer Lage bieten, mußte zunächst der Gedanke der Vereinigung der sogenannten mazedonischen Vilajets zu einer autonomen Provinz, mit einem christlichen Generalgouverneur an der Spitze, aus dem Programme ausgeschaltet werden, einerseits wegen des zu erwartenden Widerstandes des mohammedanischen Elements, andrerseits weil die Schaffung eines zweiten Ost-Rumelien vor allem zum Schaden der Türkei, an deren Integrität wir unentwegt festhalten, und zum Nachteile des Gleichgewichts unter den Balkanstaaten ausgeschlagen wäre. Andrerseits galt es, den vielfachen Uebelständen auf dem Gebiete des Steuerwesens, der Gendarmerie- und Polizeiorganisation, sowie den beständigen Ausschreitungen gegen die Christen und der Willkür gewissenloser Funktionäre zu steuern. Unsere Forderungen wurden in einem Operate zusammengefaßt, das von den Signatarmächten gebilligt und vom Sultan zur Durchführung sanktioniert wurde. Wenn dasselbe auf unbedingte Vollständigkeit und Unfehlbarkeit auch nie einen Anspruch erhob, und wir uns auch von vornherein eine Erweiterung desselben vorbehielten, halten wir doch an der Ueberzeugung fest, daß das angestrebte Ziel auf dieser Grundlage mit Zähigkeit und Ausdauer zu erreichen ist. Wir verhehlen uns nie die Schwierigkeiten, die mit der Ausführung dieses Pensums verbunden sein würden und die sich sofort einstellten, nicht nur auf Seiten der Türkei, sondern auch namentlich und überraschenderweise auf Seiten der bulgarischen Mazedonier, die bisher die Erlangung erträglicher Existenzbedingungen für die christlichen Völkerschaften in der Türkei als das einzige Ziel ihrer Bemühungen hingestellt hatten, nunmehr aber in der gewalttätigsten Weise gegen die beabsichtigten Maßregeln sich auflehnten und verkündeten, sich mit keiner Lösung zufrieden geben zu wollen, welche nicht ihren weitgehenden nationalen Postulaten Rechnung tragen würde. Der Minister schildert dann, wie die revolutionären Komitees, deren Zentralleitung sich auf bulgarischem Boden befand und denen die fürstliche Regierung eine „fast sträfliche Toleranz" zuteil werden ließ, zu immer tolleren, verbrecherischeren Streichen Zuflucht nahmen, um ähnliche Grausamkeiten auf türkischer Seite hervorzurufen, die in der Tat nicht ausblieben, und unter denen die unschuldige und friedliche Bevölkerung am härtesten zu leiden hatte. Daß unter solchen Umständen das Reformwerk ins Stocken geraten mußte, ist wohl erklärlich. Die beiden Kabinette aber verblieben fest auf ihrem Standpunkte und erkannten die Notwendigkeit, zunächst durch die ernstesten Vorstellungen sowohl in Sofia als auch in Konstantinopel auf der Beseitigung jener Momente zu bestehen, welche die Aufregung erzeugten und ihr immer neue Nahrung verschafften. Weiter stellte sich die Notwendigkeit heraus, das ursprüngliche Reformprogramm in Bezug auf die Durchführungsmodalitäten zu ergänzen, wozu die Mürzsteger Zusammenkunft Anlaß bot. Aus dem bezüglichen Elaborat kann entnommen werden, daß beide Mächte allen Ernstes an die Arbeit, die ihnen oblag, geschritten sind und aufrichtigst bemüht waren, ihre Aufgabe gewissenhaft zu lösen. Gegenüber den Kritiken, die auch an diesem Operate geübt wurden, ist zu betonen, daß sich die Mächte einerseits der Erkenntnis nicht verschließen konnten, daß die Türkei ohne effektive Ueberwachungsmaßregeln von ihrer selbstmörderischen, den europäischen Frieden bedrohenden Politik nicht abzubringen sei, daß sie aber andrerseits nicht vergessen durften, daß die Beglückung fremder Völkerschaften den Interessen der eigenen Sicherheit und Ruhe nicht vorangestellt werden kann. Von diesen Erwägungen geleitet, sind wir trotz aller abfälligen Urteile entschlossen, uns in unserer Vorgangsweise nicht beirren zu lassen und erblicken im festen Einvernehmen mit dem von der gleichen Auffassung ausgehenden St. Petersburger Kabinette, sowie in der loyalen Unterstützung der übrigen Signatarmächte eine sehr ernste Gewähr für den endgültigen Erfolg der unternommenen Aktion. In Konstantinopel, wo die Klugheit und der politische Scharfblick des Sultans durch die Annahme der Mürzsteger Beschlüsse über die vielfachen gegen unsere Aktion gerichteten Intrigen den Sieg davongetragen haben, wird man hoffentlich immer mehr zur Einsicht kommen, daß wir nicht als Feinde, sondern vielmehr als uneigennützige Freunde der Türkei auftreten, und daß es für sie nicht von Nutzen sein kann, unsere Aufgabe durch allerlei Quertreibereien zu erschweren. Sie würde nur ihre eigene Existenz in Frage stellen, wollte sie unsere Forderungen, die sie allein vor jähem Untergange zu bewahren vermögen, nicht aufrichtig und loyal berücksichtigen. Andrerseits darf man sich in Sofia nicht der Erkenntnis verschließen, daß die Haltung der fürstlichen Regierung gegenüber der revolutionären Bewegung einer sehr genauen und strengen Ueberwachung unterzogen wird und daß Bulgarien seinem Schicksal unbedingt überlassen werden würde, wenn es nicht verstände, seine Politik dem Willen der Mächte anzupassen, und nicht alles aufböte, um selbst den Verdacht einer strafwürdigen Komplizität an friedenstörenden Machenschaften von sich fern zu halten.

Der Minister gedachte hierauf der jedem menschlichen Gefühle hohnsprechenden Tragödie im Belgrader Konak, die neben der ungewöhnlichen Erregung der ganzen zivilisierten Welt einen Zustand zu schaffen drohte, der mannigfache sehr ernste Gefahren für die friedliche Entwickelung der Dinge im nächsten Orient zur Folge haben konnte. Oesterreich-Ungarn durfte als durch die Belgrader Geschehnisse nächst berührte Macht, nicht zögern, der einstimmigen Berufung der zweiten nationalen Dynastie auf den Thron Serbiens seine Zustimmung zu erteilen, da das unglückliche Land nur hierdurch der ihm drohenden Anarchie entzogen werden konnte. Dem neuen König, der eine dornenvolle Aufgabe zu erfüllen hat, liegt die Pflicht ob, das durch den fluchwürdigen Frevel tiefgeschädigte Ansehen Serbiens zu heben und die durch heftige Stürme außer Rand und Band gekommenen innerpolitischen Verhältnisse in ruhigere Bahnen und zu einer normalen Entwicklung zurückzuleiten. Es ist zu hoffen, daß König Peter im gesunden Teile des serbischen Volkes eine feste Stütze zur Vollbringung dieser regeneratorischen Arbeit finden wird. Mit allen Merkmalen politischer Reife und kluger Besonnenheit verhielten sich die jüngsten Balkanwirren gegenüber sowohl Rumänien als Griechenland, die beide dadurch ihren sehr verdienten Ruf als Elemente der Ruhe und Ordnung in den Augen Europas neuerdings befestigt und sich als verläßliche Stützen jenes

großen Friedenswerkes erwiesen haben, dem wir in erfreulicher Uebereinstimmung mit allen Großmächten unsere besten Kräfte zu widmen bemüht sind. Graf Goluchowski verweist sodann darauf, daß in allen Ländern
immer deutlicher das Bestreben zum Vorschein kommt, die Garantien des
Friedens beständig zu vermehren und das Hervortreten scharfer Gegensätze im Wege ausgleichender Aussprache einzudämmen. In den seit einiger
Zeit immer häufiger werdenden Zusammenkünften der Staatsoberhäupter
finde dies Bestreben eine nachhaltige Förderung. Namentlich waren die
letzten Monate an solchen Bewegungen reich, und unter denselben trugen
die Besuche der vielen befreundeten Souveräne an unserem Hofe nicht am
wenigsten den Stempel jener ausnehmend warmen Herzlichkeit, die den
ausgezeichneten und vertrauensvollen Beziehungen entspricht, welche die
Monarchie mit allen fremden Staaten in so glücklicher Weise verbinden.
Der Minister gedenkt schließlich des Hinscheidens der achtung-
gebietenden Gestalt des Papstes Leo XIII. und betont, daß das jüngste
Konklave seiner Aufgabe in einer überaus glücklichen und ungeteilte Befriedigung erweckenden Weise nachkam. Bei diesem Anlasse trat Graf
Goluchowski den mannigfachen Kontroversen und Kritiken über die Ausübung des sogenannten Veto-Rechtes seitens Oesterreich-Ungarns entgegen
und betonte, daß sowohl die Leugnung des Rechtes als die Auffassung,
daß seine Ausübung eine unbefugte Anmaßung oder eine unstatthafte Einmischung der weltlichen Macht in kirchliche Angelegenheiten bedeute, durchaus unrichtig sei. Der Minister verwies darauf, daß, wenn auch das
Veto auf keinem bestimmten Gesetze beruhe und von der Kirche niemals
ausdrücklich anerkannt wurde, es sich doch im Laufe der Jahrhunderte zu
einem Gewohnheitsrechte herausgebildet habe, und daß es tatsächlich zu
wiederholten Malen von Trägern der habsburgischen Krone pari passu
mit Frankreich und Spanien ausgeübt wurde. Der mit der Exklusion
Betraute sei immer ein Kardinal, und von so hohen Kirchenfürsten könne
doch nicht angenommen werden, daß sie sich zu einer unkanonischen Handlung hergeben würden. Das heilige Kollegium als solches habe auch nie
einen formellen Protest erhoben, stets sei vielmehr eine angemeldete Ausschließung berücksichtigt worden. Das gegenwärtige Veto hat eher den
Charakter eines Wunsches oder eine Warnung, und es kann einen Einfluß
auf die Gültigkeit der einmal getroffenen Wahl nicht ausüben; denn den
Mächten, die es erheben, stehen heuzutage noch weniger als jemals
materielle Mittel zur Verfügung, um ihm Geltung zu verschaffen, falls es
dem Kardinalskollegium belieben sollte, von demselben keine Notiz zu
nehmen. Ganz entschieden aber muß die Behauptung zurückgewiesen
werden, als ob Oesterreich-Ungarn bei Ausübung des Veto-Rechtes als
Repräsentant einer politischen Konstellation aufgetreten wäre. Eine Verhandlung oder selbst ein Gedankenaustausch über diesen Gegenstand hat
niemals und mit niemandem stattgefunden. Wir haben in voller Ent-
schließungsfreiheit gehandelt, ohne daß eine Anregung dazu von irgendeiner
Seite ausgegangen wäre.

16. Dezember. (Wien.) Der Kaiser empfängt die Delegationen und spricht sich scharf über die tschechische Obstruktion
aus, die nichts erreichen werde.

19. Dezember. (Wien.) In der österreichischen Delegation
erklärt Kaftan (tsch.) die ungarischen Armeeforderungen für berechtigt und verlangt dasselbe für die Tschechen.

22./23. Dezember. (Ungarisches Abgeordnetenhaus.) Obstruktion, Militärfrage und auswärtige Politik.

Landesverteidigungsminister Nyiri begründet die Zurückhaltung der Soldaten des dritten Jahrganges und die Einberufung der Ersatzreserve, indem er sich einerseits auf die Anforderungen des Dienstes im Frieden, der Stetigkeit und Ausbildung und der Sicherung der Kriegstüchtigkeit, andererseits aber auf die Ungewißheit der politischen Lage auf der Balkanhalbinsel beruft, die es als fahrlässige Leichtfertigkeit erscheinen lassen würde, für die Schlagfertigkeit der Armee nicht vorzusorgen. Hierfür könnte die Heeresverwaltung unter keinen Umständen die Verantwortung übernehmen. Die Opposition hätte diese viele Tausende unschuldiger Familien hart treffende Verfügung vermeiden können, sie setzt aber statt dessen ihr Verheerungswerk auch jetzt noch fort. Auch jetzt noch ist es nötig, das Rekrutenkontingent möglichst frühzeitig zu bewilligen, denn je später dies geschieht, desto länger müssen die Ersatzreservisten im Dienste behalten werden. Ohnehin werden sich noch das ganze Jahr 1094 hindurch Störungen in der Armee geltend machen, weil die Rekruten statt im Oktober um einige Monate später einrücken werden. Unter solchen Umständen ist die Vogel-Strauß-Politik der Obstruktionisten, die nicht einsehen wollen, daß die öffentliche Meinung sich ganz geändert hat, unbegreiflich.

Am folgenden Tage weist Ministerpräsident Graf Tisza auf die Schäden hin, welche dem Lande erwachsen würden, wenn es an den Handelsvertragsverhandlungen mit ausländischen Staaten nicht rechtzeitig teilnehmen könne.

III.
Portugal.

2. Januar. Der König eröffnet die Cortes.

In der Thronrede erinnert der König daran, daß Portugal dem Protokoll der Mächte in Peking zugestimmt habe. China habe sein Zollregime um Macao geändert; den Cortes werde die Konvention hierüber zur Prüfung zugehen; auch andere Vorteile seien Portugal zugestanden, wodurch der Bau der Eisenbahn erleichtert werde, welche Macao mit den Handelszentren Chinas verbindet. Die Thronrede zählt hierauf die Maßnahmen für den weiteren Ausbau des Hafens von Lourenço Marques, sowie die unternommenen Arbeiten in den anderen Kolonien Portugals auf. Ueber die Staatsschulden wird mitgeteilt, die Generalversammlungen der Inhaber der äußeren Schuld in Deutschland, England, Frankreich, Belgien und Holland hätten der Konversion zugestimmt, welche mit Genehmigung der Cortes bereits in der Ausführung begriffen sei. Mehr als vier Fünftel der Titres seien bereits konvertiert. Die Lage des Wechselkurses habe sich sehr gebessert. Die demnächstige Erneuerung der Handelsverträge mache eine Revision der Zolltarife wünschenswert. Die Regierung werde die Konversion der Titres der inneren Schulden in neue Titres, insbesondere zur Konsolidation der schwebenden Schuld beantragen.

27./28. Februar. Das Kabinett wird teilweise umgebildet; Hintze-Ribeiro bleibt Ministerpräsident.

Mitte März. (Coimbra.) Streitigkeiten über die Gemeindesteuern führen zu Streiks und großen Unruhen, an denen sich auch Studenten beteiligen. Militär greift ein, es werden mehrere Personen getötet.

2.—7. April. Besuch des Königs von England in Lissabon. — König Carlos bezeichnet in einem Trinkspruch am 5. April König Eduard als seinen teuren Alliierten; König Eduard erwidert, die altbewährte Allianz werde unvergänglich sein.

April. Der Kardinalpatriarch von Lissabon legt beim obersten portugiesischen Gericht Berufung gegen einige liturgische Anordnungen des Vatikans ein. Er wird deshalb exkommuniziert, aber auf seine Bitte wird die Exkommunikation aufgehoben.

Dezember. Besuch des Königs von Spanien in Lissabon.

IV.
Spanien.

Anfang Januar. (Barcelona.) Ein Ausstand der Fuhr=
leute führt zu großen Unruhen.

5. Januar. (Madrid.) Der frühere liberale Minister=
präsident Sagasta, 75½ Jahre alt, †. — Er wird auf Staats=
kosten beerdigt.

10. Januar. (Madrid.) Gegen den Wagen des Ober=
kammerherrn des Königs wird ein erfolgloser Revolverschuß ab=
gegeben. Da der Wagen hinter dem des Königs dreinfährt, wird
vielfach angenommen, das Attentat habe dem König gegolten. Der
Attentäter behauptet, aus persönlicher Rache gehandelt zu haben.

24. Januar. (Madrid.) Liberales Parteiprogramm.
Eine Versammlung der ehemaligen liberalen Minister setzt für das
Programm der Partei folgende Hauptpunkte fest: Freiheit des Vereins=
rechtes, selbst für religiöse Vereinigungen, allgemeines obligatorisches Wahl=
recht, Unvereinbarkeit eines Abgeordnetenmandats mit anderen Aemtern,
Fernhaltung von europäischen Streitfragen, Engerknüpfung der Bande mit
Portugal und dem spanisch redenden Amerika, Wiederherstellung der Flotte,
Maßregeln zugunsten der niederen Bevölkerungsklassen, Amortisierung der
äußeren Schuld.

Februar. An vielen Orten, vornehmlich in Reus, Barce=
lona, Cadix und Corunna, finden Ausstände statt. In Cadix muß
die Gendarmerie einschreiten, mehrere Streikende werden getötet.
Der Plan eines Generalausstandes in Barcelona scheitert.

25. März. Finanzminister Villaverde tritt zurück, weil er
jede Erhöhung der Ausgaben ablehnt, während die Ressortminister
größere Aufwendungen für ihre Ressorts verlangen. Sein Nach=
folger wird Rodriguez San Pedro.

Anfang April. In Saragossa, Madrid und Salamanca finden
blutige Zusammenstöße zwischen Studenten und Polizisten statt.

12. April. (Barcelona.) Die Republikaner beschließen, eine
einheitliche Partei unter Führung Salmerons zu bilden.

26. April.   Abgeordnetenwahlen.

Nach der Statistik des Ministeriums des Innern werden gewählt 232 Ministerielle, 70 Liberale, 11 Demokraten, 10 Anhänger des Herzogs von Tetuan, 6 Anhänger Romero Robledas, 28 Republikaner, 7 Karlisten, 6 Catalonier, 2 Integristen, 8 Unabhängige und 2 Wilde. — Die Wahlen rufen viele Unruhen hervor. In Madrid siegen die Republikaner.

10. Mai.   Bei den Wahlen zum Senat werden gewählt: 106 Konservative, 47 Liberale, 3 Anhänger des Herzogs von Tetuan, 3 Demokraten, 1 Regionalist, 2 Republikaner, 5 Unabhängige, 1 Karlist und 4 dem geistlichen Stande Angehörige.

18. Mai.   Der König eröffnet die Cortes. In der Thronrede betont er insbesondere die Notwendigkeit, die wirtschaftliche Lage zu fördern und das Konkordat neu zu regeln.

24. Mai.   Besuch des Prinzen Heinrich von Preußen in Madrid.

Juni.   (Barcelona.)   Ein großer Ausstand legt den Verkehr zum großen Teil lahm.

19. Juni.   (Cortes.)   Budget und Flottenbau.

Finanzminister San Pedro legt das Budget für 1904 der Kammer vor; die Einnahmen werden auf 1 000 033 839 Pesetas, die Ausgaben auf 968 377 110 und der Ueberschuß mithin auf 31 656 729 Pesetas geschätzt. Marineminister Toca teilt mit, daß die Regierung einen Gesetzentwurf eingebracht habe, wonach ein Geschwader geschaffen werden soll, für welches die Kosten in dem laufenden Budget nicht inbegriffen sind. Das Geschwader soll aus 7 Panzern, 3 Kreuzern und mehreren Torpedobooten bestehen.

27. Juni.   Auf der Strecke Bilbao-Saragossa stürzt ein Eisenbahnzug in den Fluß Nagerillon. Über hundert Personen kommen um.

17. Juli.   Einvernehmen zwischen Frankreich und Spanien.

Ministerpräsident Silvela erklärt in den Cortes, daß Frankreich und Spanien gemeinsam bestrebt seien, den status quo in Marokko aufrecht zu erhalten. Es sei nötig, bedeutende See- und Landstreitkräfte zu unterhalten, und erwünscht, ein vollkommenes Freundschaftsverhältnis mit dem stammverwandten Frankreich herbeizuführen. — In der Presse wird die Möglichkeit, ein enges Bündnis mit Frankreich abzuschließen, lebhaft diskutiert.

19./20. Juli.   Ministerwechsel.

Da die vom Ministerpräsidenten unterstützten Pläne des Marineministers, 7—800 Millionen für die Flotte aufzuwenden, im Kabinett Widerstand finden, gibt das Ministerium seine Entlassung. — Kammerpräsident Villaverde bildet folgendes neue Kabinett: Graf San Bernardo Auswärtiges, Buganal Justiz, Besada Finanzen, General Martitegni Krieg, Estram Marine, Garcia Aliz Inneres, Osma Unterricht, Gasset Ackerbau.

August.   In vielen Städten, namentlich in Cadiz, Sevilla, Murcia, Barcelona, brechen Ausstände und Unruhen aus.

Mitte September. (Madrid.) Wegen allerlei Betrügereien werden sämtliche Polizeiagenten abgesetzt.

Anfang Oktober. Den Arbeitern wird das passive Wahlrecht für die Gemeindewahlen verliehen.

11. Oktober. (Bilbao.) Anläßlich einer Prozession kommt es zu blutigen Kämpfen zwischen Klerikalen und Sozialisten.

21. Oktober. Die Kammern treten zusammen. Ministerpräsident Villaverde erklärt Herstellung des Gleichgewichts im Budget für die Hauptsorge der Regierung.

Ende Oktober. (Bilbao.) Streiks und Unruhen.

Die Grubenarbeiter verlangen wöchentliche Lohnzahlung anstatt der vierzehntägigen. Da die Forderung abgelehnt wird, treten sie in Ausstand, an dem sich die übrigen Arbeiter beteiligen, so daß zeitweilig 40000 Arbeiter feiern. Anarchisten mischen sich ein, es kommt zu häufigen blutigen Kämpfen mit Polizei und Truppen. Nach mehreren Tagen wird der Ausstand durch ein Kompromiß beendet (2. November), in dem die wöchige Lohnzahlung vom 1. Januar an bewilligt wird.

November. In den Minendistrikten Santander, Huelva und Pena Hierro finden Ausstände und Unruhen statt.

8. November. Bei den Gemeindewahlen werden über 2000 Monarchisten und gegen 900 Republikaner gewählt.

Ende November. Spanien bricht mit Venezuela die diplomatischen Beziehungen ab, weil der spanische Konsul in La Guaira geringschätzig behandelt worden ist.

3./6. Dezember. Ministerwechsel.

Die Regierung hatte in der Kammer den Abg. Dominguez Pasqual zur Einbringung eines Antrags veranlaßt, durch den das Ministerium ermächtigt werden sollte, die bereits genehmigten Budgetkapitel alsbald zur Ausführung zu bringen, allerdings unbeschadet etwaiger späterer Abänderungen durch Kammerbeschlüsse. Die Bureaus der Kammer erklärten sich mit der Beratung des Antrags zwar einverstanden, aber sie hoben zugleich hervor, daß der Vorschlag gröblich gegen die Verfassung verstoße und den Republikanern die Berechtigung geben würde, Anträge auf Abänderung der Regierungsform zu stellen. Aus diesem Grunde und da die Obstruktion der Republikaner sowie die Haltung aller Minderheitsparteien die Annahme der Anträge Dominguez Pasquals zweifelhaft erscheinen ließ, beschloß Villaverde mit seinen Kollegen die Demission des Kabinetts (3. Dezember). — Am 8. Dezember wird folgendes Kabinett gebildet: Präsidium **Maura**, Aeußeres San Pedro, Justiz Toca, Krieg Linares, Marine Ferandiz, Finanzen Osma, Inneres Sanchez Guerra, Unterricht Dominguez Pascual, öffentliche Arbeiten Allen de Salazar. — Das Kabinett will das Programm Silvelas ausführen.

V.

Großbritannien.

Anfang Januar. Die englische Presse polemisiert scharf gegen Deutschland, weil die deutsche Regierung die Forderung Englands an die Pforte, russischen Torpedobooten die Durchfahrt durch die Darbanellen zu verbieten, nicht unterstütze. (Vgl. 1902.)

23. Januar. (London.) Der Irländer Lynch, der im süd-afrikanischen Kriege gegen England gefochten hat, wird zum Tode verurteilt.

Anfang Februar. (Irland.) Der Ausnahmezustand wird in den meisten Bezirken aufgehoben.

17. Februar. Der König eröffnet das Parlament.

Die Thronrede berührt die Venezuelaangelegenheit, die nun zu einem befriedigenden Abschluß gekommen sei. Die Regierungen Oester-reich-Ungarns und Rußlands stellten Erwägungen darüber an, von welchen Reformen es wünschenswert wäre, daß die Mächte, die an dem Berliner Vertrag teilnahmen, sie dem Sultan zur sofortigen Annahme empföhlen. Ich vertraue, daß die gemachten Vorschläge sich für den Zweck als aus-reichend erweisen, und daß ich es möglich finden werde, ihnen meine herzliche Unterstützung zu leihen. — Der König bedauere, daß die Be-mühungen der britischen Regierung, zusammen mit der türkischen Regierung eine gemeinsame Festsetzung der Grenzen des Hinterlandes von Aden durch-zuführen, bisher noch zu keiner Abmachung geführt hätten. Die Ver-handlungen über diesen Gegenstand würden als dringliche betrieben. — Die Rede erwähnt die Landung englischer Truppen in Obbia zum Zwecke des Vorgehens gegen den Mullah und hebt die herzliche Mitwirkung Italiens bei diesem Unternehmen hervor und gibt der Hoffnung Ausdruck, daß die Operationen das Ergebnis haben werden, die Stämme in den Protektoraten Englands und Italiens vor weiteren Belästigungen zu be-wahren. — Die Entwicklung in Südafrika schreite in befriedigender Weise fort. Der Besuch des Kolonialministers dortselbst habe bereits die besten Erfolge gezeigt. Persönliche Besprechungen mit Milner und den Ministern der sich selbst regierenden Kolonien und Vertretern aller Interessen und Meinungen habe viel dazu beigetragen, die Lösung mancher schwierigen Frage zu erleichtern und viele Ursachen zu Mißverständnissen zu beseitigen. Die Krönungsfeierlichkeit in Delhi, deren Glanz beispiellos gewesen und bei der von den tributpflichtigen Fürstlichkeiten, Häuptlingen und allen Klassen der indischen Bevölkerung erfreuliche Kundgebungen der Loyalität und Hingebung dargebracht worden seien, zusammengefallen sei mit dem Verschwinden der Dürre und der landwirtschaftlichen Bedrängnis im westlichen Indien. Die Aussichten für Landwirtschaft und Handel seien jetzt in ganz Indien ermutigender und befriedigender als seit einer Reihe von Jahren. — Die Thronrede bemerkt sodann bezüglich des Budgets, obgleich dasselbe mit gebührender Rücksichtnahme auf die wirtschaftliche Lage aufgestellt sei, machten doch die Bedürfnisse des Landes und des Reiches große Ausgaben unvermeidlich.

18. Februar. (Unterhaus.) Debatte über die Lage in Persien und China. Verhältnis zu Rußland und Deutschland.

Auf Anfragen mehrerer Abgeordneten erwidert Unterstaatssekretär Cranborne: Die englische Politik in Persien sei unverändert; es liege kein Grund vor, weshalb die Interessen Englands und Rußlands in Zentralasien miteinander in Widerstreit geraten sollten. Das Feld sei weit und die Ziele, welche England und Rußland in verschiedener Weise im Auge hätten, seien ausreichend, um alle ihre Kräfte zu beschäftigen. Der Inhalt der zwischen England und Rußland über Persien gewechselten Noten gehe auf beiderseitige Anerkennung der Integrität Persiens. Soweit er wisse, habe die russische Regierung niemals versucht, diese Auslegung anzufechten. England verfolge eine Politik der Handelsentwicklung in Persien. Er fürchte, daß der russisch-persische Handelsvertrag so abgefaßt sei, daß er in sehr ernster Weise den britischen Handel mit Persien hemme. Die britische Regierung habe davon Kenntnis genommen und habe ernste Vorstellungen bei der persischen Regierung erhoben und dem britischen Vertreter in Teheran bestimmte Anweisungen gegeben. Er könne gegenwärtig nicht mehr sagen, er hoffe aber, daß in Kürze eine genauere Erklärung über das Ergebnis dieser Vorstellungen werde abgegeben werden können. Es sei eine handelspolitische Mission nach Persien entsandt worden, zu dem Zwecke, Mittel zur Ausdehnung des Handels mit Persien und zur Erschließung der persischen Märkte ausfindig zu machen. Bezüglich Chinas führt Cranborne aus, es sei ihm nicht bekannt, daß irgend eine andere Macht bisher ihre Zustimmung zu dem chinesischen Handelsvertrag gegeben habe. Die russische Regierung habe sich von Niutschwang noch nicht gänzlich zurückgezogen; die Frist, innerhalb welcher Rußland sich verpflichtet habe, dieses Gebiet zu räumen, sei aber noch nicht verstrichen. Die kaiserliche Zollverwaltung in Niutschwang stehe unter Sir Robert Hart. Ueber das deutsch-chinesische Abkommen, welches vor der Zurückziehung der Truppen aus Schanghai abgeschlossen wurde, sagt Cranborne, die Regierung habe keinen Grund gesehen, weshalb die Zurückziehung der Truppen aus Schanghai hätte zu einer erneuten Erklärung Veranlassung geben sollen. Die Regierung habe das Abkommen mit der chinesischen Regierung nicht anerkannt. China habe England die Versicherung gegeben, daß es nicht zugeben würde, daß irgend etwas, was geschehen sei, den englischen Rechten im Jangtsegebiet präjudiziere. Obgleich die englische Regierung mit Deutschland in dieser Angelegenheit verschiedener Meinung gewesen sei, habe sie keinen Grund gehabt, mit dem Ergebnis dieser Umstände, wie sie sich im vergangenen November gestalteten, unzufrieden zu sein. Ein annehmbarer modus vivendi sei bezüglich der Konsulargerichtsbarkeit in Schanghai geschaffen worden. Betreffend die Zahlung der Entschädigungssumme würde die Regierung sich freuen, wenn China eine Erleichterung gewährt werden könnte; sie könne aber nicht die Konzession machen, daß eine Schuld, welche dem Abkommen gemäß in Gold zu zahlen sei, in Silber gezahlt werde.

Wenn Wei-hai-wei gegenwärtig nicht als Flottenbasis behandelt werde, so dürfe doch nicht angenommen werden, daß es niemals als Flottenbasis werde behandelt werden; denn die Sachlage habe sich geändert, England habe seine Stellung in China durch das Abkommen mit Japan so ungeheuer verstärkt, daß es jedenfalls vorläufig ganz in der Lage sei, auf Wei-hai-wei als Flottenbasis zu verzichten.

24. Februar. (Unterhaus.) Beratung über die Armeeorganisation. Vertrauensvotum für das Ministerium.

In der Abreßdebatte wird vielfach der Plan der Regierung drei neue Armeekorps zu bilden, die zu Operationen im Ausland bestimmt sind, heftig angegriffen. Campbell-Bannermann (lib.) führt aus, das festländische Armeekorpssystem passe für England weder in Kriegs- noch in Friedenszeiten. Die Ausgaben der Nation für kriegerische Zwecke steigerten sich in unerträglicher Weise fast über das Mittel des Volkes. Die Regierung solle erst eine sorgfältige Untersuchung über die militärischen Erfordernisse des Landes anstellen und dann diese Erfordernisse erfüllen. Premierminister Balfour: Die Armeekorpsfrage ist lediglich eine Frage der Organisation. Die wirkliche Streitfrage ist die, ob die Armee zu groß ist oder nicht. Natürlich steht bei dieser Frage die Verteidigung des Reiches durch die Flotte voran. Aber die Flotte kann nicht alles tun. Und wir würden töricht sein, wenn wir uns der Macht berauben, ein offensives Vorgehen zu ergreifen für den Fall, daß sich ein Anlaß dazu einstellt. — Was die Verteidigung Indiens betrifft, so glaube ich, daß ein Krieg zwischen England und Rußland im höchsten Grade unwahrscheinlich ist. Ich nehme an, daß auch ein Krieg zwischen Rußland und Deutschland im höchsten Grade unwahrscheinlich ist. Was würde man aber denken, wenn die deutschen Militärbehörden einen solchen Fall nicht als möglich ansähen und nicht alle mit ihm zusammenhängenden militärischen Schwierigkeiten überlegt und sich nach ihrem besten Vermögen darauf vorbereitet hätten, dieser Möglichkeit gerecht zu werden? In gleicher Weise kann ich, obwohl ich den Fall für im höchsten Grade unwahrscheinlich ansehe, nicht vergessen, daß die Grenze Indiens nur ein Teil des britischen Reiches ist, wo wir, wie man sagen kann, militärischer Nachbar einer Militärmacht ersten Ranges sind. Es ist daher unmöglich, daß wir dies nicht als Schlüssel zu unserer militärischen Lage auffassen sollten. Es ist nicht die Frage der Verteidigung des Mutterlandes, die die Größe der Armee bestimmt, sondern es ist die Frage, was für eine Armee zum Wirken in einem von unseren Küsten weit entlegenen Tätigkeitsgebiete berufen werden kann. Wir schrecken nicht vor der Verantwortlichkeit zurück und würden uns aufs äußerste verächtlich machen, wenn wir jetzt zugeben würden, daß wir nicht glauben, daß die verlangten Streitkräfte für die Sicherheit des Reiches notwendig sind, und wenn wir jetzt sagten: der Imperialismus sei sehr schön gewesen, solange er populär war und ehe die Oeffentlichkeit über dessen Kosten klar war. Jetzt nachdem man über den Preis klar ist, würde es verächtlich sein, wenn wir unsere Forderungen bezüglich dessen, was für die Verteidigung des Reiches nötig ist, ändern würden. Das Unterhaus lehnt hierauf ein von Beckett zur Abresse eingebrachtes Amendement, betreffend die Mißbilligung der Heeresorganisation des Kriegsministers, mit 261 gegen 145 Stimmen ab. Die Nationalisten enthalten sich der Abstimmung. Mit der Minderheit stimmen etwa 12 Ministerielle.

26. Februar. (Unterhaus.) Beratung der Einwanderungsfrage.

Abg. Howard Vincent (konf.) führt aus, daß die neuerdings bedeutend erhöhte Einwanderung von mittellosen Fremden nach dem Eastend in London eine schwere nationale Gefahr bilde und die Wohlfahrt der Arbeits- und Wohnungsverhältnisse der englischen Arbeiterklassen in ernster Weise in Mitleidenschaft ziehe. Er fordert die Regierung auf, ihre Versprechungen zu erfüllen und in nächster Zeit einen entsprechenden Gesetzentwurf einzubringen, indem er darauf hinweist, daß die Zahl der im letzten Jahre in England angekommenen 81 402 gegen 70 610 im Jahre 1901 gewesen sei. Unter diesen Fremden sei eine beträchtliche Anzahl Bestrafter gewesen; auch sei die Zahl der Ausländer in der Handelsmarine bedenklich gestiegen. Handelsminister Gerald Balfour: die Regierung erkenne die Schwierigkeit der Einwanderungsfrage an und habe eine Kommission mit der eingehenden Prüfung dieser Angelegenheit betraut. Bevor dieselbe ihre Arbeit beendet habe, sei es unmöglich, eine Entscheidung zu treffen.

Februar. März. In der „Times" teilt der Admiral Cochrane mit, daß im Regiment „Grenadier-Garde" gegen Subalternoffiziere die Prügelstrafe angewendet werde. Die Angelegenheit wird lebhaft erörtert, der Kommandeur des Regiments erhält den Abschied.

2. März. (Oberhaus.) Verhältnis zu Deutschland und Venezuela. (Vgl. S. 13, 61.)

Lord Rosebery führt aus, England sei froh, sich aus der Venezuelaangelegenheit mit nicht mehr Schaden für seinen Ruf herausgewickelt zu haben, als dies der Fall gewesen sei. In der ganzen Angelegenheit habe, wie es scheine, die britische Regierung stets Grundsätze von weittragender Bedeutung aufgestellt, sei aber stets auch wieder genötigt worden, von diesen zurückzuweichen. Die Regierung habe erklärt, England hätte dieselbe Entschädigung zu erhalten wie Deutschland, am Ende habe aber Deutschland 68 000 Pfund Strl. erhalten und England 5500 Pfund Strl. Diese Summen repräsentierten das Verhältnis des Vorteils, den man von der Verständigung zwischen Großbritannien und Deutschland gehabt habe. Er table Deutschland nicht, aber wenn etwas mehr Gleichheit des Erfolges bei einigen von den Uebereinkünften mit Deutschland herausgekommen wäre, würden die Beziehungen beider Länder ergiebiger an gegenseitiger Achtung gewesen sein. Großbritannien hätte an die Vereinigten Staaten nicht durch die Vermittlung Deutschlands herantreten dürfen. Er könne sich ganz gut vorstellen, daß, als der deutsche Botschafter sich an die englische Regierung wandte, der Minister des Aeußern den Wunsch nach einem harmonischen Zusammenwirken ausdrückte und sagte, daß kein Grund vorhanden sei, weshalb nicht bei zukünftiger Gelegenheit ein Zusammenwirken stattfinden sollte. Aber gleichzeitig hätte er ihm sagen sollen, daß einer, der zu einer Nation gehöre, die im Punkte der nationalen Ehre so stolz und feinfühlig sei, auch sich vor Augen halten solle, daß Worte gesagt und geschrieben seien, die nicht in einem Moment ausgelöscht werden könnten, und daß es nicht im Interesse der guten Beziehungen liege, daß man bei dieser Gelegenheit zusammenwirke. Englands Gefühl sei beleidigt nicht nur durch Artikel und Karikaturen in der deutschen Presse, sondern auch durch Reden der verantwortlichen Staatsmänner. Die Feindseligkeit, die Erbitterung und die Eifersucht Europas erzeugten eine ernstliche Gefahr für die Regierung; er hoffe, daß, nachdem man aus diesem schlecht beratenen Unternehmen herausgekommen sei, man eine lange Zeit verstreichen lassen solle, ehe man sich in eine ähnliche Angelegenheit mische.

16*

Minister des Auswärtigen Lord Landsdowne: er freue sich, daß nicht dem Zusammenwirken mit Deutschland aus dem Grunde widersprochen sei, weil ein solches Zusammenwirken unter keinen Umständen zu rechtfertigen sei. Der Gedanke, daß man der Empfindlichkeit Englands wegen gewisser Vorkommnisse während des südafrikanischen Krieges gestatten sollte, das Urteil der Regierung in solchem Maße zu beeinflussen, daß man an solche Fragen von einem nicht geschäftsmäßigen Gesichtspunkte herantrete, sei entschieden von der Hand zu weisen. Er würde jedes Vorgehen von seiten der Regierung abgelehnt haben, welches die Wirkung gehabt haben könnte, die bedauerliche Entfremdung, welche durch die Ereignisse während des südafrikanischen Krieges entstanden sei, noch zu erhöhen.

5. März. (Unterhaus.) Premierminister Balfour kündigt den Bau einer Flottenstation am Firth of Forth an.

6. März. (London.) Die Handelskammer über die kommerziellen Beziehungen zu Deutschland.

In einer von der Londoner Handelskammer einberufenen Konferenz über die Wirkung des neuen deutschen Zolltarifs auf den englischen Handel erklärt der Vorsitzende, England müsse zunächst versuchen einen neuen Handelsvertrag mit Deutschland zu schließen; es könne keine differenzielle Behandlung gegen Deutschland einführen, könne ihm aber auch nicht Vorteile gewähren, welche es seinen eigenen Kolonien nicht einräume. Die Versammlung nimmt eine Resolution an, welche die Regierung auffordert, über einen besonderen Tarifvertrag mit Deutschland und mit den übrigen Ländern zu verhandeln.

11. März. (Unterhaus.) Vermehrung der Präsenzstärke der Armee. Balfour über die Verteidigung Indiens. — Geringe Majorität der Regierung.

Nach der Regierungsvorlage soll die reguläre Armee 236 751 Mann betragen. Gegen die Anträge der Opposition auf Verminderung erklärt Premierminister Balfour: Man möge nur annehmen, England habe mit zwei Mächten zu kämpfen, von denen eine in Indien einfallen könne. Wäre es angebracht, daß sich England in diesem Falle für die Verteidigung Indiens so von Truppen entblößen müsse, daß für einen anderweitigen Angriff nicht genügend Truppen übrig wären? Die Flotte allein könne einen Krieg nicht beendigen. Wenn England in einen solchen Krieg verwickelt würde, müsse es sowohl die Möglichkeit ins Auge fassen, eine Expedition ins Ausland zu senden, als die Fähigkeit, Indien zu verteidigen. Balfour geht sodann auf die Ausführungen Dilkes über die Verteidigung Indiens ein. Dilke unterbricht den Minister und erklärt, daß er der Ansicht sei, daß, solange die Grenze bleibe, wie sie sei, in Indien keine Truppen aus England zur Verteidigung gebraucht würden. Sicherlich würde, wenn von seiten Rußlands ein erfolgreicher Feldzug geführt und Afghanistan aufgeteilt würde, das Problem ein ganz anderes sein. Balfour fährt darauf fort: Ich weiß nicht, ob es weise wäre, auf Einzelheiten einzugehen. (Beifall.) Solange ein starkes, freundschaftliches, unangetastetes Afghanistan zwischen uns und der russischen Grenze besteht, gebe ich zu, daß die Schwierigkeiten für ein schnelles Vorrücken Rußlands sehr groß sind und daß die Anzahl der Truppen, die es bei einem Vorrücken verwenden könnte, wahrscheinlich keine sehr große ist. Wir können es aber mit einer viel schwierigeren Lage zu tun haben, als Dilke angenommen hat, und ich glaube nicht, daß wir klug daran tun, wenn wir annehmen, daß wir niemals einen einzigen

Soldaten von hier zur Verteidigung Indiens zu entsenden haben werden. Der Friede Indiens hängt davon ab, daß wir eine schlagfertige Armee im Mutterlande und die Herrschaft zur See besitzen. Es wäre durchaus töricht, die bestehenden Heereseinrichtungen aus dem Grunde umzustürzen, weil die Last für unsere Finanzen sehr groß ist. Es ist nicht richtig, den Augenblick, in dem der Heeresersatz außerordentlich gering ist, dazu zu wählen, die Heeresstärke zu vermindern. Der Antrag auf Herabsetzung wird mit 245 gegen 154 Stimmen abgelehnt und die geforderte Präsenzstärke bewilligt. — Mit der Opposition stimmen auch 18 Ministerielle. Da die Iren sich der Abstimmung enthalten, so ist die tatsächliche Mehrheit sehr gering.

11. März. Wahlniederlage der Regierung. Erstarken der Opposition.

Bei einer Ersatzwahl in Woolwich wird an Stelle eines konservativen Vertreters mit großer Mehrheit ein liberaler Kandidat gewählt. Viele Stimmen schließen daraus auf ein Anwachsen der liberalen Partei; in der Regierungspartei selbst soll sich Unzufriedenheit geltend machen, namentlich wird die Militärvorlage auch von Konservativen bekämpft. Es wird bereits von der Bildung einer „vierten" Partei gesprochen, deren Führer W. Churchill, der den militärischen Organisationsplan scharf kritisiert hat, sein soll.

14. März. (London.) Kolonialminister Chamberlain kehrt aus Südafrika zurück und wird begeistert empfangen. — Vielfach wird ausgesprochen, daß er die Regierung vor einer Niederlage erretten müsse, denn seit seiner Abreise habe sich die parlamentarische Mehrheit beträchtlich vermindert und in mehreren Nachwahlen sei die Regierung geschlagen worden.

17. März. (Unterhaus.) Marinebauten; Abrüstungsfrage, Beiträge der Kolonien.

Die Regierung beantragt den Neubau von 3 Schlachtschiffen, 4 Kreuzern erster Klasse, 3 geschützten Kreuzern, 4 Aufklärungsschiffen, 15 Torpedobootszerstörern und 10 Unterseebooten.

Abg. Reid schlägt internationale Verhandlungen zur Einschränkung der Flottenrüstungen vor. Der Parlamentssekretär der Admiralität Arnold Forster erklärt, die Stellung Englands in bezug auf Flottenausgaben entspräche nicht derjenigen der anderen Mächte. Die Regierung sei zu einem Abkommen geneigt, das eine Herabminderung der gewaltigen Rüstungen herbeiführen könne, aber es sei nicht Sache Englands, auf diesem Wege voran zu gehen, wenn die anderen nicht bereit seien mitzugehen. — Ueber die Beteiligung der Kolonien an dem Ausbau der Reichsflotte sagt er: Jedermann müsse einsehen, daß in der Gleichgültigkeit der Kolonien eine große Gefahr liege. Die Nation habe das lange ruhig mit angesehen; aber es sei zu befürchten, daß die Reaktion eines Tages eintreten werde. Anderseits habe die Regierung nicht die Absicht, irgendwelchen Druck in dieser Beziehung auf die Kolonien auszuüben; man werde es stets ihrem eigenen freien Willen überlassen, das beizusteuern, was sie für richtig hielten. In vielen der Kolonien, fuhr der Redner fort, scheine die vollständig falsche Ansicht zu herrschen, daß in einem Kriegsfalle jede Kolonie genug tun würde, wenn sie ihre eigenen Meere verteidige, was mit einigen wenigen Schiffen möglich sein würde; das sei aber eine vollkommen falsche Auffassung, aus der sich der ebenso falsche Gedanke entwickelt habe, daß die Kolonien genug täten, wenn sie etwas zur Unterhaltung der Geschwader beitrügen, die in ihren Gewässern stationiert seien. Die Kolonien könnten einmal in die Lage kommen, die gesamte Seemacht einer europäischen Nation sich gegenüber zu sehen, und in einem solchen Falle würden die einzelnen Geschwader der betreffenden Kolonie ohne jeden Nutzen sein: dann müßten die Kolonien auf die gesamte Flotte des britischen Reiches rechnen, für die sie jetzt so gut wie nichts hergeben wollten.

　　18./19. März. (Unterhaus.) Debatte über die gefangenen Buren und die wirtschaftliche Lage in Südafrika. Kreditbewilligung.

　　Abg. Mac Neil fragt, mit welchem Rechte man heute noch, d. h. fast 12 Monate nach dem Kriege, Buren in Indien, Ceylon und Bermuda in Gefangenschaft halte und häufig sogar wie gewöhnliche Verbrecher ins Gefängnis werfe. Wen treffe dafür die Verantwortung, daß man den gefangenen Buren in Indien erklärt habe, sie würden erst dann in kühlere Gefangenenlager übergeführt werden, wenn sie sich entschlössen, den Treueid abzulegen? Kolonialminister Chamberlain: Die Gefangenen in Indien, Ceylon und Bermuda ständen unter Kriegsrecht, welches für ihren Lagerbereich Gültigkeit habe. In Bermuda seien augenblicklich noch 82, in Indien 800 Gefangene. Die Leute weigerten sich, den Eid abzulegen oder an seiner Stelle eine Erklärung abzugeben, wie sie in den Friedensbestimmungen vorgeschrieben sei. Sobald sie dieses täten, werde ihre Ueberführung nach Südafrika erfolgen, und man hoffe, daß ein Abgesandter General Bothas die Leute zur Nachgiebigkeit überreden werde. Davon, daß die Leute schroff behandelt würden, oder daß man sie in Indien durch Belassen in den heißen Lagern mürbe zu machen gedroht habe, sei ihm nichts bekannt. Es stehe allen Kriegsgefangenen selbstverständlich frei, auf eigene Kosten zu gehen, wohin sie wollten, nur nicht in die neuen Kolonien. In diese werde ihnen die Rückkehr verweigert bleiben, bis sie sich den entsprechenden Vorschriften gefügt hätten. — Am folgenden Tage führt Chamberlain aus, es seien bereits über 100 000 Buren wieder auf die Farmen gebracht, für Entschädigungen und Requirierungen schon rund 15 000 000 Pfd. St. gezahlt worden. Die Aussichten sind namentlich für den Ackerbau sehr günstig. Wann die Einrichtung der Selbstverwaltung angängig, könne er noch nicht sagen. Zur Zeit liege das Kronkoloniesystem im eigensten Interesse der Kolonien. Die Wohlfahrt Transvaals hänge von der Goldindustrie ab. Englands Fehlschlag oder Erfolg entscheide sich mit dem Fehlschlag oder Erfolg der Goldindustrie. Der Redner schloß mit einer Besprechung der Arbeiterfrage; man hoffe, die Arbeit im Randgebiet verlockender gestalten zu können. Er halte es bis zur Entscheidung dieses Versuches verfrüht, diese Frage zu beraten. Die Einführung chinesischer Arbeiter sei niemals geplant gewesen.

　　Hierauf wird ein Kredit von 20 265 000 Pfd. für Südafrika bewilligt.

　　20. März. Das Unterhaus genehmigt einen Gesetzentwurf über die kirchliche Disziplin der Geistlichen, der den Ritualismus einschränkt und das Aufsichtsrecht der Bischöfe modifiziert.

　　März. Die Regierung bringt folgende Vorlage über die Landwehraushebung ein.

　　Die Anzahl der Leute, die in einer Grafschaft ausgelost werden

sollen, wird vom Kriegsminister bestimmt, und zwar unter Inbetracht-
ziehung der männlichen Bevölkerungsziffer. Keinem Ausgelosten ist es
gestattet, einen Ersatzmann zu schicken. Wenn ein Ausgeloster sich weigert,
einzutreten, so setzt er sich der Gefahr aus, auf fünf Jahre eingezogen zu
werden, und wenn er desertiert, so trifft ihn dieselbe Strafe wie einen
Deserteur, der ursprünglich freiwillig eingetreten ist. Die der Auslosung
unterworfenen Leute werden in drei Klassen eingeteilt, und zwar 1. unverheiratete Männer zwischen 18 und 25 Jahren, 2. verheiratete Männer
zwischen 18 und 30 Jahren, die nicht mehr als ein Kind haben, sowie
unverheiratete Männer zwischen 25 und 30 Jahren, und endlich 3. alle
übrigen dienstfähigen Männer. Der Monarch kann befehlen, daß von jeder
beliebigen oder von zweien oder von allen Klassen jede beliebige Anzahl
ausgehoben wird. — Die einzigen Personen, die nicht von der Vorlage
betroffen werden, sind Mitglieder des Parlaments, Offiziere, aktive oder
Reserve, Unteroffiziere und Mannschaften der Linien-Regimenter, der
Yeomanry, der Freiwilligen-Regimenter oder der Polizei, Seeleute, Medi-
ziner, Theologen und Lehrer.

25. März. (Unterhaus.) Die Regierung bringt eine Vorlage ein über die Umwandlung der irischen Landverhältnisse.

Die Vorlage soll es den Pächtern ermöglichen, ihren Landbesitz vom
Gutsherrn käuflich zu erwerben. Hierzu sollen den Pächtern Vorschüsse
gegeben werden. Die erforderlichen Mittel sollen durch eine 2³/₄prozentige
garantierte Anleihe flüssig gemacht werden, die voraussichtlich in Höhe von
fünf Millionen Pfund jährlich für die ersten drei Jahre ausgegeben werden
wird. Die Anleihe wird garantiert durch die jährlichen Zahlungen der
Schatzkammer für irische Lokalzwecke. Im ganzen sollen nicht mehr als
100 Millionen Pfund Sterling erforderlich sein, um das ganze Sanierungs-
werk durchzuführen. Der Gesetzentwurf sieht ferner einen Staatszuschuß
von 12 Millionen Pfund Sterling vor, der in jährlichen Beträgen von
höchstens 390 000 Pfund Sterling zu leisten sei. Die gemäß der Vorlage
vorzunehmenden Operationen werden unter Kontrolle von drei staatlichen
Kommissären stehen. Die Rückzahlung der den Pächtern gewährten Vorschüsse soll nach dem Entwurf in einem Zeitraum von 68¹/₂ Jahren erfolgen. Die Vorlage enthält ferner Vorkehrungen zur Vermeidung des
Ankaufes von Grundbesitz durch Geldverleiher.

Die Vertreter der Iren und Liberalen erkennen an, daß die Vorlage einen großen Fortschritt bedeutet, wollen aber vorläufig noch nicht
definitiv Stellung nehmen.

30. März. (Portsmouth.) Der König reist nach Lissabon
ab. (Vgl. über seine Reise Portugal, Italien, Frankreich.)

1. April. Das Unterhaus genehmigt die Vorlage, den
Mannschaftsbestand der Flottenreserve zu erhöhen und bei den ver-
schiedenen Dienstzweigen Marine-Volunteers einzureihen, die in
Kriegszeiten zum Dienst in allen Weltteilen verpflichtet sein sollen.

8. April. Das Unterhaus genehmigt die erste Lesung des
Schulgesetzes mit 159 gegen 77 Stimmen.

Mitte April. (Irland.) Versammlungen der Nationalisten-
partei beschließen, die Landbill im Unterhause zu unterstützen, obgleich sie die nationale Frage noch nicht löse.

16. April. Der König besucht Malta.

April. Presse und Regierung über die Bagdadbahn.

Die Presse protestiert gegen die Beteiligung von britischem Kapital am Bau der Bagdadbahn, weil Deutschland in diesem Falle die Führung haben und England gegen Rußland ausspielen wolle. Sie fordert, daß die Regierung das Unternehmen in keiner Weise unterstütze. Am 23. April erklärt Premierminister Balfour im Unterhause: Eine Abschrift des zwischen der Anatolischen Eisenbahngesellschaft und der türkischen Regierung getroffenen Abkommens sei im Besitz der Regierung gewesen. Das Abkommen lasse den ganzen Plan der Weiterführung der Bahn durch Kleinasien bis zum Persischen Meerbusen in den Händen einer Gesellschaft unter deutscher Kontrolle. Die Regierung sei niemals um ihre Zustimmung zu dem Abkommen angegangen worden und in keinem Falle würde sie demselben beitreten wollen. Das andere Abkommen, welches erwogen worden sei, sei bestimmt gewesen, die Eisenbahn einschließlich der bestehenden Anatolischen Bahn in ihrer ganzen Ausdehnung unter internationale Kontrolle zu stellen. Um bei diesem Abkommen eine Vorzugsbehandlung von Personen oder Gütern zu verhindern, sei unter anderem vorgeschlagen worden, daß England, Frankreich und Deutschland ein gleicher Anteil an der Kontrolle, dem Bau und der Leitung eingeräumt werden solle. Nach sorgfältiger Ueberlegung sei die Regierung zu dem Schlusse gelangt, daß das Abkommen England keine genügende Sicherheit für die Durchführung jener Grundsätze gäbe, und die Regierung habe dies daher mitgeteilt. Aber sie sei außer stande gewesen, die angeregten Versicherungen über ihre künftig etwa einzuschlagende Politik abzugeben. Die hierbei in Frage kommenden Punkte seien die Beförderung der indischen Post, die Erhöhung der türkischen Zollgebühren und die Errichtung einer Endstation in Koweit gewesen.

23. April. (Unterhaus.) Budget. Flottenfrage. Herabsetzung der Steuern.

Der Voranschlag für 1903/4 beziffert die Ausgaben auf 143954000 Pfund Sterling, die Einnahmen auf der Grundlage der bestehenden Besteuerung auf 154770000 Pfund, so daß sich danach ein Ueberschuß von 10816000 Pfund ergeben würde. Finanzminister Ritchie: Er beantrage, die Einkommensteuer von 1 Shilling 3 Pence für das Pfund Sterling auf 11 Pence herabzusetzen und den Kornzoll aufzuheben. Durch die Herabsetzung der Einkommensteuer würden sich die Einnahmen aus dieser Steuer um 8½ Millionen Pfund vermindern; ferner würde die Aufhebung des Kornzolles eine Mindereinnahme von 2 Millionen Pfund ergeben. Die Aufwendungen für die Staatsschuld seien auf 27 Millionen Pfund Sterling jährlich festzusetzen, wovon 6 Millionen zur Amortisation bestimmt werden sollen. Die Kosten des Krieges in Südafrika und in China belaufen sich auf 217000000 Pfund Sterling. Die nationale Schuld beträgt jetzt 770778000 Pfund Sterling, wird aber 1908, wenn keine Zwischenfälle eintreten, auf 694000000 Pfund herabgemindert sein. Trotz der Vermehrung des Heeres und der Flotte ist die Ausgabenlast verhältnismäßig geringer als vor 40 Jahren. Es ist zu hoffen, daß eine beträchtliche Herabsetzung der Ausgaben für das Heer im nächsten Jahre oder in zwei Jahren eintreten kann. (Beifall.) Eine starke Flotte aber ist für uns eine Lebensfrage. Cobben hat einst geäußert, er würde 100 Millionen aufwenden, um die unangreifbare Supremacie unserer Flotte aufrecht zu erhalten. Glücklicherweise stehen wir mit allen fremden Mächten in freundschaftlichen Beziehungen. Als Cobben seine Aeußerung machte, dachte er

an Frankreich. Ich freue mich, daß unsere Lage jetzt eine ganz andere
ist. (Beifall.) Die Beziehungen zwischen den beiden Mächten sind die
herzlichsten, und wir alle hoffen, daß das Gefühl gegenseitiger Achtung,
das die Regierungen und die Bevölkerungen der beiden Völker beseelt, und
das in den Vorbereitungen für einen herzlichen Empfang unseres Königs
in Frankreich so schlagend zutage tritt, von Jahr zu Jahr noch stärker
wird. Es ist nicht die Eifersucht irgend einer Macht, die uns dazu zwingt,
immer mehr für unsere Flotte auszugeben. Unsere Flotte muß wachsen,
so lange die anderen Flotten wachsen. Ich freue mich, zu bemerken, daß
Anzeichen nicht fehlen, daß einige unserer Nachbarn wünschen, ihren Ausgaben für die Flotte ein Halt! zuzurufen. Wir begrüßen diese Anzeichen
auf ihrer Seite mit Freude und können sie versichern: daß, wenn sie eine
solche Politik annehmen und an ihr festhalten werden, wir bereitwillig und
loyal ihrem Vorgehen folgen werden. (Beifall.)

April. Anläßlich des Besuches des Königs in Paris fassen
viele Handelskammern Resolutionen, daß ein Schiedsgerichtsvertrag
zwischen England und Frankreich abgeschlossen werden möge, um
den Frieden und die Freundschaft zwischen beiden Staaten zu be=
festigen.

6. Mai. (London.) Rückkehr des Königs.

6. Mai. (Unterhaus.) Anleihe für Transvaal.

Kolonialminister Chamberlain beantragt, die Zinsen und das
Kapital der Transvaalanleihe, die im Betrage von 35 Millionen Pfund
ausgegeben werden solle, durch das Reichsschatzamt zu garantieren. Der
Zweck der Anleihe ist Ausdehnung des Bahnsystems und die Schaffung
von Berieselungsanlagen. — Zu den Kriegskosten solle Transvaal in drei
jährlichen Raten 30 Millionen Pfund beisteuern. Die Orangekolonie solle
später, wenn ihre Minen entwickelt seien, 5 Millionen Pfund beisteuern. —
Der Antrag wird angenommen; einige Abgeordnete fordern stärkere Heranziehung Transvaals zu den Kriegskosten.

15. Mai. (Birmingham.) Rede Chamberlains über das
Verhältnis zwischen Mutterland und Kolonien und über den Zoll=
streit zwischen Deutschland und Kanada.

In einer öffentlichen Versammlung sagt der Kolonialminister
Chamberlain über den Zusammenschluß zwischen Kolonien und Mutterland: „Heute Abend will ich nur unsere Beziehungen zu unseren eigenen
Landsleuten betrachten, zu der weißen Bevölkerung, welche die Mehrheit
in den autonomen Kolonien ausmacht. Wie stehen wir zu dieser? Hier
in dem vereinigten Königreich sind wir einige 40 Millionen Seelen, außerhalb, in den Kolonien, sind es 10 Millionen Briten. Wie lang glauben
Sie nun, daß das Verhältnis zwischen der Bevölkerung des Mutterlandes
und der Bevölkerung der Kolonien das von 4 : 1 bleiben wird? Wie
lange werden wir im vereinigten Königreiche viermal mehr sein als unsere
Stammesgenossen in den Kolonien? . . . . Wünschen Sie nun, daß, wenn
diese 10 Millionen 40 Millionen geworden sind, sie noch so innig und fest
mit uns vereint sind, oder fassen Sie die Möglichkeit ins Auge, daß sie
getrennt von uns unter eigener Flagge ihre eigenen Wege gehen? Der
Einfluß des Reiches beschäftigt mich am meisten. Dieser Einfluß soll stets
für den Frieden und die Zivilisation der Welt in die Wagschale geworfen

werden. Aber daneben beanspruchen die Fragen von Handel und Gewerbe die allergrößte Aufmerksamkeit. Bevor nicht diese Fragen in der richtigen Weise geordnet sind, glaube ich nicht an ein zukünftiges Zusammenhalten des Reiches. Ich höre die „Klein-Engländer" einwenden, daß unser Handel mit diesen Kolonien viel geringer ist als unser Handel mit dem übrigen Ausland, und daraus glaubt die Opposition schließen zu dürfen, daß wir alles, was in unserer Macht steht, tun sollen, um unsere Handelsbeziehungen zu dem nichtbritischen Auslande zu festigen, selbst wenn wir darüber den Handel in unseren eigenen Kolonien vernachlässigen. Nein, meine Herren, das ist meine Ansicht nicht. Ich denke vielmehr gerade entgegengesetzt. Es ist die Aufgabe eines britischen Staatsmannes, selbst unter Opfern alles zu tun, was in seiner Macht steht, um den Handel der Kolonien mit Großbritannien stark und kräftig zu erhalten, ihn weiter zu entwickeln, selbst wenn wir darum auf dem Weltmarkt weniger konkurrenzfähig werden sollten. Tun wir nun gegenwärtig alles, um die Strömung, die ich nicht nur in unserer Heimat, sondern auch in allen Kolonien konstatieren konnte, in den richtigen Kanal zu lenken? Tun wir alles, um die Reichsunion herbeizuführen oder treiben wir einer Trennung zu? Das ist die kritische Frage. Meiner Ansicht nach liegen die Keime einer föderativen Union, welche das britische Reich mächtig und einflußreich machen sollen, im Boden. Aber es ist eine feine und empfindliche Pflanze, der wir unsere Fürsorge angedeihen lassen müssen. Wir haben es in unserer Macht, die große Idee, den großen Gedanken Früchte tragen zu lassen, oder ihn ein für alle Mal auszuschalten. Was bedeutet uns nun das Reich? Wir hatten einen Krieg durchzufechten, an welchem die meisten unserer Stammesgenossen in den Kolonien kein direktes Interesse hatten. Dennoch haben sie viel getan. Trotzdem habe ich in Südafrika nicht gezögert, unseren Landsleuten zu sagen, daß sie zwar viel, aber nicht genug getan haben, daß sie im wesentlichen die ganze Last auf den Schultern des Mutterlandes belassen haben und daß sie in Zukunft, wenn sie Wert auf ein großes britisches Reich legten, bereit sein müßten, einen größeren Anteil zu tragen. In der Handlungsweise unserer Kolonien während und nach dem Kriege kommt zum erstenmal der Gedanke einer gemeinsamen Reichsverantwortlichkeit zum Ausdruck. Dieser Gedanke ist neu, und ich habe nichts dazu getan, ihn zu erwecken. Und dieser Gedanke trat den Kolonialen zum erstenmal entgegen in Gestalt einer finanziellen Last, die sie auf sich nehmen sollten, und Sie wissen ja selbst, wie die Leute über solche finanzielle Lasten zu denken pflegen. Inzwischen tun sie aber in einer anderen Richtung viel und suchen die Gemeinschaft in ihrer eigenen Weise und mit ihren eigenen Mitteln zu fördern. Das wichtigste dieser Mittel ist, daß sie uns Vorzugstarife anbieten. Das ist eine Sache, die gerade im gegenwärtigen Moment von größter Bedeutung für uns sein muß. Es hängt nun davon ab, wie wir uns zu dieser Politik der Kolonien stellen — denn die Anregung kommt nicht von uns, sondern von unseren Kindern — ob diese Politik in der Zukunft ausgebaut, oder ob auf sie als eine unannehmbare Sache verzichtet werden soll von denen, welchen man damit eine Wohltat zu erweisen gedachte. Kurz nachdem ich Südafrika verlassen hatte, fand dort eine Konferenz statt, deren Ergebnis es war, daß den Einzellegislaturen empfohlen wurde, uns auf alle zollpflichtigen Waren eine Ermäßigung von 25 Prozent zu gewähren. Auf der Kolonialkonferenz im vorigen Jahre erklärten sich der Premier von Australien und der von Neu-Seeland im Prinzip für die Gewährung der gleichen Begünstigung. Das ist nun wieder ein neues Kapitel in unserer Reichsgeschichte. Die Aufnahme, welche die Empfehlungen der verschiedenen Vertreter bei ihren Legislaturen finden, wird im wesentlichen von dem Grade abhängen, in welchem wir das Opfer einschätzen, sie wird auch von den Erfahrungen abhängen, die Kanada mit den Vorzugszöllen macht, welches den übrigen Kolonien auf diesem Wege vorausgegangen ist."

Ueber die deutsch-kanadische Zollfrage sagt er: „Ich vermute, daß Sie und ich darin einig sind, daß das britische Reich ein untrennbares Ganzes ist. Wir sind auch darin einig, daß keiner der Staaten, welche das britische Reich bilden, von einem Vorteil ausgeschlossen werden darf, der dem vereinigten Königreich zukommt. Eine Gefälligkeit, die Kanada uns erweist, können wir daher als eine Familienangelegenheit betrachten, die keinen anderen etwas angeht. Unglücklicherweise denkt nun Deutschland anders. Sehen wir uns nun das Deutsche Reich an. Dies Deutsche Reich teilt sich in Staaten — Bayern und sagen wir Hannover, Sachsen und Württemberg. Diese Staaten mögen miteinander abmachen, was sie wollen und wie sie wollen. Tatsache ist jedenfalls, daß sie bei uns Freihandel genießen. Wir betrachten sie nicht als einzelne Bestandteile, sondern wir verkehren mit dem Deutschen Reiche als einem Ganzen. Wir beklagen uns auch nicht, wenn ein Staat innerhalb dieses Reiches einem anderen einen Vorteil zuwendet und nicht allen anderen Nationen auf der Welt die gleiche Begünstigung gewährt. Aber im „Falle Kanada" besteht Deutschland darauf, Kanada als ein Land für sich zu behandeln, es weigert sich, Kanada als einen Teil des Reiches anzuerkennen, welcher Anspruch auf alle Privilegien hat, die diesem Reiche gebühren, kurz: Deutschland sieht unser Abkommen mit Kanada nicht als ein Familienabkommen an. Es hat aus diesem Grunde Kanada bestraft, indem es auf kanadische Waren Zuschlagszölle erhob. Der Grund hiefür ist klar. Die deutschen Zeitungen setzen offen auseinander, daß dies eine Politik der Repressalien ist, und daß sie bezweckt, andere Kolonien davon abzuschrecken, uns dieselben Vorzugszölle zu gewähren. . . . M. E. bringt uns das in eine demütigende Lage, die mir ganz und gar nicht gefallen will. Ich weiß, was folgen wird, wenn wir derartiges dulden. Wie denken Sie, daß wir unter solchen Umständen wagen könnten, unsere Kolonien um Förderung der Reichsidee, des engeren kommerziellen Zusammenschlusses anzugehen oder sie aufzufordern, mit uns gemeinsam eine finanzielle Last zu tragen!? Sollen wir zu den Kolonien sagen: „Das ist euer Reich, seid stolz darauf und teilt seine Privilegien?" Man wird dagegen fragen: „Welches sind euere Privilegien? Die Privilegien scheinen darin zu bestehen, daß, wenn wir euch als Verwandte und Freunde betrachten, wenn wir euch entgegenkommen und euch Vorteile gewähren, daß dann ihr, welche diese Vorteile genießt, uns allein unsere Kämpfe gegen die außsechten laßt, welche sich durch unser Tun verletzt fühlen." Ich will auf dieses Thema nicht weiter eingehen. Ich wollte Ihnen nur die Lage darlegen und da ich von einer großen Reise zurückkomme, so wünsche ich, daß Sie die Dinge einmal mit den Augen unserer Landsleute in den Kolonien ansehen."

20. Mai. (Unterhaus.) Bei der Beratung des Londoner Schulgesetzes gewinnt die Regierung nur mit Hilfe der Iren die Mehrheit; gegen 30 Konservative stimmen mit der Opposition. — In Versammlungen und in der Presse wird lebhaft gegen die Schulvorlage agitiert.

20. Mai. (Unterhaus.) Die Regierung des Kongostaates wird scharf angegriffen, weil sie durch ihre Monopolwirtschaft den

fremden Handel vernichte und die Eingeborenen unmenschlich be=
handle. Premierminister Balfour verspricht, wegen dieser An=
gelegenheiten mit den übrigen Signatarmächten in Verbindung
zu treten.

23. Mai. (Unterhaus.) In einer Debatte über die Not=
wendigkeit einer Altersversorgung der Arbeiter erklärt Kolonial=
minister Chamberlain, daß eine Vorlage hierüber bis nach der
Reformierung des Finanzsystems verschoben werden müsse.

27. Mai. (Unterhaus.) England, Rußland und Persien.

Abg. Labouchère fragt, ob ein Vertrag zwischen Großbritannien
und Persien bestehe, wodurch letzteres verhindert werde, über seine Terri=
torien am Persischen Golf und anderswo Verfügungen zu treffen. Unter=
staatssekretär Cranborne: Es bestehe kein Vertrag ähnlicher Art, aber in
Südpersien genieße die britische Regierung gewisse Rechte, die ihr von
Persien zugestanden seien. Es bestehe ein Uebereinkommen zwischen Groß=
britannien und Rußland zur Aufrechterhaltung des Gebiets und der Unab=
hängigkeit Persiens.

28. Mai. (Unterhaus.) Debatte über die künftige Handels=
politik. Verhältnis zu Deutschland. Erklärungen Balfours und
Chamberlains.

Abg. Sir Charles Dilke (lib.) fragt im Hinblick auf Chamberlains
Birminghamer Rede den Premierminister, welche Zollpolitik die britische
Regierung in Zukunft zu befolgen gedenke: eine freihändlerische, wie seit
langen Jahrzehnten, oder eine protektionistische, wie sie dem Kolonial=
sekretär offenbar vorschwebe.

Premierminister Balfour erinnert an die auf der vorjährigen Kolonial=
konferenz angenommene Resolution bezüglich der Vorzugszölle und bemerkt
dann, im Hinblick auf diese Resolution sei Chamberlain genötigt gewesen,
diese Frage jetzt aufzuwerfen. Die jetzige Lage sei verschieden von der im
Jahre 1846. Nicht eine zivilisierte Nation außer England habe den Frei=
handel angenommen. Kein Gemeinwesen zeige die mindeste Geneigtheit
zu einer Abänderung seiner Politik. England habe daher einem Zustand
der Dinge entgegenzusehen, bei welchem mehr und mehr eine Mauer ihm
feindlicher Tarife errichtet werde, und bei dem die auswärtigen Nationen
ihre Befugnis zur Handhabung ihres Tarifes zum Nachteile Englands
gebrauchen würden. England werde dadurch immer weniger imstande sein,
in zivilisierten Ländern Märkte für seine Waren zu finden. (Beifall bei
den Ministeriellen.) Man nehme einmal das Verhalten Rußlands. Die
Politik Rußlands sei mit Vorbedacht darauf gerichtet, allmählich eine in
sich abgeschlossene Gemeinschaft zu werden. Wenn es in den gegenwärtigen
Verhältnissen weiter gehe, so müsse die Zeit kommen, wo die Türkei, Indien
und die eigenen Protektorate die einzigen neutralen Märkte sein würden.
England werde dann eine ungeheure Menge Nahrungsmittel und Rohstoffe
einzuführen haben und durch die Ausfuhr bezahlen müssen, welche unter=
zubringen es die größten Schwierigkeiten finden würde. Diese Folge
werde gegenwärtig noch durch die Tatsache verhüllt, daß Großbritannien
ein gewaltiges Anlagekapital im Auslande besitze und daß es ihm ver=
hältnismäßig leicht sei, seinen Nahrungsbedarf nicht lediglich durch die
Ausfuhr seiner Fabrikate, sondern auch durch Schuldzahlungen fremder

Nationen zu decken. Doch gehe gegenwärtig die Tendenz nach einer entgegengesetzten Richtung, und soweit Amerika in Betracht komme, daß einst
Großbritanniens bedeutendster Schuldner gewesen sei, bestehe jetzt eine
Bewegung, welche dahin zu zielen scheine, England zu Amerikas Schuldner
zu machen. Er sage nicht, daß diese Tendenz die von dem Kolonialminister
vorgeschlagene Politik unbedingt rechtfertige, doch sei es eine Möglichkeit,
welche man schwer ohne Unruhe ins Auge fassen könne. Er frage, ob die
Angelegenheit von der öffentlichen Erörterung ausgeschlossen werden solle
und ob England nicht aus Gründen der Selbstverteidigung die Politik zu
erwägen gezwungen sei, daß es die Einkünfte für andere Zwecke als die
der Staatsausgaben erhöhe. Eine jede andere Nation tue das. Er frage
weiter: Sind wir in unseren Herzen mit einer Lage zufrieden, die uns
fremden Ländern gegenüber mit Bezug auf die Tarifverhandlungen vollkommen hilflos läßt? Und wenn von irgend einem fremden Lande etwa
der Versuch gemacht wird, zu erklären, wir seien so getrennt von unseren
Kolonien, daß diese mit Recht als besondere Nationen behandelt werden
dürften, werden wir dann nicht durch den Patriotismus der öffentlichen
Meinung, wie durch Rücksicht auf uns selbst und unsere Kolonien gezwungen
sein, uns solcher Theorie zu widersetzen, wenn es nötig ist, auch durch
Vergeltungsmaßnahmen im Steuerwesen? Die Kolonien mit Selbstverwaltung müssen die gleichen Vorteile haben, wie sie den unter vollständiger
Kontrolle der Zentralregierung stehenden Kolonien anderer Nationen gewährt
werden. Um dies zu erreichen, müssen wir zollpolitische Waffen in der
Hand haben. Ein ferner Grund für die vorgeschlagene Zollpolitik ist das
Bestreben, das Reich enger zusammenzuschließen. Das Volk ist nur
gewillt, einen Nahrungsmittelzoll anzunehmen, wenn die zollpolitische und
reichspolitische Stellung dadurch auf eine bessere Grundlage gestellt werde.
Ein Beschluß in dieser Angelegenheit ist aber nur zu erreichen, wenn die
Sache in England und seinen Kolonien zuvor eingehend erörtert wird.
Eine Schwierigkeit besteht allerdings infolge der überlieferten Abneigung
der Bevölkerung gegen Lebensmittelzölle und wegen der traditionellen
Vorliebe der Kolonien für Schutzzölle. Er versichere, es bestehe kein
Widerspruch zwischen seinen Ansichten und denjenigen Chamberlains; über
die vorliegende Frage werde das jetzt bestehende Haus überhaupt nicht
mehr zu entscheiden haben; es sei eine Frage der künftigen Steuerpolitik,
welche die sorgfältigste Prüfung erfordere. Wenn die öffentliche Meinung
reif werde und wenn die Kolonien und das Volk Großbritanniens der
Meinung seien, daß etwas getan werden müsse, um das britische Reich in
die wirtschaftliche Lage zu bringen, welche der glänzenden wirtschaftlichen Lage
der Vereinigten Staaten gleiche, dann werde England wohl tun, auch dementsprechend zu handeln. Wenn dieser Plan sich aber nicht als durchführbar
erweise oder wenn nicht irgend ein anderer Plan das gleiche Ergebnis haben
sollte, wenn also das britische Reich dauernd aus einer Reihe isolierter wirtschaftlicher Einheiten bestehen müsse, so würde es vergeblich sein, zu hoffen, daß
auch diesem Zweige der angelsächsischen Rasse der große, sieghafte wirtschaftliche
Fortschritt bestimmt sei, der unzweifelhaft vor den Vereinigten Staaten liege.

Abg. H o u g h   C e c i l : Canada habe ernste Beschwerden gegen Deutschland, doch gebe es für England einen anderen Weg als die Anwendung
von Steuermaßregeln. Englands Freundschaft sei wertvoll. Die auswärtigen Staatsmänner müßten erfahren, daß diese Freundschaft durch nichts
mehr geschwächt werde, als durch ein den Kolonien zugefügtes Unrecht.
Wenn die Zeit komme, daß Englands Freundschaft für Deutschland eine
Erwägung ersten Ranges sei, werde nicht vergessen werden, daß das Deutsche
Reich eine der großen Kolonien Englands in nicht billiger Weise behandelt habe.

Staatssekretär der Kolonien J. Chamberlain: Cecils Meinung,
daß eine neue Politik geplant sei, die mit einem Streiche eine vollständige
Umwälzung der englischen Zollpolitik herbeiführen solle, sei irrig. Von
einem solchen Vorschlag sei ihm nichts bekannt. Wenn Cecil meine, man
solle nicht zu hastig gegen die Grundsätze des Freihandels vorgehen, so
erwidere er, daß alles auf Begriffsbestimmungen ankomme. Wenn der
Freihandel nach Cecils Auffassung darin bestände, einen freien Austausch
von Waren zu einem natürlichen Preise herbeizuführen, so würde weder
er, noch ein anderer Minister diesem Satze entgegentreten. Es gebe aber,
gewisse Abweichungen von dieser Freihandelsdoktrin, welche sorgfältige
Aufmerksamkeit erfordern. Die Opposition habe wissen wollen, ob er, der
Redner, im Gegensatz zu Balfour stehe. Er erkläre, daß er mit jedem
Worte Balfours einverstanden sei. (Beifall bei den Ministeriellen.) Es
bestehe prinzipiell keine Meinungsverschiedenheit. Aber obgleich nichts
angeregt worden sei, was die vollständige Umkehrung des englischen
Finanzsystems bedeute, müsse doch der Regierung eine neue Vollmacht
gegeben werden, wenn seine (Chamberlains) Vorschläge zu praktischer
Wirkung gebracht werden sollten. Er werde alles in seiner Macht stehende
tun, um diese Frage vor das Volk zu bringen. Einen eingehenden Entwurf
könne er gegenwärtig nicht vorlegen. Solange man den Kolonien nur
sagen könne, was sie vorschlagen, sei gegen Englands Steuersystem, habe
man keine Waffe in Händen und könne man den Angriffen auf die Kolonien
nicht begegnen. Er werde es bedauern, wenn irgendwie eine gehässige
Bezugnahme auf Deutschland stattfinde; er müsse aber auf Deutschland Bezug
nehmen, da Deutschland das einzige Land sei, welches in feindseligem Sinne
Notiz von den Vorzugsbestimmungen Canadas genommen habe. Deutschland
allein habe gegen Canada Strafmaßregeln in Form eines sehr beträchtlichen
Zuschlagszolles verfügt, weil Canada freiwillig englischen Waren eine
Vorzugsbehandlung gewährte. Im Gegensatz zu Cecil halte er es für
rätlich, eine steuerpolitische Vereinigung mit den Kolonien herbeizuführen.
Auch die Einigung Deutschlands sei in erster Linie durch den Zollverein
durchgeführt worden und konnte ohne ihn nicht erreicht werden. Das
Verfahren mit Blut und Eisen habe auch zum Zusammentreffen beigetragen,
aber Cecil werde nicht wünschen, diese Mittel gegen die Kolonien anzu-
wenden. Erst müsse sich das Volk für den Vorschlag entscheiden, dann
wäre es Zeit, einen Plan zur Ausführung vorzulegen. Wenn die Regierung
eine Vollmacht der erwähnten Art bereits hätte, würde er eine neue
Kolonialkonferenz einberufen. Er hege nicht den geringsten Zweifel, daß
Vereinbarungen mit den Kolonien zustande gebracht werden könnten. Bei
Bevorzugung auf Gegenseitigkeit würde England für die wichtigeren
Erzeugnisse der Kolonie, sei es für Rohmaterial, sei es für Nahrungsmittel oder für beide Vorzugstarife einzuräumen haben. Empfehlenswert
sei aber lediglich die Einführung einer Steuer auf Nahrungsmittel; eine
solche Steuer würde der Regierung eine bedeutende Summe zur Verfügung
stellen, zu der die Arbeiter drei Viertel und die reicheren Klassen ein
Viertel beisteuern würden. Die ganze Summe müßte für die soziale
Gesetzgebung Verwendung finden; die Alterspensionen und andere Dinge
würden dann verwirklicht werden. Eine solche Steuer könnte auch gelegentlich
als Schutzzoll dienen. Es seien bei der deutschen Regierung bezüglich der
Behandlung Canadas Vorstellungen erhoben worden, aber erfolglos. Die
deutsche Regierung werde auch nicht eher etwas tun können, als bis das
deutsche Volk finde, daß es seine Rache an Canada nicht kühlen kann,
ohne an der eigenen Tasche Schaden zu leiden. Es sei notwendig, daß
die Regierung die Vollmacht habe, auf gewisse Artikel Zölle zu legen,

wenn man Vergeltungsmaßregeln ergreifen wollte für den Fall, daß die Kolonien durch Repressalien fremder Mächte geschädigt würden. Es sei aber auch denkbar, daß der eigene britische Handel gegen ungerechten Wettbewerb geschützt werden müsse.

Ende Mai. Anfang Juni. Im Anschluß an Chamberlains Birminghamer Rede und die Parlamentsdebatten wird in der Presse die künftige Handelspolitik und der deutsch-kanadische Zollstreit lebhaft erörtert. Die konservative Presse stimmt im allgemeinen Chamberlain zu, die liberale ist skeptischer.

9. Juni. (Bishop Stortford.) Lord Rosebery erklärt sich in einer öffentlichen Rede scharf gegen die Preisgabe des Freihandels, weil dadurch England der Hungersnot ausgesetzt werden würde.

9. Juni. (Unterhaus.) Debatte über die Handelspolitik. Gegensatz Ritchie-Chamberlain.

Abg. **Chaplin** (kons.) beantragt, den Getreidezoll nicht abzuschaffen. Der Vorschlag der Regierung, diesen Zoll wieder abzuschaffen, sei von zahllosen Freunden der Regierung mit Unbehagen und Mißfallen aufgenommen worden. Jeder Grund, der während des letzten Jahres geltend gemacht worden sei, spreche dafür, daß der Zoll jetzt in Kraft bleibe. Die Abschaffung des Zolles sei den Ansichten Chamberlains entgegengesetzt. Die Politik der Regierung, die einzige Waffe wegzuwerfen, mit der sie die von Chamberlain verkündeten großen Ideen zur Verwirklichung bringen könnte, sei unbegreiflich. Abg. **Hicks Beach** (kons., früher Schatzsekretär): Er selbst habe im vorigen Jahre den Getreidezoll infolge des ungeheueren Anwachsens der Staatsausgaben als dauernden Zoll vorgeschlagen, freue sich aber, daß der Schatzkanzler Ritchie eine Verminderung der Ausgaben für die Armee versprochen habe, für die das Geld nach seiner Ansicht am schlechtesten ausgegeben werde. Er habe den Zoll als fiskalische Maßnahme und nicht als Schutzzoll vorgeschlagen, aber in einigen Kreisen scheine angenommen zu werden, daß der Zoll für Zwecke der kolonialen Vorzugsbehandlung gebraucht werden soll. Wenn die Regierung beschlossen habe, den Zoll aufzuheben, um jenes Mißverständnis zu beseitigen, so habe sie einen guten Grund gehabt, ein solches Verhalten einzuschlagen. (Beifall.) Ich stimme mit Chamberlain darin überein, daß seiner Birminghamer Rede zu viel Bedeutung beigelegt worden ist. (Gelächter.) Aber Herr Chamberlain hat seine Ansichten bei verschiedenen Gelegenheiten nacheinander mit Nachdruck geltend gemacht, und was wichtiger ist, Herr Balfour hat über diesen Gegenstand eine Rede gehalten. Die Stellungnahme, die Herr Balfour vorgeschlagen hat, ist vollkommen unmöglich, sie ist weder der Regierung noch der konservativen Partei würdig. Haben wir die Ansichten Chamberlains als diejenigen des gesamten Kabinetts aufzufassen? Die Abschaffung des Getreidezolles scheint mir geradezu ein Riegel zu sein gegen die Annahme von Bevorzugungsgrundsätzen. (Beifall bei der Opposition.) Die Angelegenheit kann nicht lange in dem gegenwärtigen Stande gelassen werden. (Beifall.) Eine wesentliche Änderung in der Finanzpolitik des Landes ist vorgeschlagen. Die Änderung kann nur ausgeführt werden mit Zustimmung der öffentlichen Meinung Großbritanniens. Glauben die Herren Chamberlain und Balfour wirklich, daß sie Aussicht haben,

eine solche allgemeine Zustimmung zu erlangen? Der Vorschlag Chamberlains hat die liberale Partei geeinigt, und wenn die Regierung auf diesem
Vorschlage besteht, so wird sie die unionistische Partei zerstören. Balfour
und Chamberlain sollten erwägen, nicht, was nach ihren eigenen Meinungen
wünschenswert, sondern was möglich wäre, und ihrer Verpflichtungen ihrer
eigenen Partei gegenüber eingedenk sein. Er wende sich auch an die Minister, die etwa anderer Ansicht als Chamberlain seien, ihre Ansichten frei
auszusprechen. (Beifall bei der Opposition.) Er sei auch mit einigen Einwendungen Chaplins gegen die Aufhebung des Getreidezolles einverstanden;
aber die Politik, den Zoll aufzuheben, sei nur ein Gegenstück zu der Politik
und den Grundsätzen Chamberlains, die Großbritannien schädigen und
mehr dazu beitragen würden, das Reich zu spalten, als zu einigen. (Beifall bei der Opposition.) Er werde deshalb gegen den Besserungsantrag
Chaplins stimmen und die Aufhebung des Zolles unterstützen.

Schatzkanzler Ritchie: Er könne versichern, daß die Regierung den
großen Ausgaben sowohl im Etat der Marine als auch in der Armee und
in dem Etat anderer Verwaltungszweige ihre Aufmerksamkeit widme und
entschlossen sei, soweit es die Interessen des Landes zulassen, zu prüfen,
wo die Ausgaben mit Vorteil vermindert werden können. Nach einem
großen Kriege könnten die Ausgaben für Armee und Marine nicht plötzlich
herabgesetzt werden, und sodann gebe es gewisse Ausgaben, über die keine
Regierung Macht habe. Es sei Hicks Beachs Pflicht gewesen, seinerzeit die
Erklärung abzulehnen, daß der Getreidezoll nur für ein Jahr bestimmt sei,
da dies eine Vermehrung des Handels zur Folge gehabt haben würde;
aber die Regierung sei jetzt zu dem Entschluß gekommen, daß er aufgehoben
werden solle. Die Vorzugsbehandlung der Kolonien sei eine große und
wichtige Frage, die zur Beschlußfassung vorderhand treten würde. (Rufe:
Wann?) Auf alle Fälle nicht jetzt. (Gelächter, Heiterkeit.) Obgleich er
sich nicht auf Einzelheiten einlassen könne, müsse ihm gestattet werden,
seine eigene Ansicht auszusprechen. Diejenigen Mitglieder der Regierung,
die bisher gesprochen hätten, hätten nur für sich selber und nicht für die
Regierung gesprochen. (Oh, oh! und höhnische Zurufe bei der Opposition.)
Herr Chamberlain habe in seiner ersten Rede ausdrücklich gesagt, er spreche
nur für sich selber. Was die Mitglieder der Regierung, die in dieser Sache
gesprochen, anbetreffe, so laute alles, was sie ausgeführt hätten, lediglich
dahin, daß die Frage der Vorzugsbehandlung der Kolonien erörtert und
untersucht werden solle. Er seinerseits würde überrascht sein, wenn die
Untersuchung ein praktisches Mittel ergäbe, diese Politik auszuführen.
(Lauter Beifall bei der Opposition.) Er bekenne sich als einen überzeugten
Freihändler und teile nicht die Ansichten derjenigen, die da glauben, daß
ein Mittel ausgesonnen werden könne, um die Schwierigkeiten zu überwinden, die sich im Zusammenhang mit diesem Problem darstellen. Und
wie er gegenwärtig beraten sei, könne er sich nicht zu einer Politik erkennen, die seiner Ansicht nach sowohl Großbritannien wie seine Kolonien
schädigen würde. (Beifall bei der Opposition.) Er schrecke vor keiner
Untersuchung der Frage zurück, die er vielmehr in der Tat zusammen mit
allen seinen Kollegen von jedem Gesichtspunkt aus als äußerst wünschenswert erachte. (Beifall bei der Opposition.) Die Leute, die von dem Getreidezoll Vorteil gehabt hätten, seien nicht die britischen, sondern die ausländischen Landwirte. Bei Fortbestehen des Zolles würde der Verbraucher
entweder in der Qualität oder im Preise haben zahlen müssen. Auf die
Dauer falle jede Erhöhung des Brotpreises auf die ärmsten Volksklassen.
Der kleine bisherige Zoll wurde ohne Beschwerde getragen, weil die arbeitenden Klassen für den Krieg und die dafür nötigen Geldaufwendungen

waren. Der Zoll wurde in der geeigneten Weise erhoben, in einer Zeit
großer nationaler Not. Er wird nun abgeschafft, da sich uns wieder
freundlichere Aussichten eröffnet haben. Darin liegt keine Inkonsequenz,
und ich glaube, daß unser Vorgehen von dem Lande unterstützt wird.
(Beifall.)

Am folgenden Tage stimmt Abg. Asquith (lib.) Ritchie zu und
fragt, wie sich diese Ansichten mit denen Chamberlains vertrügen. Wir
sehen zwei Minister auf derselben Bank, welche unversöhnlich geteilte Ansichten haben über Fragen, welche näher als irgend eine andere Frage die
Einheit des Reiches und seine fiskalische und finanzielle Wohlfahrt berühren.
Das steht ohne Vorgang und beispiellos da und bedeutet ein gänzliches
Aufgeben der Ueberlieferungen und Regeln des öffentlichen Lebens. Dagegen, daß in einer so wichtigen Sache zwei verantwortlichen Ministern
gestattet werden soll, nicht nur entgegengesetzte Ansichten auszusprechen,
sondern sich auch als Propagandisten zweier miteinander unverträglichen
Anschauungen zu gebaren, erhebe ich Einspruch nicht nur im Namen der
Opposition, sondern auch im Namen der Majorität des Hauses. Ich protestiere gegen eine Praxis, welche, wenn sie gestattet würde, der ministeriellen Verantwortlichkeit und der Kontrolle des Kabinetts ein Ende
machen würde.

Premierminister Balfour: Mit dem Kornzoll sei nicht eine Schutz-
zollmaßregel beabsichtigt gewesen, sondern er sei eingeführt worden, weil
die Regierung Geld brauchte, und er werde abgeschafft, weil die Regierung
die Einnahmen aus diesem Zoll nicht mehr nötig habe. (Heiterkeit.) Ueber
die Ministerverantwortlichkeit herrschen große Mißverständnisse. Was man
von einer Regierung verlangen könne, sei gemeinsames Handeln unter gemeinsamer Verantwortlichkeit. Eine Gleichmäßigkeit in Aeußerungen der
Minister sei aber nicht erforderlich. Niemand, der die menschliche Natur
kenne, erwarte absolute Uebereinstimmung der Ansichten, niemand nehme
an, daß in einem Kabinett jeder Minister mit jeder Maßnahme einverstanden sei. Wenn aber ein Minister glaube, daß eine zwischen ihm und
seinem Kollegen herrschende Meinungsverschiedenheit nicht bedeutend genug
sei, um seinen Rücktritt zu rechtfertigen, so habe er auch die Verantwortung für die Handlungen der Regierung mitzutragen: das sei eine gesunde
Auffassung der konstitutionellen Lehre. Der Schwerpunkt der gegen ihn
erhobenen Anklagen liege darin, daß er nicht eine Erklärung im Namen
seiner Kollegen und seiner Partei abgegeben habe über gewisse große fiskalische und koloniale Probleme, die durch jüngst gehaltene Reden aufgeworfen worden seien. Er würde aber von seiner Pflicht abgewichen sein,
wenn er jetzt bei dieser oder irgend einer anderen Gelegenheit irgend eine
die Finanzen betreffende Erklärung abgegeben hätte. Er gehöre nicht zu
den selbstvertrauenden Leuten, welche glaubten, daß ein unter ganz anderen
Umständen eingeführtes Finanzsystem ewig in Kraft bleiben müsse. (Beifall.) Er glaube aber nicht, daß England jemals zu den absurden, komplizierten Tarifen zurückkehren solle, deren Reform im Jahre 1842 begonnen habe. Was die Frage der Verwendung von Kampftarifen bei
Handelsvertragsverhandlungen anlange, so seien seine Ansichten darüber
bekannt. „Ich habe 1881 ausgeführt, daß die Möglichkeit, fremde Nationen
dadurch zu Konzessionen zu bewegen, daß wir ihnen Tarifkonzessionen gewähren, zu Ende gehen würde, und daß ich nicht einsehe, wie in Zukunft
über günstige Bedingungen verhandelt werden könnte, wenn wir nicht die
Macht hätten, etwas wie eine Wiedervergeltung entgegenzusetzen. Seit
1881 sind in den großen Ländern, mit denen wir zu verhandeln wünschen,
viele Tarife zu stande gekommen, die für uns ungünstig sind. Wir haben

das enorme Anwachsen der Trusts gesehen. Niemand ist im Hause, der nicht eine gewisse Beunruhigung fühlt bei dem Gedanken an ihre eventuelle Wirkung auf Englands große Stapelindustrien. (Beifall bei den Ministeriellen.) Eine fernere in die Augen fallende Erscheinung ist der von dem Kolonialminister zum Ausdruck gebrachte Wunsch eines engeren Anschlusses an das Mutterland durch fiskalische Maßnahmen. (Beifall bei den Ministeriellen.) Glaubt das Haus etwa, daß alle diese Erscheinungen, die, so schwierig sie sind, der größten Aufmerksamkeit von seiten des Landes wert sind, mir entgangen sein sollten? In einer großen komplizierten Gemeinschaft, wie der unserigen, müssen von Zeit zu Zeit große Veränderungen in Erwägung gezogen werden, und die Minister sollten versuchen, wenn das Kabinett glaubt, daß die Zeit gekommen sei, unter neuen Umständen entstandene neue Schwierigkeiten zu prüfen, ihre Ansichten im stillen und verborgenen reifen zu lassen, wie es Peel und Gladstone gehalten haben. In beiden Fällen blieb allerdings der Erfolg aus, denn die Ansichten der Premierminister wurden ihren Anhängern aufgedrängt, und in beiden Fällen war das Ergebnis ein Bruch. Ich will nicht leugnen, daß der von mir eingeschlagene Weg seine Nachteile hat. Ich sage aber: Laßt uns die Frage nach allen Seiten prüfen und alle Tatsachen und Gründe in Erwägung ziehen, und wenn eine Verschiedenheit der Ansichten in der Partei besteht, so sollte man nicht über die zur Erwägung stehende Frage hinausgehen und die Einigkeit oder Loyalität der Partei in Frage stellen. Die jetzt vorliegende fiskalische Frage ist unvergleichlich schwieriger und komplizierter als die von Peel und Gladstone aufgeworfenen Fragen waren. Koloniale Fragen berühren nicht nur die öffentliche Meinung in England, sondern auch in allen unseren Kolonien mit Selbstverwaltung. Ich habe meine Ansichten mit vollkommenster Aufrichtigkeit auseinandergesetzt, und ich würde meine Pflicht verletzen, wenn ich abgeschlossene Ueberzeugungen aussprechen wollte, wo solche nicht bestehen. (Beifall und Widerspruch.) Gelegenheiten, wo solche große Probleme entstehen, sind glücklicherweise selten in England; wenn sie aber entstehen, so wird, hoffe ich, der am Ruder befindliche Premierminister den Weg einschlagen, zu sagen, es würde töricht und übereilt sein, mit einem großen System, das lange Jahre bestanden, ohne sorgsamste Prüfung zu brechen; man dürfe aber bei aller schuldigen Rücksicht auf die Traditionen der Vergangenheit doch auch die neuen Probleme nicht außer acht lassen. Das ist meine Antwort auf die gegen mich gerichteten Angriffe, und ich bin überzeugt, daß das Haus und das Land, wenn sie die Antwort aufrichtigen Sinnes in Erwägung ziehen, zu dem Schlusse kommen, daß sie der Gelegenheit entspricht."

Der Antrag **Chaplin** wird hierauf mit 424 gegen 28 Stimmen abgelehnt.

22. Juni. (**Castleford.**) Eine Versammlung des Gewerkvereins der Bergleute von Yorkshire, an der 100000 Arbeiter teilnehmen, erklärt sich gegen die Zollpläne Chamberlains.

22. Juni. (**Malta.**) Verfassungsänderung.

Der Gouverneur veröffentlicht einen Erlaß, durch welchen die Verfassung, die im Jahre 1887 eingeführt wurde, wieder aufgehoben wird. Die alte Verfassung, die vor dem Jahre 1887 in Kraft war, wird wieder eingeführt. Nach der bis jetzt geltenden Verfassung bestand die gesetzgeberische Körperschaft der Insel aus 13 Abgeordneten, die von dem Volke gewählt wurden, während die Regierung 6 Stimmen hatte. Bei der neu eingeführten Verfassung wird die Zahl der vom Volke gewählten Abgeordneten auf 8 vermindert, während die Stimmen der Regierung auf 10 vermehrt werden, so daß die letztere unter allen Umständen eine Mehrheit seit von mindestens zwei Stimmen hat. Die Regierung hat sich zu diesem Schritt entschlossen, weil die gesetzgeberische Körperschaft sich weigerte, die nötigen Mittel für die Schulen zu bewilligen, weil die Regierung angeordnet hatte, daß künftighin die englische Sprache anstatt der italienischen obligatorisch sein sollte.

Ende Juni. Lord Rosebery agitiert für die Errichtung einer technischen Hochschule in London nach dem Muster von Charlottenburg.

6./9. Juli. Besuch des Präsidenten Loubet in London.

7. Juli. (Oberhaus.) Debatte über die Degeneration des englischen Volkes.

Der Bischof von Ripon führt aus, daß innerhalb 18 Jahren der natürliche Volkszuwachs vollständig zum Stillstand gekommen sein werde, wenn der Rückgang in den Familien so fortschreite, wie es augenblicklich der Fall sei. Der Prozentsatz an Geburten sei so zurückgegangen, daß heute dadurch bereits 1 100 000 Kinder weniger vorhanden seien, als nach dem früheren Prozentsatz vorhanden sein müßten. London allein habe im letzten Jahre einen Rückgang der Kinderzahl um 26 000 Köpfe zu verzeichnen gehabt. — Der Herzog von Devonshire stimmt dem Bischof bei, daß die Verhältnisse nicht nur vom militärischen, sondern auch vom industriellen Standpunkte aus tatsächlich bedenklich seien. Er verliest einen Briefwechsel des Kriegsministeriums mit dem Homeoffice, aus dem hervorgeht, daß von je drei jungen Leuten, die sich zum Militärdienst stellen, einer als unbrauchbar zurückgewiesen werden muß. Die Regierungsdepartements seien davon überzeugt, daß die Gründe des körperlichen Rückganges der städtischen Bevölkerung einer ernstlichen Untersuchung bedürften.

9./10. Juli. (Portsmouth.) Besuch eines amerikanischen Geschwaders.

10. Juli. Das Unterhaus genehmigt mit 164 gegen 73 Stimmen die Errichtung des neuen Kriegshafens in der Nordsee.

Mitte Juli. Der Schriftwechsel zwischen Großbritannien und den Regierungen von Deutschland und Belgien über ihre Handelsbeziehungen zu Großbritannien und den britischen Kolonien wird veröffentlicht.

Er umfaßt 72 Depeschen aus der Zeit vom 9. Mai 1897 bis zum 8. Juli 1903 und beginnt kurz bevor Lord Salisbury den alten Handelsvertrag mit Deutschland kündigte, weil dieses sich über kanadische Vorzugstarife zugunsten Englands beschwert hatte. Nachdem seither ein modus vivendi auf Grund eines jährlich erneuerten Handelsvertrages zwischen Deutschland und England bestanden hatte, teilte Freiherr v. Richthofen am 15. April d. J. dem englischen Botschafter in Berlin in einer Note mit, daß die vom Bundesrat beabsichtigte Verlängerung des Meistbegünstigungsvertrages mit England sich leicht als undurchführbar erweisen könnte, wenn es sich bestätige, daß künftig deutsche Waren nicht mehr bloß in Kanada, sondern auch in Südafrika schlechter als englische behandelt werden sollten. Darauf erfolgte von englischer Seite zunächst nichts; am 15. Mai jedoch

17*

gab, wie eingeschaltet werden muß, Minister Chamberlain im Unterhause die bekannten aufsehenerregenden zollrevolutionären Erklärungen ab, und im Einklang damit teilte Lord Lansdowne am 20. Juni der deutschen Regierung mit, daß, wenn sie auf ihrem Standpunkt verharre oder gar den gegen Kanada angenommenen Differentialtarif unter Umständen auch gegen England anwenden wolle, das handelspolitische Verhältnis zwischen Deutschland und England in ein sehr ernstes Stadium rücken würde. In einer weiteren Note vom 8. Juli betonte Lord Lansdowne nachdrücklich, die englische Regierung wünsche die Haltung der deutschen keineswegs als einen Versuch unberechtigter Einmischung in englische interkoloniale Verhältnisse zu bezeichnen, Deutschland sei zu seinem Vorgehen von seinem Standpunkt aus vollkommen berechtigt, inkonsequent jedoch sei es, wenn Deutschland einerseits die englischen Kolonien als zollpolitisch vollkommen autonom ansehe und andererseits am englischen Mutterlande selbständige koloniale Maßnahmen zu rächen drohe.

20. Juli. (London.) Schluß einer internationalen Telegraphenkonferenz nach sechswöchiger Dauer. Sie hat Vereinfachungen des Betriebsdienstes und der Abrechnung beraten.

20. Juli. (Oberhaus.) Debatte über die Besetzung Südafrikas und Indiens.

Bei der Beratung der Regierungsvorlage, 25000 Mann in Südafrika zu unterhalten, erklärt der Unterstaatssekretär des Kriegsamtes, 12500 Mann davon würden zur Verfügung Indiens gehalten. Bei dem Ausbruch eines Krieges sei die gegenwärtige Besatzung Indiens ungenügend. Die Regierung könne die Sendung von Verstärkungen aus England nach Indien nicht gewährleisten. Die einzige Möglichkeit, wenn man die geforderte Streitmacht in Südafrika nicht beibehalten wolle, wäre die Vermehrung der ständigen Besatzung Indiens. Die Regierung sei bereit, für die Entsendung von 12500 Mann von Afrika nach Indien bei Feindseligkeiten einzutreten. England könne nicht die Tatsache ignorieren, daß die Grenzen von Rußland und Afghanistan jetzt aneinanderstoßen, und auch nicht, daß die Verbindungen zwischen Rußlands Grenze und der militärischen Basis jetzt fertig oder weit fortgeschritten seien. Die Regierung beabsichtige nicht, den Finanzen Indiens eine neue Last aufzubürden, so lange nicht die Auffassung der indischen Regierung darüber eingegangen sei. Der Vorschlag der Regierung überhebe Indien einer Belastung, die es sonst zu tragen hätte.

20. Juli bis 3. August. Aufenthalt des Königspaares in Irland, wo es warm empfangen wird.

21. Juli. (Manchester.) Eine Konferenz von Arbeitgebern und Arbeitern der Baumwolleninbustrie von Lancashire faßt folgende Resolution gegen Chamberlains Zollpläne:

„Die Konferenz der Parlamentarischen Vereinigung der Baumwollfabrikanten und der Genossenschaft der Vereinigten Tuchfabrikarbeiter, die als Arbeitgeber und Arbeitnehmer die gesamte Baumwollen-Industrie repräsentieren, ist fest überzeugt, daß die große Baumwollen-Industrie des Vereinigten Königreichs ihre hervorragende Stellung der Freihandelspolitik verdankt und nur durch dieselbe aufrecht erhalten werden kann, und verpflichtet sich hierdurch, mit allen Kräften jedem Vorschlage Widerstand zu leisten, der durch die Besteuerung von Nahrungsmitteln und Rohmaterialien und die sich daraus ergebende Erhöhung der Produktions- und Lebensmittelkosten bewirken müßte, daß die Baumwollen-Industrie in dem bereits schweren Kampfe lahm gelegt wird, den sie zur Aufrechterhaltung ihrer Stellung auf fremden Märkten, durch welche 80 v. H. ihrer Erzeugnisse verbraucht werden, zu bestehen hat."

21. Juli. Das Unterhaus genehmigt die dritte Lesung der irischen Landbill mit 317 gegen 20 Stimmen.

21. Juli. (London.) Eine Versammlung von Parlamentsmitgliedern aller Parteien beschließt die Gründung einer Tarifreformliga, deren Hauptziel sein soll, eine Prüfung des Zolltarifs zum Schutze der Industrien des vereinigten Königreichs herbeizuführen, und die Hilfsquellen des Landes zu sichern und weiter zu entwickeln.

22. Juli. Das Unterhaus genehmigt das Londoner Unterrichtsgesetz.

23. Juli. (Unterhaus.) Debatte über die deutsch-kanadische Zollfrage.

Unterstaatssekretär Cranborne führt nach einer Besprechung der venezolanischen Aktion aus, England wünsche mit allen fremden Völkern in gutem Einvernehmen zu bleiben, stelle aber seine Kolonien vor jede fremde Nation. Sobald Deutschland und andere Länder zugäben, daß Englands zollpolitische Beziehungen zu seinen Kolonien innere Angelegenheiten seien, an denen sie keinen Anteil hätten, werde Englands Haltung bei den Handelsvertragsverhandlungen mit Deutschland so entgegenkommend sein, wie der größte Freund Deutschlands nur wünschen könne. — Abg. Grey fragt, warum die Regierung nach vierjährigem Schweigen in der kanadischen Angelegenheit erst jetzt vorgehe. Kolonialminister Chamberlain: Die neuen Umstände lägen in der Drohung der deutschen Regierung, welche in einer Depesche des Staatssekretärs Frhrn. v. Richthofen enthalten sei. Nach dieser Depesche gewann die Frage eine unendlich größere Bedeutung, weil die englische Regierung von der deutschen Regierung benachrichtigt worden ist, daß Deutschland nicht allein die Politik der Wiedervergeltung gegen Kanada noch strenger gestalten wolle, sondern daß Deutschland das tun wolle zu dem besonderen Zwecke, jede andere Kolonie zu verhindern, Kanadas Beispiel zu folgen. Da auf der Kolonialkonferenz deutlich hervortrat, daß alle Kolonien gewillt seien, England zukünftig eine Vorzugsbehandlung zu gewähren, so war es eine offene, gegen die englische Regierung gerichtete Drohung, daß, wenn sie nicht die Kolonien verhindere, dem Mutterlande eine Vorzugsbehandlung zu gewähren, dieses dafür leiden müßte. Er habe darüber keinen Unwillen oder Ueberraschung ausgedrückt wie behauptet worden, vielmehr erklärt, es sei seiner Ansicht nach durchaus wahrscheinlich, daß, so lange Deutschland glaube, Englands Politik sei nur die des passiven oder überhaupt keines Widerstandes, die deutschen Staatsmänner die Politik fortsetzen werden, die nach ihrer Ansicht im Interesse des deutschen Handels liegt. Die englische Regierung sei ihrerseits fest entschlossen, in Zukunft eine Fortsetzung dieser Vergeltungspolitik nicht zuzulassen ohne alle in ihrer Macht befindlichen Schritte zu tun, um ihr ein Ende zu bereiten. Er freue sich, durch diese Erklärungen,

die, wie er annehme, von der großen Masse des englischen Volkes gutgeheißen werden, schon einen Erfolg erzielt zu haben und jetzt zu Verhandlungen über die Angelegenheit aufgefordert zu sein, die wahrscheinlich
zu einem befriedigenderen Ergebnis führen dürften, als die früheren, die
vollständig fehlschlugen, weil die Regierung zugeben mußte, keine Waffen
in der Hand zu haben, um den Handel abzuschließen.

Abg. Asquith: Die Drohung Deutschlands, von welcher jetzt, gerade
bevor die Regierung in den neuen Zollfeldzug eingetreten ist, so viel gemacht werde, sei dieselbe, welche viel schärfer im Juni 1900 im Deutschen
Reichstage ausgesprochen worden sei, von der Regierung aber unbeachtet
gelassen worden sei. (Beifall bei der Opposition.) Er gebe zu, die Drohung
des Frhrn. v. Richthofen sei unvereinbar mit der Behauptung Deutschlands,
es habe das Recht, Kanada als unabhängiges Zollgebiet zu behandeln.
Würden die Kampftarife ohne Berechtigung auferlegt, so könnte das als
ein feindlicher Akt bezeichnet werden. Die Meinung, daß England Uebergriffe einer auswärtigen Macht zulassen solle, weil diese sich nicht gegen
das Land, sondern den Handel richteten, sei lediglich ein Wahn und keineswegs in der Freihandelslehre enthalten. Worin die Opposition sich wesentlich von denen unterscheide, welche von Wiedervergeltung reden, sei die
Frage der Art des Vorgehens. Die Wiedervergeltung sei eine Waffe,
welche das Volk am meisten schädige, welches sie anwende. In dem Falle
mit Deutschland befinde sich England nicht einer solchen Lage gegenüber.
Er hoffe fest, die Angelegenheit werde durch freundschaftliche Verhandlungen
geregelt werden. Die Annahme, England würde sein Zollsystem einer
gründlichen Aenderung unterziehen, um einer Lage, wie der fraglichen,
begegnen zu können, ist ein Gespenst und nur geeignet, unwissende und
nervöse Personen zu erschrecken. — Premierminister Balfour: Er wolle
auf die Beschuldigung, daß die Regierung nichts getan habe, mit der Erklärung antworten, daß bei Deutschland Vorstellungen gemacht wurden,
welche den Verhandlungen ein ganz anderes Aussehen gaben. Er bestreite,
daß 1899 dieselbe Drohung gefallen sei, wie 1903; die früheren Bemerkungen, die übrigens nicht in einer Depesche, sondern im Deutschen Reichstage gemacht wurden, bezogen sich auf das Vorgehen in Barbados, das
mit Kanadas Vorgehen nicht zu vergleichen sei. Es wurde behauptet, die
Regierung habe zwei Jahre nichts getan; man müsse aber bedenken, daß
dies die Jahre waren, in denen England den furchtbaren Krieg in Südafrika zu führen hatte und deshalb nicht in der Lage war, sich in Streitigkeiten mit kontinentalen Nachbarn einzulassen; Kanada habe zudem damals
finanziell unter dem Vorgehen des Deutschen Reiches nicht zu leiden gehabt.
Wenn das der Fall gewesen wäre, würde die Regierung verpflichtet gewesen sein, um jeden Preis zugunsten Kanadas einzuschreiten.

26. Juli. Die „Times" veröffentlichen ein Weißbuch der
kanadischen Regierung über die Zolldifferenzen mit Deutschland.
Die „Allgemeine Zeitung" berichtet darüber:

„Die Veröffentlichungen beginnen mit einer telegraphischen Anfrage,
die der High Commissioner für Canada am 27. Juni 1898 an den canadischen Handelsminister Sir Richard Cartwright richtete. Diese Anfrage
ging dahin, ob er, der High Commissioner, einen Protest gegen das Vorgehen Deutschlands einlegen solle; der Kolonialsekretär habe erklärt, daß
ein solcher Protest wahrscheinlich von der britischen Regierung unterstützt
werden würde. Die Antwort des canadischen Handelsministers lautete
bezeichnend: Wenn Chamberlain einverstanden, Protest einlegen! Daraufhin
schrieb der High Commissioner Lord Strathcona einen Brief an den

Kolonialsekretär Mr. Chamberlain, in dem es heißt, daß die canadische
Regierung gern bereit sei, Deutschland dieselben Vorteile zu gewähren, die
anderen Nationen gewährt würden; man verlange als Gegendienst dafür
von Deutschland nichts weiter als dieselbe Behandlung. Man habe ja von
Deutschland nicht verlangt, daß die canadischen Waren dieselben Vorteile
genießen sollten wie die, die die deutschen Staaten sich untereinander
gewährten. Dann wird wieder auf die spanischen und französischen Kolonien
hingewiesen, die auch dem Mutterlande Vorzugszölle gewährten, und von
denen Deutschland sich das ruhig gefallen lasse. Schließlich ersucht der High
Commissioner die britische Regierung, die Angelegenheit in diesem Sinne
der deutschen Regierung vorzustellen. Im Mai 1901, als wieder allerhand
Gerüchte über deutsche Pläne im Umlauf waren, machte der High Commissioner neue Vorstellungen beim Kolonialamt. Dieses Mal handelte es
sich um Gerüchte, den neuen deutschen Tarif betreffend, und Lord Strathcona gibt in seinem Schreiben der Hoffnung Ausdruck, daß die Regierung
die Meistbegünstigungsklausel für Canada sichern werde. Auch hier wird
wieder betont, daß Deutschland von Canada wie alle anderen Länder behandelt werde, denn Großbritannien könne nicht als Ausland angesehen
werden, sondern es handle sich bei den dem Mutterlande gewährten Vor-
zügen um eine innerpolitische Angelegenheit des britischen Reiches. Der
Brief schließt: Wenn Deutschland auf seiner Stellung beharre, dann bleibe
schließlich nichts anderes übrig, als die ganze Frage der Einfuhr deutscher
Waren nach Canada einer weiteren Untersuchung zu unterziehen, wobei
zu bedenken sei, daß die Einfuhr deutscher Waren nach Canada bedeutender
sei als die canadischer Waren nach Deutschland. Anfang November fanden
dann einige Unterredungen zwischen dem Premierminister von Canada, Sir
Wilfried Laurier, und dem deutschen Konsul in Montreal, Herrn Bopp,
statt, denen eine Korrespondenz folgte. In dieser Korrespondenz setzte
Herr Bopp seine persönliche Auffassung der Sache auseinander. Sehr
bestimmt stellt er dem Premier die Ungerechtigkeit der canadischen Forderungen vor, die darauf hinausliefen, daß Deutschland canadischen Waren
Vorzüge gewähren solle, ohne daß irgend ein Aequivalent dafür geboten
werde. Zum Schluß rät der Konsul, die Vorschläge, ehe sie definitiv
gemacht würden, noch einmal zu prüfen, denn so wie sie bei der letzten
Unterredung gelautet hätten, wage er sich nicht, sie seiner Regierung zu
unterbreiten. Daraufhin lehnte es Sir Wilfried Laurier ab, sich weiter
auf die Sache einzulassen, und zwar mit der Begründung, daß Deutschland
jetzt doch noch nicht in der Lage sei, über einen neuen Handelsvertrag zu
verhandeln; es bleibe also der canadischen Regierung weiter nichts übrig,
als bis zu diesem Zeitpunkt, auf dem bereits betretenen Wege fortzufahren.
Zum Schluß gibt der Premier die Versicherung, daß, wenn Deutschland
einmal so weit sei, über einen neuen Handelsvertrag zu verhandeln, die
deutsche Regierung sicher darauf rechnen könne, daß die canadische Regierung
ihr in der freundlichsten Weise entgegenkommen werde. Aber schon am
folgenden Tage sandte Sir Laurier dem deutschen Konsul die Abschrift
eines Memorandums des canadischen Finanzministers über die Handelsbeziehungen zwischen Canada und Deutschland. Dieses Schriftstück besagt,
daß Canada seit dem Jahre 1898, nachdem der zwischen Deutschland und
Großbritannien bis dahin bestehende Handelsvertrag aufgehört hatte, nicht
mehr die Vorzüge genoß, die Deutschland Großbritannien gewährte. Die
deutsche Regierung gebe als Grund dafür den Umstand an, daß Canada
dem Mutterlande gewisse Vorteile gewährt habe; dem müsse aber entgegen-
gehalten werden, daß die canadische Regierung nicht die Absicht gehabt
habe, Deutschland irgend welche Vorteile vorzuenthalten, die es anderen

Nationen gewähre. Die besonderen Abmachungen mit Großbritannien seien eine durchaus interne Reichsangelegenheit, gegen die keine auswärtige Regierung irgend einen berechtigten Einwand machen könne. Die Haltung Canadas in dieser Frage müsse von der deutschen Regierung mißverstanden sein, und der Finanzminister gibt der Hoffnung Ausdruck, daß die deutsche Regierung bei weiterer Erwägung dieser Frage das auch einsehen werde. Abgesehen hiervon aber, sagt der Finanzminister weiter, daß die Handelsbeziehungen zwischen den beiden Ländern, solange der Vertrag bestand, Deutschland einen besonderen Vorteil brachten, und daß dieses Verhältnis, seitdem der Vertrag gekündigt sei, dasselbe blieb, kaufe Canada auch heute noch bedeutend mehr von Deutschland, als Deutschland von Canada. Canada kaufe tatsächlich fünfmal soviel von Deutschland als Deutschland von Canada, es könne daher wohl erwarten, mit als meistbegünstigte Nation behandelt zu werden. Dann wird wieder die öffentliche Meinung Canadas angeführt, die durchaus verlange, daß die Regierung die schärfsten Maßregeln ergreifen möge, und der Befürchtung Ausdruck gegeben, daß die Regierung dem Drängen des Volkes nicht mehr lange werde Stand halten können. Da vor dem Jahre 1903 an einen Handelsvertrag nicht zu denken sei, so müsse man, wenn irgend möglich, ein vorläufiges Abkommen mit Deutschland treffen. Unterhandlungen zwischen der canadischen Regierung und Herrn Popp würden vermutlich zu einem zufriedenstellenden Abkommen führen. Auf diesen Brief antwortete der deutsche Konsul, daß auch dieses Memorandum seine Befürchtungen nicht beseitigen könne. Darauf erwiderte der Premierminister, und setzte nochmals das in dem Memorandum Gesagte auseinander, und fügt hinzu, daß, wenn Deutschland Canada nicht entgegenkommen wolle, zu befürchten stehe, daß das Unterhaus in der nächsten Session schärfere Maßregeln verlange werde."

Ende Juli. Zahlreiche französische Parlamentarier besuchen London und werden von den Behörden festlich empfangen. — Es wird im Anschluß daran die Möglichkeit eines französisch-englischen Schiedsgerichtsvertrages erörtert.

28. Juli. (London.) Eine Massenversammlung Londoner Bürger protestiert gegen die Zollpläne Chamberlains.

29. Juli. Das Oberhaus genehmigt mit 69 gegen 26 Stimmen die zweite Lesung der Vorlage, betreffend das Unterrichtswesen in der Grafschaft London.

6. August. Das Unterhaus genehmigt in dritter Lesung mit 119 gegen 57 Stimmen die Brüsseler Zuckerkonvention.

10. August. (Unterhaus.) Premierminister Balfour erwidert auf eine Anfrage über die Lage in Makedonien:

Er bedauere, keine beruhigende Mitteilung machen zu können. Die Frage sei außerordentlich verwickelt. Es gebe ernste Beschwerden, die aus einer tiefsitzenden Krankheit herzuleiten seien. Er bedauere den Mißerfolg der Versuche, diese zu behandeln. Er habe gehofft und hoffe noch, daß ein bescheideneres Projekt, das England zu unterstützen wünschte, erfolgreicher in seinen Ergebnissen sein werde. Rußland und Oesterreich seien die hauptsächlich berührten Mächte, und es sei Pflicht der übrigen Mächte Europas, sie zu unterstützen, so lange ihre Bemühungen in keinem ehrgeizigen Geiste geführt werden. Die dort vorherrschenden Mißstände hätten es beim besten Willen der Welt fast unmöglich gemacht, dort etwas sehr wichtiges oder weitgehendes auf dem Wege der Ausführung jener Reformmaßregeln zu tun; bedauerlich sei es, zugeben zu müssen, daß die revolutionären Banden selbst eines der hauptsächlichsten Hindernisse des Erfolges des gemeinsamen Planes Oesterreich-Ungarns und Rußlands seien, welchen alle Regierungen Europas nach besten Kräften zu fördern wünschten. Was immer die britische Regierung tun könne, um der Pforte die absolute Notwendigkeit vorzustellen, die Truppen in Schach zu halten, werde geschehen, und jeder Beistand, den die Regierung der Pforte leisten könne, um dieses Ziel zu erreichen, werde gegeben werden. Er glaube, die Pforte sei sich — er wolle nicht sagen der humanitären Seite der Frage — wohl aber der politischen Notwendigkeit der Unterdrückung aller Ausschreitungen der Truppen ebenso bewußt wie England.

12. August. Das Unterhaus genehmigt mit 92 gegen 18 Stimmen ein Schiffahrtsabkommen der Regierung mit dem Morgan-Trust und der Cunardlinie.

Die Hauptbestimmungen sind: Die englischen Gesellschaften, welche dem Trust angehören, werden nach wie vor in gleicher Weise, wie die übrigen englischen Gesellschaften in bezug auf die militärischen, Marine- und postalischen Leistungen behandelt, welche von der englischen Regierung gefordert werden können. Die Fahrzeuge werden auch ferner unter den gleichen Bedingungen wie früher für den Ankauf durch die Regierung bereit stehen. Die Abmachung mit dem Morgan-Trust dauert 20 Jahre von September 1902 an gerechnet und ist alle fünf Jahre kündbar. Die englische Regierung kann den Vertrag zu jeder Zeit aufheben, wenn der Trust die Interessen des englischen Handels verletzt. Kein englisches Schiff des Trust darf ohne englische Erlaubnis in ein ausländisches Register eingetragen werden. Die Kapitäne und Offiziere der englischen Schiffe sollen englische Untertanen sein. In der Mannschaft werden die Engländer in demselben Verhältnis vertreten sein, wie es für andere Schiffe gleicher Art vorgeschrieben ist. Die Mehrheit der Direktoren der dem Trust angehörenden englischen Gesellschaften muß aus Engländern bestehen. Die letzte Instanz bei Streitigkeiten ist der Lordkanzler. — Unterstaatssekretär Forster begründet das Abkommen: England stehe der Tatsache gegenüber, daß es bestimmte große Schiffe auf der See gebe, die im Falle eines Krieges mit modernen Waffen ausgerüstet werden sollten. Diese Schiffe könnten sich der Verfolgung jedes anderen Schiffes entziehen, dem sie zu entrinnen wünschten, und jedes Schiff einholen, das sie zu stellen beabsichtigten. Was würde das Land sagen, wenn es in einen Krieg verwickelt werden sollte und kein englisches Schiff vorhanden sei, welches es mit diesen Schiffen aufnehmen könnte? Die Admiralität habe alles getan, um eine hohe Schnelligkeit der neuen Schiffe zu gewährleisten, was bei den Neubauten der Cunard-Linie der wesentlichste Punkt sei, und fühle sich nun beruhigt in der Frage der Fortdauer der Ueberlegenheit Englands auf dem Atlantischen Ozean, der man so großen Wert beimesse.

14. August. Der König schließt das Parlament mit einer Thronrede, in der er sich befriedigt über die irischen Verhältnisse ausspricht und über die Beziehungen zum Auslande sagt:

Der Besuch, welchen Ich im Frühjahre Portugal, Italien und Frankreich abstattete, hat, wie Ich zuversichtlich glaube, ein gutes Ergebnis gehabt. Nichts hätte die herzliche Aufnahme übertreffen können, welche Ich gefunden habe. Erst vor kurzem hat der Besuch des Präsidenten Loubet in eindrucksvoller Weise Veranlassung gegeben zum Austausche der Gefühle gegenseitiger Zuneigung zwischen Frankreich und England. Die Lage in den europäischen Gebieten der Türkei ist andauernd der Gegenstand allgemeiner Besorgnis. Meine Regierung hat im Verein mit Oesterreich-Ungarn, Rußland und den anderen Unterzeichnern des Berliner Vertrages sich aufs beste bemüht, das Ausdehnungsgebiet der Unruhen zu beschränken und den Beteiligten gegenüber die Notwendigkeit der Selbstbeschränkung und Mäßigung nachdrücklich zu betonen. Ich hoffe ernstlich, daß der von den zwei nächstbeteiligten Mächten der Pforte eindringlich anempfohlene und von Meiner Regierung kräftig unterstützte Reformplan einige Besserung in den Verhältnissen aller Bevölkerungsteile Mazedoniens bewirken wird. Die Bestätigungsurkunden des im September 1902 mit China abgeschlossenen Handelsvertrages sind ausgewechselt. Einzelne Teile des Vertrages treten sofort in Wirksamkeit. Mit dem Schah von Persien wurde gleichfalls ein Uebereinkommen getroffen, welches die Handelsbeziehungen der beiden Länder auf eine sichere und befriedigende Grundlage stellt. In Transvaal und in der Oranje-River-Kolonie hat die Herstellung geordneter friedlicher Zustände große Fortschritte gemacht. Die Zollkonvention, welche die Vorzugsbehandlung der Einfuhr aus dem Mutterlande einschließt, ist von allen Kolonien Südafrikas unterzeichnet worden, deren Vereinigung zu Finanzzwecken einen wichtigen und notwendigen Schritt bedeutet zur endgültigen politischen Verbindung. In Indien ermöglichten günstige Ernten und die Verbesserung der Finanzen eine bedeutende Steuerermäßigung, die, wie Ich glaube, die Lage des Volkes merklich bessern wird. Ackerbau und Handel zeigen weiter andauernden Fortschritt. Die diesmaligen Ernteaussichten sind im allgemeinen wieder beruhigend. Die kriegerischen Maßnahmen im Somalilande sind noch nicht abgeschlossen; doch wird die Flucht des Feindes aus seiner ursprünglichen Stellung eine weitere Bewegung unter günstigeren Bedingungen ermöglichen.

Mitte August. Die Arbeitervertreter im Parlament fordern die Arbeiter von Kanada, Australien und Neuseeland auf, gegen Chamberlains Pläne Stellung zu nehmen.

August. In vielen Orten werden von den Nonkonformisten die Steuern verweigert als Protest gegen die Schulvorlage. Manche Richter lehnen die Auspfändung der Steuerverweigerer ab.

22. August. (London.) Lord Salisbury †. Geboren 3. Februar 1830 wurde Salisbury 1866 Staatssekretär, 1878 Minister des Auswärtigen; 1885/86, 1886/92, 1895/1902 Ministerpräsident.

25. August. Der Bericht der Untersuchungskommission über den südafrikanischen Krieg wird veröffentlicht.

Es wird darin zugegeben, daß eine Reihe falscher Berechnungen hinsichtlich der Natur und der Ausdehnung der Operationen gemacht worden seien, was wiederum eine große Reihe von Mißverständnissen und Versehen zur Folge hatte. Die Kommission tadelt scharf, daß keine Kriegsvorräte vorhanden waren, erkennt aber an, daß man im Kriege sich mit der Lage geschickt abgefunden habe, und läßt denen, die daran beteiligt waren, volle Gerechtigkeit widerfahren. Leider seien, so konstatiert sie noch immer nicht genügende Vorkehrungen getroffen worden, um die Wiederkehr solcher Zustände zu verhüten. An dem gegenwärtigen Militärsystem will sie festgehalten wissen, da sich dasselbe weiter ausbilden lasse; die Verteidigung der englischen Küsten sei allerdings im gefährlichen Maße schwach. Als eine erste Aufgabe bezeichnet die Kommission sodann die Behandlung der Rekrutierungsfrage; das Heer als Ganzes repräsentiert, ihres Erachtens, in keiner Weise die militärische Kraft des Reiches. Lob spendet sie den Kolonialtruppen, die in einem kommenden Kriege von hohem Werte sein würden, doch seien, damit ihre Tüchtigkeit voll zur Geltung gelangen könne, gut ausgebildete Offiziere und eine Reihe von Maßnahmen zur Stärkung der Disziplin notwendig. — Der Oberbefehlshaber in Südafrika, Feldmarschall Lord Roberts, erklärt bei seiner Vernehmung vor der Kommission, die Zahl der im letzten Kriege gemachten Fehler sei bei den höheren Chargen der Offiziere größer gewesen als bei den niederen. Die Kommission gibt endlich zu, daß es unmöglich sei, schon in Friedenszeiten eine auch für den Krieg hinreichende Anzahl von Sanitätsoffizieren im Dienst zu halten und empfiehlt, ein dem deutschen ähnliches System zu wählen.

Die Kosten des Krieges betragen 222 974 000 Pftrl. Englischerseits waren 380 577 Mann Truppen mobilisiert, während auf seiten der Buren 89 375 Mann im Felde standen. Die englischen Verluste betrugen im ganzen 97 478 Mann, von denen 8590 im Feuer fielen, während 13 352 an Krankheiten starben. 75 536 Mann waren krank oder verwundet.

8. September. (Leicester.) Der Kongreß der Gewerkschaften nimmt mit allen gegen 2 Stimmen eine Resolution gegen Chamberlains Politik an.

14. September. (London.) Es findet ein Ministerrat statt, in dem über die künftige Politik des Kabinetts, insbesondere Chamberlains Zollvorschläge, beraten wird.

Mitte September. Folgender Briefwechsel zwischen Chamberlain und Balfour über ihre Auffassung der politischen und wirtschaftlichen Lage und die bevorstehende Demission Chamberlains wird veröffentlicht:

Chamberlain an Balfour: „Highbury, Birmingham, 9. Sept. 1903. Mein lieber Balfour! In Anbetracht der bedeutsamen Kabinettssitzung, die am Montag stattfinden wird, habe ich die augenblickliche Lage, soweit dadurch die Regierung und auch die große Frage der Zollreform berührt wird, auf das sorgfältigste erwogen. Als Sie in Ihrer Antwort an die Deputation wegen der Kohlensteuer und ich in meiner Rede an meine Wähler auf die Aenderungen aufmerksam machten, die in den letzten fünfzig Jahren in unserer kommerziellen Stellung eingetreten waren, und als wir eine Untersuchung dieses Umstandes in Vorschlag brachten, da, glaube ich, dachte keiner von uns daran, eine reine Parteistreitfrage heraufzubeschwören. Wir regten nicht zum ersten Male eine Frage von der größten nationalen und imperialen Bedeutung an, in der Hoffnung, daß sie von Freunden und Gegnern mit einer gewissen Unparteilichkeit besprochen werden würde, und daß die auf diese Weise eingeleitete Untersuchung zu Schlußfolgerungen führen könnte, die von der Majorität des Volkes angenommen und demgemäß durch die Resultate der nächsten allgemeinen Wahlen bestätigt werden würden. Ob unsere Ansicht eine verständige war oder nicht, sei dahingestellt; jedenfalls wurde sie von den Führern der liberalen Partei nicht geteilt. Diese verspotteten von Anfang an die Idee, daß ein System, welches im Jahre 1846 allgemein anerkannt wurde, im Jahre 1903 überhaupt einer Aenderung bedürfen könne; es wurden alle Mittel, welche der Parteiorganisation zur Verfügung stehen, in Anwendung gebracht, um jeden Versuch, das Fundament unserer jetzigen Zollpolitik zu ändern oder auch nur zu untersuchen, zum Scheitern zu bringen. Dabei waren die Befürworter einer derartigen Erwägung in großem Nachteil. Wegen der innerhalb der unionistischen Partei unverkennbar vorhandenen Meinungsverschiedenheiten waren die politischen Organisationen derselben gelähmt und unsere Gegner hatten für sich das Feld vollkommen frei. Als Hauptkampfmittel benützten sie die Abneigung gegen Lebensmittelzölle wie überhaupt gegen jede Aenderung des gegenwärtigen Zollsystems, auch wenn eine solche den Zweck haben sollte, uns und unseren Kolonien Vorteil zu bringen und die verschiedenen Teile des Reiches enger aneinander zu schließen. In etwas unskrupulöser Weise ist von dem alten Kampfgeschrei der „Brotverteuerung" Gebrauch gemacht worden, und da jede öffentliche Diskussion der Frage fehlte, so wurden dadurch, wie ich zugeben muß, ernste Vorurteile geschaffen. Wenn auch das Volk im allgemeinen sich wohl der Gefahr bewußt ist, die in dem unbeschränkten Wettbewerb der fremden Länder liegt, die ihre Märkte gegen uns verschließen, während sie auf unserem Markt einen Abfluß für ihre Ueberproduktion finden, so weiß es doch noch nicht die Bedeutung unseres Handels auf den kolonialen Märkten zu schätzen und die Gefahr richtig zu würdigen, die darin liegt, daß wir diese Märkte verlieren können, wenn wir nicht in irgend einer Weise dem natürlichen und patriotischen Verlangen der Kolonien nach Vorzugstarifen entgegenkommen. Das Resultat ist, augenblicklich wenigstens, das, daß ein Vorzugsabkommen mit unseren Kolonien der Majorität der Wähler unannehmbar erscheint, sobald damit ein noch so geringer Zoll auf bisher nicht verzollte Lebensmittel verbunden ist, selbst wenn dieser Zoll mit einer Ermäßigung der Zölle auf andere Nahrungsmittel verknüpft sein sollte, deren Genuß ein ebenso allgemeiner ist. Wie sehr wir eine derartige Erscheinung auch bedauern und für wie falsch wir sie halten mögen, so kann in einem demokratischen Lande doch keine Regierung ein derartiges Urteil unberücksichtigt lassen. Ich sehe daher ein, daß es augenblicklich unmöglich ist, als unmittelbare und praktische Politik die Frage der Bevorzugung der Kolonien mit irgend welcher Hoffnung auf Erfolg in Angriff zu nehmen, obgleich zu Gunsten der anderen Art fiskalischer Reform, die der Regierung größere Machtvollkommenheit bei ihren Verhandlungen mit fremden Ländern über einen freieren Austausch von Waren verleihen und andere Vertreter befähigen würde, Gegenmaßregeln zu ergreifen, wenn unseren gerechten Forderungen nach größerem Entgegenkommen keine Zugeständnisse gemacht werden sollten, ein starkes Gefühl vorhanden ist. Wenn Sie, wie ich glaube, diese Ansichten teilen, so können Sie meiner Ansicht nach diesen Teil der Reform mit vollem Rechte als die Politik Ihrer Regierung annehmen, obgleich natürlich einige Aenderungen in der Zusammensetzung der Regierung damit verknüpft sein würden. Als Staatssekretär für die Kolonien während der letzten acht Jahre bin ich aber in einem speziellen Sinne der Vertreter auch der Politik des engeren Anschlusses an die Kolonien gewesen, der, wie ich fest überzeugt bin, gleich notwendig ist für unsere eigenen Interessen und für diejenigen der Kolonien, und ich glaube, daß es heute noch möglich sein wird, Vorbereitungen zur Herbeiführung dieses Anschlusses zu treffen, während es morgen vielleicht schon unmöglich sein dürfte. Ich habe die denkbar beste Gelegenheit gehabt, die

Strömung der Ereignisse zu beobachten und die Gefühle unserer Landsleute jenseits der Meere würdigen zu lernen. In dieser Beziehung stehe ich daher anders da als irgend einer meiner Kollegen, und ich glaube, daß man mir mit Recht einen Vorwurf daraus machen würde, wenn ich im Amte verbliebe und damit den einstweiligen Ausschluß eines so wichtigen Teiles meines politischen Programmes (betreffend den Zollbund auf der Grundlage von Vorzugstarifen) akzeptierte. Ich glaube, daß ich mit absoluter Loyalität gegenüber Ihrer Regierung und deren allgemeiner Politik, und ohne Furcht diese Regierung in irgend einer Weise in Verlegenheit zu bringen, die Sache, die mir am Herzen liegt, am besten von außerhalb des Kabinetts fördern kann. Ich kann nur hoffen, daß meine Beweisführungen, wenn ich in vollständig unabhängiger Stellung bin, nicht mit dem Vorurteil aufgenommen werden, das man den Beweisführungen eines Parteiführers entgegenzubringen pflegt. In Anbetracht dessen würde ich Ihnen raten, die augenblickliche Politik der Regierung auf das Vertreten größerer Aktionsfreiheit in unseren kommerziellen Beziehungen zu fremden Ländern zu beschränken und Ihre Zustimmung dazu zu geben, daß ich Seiner Majestät meine Demission einreiche und mich selbst dem Werke widme, die Prinzipien der imperialen Union, die, wie meine Erfahrung mich gelehrt hat, für unser zukünftiges Wohlergehen und Gedeihen von Wichtigkeit sind, zu erklären und populär zu machen. Ihr aufrichtig ergebener J. Chamberlain."

Balfour an Chamberlain: „Downing Street, Whitehall, 16. Sept. 1903. Mein lieber Chamberlain! Ihren Brief vom 9. d. M., den ich erhielt, kurz bevor ich zur Kabinettssitzung von Schottland abreiste, habe ich nicht beantwortet, weil ich wußte, daß wir innerhalb weniger Stunden Gelegenheit haben würden, die wichtigen Fragen, von denen er handelt, zu besprechen. Die schriftliche Antwort, die ich jetzt gebe, enthält daher vielmehr das Resultat unserer Besprechung, als daß sie etwas Neues beibrächte. Ich stimme mit Ihnen darin überein, daß die Zeit gekommen ist für eine Aenderung des zollpolitischen Kanons, durch den wir uns in unseren kommerziellen Verhandlungen mit anderen Regierungen gebunden haben, und es erscheint mir deshalb geradezu paradox, daß Sie zu derselben Zeit das Kabinett verlassen, wo andere Kollegen daraus austreten, gerade weil sie in diesem Punkte mit uns beiden nicht übereinstimmen. Aber ich muß, wenn auch mit größtem Widerstreben, zugeben, daß die Gründe, mit denen Sie Ihren Schritt motivieren, eine gewisse zwingende Kraft besitzen, da Sie sich auf Ihre besondere und persönliche Stellungnahme gegenüber demjenigen Teil der Streitfrage beziehen, der von der kolonialen Bevorzugung handelt. Sie haben mehr als irgend ein anderer Lebender oder Toter getan, um den Bürgern des Reiches das Bewußtsein von der imperialen Verpflichtung und von der gegenseitigen Abhängigkeit der verschiedenen Gebiete klar zu machen, in die das Weltreich geographisch geschieden ist. Ich glaube, daß Sie recht haben, wenn Sie die Ansicht vertreten, daß diese Abhängigkeit ebensogut in unseren kommerziellen Beziehungen wie in den politischen und militärischen Ausdruck finden sollte. Ich glaube mit Ihnen, daß eine engere fiskalische Vereinigung zwischen dem Mutterlande und den Kolonien für den Handel beider gut sein würde und daß, wenn ein derartiger engerer Zusammenschluß sich unter passenden Bedingungen herstellen ließe, die Vorteile für beide Teile im Laufe der Jahre und mit dem Wachsen der Kolonien an Bevölkerung und Wohlhabenheit immer deutlicher hervortreten würden. Wenn es zwischen uns über diese Frage überhaupt eine Verschiedenheit der Ansichten gegeben hat, dann bestand sie nur in Bezug auf die Durchführbarkeit eines Vorschlages

der von den Kolonien eine Einschränkung der allseitigen Entwicklung der
Schutzzollpolitik, von unserem Lande aber den Uebergang zu einer Bevor-
zugungspolitik, soweit die Hauptprodukte der Kolonien in Betracht kommen,
zu fordern schien. Ueber die ersterwähnte Anforderung sage ich nichts,
aber wenn die zweite, wie dies sicher der Fall ist, eine sei es auch noch
so geringe Verzollung von Lebensmitteln in sich schließt, so bin ich mit
Ihnen davon überzeugt, daß die öffentliche Meinung für ein derartiges
Arrangement noch nicht reif ist. Die Gründe dafür lassen sich leicht in
unseren früheren politischen Kämpfen und in der augenblicklichen politischen
Entstellung finden. Wenn nun dieser Teil der fiskalischen Reform augenblicklich noch nicht im Bereich der praktisch durchführbaren Politik liegt,
dann haben Sie sicherlich recht, wenn Sie raten, ihn nicht als untrennbar
von dem anderen Teil der fiskalischen Reform (der Retorsion) zu betrachten,
dem wir beide Bedeutung beimessen und den, wie wir glauben, das Land
ohne Vorurteil zu erwägen schon jetzt bereit sein wird. Es tut mir trotzdem sehr leid, daß Sie diese wohl begründete Schlußfolgerung als eine
solche betrachten, die es Ihnen im Hinblick auf Ihre besonderen Verhältnisse erschwert, Mitglied der Regierung zu bleiben. Ich will aber nicht
versuchen, in einer so rein persönlichen Angelegenheit irgendwelchen Einspruch
zu erheben. Wie könnte ich Ihren Entschluß kritisieren, wenn Sie denken,
daß Sie den Interessen der imperialen Einigung für die Sie so viel getan
haben, am besten dienen können, wenn Sie Ihre Anschauungen über die
koloniale Bevorzugung mit derjenigen Freiheit vertreten, die in einer
unabhängigen Stellung möglich ist, die sich aber mit einem Amte kaum
vertragen würde. Der Verlust, den die Regierung durch ihren Rücktritt
erleidet, ist in der Tat ein großer, aber der Gewinn für die Sache, die
Sie ins Herz geschlossen haben, wird vielleicht ein noch größerer sein. Ist
das aber der Fall, was könnte ich dann anders tun als einwilligen? Ihr
aufrichtig ergebener Balfour. P. S. Darf ich Ihnen noch aussprechen, wie
sehr es mich aus persönlichen und dienstlichen Gründen befriedigt, daß Mr.
Austen Chamberlain (der Generalpostmeister, Joseph Chamberlains Sohn)
bereit ist, Mitglied der Regierung zu bleiben? Es könnte kein besserer
Beweis dafür gegeben werden, daß Ihrer und meiner Ansicht nach das
Fallenlassen der Lebensmittelverzollung unter den augenblicklichen Umständen
das beste Mittel ist, um die Sache der zollpolitischen Reform praktisch zu
fördern."

September. Demission von Ministern.

Kolonialminister Chamberlain, der Minister für Indien Lord Hamilton und der Schatzkanzler Ritchie treten zurück (15.—17. September).
Ritchie motiviert seinen Rücktritt in einem Schreiben an Balfour folgendermaßen: Nach dem, was gestern im Kabinettsrat geschehen ist, ist es mir
unmöglich, Mitglied der Regierung zu bleiben. Ich sympathisiere durchaus mit dem Wunsche, das Mutterland mit den Kolonien enger zu verknüpfen, aber ich weiß von keiner anderen Methode, den Kolonien eine
Vorzugsbehandlung einzuräumen, als derjenigen, die der Kolonialsekretär
angeraten hat, nämlich einen Zoll auf Lebensmittel, welcher eine Vermehrung der Besteuerung bedeutet. Dagegen bin ich entschieden. Ich würde
gern jeden brauchbaren Plan erwägen, um besseren Zugang zu den Aus-
landsmärkten zu gewinnen oder den Uebelständen zu begegnen, über die
wir Klage führen, aber es war uns kein solcher Plan vorgelegt worden.
Ich fürchte, daß jeder auf Vergeltungszölle gerichtete Plan, wenn auch
unbeabsichtigt, doch unvermeidlich zum Schutzzoll führen und noch weit
größere Uebelstände hervorrufen wird als diejenigen waren, die man zu

verhindern wünschte. — Auch Hamilton erklärt sich als Gegner der Chamberlainschen Pläne.

Die unionistische Presse glaubt im allgemeinen, daß Balfour die Politik Chamberlains zur Herrschaft bringen wolle und daß Chamberlains Rücktritt nur eine Episode sei.

Am 21. September treten Lord Balfour of Burleigh, Minister für Schottland, und Elliot, Finanzrat des Schatzamts, zurück.

29. September. (London.) Lord Milner, der Oberkommissar für Südafrika, lehnt in einer Konferenz mit Balfour das ihm angebotene Kolonialministerium ab.

1. Oktober. (Sheffield.) In der Versammlung des Landesverbandes der Konservativen führt Premierminister Balfour über die Handelspolitik aus:

Die von Chamberlain im Mai gehaltene Rede würde die von ihr ausgeübte Wirkung nicht gehabt haben, wenn sie nicht auf einen durch die Verhältnisse dafür vorbereiteten Boden gefallen wäre. Die Bedrohung Kanadas durch Deutschland, die nur deshalb erfolgte, weil diese Kolonie England eine Vorzugsbehandlung zugestanden hatte, brachte England seine Hilflosigkeit zum Bewußtsein. Den Tarifangriffen könne allein durch Tarifantworten begegnet werden. Der Freihandel sei ein leerer Name und eine eitle Farce. Cobden habe sich niemals etwas von dem modernen Trustsystem träumen lassen, das unter dem Schutzzollsystem aufgerichtet worden sei und welches dem englischen Kapital und den englischen Arbeitern Schaden zugefügt habe. Für den gegenwärtigen Stand der Dinge wisse er kein Heilmittel, wohl aber wisse er ein Palliativmittel. Keine Nation, die sich des Rechtes zu verhandeln beraube, könne gute Geschäfte machen. Er verlange von dem Lande, daß es der Regierung die Freiheit zu unterhandeln gebe. Er glaube nicht, daß das Land schon zur Einführung der Nahrungsmittelbesteuerung bereit sei. Ein dahin gehender Vorschlag würde daher, seines Erachtens, nicht innerhalb der Grenze der praktischen Politik gelegen sein. Damit aber niemand später sagen könne, daß er unklar geredet habe, so konstatiere er ausdrücklich, daß er den handelspolitischen Zustand, der während der beiden letzten Generationen herrschte, zu ändern wünsche. Er wünsche vor allem den Schaden zu mildern, der England durch die feindlichen Tarife angetan werde. Sein Heilmittel werde, wie er wohl wisse, selbst dann kein vollständiges sein, wenn es im ganzen Umfange versucht würde; im ganzen Umfange aber könne es noch nicht versucht werden, weil das Land eine Nahrungsmittelbesteuerung zur Zeit nicht dulden werde. Er sei aufgefordert worden, die Führung zu übernehmen und als Leiter der konservativen Partei beabsichtige er auch in der Frage der Tarifreform das Land zu führen.

5. Oktober. Das Kabinett wird neu gebildet.

Der Sohn des bisherigen Kolonialministers, Austen Chamberlain, wird Schatzkanzler, Alfred Lyttleton Kolonialsekretär, Arnold Forster Kriegssekretär, Brodrick Sekretär für Indien, Graham Murray Sekretär für Schottland, Lord Stanley Postminister. — Ferner legt der Herzog von Devonshire sein Amt als Vorsitzender des Geheimen Rats und Führer des Oberhauses nieder, sein Nachfolger wird Lord Londonderry. Am 11. Oktober wird Marquis Salisbury, bisher Lord Cecil, zum Lord und Geheim-Siegelbewahrer ernannt. Das Amt hatte bisher Balfour inne. Das

Kabinett ist nunmehr folgendermaßen zusammengesetzt: Mr. Balfour Premierminister, Lord Halsbury Lordkanzler, Lord Salisbury Lord vom Privatsiegel, Lord Londonderry Lordpräsident des Rats und Vorsitzender des Unterrichtsministeriums, Mr. Austen Chamberlain Finanzminister, Mr. Akers Douglas Justizminister, Lord Lansdowne Minister des Aeußeren, Mr. Lyttleton Kolonialminister, Mr. Arnold Forster Kriegsminister, Mr. Brodrick Staatssekretär für Indien, Lord Selborne Erster Lord der Admiralität, Lord Ashbourne Lordkanzler für Irland, Mr. George Wyndham Obersekretär für Irland, Mr. Gerald Balfour Präsident des Handelsamtes, Mr. Graham-Murray Staatssekretär für Schottland, Lord Stanley Generalpostmeister, Mr. Walther Long, Präsident des lokalen Regierungsamtes, Lord Onslow Präsident des Landwirtschaftlichen Amtes.

Oktober. Kampf um die Zollpolitik. Statistik der Lebensmitteleinfuhr.

Am 6. Oktober legt Chamberlain in Glasgow seinen Zollplan dar: Englands Handel beginne zu stagnieren. In den letzten 30 Jahren nahm der Export nach den fremden Ländern um 46 Millionen jährlich ab, während der Export nach den Kolonien um 40 Millionen jährlich zunahm. Der Handel nach den Kolonien war der schätzbarste Teil des englischen Handels. In derselben Zeit stieg der Import aus den fremden Ländern von 63 auf 149 Millionen. Wenn unser neuer kolonialer Handel nicht zunimmt im Verhältnis zu unserer Bevölkerung und im Verhältnis zu der Abnahme unseres Handels mit dem Auslande, dann müssen wir zu einer Nation fünften Ranges herabsinken. Unser Geschick würde das vergangener Reiche sein, und auch unser Handel innerhalb des Reichsgebiets würde zurückgehen, wenn wir nicht Schritte tun, dies zu verhindern, so lange noch Zeit ist. Die Kolonien wären bereit, uns mit einer mäßigen Bevorzugung entgegenzukommen, und nach meiner Berechnung würden wir 26 Millionen Pfund vom fremden Handel mit den Kolonien an uns reißen, 750 000 Menschen mehr beschäftigen und damit fast 4 Millionen Seelen unserer Bevölkerung unterhalten können. Er schlage keinen Zoll auf Rohmaterial vor. Wenn England aber wünsche, den Kolonialhandel zu erobern und eine Trennung zu verhindern, müsse man die Lebensmittel besteuern. Trotzdem würden aber durch keinen seiner Vorschläge die Unterhaltungskosten einer Familie des Landes auch nur um einen Farthing erhöht werden. Sein vorläufiger Plan gehe dahin, einen Zoll von zwei Schilling auf fremdes Getreide und einen entsprechenden Zoll auf Mehl zu legen. Auf Getreide aus britischen Besitzungen wolle er aber keinen Zoll gelegt wissen. Er schlage ferner vor, einen Zoll von fünf Prozent auf fremde Fleisch- und Molkereiprodukte, mit Ausnahme von Speck, zu legen, und den Kolonien eine wesentliche Bevorzugung auf ihre Weine und Früchte zu gewähren. Er schlage andererseits vor, nur drei Viertel des Zolles auf Tee und nur die Hälfte des Zuckerzolles zu erheben, sowie eine entsprechende Herabsetzung des Zolles auf Kaffee und Kakao eintreten zu lassen. Die neuen Zölle würden die Ausgaben des ländlichen Arbeiters um 16½ Farthing wöchentlich, die des Handwerkers um 19½ Farthings erhöhen. Aber der Betrag, welcher aus der Aufhebung bisheriger Zölle sich ergebe, würde für die ländlichen Arbeiter eine Ermäßigung der Unterhaltskosten um 17 und für die Handwerker um 19½ Farthings darstellen. Es sei eine irrige Voraussetzung, daß der gesamte Zoll von den Konsumenten gezahlt werde. Er glaube, daß der Zoll hauptsächlich vom Auslande getragen werde. Nach seiner Schätzung würden die Mindereinnahmen des Schatzamtes 2 800 000 Pfund jährlich betragen.

Er schlage aber vor, dies wieder einzubringen durch eine Maßregel, die manchmal Verwaltung, manchmal Reziprozität genannt werde, nämlich durch einen Zoll von 10 Prozent auf fremde Manufakturwaren. Dieser Zoll würde 9 Millionen ergeben, die er, wenn er Schatzkanzler wäre, dazu verwenden würde, den Ausfall von 2 800 000 Pfund zu decken und eine weitere Ermäßigung der Nahrungsmittelzölle und der übrigen Zölle, die das Land wirklich belasten, eintreten zu lassen.

Fast täglich halten mehrere Parteiführer Reden für und wider die Einführung des Schutzzolls. Am 13. spricht Lord Rosebery in Sheffield gegen Chamberlain, am 15. Oktober erklärt der Führer der Liberalen Sir Henry Campbell-Bannermann in Glasgow es für schamlos, daß eine Regierung, die seit acht Jahren am Ruder ist, jetzt auf einmal die Entdeckung mache, daß das englische Weltreich zerfallen werde, falls es nicht gelingen sollte, das fiskalische System umzustürzen. Ein solches Vorgehen grenze an ein politisches Verbrechen. Die liberale Partei trete einer solchen Politik entgegen und behaupte statt dessen, daß das ökonomische Verwalten der Finanzen, bessere Erziehung, Reform des Landsystems und der Lebensbedingungen des Arbeiterstandes mehr dazu dienen würden, den nationalen Wohlstand und die Lebensverhältnisse jedes Einzelnen zu heben. — Der Kampf dreht sich vorwiegend um die Lebensmittelzölle. Die Lebensmittel werden zum geringsten Teile aus den Kolonien eingeführt: Von dem eingeführten Weizen entfallen 28 Proz. auf die britischen Besitzungen, hauptsächlich Kanada und Indien, dagegen 72 Proz. auf das Ausland. Bei der Einfuhr von Weizenmehl beträgt der Anteil der britischen Besitzungen 10 Proz., der des Auslandes 90 Proz., bei Gerste 0,3 und 99,7 Proz., bei Haber 3 und 97 Proz., bei Mais 0,2 und 99,8 Proz., bei Speck, Schinken und Schweinefleisch 8 und 92 Proz., bei Ochsenfleisch 9 und 91 Proz., bei anderem Fleisch und haltbar gemachten Fleischwaren 41 und 59 Proz.

8. Oktober. (Glasgow.) Die Vereinigung der Bergarbeiter Großbritanniens, die 347 000 Bergarbeiter vertritt, verwirft mit 89 gegen 5 Stimmen die Zollpolitik Chamberlains.

14. Oktober. (London.) Folgender Schiedsgerichtsvertrag zwischen England und Frankreich wird geschlossen:

Die Regierung der französischen Republik und die Regierung Sr. britischen Majestät, beide Unterzeichner der am 29. Juli 1899 im Haag abgeschlossenen Konvention betr. die friedliche Regelung internationaler Streitigkeiten, haben in Anbetracht des Umstandes, daß Art. 19 dieser Konvention den hohen kontrahierenden Parteien das Recht vorbehält, über die Inanspruchnahme der Arbitrage in allen ihnen dazu geeignet erscheinenden Fällen Abmachungen zu treffen, die Unterzeichneten zur Feststellung folgender Bestimmungen ermächtigt: Art. 1. Streitigkeiten juridischer Art oder Differenzen, die betreffs der Auslegung bestehender Verträge zwischen den beiden kontrahierenden Parteien etwa entstehen und auf diplomatischem Wege keine Erledigung finden, werden dem durch die Konvention vom 29. Juli 1899 errichteten ständigen Schiedsgerichtshof im Haag unterbreitet, jedoch ist dabei vorausgesetzt, daß die betr. Streitfragen weder vitale Interessen, noch die Unabhängigkeit oder die Ehre der beiden kontrahierenden Staaten berühren, noch die Interessen Dritter in Frage stellen. Art. 2. In jedem Einzelfall werden die hohen kontrahierenden Parteien, bevor sie sich an den permanenten Schiedsgerichtshof wenden, ein Spezialabkommen treffen, durch das der Gegenstand des Streites klar bezeichnet, die Ausdehnung der Befugnisse der Schiedsrichter festgestellt und das bei der Konstituierung des

Tribunals und seinen Verhandlungen zu beobachtende Verfahren genau bestimmt wird. Art. 3. Gegenwärtiges Abkommen gilt für die Dauer von fünf Jahren vom Tage der Unterzeichnung an.

23. Oktober. (London.) Der Historiker Hartpole Lecky †.
Er war geboren 1838 in Newtonpark bei Dublin. Seine Hauptwerke sind: Geschichte Englands im 18. Jahrhundert; Demokratie und Freiheit. — Politisch ist er als Gegner der Gladstoneschen Homerule hervorgetreten.

9. November. (London.) In einer Darlegung der auswärtigen Politik am Lordmayorsfeste erklärt Premierminister Balfour die makedonische Frage für weit schwieriger als die ostasiatische.

17./21. November. Besuch des italienischen Königspaares in England.

Anfang Dezember. Neun Bischöfe der Hochkirche fordern in einem Schreiben an Balfour, daß England den Sultan zur Abstellung der makedonischen Greuel und Zurückführung der bulgarischen Flüchtlinge nötige.

21. Dezember. Die „Morning Post" schreibt über die Kriegsgefahr in Ostasien und die Politik Englands:
Japan werde einen Vormarsch der Russen auf Korea, wie ihn der Statthalter Admiral Alexejew vorbereite, niemals zulassen können. Ein solcher Vormarsch würde einen Krieg bedeuten, in welchem Rußland bedeutend mehr aufs Spiel zu setzen hätte, als seine Stellung in der Mandschurei. „Japan wird seine Existenz wagen, um die Russen nicht nach Korea hineinzulassen, und wird dafür kämpfen, als ob es sich um die Verteidigung des eigenen Bodens handelte. Rußland setzt sich dabei aber noch einer viel größeren Gefahr aus, als lediglich dem Kampf mit Japan, denn Großbritannien ist der Verbündete Japans, und wenn auch der Vertrag Großbritannien nur verpflichtet, sich einzumischen, falls Rußland einen Verbündeten hat, so kann doch Großbritannien nicht gelassen zusehen, wie Japan geschlagen wird. Da der Welt einmal zu verstehen gegeben worden ist, daß Großbritannien auf Japans Seite steht, ist keine moralische Möglichkeit vorhanden, daß eine britische Regierung oder die britische Nation untätiger Zuschauer einer Niederlage Japans bleiben könnte, die das Ende des britischen Einflusses und des britischen Handels in Ostasien, in der Welt östlich von Singapore, und auch das Ende des ehrlichen Namens Großbritanniens in der ganzen Welt bedeuten würde." Admiral Alexejew zählt vielleicht auf Verbündete, aber was für Verbündete hat Rußland? Es gibt keine Macht, die es zusammen mit Rußland wagen könnte, der britischen Flotte gegenüberzutreten, falls diese von einer Regierung verwendet wird, die sich ihrer Sache bewußt ist. Das ist nicht stark ausgedrückt, sondern mäßig. Falls die britische Flotte nicht sicher ist, selbst ohne Hilfe Japans die russische und die Flotte noch eines anderen Landes zu vernichten, dann ist die britische Regierung jedes Vertrauens unwürdig und hat die auf sie gesetzten Erwartungen getäuscht.

Ende Dezember. Die Presse protestiert lebhaft gegen die Bemerkung des Deutschen Kaisers (S. 185), daß Blücher bei Waterloo die englische Armee vor der Vernichtung errettet habe.

———

VI.
Frankreich.

4. Januar. (Senatswahlen.) Bei den Wahlen zur Drittel-erneuerung des Senats gewinnen die Parteien der Regierung drei-zehn Mandate.

Januar. (Bretagne.) Die Regierung entzieht zahlreichen Pfarrern die Staatssubvention, weil sie in bretonischer Sprache gepredigt und den Religionsunterricht erteilt haben.

Januar. (Bretagne.) Die Bevölkerung leidet Hungersnot wegen schlechter Ergebnisse der Fischerei.

13. Januar. Die Kammer wählt den Sozialisten Jaurès zum Vizepräsidenten. — Die Wahl findet wegen Jaurès' Äuße-rungen über Abrüstung und Verzicht auf Elsaß-Lothringen in na-tionalistischen Kreisen heftigen Widerspruch.

14. Januar. (Paris.) General Saussier tritt aus dem Obersten Kriegsrat aus, weil er die Einführung der zweijährigen Dienstzeit nicht billigt.

Januar. Vorgehen gegen Kongregationsschulen.

Die Regierung schließt diejenigen Schulen, die von anerkannten Kongregationen ohne ausdrückliche staatliche Autorisation in der gutgläu-bigen Annahme begründet worden waren, daß eine spezielle Ermächtigung für jeden Einzelfall neben der generellen Autorisation zur Ausübung der Ordenstätigkeit nicht erforderlich gewesen sei.

Ueber die Behandlung der nicht anerkannten geistlichen Genossen-schaften, die um nachträgliche Autorisation ersuchen, schreibt die „Allgemeine Zeitung": „Von den 606 weiblichen Kongregationen, die im Augenblicke der Promulgierung des Gesetzes ohne Autorisation bestanden und zusammen etwa 13 000 Schulen unterhielten, haben 213 sich freiwillig aufgelöst; die übrigen 393 haben von der durch das Gesetz ihnen gewährten Erlaubnis Gebrauch gemacht, um die nachträgliche Genehmigung einzukommen. Die Regierung war schon entschlossen, die weit überwiegende Mehrzahl dieser Gesuche ganz unberücksichtigt zu lassen und nur einige ganz wenige der Kammer mit dem Bemerken zu überweisen, daß sie in diesen vereinzelten Ausnahmefällen gegen den Fortbestand nichts einzuwenden habe. Allein die Kongregationskommission der Deputiertenkammer will selbst von den geringfügigsten Ausnahmen nichts wissen; sie hat in einer Resolution ihren Standpunkt dahin präzisiert, daß die Gesuche in Bausch und Bogen abzuweisen seien.

16. Januar. Die Kammer billigt mit 339 gegen 185 Stimmen das Verbot der bretonischen Sprache beim Religionsunterricht.

22. Januar. Die Kammer genehmigt einen Antrag Dejeante auf Verweltlichung aller Schulen in den Kolonien mit 248 gegen 244 Stimmen.

23. Januar. (Kammer.) Umtriebe in der Armee. Jaurès und Ribot über die Beziehungen zu Deutschland.

Der nationalistische Deputierte Lasies interpelliert die Regierung über internationale und heeresfeindliche Umtriebe in der Armee. Die Regierung könne gegen solches unpatriotische Treiben nicht einschreiten, weil die Sozialisten einen wichtigen Bestandteil ihrer parlamentarischen Mehrheit bildeten. Der Redner fragt schließlich den Abgeordneten Jaurès, den Führer der Sozialisten, wie er sich im Falle eines Krieges mit Deutschland verhalten würde.

Abg. Jaurès: Es gebe auf internationalem Gebiete viele Dinge, welche anfangs phantastisch zu sein schienen und dementsprechend behandelt wurden, jetzt aber anfingen, greifbare Gestalt anzunehmen. So beginne der tatsächliche, endgültige Friede in Europa möglich zu werden. Es gebe nur drei Dinge, welche ein Volk schwächten, nämlich Lüge, Trägheit und das Fehlen von Idealen. Die Franzosen besäßen Eigenschaften, die diesen Fehlern entgegengesetzt seien, sie hätten also den nationalen Verfall kaum zu besorgen. Seit 32 Jahren habe es keinen großen Krieg in Europa gegeben. Es sei dort das erste Mal, daß man einen so langen Frieden genieße, und Frankreich hoffe, daß er noch lange andauern werde. Es gebe in Europa zwei große Bündnisgruppen, die beide den Frieden wünschen. Es bestehe eine fortschreitende Tendenz zu einem friedlichen Bemühen, eine Tendenz, die man sowohl auf seiten des Dreibundes wie des russisch-französischen Bündnisses feststellen könne. Der Dreibund sei geschaffen ohne eine ausgesprochene offensive Tendenz gegen Frankreich; er sei nur dazu bestimmt, die für Frankreich schmerzlichen Ergebnisse des letzten Krieges unwiderruflich zu machen. Er (Jaurès) glaube heute nicht mehr, daß der Dreibund in seiner Gesamtheit gegen Frankreich gebildet sei und daß seit 31 Jahren überhaupt ein Angriffsplan gegen dasselbe gerichtet worden sei. (Protestrufe auf der Rechten und in der Mitte des Hauses. Mehrere Abgeordnete rufen: Im Jahre 1875!) Jaurès erwidert, bei Prüfung der Ereignisse von 1875 habe er wohl gefunden, daß es sich damals um ein gefährliches und sträfliches Doppelspiel Bismarcks gehandelt habe, um Frankreich zu beunruhigen; daß Fürst Bismarck aber offenbar nicht entschlossen gewesen sei, diesen aggressiven Gedanken auch bis zum äußersten durchzuführen. Frankreich habe also nicht vor einer ausgesprochen aggressiven Organisation gestanden, sondern vor einer Organisation, welche einen erworbenen Vorteil mehr mit Brutalität als mit einem direkten Angriffsplan festhalten wollte. (Der Nationalist Millevoye ruft dazwischen: Ich werde das Gegenteil beweisen!) Wenn Sie das könnten, so würde damit nur bewiesen, daß die Kraft des Friedens so stark war, daß sie über die Organisation, welche den Kampf wollte, triumphiert hat. Warum — fragte der Redner sodann — sucht das Deutsche Reich heute mit Frankreich friedliche, ja fast herzliche Beziehungen herzustellen? Warum hat Italien, das den Dreibundsvertrag erneuerte, erklären können, daß dieser Vertrag nichts Kriegerisches in sich fasse? — Es gibt auch eine französisch-russische Allianz. Prinzipiell habe ich nichts gegen dieses Bündnis. Wir haben nicht das Recht, uns durch die Unterschiede beeinflussen zu lassen, welche in politischer und sozialer Hinsicht zwischen diesen beiden Ländern bestehen. Es handelt sich auch hier um ein Defensivbündnis, das dazu bestimmt ist, den Frieden in Europa zu wahren. Man darf aber auch den Wert dieses Bündnisses nicht überschätzen. Frankreich hat in den Jahren 1870—1892 auch ohne fremden Beistand seine Macht wiederherstellen, seinen Rang bewahren und ein Kolonialreich schaffen können. Das Bündnis mit Rußland, das uns retten sollte, ist erst gekommen, als man sah, daß wir fähig waren, uns selbst zu retten. (Lebhafter Beifall links und in der Mitte. — Abg. Millevoye ruft dazwischen: Sie richten zur Zeit im Lande das größte Unheil an!) Es gibt nur eines, das dem Lande Unheil zufügen kann, das ist, wenn man Mißverständnisse fortbestehen läßt, aus denen Ueberraschungen und Leiden entstehen. (Beifall links.) Die Nationalisten wollten sich der russischen Allianz bedienen, als einer Waffe im inneren politischen Leben, das aber können und werden wir nicht zugeben. Die französische Revolution wollte den allgemeinen Frieden. Sie verabscheute den Krieg. Heute ist der allgemeine Frieden in Europa schon geschlossen. Ich habe volles Vertrauen zu seiner Dauer. Allerdings befindet sich Frankreich in einer schmerzlichen Lage. Es hat eine Verstümmelung erlitten, welche eine Rechtsverletzung war. (Beifall.) Wir werden den Triumph der Gewalt über das Recht niemals akzeptieren können (Beifall), aber die Heilung und die endgültige Lösung muß von dem Frieden gebracht werden, der sich auf die gleichzeitige allgemeine Abrüstung stützt. Auf diese Weise werden die Elsaß-Lothringer ihr Vaterland wiederfinden. (Beifall links.) In den früheren Kriegen, selbst in dem von 1870, hat Frankreich genügende Beispiele von Heroismus geliefert und hat uns ein hinreichend großes Erbteil an Ruhm hinterlassen, so daß wir ohne Bedauern das verabscheute Buch des Krieges schließen können.

Dep. Ribot (antiminist. Progressist) fragt Jaurès, weshalb er gesagt habe, daß der Dreibund niemals einen offensiven Zweck gehabt habe. — Jaurès ruft: Weil es wahr ist! — Ribot entgegnet: Müssen denn aber gerade wir das sagen? Sie spielen sich als den Repräsentanten der Absichten des Deutschen Reiches auf! — Es genüge nicht, zu sagen, daß Elsaß-Lothringen das Recht für sich habe, und daß man der Zukunft alles vorbehalten müsse. Internationale Schwierigkeiten regelten sich nicht mit Worten. Uebrigens sei es besser, diese heikle Frage nicht zu berühren. Man solle sich lieber mit den Umtrieben befassen, durch welche die Armee desorganisiert werde. Man solle die abscheulichen Pamphlets gegen die Armee desavouieren. Der Kriegsminister müsse seine Sprache in Einklang setzen mit der Wirklichkeit.

Kriegsminister André: Er suche stets Gehorsam gegen das Gesetz und die Regierung und die Achtung vor der Manneszucht aufrecht zu erhalten, aber er bedaure, in der Armee katholische Klubs zu finden. Er werde sich mit dem Ministerpräsidenten ins Einvernehmen setzen, um sie aufzulösen. Auch Pamphlete gegen die Armee dulde er nicht.

Die Kammer erteilt der Regierung mit 453 gegen 57 Stimmen ein Vertrauensvotum.

24. Januar. Der Senat genehmigt das Gesetz über die Änderung des Zuckerregimes und die Brüsseler Zuckerkonvention (vgl. 1902).

26. Januar. 4. Februar. (Kammer.) Erklärung der Regierung über das Konkordat, Religion, Unterricht.

Auf einen Antrag, das Konkordat zu kündigen und das Kultusbudget zu streichen, erwidert Ministerpräsident **Combes**: Die Frage der Kündigung des Konkordats und der Streichung des Kultusbudgets könne nicht gelegentlich der Etatsberatung erörtert werden. Die Kammer würde, wenn sie die Trennung des Staates von der Kirche beschließen sollte, die Republik in eine große Verlegenheit bringen. Die Regierung sei der Ansicht, daß das Konkordat beibehalten werden müsse, weil sie die religiöse Idee heute noch für nötig halte. (Lebhafter Widerspruch auf der äußersten Linken.) Jedenfalls würde eine Trennung des Staates von der Kirche ernste Schwierigkeiten im Gefolge haben, so daß eine solche Trennung für jetzt unausführbar sei.

Der Antrag wird abgelehnt mit Hilfe der konservativen Opposition gegen einen großen Teil der Regierungspartei (314 gegen 194 Stimmen).

Am 4. Februar verlangt **Carnaud** (Soz.), daß der Unterricht in der Moral, der in den Schulen erteilt wird, von jeder religiösen Idee freigehalten werde. Ministerpräsident **Combes** erwidert, die Worte, welche er vor kurzem über diesen Punkt gesagt habe, seien anscheinend falsch ausgelegt worden. Er wolle daher ihren genauen Sinn nochmals feststellen. Er habe niemals gesagt, daß der moralische Gedanke, der in den Schulen gelehrt werde, an und für sich nicht genüge, wenn er sich nicht auf das Dogma stütze. Er habe stets der republikanischen Regierung dafür besondere Anerkennung gezollt, daß sie den Unterricht auf die Vernunft und die Solidarität gegründet habe. Frankreichs Sittenlehre sei um so edler, als sie sich auf die ewig währenden Begriffe der Gerechtigkeit, des Rechtes und der Pflicht gründe. Man habe die von ihm dargelegte Ansicht gegen ihn ausnutzen wollen. Er konstatiere, daß man die persönlichen Anschauungen, welche man im Senat entwickeln könne, in der Kammer nicht vorbringen könne. Unter diesen Umständen werde er sich dessen künftig enthalten.

27. Januar. (Kammer.) Bericht über das Militärbudget.

Referent Dep. **Maujan** empfiehlt die Einführung der zweijährigen Dienstzeit mit einmonatigem Urlaub jährlich, so daß der Dienst im ganzen 22 Monate dauern würde. Dies würde gestatten, auch die nur halb tauglichen Leute einzuberufen, die alsdann die übrigen vom Arbeitsdienste entlasten und diesen die Möglichkeit geben würde, ausschließlich dem Dienste mit der Waffe sich zu widmen. Auf diese Weise würde man in Friedenszeiten 600 000 Mann unter den Waffen haben, die auf 20 Armeekorps sich verteilen; jedes Regiment würde 4000 Mann stark sein. Im Kriegsfalle würde die französische Armee sofort beim ersten Anprall dank den zur Verfügung stehenden Reservisten über eine Million Mann verfügen. Der Berichterstatter spricht sich für eine entsprechende Vermehrung der Geschütze, sowie für eine durchgreifende Reform der Kavallerie aus, von welch' letzterer eine berittene Infanterie gebildet werden solle, und zwar eine solche auf Pferden oder auf Zweirädern.

30. Januar. (Poitiers.) Ein General und drei Obersten werden versetzt, weil ihre Frauen und Töchter als Verkäuferinnen an einer Wohltätigkeitsveranstaltung zugunsten kongreganistischer Schulen teilgenommen haben. Der Minister betrachtet diesen Vorgang als politische Kundgebung.

6. Februar. (Kammer.) In der Beratung des Flotten-
budgets erklärt sich Marineminister Pelletan gegen große Panzer=
schiffe und für leichtere und schnellere Einheiten.

8. Februar. (Montpellier.) Schluß eines großen am
18. Dezember begonnenen Prozesses gegen aufständische Araber.
Von 113 Angeklagten werden 86 freigesprochen, die übrigen zu
Gefängnisstrafen bis zu 15 Jahren verurteilt.

Februar. Die Presse bespricht lebhaft die Venezuelafrage
und nimmt dabei scharf gegen Deutschland Partei.

Februar. Streit zwischen der Regierung und der Kurie
wegen Bischofsernennungen.

Die Regierung ernennt drei Bischöfe ohne die Einwilligung der
Kurie abzuwarten. Als hierauf die Kurie die Investitionsbullen in der
üblichen Form ausfertigt (Aemilius Loubet, Praeses Reipublicae Gallorum
nominavit Nobis), protestiert die Regierung gegen das Nobis, weil hierdurch das unbedingte Ernennungsrecht der französischen Regierung zu einer
bloßen Designation herabgedrückt würde.

27. Februar. Der Senat genehmigt in erster Linie das
Gesetz über die zweijährige Dienstzeit mit 236 gegen 33 Stimmen.

10. März. (Kammer.) Erörterung über die auswärtige
Politik. Abrüstungsfrage; Mittelmeer, Makedonien.

Abg. Millevoye (Nationalist) führt aus, die sozialistischen Ideen
über Entwaffnung seien Träumereien. Das beste Unterpfand des Friedens
sei stete Kriegsbereitschaft und das französisch-russische Bündnis. Rußland
sei es gewesen, welches im Jahre 1875 Deutschland daran verhindert habe,
Frankreich endgültig den Garaus zu machen. Daß der Friede in Europa
erhalten worden sei, verdanke man dem Kaiser Alexander III. Das Recht
Frankreichs auf Elsaß-Lothringen sei unbestreitbar und eine Entwaffnung
sei unmöglich, bevor diese Frage gelöst sei. Welche Rolle werde Frankreich
im Orient spielen, wo ein allgemeiner Brand im Balkangebiete auszu-
brechen drohe?

Abg. Delafosse (kons.) bespricht die in Marokko herrschende An-
archie und meint, daß die wiederholten Aufstände dort auf europäische
Intriguen zurückzuführen seien. Die Marokkofrage werde sich auf der
Grundlage eines Uebereinkommens zwischen Frankreich, England und
Spanien lösen lassen, durch welches die Meerenge von Gibraltar für neutral
erklärt werde.

Abg. Pressensé (Soz.): Europa müsse die makedonischen Wirren
ordnen. Makedonien müsse einen unabhängigen Gouverneur haben, der
sich auf gewählte Körperschaften stütze. Die Verwaltung des Landes müsse
unter Kontrolle einer europäischen Kommission gestellt werden.

Minister des Auswärtigen Delcassé: Die Meerenge von Gibraltar
müsse frei bleiben für alle Völker. Die Unabhängigkeit Marokkos sei die
Hauptbedingung für die Sicherheit der französischen Besitzungen in Nord-
afrika. Frankreich habe in Marokko beträchtliche Handelsinteressen und
müsse deshalb vorsichtig handeln. Er halte die Lage in Marokko nicht
für ernst. In der Venezuelafrage habe Frankreich das Bestreben der Vereinigten Staaten unterstützt, die verbündeten Mächte zur Annahme der

Entscheidung des Haager Schiedsgerichtshofes zu bewegen. Wenn sozialistische Deputierte eine Abrüstung angeregt hätten, so sei es nicht Frankreichs Sache, hierin die Initiative zu ergreifen; jedenfalls werde er —
Redner — es nicht tun. Er werde es mit Freuden begrüßen, wenn der
Einfluß des Haager Schiedsgerichtshofes sich weiter ausdehne. Es gebe
aber Interessen, welche ein großes Volk nur sichern könne, wenn es sich
auf ein starkes Heer stütze. (Beifall.) Man könne zwar aus Gründen der
Menschlichkeit Anhänger einer gleichzeitigen Abrüstung der Staaten sein,
man dürfe aber nicht vergessen, daß Frankreich für die Franzosen da sei
und daß deren teuersten und wertvollsten Teil die Armee bilde. Er halte
eine gleichzeitige Abrüstung nicht für möglich, so lange die Völker nur zu
ihrer eigenen Macht Vertrauen hätten. Bezüglich Makedoniens arbeite
Frankreich nicht seit gestern erst darauf hin, die Türkei zu Reformen zu
bewegen. Frankreich müsse seine seit langen Jahren befolgte Politik auch
weiter fortsetzen, um das europäische Gleichgewicht zu sichern. Die Weisheit dieser Politik habe zu der Allianz mit Rußland geführt. Das Verhältnis Frankreichs zu Italien habe sich immer befriedigender gestaltet und
zur großen Genugtuung für beide Völker zu einer Annäherung und Verständigung geführt. Frankreich müsse bei seiner Politik, deren Grundlagen
die ursprünglichen Interessen der Völker seien, beharren.

Mitte März. (Vierzon.) Millerand und die militärische
Disziplin.

Der frühere (sozialistische) Handelsminister Abg. Millerand wird
in einer Wahlversammlung gefragt, ob er es billige, daß Kriegsminister
André den Soldaten den Besuch der Arbeitsbörsen, wo das „Handbuch des
Soldaten" verteilt wird, verboten und diese Broschüre strafrechtlich verfolgt
habe. Millerand erwidert, diese Broschüre fordere die Soldaten zur Verweigerung des militärischen Gehorsams auf, sie könne nicht von Sozialisten
sondern nur von Anarchisten herrühren. Wenn er Kriegsminister wäre,
würde er genau so gehandelt haben, wie General André.

Mitte März. (Kammer.) Der Berichterstatter für Algier
Abg. Berthet sagt in einem Bericht über die Bevölkerungsverhält=
nisse von Algier:

In Oran sind von 15675 Schülern der öffentlichen Schulen nur 3417
rein französischen Ursprungs. In Mers el Kebir sind von 378 Wählern
323 naturalisierte Franzosen, so daß 11 von 12 Gemeinderäten desselben
Ursprungs sind. Wie hier sind auch anderwärts ganze Stadträte in die
Hände der Fremden gefallen. Als Heilmittel gegen diese Verschiebung hat
man 1889 die „automatische Naturalisierung" vorgeschlagen. Und das
wird schließlich alle städtischen Verwaltungen aus den Händen der echten
Franzosen winden. Offenbar ist ein Algerien im Begriff der Bildung,
das nur noch dem Namen nach französisch ist.

18. März. (Kammer.) Beschluß über die Prüfung der
Kongregationsgesuche um nachträgliche Autorisation.

Die Kommission beantragt, die Gesuche von 54 im Konkordat nicht
anerkannten Kongregationen um nachträgliche Genehmigung nicht einzeln
sondern en bloc zu erledigen. Die Regierung, die anfangs für Einzel-
beratung war, entschließt sich auf Drängen des radikalen Flügels der
Mehrheit für en bloc-Beratung. Ministerpräsident Combes begründet die
summarische Erledigung: Der Staat habe das Recht, den Kongregationen
den Unterricht zu verbieten, da derselbe darauf ausgehe, die Kinder den

republikanischen Grundsätzen zu entfremden. Das Land habe sich bei den letzten Wahlen entschieden für die den Kongregationen feindlich gesinnten Kandidaten ausgesprochen. Er (der Ministerpräsident) wolle nur eine Art von Unterricht, den durch Laienlehrer. Die Kammer werde der Regierung kein Mißtrauensvotum erteilen, sondern durch Annahme des Kommissionsantrags den Interessen der Republik entsprechen. Die Kongregationen seien Feinde der Republik und Zerstörer des modernen Geistes; es sei die Pflicht des Staates, sich ihrer so bald als möglich zu entledigen. Abg. Ribot (Führer der antiministeriellen Progressisten): Die Politik Combes' sei eine Verleugnung des Werkes Waldeck-Rousseaus. Der Ministerpräsident folge dem neuen Geiste, der leider nicht der Geist der Gerechtigkeit sei, denn er wolle den alleinigen Unterricht durch Laien. Aber der Konseilpräsident habe nicht das Recht, den Katholiken seine persönlichen Auffassungen aufzuzwingen. In Wirklichkeit habe übrigens nicht der Ministerpräsident, sondern die sozialistische Partei die Kabinettsfrage gestellt.

Der Kommissionsantrag wird mit 300 gegen 257 Stimmen angenommen. — Das Ergebnis wird als Vorbote der Verweigerung der Autorisation aufgefaßt.

21. März. (Senat.) Debatte über den Kultusetat. Combes über das Konkordat und den Konflikt mit der Kirche.

Senator Delpech fordert die Aufhebung des Kultusetats und Kündigung des Konkordats. Ministerpräsident Combes: Solange die Kirche das Konkordat nicht unmöglich mache, könne man es nicht kündigen. „Ich sage nicht, daß die Kündigung des Konkordates nahe ist; aber bei dem jetzigen Gang der Dinge brauchen diejenigen, welche dieselbe wünschen, vielleicht nicht lange zu warten. Die Geistlichkeit macht sich nichts aus dem Konkordat, das fortwährend von der Kirche, aber nie vom Staat verletzt wird. Der Vertrag wird verletzt, wenn die geistliche Gewalt sich anmaßt, die zu geistlichen Aemtern zu Ernennenden auszuwählen: er wird verletzt, wenn die Bischöfe das Haupt der Vollziehgewalt angehen, die Handlungen der Regierung umzustoßen. Das Konkordat wird verletzt, wenn die Bischöfe der Geistlichkeit gewisse Kanzeln entziehen, um sie nicht anerkannten Mönchen einzuräumen, wenn die Geistlichen in den Wahlkampf eingreifen. Diese Verletzungen werden fast nie geandet, da sie überzahlreich, die Strafen aber ungenügend sind. Der Kirche ist das Konkordat kein beide Parteien bindender Vertrag, sondern nur ein Zugeständnis der geistlichen Gewalt. Die französische Geistlichkeit muß offen sagen, ob dies ihre Ansicht, ob sie für Aufrechterhaltung oder Abschaffung des Konkordats ist. Wir haben gesagt, daß wir für die Aufrechterhaltung sind, weil dies besser der heutigen Meinung und den Sitten der französischen Gesellschaft entspricht. Wohlverstanden, wir sind für volle Aufrechterhaltung des beiderseits ehrlich gehaltenen Vertrages, denn die republikanische Partei will den Zustand nicht mehr, bei dem der Staat fortwährend getäuscht wird. Will die Geistlichkeit die Scheidung nicht, dann muß sie aufhören, dieselbe jeden Tag anzutrotzen, sich bescheiden, die Bestimmungen des Vertrages streng einzuhalten. Man täusche sich nicht über unser Ziel. Wir wollen die Geistlichkeit nicht zu unserer Politik bekehren, wir wollen dieselbe so wenig unterjochen, daß wir im Gegenteil sie von jeder Politik loslösen wollen. Die Geistlichkeit soll weder republikanisch noch antirepublikanisch sein, sondern nicht in die Politik eingreifen. Sie möge sich in ihrem Bereich halten, und es wird Friede sein. Die Regierung will ebensowenig ihren Beistand als ihre Feindseligkeit ertragen.“ Combes erzählt nun nach eigenen Heften den Zwist mit dem h. Stuhl. „Mein Vorgehen hat den

Zweck, die Unterordnung der Staats- unter die Kirchengewalt zu verhindern. Es handelt sich um die Unabhängigkeit der weltlichen Gewalt bei Handlungen, welche ihr, laut Konkordat, zustehen. Die Ernennung der Bischöfe von Bayonne und Saint-Jean de Maurienne sind durch freien Entschluß der Regierung ohne vorherige Bestätigung, geschehen, gemäß §§ 4 und 5 des Konkordats. Der Zwist ist eine Erbschaft des vorigen Ministeriums. Die konservativen Blätter verkünbigen, die Sache sei verhängnisvoll, ich würde nach Kanossa gehen müssen. Ich weiß, daß die Minister nicht dauern, aber auch, daß dieser Zwist ein Ergebnis haben wird. Ich mag morgen abgehen, aber mein Nachfolger wird den ultramontanen Forderungen nicht nachgeben können, ohne zugleich auf die Verteidigung des Konkordats verzichten zu müssen und die letzte Schranke zu durchbrechen, welche die Trennung der Kirchen vom Staat noch abhält. Die Haltung der katholischen Geistlichkeit ist derart, daß ihre Beziehungen zum Staate nicht mehr dem vom Konkordat erstrebten Zustand entspricht. Die Haltung der Geistlichkeit muß anders werden. Die Erhaltung des Konkordates fordert diesen Preis. Nur Blinde sehen dies nicht."

24. März. (Kammer.) Verwerfung der Autorisationsgesuche von 28 Kongregationen. Pfarrer und Orden.

Die Regierung beantragt 28 Kongregationen — Kapuzinern, Franziskanern, Dominikanern u. a. — die Genehmigung zu versagen. Ministerpräsident Combes begründet den Antrag im Interesse der Pfarrgeistlichkeit. „Sobald eine Kongregation in einer Gemeinde erscheint, sind der Pfarrer, der Vikar gar nichts mehr; die Gläubigen scheinen diese nicht mehr zu kennen. Das hat das Konkordat nicht gewollt, es untersagt ausdrücklich die inneren Missionen, wie Waldeck-Rousseau vor einigen Jahren mittels eines Rundschreibens in Erinnerung gebracht hat. Der Pfarrgeistliche ist durch seine Stellung gezwungen, sich so zu benehmen und so zu sprechen, daß die Gemeinde nicht daran Anstoß nimmt; der Missionar ist über solche Bedenken erhaben. Es läßt sich nicht bestreiten, daß der Feldzug gegen die Errungenschaften der Republik von den predigenden Mönchen geführt worden ist, daß sie alle republikanischen Fortschritte anfeinden, daß Sie, meine Herren von der Majorität, im Augenblick der Wahlen überall auf die Hindernisse gestoßen sind, die gegen Sie von den Mönchen aufgetürmt wurden. (Beifall links, Widerspruch rechts.) Die Mönche sind es, die überall Abscheu gegen unsere gesetzgeberische Tätigkeit verbreiten und vor allem unser Unterrichtswesen der Verachtung preisgeben. Der Haß gegen unsere republikanischen Gesetze ist die mächtigste Triebfeder unserer Prediger. Man vergesse nicht, daß von ihnen Anforderungen zum Staatsstreiche, zur Empörung ausgegangen sind! Das Konkordat hat den katholischen Kultus auf eine so breite Grundlage gestellt, daß die Pfarrgeistlichkeit allen Bedürfnissen zu genügen imstande ist. Der Predigt ist darin ein weiter Platz angewiesen, und die predigenden Kongregationen, die sich hinzudrängen, tun es zum Nachteil der regulären Geistlichkeit. Man darf also nicht sagen, daß religiöse Interessen durch ihre Beseitigung verletzt würden. Wer dies tut, vergeht sich gegen die Wahrheit. Uns eines wilden Verfolgungsgeistes zu bezichtigen, ist ungerecht; wir wollen nicht mehr, als was die Minister des Kaiserreichs wollten, die sich ebenfalls weigerten, die Kongregationen anzuerkennen." — Der Antrag wird mit 304 gegen 246 Stimmen angenommen.

30. März. Die Kammer genehmigt das bereits vom Senat angenommene Budget. Es beträgt 3528 Millionen Francs.

2. April. Die Kammer genehmigt ein Gesetz, wonach die Gemeinden zum Bau der Schulhäuser verpflichtet werden. — Die Verweltlichung des Unterrichts soll hierdurch beschleunigt werden.

Anfang April. Rundschreiben an die Präfekten über die Auflösung von Kongregationen.

Der Ministerpräsident weist die Präfekten an, darüber zu wachen, daß die 28 predigenden Kongregationen, deren Autorisationsgesuche von der Regierung und der Kammer zurückgewiesen wurden, binnen vierzehn Tagen aufgelöst sind. Den 25 lehrenden Gemeinschaften, die sich vergebens um die staatliche Anerkennung bemüht hatten, wird im Interesse ihrer Schüler eine etwas längere Frist zugestanden. Diejenigen, die Mittelschulen oder solche Primärschulen leiten, für deren Besucher nicht sofort in einer benachbarten öffentlichen Volksschule Platz zu schaffen ist, dürfen bis zum 31. Juli ihre Tätigkeit fortsetzen; diejenigen unter geistlicher Leitung stehenden Primärschulen, für die alsbald Ersatz gefunden werden kann, müssen schon zu Ende des laufenden Monats geschlossen sein. — Die Zahl der predigenden Mönche, die sich nun irgendwo Unterkunft und Lebensunterhalt suchen müssen, wird auf 3040, die der lehrenden auf 15,964 geschätzt; die Zahl ihrer Schulanstalten beträgt ca. 1600.

Anfang April. (Bretagne.) Die Regierung verhängt über zahlreiche Pfarrer, die bretonisch predigen und unterrichten, die Gehaltssperre. Der Bischof von Quimper ermahnt die Geistlichen, in ihrer bisherigen Haltung zu verharren.

4. April. Die Kammer genehmigt mit 514 gegen 1 Stimme eine Vorlage, nach welcher Militärpersonen, die vor ihrem Dienstantritt bestimmte Befähigungen erworben haben und sich darüber durch Zeugnisse von Schützen- oder Turnvereinen ausweisen können, einen Vorzugsanspruch auf die Beförderung zu Unteroffizieren erhalten sollen.

6. April. Die Kammer genehmigt die Aufnahme einer Anleihe von 65 Millionen Franken für öffentliche Arbeiten in den Kolonien Westafrikas. (Genehmigung im Senat 3. Juli.)

6./7. April. (Kammer.) Neue Enthüllungen in der Dreyfusfrage. Neue Untersuchung.

Abg. Jaurès (Soz.) bespricht anläßlich einer Wahlprüfung den Vorwurf, den die Nationalisten gegen das Ministerium richteten, daß es im Dienste des Auslandes stehe, und weist darauf hin, daß die Nationalisten im Dreyfusprozeß mit Hilfe einer Fälschung sich auf die angebliche Unterschrift eines fremden Herrschers berufen hätten, um ihren Willen durchzusetzen. Hierauf verliest er einen bisher unbekannt gebliebenen Brief, den General Pellieux, der an dem Dreyfusprozeß in amtlicher Eigenschaft beteiligt gewesen war, nach der ersten Fälschung Henrys am 31. August 1898 an den damaligen Kriegsminister (Cavaignac) gerichtet hatte. Der General schreibt darin: „Da ich von Leuten ohne Ehre getäuscht worden bin und selbst auf das Vertrauen meiner Untergebenen nicht mehr rechnen kann, anderseits auch kein Vertrauen mehr zu meinen Vorsetzten zu haben vermag, die mich auf Grund einer Fälschung vorgehen ließen, so bitte ich um meinen Abschied." (Anhaltende Bewegung.) Abg. Brisson (im August 1898 Conseilpräsident) erklärt unter dem Beifall der Linken, daß Cavaignac, der Kriegsminister in seinem Kabinett, ihm diesen Brief niemals zur Kenntnis gebracht habe. Zu Cavaignac gewendet: „Sie verdienen in Anklagezustand versetzt zu werden! Sie gehören nicht mehr zu den Republikanern! Ich wußte, daß Cavaignac schon am 14. August von der von Henry begangenen Fälschung überzeugt war, er hat mich aber erst am 30. August davon in Kenntnis gesetzt. Heute erst erfahre ich etwas von dem Briefe Pellieux'. Wenn Cavaignac mich nicht benachrichtigt hat, so ist das geschehen, weil er sich in der Zwischenzeit mit General Mercier in Verbindung gesetzt hatte." (Beifall links.) Cavaignac bestreitet, daß ihm die Fälschung schon am 14. August bekannt gewesen sei, ebenso, daß er sich mit Mercier verständigt habe. Er stellt den Brief General Pellieux' nicht in Abrede, erklärt aber, er (Cavaignc) habe geglaubt, es werde Pellieux hinterher leid tun, ihn geschrieben zu haben.

Am folgenden Tage erklärt Kriegsminister André, daß die Regierung die Erforschung der Wahrheit in der in Rede stehenden Angelegenheit zu fördern beabsichtige. (Bewegung.) Die Ehre der Armee sei in dieser Angelegenheit nicht im geringsten in Mitleidenschaft gezogen. (Beifall links.) Er habe niemals in dem Gedanken glücklich sein können, daß ein französischer Offizier wegen des gemeinsten der Verbrechen verurteilt worden sei. Er halte sich an das letzte Urteil des Kriegsgerichts (Beifall rechts), aber er glaube, daß die öffentliche Meinung durch das Auftauchen gewisser, das Verbrechen des Hochverrats mildernder Umstände ganz besonders beunruhigt worden sei. (Beifall links.) Als Minister verstehe er die Befürchtungen, die mehrere Mitglieder in Unruhe erhielten, und, um seinerseits zur Wahrheit sein Teil beizutragen, lege er den Brief des Generals Pellieux vor. Der Minister schließt, indem er sich mit einer administrativen Enquete unter Hinzuziehung einer gewissen Anzahl von Juristen einverstanden erklärt. (Anhaltender Beifall links.)

Abg. Cavaignac verteidigt seine Handlungsweise als Kriegsminister. Nach seiner Ansicht habe er den Brief des Generals Pellieux nicht berücksichtigen dürfen. (Bewegung.) General Pellieux habe auf den Rat des Generals Zurlinden den Brief zurückgezogen. Der Brief sei niemals im Kriegsministerium gewesen, hätte also auch nicht verheimlicht werden können.

In der weiteren Debatte kommt es zu scharfen Auseinandersetzungen zwischen Cavaignac einerseits, Brisson und Jaurès andererseits; nationalistische Redner sprechen gegen die Wiederaufrollung der Dreyfusfrage, weil sie die Armee zerrütte. — Schließlich wird eine Resolution, in welcher die Kammer der Regierung ihr Vertrauen ausspricht und erklärt, daß die Dreyfusaffaire den gerichtlichen Boden nicht verlassen dürfe, mit 250 gegen 75 Stimmen angenommen.

10. April. Der Ministerpräsident ordnet in einem Rundschreiben an die Bischöfe an, daß die Kongregationen und die ihnen angehörigen Geistlichen vom Predigeramte vollständig auszuschließen sind.

12./14. April. (Bordeaux.) Der französische Sozialistenkongreß beschließt mit 109 gegen 89 Stimmen, daß der frühere Handelsminister Millerand trotz seines Eintritts in ein Kabinett Mitglied der Partei bleiben kann.

12./29. April. Präsident Loubet besucht Algier und Tunis.

16. April. (Paris.) Die Polizei stellt 26 Kongregationen Auflösungsbefehle zu. Mehrere Kapellen werden sofort gesperrt.

Mitte April. Die Erzbischöfe von Paris, Reims und Lyon protestieren gegen die Schließung von Kapellen und gegen die Verordnung, daß Ordensleuten, die nicht zur Diözese gehören, das Predigen in Pfarrkirchen verboten wird. Es sei Sache der Kirche, über die Zulassung der Prediger zu entscheiden.

April. Die meisten Kongregationen versagen den Auflösungs- und Ausweisungsdekreten den Gehorsam und lassen sich von der Polizei gewaltsam vertreiben. An vielen Stellen kommt es dabei zu Kundgebungen der Bevölkerung und zu Zusammenstößen mit den Polizisten; an einigen Orten wird Militär aufgeboten.

30. April. (Marseille.) Präsident Loubet begrüßt ein amerikanisches Geschwader.

1./4. Mai. Besuch des Königs von England in Paris.

Bei einem Festmahl im Elysee (3. Mai) bringt Präsident Loubet folgenden Trinkspruch aus: Sire! Ich erhebe mein Glas zu Ehren Ew. Majestät und danke herzlich für den Besuch sowie für diese Kundgebung der herzlichen Beziehungen, welche so glücklich zwischen beiden Ländern bestehen und sich noch enger knüpfen sollen für die Entwicklung so vieler gemeinsamer Interessen und für den Weltfrieden. Ich trinke auf den König, die Königin, die Familie und ihr Wohlergehen.

Der König erwidert: Die Worte, Herr Präsident, welche Sie soeben gesprochen, rührten Mich lebhaft. Ich habe Ihnen zu danken für den schönen Empfang, den ich gefunden habe. Ich kenne Paris seit meiner Kindheit; ich bin oft hierher gekommen und bewunderte stets die Schönheit dieser einzigen Stadt und den Geist der Bewohner. Ich werde niemals den Empfang vergessen, der mir von Ihnen, der Regierung und dem Volke zu teil geworden ist, und freue mich über diese Gelegenheit, welche die Freundschaftsbande noch enger knüpfen und beitragen wird zur Annäherung der beiden Länder in gemeinsamen Interessen. Unser großer Wunsch ist, gemeinsam fortzuschreiten auf dem Wege der Zivilisation und des Friedens. Ich erhebe mein Glas zu Ehren des Präsidenten der Republik und auf die Wohlfahrt und Größe Frankreichs.

4. Mai. (Lourdes.) Infolge der Bemühungen mehrerer Senatoren, Deputierten und Generalräte des Departements Hautes Pyrenées verspricht Ministerpräsident Combes, die Basilika in Lourdes einstweilen nicht schließen zu lassen, damit die wirtschaftlichen Interessen des Bezirkes nicht geschädigt werden.

Mai. Es finden fortgesetzt Kundgebungen für und gegen die Kongregationen statt, z. B. in Lille, Reims, Chalons sur Saône. In Paris kommt es am 17. Mai in einer Kirche zu einer großen Schlägerei zwischen Sozialisten und Katholiken.

7. Juni. (Marseille.) Der Handelsdampfer „Libau" geht infolge eines Zusammenstoßes unter. 117 Personen ertrinken.

12. Juni. Der Senat genehmigt das Gesetz über die zweijährige Dienstzeit.

13. Juni. (Paris.) Die Regierung verbietet den Pariser Pfarrern die alljährlich am Sonntag nach Fronleichnam stattfindenden Prozessionen außerhalb der Kirche abzuhalten.

14. Juni. (Nantes.) Wegen des Verbots der Fronleichnamsprozession kommt es zu einer großen Schlägerei zwischen Klerikalen und Antiklerikalen. Die Klerikalen vertreiben ihre Gegner und bedrohen die Präfektur.

15. Juni. Die Kammer genehmigt mit 552 gegen 3 Stimmen ein Gesetz, betreffend die staatliche Hilfeleistung für Greise, Sieche und unheilbare Kranke.

16. Juni. (Kammer.) Budget und Zollerhöhung.

Der Finanzminister legt das Budget vor. Es schließt in der Ausgabe mit 2 571 800 000 Franken (gegen 3 528 400 000 im Budget für 1903) und in der Einnahme mit 3 513 700 000 Franken ab, weist also einen Fehlbetrag von 58 100 000 Franken auf.

Um die Einführung neuer Steuern zu vermeiden, hat der Finanzminister Vorkehrungen getroffen für die Erhöhung der Einkünfte aus gewissen Gefällen und anderen Staatseinnahmen. Die Kündigung des Handelsvertrages mit Brasilien gestattet die Erhöhung des Eingangszolles auf Kaffee und so dem Staatsschatze eine Einnahme von 17 Millionen zu schaffen. Die Einnahmen werden sich deshalb im ganzen auf 3 572 700 000 Fr. belaufen, also einen Ueberschuß von 1 100 000 Fr. aufweisen, so daß eine Million Franken für Amortisationen verwandt werden kann.

16. Juni. (Kammer.) Finanzminister Rouvier legt ein Einkommensteuerprojekt vor.

Sie besteht 1. aus einer Personalsteuer von 1½ v. H. des Gesamteinkommens, wobei gewisse Abzüge gestattet sind; 2. aus einer Mietsteuer im Betrage von 4 v. H. der Wohnungsmiete. Die neue Einkommensteuer tritt an Stelle der bisherigen Personal- und Mobiliar- sowie Tür- und Fenstersteuer.

20. Juni. (Kammer.) Kosten der Aufhebung des Kongregationsunterrichts.

Unterrichtsminister Chaumié berichtet im Unterrichtsausschuß über die im Primarschulwesen bevorstehenden Aenderungen, wenn nach den nicht autorisierten männlichen Kongregationen, welche zusammen 144 000 Schüler hatten, auch die autorisierten, deren Schülerzahl 200 000 übersteigt, gezwungen würden, ihre Schulen zu schließen. In diesem Falle müßten in 336 Gemeinden neue Schulhäuser gebaut und 1515 Lehrer für die Knabenschulen allein angestellt werden, ganz abgesehen von dem anzuschaffenden oder zu erneuernden Schulmaterial. Die Kongreganistinnen ihrerseits unterrichten 584 000 Mädchen, kaum 100 000 weniger als die weltlichen Schulen. Um allen Bedürfnissen zu genügen, müßten 1921 Schulhäuser gebaut,

1179 neu eingerichtet, über 4000 Schulen mit Material versehen und über 6000 Lehrerinnen ernannt werden. Für die Schulhausbauten und die Anschaffung der Schulutensilien wären 59 Millionen allerwenigstens nötig, und die Gehälter würden 9½ Millionen jährlich erfordern.

23. Juni. (Kammer.) Annahme des Gesetzes über die Säkularisierung der Kongregationen.

In der Beratung des Kongregationsgesetzes suchen die einzelnen Parteien einander durch furchtbaren Lärm am Sprechen zu hindern; die Rechte verläßt zeitweilig den Saal. — Mit 306 gegen 107 Stimmen wird die Kommissionsfassung des Gesetzentwurfs angenommen, wonach jedem Kongreganisten untersagt wird, in der Gemeinde, wo er früher unterrichtete, oder in einer Nachbargemeinde weiter zu unterrichten, falls er nicht den Nachweis erbringt, daß er tatsächlich säkularisiert ist. Sodann wird der Gesetzentwurf in der Gesamtabstimmung mit 329 gegen 66 Stimmen angenommen. Schließlich wird mit 308 gegen 14 Stimmen die Resolution Buisson genehmigt, wonach jede Kongregation aufzulösen ist, die durch Mittelspersonen eine oder mehrere bereits aufgelöste Anstalten neu errichtet hat.

26. Juni. (Kammer.) Beschluß über die Autorisations-gesuche der Kongregationen.

Ministerpräsident Combes beantragt, über die Gesuche nicht einzeln sondern in Bausch und Bogen zu verhandeln und sie abzulehnen. Diese Forderung berühre die Gewissensfreiheit in keiner Weise, aber es sei das Recht des Staates, die Vereinigungen zu überwachen und es käme dem Staate zu, die Berechtigung zum Unterricht zu verleihen. Die weiblichen Lehrkongregationen entsprächen keinem Bedürfnis. Vortrefflich seien die Laienanstalten. Fast überall seien die Laienschulen ausreichend, um die Schüler der Kongreganistenschulen aufzunehmen. Nach Ablehnung der gegenwärtigen Gesuche würden noch 597 weibliche Kongregationen, die Unterricht erteilen, bleiben. Die Regierung lehne es ab, diese Zahl zu vermehren und mache aus dieser Weigerung eine Vertrauensfrage.

Nach längerer Debatte wird mit 285 gegen 269 Stimmen beschlossen, daß die Kammer es ablehnt, zur Beratung der einzelnen Artikel überzugehen. Die Verwerfung aller Gesuche in Bausch und Bogen ist damit beschlossen.

Ende Juni. Lage des Ministeriums.

Bei der Abstimmung am 26. Juni stimmten 30 Mitglieder der ministeriellen Union Républicaine gegen die Regierung. 6 Ministerielle enthielten sich der Abstimmung. Außerdem befinden sich 14 Ministerielle im Urlaub. Die oppositionelle Presse erblickt in der Abstimmung den Beweis dafür, daß der Block erschüttert sei und daß er bald zerfallen werde. Ein Ministerium, welches in einer für seine Politik so einschneidenden Frage nur eine Mehrheit von 16 Stimmen erlangt hatte, unter welchen 6 Stimmen von den Ministern selbst sich befanden, könne nicht lange dauern.

6./9. Juli. Reise des Präsidenten Loubet nach London. — Im Anschluß daran erörtert die Presse lebhaft die „entente cordiale" zwischen Frankreich und England. (Vgl. S. 264.)

11. Juli. Die Regierung erläßt folgende Vorschrift über die Schließung der Kapellen:

1. Kapellen der aufgelösten Gemeinschaften sind sämtlich zu schließen: 2. Kapellen der Lyceen und wohltätigen Anstalten sollen offen bleiben, jedoch nicht von Personen besucht werden dürfen, welche nicht zu den Anstalten gehören. 3. Für Kapellen der großen Pfarreien, deren Notwendigkeit darzutun ist, ist die Ermächtigung nachzusuchen.

24. Juli. Das „Journal Officiel" veröffentlicht mehrere Vorschriften über Hygiene und Sicherheit der Arbeiter in geschäftlichen Betrieben.

Ende Juli. Katholische Blätter wie „Figaro" und „Gaulois" behaupten, daß der Deutsche Kaiser Einfluß auf die Papstwahl zu gewinnen suche, um Frankreich und die katholische Kirche völlig zu entzweien. (Vgl. S. 121.)

28. Juli. (Paris.) Ministerium und Gedächtnisfeier für den Papst.

Bei einer Trauerfeier für den Papst in Notre Dame sind Minister des Auswärtigen Delcassé und Kriegsminister André anwesend, Finanzminister Rouvier und Ackerbauminister Maruéjouls entsenden Vertreter, die übrigen sind nicht vertreten. Radikale Blätter folgern daraus, daß im Kabinett Differenzen über die Kirchenpolitik herrschten.

Anfang August. Präsident Loubet spendet 5000 Francs zu den Sammlungen für die Überschwemmungen in Schlesien.

8. August. (Marseille.) Ein Kongreß der Lehrer und Lehrerinnen Frankreichs, den der Ministerpräsident besucht, spricht sich enthusiastisch für die Unterrichtspolitik der Regierung aus.

10. August. (Paris.) Durch einen Brand in einem Tunnel der Untergrundbahn kommen gegen 100 Menschen um.

17. August. Die Tagung der Generalräte wird eröffnet. Die meisten sprechen sich für die Kirchenpolitik der Regierung aus.

22. August. (Paris.) Die Mitglieder der Familie Humbert werden zu mehrjährigen Gefängnisstrafen verurteilt. — Es waren vergeblich politische Enthüllungen von dem Prozeß erwartet worden. (Vgl. 1902 S. 240, 249.)

24. August. (Les Saintes.) Auf einem Festmahl in den Werkstätten der Staatsbahn hält Ministerpräsident Combes eine scharfe Rede gegen den Klerikalismus und verspricht den Kampf bis zum Siege des republikanischen Geistes über den klerikalen fortzusetzen.

Anfang September. Revanchepolitik und Kolonialpolitik.

Abg. Etienne, ein hervorragender Kolonialpolitiker, führt im „Figaro" mehrfach aus, daß Frankreich bei Fortsetzung seiner Politik der kolonialen Expansion jeden Konflikt mit den übrigen Mächten, vor allem mit England zu vermeiden und namentlich auf eine gütliche Lösung der egyptischen Frage Bedacht zu nehmen habe. Das Schicksal Elsaß-Lothringens

müsse allezeit die erste Sorge Frankreichs bleiben, deshalb müsse die französische Diplomatie mit allen Mitteln den Anschluß Englands an Deutschland gegen Frankreich zu vermeiden streben.

Die Artikel werden in Frankreich und Deutschland viel beachtet.

Anfang September. Der Bischof von Marseille erläßt ein
scharfes Schreiben an seine Diözese gegen die Kirchenpolitik. Die
Regierung sperrt ihm das Gehalt.

13. September. (Tréguier.) Enthüllung eines Renan-Denk-
mals. Klerikale und Regierung. Auswärtige Lage.

Bei der Denkmalsenthüllung, an der Ministerpräsident Combes
teilnimmt, demonstrieren Katholiken gegen die Feier, so daß Militär die
Demonstranten zurücktreiben muß. Ministerpräsident Combes bezeichnet
in seiner Festrede die Enthüllung als einen schweren Schlag gegen die
Reaktion in der Bretagne. Ueber die auswärtige Lage sagt er: „Das
Bündnis mit Rußland trägt einen mehr und mehr ausgesprochenen Cha-
rakter des Vertrauens und der Intimität; die Freundschaft mit Italien
knüpft sich enger durch gegenseitige Zeichen aufrichtiger Herzlichkeit; die
Besserung der Beziehungen zu England nimmt zu. Wir sehen jenseits der
Grenze nur lächelnde Gesichter. Der Horizont gehört dem Frieden. Die
Republik wird sich bemühen, ihn zu bewahren. Sie hat sich von der ersten
Stunde an dem edlen Gedanken angeschlossen, die Lösung internationaler
Streitigkeiten schiedsgerichtlicher Entscheidung zu übertragen. Der so er-
reichte Frieden wird niemanden demütigen. Ich hoffe, wir werden bald
das Morgenrot des allgemeinen Friedens anbrechen sehen."

19. September. Präsident Loubet ordnet eine Neuorganisation
der Kolonialtruppen an.

Ende September. Nach offiziellen Mitteilungen beträgt das
Rekrutenkontingent für 1904 196 000 Mann gegen 232 000 1903.
Die Ursache der Verminderung ist die strengere Auswahl der Dienst-
tauglichen.

Ende September. Der sozialistische Abg. Jaurès behauptet,
Frankreich plane einen Feldzug gegen Marokko, um das Protek-
torat zu erwerben. Die Regierung dementiert diese Nachricht.

Anfang Oktober. Weberausstand.

In Nordfrankreich, vornehmlich in Armentières und Hallouin,
treten die Textilarbeiter in Ausstand. Sie wollen gleichzeitig mit der am
1. April 1904 eintretenden Verkürzung der Arbeitszeit eine Lohnbesserung
durchsetzen. Die Zahl der Streikenden wächst auf 40 000 an; ein ganzes
Armeekorps wird zur Aufrechterhaltung der Ordnung aufgeboten. (Vgl.
Uebersicht.)

11. Oktober. (Clermont-Ferrand.) Ministerpräsident
Combes und Kriegsminister André nehmen teil an der Enthüllung
eines Denkmals für Vercingetorix und führen aus, daß Frankreich
heute um die geistige, wie Vercingetorix für die weltliche Unabhängigkeit kämpfen müsse.

14./18. Oktober. Besuch des italienischen Königspaares in Paris.
Bei einem Festdiner am 14. werden folgende Toaste gewechselt:

Präsident **L o u b e t**: Sire! Frankreich ist sich der Bedeutung des Besuches, den Ew. Majestät dem Präsidenten der Republik macht, bewußt: es sieht in diesem Besuche eine glänzende Kundgebung des engen Einvernehmens, das zwischen den Regierungen Italiens und Frankreichs hergestellt ist und das in gleicher Weise den Gefühlen und den Interessen des italienischen wie des französischen Volkes entspricht. In der Gewißheit, daß beide Länder hinfort mit gegenseitigem Vertrauen und mit demselben guten Willen ihre nationale Aufgabe verfolgen können, begrüßt Frankreich mit aufrichtiger, durch die huldreiche Anwesenheit Ihrer Majestät der Königin noch verdoppelter Freude die Ankunft Ew. Majestät. Von ganzem Herzen erhebe ich im Namen Frankreichs und seiner Regierung mein Glas zu Ehren Ew. Majestät und trinke auf den Ruhm Ihrer Regierung, auf Ihr Wohl wie auf das Wohl Ihrer Majestät der Königin, Ihrer Majestät der Königinmutter und der ganzen königlichen Familie und auf die Größe und die Wohlfahrt Italiens.

Der **König von Italien**: Herr Präsident! Die so liebenswürdigen Worte, die Sie soeben an Mich gerichtet haben, enthalten die lebhafte Genugtuung, die Ich in diesem Augenblicke empfinde. Der enthusiastische Empfang, den die Stadt Paris und das gesamte Frankreich der Königin und Mir bereitet haben, hat Uns tief gerührt. Wie Sie, Herr Präsident, sehe Ich in einem solchen Empfange etwas mehr, als eine einfache Kundgebung dieser ausgesuchten Höflichkeit, die eine der traditionellen Eigenschaften der edlen französischen Nation ist. Mit Recht sieht Frankreich Meine Gegenwart in Paris als ein natürliches Ergebnis des zwischen unseren beiden Ländern glücklich vollendeten Werkes der Annäherung an. Die Interessen Italiens gehen dahin, daß es mit allen seinen Kräften die Erhaltung des Friedens wünscht, und seine Stellung in Europa setzt es in die Lage, durch seine Haltung zur Verwirklichung dieses in hohem Grade der Zivilisation dienenden Strebens beizutragen. Nach diesem Zwecke richten sich Meine heißesten Bestrebungen ebenso wie die beständigen Bemühungen Meiner Regierung. Ich weiß, daß Meine Gefühle von Frankreich und von der Regierung der Republik geteilt werden. Ich freue Mich daher doppelt, Mich heute auf französischem Boden zu befinden. Ich freue Mich über die Herzlichkeit, die man der Königin und Mir bezeigt, und freue Mich, Mein Glas auf Ihre Gesundheit, Herr Präsident, und auf die Größe und Wohlfahrt Frankreichs zu erheben.

20. Oktober. Die Kammern treten zusammen. Budget.

Nach dem Generalbericht der Budgetkommission sind die Gesamtausgaben mit 3567 Millionen veranschlagt, von denen 797$\frac{1}{2}$ auf die Zivilverwaltung, 1216 auf die Erfordernisse der Staatsschuld, 1100 Millionen auf Krieg und Marine und 453 auf Regiekosten und Steuereinhebungen, darunter 225$\frac{1}{2}$ Millionen für die Posten und Telegraphen entfallen. Der Budgetausschuß hat von den Voranschlägen der Regierung 7 770 206 Fr. gestrichen, dagegen andererseits Kredite um 1 886 370 Fr. erhöht, so daß schließlich Ersparnisse von nahezu sechs Millionen erzielt werden konnten.

Oktober. Die der Kammer vorgelegte Statistik über die Schließung der Kongregationsschulen und Eröffnung weltlicher Privatschulen sagt:

Im ganzen wurden 10049 Elementarschulen und Kleinkinderschulen geschlossen und 5839 wieder eröffnet. Von diesen sind 988 Knaben- und die übrigen Mädchenschulen. Von den 988 Knabenschulen werden 106 von weltlichen Lehrern geleitet, die nie einer Kongregation angehörten und 882 von säkularisierten Ordensleuten. Von 4851 Mädchenschulen sind 1875 in den Händen weltlicher Lehrerinnen und 2976 in denen von ehemaligen Nonnen. In der Bretagne waren die Wiedereröffnungen am zahlreichsten; im Finistère wurden 109 Schulen geschlossen und ebensoviele eröffnet.

22. Oktober. Die Kammer spricht nach einer zweitägigen Debatte über die Kirchenpolitik und die Haltung der Regierung im Weberstreik der Regierung mit 332 gegen 233 Stimmen ihr Vertrauen aus.

28. Oktober. Vertreter der englischen Handelswelt besuchen Paris und werden vom französischen Handelskomitee und einigen Ministern begrüßt.

28./31. Oktober. Der russische Minister des Auswärtigen, Graf Lamsdorff, weilt in Paris und überreicht dem Präsidenten ein Schreiben des Zaren.

29. Oktober. (Paris.) Eine Versammlung von Handlungsgehilfen in der Arbeiterbörse fordert die Abschaffung der Stellenvermittlungsbureaus. Es kommt zu einem Zusammenstoß mit der Polizei, wobei 67 Polizisten verwundet werden.

3. November. Die Kammer genehmigt einen Antrag, die Stellenvermittlungsbureaus binnen fünf Jahren gegen Entschädigung aufzuheben.

5. November. Die Kammer kürzt das Justizbudget um 100 Francs, wodurch das Verlangen nach Abschaffung der Kruzifixe in den Gerichtssälen ausgedrückt wird.

7. November. Abschluß des Investiturstreits. (Vgl. S. 279.)

Der „Matin" schreibt offiziös: „Wir glauben zu wissen, daß die Frage des Nominavit nobis, die vor den heiligen Stuhl gebracht worden ist, soeben eine Lösung erhalten hat, die den Beschwerden der französischen Regierung Genugtuung schafft. Von nun an werden die päpstlichen Ernennungsbullen der französischen Prälaten diese Formel nicht mehr enthalten, die den Protest des Staatsrates herausforderte. Man erinnere sich, daß diese Behörde der Regierung mitteilte, sie werde fortan keine Bullen mit der Formel Nominavit nobis registrieren."

9. November. Der Ministerpräsident richtet eine Beschwerde an die Kurie gegen den Bischof von Quimper, der 80 gemaßregelte bretonische Priester unterstützt.

12. November. (Senat.) Annahme des Unterrichtsgesetzes.

Der Regierungsentwurf macht die Gewährung des Rechts zur Ausübung der Lehrtätigkeit von der Erklärung des Bewerbers davon abhängig, daß er zu keiner nichtautorisierten Kongregation gehört. — Sen. Girard

19*

beantragt, daß die Lehrberechtigung allen denen entzogen wird, die jemals
das Obedienz- und Cölibatsgelübde abgelegt haben. (Dadurch wird nicht
nur den Mitgliedern der vom Staate nicht anerkannten Kongregationen,
sondern allen Welt- und Ordensgeistlichen die Lehrfähigkeit abgesprochen
werden. Auch durch den Verzicht auf das geistliche Gewand, bezw. durch
den Austritt aus der klösterlichen Gemeinschaft würden sie die Ausschließung
nicht unwirksam machen können, denn die Tatsache der Ablegung jener
beiden Gelübde würde bestehen bleiben). — Ministerpräsident Combes:
Er stimme im Prinzip dem Amendement Girard zu, das die Erteilung
von Unterricht solchen Personen verbieten wolle, die das Gelübde der Ehe-
losigkeit oder des Gehorsams abgelegt haben. Die Regierung werde aber
an Stelle dieses Amendements noch während der gegenwärtigen Tagung
eine Vorlage einbringen, die allen Mitgliedern von Kongregationen die
Erteilung von Primär- und Sekundärunterricht, wie auch die Erteilung
des höheren Unterrichts verbietet. Was die Mitglieder des Klerus betreffe, so behalte sich die Regierung die Entscheidung vor, bis das Parlament über die Trennung des Staates von der Kirche beschlossen habe.
Die Regierung werde zeigen, daß sie der ungewissen und verworrenen Lage
ein Ende machen wolle, die, wenn sie weiter fortbestehen bleibe, die moralische Ruhe des Landes gefährde. Was die Unterrichtsvorlage anbe-
lange, die jetzt zur Verhandlung stehe, werde die Regierung zwar den
Grundsatz der Freiheit des Unterrichts aufrechterhalten, aber auch das
Recht für sich in Anspruch nehmen, durch Dekrete diejenigen Unterrichts-
anstalten zu schließen, die einen Unterricht erteilen sollten, der gegen die
Verfassung, die Gesetze und die Moral verstoße. § 1 der Regierungsvorlage, der das Gesetz von 1850 abschafft, wird mit 225 gegen 31 Stimmen
angenommen.

19. November. Trennung von Staat und Kirche.

Der Kammerausschuß für Trennung von Staat und Kirche beschließt
folgendes Gesetz vorzuschlagen: „Die Republik beschützt, bezahlt, unterstützt
keinerlei Kultus, weder mittelbar noch unmittelbar, unter welcher Form
es auch sein mag. Sie anerkennt keine Kultusdiener. Sie gewährt unentgeltlich keinerlei Räumlichkeiten für Ausübung eines Kultus oder Wohnung
ihrer Diener".

**19./23. November. (Kammer.) Debatte über die auswärtige
Politik. Erklärung Delcassés. Panama, Marokko, Orient, Abrüstung.**

Deputierter Deschanel (Prog.) verlangt ein freundschaftliches Verhältnis zu England. Marokko sei einen Krieg nicht wert, aber Frankreich
müsse dort unter Wahrung der marokkanischen Integrität ein gewisses
Uebergewicht haben. Französische Kapitalisten dürften sich an der Bagdadbahn nicht beteiligen, weil dieses Unternehmen sich gegen England und
Rußland richte. Die Allianz mit Rußland müsse der Eckstein der französischen Politik bleiben. — Am 23. November verlangt Sembat (Soz.)
Auskunft, ob Präsident Loubet bei seiner Romreise den Papst besuchen
werde. Die französische Politik in China müsse lebendiger sein. — Minister
des Auswärtigen Delcassé: Er wolle einen Ueberblick über die wichtigsten
Fragen geben und beginne mit der Losreißung des Gebietes von Panama
von der Föderativrepublik Columbien. Er stelle die Anerkennung der
neuen Isthmus-Republik in Aussicht, da dieselbe alle wünschenswerten
Garantien für die Berücksichtigung der französischen Interessen biete. Zur
Rechtfertigung dieser Auffassung verliest er nachstehende von der Panama-

Regierung abgegebene Erklärung: „Die Republik Panama verpflichtet sich feierlich, ausdrücklich und definitiv, mit Achtsamkeit die französischen Interessen zu schützen und unter weitestgehender Interpretation der in ihnen vorgesehenen Verpflichtungen die Verträge aufrecht zu erhalten, die vor dem 3. November vereinbart worden sind und die, soweit sie sich auf den Isthmus beziehen, der Uebertragung der Souveränität Columbiens auf Panama folgen und die Republik Panama binden. Alle diese Vereinbarungen bleiben aufrechterhalten, besonders das Abkommen über die Verlängerung der Kanal-Konzession bis 1910". — In der marokkanischen Frage leugnet er entschieden jede größere Expedition ins Innere Marokkos.

In der Balkanfrage habe Frankreich nicht zuletzt auf die Mißstände hingedeutet, die in Mazedonien schließlich zur Empörung führen mußten. Die Pforte habe dann zu Beginn dieses Jahres das von allen Kabinetten, also auch vom Pariser, gutgeheißene Reformprogramm Rußlands und Oesterreich-Ungarns akzeptiert, an seiner Durchführung aber sei sie gehindert worden durch den vereinten Widerstand ihrer Beamten, eines Teils der Bevölkerung und der Revolutionäre, die durch unerhörte Grausamkeiten viele friedlich gesinnte Mazedonier gezwungen hätten, sich der Insurrektion anzuschließen. Nun verlangten die beiden, in der mazedonischen Angelegenheit führenden Großmächte ausreichende Garantien für die Verwirklichung ihrer Reformvorschläge, und die Pforte würde sich in schweres Unrecht setzen, wenn sie nicht rückhaltlos die Kontrolle Oesterreich-Ungarns und Rußlands annehmen wollte. Frankreich müsse und werde Rußland und Oesterreich-Ungarn in der Ausführung des von ihnen aufgestellten Reformprogramms jederzeit unterstützen. — Was Siam angehe, so sei die Regierung gezwungen gewesen, die Verhandlungen mit demselben von neuem zu eröffnen, da die siamesische Regierung zeige, daß sie in den Geist der Konvention von 1902 nicht genügend eingedrungen sei. — Der französisch-englische Schiedsgerichtsvertrag sei eine Folge der Umwälzung, welche in den Ideen seit der Haager Konferenz eingetreten sei. Man dürfe die Tragweite des Schiedsgerichtsvertrages jedoch nicht überschätzen und nun nicht etwa folgern, daß er auf alle Fragen Anwendung finden werde. Es würde mit dem Schiedsgericht an dem Tage zu Ende sein, wo eine große Nation ihre Interessen oder noch mehr ihre Ehre von der Meinung eines Dritten abhängig sehen würde. (Lebhafter Beifall). — Der Zar habe das französisch-italienische Einvernehmen mit Genugtuung begrüßt. — Die Reise des Präsidenten Loubet nach Rom habe eine große politische Bedeutung. Die Regierung habe sich mit ihr jedoch noch nicht zu beschäftigen; die Kammern würden jedenfalls rechtzeitig angerufen werden, um ihre Meinung kundzugeben.

In der Debatte protestiert Abg. Constans (Soz.) gegen die von Delcassé betonte Unmöglichkeit abzurüsten. Er sei natürlich gegen die 1870 erfolgte Verstümmelung Frankreichs, aber er habe das Recht, von einer internationalen Verständigung die Rückgabe Elsaß-Lothringens an Frankreich zu erwarten. — Eine den Erklärungen der Regierung beipflichtende Tagesordnung wird mit 490 gegen 66 Stimmen angenommen.

19./24. November. (S e n a t.) Unterrichtsvorlage. Combes und Waldeck-Rousseau über Unterrichtsfreiheit.

Sen. Delpech beantragt im Einverständnis mit der Regierung, daß das Verbot Sekundär-Unterrichtsanstalten zu leiten oder in solchen zu unterrichten, auf alle Kongregationen, auch auf die autorisierten, ausgedehnt werde. Ministerpräsident Combes: die Unterrichtsfreiheit sei kein natürliches Recht. Die kongreganistische Gefahr habe eine im Jahre 1895 veranstaltete Umfrage über das Unterrichtswesen ergeben. Die Kongreganisten hätten die Nation in zwei Teile gespalten. Man könne seine Kinder nicht Leuten anvertrauen, denen alle Pflichten einer Familie fremd seien. Das Land hatte in den 30 Jahren des kongreganistischen Unterrichts schwer zu leiden. Man könne dem gegenüber unmöglich untätig bleiben. Die Regierung fordere die Zustimmung zu dem Antrage Delpech, denn es sei notwendig, die geistige Einheit des Landes zu sichern. Das Ziel der Kongregationen sei der Triumph der Reaktion und die Agitation unter den Bürgern. (Erneuter Beifall links.) Waldeck-Rousseau: Man könne das Recht zum Unterrichten den autorisierten Kongregationen nicht absprechen. Es handle sich mehr um eine politische, als um eine soziale Frage. Der Antrag Delpech würde undurchführbar sein. Wenn man den anerkannten Kongregationen das Recht zum Unterrichten verweigere, widerspreche dies dem Gesetz von 1901.

Der Antrag Delpech wird mit 147 gegen 136 Stimmen angenommen. — Am 24. November genehmigt der Senat eine Bestimmung, die von allen Schulleitern einen Befähigungsnachweis fordert, sowie das ganze Gesetz.

25. November. (Paris.) Gegenbesuch von englischen Parlamentariern (vgl. S. 264). Sie werden von Loubet empfangen.

25. November. (Paris.) Chauvinistische Beschlüsse des Generalrats des Seinedepartements.

Die Generalräte lehnen Anträge sich zu gunsten einer internationalen Abrüstung auszusprechen ab und beschließen, den Wortlaut des im Jahre 1871 in der Nationalversammlung zu Bordeaux von den elsaß-lothringischen Deputierten zu Protokoll gegebenen Protestes gegen die Abtretung Elsaß-Lothringens in den Schulen des Departements anzuschlagen, ebenso das Votum der Nationalversammlung von Bordeaux, nach welchem die Verantwortung für den Krieg von 1870/71 dem Kaiserreich zur Last gelegt wird.

29. November. Der Justizminister überweist ein Gesuch des ehemaligen Kapitäns Dreyfus um Revision seines Prozesses der Revisionskommission.

3. Dezember. (Paris.) Schlußsitzung der internationalen Sanitätskonferenz.

8. Dezember. Statistik über die Kongregationsschulen.

Ministerpräsident Combes teilt im Ministerrate die genauen Resultate der Ermittelung mit, die er in ganz Frankreich (Algerien ausgenommen) über die Volksschulen hat anstellen lassen, die sich zur Zeit noch in den Händen autorisierter Kongregationen befinden. Diese unterrichten gegenwärtig noch in 3494 Schulen, nämlich in 1299 Knaben- und 2195 Mädchenschulen, die über alle 87 Departements verstreut sind. Die 3494 Anstalten sind in vier Kategorien geteilt worden, je nach der Möglichkeit einer balbigen oder ferner liegenden Schließung. Von den 1236 außerhalb des Seine-Departements gelegenen Knabenschulen können 685 sogleich geschlossen werden, weil die öffentlichen Schulen genügenden Raum für die bisherigen Kongreganistenschüler bieten; für 141 andere Schulen dürften geeignete Lokale gemietet werden. In 240 Fällen wären die öffentlichen Schulen erst zu erweitern und in 170 sind Neubauten unerläßlich. Von den 63 Knabenschulen des Seine-Departements können 26 sogleich geschlossen werden, die anderen 37 dagegen erst nach der Einrichtung neuer

Lokale. Die sämtlichen 1299 Knabenschulen werden von christlichen Lehrbrüdern geleitet. Was die Mädchenschulen betrifft, so können von den 2138 außerhalb des Seine-Departements befindlichen 1198 sogleich, 213 sehr bald, 727 hingegen erst nach neuen baulichen Einrichtungen geschlossen werden. In diesem Falle befinden sich auch 22 Schulen des Seine-Departements, während bei 35 der sofortigen Schließung kein erhebliches Hindernis im Wege steht.

Dezember. In der bonapartistischen Partei bricht ein Zwiespalt über die Taktik aus. Dion und Lasies erstreben eine Verfassungsänderung durch das Plebiszit und denken eventuell an die Ersetzung der parlamentarischen Republik durch eine konsularische unter einem Bonaparte, Cassagnac vertritt dagegen die offene Proklamierung des Kaisertums.

10. Dezember. (Paris.) Eine Versammlung von deutschen, englischen und französischen Segelschiffsrhedern beschließt, Mindestfrachtsätze für bestimmte Fahrten festzusetzen und eine internationale Vereinigung zur Vertretung der Interessen der Segelrheder zu begründen.

18. Dezember. Die Regierung bringt eine Vorlage zur völligen Verweltlichung der Volksschule ein.

Der Gesetzentwurf, der in fünf Jahren durchgeführt werden soll, veranschlagt die Kosten der Verweltlichung der 3494 Volksschulen (1299 Knaben- und 2195 Mädchenschulen) mit zusammen etwa 1,400,000 Schülern, die sich noch in den Händen autorisierter Kongregationen befinden, auf insgesamt ca. 50 Mill. Frcs. Gegenwärtig kosten diese Schulen dem Staat und den Gemeinden nichts. — Von klerikaler Seite werden die Kosten erheblich höher veranschlagt.

18. Dezember. Die Kammer genehmigt mit 352 gegen 225 Stimmen die Dringlichkeit eines Antrags auf Abschaffung aller Ordensauszeichnungen trotz des Widerspruchs des Ministerpräsidenten.

24. Dezember. (Paris.) Die Revisionskommission spricht sich einstimmig für die Zulässigkeit des Revisionsgesuchs des Kapitäns Dreyfus aus.

25. Dezember. Frankreich und Italien schließen einen Schiedsgerichtsvertrag nach dem Muster des englisch-französischen (S. 273).

26. Dezember. (Senat.) In der Etatsberatung legt der Minister des Auswärtigen, Delcassé, ausführlich die auswärtige Politik dar:

Er rechtfertigt zunächst die Intervention Oesterreich-Ungarns und Rußlands bei der Pforte, die den Zweck habe, den Frieden auf der Balkanhalbinsel zu sichern. Bezüglich Marokkos bestehe Frankreichs Politik darin, die Unabhängigkeit und die Entwicklung dieses Sultanats vor Störungen zu bewahren. Niemand mache Frankreich seine Position in diesem

Lande streitig. Ueber Ostasien äußert sich der Minister optimistisch. Nichts berechtige dazu, den täglich in Umlauf gesetzten beunruhigenden Nachrichten Glauben beizumessen. Was die verschiedenen Gruppierungen der Mächte in Europa betreffe, so scheine keine Gruppe sich hinsichtlich der nationalen Interessen und Sympathien dem Ideal mehr zu nähern als die Allianz Frankreichs und Rußlands; das habe selbst Fürst Bismarck anerkannt. Dieses Bündnis habe erst die Unsicherheiten verschwinden lassen, die sich kurz nach der Wiederherstellung der Macht Frankreichs gezeigt hätten, und dabei habe es jedem der Verbündeten seine vollständige Freiheit zu handeln gelassen. Der wichtigste Schauplatz des Wirkens sei für Frankreich immer Europa. Frankreich vergesse zwar nicht seinen Kolonialbesitz, denke aber nicht so sehr an seine Ausdehnung als vielmehr daran, ihn wertvoll für das Mutterland zu machen. Dieses Ziel könne es in Ruhe erreichen, wenn es in Europa stark sei und wenn es ihm gelinge, die Mißverständnisse zu zerstreuen und der Wahrheit Geltung zu verschaffen, daß seine Interessen nicht im Widerstreit mit denjenigen eines fremden Landes sich befinden. — Dank dem beiderseitigen guten Willen konnten die Bande der Freundschaft mit Italien wieder angeknüpft werden. Nicht nur die normalen Handelsbeziehungen zu diesem Lande seien wieder hergestellt, sondern es sei zwischen ihnen gestern auch ein Schiedsgerichts-Uebereinkommen unterzeichnet worden. — Auf England übergehend führt der Minister aus, daß gerade die von Frankreich verschiedenen Lebensbedingungen dieses Landes das Mittel seien, um Rivalitäten zu beseitigen. Beide Nationen würden einander ergänzen und ein Einvernehmen zwischen ihnen sei immer möglich. Das im Oktober geschlossene Uebereinkommen mit England werde in ganz besonderem Maße auf die Beziehungen der beiden Länder vorteilhaft einwirken. — Frankreich suche sowohl mit Maßhalten wie mit Festigkeit seinen Rechten Geltung zu verschaffen, indem es seine Interessen mit denen der anderen Mächte freundschaftlich ausgleiche. Diese Situation sei das Ergebnis des Zweibundes. Einer der entscheidenden Beweggründe für diese Allianz sei die militärische Stärke der beiden Verbündeten. Wenn nun edelmütige Männer eine Steigerung des Militärbudgets bedauerten, so erwidere er darauf, daß die Regierung nicht das Recht habe, die nationale Sicherheit zu vernachlässigen. Gewiß wolle Frankreich sich auf dem Wege des sozialen und humanitären Fortschrittes von keiner anderen Nation überholen lassen, aber um diese Fortschritte zu erreichen, sei eine Sicherheit notwendig, welche Stärke gebe. (Lebhafter Beifall.)

Ende Dezember. (Paris.) Ausstand eines Teils der Bäckergesellen, wobei es zu vielen Exzessen kommt.

30. Dezember. Der Senat genehmigt nach einigen Verhandlungen mit der Kammer definitiv das Budget.

VII.
Italien.

28. Januar. (Rom.) Der Kaſſationshof hebt das gegen Palizzolo gefällte Urteil (1902 S. 258) auf und verweiſt den Prozeß vor das Schwurgericht in Florenz.

19. Februar. (Kammer.) Debatte über die Ausgaben zur Landesverteidigung.

Abg. Mirabelli beantragt eine Verminderung der militäriſchen Ausgaben. Miniſterpräſident Zanardelli: So wenig er einer Erhöhung der ſtändigen Ausgaben des Kriegsminiſteriums zuſtimmen würde, ſo wenig könne er auch die Herabſetzung derſelben zulaſſen. Für jede Nation, gleichviel ob reich oder nicht, gebe es ein Minimum, das ſie für die nationale Verteidigung opfern müſſe. Die Ausgaben Italiens entſprächen aber bisher der Leiſtungsfähigkeit des Landes, zumal die Lage des Budgets jetzt erheblich beſſer ſei. Während alle Staaten ihre Ausgaben für Streitkräfte erhöhen, dürfe Italien, das ſich zwiſchen zwei Staaten befinde, die für militäriſche Zwecke nichts ſparten, ſie allein nicht herabſetzen. Reformen und Erſparniſſe ſeien nicht ausgeſchloſſen, vor allem müſſe aber der Schutz der Grenzen gegen Oſten und Weſten geſichert ſein. Wenn man auch Frieden wolle, ſo könne doch kein Frieden mit einſeitiger Abrüſtung gewünſcht werden, wenn Italien den ihm gebührenden Platz in der Welt behalten wolle. — Der Antrag wird mit 269 gegen 64 Stimmen abgelehnt.

23. Februar. (Kammer.) Debatte über die Reformen in der Türkei und die Balkanfrage.

Mehrere Deputierte richten an die Regierung Fragen über die Haltung der Mächte angeſichts der mazedoniſchen Unruhen.

Morin: Die am Berliner Kongreß beteiligt geweſenen Mächte hätten allen Grund gehabt darauf zu rechnen, daß der Vertrag vom 13. Juli 1878 für die Balkanhalbinſel eine dauernde politiſche Lage ſchaffen würde. In der Tat legte Artikel 23 dieſes Vertrages der Pforte die Verpflichtung auf, in ihren europäiſchen Provinzen organiſche Reglements gleich dem kretiſchen zur Anwendung zu bringen, die von gemiſchten Kommiſſionen, in denen für das eingeborene Element eine rechtliche Vertretung vorgeſehen war, aufgeſtellt werden ſollten. Man hatte alſo allen Anlaß, anzunehmen, daß dieſe Reglements die alten Mißbräuche beſeitigen und den Religionskämpfen ein Ende machen würden. Allein die gemiſchten Kommiſſionen, die die Reglements vorbereiten ſollten, ſind niemals in Tätigkeit getreten, und das Land ist auch weiterhin in einer Weise verwaltet worden, welche ich mich zu beurteilen enthalten will. Ein solcher Zustand mußte die Unzufriedenheit in verhängnisvoller Weise verschlimmern und zugleich zu Bestrebungen anstacheln, deren unvermeidliche Wirkung die gegenwärtigen Wirren in Mazedonien und Bulgarien gewesen sind. — Italien war seine Rolle bei dem Werk der Diplomatie durch sein Recht als Mitunterzeichner der Verträge, welche die Lage im ottomanischen Reich regelten, wie auch durch seinen festen Willen, zur Erhaltung des Friedens beizutragen, klar vorgeschrieben. Die italienische Regierung hat es niemals an der Erfüllung ihrer Aufgabe mangeln lassen. Niemals hat man in Konstantinopel, Sofia oder sonstwo einen Ratschlag oder eine freundschaftliche Warnung erteilt, ohne daß Italien seine Stimme mit der der Mächte vereint hätte, da man immer die gleichen Absichten für die Ordnung und den Frieden hegte. Leider ist keine Maßnahme zur Besserung der kritischen Zustände ergriffen worden, unter denen die europäischen Provinzen der Türkei heute immer noch leiden. Allerdings hat die Pforte vor kurzem aus eigener Initiative ein Reglement für die mazedonischen Vilajets aufgestellt, wobei ein hoher Beamter mit der Ueberwachung der Durchführung derselben betraut und einer Kommission die besondere Aufgabe übertragen wurde, die Berichte zu kontrollieren, welche die Valis und der erwähnte Inspektor selbst an sie richten würden. Indessen sind diese Reformen in den Augen der Mächte nicht von der Art erschienen, um dem Uebel abzuhelfen, das sich seither nur noch verschlimmert hat. Wir haben es daher mit Freuden vernommen, daß bei der vor kurzem erfolgten Zusammenkunft von den Ministern des Aeußern Oesterreich-Ungarns und Rußlands die Initiative zu einem Programm ergriffen wurde, das zu den vom Sultan bereits angeordneten Besserungsmaßnahmen Reformen mit praktischer Wirksamkeit hinzufügen soll. Ueber das in Wien von den beiden Ministern beschlossene Vorgehen war uns vorher Mitteilung gemacht worden, und so waren wir in der Lage, uns zu vergewissern, daß dasselbe unseren eigenen Anschauungen durchaus entsprach, so daß, als das Programm von den Botschaftern der beiden Reiche in Konstantinopel in der Form spezieller Vorschläge überreicht wurde, wir im stande waren, ohne Verzug unsere volle Zustimmung bekannt zu geben. Die vorgeschlagenen Reformen beziehen sich auf die sog. makedonischen Vilajets Kossowo, Monastir und Salonichi, wo die Agitation eine außerordentlich lebhafte ist, während man, soweit die politische Lage in Albanien in Betracht kommt, in dem zwischen Wien und Rom getroffenen Abkommen eine sichere Garantie für die Aufrechterhaltung des status quo erblicken darf. Die nächste Zeit ist sicher von entscheidender Bedeutung für den türkischen Osten. Wir wollen wünschen, daß sie glücklich abläuft. Wenn, wie man hofft, die bulgarische Regierung in der Lage ist, nach ihrem Vorhaben mit fester Hand den Herd der Agitation im Fürstentum zu unterdrücken, die, indem sie das Werk der Diplomatie hemmt, das Land den ernstesten Verwicklungen aussetzen könnte, und wenn, woran wir nicht zweifeln, die Pforte in angemessener Zeit die von ihr in aller Form gegenüber Europa eingegangenen Verpflichtungen erfüllt, so wird die augenblickliche Krisis zu einer Lösung gebracht werden können, welche der Bevölkerung des Balkans Ruhe und Frieden wiedergeben könnte. Dieses Ziel erstreben alle Mächte. Es handelt sich um ein Werk weiser Politik und gleichzeitig um ein Werk im Sinne hoher Humanität und Zivilisation, von dem sich Italien unmöglich trennen kann. Sollte aber wider Erwarten eine gemeinsame Aktion der Mächte trotz ihrer entschiedenen Entschlossenheit zur Aufrechterhaltung des Friedens einen ungünstigen Ausgang der Ereignisse nicht verhindern können und sollte der Brand, den die Mächte zu ersticken suchen, nicht zu löschen sein, so würde Italien sich gewiß nicht auf die passive Rolle eines einfachen Zuschauers beschränken. Wir würden uns in unserer Haltung von Ratschlägen der Klugheit leiten lassen, gleichzeitig aber auch unsere Entschlüsse mit aller derjenigen Bestimmtheit fassen, welche die Umstände erfordern könnten. So würde die italienische Regierung unter sorgfältiger Rücksicht auf ihre eigenen Verpflichtungen und unter Achtung der berechtigten Interessen der anderen Mächte es an nichts fehlen lassen. Man wird darüber wachen, daß die Rechte und Interessen Italiens in keiner Weise angetastet werden.

16. März. (Deputiertenkammer.) Beratung über die Lage im Mittelmeer.

Auf eine Anfrage erklärt Unterstaatssekretär Baccelli, die Regierung wisse nicht, ob zwischen England und Frankreich über die Mittelmeerfragen Unterhandlungen schwebten oder schon abgeschlossen seien. Indes selbst wenn, was jetzt nicht zu erwarten sei, Veränderungen im Mittelmeer künftig eintreten könnten, so sei es durch frühere Erklärungen der Kabinete in Paris und London außer Zweifel gestellt, daß Veränderungen nicht zum Nachteil Italiens eintreten würden. Italien wünsche, daß keine Veränderungen im Mittelmeer sich vollzögen, sehe aber der gegenteiligen Möglichkeit auch ohne Ueberhebung und ohne Schwäche entgegen.

Ende März. Innerhalb der Sozialdemokratie gewinnt die radikale Richtung (Ferri) die Oberhand. Infolgedessen verliert die Regierung die Unterstützung der sozialdemokratischen Fraktion.

1./9. April. (Rom.) Tagung des internationalen Historikerkongresses. Vorsitzender ist Villari, Stellvertreter u. a. A. Harnack, L. Pastor. Ehrenpräsident ist Theodor Mommsen.

7. April. (Rom.) Beginn des allgemeinen Ausstandes, der binnen einer Woche vollständig scheitert.

14. April. (Rom.) Tagung des internationalen landwirtschaftlichen Kongresses.

Es wird u. a. beraten die Frage einer europäischen Verständigung zum Zweck der Anwendung von Differentialzöllen gegenüber den Vereinigten Staaten. Schließlich wird ein Antrag Luzzattis angenommen, daß die Frage der amerikanischen Konkurrenz bis zum Zusammentritt des nächsten Kongresses vertagt werden solle, damit in der Zwischenzeit die Angelegenheit gründlicher studiert werden könne. — Ferner wird die Frage einer internationalen Regelung der Getreidepreise besprochen.

16. April. (Rom.) Der internationale lateinische Kongreß berät über Mittel, dem Lateinischen als internationaler Sprache eine größere Verbreitung zu schaffen. Es soll in Rom ein Kolleg zum Unterricht im Altlateinischen und in den neulateinischen Sprachen geschaffen werden.

19. April. (Apulien.) In Galatina verüben arbeitslose Landleute Ausschreitungen.

22. April. Der bisherige Marineminister Morin wird an

Stelle Prinettis Minister des Auswärtigen. Marineminister wird Admiral Bettolo.

27./29. April. Besuch des Königs von England in Rom.

2./5. Mai. Besuch des Deutschen Kaisers in Rom.

Am 3. Mai bringt auf einem Festmahl im Quirinal König Viktor Emanuel folgenden Trinkspruch aus: „Heute ist ein Freudentag für mein Haus; es weilt neben mir Ew. Majestät, mein treuer Verbündeter. Wie treue Verbündete waren unsere ruhmreichen Großväter Kaiser Wilhelm I. und König Viktor Emanuel II. und unsere Väter makellosen Angedenkens! Bei uns hier weilen die jungen Prinzen, die Söhne Ew. Majestät, der Stolz des Vaterherzens, die Hoffnung des deutschen Vaterlandes. Und wir können auch Ihre Majestät die Kaiserin und Königin Auguste Viktoria als zugegen ansehen, welche sicher im Geiste bei uns ist, wie wir mit unseren Gedanken bei ihr weilen. Ich danke daher lebhaft Ew. Majestät, welche in allen unseren Schicksalswandlungen Italien einen Beweis beständigen Interesses und herzlicher Sympathie geben wollte, ein Pfand der innigen Freundschaft, die ein festes Band schon seit drei Generationen ist zwischen unseren Familien, unseren Heeren und unseren Völkern. Die heutige Begegnung ist eine neue Bekräftigung des gemeinsamen Willens Deutschlands und Italiens, alle ihre Anstrengungen und ihr einträchtiges Wirken unter die Auspizien des gegenseitigen Bündnisses auf die Beförderung des Friedens zu richten. So wende ich mit voller Treue meinen Wunsch Ew. Majestät edlem Reiche zu, welches, groß durch gewaltige Ueberlieferungen, auch auf dem Gebiete jeglichen Fortschrittes der Gesittung groß sein will und trinke auf die Gesundheit Ew. Majestät, Ihrer Majestät der Kaiserin und Königin, der erlauchten Prinzen, die heute meine Gäste sind, und der gesamten Familie Ew. Majestät!"

Kaiser Wilhelm antwortet: „Wollen Ew. Majestät mir gestatten, den Ausdruck meines tiefgefühlten Dankes darbringen zu dürfen für den sich durch Glanz und Großartigkeit, ebenso wie durch warme Herzlichkeit auszeichnenden Empfang seitens Ew. Majestät Hauptstadt und Volk. Ich erkenne in demselben die Bekräftigung der Tatsache, daß das Bündnis, welches unsere beiden Häuser und Länder verbindet, vor dem italienischen Volke in voller Sympathie anerkannt und unverändert gepflegt wird. In dem Augenblick, in dem ich mein Glas auf Ew. Majestät Wohl zu erheben im Begriffe bin, darf ich es wohl wagen, den Blick zurückschweifen zu lassen auf die mir unvergeßliche Gestalt Ew. Majestät von mir so innig geliebten Vaters. Sein Andenken als eines ritterlichen Helden und herzgewinnenden Menschen wird mir stets heilig sein, und unvergeßlich der Druck seiner Hand, wie der Blick aus seinen treuen Augen. Sein und des Himmels Segen ruhe auf Ew. Majestät, auf Ew. Majestät erlauchten Gemahlin und dem Hause Savoyen. Zur Bekräftigung dieses Wunsches leere ich mein Glas: Bevo alla salute delle loro maesta il ro e la regina, bevo alla salute del valoroso esercito italiano, bevo alla salute della bella e nobile Italia e del gentile popolo italiano." Die Musik spielt hierauf den italienischen Königsmarsch.

5. Mai. Der König und der Deutsche Kaiser besuchen das Kloster Monte Cassino.

11. Mai. (Kammer.) In einer Besprechung der durch die Erhebung des Mullah im Somalilande hervorgerufenen Lage er-

klärt Minister des Auswärtigen Morin, daß für Italienisch=
Somali und Benadir keine Gefahr bestehe.

Ende Mai. Anfang Juni. Kundgebungen gegen Österreich.

Aus Anlaß der Innsbrucker Universitätsangelegenheit (S. 201) veranstalten römische Studenten lebhafte Demonstrationen gegen Oesterreich;
auch in anderen Landesteilen kommt es zu Kundgebungen, so daß Militär
einschreiten muß. In Rom wird am 2. Juni der kleine Belagerungszustand verkündet.

4. Juni. Die Kammer lehnt einen Antrag Pantano (Soz.),
den Eisenbahnbetrieb zu verstaatlichen, mit großer Mehrheit ab.

5. Juni. (Kammer.) Debatte über den Besuch des Zaren.

Abg. Morgari (Soz.) fragt, ob die Nachricht von dem bevorstehenden
Besuch des russischen Kaisers in Rom zutreffend sei. Unterstaatssekretär
des Auswärtigen, Baccelli: Es bestehe kein Zweifel darüber, daß der
Besuch, den der König am russischen Kaiserhof abgestattet habe, vom Kaiser
erwidert werden würde. Der Zar werde in Italien ein ebenso willkommener Gast sein, wie es König Viktor Emanuel in St. Petersburg gewesen
sei. Das genaue Datum des Besuches sei übrigens noch nicht mitgeteilt
worden. Morgari: Die Sozialisten fühlten sich gedrungen, zu dieser
Angelegenheit folgende Erklärung abzugeben: Die bisher nach Italien gekommenen ausländischen Souveräne seien von ihnen (den Sozialdemokraten)
ohne irgendwelche Gegenkundgebungen empfangen worden, weil es sich um
konstitutionelle Monarchen handelte. Das sei aber bei dem Besuch des
Kaisers Nikolaus, der seinem Volke noch keine Verfassung gewährt habe,
nicht der Fall. (Unterbrechungen und Unruhe.) Seit der Besuch des russischen Kaisers angekündigt worden sei, hätten in Italien die Verhaftungen
angeblich verdächtiger Personen begonnen. Der Präsident unterbricht
Morgari und versichert, daß die italienische Nation glücklich sein werde,
das Oberhaupt der russischen Nation zu empfangen; die Stadt Rom werde
dem Zaren eine ihres Rufes als gastfreundliche Stadt würdige Aufnahme
bereiten. (Lebhafter Beifall.) Unterstaatssekretär Baccelli: Welcher politischen Partei man auch angehöre, so dürfe man die Pflichten der Höflichkeit und Gastfreundlichkeit doch nicht verletzen. Italien werde den befreundeten Souverän in würdiger Weise empfangen. Er lege gegen die Worte
Morgaris entschieden Verwahrung ein. Es sei gewiß, daß die ganze
Kammer, durch die die Gesinnung der Nation vertreten werde, sich mit
ihm in Uebereinstimmung befinde. (Lebhafter Beifall.)

10. Juni. Die Kammer lehnt einen von Sozialdemokraten
und Konservativen unterstützten Antrag, eine parlamentarische
Enquete über die Geschäftsgebarung des Marineministeriums anzustellen, mit 188 gegen 149 Stimmen ab.

12./15. Juni. Kabinettskrisis.

Der Minister des Innern Giolitti reicht seine Demission ein,
weil die Radikalen sich am 10. Juni von der Regierung getrennt haben.
Infolgedessen demissioniert das Kabinett, das Zanardelli nach einigen
Verhandlungen abermals bildet. Giolitti und Bettolo scheiden aus, ihre
Ministerien übernehmen einstweilen Zanardelli und Morin.

26. Juni. Die Kammer votiert dem Ministerium mit 257
gegen 171 Stimmen ein Vertrauensvotum.

28. Juni. Die Kammer bewilligt sechs provisorische Budget=zwölftel und vertagt sich.

28. Juni. (Rom.) Die Vereinigung der Handelskammern erklärt in einer Resolution, sie halte Kornzölle im Hinblick auf die bevorstehende Erneuerung der Handelsverträge mit Österreich-Ungarn, Deutschland und der Schweiz für nicht opportun.

Anfang Juli. Der „Giornale d'Italia" behauptet, der Zar habe seinen auf Oktober festgesetzten Besuch beim italienischen Hof auf das kommende Jahr verschoben. Der Hofpräfekt erklärt, er wisse nichts davon.

11. Juli. Der König schiebt infolge der Krankheit des Papstes die Reise nach Paris auf.

Die „Tribuna" schreibt darüber: „Angesichts des Zustandes des Papstes ist die Reise des Königs nach Paris infolge eines Uebereinkommens zwischen Frankreich und Italien auf September verschoben worden. Die Vereinbarung entspringt nicht politischen Erwägungen, sondern moralischen Gründen der Menschlichkeit und der Zivilisation, und wird ihrem wahren Sinne nach gewürdigt werden. Das Papsttum hielt sich im Kriegszustande gegenüber Italien, das eine ganz besonders höfliche Nation und das, wenn es auch seine Stellung im Kampfe behauptet hat, doch dem Haupte der katholischen Kirche gegenüber Rücksicht nimmt. Italien hätte gekonnt, es wollte sich aber nicht daran erinnern, daß das Papsttum seine Jubiläums-feierlichkeiten wegen des Todes König Humberts nicht unterbrach. Die Verschiebung der Reise wird Beifall bei der gesitteten Welt finden."

1. August. (Udine.) Der Finanzminister über Italiens wirtschaftliche Lage.

Bei der Eröffnungsfeier einer Landwirtschafts- und Industrie-Aus-stellung der Provinz Venedig hält der Finanzminister Carcano eine Rede über die wirtschaftliche, industrielle und Finanzlage Italiens. Die Steige-rung der landwirtschaftlichen Produktion und die Entwicklung der indu-striellen Tätigkeit, insbesondere die weitgehende Verwendung der Elektro-technik und der Dampfkraft schreite immer fort. Auch der Handel entwicke sich stetig. Die verzinslichen Einlagen in den Sparkassen beliefen sich auf 3 Milliarden. In dem mit dem 30. Juni 1901 zu Ende gegangenen Finanzjahr habe der Ueberschuß mehr als 41 Millionen und im Finanz-jahre 1901/02 32 Millionen betragen, auch für das mit dem 30. Juni ds. Js. beendete Finanzjahr werde sich ein Ueberschuß von rund 60 Millionen ergeben. Die italienische Rente stehe über pari; das Agio sei verschwunden. Demgemäß sei die Fortführung der Steuerreformen erleichtert, und man werde bald an die Konversion der Rente gehen können (vgl. Böhler, Wirt-schaftliches und Politisches aus Italien. Preuß. Jahrb. Bd. 114).

5. August. Italien und die Papstwahl.

Ministerpräsident Zanardelli richtet folgendes Telegramm an die Präfekten: Der neue Papst hat uns seine Wahl nicht mitgeteilt; ich be-nachrichtige Sie daher, daß die Staatsbeamten an den kirchlichen Feiern, die aus dem Anlasse dieser Wahl stattfinden werden, nicht teilnehmen können.

6. August. (Neapel.) Schluß eines Prozesses gegen den früheren Bürgermeister Summonte und den früheren Deputierten Lasale. Sie werden nebst elf anderen Angeklagten wegen betrügerischer Schädigung der Gemeinde Neapel zu längeren Gefängnisstrafen verurteilt.

Ende August. Agitation der Sozialdemokraten gegen den Zarenbesuch.

Der „Avanti" schreibt: „Das jüngst gewählte Geheimkomitee der Volksparteien, um S. M. Nikolaus II., Kaiser von Sibirien und anderer trostlosen Gegenden, einen gebührenden Empfang zu bereiten, hat nachstehendes Programm aufgestellt: 1. Verbreitung von Schriften zu einem Centesimo und zu zwei Soldi, durch die das Volk aufzuklären ist, über die Frage: „Was ist der Zarismus?" 2. Vorträge, die zu einer bestimmten Zeit den großen Städten gehalten werden sollen. 3. Ausgiebigste Verteilung der Zarenfluchtpfeife (20 Stück für einen Soldo). 4. Oeffentliche Kundgebung vor den russischen Konsulaten. 5. Kundgebungen längs der Bahnlinie, die der Zarenzug passieren wird. 6. Besondere Kundgebungen dort, wo der Zar aussteigen wird. 7. Aufruf an die gesamte demokratische Presse, die Protestbewegung gegen diesen Besuch zu fördern, da er eine Beleidigung der liberalen Ueberlieferungen Italiens, wie der Zivilisation bedeutet."

27. August. Durch einen Zusammenstoß zweier Militärzüge bei Udine werden 9 Personen getötet und viele verwundet.

31. August. 2. September. (Rom.) Prozeß wegen Kritik der Marineverwaltung durch den „Avanti".

Nach der „Köln. Volksztg" ist folgendes die Ursache des Prozesses: „Der Avanti veröffentlichte ein Schreiben eines Marinesoldaten, worin es hieß, daß das Bordkommando während des 15tägigen Urlaubs der Matrosen, deren Gutschein auf 70 Cents für tägliche Proviantlieferung lautet, dem betr. Unternehmer einreicht, aber dafür keinen Mundvorrat einzieht, sondern sich mit 40 Cents in Bargeld pro Person begnügt. Diese 40 Cents gehen in eine Kasse für sogenannte Geheimfonds, in die sich meistens die Offiziere der Marineverwaltung teilen. Bei der häufigen Urlaubserteilung erreichen die Gelder eine nicht unbeträchtliche Höhe. Die übrigbleibenden 30 Cents behält der Lieferant für sich, ohne daß er einen Gegendienst dafür geleistet hat. An Bord befindet sich auf jedem Schiff ein Angestellter als Vertreter des Lieferanten, der vom Staat ein gewisses Gehalt erhält. Dieses Gehalt wird von dem betreffenden Beamten nicht erhoben, vielmehr angeblich von dem Schiffskommissar oder dem zweiten Kommandanten eingestellt. Zu einem zweiten Schreiben behauptet der Avanti, daß die der Prüfungskommission für Lebensmittel angehörigen Marinesoldaten alles für gut befinden müssen, was ihnen vorgewiesen wird, andernfalls wandern sie in den Arrest. Bei dem Kommisbrot würde das vorgeschriebene Gewicht nie eingehalten."

Infolge dieses Artikels verklagen 35 Offiziere und Maschinisten den „Avanti" wegen Beleidigung. -- 2. September werden die Kläger abgewiesen und zu den Kosten verurteilt, und zwar mit der Begründung, daß die Angriffe des Avanti nicht gegen sie persönlich, sondern gegen das Offizierskorps und die Marineverwaltung im allgemeinen gerichtet gewesen seien.

30. September. Ein königliches Dekret ernennt eine Kommission zur Untersuchung der Tätigkeit der Marineverwaltung. — Sie beginnt ihre Tätigkeit am 21. Oktober.

1. Oktober. (Mailand.) Schluß eines Streiks der Eisenbahnarbeiter der Nordbahn. Der Streik, dem sich Arbeiter anderer Linien anschließen sollten, endigt infolge Uneinigkeit der Arbeiter mit ihrer völligen Niederlage.

12. Oktober. Verschiebung des Zarenbesuchs.

Die „Agenzia Stefani" meldet, daß laut amtlicher Mitteilung der Kaiser von Rußland aus Gründen, die von seinem Willen unabhängig seien, seinen Besuch am italienischen Hofe verschieben müsse. — Ein Adjutant des Zaren überreicht dem König einen eigenhändigen Brief des Zaren, worin der Zar die Verschiebung mitteilt. Die Verschiebung der Reise wird von den meisten Blättern auf die Agitation der Sozialisten zurückgeführt; viele greifen die Regierung an, daß sie diese zügellose Agitation geduldet und Italien eine Demütigung zugezogen habe. Es sei eine Schande für Italien, daß der Zar in Italien seine persönliche Sicherheit gefährdet glauben könne. Nach anderen ist die Verschiebung hervorgerufen durch die Ungeschicklichkeit des russischen Botschafters, Fürst Nelidow, der sich mit der italienischen Regierung über den Text der Toaste nicht habe einigen können und deshalb die Verschiebung empfohlen habe. Der sozialistische „Avanti" triumphiert; zum erstenmal habe das Proletariat einen Erfolg in der auswärtigen Politik erreicht.

13. Oktober. Das Königspaar und der Minister des Auswärtigen reisen nach Paris.

21. Oktober. Das Ministerium Zanardelli reicht seine Demission ein wegen Kränklichkeit Zanardellis.

3. November. Neubildung des Ministeriums.

Giolitti Präsidium und Inneres; Pedotti Krieg; Rosano Finanzen; Luzzatti Schatz; Tedesco Oeffentliche Arbeiten; Rava Ackerbau; Ronchetti Justiz; Orlando Unterricht; Stelluto-Scala Posten und Telegraphen; Tittoni Auswärtiges; Mirabello Marine. — Der Parteiangehörigkeit nach sind Tittoni, Tedesco, Luzzatti, Pedotti und Mirabello Konservative; Orlando und Rava gemäßigt Liberale; Giolitti, Rosano, Ronchetti und Stelluto-Scala entschieden Liberale.

9. November. (Neapel.) Finanzminister Rosano tötet sich durch einen Revolverschuß. Als Ursache werden Angriffe der Sozialisten auf seine politische Vergangenheit angegeben.

November. (Bologna.) Italienischer Katholikentag. Heftiger Streit zwischen Konservativen und Demokraten unter Führung Murris.

26. November. (Rom.) Die Verhandlungen über den Handelsvertrag mit Österreich-Ungarn beginnen.

Ende November. An mehreren Universitäten finden antiösterreichische Kundgebungen statt wegen des Verbots freier italienischer Hochschulkurse in Innsbruck (S. 228). Die Regierung tritt ihnen energisch entgegen.

1. Dezember. Die Kammern treten zusammen. Minister=präsident Giolitti legt das Programm der Regierung vor:

Die Regierung setze die von dem vorigen Kabinett inaugurierte Politik der weitgehendsten Freiheit innerhalb der gesetzlichen Grenzen, die eine ungeheure Mehrheit des Landes gutgeheißen habe, fort. Jetzt solle zudem eine Periode sozialer, wirtschaftlicher und finanzieller Reformen beginnen. Die Hauptfragen seien die Handelsverträge, die Erleichterung des Druckes der Staatsschuld, die Bahnfrage und die Hebung der Provinzen im Süden. Bei den Handelsvertragsverhandlungen, die mit Deutschland, Oesterreich-Ungarn und der Schweiz schweben, schöpft die Regierung aus den vortrefflichen Absichten aller Beteiligten das Vertrauen, die in der Sache selbst liegenden Schwierigkeiten überwinden zu können, welche solche Verhandlungen überall begleiten. Die Regierung strebe dahin, den Agrarexport zu fördern und sei deshalb bereit, die Industriezölle, soweit nicht der Bestand der Industrie gefährdet werde, zu verringern und auch den Petroleumzoll erheblich herabzusetzen. Die Konversion der 4½proz. Rente, welche einen Restgewinn von 6 Millionen jährlich bringt, ist vorbereitet und bedarf nur noch der Genehmigung der Kammer. Die Regierung beschäftigt sich voller Zuversicht mit der eine Ersparnis von 40 Millionen bringenden Konversion der 5proz. konsolidierten Anleihe, welche den Beginn eines wahrhaften wirtschaftlichen Wiedererstehens Italiens bedeuten wird. Die Regierung wird auch die Eisenbahnfrage vorurteilslos prüfen und falls eine angemessene Organisierung des Privatbetriebes undurchführbar sein sollte, eine Vorlage einbringen betr. die eventuelle Organisierung des Staatsbetriebes. — Es sei nötig eine unbeugsame und gesetzmäßige Ueberwachung der Provinzverwaltungen und der Gemeindeverwaltungen des Südens. Die Durchführung der für den Süden bewilligten Bahnbauten und Sanierungsarbeiten sowie der apulischen Wasserleitung soll beschleunigt werden. Ferner will die Regierung die industrielle Entwicklung Neapels und die Bildung kleinen Grundbesitzes fördern und die Lasten der Gemeindeschulden, der Provinzschulden und der Grundschulden verringern. — Die Regierung ist bestrebt, durch eine strenge Finanzgebarung das Gleichgewicht des Budgets aufrecht zu erhalten, das eine Vorbedingung der Rentenkonversion und der damit geplanten Steuerreform zu Gunsten der unteren Klassen ist. Der Volksschulunterricht soll gehoben, die Finanzen der Gemeinde Rom geregelt und die Eisenbahn Turin—Nizza gebaut werden. Die Verhältnisse der Aktiengesellschaften sollen streng geregelt, die Verantwortlichkeit der Verwaltungen verschärft und die Börsenzeit eingeschränkt werden. Ferner soll der Zwangswohnsitz beseitigt und eine Reihe sozialer Reformen durchgeführt werden. — Die Erklärung schließt mit folgenden Worten: „Italien befindet sich in der auswärtigen Politik in einer sehr günstigen Lage, dank seiner Bündnisse und Beziehungen und der herzlichen Freundschaft mit den übrigen Mächten, die neuerdings feierlich durch den glänzenden Empfang des Königs und der Königin in England und in Frankreich bekräftigt wurden. Diese Verhältnisse, die gute Finanzlage und andere Umstände ermutigen die Regierung, die vom Lande gewünschten Reformen zu unternehmen. Die Regierung verlangt hierzu aber ein sofortiges ausdrückliches Vertrauensvotum des Parlaments oder eine unverzügliche freimütige Ablehnung des Vertrauens.

3. Dezember. Die Kammer spricht der Regierung mit 284

gegen 117 Stimmen ihr Vertrauen aus. Gegen die Regierung stimmen die Sozialisten und ein Teil der Radikalen.

9. Dezember. (Kammer.) Finanzminister Luzzati legt das Finanzexposé vor.

Er legt zunächst dar, daß das Rechnungsjahr 1902/03, nach Abzug aller Ausgaben für die Eisenbahnen, Schuldentilgung und die China-Expedition, mit einem Ueberschuß von 69 713 000 Lire abgeschlossen hat. Der Ueberschuß für 1903/04 wird nach Deckung der sämtlichen Ausgaben voraussichtlich 6 Millionen Lire betragen, da infolge der guten Inlandsernte ein Mindereingang an Getreidezöllen von 34 Millionen Lire angenommen wird; doch dürfte sich der Ueberschuß nach der Ueberzeugung des Ministers infolge des sehr niedrigen Ansatzes der Eingänge noch erhöhen. Für das neue Rechnungsjahr 1904/05 wird der Aktivrest mit 7 220 000 Lire veranschlagt, doch wird angenommen, daß diese Schätzung durch die als sicher anzusehende Einnahmensteigerung weit übertroffen werden wird. Bei diesem Ergebnisse sind alle an den Staat herantretenden geldlichen Erfordernisse berücksichtigt. Neue Ausgaben werden in der laufenden Tagung nicht vorgeschlagen. Alle nicht unbedingt erforderlichen Ausgaben sollen vermieden werden, um das Budget für die große Rentenkonversion zweckentsprechend zu gestalten — Die Lage des Schatzes habe sich seit dem Vorjahre erheblich gebessert. Der Betrag der Schatzanweisungen ist von 300 auf 192 Millionen zurückgegangen. Am 1. Januar 1904 werden die Zinsen der Staatsschuld, zum erstenmal seit dem Bestehen des Königreichs, ohne Vorschüsse der Notenbanken gezahlt werden können. Bezeichnend für die Finanzgebarung Italiens in den letzten Jahren war, so führt der Minister aus, die Vermeidung jeglicher Anleihe; dies bilde die Erklärung, für die jetzige gute Lage und darin liege auch das Geheimnis für die Zukunft. — Ueber die Handelsverträge sagt er: Die von der Regierung eingesetzte Zollkommission ist zu einem von rein technischen Gesichtspunkten ausgehenden Entwurf einer beschränkten Revision des Generaltarifs gelangt, der auch veröffentlicht wurde, da die Regierung nichts geheim halten will. Sie beabsichtigt aber angesichts der guten wechselseitigen Wirkung der geltenden Verträge mit den mitteleuropäischen Staaten, keine das Wesen des gegenwärtigen Zollregimes Italiens berührende Aenderung vorzunehmen. Sie glaubt, daß die Vollmachten, die sie bereits besitzt, zur Wahrnehmung der italienischen Interessen ausreichen. Ihr Ziel ist der wirtschaftliche Friede mit den verbündeten und befreundeten Nationen. Italien beweist seine aufrichtigen Absichten und seine auf internationale Billigkeit gerichtete Gesinnung, indem es gegenwärtig weder Kampftarife noch Vergeltungstarife vorbereitet. Wie bei dem Handelsabkommen mit Frankreich, ist Italien auch jetzt bereit, gerechte Zugeständnisse gegenüber dem geltenden Tarif zu gewähren, wobei namentlich die Förderung der heimischen Ausfuhr im Auge behalten wird. Im Sinne dieser Bestrebungen wird die Regierung um die gesetzliche Vollmacht zur Ermäßigung des Petroleumzolles auf etwa die Hälfte und zu einer noch stärkeren Erniedrigung des Zolles auf Mineralrückstände nachsuchen. — Der Minister bespricht sodann eingehend Mittel und Ziele einer kraftvollen Ausfuhrpolitik und beleuchtet weiterhin die Geldumlauf-Verhältnisse. „Er sagt: Eine baldige Aenderung der Gesetzgebung über die Emissionsbanken ist angesichts der guten Ergebnisse derselben nicht beabsichtigt. Die in Immobilien festgelegten Kapitalien dieser Banken sind von 636 auf 276 Millionen zurückgegangen. Die Banknoten sind voll gedeckt, und zwar zu 60 Prozent durch Metallbestände, der Rest durch Werte erster

Güte. Der Banknotenumlauf ist von 1898 bis Ende Oktober 1903 von 1 054 700 000 Lire auf 940 200 000 Lire gesunken, dagegen die metallische Deckung von 582 600 000 Lire, auf 807 000 000 Lire gestiegen. Auch die Schatzreserve hat tatsächlich zugenommen; in den letzten fünf Jahren ist bei den Emissionsbanken und dem Staatsschatz der Bestand an Goldmünzen und Fünffrankenstücken von 695 auf 934 Millionen gestiegen; die Zunahme der Goldmünzen allein beträgt 180 Millionen Lire. — Der Minister betont sodann, daß der Wechselkurs Pari erreicht hat und Zollzahlungs-Zertifikate im Inlande und das Affidavit im Auslande entbehrlich sein werden. Er verkündet die Absicht, die endgültige Regelung des Geldumlaufwesens zu beschleunigen; im nächsten Jahre sollen Maßnahmen zur allmählichen Verminderung der Staatsnoten ohne Ausgabe neuer Konsols vorgeschlagen werden; Verhandlungen mit den Banken betreffend die Uebernahme eines Teils dieser Noten seien eingeleitet. Neben Beseitigung der Staatsnoten sollen weitere Schritte zur Flüssigmachung des in Immobilien festliegenden Kapitals der Banken getan werden, so daß das Banknotenwesen allmählich zur vollkommenen Gesundung gelangen wird. — Ueber die Rentenkonversion erklärt er, daß er den Entwurf seines Amtsvorgängers, der die Gesamtkonversion betreffe, zurückziehe und lediglich die Konversion der 4½prozentigen Rente in 3½prozentige vorschlage. Eine Vorlage betr. die freie Konversion der 5prozentigen Rente in 3½prozentige werde erst nach Vorbereitung aller zur Erreichung des Zieles nötigen Mittel eingebracht werden. Für die dem Staate etwa sechs Millionen jährlich ersparende Konversion der 4½prozentigen Rente, die keine Schwierigkeiten biete, werden die ausländischen Märkte nicht in Anspruch zu nehmen sein, wohl aber werde deren Mitwirkung für die internationalen Charakter tragende Umwandlung der fünfprozentigen Rente von hohem Werte sein. Der Minister spricht die Ueberzeugung aus, daß Frankreich, Deutschland und England, die Italien bei dem Werke seiner politischen Befreiung geholfen hätten, es auch bei diesem wirtschaftlichen Befreiungswerke unterstützen würden. Die jährliche Ersparnis werde 40 Millionen betragen, größer aber werde der Gewinn aus der Neubelebung der ganzen Volkswirtschaft Italiens sein. — Als Ziel Italiens stellt der Minister schließlich die Entwicklung der Bevölkerung und die Begründung glücklicher Zustände für dieselbe durch Schaffung eines zahlreichen Standes von Kleingrundbesitzern hin. „Dies ist der einzige richtige Weg, um durch unsere Einrichtungen und nicht durch Gewalt die steigende Flut des sozialistischen Kollektivismus zu bekämpfen."

15. Dezember. (Kammer.) Auf eine Interpellation über die Bestrebungen der Italiener in Tirol (S. 304) erwidert Minister des Auswärtigen Tittoni:

Wegen der Innsbrucker Vorgänge habe Italien nach den allgemein anerkannten Grundsätzen des Völkerrechts nicht einschreiten können. Auch habe Ministerpräsident von Koerber sich der Gründung einer italienischen Universität durchaus nicht widersetzt und habe die Ereignisse in Innsbruck bildeten nur eine Episode in dem Kampfe der Nationalitäten, der sich in Oesterreich und auch sonst abspiele. Die Bande, welche Italien und Oesterreich auf Grund ihres Bündnisses verknüpften, müßten ebenso eng sein, wie die zwischen Deutschland und Italien bestehenden. Er könne den Dilettantismus und Irredentismus gewisser Professoren, Studenten und Parlamentarier nur ebenso verurteilen, wie die Agitation, welche infolgedessen in Italien getrieben worden sei. Italien wolle eine friedliche Politik und

werde daher dem Dreibunde treu bleiben, welcher ein gewichtiges Unterpfand des Friedens sei und kein Hindernis bilde für die traditionelle
Freundschaft mit England und die glücklicherweise erneute Freundschaft
mit Frankreich.

16. Dezember. (Kammer.) Minister des Auswärtigen Tit=
toni erwidert auf mehrere Anfragen über die Handelsverträge:

Er könne keine weitgehenden Erklärungen abgeben, da die Verhandlungen noch im Gange seien. Er erkenne an, daß es nicht nützlich
sein würde, jetzt schon einen Generaltarif aufzustellen. Die Regierung
werde aber morgen eine Vorlage einbringen, die sie für verschiedene etwaige
Fälle ermächtige, zum Schutz der italienischen Interessen entsprechende Maßregeln zu treffen. Weiter sagt der Minister, er freue sich, erklären zu
können, daß die Verhandlungen mit Deutschland einen günstigen Fortgang
nehmen und einen befriedigenden Abschluß erwarten lassen. Die Verhandlungen mit der Schweiz würden eifrig in Angriff genommen; er könne
aber nicht verhehlen, daß die Schwierigkeiten weder wenig zahlreich noch
geringfügig seien. Bezüglich der Verhandlungen mit Oesterreich liege die
Schwierigkeit in den Dingen selbst; auf beiden Seiten aber sei der gute
Wille groß. Man müsse das Vertrauen haben, daß man im gemeinsamen
Interesse zu einer Verständigung gelange.

21. Dezember. (Senat.) Tittoni über das Konklave und
die Kolonialpolitik.

Sen. Palerno fragt, was es mit dem österreichischen Veto bei der
Papstwahl für eine Bewandtnis habe. Min. des Ausw. Tittoni: Der
Regierung sei nichts von dieser Sache bekannt und sie habe sich daher an
keinen Verhandlungen beteiligt. Während des Konklaves habe die Regierung
nur nach einer Seite eine Tätigkeit entfaltet, und diese sei darauf ausgegangen, daß das Konklave sich in größter Freiheit abspielte und die
öffentliche Ordnung streng aufrecht erhalten würde. Der Senator Lam-
pertico wünscht ein energischeres Vorgehen im Somalilande und an der
Benadirküste. Tittoni: Italien könne sich nicht durch weitgehende Expeditionen in große Ausgaben verwickeln. Es tat, was die Zivilisation von
ihm verlangen konnte, indem es sich mit England zur Verteidigung dieser
Gebiete verband, aber auf militärische Expeditionen könne es sich nicht
einlassen zu einer Zeit, wo alle seine Bemühungen auf die Konversion der
Rente gerichtet seien.

26. Dezember. (Maderno.) Giuseppe Zanardelli †. Ge=
boren 1826 in Brescia, beteiligte sich 1848 an der Erhebung, 1860
Kammermitglied, 1873 zum ersten Male Minister, 1901 Ministerpräsident. Er wird unter großer Beteiligung in Brescia beigesetzt.

31. Dezember. (Rom.) Ein provisorischer Handelsvertrag
mit Österreich-Ungarn wird unterzeichnet. Der bestehende Vertrag
wird bis zum Abschluß des definitiven Vertrages, jedoch höchstens
bis 1. Oktober 1904 verlängert. Nur die Weinzollklausel erlischt
am 1. Januar 1904.

VIII.
Die Römische Kurie.

3. Januar. Der Papst empfängt den deutschen Kirchen=
historiker Professor Ehrhard. In der deutschen Presse war das
Gerücht verbreitet, Ehrhards Werk „Der Katholizismus und das
20. Jahrhundert" sei auf den Index gesetzt worden.

20. Februar. (Rom.) Beginn der Feierlichkeiten aus An=
laß des 25jährigen Pontifikatsjubiläums Leos XIII.

3. März. Der Papst hält einen großen Festgottesdienst aus
Anlaß des 25. Jahrestages seiner Krönung ab. 50—60000 Per=
sonen nehmen daran teil.

März. (Rom.) Der „Osservatore cattolico" über den
Deutschen Kaiser und Frankreich.

Anfangs März bespricht der „Oss. catt.", der als Organ Rampollas
gilt, den Brief des deutschen Kaisers über Bibel und Babel (S. 30):
„Wilhelm II.," liebt es, sich als Oberpontifex des Luthertums aufzuspielen
und keine Gelegenheit läßt er vorübergehen, ohne seinem Grundsatz Aus=
druck zu geben: Gott im Himmel und der Kaiser auf Erden.... „Die
Worte des Kaisers haben nicht so sehr einen Wert wegen der Persönlich=
keit dessen, der sie ausspricht, als wegen des Publikums, an das sie ge=
richtet sind. Wilhelm gibt sich gern die Pose eines Oberpriesters und Kai=
sers. Auf seiner Reise in den Orient umarmte der Kaiser den noch vom
Blute der Armenier triefenden Abdul Hamid, und der lutherische Ober=
priester erfüllte damit einen feuchten Glaubensakt". Ende März führt
das Blatt aus, der Vatikan habe Frankreich stets gegen den Dreibund,
der es verderben wollte, gestärkt und geschützt. Die Zweibund verdanke
dem Papste sehr viel. Jetzt suche der deutsche Kaiser, der ein moderner
Karl der Große werden wolle, durch Kokettieren mit dem Vatikan dessen
Einfluß für Deutschland auszunutzen. Die Konservativen Frankreichs
seien Schuld daran. —

Anfang April. Der Papst erklärt in einer Note an die
französische Regierung, seinen Standpunkt in der Formel der In=
vestitionsbulle aufrecht erhalten, aber eine passive Haltung ein=
nehmen zu wollen, um keinen Vorwand zum Bruch zu liefern.

29. April. Der König von England besucht den Papst.

2. Mai. Der Deutsche Kaiser besucht mit großem Gefolge
den Papst. (Vgl. S. 93.)

26. Mai. Ein päpstlicher Erlaß ordnet an, daß der 50. Jahres=
tag der Verkündigung des Dogmas von der unbefleckten Empfäng=
nis der Jungfrau Maria mit außerordentlichen Festlichkeiten ge=
feiert werden soll.

Es heißt darin: „Die Verehrung der Gottesmutter war nicht nur
für Uns vom zartesten Kindesalter ab eine der liebsten Beschäftigungen,

sondern sie ist für Uns eine der kräftigsten Schutzwehren, welche von der Vorsehung der katholischen Kirche verliehen worden sind. In allen Jahrhunderten und in allen Kämpfen und Verfolgungen nahm die Kirche ihre Zuflucht zu Maria, und sie fand hier immer Stärkung und Schutz. Und da die gegenwärtigen Zeiten so stürmisch und für die Kirche selbst drohend sind, so erfreut sich Unser Herz und öffnet sich der Hoffnung, bei dem Anblick, wie die Gläubigen sich die günstige Gelegenheit zunutze machen, um das erwähnte fünfzigjährige Jubiläum zu feiern und mit einmütiger Hingabe und voll Vertrauen und Liebe sich an Maria wenden wollen, welche als Hilfe der Christen angerufen wird. Dazu kommt, um das verlangte Jubiläum teuer zu machen, der Umstand, daß Wir der einzige Ueberlebende sind von dem ganzen Kranze von Kardinälen und Bischöfen, welche sich bei dem Akte der Verkündigung des Dogmas um unseren Vorgänger scharten. Da es also Unsere Absicht ist, daß die Jubilarfeste den Charakter der Größe tragen, wie es unserer Stadt Rom angemessen ist, und so zugestaltet seien, daß sie der Frömmigkeit der Katholiken der ganzen Welt als ein Ansporn und eine Richtschnur dienen können, so haben Wir beschlossen, eine Kardinalkommission zu bilden, deren Angelegenheit es sein wird, die Feste anzuordnen, und sie zu leiten.

22. Juni.   Kardinalsernennungen.

Der Papst ernennt den Kardinal Sanminiatelli zum Camerlengo des hl. Kollegiums. Neue Kardinäle werden die Monsignori Nonelli, Cavichioni, Taliani und Ajuti, sowie die Erzbischöfe von Köln, Salzburg und Valencia. Kardinal Agliardi wird Vizekanzler und Monsignore Cepetelli Patriarch von Konstantinopel.

20. Juli.   Tod des Papstes Leos XIII.

Papst Leo XIII. (Graf Joachim Pecci) war geboren am 2. März 1810 zu Carpineto in Italien, wurde am 31. Dezember 1837 zum Priester, und am 19. Februar 1843 zum Bischof geweiht und am 19. Dezember 1853 zum Kardinal ernannt; am 20. Februar 1878 wurde er als Nachfolger Pius IX. zum Papste erwählt und am 3. März gekrönt. — Ueber das Befinden gingen schon seit Monaten ungünstige Nachrichten durch die Presse; seit Anfang Juli wurde der Zustand als hoffnungslos bezeichnet. Am 5. Juli war die Wegzehrung erteilt und das Allerheiligste ausgesetzt worden. — Die unmittelbare Todesursache ist Lungenentzündung.

Das eigenhändig geschriebene Testament des Papstes lautet:

„Da Wir Uns dem Ende Unserer irdischen Laufbahn nähern, legen Wir in diesem holographischen Testament Unseren letzten Willen nieder. Vor allem bitten Wir in Demut um die unendliche Güte und das Erbarmen des gebenedeiten Gottes, daß er Uns die Irrtümer Unseres Lebens verzeihe und Unsere Seele gnädig aufnehme zur ewigen Seligkeit. Wir hoffen darauf besonders wegen des Verdienstes Jesu Christi, des Erlösers und im Vertrauen auf sein hochheiliges Herz, den glühenden Ofen der Barmherzigkeit, die Quelle der Erlösung für die Menschheit. Wir flehen auch als Fürbitterin die heilige Jungfrau Maria an, die Mutter Gottes, unsere liebende Mutter und die Heiligen, die Wir in Unserem Leben besonders verehrten als Unsere Patrone. — Und indem Wir Verfügung treffen über das Uns gehörende Familiengut, setzen wir zum Erben Unseren Neffen, den Grafen Ludowico Pecci ein. Von dem Gute sind in Abzug zu bringen die Unserem anderen Neffen, dem Grafen Richard, anläßlich seiner Verheiratung gegebenen Güter, desgleichen alle in Carpineto gelegenen Güter, welche Eigentum des heiligen Stuhles sind, gemäß Unserer eigenhändigen Verfügung vom 8. Februar 1900. Wir haben im Testamente keine Verfügungen zugunsten Unseres Neffen Camillo und Unserer Nichten Anna und Maria, sowie der Söhne und Töchter Unseres Bruders Giovanni Battiste getroffen, da Wir bei Lebzeiten für dieselben gelegentlich ihrer Heirat schon in angemessener Weise gesorgt haben. Wir erklären, daß niemand aus Unserer Familie irgendwie ein Recht an alledem geltend machen kann, was nicht in gegenwärtiger Urkunde in Betracht gezogen ist; denn alles sonstige Gut jeglicher Art ist Uns in Unserer Eigenschaft als Pontifex zugefallen, und es ist daher — jedenfalls wollen Wir, daß es so sei — unantastbares Eigentum des heiligen Stuhles. Wir übertragen die genaue Vollstreckung Unseres Willens den Kardinälen Rampolla, Mocenni und Cretoni und erklären, daß dieses Unser letzter Wille ist.

Rom, im Vatikan, 8. Juli 1902.

(gez.) Giovacchino Pecci, Leo P. P. XIII."

4. August. Kardinal Sarto, Patriarch von Venedig, wird zum Papst gewählt und nimmt den Namen Pius X. an.

Kardinal Giuseppi Sarto entstammt einer Bauernfamilie und ist am 2. Juni 1835 in Riese (Venezien) geboren. Am 10. November 1884 ist er zum Bischof von Mantua präkonisiert, am 15. Juni 1893 zum Patriarchen von Venedig ernannt worden.

Das Konklave war am 31. Juli zusammengetreten. 62 Kardinäle von dem 64 Mitglieder starken Kollegium sind anwesend. In den Abstimmungen handelt es sich zunächst um Rampolla, Gotti und Vannutelli, die Kandidatur Sartos taucht erst später auf. Am 3. August hat Rampolla 27 Stimmen. Hierauf macht Kardinal Gruscha im Namen der österreichisch-ungarischen Regierung das Recht der Exklusion gegen Rampolla geltend. Rampolla protestiert (nach der „Tribuna") gegen diese Erklärung im Namen der Freiheit der Kirche, lehnt aber die Annahme einer eventuellen Wahl ab. Nach weiteren Verhandlungen, in denen zunächst Rampolla 35 Stimmen erhält, wird darauf Kardinal Sarto gewählt. — Nach Behauptungen von italienischen und französischen Blättern hat die österreich-ungarische Regierung im Einvernehmen mit Deutschland gehandelt, was deutsche Blätter bestreiten (S. 121).

Die „Voce della Verità" schreibt: das Veto sei in einer rauhen, verwegenen und unhöflichen Form ausgeübt worden. Es sei eine gesetzwidrige Einmischung, ein ungeheurer Angriff und eine Beleidigung gegen das Kardinals-Kollegium; Italien habe das Veto veranlaßt; das Wiener „Fremdenblatt", das das Veto verteidige, (S. 208) sei der Offiziosus des Dreibundes.

Ueber den Wahlgang teilt das „Giornale d'Italia" mit: Es hätten erhalten am 1. August morgens: Rampolla 24, Gotti 17, Sarto 5, Serafino Vannutelli 4, Oreglia, Capecelatro und Di Pietro je 2, Agliardi, Ferrata, Richelmy, Portanova, Casetta und Segna je 1 Stimme; abends: Rampolla 29, Gotti 16, Sarto 10, Richelmy 3, Capecelatro 2, Serafino Vannutelli und Segna je 1 Stimme; am 2. August morgens: Rampolla 29, Sarto 21, Gotti 9, Oreglia, Di Pietro und Capecelatro je 1 Stimme; abends: Rampolla 30, Sarto 24, Gotti 3, Oreglia und Di Pietro je 2, Capecelatro 1 Stimme; am 3. August morgens: Sarto 27, Rampolla 24, Gotti 6, Oreglia, Capecelatro, Prisco und Di Pietro je eine Stimme, eine Stimme „nemini"; abends: Sarto 35 Rampolla 16, Gotti 7, Oreglia 2, Capecelatro 1 Stimme, 1 Stimme „nemini"; am 4. August morgens Sarto mit fünfzig Stimmen gewählt, Rampolla 10, Gotti 2 Stimmen. Bei der letzten Abstimmung soll Sarto für Gotti gestimmt haben.

9. August. Krönung des Papstes in der Peterskirche.

3. Oktober. Der Papst veröffentlicht seine erste Encyklika.

Im Eingang gedenkt Pius X. zunächst seiner Wahl zum Papste. Er habe unter Tränen und inbrünstigen Gebeten seine Erwählung zu vermeiden gesucht, da er sich dieser Ehre unwert fühlte und ihn der Gedanke tief bewegt habe, Nachfolger desjenigen Papstes werden zu sollen, der 26 Jahre hindurch die Kirche in höchster Weisheit und erhabener Einsicht und im Glanze so vieler Tugenden gelenkt hatte. Er sei auch besonders durch die höchst verhängnisvollen Vorfälle in der bürgerlichen Gesellschaft erschreckt gewesen; mehr noch als in der Vergangenheit sei, wie er finde, die Gesellschaft von einer sehr tief gehenden Unzufriedenheit erfüllt, die immer mehr um sich greife und sie dem Verderben zuführe. Er habe sich aber dem Willen Gottes im Vertrauen auf seine Hilfe gefügt. Für sein Pontifikat gebe es kein anderes Programm als das Ziel, alles zu Christus wieder zurückzuleiten, so daß Christus alles in allem sei. Der eine oder der andere werde in seiner (des Papstes) Seele geheime Bestrebungen zu entdecken suchen, die auf weltliche Ziele und Parteiwünsche zurückzuführen seien. Er erkläre daher, um jeder nichtigen Erwartung vorzubeugen, daß er gegenüber der menschlichen Gesellschaft nur der Diener Gottes sein wolle und sein werde, denn dessen Willen auszuführen, sei er in sein hohes Amt eingesetzt worden. Die Enzyklika appelliert sodann an die Mitarbeit der Bischöfe und beklagt, daß gegenwärtig überall gegen Gott angekämpft werde. Die Gesellschaft müsse an die Kirchenzucht erinnert und die Christen müssen belehrt werden. Man müsse der Erziehung der Jugend, besonders der für den geistlichen Beruf bestimmten, spezielle Sorgfalt zuwenden. Er wünsche, daß in den Städten und auf dem Lande immer mehr katholische Vereine erstehen und Vorbilder christlichen Lebens werden möchten. Die Werke der Nächstenliebe müßten ohne Rücksicht auf die Person und ohne Hinblick auf irdische Vorteile ausgeübt werden. Wenn alles auf Christus zurückgelenkt werde, würden die Vornehmen und Reichen gerecht und liebreich gegen die Niederen sein und diese wieder würden mit Ruhe und Geduld auch die größten Nöte ertragen. Die Bürger werden dann sich der Willkür enthalten, aber den Gesetzen gehorchen und Achtung und Liebe gegenüber den Obrigkeiten als ihre Pflicht betrachten. Dann werde es schließlich auch offenkundig werden, daß die von Christus eingesetzte Kirche die völlige Unabhängigkeit von jeder äußeren Herrschaft genießen müsse. Indem diese Freiheit gefordert werde, würden nicht nur die heiligen Rechte der Religion gewahrt, sondern es werde dann auch für das allgemeine Wohl und die Sicherheit der Völker gesorgt.

19. Oktober. Der Papst ernennt den Msgr. Merry del Val, den Sekretär des Konklave, zum Staatssekretär.

Anfang November. Nach einem Bericht des französischen Schriftstellers Des Houx im „Matin" (9. November) hat der Papst in einer Unterredung mit ihm die Lage der deutschen und französischen Katholiken verglichen:

In Frankreich hat man eine Politik eingeleitet, die ich als eine gottesmörderische bezeichnen möchte, denn indem man die Gläubigen bedrängt, zielt man auf Christus ab, dessen Demütigung man nun an der Kirche erneuerte. Die Gläubigen müssen sich deshalb in vollster Eintracht in Christus zusammenscharen; durch den geringsten Zwischenfall geben sie den gottlosen Gegnern eine Angriffsfläche. Die Kirche gehört keiner Partei an. Gibt es nicht Republiken, wo die Katholiken das vollste Maß ihrer Freiheit und Rechte genießen? Der Kardinalerzbischof von Baltimore hat mir einmal erzählt, mit welcher Zuvorkommenheit er vom Präsidenten Roosevelt aufgenommen wurde, obgleich dieser Protestant ist. Müssen die französischen Katholiken nicht das Los beneiden, das die Katholiken im protestantischen England gefunden haben? Müssen sie nicht die Stellung beneiden, die die deutschen Katholiken unter der Herrschaft des protestantischen deutschen Kaisers errungen haben?

9. November. Papst Pius X. hält sein erstes Konsistorium ab und hält eine Ansprache über Glauben und Wissen:

Sein Wahlspruch sei: Instaurare omnia in Christo, in Christus, der die Wahrheit ist, weshalb ihm selber vor allem die Verkündigung und Lehre der Wahrheit obliege. Die Wahrheit suchten die einen eifrig aus Naturtrieb, andere haßten ihre Verkündigung, weil sie ihre Irrtümer und Leidenschaften enthülle. Insbesondere werde die katholische Wahrheit gehaßt und verleumdet, als wenn sie der Freiheit und der Wissenschaft, dem Fortschritt des Menschengeistes zuwider wäre. Die Kirche sei eine Gegnerin der Zügellosigkeit im Denken und Handeln, dieser verderbten Freiheit, der nichts heilig sei; die wahre und echte Freiheit werde von der Kirche aber nicht nur nicht beschränkt, sondern im Gegenteil sogar eifrig gefördert. Auch könne es keinen Streit zwischen Glauben und Wissenschaft geben, der Glaube fördere vielmehr das Wissen. Warum sollte der Papst, der Hüter der katholischen Wahrheit, nicht die Erfindung großer Geister, die wissenschaftlichen Entdeckungen, die Erweiterungen der Wissensgebiete, die doch alle zur Hebung des menschlichen Lebens dienen, nicht begrüßen? Doch müsse er die Ueberschreitungen des ewigen göttlichen Gesetzes durch die neuere Philosophie treu dem apostolischen Amte zurückweisen; das sei keine Hemmung des Fortschrittes der Menschheit, sondern ihre Rettung. Freilich werde er selbst so wenig wie seine Vorfahren, erreichen können, daß die Wahrheit die weitverbreiteten Irrtümer und alle Ungerechtigkeit besiege, aber er werde alles für diesen Sieg tun. In diese Ausführungen religiöser Art sind einige Wendungen politischer Färbung eingestreut: „Da es aber nötig ist und auch der christliche Staat das größte Interesse daran hat, daß der Papst in der Leitung der Kirche frei sei und als frei erkannt werde und keiner Macht untertan sei, so zwingt Uns die gewissenhafte Auffassung Unseres Amtes und der von Uns geleistete Eid, das in diesem Punkte der Kirche zugefügte schwere Unrecht zu beklagen..." „Man muß sich darüber verwundern, daß es Leute gibt, die in ihrer Neugierde sich mit Vermutungen abquälen über Unser Regierungsprogramm. Als ob das einer Untersuchung bedürfte, oder als ob es nicht ganz offenkundig sei, daß Wir denselben Weg gehen wollen und müssen, den Unsere Vorgänger bis heute eingehalten haben..." „Wenn man Anstoß daran nimmt, daß Wir Uns um Politik kümmern, so muß doch jeder billig Denkende einsehen, daß der Papst von seiner lehramtlichen Tätigkeit auf Glaubens- und Sittengebiet Fragen politischer Art nicht trennen kann. Ueberdies muß er als Oberhaupt und Lenker einer vollkommenen, aus Menschen sich zusammensetzenden und unter Menschen bestehenden Gesellschaft, wie es die Kirche ist, doch zweifellos den Wunsch haben, daß zwischen ihm und den Staatsoberhäuptern und Staatslenkern Beziehungen bestehen, wenn er für die Sicherheit und Freiheit der Katholiken in allen Weltteilen gesorgt wissen will." (Köln. Volksztg.)

18. Dezember. Kundgebung des Papstes über Meinungsverschiedenheiten unter den Katholiken und die Beteiligung an italienischen Wahlen.

Der Osservatore Romano veröffentlicht ein Motuproprio des Papstes über das christliche Wirken zum Besten des Volkes und namentlich Italiens. Der Papst beklagt darin die unter den leitenden katholischen Kreisen ausgebrochenen Meinungsverschiedenheiten und ermahnt, dieselben in Eintracht zu schlichten. Er stellt Grundsätze auf, von denen das Wirken der katholischen Kirche in der erwähnten Richtung auszugehen habe. Er bestätigt in vollem Umfange die Bestimmungen der von seinem Vorgänger hierüber erlassenen Enzykliken und betont namentlich, daß die christliche Demokratie sich auf die Prinzipien des Glaubens und der katholischen Moral stützen müsse, ohne irgendwie das unerschütterliche Recht des Privateigentums zu verletzen. Schließlich befiehlt der Papst, daß das Montuproprio am Sitze der katholischen Gesellschaften und Vereine angeschlagen und von den katholischen Zeitungen veröffentlicht werden soll, welche zu erklären haben, daß sie demselben gehorsam sein wollen; andernfalls würden sie verboten. Die christliche Demokratie darf sich weder in die Politik mischen, noch politische Zwecke verfolgen. Die christliche Demokratie Italiens soll an keiner politischen Aktion teilnehmen, die unter den gegenwärtigen Verhältnissen jedem Katholiken verboten ist. Christliche Demokratie und katholische Presse müssen den Bischöfen gehorchen und auf ihren Rat hören.

IX.

Schweiz.

Ende Januar. Gesetzentwurf über Einfuhr von Brieftauben.

Der Bundesrat unterbreitet der Bundesversammlung einen Gesetzentwurf, wonach die Einfuhr lebender Brieftauben in die Schweiz von der Bewilligung der Militärbehörde abhängig gemacht und die Trainierung von Brieftauben zum Fluge aus der Schweiz nach dem Auslande oder umgekehrt verboten wird. Der Gesetzentwurf ist dadurch veranlaßt worden, daß wiederholt versucht worden war, ausländische Brieftauben nach der Schweiz einzuführen und für den Flug nach dem Auslande abzurichten.

15. März. Volksabstimmung über den neuen Zolltarif. (Vgl. 1902 S. 268, 269.)

Bei der Volksabstimmung über den neuen Zolltarif, welcher die Grundlage für die künftigen Handelsvertragsverhandlungen bilden soll, werden 329 000 Stimmen für und 223 000 Stimmen gegen den Tarif abgegeben. Die Opposition besteht hauptsächlich aus industriellen Kreisen, namentlich der Arbeiterschaft, die eine Verteuerung der Lebensmittel befürchtet. Die Uhrmacherkantone Neuenburg und Genf verwerfen den Tarif mit Neunzehntelmehrheit.

Mitte März. (Bern.) Die Bundesversammlung über die Nationalratswahlen.

Die Bundesversammlung beschließt in beiden Räten mit großer Mehrheit, bei dem Schweizer Volk die Ablehnung der Volksinitiative zu beantragen, gemäß der die künftige Vertretung im Nationalrat nicht mehr auf der Grundlage der Gesamtbevölkerung (ein Mitglied auf je 20 000 Seelen), sondern nur auf derjenigen Bevölkerung der Schweizer Bürger erfolgen soll. Die Annahme dieser Initiative hätte eine Verminderung des Nationalrates um 20 Mitglieder auf Kosten der Verkehrszentren zur Folge.

24. März. Der Ständerat genehmigt einstimmig den vom Bundesrat mit einem schweizerisch-französischen Bankkonsortium abgeschlossenen Vertrag über die Aufnahme einer dreiprozentigen Anleihe von 70 Mill. Fr. zur Umwandlung der älteren Anleihen und zur Beschaffung der Mittel für die Neubewaffnung der Artillerie.

23. Juni. Der Ständerat genehmigt die vom Nationalrat angenommene Vorlage über Neubewaffnung der Artillerie mit Kruppschen 7,5 Zentimeter-Rohrrücklaufgeschützen mit 27 gegen 11 Stimmen.

23./24. August. (Basel.) Auf dem Zionistenkongreß teilt Dr. Herzl mit, daß die englische Regierung ein Gebiet in Ostafrika für jüdische Einwanderung angeboten habe. Ferner teilt er einen Brief des russischen Ministers des Innern mit, der jüdische Ansiedlungen in Palästina zu begünstigen verspricht.

17. September. Die Schweiz kündigt den Handelsvertrag mit Italien.

26. September. (Basel.) Der von 36 Städten beschickte Schweizer Städtetag verlangt Aufstellung von Grundlagen für städtische Baugesetze und öffentliche Regelung des Arbeitsnachweises.

6. Oktober. (Olten.) Der sozialdemokratische Parteitag beschließt vermehrte Agitation gegen den Militarismus. Das Militärbudget soll 20 Millionen nicht übersteigen.

25. Oktober. Volksabstimmungen.

Ueber folgende Vorlagen wird abgestimmt: 1. die Aenderung der Wahlordnung für den Nationalrat; 2. neue Verordnungen betreffend den Verkauf alkoholhaltiger Getränke; 3. die Einfügung eines neuen Artikels 48b in das Strafgesetz, wonach die Personen einer Strafe unterworfen werden sollen, die Soldaten zur Pflichtverletzung anreizen. Alle drei Vorlagen werden mit starken Mehrheiten abgelehnt.

16. Dezember. Der Nationalrat genehmigt den vom Ständerat am 10. beschlossenen Simplonvertrag mit Italien mit 98 gegen 35 Stimmen. Der Vertrag ist damit auch von seiten der Schweiz vollzogen.

18. Dezember. Der Nationalrat genehmigt mit 101 gegen 6 Stimmen den Vertrag über den Rückkauf der Jura-Simplonbahn durch den Bund.

X.

Belgien.

23. Januar. Der Senat genehmigt gegen eine Stimme den Gesetzentwurf zur Bekämpfung der öffentlichen Unsittlichkeit.

Anfang Februar. Belgien erhält eine Landkonzession im Norden von Tientsin auf dem rechten Ufer des Peiho.

10. Februar. (Brüssel.) Das Schwurgericht verurteilt den Anarchisten Rubino, der am 15. Februar 1902 das Attentat gegen den König unternommen hatte, zu lebenslänglichem Zuchthaus.

15. Februar. Die Kammer genehmigt mit 83 gegen 24 Stimmen einen Gesetzentwurf über Erhöhung der Abgaben auf alkoholartige Getränke und über die Aufhebung des Kaffeezolles.

Der Zoll auf Branntwein wird bis zu 50 Prozent des Gay-Lussac-schen Alkoholometers bei 15 Grad Temperatur Celsius auf 175 Francs erhöht; bei mehr als 50 Prozent Alkohol für jeden Grad darüber hinaus 3,50 Fr. mehr. Dieses für Verpackung in Gebinden. Bei Flaschenfüllung wird ohne Rücksicht auf den Alkoholgehalt ein einheitlicher neuer Zoll von 350 Fr. für 100 Liter festgesetzt. Letzter Satz gilt unterschiedslos für alle Liköre. Andere alkoholische Getränke werden besteuert, wenn sie bis 20 Proz. Alkohol enthalten mit 70 Fr., wenn sie von 20 bis 50 Proz. enthalten mit 175 Fr., wenn mehr als 50 Proz. mit 350 Fr. die 100 Liter. Der Antrag wird am 12. Februar ohne vorherige Mitteilung unerwartet von der Regierung eingebracht, die Rechte beschließt auf Verlangen der Regierung sofortige Beratung, die Linke bekämpft ihn durch Obstruktion. Daher dauert die Sitzung vom 12. Februar mit einigen Pausen bis zum 15. Februar morgens.

17. Februar. Der Senat genehmigt das Alkoholgesetz gegen die Stimmen der Linken.

Anfang Mai. (Antwerpen.) Ein flämischer Kongreß fordert die Regierung auf, den freien (unter bischöflicher Leitung stehenden) Schulen die Staatssubvention zu entziehen, falls sie die flämische Sprache im Unterricht nicht berücksichtigen.

Juni. Der Kongostaat und England.

Das amtliche Organ des Kongostaats protestiert gegen die Angriffe im englischen Parlament (S. 251): Grausamkeiten gegen die Neger seien wie in anderen Kolonien unvermeidlich, und die Schuldigen würden streng bestraft; es sei verwunderlich, daß England sich erst jetzt über die Monopole beschwere, obwohl sie schon seit 10 Jahren bestünden (1. Juni).

Am 29. Juni überreicht England eine amtliche Note, die gegen die Grausamkeiten und die Handelsmonopole protestiert.

1./8. Juli. (Kammer.) Debatte über den Kongostaat.

Abg. Lorand kritisiert die Verwaltung des Kongostaats scharf wegen der Mißhandlung der Eingeborenen. Min. des Ausw. Favereau: Die Regierung verfolge streng alle Akte von Grausamkeit. Das System der Naturalienabgaben sei für die Eingeborenen sehr vorteilhaft. Zahlreiche Persönlichkeiten aus England und Amerika hätten die hervorragende Organisation des Kongostaates und die menschliche Behandlung der Schwarzen anerkannt. Das Ausland werde einst das dort vollbrachte, bewunderns-werte Werk der Zivilisation preisen. Minister Woeste hebt die Frevel-taten und blutigen Ereignisse hervor, die in dem zivilisierten Europa vor-kämen. Wie könne man solche in einem Staate verhindern, der 82mal größer sei als Belgien? „Wir suchen ihnen Einhalt zu tun. Wir verlangen, daß England seinem Verleumdungsfeldzuge ein Ende macht." — Abg. Jansen: Die Untersuchung würde ergeben, daß in dem Kongostaate

nicht mehr Mißbräuche vorkämen, als in anderen Kolonien auch. Er könne
weder billigen, daß gegen den Kongostaat ein besonderer Verdacht erhoben
werde, noch sich einer Campagne anschließen, deren Ziel sei: Otez vous
de là, que je m'y mette! Der Grundsatz der Inbesitznahme herrenlosen
Landes sei völkerrechtlich anerkannt worden. Die Berliner Kongoakte halte
er nicht für verletzt. Es sei nicht zu bestreiten, daß die Regierung Maßnahmen zur Abstellung der Mißbräuche ergriffen habe. Sie habe aber
durch die Besteuerung der Eingeborenen ihnen Frondienste auferlegt.
Daraufhin lege er Verwahrung gegen den herrschenden Geist der Gewinn-
sucht ein. Anscheinend habe der König den edlen Gedanken, der ihm am
Beginn der Entwicklung vorgewaltet habe, aus seinem Sinne verloren.
Er sei ein Handel treibender König geworden.

Am 8. Juli beschließt die Kammer mit 91 gegen 35 Stimmen folgende Tagesordnung: Die Kammer, in Uebereinstimmung mit der Regierung und im Vertrauen auf die moralische und stetige Entwicklung des
Kongostaates unter der Aegide des Königs Leopold, geht zur Tagesordnung über.

21. Juli. (Brüssel.) General Brialmont, bekannt als
Leiter der Befestigung Antwerpens und Militärschriftsteller, 81 Jahre
alt, †.

2. September. (Brüssel.) Internationaler Kongreß für
Volkshygiene, an dem etwa 500 Delegierte teilnehmen.

17. September. Die Regierung des Kongostaates veröffentlicht eine Antwort auf die englischen Beschuldigungen. Die Note
schließt:

Wenn der Kongostaat jetzt von englischer Seite angegriffen wird,
so wolle England sich erinnern, daß es selbst mehr als irgend eine andere
Nation der Gegenstand von Angriffen und Beschuldigungen dieser Art gewesen ist, und daß die Liste der Anklagen, die zu verschiedenen Zeiten und
noch ganz vor kurzem gegen die englische Kolonialverwaltung gerichtet
wurden, eine sehr lange sein würde. England ist jedenfalls nicht der Kritik
entgangen, die es sich durch seine zahlreichen und blutigen Kriege gegen
eingeborene Völkerschaften zuzog, und auch nicht dem Vorwurfe, daß es
gegen die Eingeborenen Gewalt anwendete und ihre Freiheit beeinträchtigte.
Ist nicht die Schuld an den lange andauernden Aufständen in Sierra Leone
England zugeschrieben worden? Hat man ihm nicht die feindselige Stimmung in Nigeria zum Vorwurf gemacht, wo noch ganz vor kurzem nach
den Mitteilungen englischer Blätter die militärische Unterdrückung eines
einzigen Falles das Leben von 700 Eingeborenen, der meisten Häuptlinge
und des Sultans kostete? Mißt man nicht ihm die Schuld bei für den
Kampf der im Somaliland mit dem Aufwand vieler Menschenleben geführt wird, ohne daß jemals darüber im Unterhause ein anderer Ausdruck
des Bedauerns laut geworden wäre als der, daß die Kosten zu groß sind?
Da alle diese Angriffe England selbst kalt ließen, muß man sich darüber
wundern, daß es den Angriffen gegen den Kongostaat eine so ganz andere
Bedeutung beimißt. Man kann immerhin annehmen, daß die Eingeborenen
des Kongostaates auch weiterhin die Leitung ihrer Geschicke durch eine
Nation, deren Ziele nach wie vor friedliche bleiben, wie ja einst auch die
Gründung des Staates selbst auf Grund friedlicher Verträge mit den Eingeborenen erfolgte."

18. Oktober. Bei den Gemeinderatswahlen behaupten die Liberalen und Klerikalen im allgemeinen ihre Mandate, die Sozialdemokraten verlieren mehrere Sitze in den Industriezentren.

21. Dezember. Der Senat genehmigt das von der Kammer beschlossene Arbeiterunfallgesetz.

XI.
Niederlande.

7. Januar. Äußerung der Regierung über die Brüsseler Zuckerkonvention.

In schriftlicher Beantwortung mehrerer Bemerkungen der ersten Kammer zur Brüsseler Zuckerkonvention erklärt die Regierung, die Differenzpunkte seien für die Niederlande nicht bedeutsam genug, um den ersten Schritt zur Vertagung des Inkrafttretens der Konvention zu tun. Der Streitpunkt bezüglich der mit Selbstverwaltung ausgestatteten englischen Kolonien könne nicht vor der Ratifikation der Beschlüsse der Brüsseler Konferenz geregelt werden. Die niederländische Regierung sei im Einverständnis mit der deutschen und der österreichischen Regierung und mit einigen Mitgliedern des englischen Parlaments der Ansicht, daß England sich nicht der Verpflichtung entziehen könne, von seinen Prämien zahlenden Kolonien einen Ausgleichzoll zu erheben; aber das Interesse der Niederlande sei hierbei so gering, daß diese nicht die Initiative ergreifen könnten, um vielleicht im letzten Augenblick die unter so großen Schwierigkeiten zustande gekommene Konvention zum Scheitern zu bringen. Die Absicht der Regierung, eine gesetzliche Möglichkeit zur Einführung einer Zuschlagsteuer je nach den Umständen zu fordern, schließe durchaus nicht die Absicht zu einer direkten Einführung einer solchen Zuschlagsteuer in sich. Die Regierung wolle nur eine Waffe haben, um gegebenenfalls der Industrie helfen zu können! — Am 9. Januar genehmigt die Erste Kammer die Konvention einstimmig.

Ende Januar. Eisenbahnerstreik.

Die organisierten Amsterdamer Hafenarbeiter weigern sich Güter, die von nichtorganisierten Arbeitern gelöscht worden sind, zu befördern, die Eisenbahnarbeiter schließen sich dem Ausstand an. Der Gütertransport wird vom 29. Januar bis 1. Februar eingestellt, auch in Rotterdam treten die Eisenbahner in Ausstand. Die Arbeiter bringen mit ihren Forderungen durch. Am 1. Februar ist der Streik beendet.

24./26. Februar. (Zweite Kammer.) Ausstandsvorlagen.

Premierminister Kuyper bringt drei mit dem letzten Ausstand der Eisenbahn-Angestellten im Zusammenhang stehende Gesetzentwürfe ein und betont dabei die Notwendigkeit, einem unvernünftigen Angriffe auf die Gesellschaft, der die Wohlfahrt des Volkes dem Verlangen einer gewissen Klasse nach Einfluß und der politischen Tyrannei opfern würde, Widerstand entgegenzusetzen. Die Regierung schlage deshalb die Bildung einer Eisenbahn-Brigade vor, um im Notfalle den Eisenbahndienst des Landes zu sichern. Ferner sollen die berechtigten Forderungen des Eisenbahnpersonals befriedigt werden. Endlich soll eine königliche Kommission beauftragt werden, die rechtliche Lage des Eisenbahnpersonals und die Dienstbedingungen für dasselbe zu regeln und festzusetzen, welche Handlungen des Personals strafrechtlich zu verfolgen sind. Der Premierminister fügt hinzu, die Regierung verfolge keinerlei reaktionäre Zwecke, sondern wünsche soziale Reformen.

Am 26. Februar verweist die Kammer die Vorlage an eine Kommission.

8. März. Zahlreiche Arbeiterversammlungen protestieren gegen die Vorlagen gegen das Streikrecht der Arbeiter.

18. März. (Haag.) Eine königl. Ordre bestimmt, daß die Miliz der Jahresklasse 1902 auf unbegrenzte Zeit bei der Fahne behalten wird.

28. März. Resultat der Kommissionsberatung der Streikvorlage.

Die Regierung hält in der Hauptsache ihre Vorlagen aufrecht, insbesondere die Bestimmung, die die plötzliche und vorher verabredete Arbeitseinstellung im Betriebe der Eisenbahnen und öffentlichen Verkehrsanstalten für eine strafbare Handlung erklärt. Dagegen willigt die Regierung ein, das Strafmaß, welches im Gesetzentwurf bis auf sechs Jahre Zuchthaus geht, in eine kürzere Gefängnisstrafe zu verwandeln und das Delikt als ein politisches zu erklären, d. h. als ein solches, welches nicht den Verlust der politischen Rechte nach sich zieht. Gleichzeitig wird ein Arbeiterschiedsgericht zur Schlichtung der Streitigkeiten zwischen Arbeitgebern und Arbeitnehmern eingesetzt.

2. April. In der Zweiten Kammer sprechen sich die liberalen und konservativen Redner im allgemeinen für die Ausstandsvorlage aus, die Sozialdemokraten bekämpfen sie scharf.

2. April. (Amsterdam.) Die Eisenbahnangestellten erklären in den Ausstand treten zu wollen, wenn ihre Führer es für nötig halten, um die Durchführung der Streikgesetze zu verhindern.

6. April. Beginn des allgemeinen Ausstandes.

Das Schutzkomitee proklamiert den Ausstand aller Angestellten im Verkehrswesen, der der übrigen Gewerbe soll sich anschließen. — Die Regierung läßt die Eisenbahnen militärisch bewachen: der Verkehr wird in wenig beschränktem Umfange aufrecht erhalten. Den Angestellten wird mit Entlassung gedroht, wenn sie den Dienst binnen 24 Stunden nicht wieder aufnehmen.

9. April. (Zweite Kammer.) Annahme der Streikvorlage.

Abg. Troelstra (Soz.) führt aus, daß der Grundsatz der Regierung, im öffentlichen Interesse den Ausstand des Eisenbahnpersonals zu bestrafen, zur Folge habe, daß man den Ausstand in allen Zweigen der Großindustrie bestrafen müsse und daß sich eine Strafbestimmung gegen Ausstände des Eisenbahnpersonals in keiner europäischen Gesetzgebung finde.

Der Justizminister erwidert, daß mehrere Länder in Europa, wo der Eisenbahnbetrieb staatlich ist, einen Ausstand der Eisenbahnarbeiter als eine Pflichtverletzung bestrafen. Da eine Bestrafung das letzte Mittel sei, zu dem man greife, so bestehe kein Anlaß, die Ausständigen der anderen Industriezweige ohne Notwendigkeit zu bestrafen. — Die Vorlage wird mit 81 gegen 14 Stimmen (Sozialisten und demokratische Liberale) angenommen.

10. April. Das Schutzkomitee proklamiert das Ende des Ausstandes.

11. April. Die Erste Kammer genehmigt einstimmig das Ausstandsgesetz. — Die Königin erteilt die Sanktion und das Gesetz tritt sofort in Kraft.

20. April. Ein königl. Erlaß bestimmt, daß die militärische Bewachung der Eisenbahnen allmählich eingestellt und die eingezogenen Milizen nach und nach entlassen werden sollen.

15. September. Die Königin eröffnet die Generalstaaten und verspricht in der Thronrede Förderung der Arbeiterbewegung durch gesunde Sozialpolitik.

1. Oktober. (Haag.) Der internationale Schiedsgerichtshof beginnt die Beratung über den Venezuelastreit.

XII.
Dänemark.

23. Januar. (Folkething.) Der Finanzminister legt einen Gesetzentwurf vor.

Der Gesetzentwurf betrifft die Bildung einer Aktiengesellschaft „St. Croix-Zuckerfabriken" mit einem Kapital von 3 Millionen Kronen, von denen der Staat die Hälfte übernimmt. Die Gesellschaft, welche ihren Hauptsitz in Kopenhagen hat, hat ihre Fabriken auf St. Croix (Antillen).

13. Februar. (Folkething.) Steuerreformfrage.

Die Linkenreformpartei und die freikonservative Partei vereinbaren, in betreff der Steuerreformvorlage die Hauptstreitpunkte folgendermaßen zu schlichten: 1. Einführung einer Vermögenssteuer von 0,6 von Tausend; 2. Einführung einer Immobiliensteuer von 1,1 von Tausend; 3. Aktiengesellschaften bezahlen stets Einkommensteuer; 4. der Staat zahlt den Gemeinden aus dem Ertrag der Staatssteuern einen Zuschuß von 1½ Millionen Kronen; 5. Einführung einer steigenden Skala bei der Gemeinde-Einkommensteuer; 6. der Prozentsatz der Gemeinde-Einkommensteuer in Kopenhagen bleibt unverändert.

2./5. April. Besuch des Deutschen Kaisers in Kopenhagen.

Der König bringt auf einem Festmahl folgenden Trinkspruch aus: „Eure Majestät! Es gereicht mir zur ganz besonderen Befriedigung und Freude, Eure kaiserliche und königliche Majestät willkommen zu heißen. Indem Eure Majestät geruhten, mir in Veranlassung meines bevorstehenden Geburtstages Ihren hochgeschätzten Besuch zu machen, geben Eure Majestät mir wiederholt einen neuen Beweis freundschaftlicher Gesinnung, für den ich meinen herzlichsten und wärmsten Dank ausspreche. Möge der Besuch zum weiteren Gedeihen des herzlichen Verhältnisses zwischen unseren Häusern und den stammverwandten Völkern beitragen. Ich trinke auf das Wohl Eurer Majestät und Ihrer Majestät der Kaiserin, für deren baldige vollständige Genesung wir die aufrichtigsten Wünsche hegen. Es lebe der Kaiser, die Kaiserin und Allerhöchstderen Haus."

Der Kaiser erwidert: „Eure Majestät bitte ich, meinen aus tiefstem Herzen entströmenden Dank gnädigst entgegennehmen zu wollen. Ich danke Eurer Majestät für die gnädige Erlaubnis, Ihnen meinen Besuch machen zu dürfen. Ich danke aus aufrichtigstem und treuerfülltem Seemannsherzen für die hohe Ehre, die Eure Majestät mir erwiesen durch meine Ernennung zum Admiral der dänischen Flotte, der Flotte, die sich mit ehernem Griffel in die Tafel der Weltgeschichte eingeschrieben hat. Ich danke Eurer Majestät für die gnädige Erlaubnis, daß Ihr Ulanen-Regiment für alle Zeiten Ihren uns so teuren Namen führen darf. Ich danke für den gnädigen, liebenswürdigen, prächtigen Empfang Eurer Majestät und dem gesamten Volke. Ich der jüngsten einer unter Europas Herrschern, neige mich in Ehrfurcht vor unserem Haupte. Ich spreche aus ganzem, tiefstem und vollem Herzen und weiß mich eins mit meinem gesamten Volk, das stammverwandt dem braven dänischen ist. Gott schütze, erhalte und segne Eure Majestät, zu dem wir aufblicken als gnädigen, sorgenden und herzensvollen Landesvater, der ein Muster ist als Fürst, ein Muster als Ehemann und als Vater auf dem Thron. Möge es Eurer Majestät noch lange vergönnt sein, im Kreise blühender Kinder und heranwachsender Enkelkinder für das Wohl Ihres treuen Volkes zu sorgen. Möge noch recht lange König Christian vor seinem hohen Maste stehen, auf dem der Danebrog weht, dessen Falten ihn noch lange umrauschen mögen. Seine Majestät Hurra!"

Die Presse beschäftigt sich lebhaft mit dem Besuche. „Politiken" schreibt: „Der Kaiser ist Dänemarks Gast und die Kopenhagener Bürger haben die größte Veranlassung, möglichst zu zeigen, in wie hohem Grade Dänemark die freundschaftlichen Gefühle, durch welche der Besuch hervorgerufen wird, schätzt. Zweifellos wird der Kaiser kundgeben, daß das gewaltige Reich, dessen hochbegabter Fürst er ist, nur das beste Verhältnis zu seinem nördlichen Nachbar wünscht. Auch wir haben nur Grund und selbstverständlich höchstes Interesse zu wünschen, daß unsere Stellung zu Deutschland unbedingt freundschaftlich sei. Wir haben viel zu lernen und zu empfangen von Deutschland, dessen Kultur uns imponiert und anzieht, ohne daß wir unsere eigene geistige wie materielle Selbständigkeit beiseite zu setzen brauchen. Man muß allerseits wünschen, daß Kaiser Wilhelm den besten Eindruck von seinem hiesigen Aufenthalte erhält. Sein Kommen ist bedeutungsvoll für unser kleines Land."

„Sozialdemokraten": Als Haupt unseres großen südlichen Nachbarstaates besucht der deutsche Kaiser Kopenhagen und als dänische Staatsbürger müssen wir ihn würdigen, sowie ihm einen nachbarschaftlich freundlichen Empfang wünschen. Alle vernünftigen Dänen wünschen nur das beste nachbarschaftliche Verhältnis zwischen Dänemark und Deutschland. Wir sehen nur eine Gefahr in der auswärtigen Politik für unser Land,

nämlich in den Verdacht zu geraten, daß wir Deutschland feindliche Ge=
fühle und Pläne hegen. Kaiser Wilhelm vertritt die deutsche Nation, vor
deren Tüchtigkeit, Fleiß und Wissenschaftlichkeit wir die tiefste Achtung
haben. Und wie gern wir in guter Nachbarschaft zu leben wünschen als
kluge und friedliebende Dänen, wünschen wir, daß das Staatshaupt des
Deutschen Reiches eine schöne, freundliche Aufnahmen in den Tagen, wo
er Gast unseres Landes und unserer Hauptstadt ist, finden möge."

6. April. Das L a n d s t h i n g genehmigt mit 33 gegen
2 Stimmen die Einführung der Einkommens= und Vermögenssteuer.
22 Abgeordnete der Rechten enthalten sich der Stimmabgabe.

Anfang Mai. Die Sozialdemokraten treten von dem Wahl=
bündnis mit der radikalen Linken zurück.

6. Mai. Abschluß der Steuerreform.

Das Folkething genehmigt definitiv mit 87 gegen 15 Stimmen die
Regierungsvorlage betreffend die Aufhebung der bisherigen Grundsteuern
(„Hartkornsteuern") und betreffend die Einführung einer einheitlichen Eigen=
tumssteuer nach dem Werte des Eigentums, sowie Einführung einer Ein=
kommen= und Vermögenssteuer und Reform des kommunalen Steuer=
wesens. — Am 13. Mai stimmt das Landsthing zu.

17. Juni. Folkethingswahlen.

Es werden gewählt 74 von der linken Reformpartei, 16 Sozial=
demokraten, 12 Mitglieder der Rechten und Freikonservativen und 11 von
der gemäßigten Linken. Die linke Reformpartei gewann 5 und verlor
9 Sitze, die Sozialdemokraten gewannen 3 und verloren 1, die Rechte
verlor 2 und gewann 6, die gemäßigte Linke verlor 4 und gewann 2.

31. Juli. (Island.) Das Althing genehmigt die von der
dänischen Regierung entworfene neue Verfassung.

10. September. Bericht der zur Regelung der westindischen
Verhältnisse eingesetzten Kommission.

Darin wird die Sonderung der Staats= und der kolonialen Ange=
legenheiten vorgeschlagen. Zur Leitung der kolonialen Angelegenheiten für
alle Inseln wird ein aus 16 Mitgliedern bestehender Kolonialrat mit dem
Gouverneur als Vorsitzender errichtet. Der in St. Thomas geltende Zoll=
tarif wird bis zur Höhe des in Croix geltenden erhöht. Der Spiritus=
zoll wird bedeutend erhöht, dagegen der Ausfuhrzoll für Zucker, Rum und
Melasse abgeschafft. Der Staat übernimmt die Ausgaben für das Gouver=
nement, Gerichtswesen, sowie für das Militär=, Steuer=, Post= und Tele=
graphenwesen. Das vorhandene Militär soll durch ein Gendarmeriekorps
ersetzt werden, welches gleichzeitig die Polizeidienste versehen und etwa
hundert Mann zählen soll. Ferner wird eine Verbesserung der Hafenver=
hältnisse von St. Thomas, die Einführung des Kronenmünzsystems und
für das Mutterland Zollermäßigungen für Zucker und Rum in Vorschlag
gebracht.

6. Oktober. (Folkething.) Budget.

An Stelle eines im Voranschlag vorgesehenen Fehlbetrags von
18 Millionen Kronen schließt der Rechenschaftsabschluß nur mit einem Fehl=
betrag von 1,8 Millionen ab; es ist also eine Verbesserung von 16,2 Mil=
lionen Kronen gegenüber dem Voranschlag eingetreten. Die Einnahmen

haben im ganzen 75,7 Millionen Kronen gegen 68,7 Millionen Kronen im Voranschlag betragen, sind also um 7 Millionen Kronen größer als veranschlagt. Die Ausgaben, die im ganzen mit 86,8 Millionen Kronen angesetzt waren, haben nur 77,6 Millionen Kronen betragen, sind also um 9,2 Millionen Kronen geringer als angenommen.

9. Dezember. Das Folkething genehmigt mit 70 gegen 1 Stimme den Gesetzentwurf, durch welchen die Reichstagsdiäten für die ersten sechs Monate der Session von sechs auf zehn Kronen täglich erhöht werden, während sie für die übrige Zeit sechs Kronen wie bisher betragen sollen.

XIII.
Schweden und Norwegen.

17. Januar. (Stockholm.) Der Reichstag wird mit einer Thronrede eröffnet, die Forderungen für neue Kriegsschiffe und Vermehrung des Eisenbahnmaterials sowie Erhöhung der Branntweinsteuer ankündigt.

Januar. (Schweden.) In den nördlichen Distrikten wütet Hungersnot.

21. März. (Stockholm.) Zweite Kammer. Vorlage über den Rückkauf Wismars.

Die Regierung bringt eine Vorlage ein, nach der die Regierung ermächtigt werden soll, von dem Rechte Schwedens abzustehen, die Stadt Wismar mit Umgebung durch Erlegung der Pfandsumme wieder loszukaufen. — Die Stadt Wismar ist am 26. Juni 1803 für 1258000 Taler Banco von Schweden an Mecklenburg-Schwerin verpfändet worden, unter der Bedingung, daß Schweden nach 100 Jahren gegen Rückzahlung dieser Summe nebst 3 v. H. jährlichen Zinsen das Pfand wieder zurücknehmen könne.

21. März. (Stockholm.) Zweite Kammer. Besprechung der Notlage in Norrland.

Der Ackerbauminister erklärt auf eine Anfrage, der durch Futtermangel entstandene Schaden werde auf 7½ Millionen Kronen veranschlagt. Die Regierung bewilligt eine Unterstützung aus dem Unterstützungsfonds; durch private Hilfe und aus den notleidenden Kreisen selbst sind über eine Million eingegangen. Infolge der letzten Nachrichten hält die Regierung aber eine weitere Unterstützung durch etwa eine Million Kronen für erforderlich. Davon sind 100000 Kronen durch die Schenkung des Amerikaners Dr. Klopsch bereits aufgebracht. Ueber eine weitere Staatsunterstützung und deren eventuelle Höhe könne man noch nichts sicheres sagen.

24. März. (Stockholm.) Der Minister des Auswärtigen veröffentlicht folgende Mitteilung über das Konsulatswesen:

Die schwedischen und norwegischen Unterhändler vereinbarten folgende Grundlage zur Regelung des Konsulatswesens. Beide Länder erhalten ein besonderes Konsulatswesen. Die Konsuln unterstehen den Behörden ihrer Heimat, welche jedes Land bestimmt. Schweden und Norwegen regeln durch gleichlautende Gesetze das Verhältnis zwischen dem Minister des Aeußern und dem diplomatischen Korps einerseits und den Konsuln der einzelnen Reiche andererseits mit Bürgschaften dafür, daß die Konsuln die Grenzen ihrer Rechte einhalten und das notwendige Zusammenarbeiten mit dem Minister des Aeußern gesichert bleibt. Ueber den schwedischen Vorschlag, den König durch gleichlautende Gesetze zu ermächtigen, einen Schweden oder Norweger zum Minister des Aeußern zu ernennen, welcher den beiden Parlamenten verantwortlich ist, wurde vorläufig eine Einigung nicht erzielt.

März. (Norwegen.) Die Zollkommission des Storthings schlägt bedeutende Erhöhung der industriellen Zölle vor.

16. Mai. (Schweden.) Beide Kammern des Reichstags genehmigen die Vorlage, wodurch die Regierung ermächtigt wird, von dem Recht abzusehen, Wismar mit Umgebung durch Erlegung der Pfandsumme wieder einzulösen.

Der Präsident der Zweiten Kammer hält nach der Annahme folgende Rede: Durch den soeben gefaßten Beschluß, dem wahrscheinlich auch die Erste Kammer zustimmt, ist das bisher uns mit Wismar verbindende Band endgültig gelöst. Da kann es nicht wundernehmen, wenn wir bei dem Gedanken an die Trennung von der Stadt, die so treu und tapfer Schweden zur Seite gestanden hat, von wehmütigem Gefühle ergriffen werden. Wir senden Grüße an die alte Stadt, die jetzt vollständig dem deutschen Vaterlande einverleibt wird, und wünschen ihr Wohlstand und Gedeihen.

Der Präsident der Ersten Kammer: Mit dem nun gefaßten Beschlusse hat die Erste Kammer ihre Zustimmung zu dem Antrag der Regierung, betreffend Wismars definitive Abtretung an das Großherzogtum Mecklenburg-Schwerin, gegeben. Da die Zweite Kammer bereits einen ähnlichen Beschluß gefaßt hat, hat der schwedische Reichstag die Abtretung gutgeheißen, damit ist das letzte Band, das die alte Hansestadt, das Dünkirchen des Nordens, mit Schwedens Krone verknüpft, für immer gelöst, aber zwischen uns Schweden und Wismars Bürgerschaft bilden sich andere Bande, die niemals gelöst werden können, die Bande der Erinnerung und der Dankbarkeit. Unauslöschlich steht der Name der Stadt Wismar geschrieben auf einem der schönsten Blätter unserer Geschichte, den Blättern, die unserer Väter herrliche Kämpfe für unseren evangelisch-lutherischen Glauben schildern. Als Siegesfrüchte fielen uns die deutschen Besitzungen zu, deren Besitz wichtig, deren Verteidigung schwer war. Einer nach dem anderen ging verloren, aber nur nach ehrenvollen Kämpfen. Von diesen Kämpfen kann viel erzählt werden von Wismars Bürgern, wie sie mit uns teilten der Kriegsjahre Last, wie sie treu unter unseren Fahnen kämpften hinter ihren zusammengeschossenen Mauern gegen Schwedens Feinde. Das wird stets in dankbarer Erinnerung von uns bewahrt werden. Wenn Wismar jetzt staatsrechtlich voll in sein deutsches Vaterland eintritt, so geschieht dies unter unseren besten Wünschen. Möge Glück und Segen ihm in allen Bestrebungen in der Zukunft folgen. Dies soll der Gruß der Ersten Kammer in der Abschiedsstunde sein.

23. Mai. (Norwegen.) Der Ministerpräsident verliest im Storthing eine Erklärung der Regierung über die Grundlagen der Konsulatsverhandlungen mit Schweden.

Es heißt darin: Die eventuellen gleichlautenden und gemeinschaftlichen Gesetze, welche das Verhältnis zwischen der Leitung der auswärtigen Politik und dem Konsulatswesen zu regeln bestimmt sind, sollen keine Einschränkungen der jedem Reiche zustehenden Beschlußfähigkeit, betreffend die Ordnung der Leitung der auswärtigen Politik, enthalten. Die neuen Gesetze sollen auch nicht als Beweis dafür gebraucht werden können, daß Norwegen sich auf die bestehenden Verhältnisse festgelegt oder sich auf dieselben verpflichtet hat. Die Ordnung der Leitung der auswärtigen Politik soll vielmehr zunächst unberührt bleiben und ihre Lösung in keiner Weise vorgegriffen werden.

20. Juni. (Schweden.) Der König vollzieht das Gesetz über den Verzicht auf Wismar. — Der König und der Großherzog von Mecklenburg wechseln Begrüßungsdepeschen aus diesem Anlaß.

11. September. (Norwegen.) Abschluß der Storthingswahlen.

Die Regierungspartei verliert die Mehrheit. Es sind gewählt 63 Mitglieder der Rechten und gemäßigten Linken, 50 Mitglieder der regierungsfreundlichen Linken, 4 Sozialisten.

19. Oktober. (Christiania.) König Oskar eröffnet das Storthing. In der Thronrede teilt er mit, daß mit auswärtigen Mächten Verhandlungen über Schiedsgerichtsverträge schweben.

22. Oktober. (Norwegen.) Ministerwechsel.

Das Ministerium Blehr gibt seine Entlassung (21. Oktober). Am folgenden Tage wird folgendes Kabinett gebildet: Professor Hagerup Ministerpräsident und Justizminister, Dr. Sigurd Ibsen norwegischer Staatsminister in Stockholm, Prediger Hans Nielsen-Hauge Minister für Kirche und Unterricht, Postmeister Schöning Minister für Handel und Industrie, Großkaufmann Birger-Kildal Finanzminister, Amtsingenieur Hansen Minister der öffentlichen Arbeiten, Gutsbesitzer Matheesen Ackerbauminister, Oberstleutnant Strugstadt Kriegsminister. Zu Mitgliedern des Staatsrates in Stockholm werden Schiffsreeder Michelsen und Landgerichtsanwalt Vogt ernannt. Das Ministerium besteht aus fünf Mitgliedern der Rechten und fünf der gemäßigten Linken.

28. November. (Norwegen.) Landesverteidigung und Finanzen.

Im Storthing warnt der Ministerpräsident eindringlich vor den Bestrebungen, die Ausgaben für die Landesverteidigung herabzusetzen, da diese eine Lebensbedingung für die Nation seien. Er hebt auch die Notwendigkeit hervor, die Verteidigung des nördlichen Norwegens zu organisieren. Der Vorsitzende des Budgetaustausches betont dagegen, wenn nicht eine Herabſetzung der Ausgaben für die Landesverteidigung erfolge, ſo würde eine der Landesverteidigung feindliche Bewegung hervorgerufen werden. Die Finanzen müßten auch in bezug auf die Landesverteidigung in Ordnung gebracht werden.

9. Dezember. (Chriſtiania.) Das Storthing verwirft einſtimmig eine Vorlage auf Einführung des Frauenwahlrechts.

Mitte Dezember. (Norwegen.) Der Walfiſchfang wird vom 1. Februar 1904 an auf zehn Jahre innerhalb 7 Kilometer von der vorwegiſchen Küſte verboten.

Dezember. Konſulatsfrage.

In einer am 11. Dezember abgehaltenen gemeinſamen Sitzung des ſchwediſchen und norwegiſchen Staatsrates hat der Miniſter des Aeußern über die Verhandlungen in der Konſulatsfrage berichtet, die Vorausſetzungen für die Löſung der Frage dargelegt und vorgeſchlagen, daß der König unter Anerkennung des Communiqués vom 24. März den ſchwediſchen und den norwegiſchen Staatsrat beauftragen möge, die Verhandlungen über die Konſulatsfrage in der Weiſe fortzuſetzen, daß bezüglich der Stellung des Miniſteriums des Aeußern und der Geſandtſchaften der status quo aufrecht erhalten bleibe. Sodann wurde zur Ausarbeitung endgültiger Entwürfe für gleichlautende Geſetze zur Regelung des Verhältniſſes zwiſchen dem Miniſterium des Aeußern und den Geſandtſchaften einerſeits und dem getrennten Konſulatsweſen andererſeits geſchritten. Nachdem die ſchwediſchen und norwegiſchen Staatsräte ihre Zuſtimmung hierzu ausgeſprochen hatten, wurde beſchloſſen, den Bericht der norwegiſchen Regierung darüber einzuholen. Dieſe ſtimmte in dem Berichte vom 18. Dezember ſämtlichen Punkten der von dem Miniſter des Aeußern hervorgehobenen Vorausſetzungen bei. In der am 22. abgehaltenen Sitzung des Staates legt der Miniſter des Aeußern dieſen Bericht vor, dem ſämtliche ſchwediſchen und norwegiſchen Staatsräte zuſtimmen. Der König genehmigt darauf den vom Miniſter des Aeußern gemachten Vorſchlag auch ſeinerſeits.

XIV.

Rußland.

Anfang Januar. (Warschau.) Das Ministerium des Innern verbietet der Warschauer englischen Mission, das Sakrament der Taufe an bekehrten Juden, falls diese russische Untertanen sind, ohne jedesmalige Erlaubnis des Ministeriums zu vollziehen.

12. Januar. (Petersburg.) Plehwe über Verwaltung und Bauernstand.

Anläßlich der Feier des 100jährigen Bestehens des Ministeriums des Innern erklärt Min. des Innern v. Plehwe in einer Ansprache, daß er sich als die beiden wichtigsten Aufgaben für die Zukunft die Dezentralisation in der gesamten Verwaltung des Reiches und die Besserung der Lage des bäuerlichen Standes gestellt habe, beides unter Heranziehung von Sachverständigen, die nicht dem Beamtenstande angehörten.

13. Januar. Veröffentlichung des Budgets von 1903. Bericht Wittes über die allgemeine Lage. Brief des Zaren an Witte.

Das Budget veranschlagt die ordentlichen Einnahmen auf 1 897 032 678 Rubel, die ordentlichen Ausgaben auf 1 880 405 229 Rubel. Der Ueberschuß der ordentlichen Einnahmen über die ordentlichen Ausgaben beträgt demnach 16 627 449 Rubel. Die außerordentlichen Einnahmen belaufen sich auf 174 634 794 Rubel, die außerordentlichen Ausgaben auf 191 262 243 Rubel. Die Gesamtsummen der Einnahmen und Ausgaben balancieren mit 2 071 667 472 Rubel. — Der Bericht des Finanzministers betont, daß Budget weise trotz einer ziemlich erheblichen Steigerung des Ordinariums Ueberschüsse auf, die zur Deckung eines Teiles der außerordentlichen Ausgaben verwendet werden, und betont die Besserung der Bedingungen der russischen Volkswirtschaft, namentlich durch die den Durchschnitt des letzten Jahrzehntes um 27 Prozent übersteigende Ernte. Betreffs der Entwickelung des Geldmarktes stellt der Bericht eine Besserung hinsichtlich der Herstellung des Gleichgewichtes zwischen dem Kapitalangebot und der Nachfrage in Rußland und dem übrigen Europa und ein Liquiderwerden des Geldverkehrs des russischen inneren Marktes fest. Trotzdem wäre es unvorsichtig, ein unausgesetztes Vorwärtsgehen des Geldmarktes zu erwarten. Vielmehr muß den Folgen der übertriebenen ernstlichen Schwierigkeiten und der Rückwirkung etwaiger zukünftiger ausländischer finanzieller Verwickelungen auf dem russischen Geldmarkte Rechnung getragen werden.

Ueber die internationale politische und wirtschaftliche Lage heißt es:
Eine sehr erhebliche Besserung ist im Jahre 1902 auch in Bezug auf den
russischen Außenhandel erzielt worden. Der Wert der von uns ausgeführten Waren hat den der Einfuhr um 300 Millionen Rubel, also um
einen höheren Betrag als in irgend einem Jahre des vorhergehenden Jahr-
zehnts, überstiegen. An die Staatsfinanzen werden bei uns nicht selten
übertriebene Anforderungen gestellt. Im Laufe der Zeit hat sich eine
Gewöhnung an eine günstige Gestaltung des Finanzhaushalts festgesetzt,
und das Erkenntnis der Notwendigkeit einer sparsamen Verwendung der
Staatsmittel ist allmählich schwächer geworden. Die Ansprüche in betreff
einer umfassenderen Befriedigung der verschiedenartigsten Bedürfnisse
werden immer dringlicher geltend gemacht; gleichzeitig werden Klagen über
die Höhe der Besteuerung laut und Maßnahmen zur Herabsetzung der
Aufhebung der Steuern in Vorschlag gebracht. Welches Bedürfnis erscheint
nun für den Staat am bringlichsten? Selbstverständlich dasjenige, dessen
Befriedigung die ganze Existenz des Staates, seine äußere Integrität sicher-
stellt. Zu dem Zwecke trägt die Bevölkerung persönliche Dienstleistungen,
zahlt sie den größten Teil der Steuern, wogegen sie das unschätzbare, durch
keinerlei materielle Güter aufzuwiegende Bewußtsein erhält, daß sie ihr
Hab und Gut sowie das gesamte Heimatland vor auswärtigen Feinden
gesichert weiß. Es ist vom wirtschaftlichen und humanitären Standpunkt
zu bedauern, daß die Menschheit noch nicht von den großen Ideen des allgemeinen Weltfriedens durchdrungen erscheint. Dennoch muß es heutzutage anerkannt werden, daß wir unter der Wirkung eines eisernen Gesetzes
stehen und zur Befriedigung von Kulturbedürfnissen nur dasjenige verwenden können, was nach erfolgter Deckung der Ausgaben für die Landesverteidigung übrig bleibt. Wenn solche Anforderungen zu diesem
Zwecke an den Finanzminister gestellt werden, so ist es für ihn äußerst
schwierig zu beurteilen, inwiefern diese oder jene Maßnahmen der Landesverteidigung erforderlich sind. Ist aber die Notwendigkeit einmal anerkannt, so liegt es ihm ob, Mittel dafür zu beschaffen. Hieraus entsteht
für ihn die schwere Pflicht, die Initiative zur Einführung und Erhöhung
von Steuern zu ergreifen, sowie auch die Durchführung aller solcher Maßnahmen von der Hand zu weisen, für die nach erfolgter Sicherstellung des
oben erwähnten dringendsten Staatsbedarfs die Mittel nicht ausreichen.

Der Zar richtet folgendes Schreiben an den Finanzminister: „Vor
zehn Jahren berief Sie Mein in Gott ruhender Vater zum Leiter des
Finanzministeriums. Ungeachtet der schweren Folgen der Mißernte des
Jahres 1891 begannen Sie mit festem Glauben an die wirtschaftliche Macht
Rußlands und mit fester Energie die Regelung der russischen Finanzen,
die von Ihrem Vorgänger angefangen wurde, und hatten das Vertrauen
aufrecht erhalten und die Dankbarkeit Kaiser Alexanders III. erworben.
Heute nach zehnjähriger Tätigkeit Ihrer Leitung der Finanzen ist es mir
angenehm, Ihnen meine Dankbarkeit auszudrücken für alles das, womit
Sie im Verlauf der letzten acht Jahre auch Mein Vertrauen erworben
haben. Mit demselben Glauben an die Zukunft des russischen Volkes und
mit derselben Ergebenheit dem Throne gegenüber erleichterten Sie Mir
nicht nur die Mühe der Ausführung meiner Hauptsorgen um die Verstärkung der Staatsmacht, der Wehr und des Wohlstandes des Mir von
Gott anvertrauten Reiches, sondern erweckten auch zur Selbständigkeit die
besten Kräfte der Volksarbeit, sicherten die Unabhängigkeit und Zuverläsig-
keit des Geldumsatzes, vermehrten die Hilfsquellen des Staates, wodurch
Sie es ermöglichten, die von Jahr zu Jahr allmählich wachsenden Budgets ohne Defizit abzuschließen. Unabhängig von Ihren vielseitigen Pflichten

führten Sie zu Meiner vollständigen Befriedigung die Ihnen anvertraute Aufgabe, meinen Thronfolger, Meinen lieben Bruder, Großfürsten Michael Alexandrowitsch in die Staatsökonomie einzuführen, aus. In der Hoffnung auf Ihre fernere dem Staate und Mir nützliche Tätigkeit an der Spitze des Ihnen anvertrauten Ministeriums, verbleibe ich unveränderlich Ihr wohlwollender und dankbarer Nikolaus."

16./24. Januar. Besuch des deutschen Kronprinzen in Petersburg.

29. Januar. (Petersburg.) Die Gesetzsammlung veröffentlicht den neuen Zolltarif für die europäischen Grenzen, ohne einen Termin für den Beginn der Geltung anzugeben. Die wichtigsten Sätze für den Verkehr mit Deutschland sind folgende:

Es zahlen: Roheisen in allen Gattungen mit Ausnahme der besonders genannten: über See 45, über die westliche Landgrenze 52^1/$_2$ Kopeken (bisher 30 Kopeken), Band- und Sortiereisen 0.90, bezw. 1.80 Rubel (bisher 0.50), eiserne Schienen 0.90, bezw. 1.08 (bisher 0.50), Eisen in Blättern bis ^{1}/$_2$ Millimeter 1.27^1/$_2$, bezw. 1.53 (bisher 0.65), Eisen in Blättern über ^{1}/$_2$ Millimeter 1.50, bezw. 1.80 (bisher 0.80), Blech 2.65, bezw. 3.18 (bisher 1.55), Band- und Sortier-Stahl mit Ausnahme der besonders genannten, ferner Stahlschienen 0.90, bezw. 1.08 (bisher 0.50), Stahl nach Blättern jeder Art bis Nr. 25 einschließlich nach Birmingham-Kaliber, in Tafeln über 18 Zoll breit u. s. w. 1.27^1/$_2$, bezw. 1.53 (bisher 0.65), Stahl in Blättern über Nr. 25 nach Birmingham-Kaliber 1.50, bezw. 1.80 (bisher 0.80), gußeiserne Gußstücke ohne Bearbeitung 1.12^1/$_2$, bezw. 1.35 (bisher 0.60), Gußeisenfabrikate 4.65, bezw. 5.58 (bisher 1.40), Maschinen- und Apparaten-Teile, welche besonders eingeführt werden, zahlen, wenn aus Kupfer- und Kupferlegierungen bestehend, 9, bezw. 10.80 (bisher 4.32) Rubel, wenn aus Gußeisen, Eisen und Stahl, 4.65, bezw. 5.58 (bisher 1.40); Eisenbahnwaggons zahlen pro Achse, und zwar: Kohlenwagen und Loren 240, Cisternenwagen und Güterwagen 36, Personenwagen dritter Klasse 450, zweiter 532.50 und erster 697.50; Straßenbahnwagen: kleine 375, große 510 Rubel. Eisen- und Stahlfabrikate außer besonders genannten, ferner geschmiedete, gestanzte, gepreßte, gegossene, unbefeilte u. s. w. 2.55, bezw. 3.06 (bisher 1.40); Eisen- und Stahl-Kesselarbeiten, als Kessel, Reservoirs u. s. w. 2.55, bezw. 3.06 (bisher 1.40); Eisen- und Stahlfabrikate — mit Ausnahme der besonders genannten — bearbeitete, abgedrehte, polierte, geschliffene u. s. w. 4.65, bezw. 5.48 (bisher 1.40); Stücke schwerer als 5 Pfund 3.55, bezw. 3.06 (bisher 1.40); Stücke unter 5 Pfund 4.05, bezw. 4.86 (bisher 2.20); Messerwaren 24, bezw. 28.80 (bisher 13.60); Sensen und Sicheln 3, bezw. 3.60 (bisher 1.10); Spaten, Schaufeln, Hacken, Heugabeln 2.10, bezw. 2.52 (bisher 1.10). Maschinen, Apparate, Konstruktionsmodelle dazu, vollständig oder unvollständig, zusammengestellt oder auseinandergenommen, jeder Art, aus Kupfer und Kupferlegierungen, oder solche, in denen Kupfer dem Gewichte nach das Hauptmaterial ausmacht, über die Seegrenze 9 Rubel, über die westliche Landgrenze 10.80 Rubel (bisher 4.82 Rubel); Lokomobilen, eingeführt mit komplizierten Dreschmaschinen, 0.75, bezw. 0.90 (bisher 1.20); nicht besonders genannte landwirtschaftliche Maschinen und Geräte ohne Dampfmotore, deren Modelle 1.05, bezw. 1.26 (bisher 1.20); nicht besonders genannte landwirtschaftliche Maschinen und Geräte ohne Dampfmotore, deren Modelle 1.05, bezw. 1.26 (bisher 0.50); Dynamo- und elektrische Maschinen jeder Art, elektrische Transformatoren

8.50, bezw. 10.20 (bisher 1.40); Dampfmaschinen, Lokomobilen (außer den schon genannten), Lokomotiven, Dampffeuerspritzen, Buchdruckerei- und lithographischen 3.65, bezw. 4.38 (bisher 1.40 bis 1.80).

Januar. (Finnland.) Verfügung über den Wehrdienst. Der Zar bestimmt anläßlich des Ausbleibens von 14,798 Wehrpflichtigen bei den Aushebungen von 1902, daß die im Staatsdienst befindlichen Ausgebliebenen zu verabschieden seien, daß innerhalb fünf Jahren den Ausgebliebenen kein Reisepaß ins Ausland gewährt werde, daß ferner sämtliche Ausgebliebenen in die Landwehr eingeschrieben werden und daß endlich das Leibgarde-Bataillon mit den Ausgebliebenen komplettiert werden soll.

2. Februar. Ein am 27. Oktober 1902 abgeschlossener Zollvertrag mit Persien wird veröffentlicht. Die Grundsätze der Zolldeklaration sind folgende: Artikel 1. Waren die von russischen Untertanen nach Persien ausgeführt oder aus Persien eingeführt werden, sowie persische Erzeugnisse, welche von Persern über das Kaspische Meer oder die Landgrenze beider Staaten nach Rußland eingeführt werden, ferner russische Waren, welche von Persern auf demselben Wege aus Rußland ausgeführt werden, unterliegen fortan einer Zollgebühr in Gemäßheit des dieser Deklaration beigefügten Tarifes. Artikel 2. Aus Rußland ausgeführte Waren unterliegen der Zollgebühr ein für allemal bei der Einfuhr in Persien und unterliegen weiterhin keiner anderen Zollgebühr oder anderen Steuern mit Ausnahme der in Artikel 5 der Deklaration bezeichneten. Persische Erzeugnisse unterliegen bei der Einfuhr in Rußland den Zollgebühren und keinen anderen Ausfuhrgebühren oder Steuern bei ihrer Ausfuhr aus Persien, mit Ausnahme der in Artikel 3 und 5 der Deklaration verzeichneten. Artikel 3. Der bisher in Persien erhobene Ausfuhrzoll von 5 v. H. wird völlig abgeschafft, mit Ausnahme der im Tarif aufgeführten Ausfuhrzölle. Russische und persische Waren können nunmehr frei aus einem in den andern Staat ausgeführt werden, mit Beobachtung natürlich der Einschränkungen, welche bereits festgesetzt oder noch festzusetzen sind. Artikel 4. Die persische Regierung übernimmt die Verpflichtung, alle Wegesteuern aufzuheben und nicht andere Wege- und Schlagbaum-Steuern zuzulassen, mit Ausnahme der Steuern auf künstlich hergestellten, fahrbaren Wegen, für welche eine Konzession bereits gegeben ist oder gegeben wird. Artikel 5. Das Pachtsystem bei der Erhebung der Zölle in Persien wird abgeschafft und durch die Einrichtung von Regierungs-Zollämtern an den Grenzen ersetzt. Persische Untertanen unterstehen bei der Einfuhr von Waren in Rußland, oder bei der Ausfuhr aus Rußland den jetzigen und künftigen russischen Gesetzen, wobei sie den Vorzug der meistbegünstigten Nationen genießen.

25. Februar. Der „Regierungsbote" veröffentlicht folgende Mitteilung über die diplomatischen Schritte in der makedonischen Angelegenheit: Das politische Leben der glaubensverwandten Völkerschaften unermüdlich verfolgend, hat die kaiserliche Regierung, durch ihre Agenten über die wahre Sachlage rechtzeitig unterrichtet, nicht aufgehört, die Aufmerksamkeit der Pforte auf die unaufschiebbare Notwendigkeit einer Verbesserung der Lage der Christen in den Vilajets Salonichi, Kossowo und Monastir hinzulenken. Dem im Oktober 1902 nach Jalta berufenen Botschafter in Konstantinopel wurde die Ausarbeitung eines Projektes der wesentlichsten

Reformen aufgetragen mit der Anweisung, die Pforte auf das dringende Bedürfnis der schnellsten Anwendung derselben hinzuweisen zur gründlichen Beseitigung der Ursachen der Unzufriedenheit ihrer Untertanen. Eine Mitteilung gleichen Inhaltes erhielt auch der türkische Gesandte Turkhan Pascha, der den Kaiser in Livadia begrüßte. Die türkische Regierung erklärte sich bereit, die freundschaftlichen Ratschläge zu befolgen. Das im November 1902 veröffentlichte Reform-Irade enthält aber keine genügenden Garantien für die Verbesserung der Lage der Christen und diente daher auch nicht zur vollständigen Beruhigung. Trotz der den Balkanstaaten erteilten Ratschläge dauerte die Agitation des Revolutionskomitees zur Aufhetzung der Bevölkerung gegen die Pforte fort. Angesichts dieser äußerst beunruhigenden Lage beauftragte der Kaiser den Minister des Aeußern Anfang November Belgrad und Sofia zu besuchen und dort im Namen des Kaisers eine Mitteilung folgenden Inhalts zu machen: „Nach wie vor sind Rußlands Bemühungen darauf gerichtet, die Pforte zur schnellsten Durchführung von Reformen in den drei europäischen Vilajets zu bewegen. Es ist daher unerläßlich, daß die slavischen Staaten ernstlich alle nur möglichen Maßnahmen für die Wahrung der Ruhe auf dem Balkan treffen und den revolutionären Absichten Widerstand entgegensetzen. Nur so können sie auf Rußland rechnen." Der König von Serbien und der Fürst von Bulgarien beeilten sich, dem Grafen Lamsdorff zu versichern, daß ihre Regierungen bemüht seien, die fernere Agitation zu unterdrücken. Sie würden die Resultate des Wirkens Rußlands für die Christen abwarten. Nachdem diese Versprechungen erfüllt worden waren, hat die kaiserliche Regierung der bulgarischen Regierung für die in der letzten Zeit ergriffenen Maßnahmen ihre volle Billigung ausgesprochen. Graf Lamsdorff reiste von Belgrad nach Wien, wo zwischen den beiderseitigen Ministern des Auswärtigen gemäß dem Abkommen von 1897 besondere Beratungen stattfanden. Dieselben endigten mit der Feststellung der Hauptgrundlagen der für die drei Vilajets geplanten Reformen. Anfang Januar wurde das Programm den Botschaftern Rußlands und Oesterreich-Ungarns in Konstantinopel mitgeteilt. Nach Beratung der lokalen Verhältnisse sollten sie ein ausführlicheres Reformprojekt für die drei Vilajets ausarbeiten. Dieses wurde nach seiner Genehmigung durch die beiden Regierungen am 17. d. M. den Signatarmächten vertraulich mitgeteilt mit dem Ersuchen, im Falle der Billigung. Rußland und Oesterreich-Ungarn bei der Pforte zu unterstützen. Frankreich, Italien, Deutschland und England drückten ihre Bereitwilligkeit dazu aus. Nun wurden die Botschafter von Rußland und Oesterreich-Ungarn beauftragt, das Reformprojekt dem Sultan vorzulegen. Nach einer zusammenfassenden Darstellung der Reformvorschläge heißt es in dem Communiqué weiter: Diese Maßnahmen, welche eine ausgestaltende Entwicklung in der Zukunft finden können, scheinen in genügender Weise eine wesentliche Besserung des Lebens der Christen zu sichern. Außerdem soll in einigen Gegenden unter Leitung des Botschafters in Konstantinopel eine sorgfältige Kontrolle durch die Konsuln über die Anwendung der Reformen ausgeübt werden. Indem die kaiserliche Regierung die Vertreter Rußlands auf der Balkanhalbinsel von den erzielten Resultaten benachrichtigte, hat sie es für nötig befunden, zur möglichst weiten Informierung aller slavischen Stämme den Vertretern Rußlands abermals die in diesen Fällen leitenden Grundsätze einzuschärfen. Die durch die Opfer Rußlands zu einem selbständigen Leben berufenen Balkanstaaten dürfen zuversichtlich auf die beständige Fürsorge der kaiserlichen Regierung für ihre tatsächlichen Bedürfnisse und auf den mächtigen Schutz der geistigen und materiellen Interessen der Christen rechnen: sie dürfen dabei aber auch nicht aus dem

Auge verlieren, daß Rußland keinen Tropfen Blut seiner Söhne und nicht den kleinsten Teil des Erbes des russischen Volkes opfern wird, wenn die slavischen Staaten, entgegen den rechtzeitig erteilten und besonnenen Ratschlägen, durch revolutionäre und gewaltsame Mittel eine Veränderung der bestehenden Ordnung auf der Balkanhalbinsel anzustreben sich entschließen sollten.

Ende Februar. (Finnland.) Maßregelung von Richtern.
Elf Mitglieder des Hofgerichts in Aabo, sowie der Advokat-Fiskalsekretär und drei Notare desselben Gerichts werden ohne Pension verabschiedet, weil das Hofgericht infolge von Privatklagen über die Haltung des Gouverneurs Kaigorodow in Helsingfors bei den Straßendemonstrationen im April v. Js. gegen diesen hohen Beamten eine Untersuchung eingeleitet hatte. Infolgedessen reichen mit Ausnahme eines Aktuars alle noch im Amte befindlichen Mitglieder des dortigen Hofgerichtes ihr Abschiedsgesuch ein. Außerdem suchen von 16 außerordentlichen Mitgliedern des Hofgerichtes 15 um Befreiung vom Dienste nach. — Den Beginn des Prozesses gegen den Gouverneur verhindert die Polizei. — Im März werden viele Richter und Geistliche verabschiedet.

Ende Februar. (Finnland.) Das Briefgeheimnis wird **aufgehoben.** Verdächtige Briefe können in Gegenwart des Adressaten geöffnet werden.

Ende Februar. Anfang März. (Gouv. Samara.) Großen Schneestürmen fallen viele Menschen zum Opfer.

11. März. Eine Sonderausgabe des „Regierungsboten" veröffentlicht folgendes Manifest des Kaisers über politische und administrative Reformen:

„Als Wir den Thron Unserer Vorfahren nach Gottes Vorsehung bestiegen, taten Wir das heilige Gelübde vor dem Allmächtigen und Unserem Gewissen, die Jahrhunderte alten Pfeiler der Macht Rußlands heilig zu hüten und Unser Leben dem Dienste Unseres geliebten Vaterlandes zu weihen. In unermüdlichen Sorgen für Unsere Untertanen wählten wir für die Verwirklichung des Volkswohles einen Weg im Sinne der denkwürdigen Taten Unserer Vorgänger, besonders Unseres unvergeßlichen Vaters. Es hat Gott gefallen, die Tätigkeit Meines Vaters durch dessen frühzeitiges Ableben zu unterbrechen. Gott legte Uns dadurch die heilige Pflicht auf, die von ihm begonnene Befestigung der Ordnung und Wahrheit entsprechend den Forderungen des Lebens und des Volkes zu vollenden. Zu Unserem tiefen Bedauern hindern Wirren, welche teils durch staatsfeindliche Absichten gesät, teils durch Lehren, welche dem russischen Leben fremd sind, erzeugt wurden, die allgemeine Arbeit an der Aufbesserung des Volkswohlstandes. Diese Wirren beunruhigen die Gemüter, entziehen sie der produktiven Arbeit und verderben oft Unserem Herzen teuere Familien und junge Kräfte, die Unsere Heimat nötig hat. Von Hoch und Niedrig die Erfüllung Unseres Wunsches fordernd, fest im Widerstande gegenüber jeder Beeinträchtigung des normalen Laufes des Volkslebens und vertrauend auf die ehrliche Erfüllung der dienstlichen und allgemeinen Pflichten seitens aller, haben wir Uns unbeugsam entschlossen, die zur Reife gelangten Bedürfnisse des Staates unverzüglich zu befriedigen, und haben für gut befunden, die unabweichbare Beobachtung der Toleranzgebote zu sichern, welche durch die Grundgesetze des Russischen Reiches vorgezeichnet sind, und die orthodoxe Kirche als die herrschende achtend, allen andersgläubigen Untertanen und fremden Konfessionen die Freiheit des Glaubens und des Gottesdienstes nach anderem Ritus zu gewähren. Ferner haben Wir für gut befunden, die Durchführung der Maßnahmen zur Aufbesserung der materiellen Lage der orthodoxen Landgeistlichkeit fortzusetzen und deren Teilnahme an dem geistigen und öffentlichen Leben ihrer Herde zu vertiefen. Entsprechend den bevorstehenden Aufgaben der Festigung der Volkswirtschaft ist die Tätigkeit der Institutionen für den Staatskredit, besonders der Adels- und Bauernbanken auf die Festigung und Entwicklung des Wohlstandes der Grundpfeiler des russischen Dorflebens, des lokalen Adels und der Bauern, zu richten. Die von uns vorgezeichneten Arbeiten zur Revision der Gesetze für die Landbevölkerung sind nach ihrer Ausführung an die Gouvernementskonferenzen behufs weiterer Ausarbeitung und Anpassung an die lokalen Besonderheiten unter weitgehender Hinzuziehung von Personen, die das öffentliche Vertrauen genießen, zu überweisen. Die Grundlage dieser Arbeiten bleibt der unantastbare Gemeindebesitz bei Ausfindigmachungen von Wegen, um den Bauern den Austritt aus der Gemeinde zu erleichtern. Unverzüglich sind Maßnahmen zu treffen zur Aufhebung der den Bauern lästigen Haftpflicht. Die Gouvernements- und Kreisverwaltung ist zu reformieren durch Arbeiten der lokalen Vertreter. Aufgabe einer weiteren Regelung des lokalen Lebens wird die Annäherung der Kommunalverwaltung und der Pfarrkuratorien der orthodoxen Kirchen sein, wo es möglich ist. Indem wir alle Untertanen auffordern, mitzuwirken bei der Befestigung der sittlichen Grundlagen der Familien, der Schule und des öffentlichen Lebens, befehlen Wir Unseren Ministern und allen betreffenden Oberbeamten, Uns ihre Erwägungen über die Ausführung Unserer Absichten zu unterbreiten."

23. März. (Gouv. Ufa.) In der Eisenfabrik Slatoust streiken 160 Arbeiter und machen Angriffe auf die Behörden. Das Militär greift ein und tötet 28 Personen.

Ende März. Ländliche Steuerreform.

Infolge des Reformmanifestes (S. 333) wird die gegenseitige Haftpflicht der Dorfbevölkerung für die Steuern aufgehoben. Die rückständigen Steuern im Betrage von 111 Millionen Rubel werden niedergeschlagen. Die der Landschaft schuldigen 30 Millionen wurden von der Regierung übernommen.

März. Preßstimmen über das Reformmanifest.

Die „Moskowskje Wjedomostje" sind erfreut, daß das Manifest den Irrlehren, die sich gegen die Autokratie und die orthodoxe Kirche richteten, ein Ende mache. — „Nowoje Wremja" erwartet eine Dezentralisation der Verwaltung, da das jetzige zentralisierende System zu einer übermäßigen Entwicklung des Bureaukratismus geführt habe, eines Bureaukratismus, der selbst bei den besten Absichten zu schöpferischer Arbeit unfähig, dagegen zu einer Arbeit, welche die schöpferischen Kräfte des Landes paralysiert, allzusehr imstande sei. — „Graschdanin": Welches ist die Bedeutung dieses Manifestes? Liest man es aufmerksam durch, so findet man die klare Antwort. Und diese Bedeutung ist groß und erfreulich: der Weg aus Rußland zum Throne und vom Throne nach Rußland, der seit alter Zeit eng war und durch die Schneemassen der Bureaukratie führte, wird in einen breiten und offenen verwandelt. Das ist eine segensreiche, von der Höhe des Thrones erfolgte Aeußerung des Glaubens an die schöpferische Kraft des lokalen Lebens, und infolge dieses Glaubens ein Aufruf zur

Selbsttätigkeit. Und in diesem Sinne erscheint das Manifest wiederum, wie in ihm gesagt ist, als eine Fortsetzung des Werkes, das begonnen wurde von dem großen Vorgänger und Vater des Herrschers, welcher das Manifest vom 26. Februar unterzeichnet hat."

24. März. Ackerbau und Verminderung der Feiertage.

Der „Regierungsbote" teilt mit, daß der Ackerbauminister Jermolow in einer besonderen Beratung über die Bedürfnisse der landwirtschaftlichen Industrie Maßnahmen gegen den schädlichen Einfluß der allzu großen Zahl von Feiertagen auf den Ackerbau angeregt hat. Danach wies der Minister darauf hin, daß die Zahl der von der orthodoxen Bevölkerung gehaltenen Feiertage an verschiedenen Orten jährlich 120 bis 140 und mehr erreicht und daß in die für den Ackerbau wichtigste Zeit von April bis September gegen 77 Festtage fallen. Viele Feiertage entsprächen gar nicht dem Kirchengesetz, sondern beruhten auf alten Ortsbräuchen. Es wurde beschlossen, im Reichsrate eine Vorlage einzubringen, welche eine Erklärung befürwortet, daß die Gesetze freiwillige Arbeit an den Feiertagen nicht verbieten. Der Heilige Synod wird außerdem angegangen werden, die Geistlichkeit dazu anzuhalten, die Gemeindeangehörigen bei jeder Gelegenheit über die wahre Bedeutung der christlichen Feste aufzuklären. Auch wird der Polizei und den Dorfbehörden eingeschärft werden, daß sie nicht berechtigt sind, der Bevölkerung die freiwillige Arbeit an Feiertagen zu verbieten.

Ende März. In Batum und Baku kommt es bei Ausständen zu Unruhen, die durch Militär unterdrückt werden.

März. (Petersburg.) Wegen Abänderung des Prüfungsmodus protestieren an der Universität Studenten und Studentinnen, so daß die Universität zeitweilig geschlossen werden muß.

30./31. März. Die „Nowoje Wremja" veröffentlicht scharfe Artikel gegen Frankreich, das sich als Beschützer der Balkanstaaten aufspiele und durch seine zweideutige Haltung der makedonischen Revolutionspartei Hoffnung auf französische und russische Unterstützung mache.

31. März. Der „Regierungsbote" veröffentlicht Konsularberichte aus Makedonien, worin behauptet wird, daß die Komitees der Bevölkerung verheimlichten, daß Rußland die Bewegung gegen die Pforte mißbillige.

2. April. Änderung der bäuerlichen Steuerverfassung.

Ein kaiserlicher Ukas ordnet an, daß in den Gegenden, in denen das Gesetz von 1899 über die Erhebung direkter Steuern von den Landanteilen der Dorfgemeinden eingeführt ist, die solidarische Haftung der Bauern bei der Entrichtung direkter Staats-, Semstwo- und Gemeindesteuern auf der Grundlage des ebenfalls heute veröffentlichten Gutachtens des Reichsrates aufzuheben ist.

Ferner wird die Zahl der ländlichen Polizisten vermindert und ihre Besoldung, die bisher die ländlichen Gemeinden aufzubringen hatten, der Staatskasse auferlegt. Die ländliche Bevölkerung soll hierdurch 20 Millionen Rubel ersparen.

16. April. (Finnland.) Ausnahmemaßregeln zur Aufrechterhaltung der Ordnung.

Durch eine Verordnung wird dem Generalgouverneur die Befugnis erteilt, für bestimmte Zeit die Schließung von Gasthäusern, Buchhandlungen, anderen Geschäften und industriellen Etablissements zu verordnen, private Sitzungen jeder Art zu verbieten, private Vereine aufzulösen und den Personen, die der Generalgouverneur für die staatliche Ordnung und öffentliche Ruhe als gefährlich betrachtet, den Aufenthalt in Finnland zu verbieten. Letztere Maßregel kann jedoch vom Generalgouverneur nur mit Allerhöchster Zustimmung getroffen werden, ausgenommen in Fällen, die unaufschiebbar sind. Den hiervon betroffenen Personen kann sodann der Aufenthalt in gewissen Orten innerhalb des Kaiserreiches angewiesen werden. Die Verordnung hat drei Jahre Gültigkeit.

19. 20. April. (Kischinew.) Große Judenverfolgung.

In Kischinew und Umgebung werden zahlreiche Juden niedergemetzelt. Die Polizei ist machtlos. Gegen die russische Regierung wird vielfach der Vorwurf erhoben, daß sie von den geplanten Metzeleien Kenntnis gehabt, aber Vorsichtsmaßregeln unterlassen habe, um durch die Verfolgung einen Schlag gegen die zahlreichen jüdischen Revolutionäre zu führen. Die Regierung bestreitet diese Behauptung. Der Generalgouverneur von Kischinew und mehrere Unterbeamte werden entlassen, weil sie nicht zeitig genug für militärische Hilfe gesorgt haben.

Der Minister des Innern veröffentlicht folgende Darstellung: Bei den Unruhen, deren Urheber vorzugsweise einfache Leute waren, sind 45 Personen getötet worden oder ihren Wunden erlegen, 74 wurden schwer, gegen 350 leicht verletzt, gegen 700 Juden gehörige Häuser und 600 Geschäftslokale wurden geplündert. Die Untersuchung ergab, daß die Unruhen durch das zugespitzte Verhältnis zwischen den Christen und Juden Bessarabiens hervorgerufen waren. Irgend ein albernes Gerücht konnte unter solchen Umständen einen Ausbruch der Volksleidenschaften herbeiführen. Das tat denn auch die falsche Anschuldigung, die Juden hätten in Dubossary im benachbarten Gouvernement Cherson, in Kiew und in Kischinew Ritualmorde verübt. Dadurch entstand Ende März unter den Arbeitern und dem einfachen Volke in Kischinew das Gerede, es müsse gegen die Juden vorgegangen werden. Geschriebene Aufrufe, über die Juden herzufallen, wurden verbreitet; aber die Volksstimmung am Ostersonntag verriet noch nichts Außergewöhnliches. Auf dem Platze für Volksbelustigungen war alles ruhig, bis nachmittags gegen 4 Uhr ein jüdischer Karussellbesitzer eine Christenfrau derartig stieß und schlug, daß ihr Kind ihren Händen entfiel. Dies war der direkte Anlaß zur Judenhetze. Sofort flogen Steine gegen die Fenster benachbarter Judenhäuser, die Unruhen pflanzten sich in die umliegenden Straßen fort, und die Menge durchzog dann verschiedene Stadtteile, überall die jüdischen Häuser und Verkaufsbuden zerstörend. Hierauf begannen andere Trupps es zu plündern. Die Ausschreitungen konnten nicht sofort unterdrückt werden, weil sie sich schnell ausbreiteten. Schon am Abend des Ostersonntags zählte man drei getötete Juden. Um 10 Uhr hörten die Ausschreitungen auf. Am nächsten Morgen überfiel ein mit Stöcken bewaffneter Haufe von Juden auf dem neuen Basar die anwesenden Christen. Die Prügelei hörte aber bald auf, während am anderen Ende des Basars der gleiche Ueberfall sich wiederholte. Aus der Mitte der jüdischen Angreifer ertönte ein Schuß, der einen Christen verwundete. Nun erneuerten sich die Unruhen

in der Stadt; die Wohnungen von Juden wurden zerstört und diese niedergeschlagen. Die die Stadt durchziehenden Militärpatrouillen erwiesen sich
als ungenügend. Es wurden neue Truppenkommandos herbeigerufen,
wobei die Erteilung der Anordnungen zur Aufrechterhaltung der Ordnung
vom Gouverneur der Militärobrigkeit übertragen wurde. Den anfangs
herbeigerufenen Truppen gelang die Unterdrückung der Unruhen nicht,
weil infolge mangelhafter Maßnahmen der Polizei, der offenbar die nötige
Leitung fehlte, die Straßen außer von den Ruhestörern auch haufenweise
von Neugierigen gefüllt waren. Nachdem die Truppen planmäßig auf
einzelne Bezirke verteilt worden waren, hörten dort die Unruhen am Abend
des Ostermontags auf, ohne sich zu erneuern. Die Vorgänge in Kischinew
versetzten die jüdische Bevölkerung an vielen Orten des Reiches in Unruhe
und riefen unter den Christen Gerüchte von bevorstehenden Judenhetzen
hervor. In einigen Städten begannen die Juden Vereinigungen zu ihrer
Selbstverteidigung zu bilden. Auf Grund der vom Direktor des Polizei-
departements an Ort und Stelle gepflogenen Erhebungen, wies der Kaiser
den Minister des Innern an, den Chefs der Gouvernements und der
Städte einzuschärfen, daß es ihnen unter persönlicher Verantwortung zur
Pflicht gemacht wird, Maßnahmen zu treffen, um Gewalttätigkeiten vorzubeugen und die Bevölkerung zu beruhigen, damit der Anlaß zum Auftauchen von Befürchtungen für das Leben und Eigentum irgend eines Teils
der Bevölkerung entfalle.

Nach Berichten westlicher liberaler Blätter ist die Zahl der getöteten
Juden weit größer. Pater Johann von Kronstadt (vgl. 1894 S. 300), der
Berater des Zaren, schreibt über die Vorgänge: „Meinen geliebten Brüdern
in Gott Christo, den Kischinewschen Christen! Aus den jetzt vorliegenden
Zeitungsberichten über die kischinewsche Katastrophe habe ich mich zuver-
lässig überzeugt, daß die Israeliten selbst die Ursache der Unruhen, der
Mißhandlungen und Tötungen gewesen sind, die den 6. und 7. April
kennzeichnen. Ich habe mich überzeugt, daß die Christen schließlich doch
die Geschädigten geblieben sind, die Juden aber für die erlittenen Verluste
und Mißhandlungen doppelt durch ihre und fremde Mitbürger entschädigt
worden sind. Das weiß ich auch aus Privatbriefen, die mir von wahr-
heitsliebenden, lange in Kischinew lebenden und die Verhältnisse gründlich
kennenden Leuten geschrieben worden sind. Deshalb wende ich mich an die
kischinewschen Christen: „Verzeiht mir die ausschließlich an Euch gerichtete
Beschuldigung wegen des vorgekommenen Unfugs! Jetzt habe ich mich aus
Briefen von Augenzeugen überzeugt, daß man nicht die Christen allein
beschuldigen kann, die zu den Unordnungen von den Juden herausgefordert
worden sind.“

20. April. Der Kaiser stellt für die weitere Schulreform
folgende Grundlagen auf:

Die klassischen Gymnasien bleiben bestehen, jedoch soll in der Mehrzahl derselben Griechisch nicht obligatorisch sein. Die Absolvierung des
Gymnasialkursus berechtigt zum Universitätsstudium; der Besuch der sieben-
klassigen Realschule gibt das Anrecht auf höhere technische Bildung, der
der geplanten sechsklassigen auf den Staatsdienst in der Provinz. Technische und Fachbildung sind möglichst zu fördern; besondere Aufmerksamkeit ist der Hebung der religiössittlichen und patriotischen Erziehung durch
die Schule zuzuwenden. Es sind ferner Maßnahmen zu treffen, daß die
Lehrer eine der Schulreform entsprechende Ausbildung erhalten. Für die
Schüler gewisser Gruppen von Lehranstalten sind Pensionsanstalten einzurichten.

Anfang Mai. Ein Rundschreiben des Ministers des Auswärtigen an die Vertreter im Auslande legt die Mandschureifrage dar.

Nach einem Rückblick auf die seit 1900 russischerseits in der Mandschurei ausgeführten kulturellen Arbeiten zählt die Note die Bedingungen auf, unter denen gleichzeitig mit der Herstellung der Bahnlinie auch die zur Sicherheit der Strecke erforderlichen Befestigungen von Liao-Joung am Yalusluße errichtet wurden. Alle diese Arbeiten haben Sonderverträge mit China zur Grundlage. Für die Sicherheit und Integrität Chinas, sowie für dessen Außenhandel seien diese Werke von unschätzbarem Werte. Rußland denke nicht daran, alle Vorteile dieser neuen Schöpfung für seine Interessen zu beschlagnahmen. Die handeltreibenden Mächte beider Erdteile würden unter den denkbar günstigsten Bedingungen davon Nutzen ziehen. Unter solchen Umständen müsse es in Anbetracht der Wichtigkeit der russischen Schöpfung jeder loyale Beurteiler begreiflich finden, daß die beschlossene Räumung Niutschwangs mit der Dauer versprechenden Regelung aller Verkehrs- und Sicherheitsfragen in Zusammenhang steht.

Anfang Mai. (Rostow.) Unter der Arbeiterbevölkerung werden sozialdemokratische Aufrufe und Aufforderungen zu Unruhen verbreitet. Es werden militärische Vorkehrungen getroffen. Auch in anderen Distrikten häufen sich die Unruhen; in Petersburg und Moskau finden zahlreiche Verhaftungen statt.

20. Mai. (Ufa.) Der Generalgouverneur Bogdanowitsch wird auf einem Spaziergang erschossen.

Mai. Die Truppen in Niutschwang und Port Arthur werden verstärkt.

Mai. Die Kommission zur Erörterung der Bedürfnisse der Landwirtschaft schlägt Verbesserung der landwirtschaftlichen Statistik und der Verkehrsverhältnisse vor. (Vgl. 1902 S. 358.)

29. Mai. Die Stadt Petersburg feiert ihr zweihundertjähriges Bestehen in mehrtägigen Festen. Zahlreiche Vertreter des Auslandes, darunter die Oberbürgermeister von Berlin und München, Vertreter der Gemeindeverwaltung von Paris, sind anwesend.

4. Juni. Modifikation der Rechtslage der Juden.

Der Kaiser genehmigt den Beschluß des Ministerkomitees, bis zur Revision der Gesetze über die Juden auf dem Wege der Gesetzgebung in und außerhalb der in der Ansässigkeitszone liegenden Gouvernements den Juden Erwerb von Land und Immobilien sowie die Nutznießung derselben zu verbieten. Dagegen soll der jüdischen Bevölkerung gestattet sein, sich in den in ihrer Ansässigkeitszone gelegenen Ortschaften anzusiedeln, welche infolge ihrer industriellen Entwicklung den Charakter von Städten annehmen, und dort Immobilien zu erwerben. Solcher Ortschaften gibt es bisher 101.

7. Juni. Polnischer Religionsunterricht.

Der Minister für Volksaufklärung wird durch ein kaiserliches Handschreiben angewiesen, mit Beginn des neuen Lehrjahres an allen Mittelschulen des Königreichs Polen die Erteilung des römisch-katholischen Religionsunterrichtes in polnischer Sprache zuzulassen. Seit 1880 war für sechs Mittelschulen die Erteilung des Religonsunterrichtes für Katholiken in russischer Sprache vorgeschrieben.

18. Juni. Der „Regierungsbote" veröffentlicht folgende Mitteilung über die serbische Revolution:

„Eine Woche ist seit dem Tage der blutigen Umwälzung in Belgrad vergangen, über welche die kaiserliche Regierung, weil Serbien ohne gesetzliche Gewalt war, in offizieller, allgemein üblicher Form nicht in Kenntnis gesetzt werden konnte. Indem Rußland streng den Standpunkt der Nichteinmischung in die inneren Angelegenheiten der Balkanstaaten einhält und es auch für unmöglich hält, mit Leuten, die eigenmächtig die Gewalt ergriffen haben, in irgend welchen Verkehr zu treten, wartete es die Beendigung der Wirren ab, um ein Verhalten zu den Ereignissen im Königreiche klar festzustellen. In der außerordentlichen Sitzung vom 2. Juni (a. St.) der Skupschtina und des Senats wurde die gesetzliche Ordnung wiederhergestellt und Peter einstimmig zum König gewählt, welcher das an ihn gerichtete Ansuchen der Volksvertreter annahm und den serbischen Thron unter dem Namen Peter I. zu besteigen einwilligte. Sofort nach der Wahl wandte der Fürst sich telegraphisch an den Kaiser mit dem Gesuche um Anerkennung als König, auf welches eine Allerhöchste telegraphische Antwort in bestätigendem Sinne erfolgte. Indem die kaiserliche Regierung die Wahl des neuen Monarchen, des Nachkommens einer ruhmreichen Dynastie, begrüßt und dem Oberhaupte des Rußland glaubensverwandten serbischen Volkes vollen Erfolg und ein gutes Beginnen wünscht, kann sie doch nicht umhin, die Zuversicht auszusprechen, daß König Peter es vermöge, Gerechtigkeit und festen Willen an den Tag zu legen, indem er allen voran Maßnahmen zur Untersuchung der verabscheuungswürdigen Uebeltat ergreift und die treubrüchigen Verbrecher, die sich mit der Schmach des Königsmordes bedeckten, strenger Strafe unterwirft. Natürlich kann nicht die ganze serbische Armee für die das öffentliche Gewissen empörenden Verbrechen verantwortlich gemacht werden; doch wäre es für die innere Ruhe Serbiens gefährlich, die von Militärs gewaltsam bewerkstelligte Staatsumwälzung ohne die erforderliche Sühne zu lassen. Eine solche Unterlassung würde unvermeidlich in ungünstigem Sinne auf die Beziehungen aller Staaten zu Serbien einwirken und damit für Serbien in der Morgenröte der beginnenden Regierung Peters I. ernstliche Schwierigkeiten schaffen. Das glaubensverwandte Rußland sendet zu Gott Gebete um Ruhe für die Seele des vorzeitig umgekommenen Alexander und seiner Gemahlin, indem es den Segen des Allerhöchsten auf die Regierungsmühen Peters I. zum Wohle und Gedeihen des serbischen Volkes herabruft.

30. Juni. Dementi über angebliche Verhandlungen mit den Vereinigten Staaten über die Judenfrage. (Vgl. Nordamerika.)

Die russische Telegraphenagentur teilt mit: Das Reutersche Bureau verbreitet die falsche Nachricht, daß anläßlich der von dem Präsidenten Roosevelt geäußerten Absicht, der russischen Regierung eine Petition über die Ereignisse von Kischinew zu überreichen, Verhandlungen zwischen Rußland und den Vereinigten Staaten stattgefunden hätten. Die Regierung der Vereinigten Staaten hat über diesen Gegenstand keinerlei Erklärungen abgegeben. Wenn sie sich aber hierzu entschlossen hätte, so hätte Rußland es natürlich verstanden, auf eine derartige Einmischung in die inneren Angelegenheiten das Erforderliche zu antworten.

22*

Juni. Belebung des Verkehrs mit dem Persischen Golf.

Der Oberdirigierende der Handelsschiffahrtshäfen, Großfürst Alexander Michailowitsch schließt mit der Gesellschaft für Dampfschiffahrt und Handel in Odessa einen Vertrag über die Einrichtung eines regelmäßigen Verkehrs mit den Häfen des Persischen Golfes. Danach stellt die russische Regierung der genannten Gesellschaft auf zwölf Jahre, von 1903 an gerechnet, eine jährliche Subvention von 200,000 Rubeln zur Verfügung. Ferner sollen die Abgaben für die Durchfahrt durch den Suezkanal der Odessaer Gesellschaft von der russischen Regierung zurückerstattet werden.

Juli. Sorge für die Schuldisziplin.

Ein Rundschreiben des Ministers für Volksaufklärung an die Kuratoren der Lehrbezirke richtet die Aufmerksamkeit derselben auf das Sinken der Disziplin an den Mittelschulen und teilweise auch an den Stadtschulen. Er weist hierbei auf Fälle der offenen Auflehnung gegen die Schulobrigkeit und der regierungsfeindlichen Propaganda seitens Schüler höherer Klassen hin. Der Minister gibt dem Lehrpersonal zugleich Verwaltungsvorschriften, bei welchen betont ist, daß der Disziplinlosigkeit nicht allein mit Repressivmaßregeln entgegengetreten werden müsse, sondern außer der korrekten Haltung des Lehrpersonals sei dazu auch ein beständiges Einwirken desselben auf die religiös-sittliche Erziehung der Schüler erforderlich.

Mitte Juli. Ein Ukas befiehlt die Aufhebung der schweren Körperstrafen gegen die Sträflinge in den Bergwerken und Zuchthäusern. Die Knute, das Anschmieden an den Schiebekarren und das Abrasieren der rechten Hälfte des Kopfhaares werden abgeschafft.

Mitte Juli. Die „Nowoje Wremja" warnt Japan, einen Krieg mit Rußland zu provozieren.

Für Japan bestehe die Alternative: entweder Verzicht auf alle kriegerischen und aggressiven Pläne und Pflege freundschaftlicher Beziehungen zu Rußland, oder Krieg mit Rußland. Offenbar sei der erstere Entschluß vorzuziehen: der Verzicht auf die Bestrebungen, sich auf dem Kontinent festzusetzen, würde sofort die ungeheuren militärischen Ausgaben unnütz machen, da Japan infolge seiner insularen Lage die Möglichkeit habe, sich auf den Unterhalt einer ganz kleinen Landarmee und einer Küstenverteidigungsflotte zu beschränken; dieser Verzicht führe zu einem völligen Einvernehmen mit Rußland, welches die kommerzielle und industrielle Tätigkeit der Japaner wesentlich erleichtern müsse. Rußland habe Japan die Märkte verschafft, die es dringend brauche, Rußland habe Japan Europa näher gebracht, Rußland habe es zugelassen, daß Japan seinen Einfluß in Korea sehr bedeutend vermehrte. Was aber könne Japan von einem Kriege erwarten, da es trotz des Machtgefühls seiner Bürger Rußland doch nicht gewachsen? Die insulare Lage, die seine Defensive gewaltig stärke, werde bei einem Angriffskriege zu einer Quelle der Schwäche, denn selbst in dem zweifelhaften Falle, daß eine japanische Landung am koreanischen oder russischen Ufer gelänge und die Operationen unserer Flotte paralysiert würden, müßte doch die Lage des japanischen Landungskorps mit jedem Tage unhaltbarer werden, bis es schließlich von unseren verstärkten Truppen ins Meer geworfen werde. Die Hoffnungen auf England seien trügerisch: dieses würde entweder strenge Neutralität wahren oder sich auf die Verteidigung Indiens beschränken. Die Schwäche der englischen Landarmee sei während des Burenkrieges offen zutage getreten, und mit der Flotte allein könne man Rußland nicht besiegen. „Ein Krieg Japans gegen uns bedeutet seinen Selbstmord, den Schiffbruch aller seiner Hoffnungen, und deshalb sind wir der festen Ueberzeugung, daß die friedliche Strömung in Japan schließlich doch triumphieren wird. An der Macht des russischen Riesen sind die Heeresmassen Napoleons zu Grunde gegangen, und nach dieser Prüfung sind Rußland keine anderen mehr schrecklich. Rußland strebt nach der Wahrung des Friedens, aber nicht aus Furcht vor einem Kriege, sondern aus der Menschenliebe, die auf dem Bewußtsein seiner Kraft beruht. Alle fordern wir auf, gemeinsam mit uns für die Ideale der Wahrheit und der Zivilisation friedlich zu arbeiten, wenn aber jemand nicht denselben Weg wandeln oder ihn uns versperren will, so werden wir deshalb nicht auf einen Augenblick von der Erfüllung unserer historischen Aufgaben ablassen."

24. Juli. Einziehung des armenisch-gregorianischen Kirchenvermögens.

Ein Gesetz ordnet an, daß die bisher autonom verwalteten armenisch-gregorianischen Kirchengüter in die Verwaltung des Staates übergehen und die Güter und Fonds dieser Kirchen, welche bisher den Schulbetrieb dieser Konfession sicher stellten, dem Ministerium für Volksaufklärung überwiesen werden. Der „Regierungsbote" motivirt das Gesetz mit der bisherigen Art der Verwaltung, die weder vom staatlichen Standpunkte gebilligt werden konnte, noch den Interessen der Kirche selbst entsprach. Außerdem setzte die armenische Geistlichkeit der schon 1897 angeordneten Uebergabe ihrer Kirchenschulen mit den dazu gehörigen Geldern an das Ministerium der Volksaufklärung Widerstand entgegen. Die Zinsen des von der Regierung verwalteten Vermögens bezieht die Gregorianische Kirche in dem erforderlichen Umfange weiter. Fünf Prozent der Einnahmen werden zur Bildung eines Hilfskapitals für die Kirche verwendet. Damit wird eine gleichmäßige Unterstützung aller Gregorianischen Exarchien bezweckt.

Ende Juli. Anfang August. Streiks und Arbeiterunruhen finden in Kiew, Odessa, Tiflis und Baku statt. Zeitweilig sind die Unruhen von revolutionärem Charakter. Militär schreitet mehrfach ein, und viele Streikende werden getötet.

Anfang August. Ein Teil des deutschen ostasiatischen Geschwaders besucht Wladiwostok und wird glänzend empfangen.

12. August. Errichtung einer Statthalterschaft für Ostasien.

Ein kaiserlicher Ukas befiehlt, aus dem Amur-Generalguberniat und dem Kwangtung-Gebiet eine besondere Statthalterschaft zu bilden. Der Statthalter wird mit höchster Gewalt in allen Zweigen des Zivilverwaltungsgebietes bekleidet, die gleichzeitig der Leitung der betreffenden Ministerien entzogen wird. Ihm obliegt auch die Sorge für die Ruhe, die Sicherheit und die Wohlfahrt sowohl der an der chinesischen Ostbahn liegenden Gegenden als auch der an die Statthalterschaft angrenzenden, jenseits der Grenze liegenden russischen Besitzungen. Bis zum Erlaß eines Gesetzes über die Kompetenzen und Pflichten des Statthalters kommen für die Verwaltung des fernen Ostens die im Jahre 1845 für die kaukasische Statthalterschaft erlassenen Bestimmungen zur Geltung. Auch die diplomatischen Beziehungen im Verkehr dieser Gebiete mit den Nachbarstaaten sind in den Händen des Statthalters konzentriert. Ihm ist auch ferner das Kommando der Kriegsflotte des Stillen Ozeans, sowie aller Truppen des Gebietes übertragen. Ein besonderes Komitee unter dem Vorsitz des Kaisers wird die Anordnungen des Statthalters mit den allgemein staatlichen Absichten und der Tätigkeit der Ministerien in Einklang bringen. Generaladjutant Alexejew, welcher zum Statthalter im fernen Osten ernannt ist, erhält den Auftrag, die Vorlage über die Verwaltung des ihm anvertrauten Gebietes dem Kaiser zur Bestätigung zu unterbreiten.

15. August. Vorstellungen in Konstantinopel und Sofia.

Der „Regierungsbote" veröffentlicht zwei Telegramme des Grafen Lamsdorff, das eine, datiert vom 11. d. M., ist an den Botschafter in Konstantinopel, Sinowjew, gerichtet, das andere, vom 12. d. M., an den diplomatischen Agenten in Bulgarien. In dem ersten sagt der Minister, der Kaiser fordere unter Ablehnung leerer Versprechungen die strengste Bestrafung des Mörders des Konsuls Rostkowski und des Individuums, das auf die Equipage des Konsuls schoß und die sofortige Vorlegung positiver Angaben über die faktische Verbannung des Valis von Monastir und die sofortige strenge Bestrafung aller für den Mord sonst verantwortlichen Zivil- und Militärpersonen. Außerdem wird der Botschafter beauftragt, folgende Forderungen zu stellen: „Alle türkischen Beamten, auf deren empörende Handlungsweise die Konsulatsverweser in Ueskülb und der österreichische Konsul hingewiesen haben, unverzüglich strengstens zu bestrafen, den verabschiedeten Ismail Hafti, über den dem Generalinspektor Hussein Hilmi-Pascha günstige Gutachten zugegangen sind, wieder in sein Amt einzusetzen, die Bauern, welche den Konsuln über die türkischen Grausamkeiten berichteten, sofort in Freiheit zu setzen, die Verwaltungsbeamten, denen Mißbräuche nachgewiesen sind, sofort abzusetzen und zu bestrafen, und endlich ausländische Offiziere in der Gendarmerie und Polizei unverzüglich zu ernennen, zur Beruhigung der friedlichen Bevölkerung und zur Herbeiführung einer gesetzlichen Ordnung." In dem Telegramm an den diplomatischen Agenten in Bulgarien wird diesem zur Pflicht gemacht, Sorge zu tragen, daß die energische Einwirkung Rußlands auf Konstantinopel weder von der bulgarischen Regierung noch von den Komitees als eine Aenderung des politischen Programms Rußlands gedeutet wird. Seitens des Fürstentums wäre es eine gefährliche Verirrung, diese Maßnahmen als eine Förderung der Agitation der Komitees aufzufassen. Die friedliche christliche Bevölkerung leide unter den Revolutionären wie unter den Räubereien der Türken. Daher sei die entschiedenste Gegenwirkung seitens der bulgarischen Regierung zum Zwecke der Unterdrückung der Wirren notwendig.

17. August. (Sewastopol.) Absendung eines russischen Geschwaders in die türkischen Gewässer wegen der Ermordung des russischen Konsuls in Monastir. (Vgl. Türkei.) Da der Sultan die verlangte Genugtuung gibt, kehrt das Geschwader am 24. August von Inabia zurück.

17.—20. August. (Finnland.) Ein in Forssa (zum ersten Male in Rußland) öffentlich tagender sozialdemokratischer Kongreß beschließt eine planmäßige Agitation gegen die Grundlagen der ständischen Verfassung Finnlands.

29. August. Finanzminister v. Witte wird zum Präsidenten des Ministerkomitees ernannt. Finanzminister wird der Gouverneur der Reichsbank Geh. Rat Pleske.

September. Bei der Übergabe des armenischen Kirchenvermögens an die Staatsverwaltung leistet die Bevölkerung an mehreren Orten, wie Kars und Elisabetpol, gewaltsamen Widerstand, so daß Militär einschreiten muß. Mehrere Demonstranten werden getötet.

24. September. Kundgebung über die makedonische Frage.

Ein Kommuniqué der Regierung erinnert an die österreichisch-russischen Vorschläge und an den Erfolg, den diese anfangs gehabt hätten. Sodann heißt es: Diese Resultate konnten jedoch die in den slavischen Staaten entstandenen mazedonischen Komitees nicht befriedigen. Die hervortretende Wahrscheinlichkeit, daß die christliche Bevölkerung unter dem Eindruck der begonnenen Reformen, welche nach Maßgabe der Anwendung in der nächsten Zukunft eine breitere Entwicklung erhalten sollten, sich beruhigen werde, entzog den Komitees, ihrer Auffassung nach, den für die Verwirklichung ihrer revolutionären Pläne günstigen Boden. Indem sie den Schutz ihrer Glaubensgenossen gegen die türkische Bedrückung auf die Fahne schreiben, bezwecken diese Komitees in Wirklichkeit und in eigennütziger Absicht eine Veränderung der administrativen Ordnung der Provinz im Sinne ihrer Umwandlung in ein bulgarisches Mazedonien mit Beeinträchtigung der Rechte und Vorrechte anderer christlicher Völker, deren Interessen dem rechtgläubigen Rußland gleich teuer sind. Da die Leiter der Bewegung von seiten der nicht bulgarischen Elemente Mazedoniens für ihre politischen Pläne keine Unterstützung fanden, bemühten sie sich, durch grausame Gewalttaten und Terrorismus im Lande einen allgemeinen Aufstand hervorzurufen, um die Einführung der geplanten Reformen zu verhindern. Bedauerlicherweise erhielt, trotz der anfangs seitens der Sofioter Regierung ergriffenen Vorsichtsmaßregeln, die mazedonische Agitation eine größere Verbreitung im Fürstentum Bulgarien selbst, indem sie die Unterstützung derer fand, welche in irriger Weise darauf rechneten, der Aufstand werde Rußland zwingen, sein Programm zu ändern und aktiv zum Schutz nicht realisierbarer Pläne als Leiter der revolutionären Bewegung hervorzutreten. Diese verderbliche Verirrung, vor welcher die kaiserliche Regierung unablässig warnte, beschwor auf die Christen in den türkischen Vilajets eine schwere Bedrängnis herauf, der ein Ende zu machen in erster Reihe möglich werden würde durch die Verhinderung des Uebertrittes neuer Banden aus dem Fürstentum in die Grenzen der Türkei, aber auch durch die Einstellung der revolutionären Tätigkeit der Komitees. Denn nur dann erscheint es auch möglich, auf der unverzüglichen Anwendung von Reformen zu bestehen, die den Bedürfnissen der Bevölkerung entsprechen. Diese vor den türkischen Grausamkeiten zu bewahren, ist trotz energischen Bemühens bei dem muselmännischen Fanatismus und bei den zunehmenden Wirren zur Zeit überaus schwer. In solchem Sinne haben die kaiserlich russische wie die österreichisch-ungarische Regierung abermals kategorische Vorstellungen sowohl in Sofia wie in Konstantinopel erhoben. Außerdem haben die Regierungen der Mächte, welche den Berliner Vertrag unterzeichneten, auf Vorschlag Rußlands und Oesterreich-Ungarns, um jeden Anlaß zu unbegründeten Spekulationen und gefährlichen Unbesonnenheiten zu beseitigen, ihre Vertreter beauftragt, der Pforte und Bulgarien gegenüber ihre volle Einmütigkeit mit den beiden Monarchien in

Sachen der Pacifizierung der Balkanhalbinsel zu bekräftigen und den Regierungen der Türkei und Bulgariens ihre Erklärungen im folgenden Sinne abzugeben: Die gegenwärtige Lage der Dinge in den türkischen Vilajets wurde durch die verbrecherischen Absichten der geheimen Komitees und der revolutionären Banden geschaffen und verändert den Standpunkt der Mächte gegenüber dem am Anfange des Jahres von den beiden meist interessierten Kabinetten ausgearbeiteten Aktionsprogramm nicht. Daher kann weder die Türkei noch Bulgarien im Falle eines offenen oder geheimen Widerstandes gegen die Verwirklichung dieses Programmes auf die Unterstützung irgend einer Macht rechnen. Die kaiserliche Regierung hofft, die neue Verwarnung werde die Türkei und Bulgarien von der Nutzlosigkeit jeder Abweichung von der Erfüllung der ihnen vorgelegten Forderungen überzeugen und sie veranlassen, alle von ihnen abhängigen Maßnahmen zur Unterdrückung der Wirren auf der Balkanhalbinsel zu treffen, welche für das ottomanische Reich und Bulgarien nur die schwersten Folgen haben können."

Mitte Oktober. Leitung der ostasiatischen Angelegenheiten. (Vgl. 12. August.)

Für die Angelegenheiten des fernen Ostens wird ein besonderes Komitee gebildet, dessen Vorsitz der Kaiser führt. Demselben gehören an die Minister des Innern, der Finanzen, des Auswärtigen, der Kriegsminister, der Marineminister, der Statthalter des fernen Ostens und auf Bestimmung des Kaisers sonstige Personen, deren Beteiligung an den Beratungen des Komitees ersprießlich erscheint. Der Beratung des Komitees unterliegen die Organisation und die Budgetvoranschläge für die Verwaltung, sowie Maßnahmen zur Entwickelung des Handels und der Industrie im fernen Osten, ferner Anträge des Statthalters über neue oder auf Abänderung bestehender Gesetze, welche die Zuständigkeit des Statthalters überschreiten. Das Komitee besitzt keine Exekutivgewalt, die Ausführung seiner Beschlüsse liegt vielmehr dem Statthalter bezw. den Ministerien ob.

27. Oktober. (**Tiflis.**) Der Gouverneur des Kaukasus, Fürst Galizyn, wird auf einer Spazierfahrt von drei Eingeborenen überfallen und verwundet. Die Attentäter werden getötet.

Anfang November. Der Botschafter in Rom, Fürst Nelidow, wird durch den Fürsten Uruffow, bisher in Paris, ersetzt. — In Italien wird dieser Wechsel mit Freude begrüßt, da Nelidow an dem Verzicht auf die Romreise des Zaren mitschuldig sei (vgl. S. 304).

Mitte November. In Kiew demonstrieren die Studenten gegen die Behörden. Die Universität wird geschlossen. — Im armenischen Kaukasus finden Unruhen statt, die auf ein revolutionäres armenisches Komitee zurückgeführt werden.

7. Dezember. Finanzminister Pleske nimmt wegen Krankheit längeren Urlaub. Sein Vertreter wird sein Gehilfe Romanoff.

Mitte Dezember. Enthüllung über die Stellung Wittes zur Russifizierung Finnlands.

Die Kopenhagener Zeitung Politiken veröffentlicht eine Erklärung

des früheren russischen Finanzministers und jetzigen Präsidenten des Ministerkomitees, Witte, wonach dieser im russischen Reichsrat im Januar 1901
dem vom Kriegsminister gestellten und vom jetzigen Minister des Innern
Plehwe unterstützten Antrag auf Umgestaltung des finnischen Wehrpflicht-
gesetzes und Eingliederung der besonderen finnischen Truppenkörper in die
russische Armee widersprochen hat. Witte beleuchtete die Frage vom politischen, ökonomischen, finanziellen und nationalen Standpunkt und äußerte
sich dabei durchaus zu gunsten Finnlands. Die Folge war, daß die Mehrheit des Reichsrats, darunter mit einer Ausnahme, alle Großfürsten, gegen
den Kriegsminister und den Minister Plehwe Stellung nahm. Der Haupt-
inhalt der Erklärung ist folgender: Zuerst kommt die bestimmte Behauptung, daß die Entscheidung der Frage nicht durch kaiserliche Resolution
grundsätzlich vorausgenommen sei, sondern daß der Reichsrat dieselbe in
vollständiger Freiheit beraten könne. Dann folgt eine eingehende Wider-
legung der Beschuldigung des Kriegsministers gegen Finnland wegen Separa-
tismus, und beabsichtigten Abfalls; Illoyalität gegen den Kaiser aus Anlaß
des Erlasses gegen das bis dahin geltende Wehrpflichtgesetz. Weiter kommen
sachliche Beweise für die Unrichtigkeit der Behauptung des Kriegsministers,
Finnland blühe auf Kosten der russischen Staatskassen, sowie Vergleiche
mit den Opfern, welche andere Teile des russischen Reiches von der Staatskasse erheischen, während Finnland auf eigenen Füßen stehe. Zum Schluß
wird in der Erklärung eine eindringliche Warnung gegen den Umsturz
der Jahrhunderte alten Gesellschaftsordnung Finnlands ausgesprochen und
geraten, das finnische Heer beizubehalten.

21. Dezember. (Kischinew.) Wegen der Ausschreitungen
gegen Juden werden 2 Angeklagte zu Zwangsarbeit, 22 zu Arrest
und Gefängnis verurteilt. Alle Zivilklagen werden abgewiesen.

XV.
Die Türkei und ihre Vasallenstaaten.

1. Türkei.

Anfang Januar. Die englische Regierung protestiert dagegen, daß vier russische nicht armierte Torpedoboote die Dardanellen durchfahren. (Vgl. 1902.) — Am 14. Januar passiert das erste Boot unter Handelsflagge die Dardanellen.

11. Januar. Die Regierung ernennt eine Anzahl neuer Justizbeamten für die europäischen Vilajets. Darunter befinden sich mehrere Christen.

14. Januar. (Konstantinopel.) Ferid Pascha, der Vorsitzende des Komitees für die europäischen Vilajets, wird zum Großwessir ernannt. Man erwartet von ihm energische Förderung des makedonischen Reformwerks.

Januar. Haltung der Albanesen.

Die mohammedanischen Albanesen widerstreben den Bestrebungen, die Verwaltung zu reformieren und die Christen für gleichberechtigt anzuerkennen. Viele Versammlungen erklären sich in diesem Sinne, so beschließt eine Versammlung albanesischer Notabeln: 1. die Verwendung christlicher, nicht albanesischer Gendarmen in Albanien nicht zu erlauben, 2. die Errichtung eines russischen Konsulats in Ipek nicht zu gestatten, 3. wenn Schemsi Pascha in das Gebiet von Rekahassi und Malzizij einbringen wollte, dies mit Gewalt zu verhindern, 4. darauf zu bestehen, daß die Weideplätze auf dem strittigen montenegrinischen Gebiete von Mokra Planina vom Stamm Rukavi benutzt werden.

21. Februar. (Konstantinopel.) Der österreichisch-ungarische und der russische Botschafter überreichen folgende Note über die Reformen in den makedonischen Vilajets.

Die österreichisch-ungarische und die russische Regierung sind von dem aufrichtigen Wunsche beseelt, die Ursachen der seit einiger Zeit in den Vilajets Salonichi, Kossowo und Monastir herrschenden Unruhen zu beseitigen, und sind zu der Ueberzeugung gelangt, daß dieses Ziel nur durch

Reformen erreicht werden kann, welche eine Verbesserung der Lage der Bevölkerung in jenen Vilajets herbeizuführen geeignet sind. Wie aus den vor kurzem von der hohen Pforte an die Botschafter in Konstantinopel gerichteten Mitteilungen hervorgeht, erkannte die kaiserlich ottomanische Regierung selbst die Notwendigkeit, auf die Mittel bedacht zu sein, die gestatten würden, für eine strengere Einhaltung der Gesetze zu sorgen und die bestehenden Mißbräuche zu beseitigen. Die Regierungen von Oesterreich-Ungarn und Rußland, welche von dieser guten Absicht Akt nahmen, glaubten indessen, daß es im Interesse der Aufrechterhaltung der Ruhe und Ordnung in den erwähnten Gegenden von höchster Wichtigkeit wäre, die neuerdings getroffenen Anordnungen zu ergänzen und von diesem Gedanken geleitet, gelangten sie übereinstimmend zu der Ansicht, daß es notwendig sei, der kaiserlich-ottomanischen Regierung die Anwendung gewisser Maßregeln zu empfehlen, welche sich folgendermaßen resumieren lassen: Um den Erfolg der dem Generalinspektor anvertrauten Aufgaben zu sichern, wird dieser seinen Posten für eine Reihe von Jahren erhalten, welche im voraus zu bestimmen ist. Vor Ablauf dieser Periode darf er nicht abberufen werden, ohne daß die Mächte vorher darüber zu Rate gezogen worden sind. Er wird das Recht haben, wenn es die Aufrechterhaltung der öffentlichen Ruhe erfordert, über die ottomanischen Truppen zu verfügen, ohne in jedem einzelnen Falle an die Zentralregierung herantreten zu müssen. Die Valis werden verpflichtet sein, sich den Instruktionen des Generalinspektors streng zu fügen. Für die Reorganisation der Polizei und der Gendarmerie wird die ottomanische Regierung sich des Beistandes auswärtiger Fachmänner zu bedienen haben. Die Gendarmerie wird aus Christen und Muselmanen in einem der Zusammensetzung der Bevölkerung der betreffenden Ortschaften entsprechenden Verhältnisse gebildet. Die Feldhüter werden dort den Christen entnommen, wo die Majorität der Bevölkerung christlich ist. Mit Rücksicht auf die Belästigung seitens gewisser arnautischer Uebeltäter, durch welche die Bevölkerung nur zu oft zu leiden hat, sowie in Anbetracht dessen, daß die von letzteren begangenen Verbrechen und Delikte in der Mehrzahl der Fälle unbestraft blieben, wird die ottomanische Regierung unverzüglich für Mittel sorgen, um einen solchen Zustand zu beendigen. Da durch die infolge der letzten Unruhen in den drei Vilajets vorgekommenen zahlreichen Verhaftungen die Gemüter daselbst erregt wurden, wird die kaiserliche Regierung, um die Rückkehr einer normalen Situation zu beschleunigen, allen Personen, welche wegen politischer Delikte angeklagt oder verurteilt sind, sowie den Ausgewanderten Amnestie gewähren. Um das regelmäßige Funktionieren der lokalen Einrichtungen sicher zu stellen, wird in jedem Vilajet ein Budget der Einnahmen und Ausgaben aufgestellt werden. Die Einkünfte der Provinzen, welche von der kaiserlich ottomanischen Bank zu kontrollieren sind, werden in erster Reihe für die Bedürfnisse der Lokalverwaltung, inbegriffen die Bezahlung der Zivil- und Militärgehalte, bestimmt sein. Die Art der Erhebung des Zehntes wird abgeändert und die Generalverpachtung abgeschafft werden. (Vgl. Laborator, Reformen in der Türkei in Preuß. Jahrbüchern Bd. 112.)

24. Februar. Die Pforte genehmigt das österreichisch-ungarische Reformprojekt für Makedonien.

Ende Februar. (Makedonien.) Bei Üsküb kommt es zu Zusammenstößen zwischen türkischen Truppen und Banden in bulgarischer Uniform.

Anfang März. (Makedonien.) Bulgarische und makedonische Banden überfallen türkische Gendarmeripoften. Am stärksten find die Unruhen im Bilajet Monaftir.

6. März. Bagdadbahn. (Bgl. 1902 S. 296.)

Die Pforte und die Anatolische Bahngesellschaft unterzeichnen die Berträge über den Bau der Bagdadbahn bis Eregli und über die zu diesem Zwecke zu bewirkende Aufnahme einer Staatsanleihe von 54 Mill. Francs.

9. März. (Arabien.) Die türkischen Truppen liefern das Hinterland von Aden bis Kataba an England aus.

24. März. (Konstantinopel.) Die Pforte legt dem österreichisch=ungarischen und dem ruffischen Botschafter Reformpläne für Makedonien und den Dienst der Ottomanbank vor.

März. (Albanien.) Die Albanesen widersetzen sich den von der Pforte geplanten Reformen. Es werden Truppen gegen sie mobil gemacht. — Ein Albanese verwundet am 30. März den ruffischen Konsul in Mitrowitza, der am 9. April stirbt. Der Mörder wird zum Tode verurteilt aber auf Wunsch des Zaren begnadigt.

März. Anfang April. In den Bilajets Üsküb und Saloniki treten bulgarische Banden auf und haben Gefechte mit türkischen Truppen. — Die Eisenbahnbrücke bei Muftafa=Pascha wird gesprengt.

6. April. (Konstantinopel.) Der deutsche Kronprinz und Prinz Eitel Fritz besuchen den Sultan.

29. April. (Saloniki.) Bulgarische Revolutionäre verüben Dynamitattentate. Die Filiale der Ottomanbank wird beschädigt, viele Personen kommen durch die Explosionen und bei den folgenden Kämpfen zwischen Polizei und Revolutionären um. Biele Bulgaren, darunter mehrere Hundert Lehrer, werden in den nächsten Wochen verhaftet.

Anfang Mai. Die Pforte fordert Rußland und Österreich auf, Bulgarien zur Unterdrückung der Banden anzuhalten.

4. Mai. (Saloniki.) Das Standrecht wird proklamiert, da die Attentate fortdauern. Biele Bulgaren werden verhaftet.

22. Mai. (Makedonien.) Bei Smerdes wird eine starke bulgarische Bande von türkischen Truppen vernichtet.

Ende Mai. Die Pforte macht dem österreichischen und ruffischen Botschafter Mitteilungen über die Ausführung der Reformen in Makedonien.

Danach find bisher 722 mohammedanische Gendarmen und 121 Polizisten neu angestellt worden; 15 namentlich aufgeführte Beamte find wegen

Unbrauchbarkeit oder eines Vergehens teils abgesetzt, teils in Untersuchung gezogen worden. Bis Ende April wurden 2944 Feldwächter, darunter 1077 nicht mohammedanische, neu ernannt. Im Vilajet Uesküb wurden 10 und im Vilajet Monastir 8 neue Nahie oder Gemeindebezirke errichtet. In letzterem Vilajet wird die Errichtung von zwei weiteren Nahien vorbereitet. 270 Verhaftungen wurden wegen gemeiner Vergehen durchgeführt. Eine nach den Vilajets Uesküb, Salonichi und Adrianopel gesandte Kommission zur Wiederzulassung von nach Bulgarien Verbannten soll in Tätigkeit sein.

Juli. Zahlreiche reformfeindliche Albanesen werden verhaftet und exiliert.

Anfang August. In Makedonien treten die bulgarischen Banden wieder zahlreicher auf; im Vilajet Monastir sollen 10 000 Insurgenten unter Waffen stehen. — Die Pforte macht über 150 000 Mann mobil.

8. August. Der russische Konsul in Monastir wird von einem türkischen Gendarmen erschossen. Der Mörder wird hingerichtet.

26. August. Die Insurgenten machen ein Dynamitattentat auf den Konventionalzug bei **Kuleli=Burgas.** 6 Personen werden getötet.

Ende August. Pforte und Vereinigte Staaten.

Infolge einer Nachricht, daß der amerikanische Konsul in Beirut ermordet sei (23. August), wird ein amerikanisches Geschwader in die türkischen Gewässer geschickt. Es stellt sich nach einigen Tagen heraus, daß die Nachricht falsch ist.

Anfang September. (Beirut.) Blutige Zusammenstöße zwischen Christen und Muhammedanern.

Anfang September. Zahlreiche griechische Untertanen des Sultans melden sich als Freiwillige gegen die Bulgaren.

22. September. Die Pforte richtet an die Botschafter Österreich=Ungarns und Rußlands eine Note über die Ursachen der makedonischen Insurrektion und die Haltung der türkischen Behörden.

Es heißt darin: „Die Mehrzahl der Dorfbewohner, welche, durch Drohungen der Insurgentenbanden veranlaßt, sich in die Berge geflüchtet hatten, ist infolge der Vernichtung und Zerstreuung mehrerer dieser Banden wieder zum heimatlichen Herde zurückgekehrt. Damit auch der Rest so bald als möglich zurückkomme, erhielten die Generalgouverneure, Gouverneure und Untergouverneure den Auftrag, Rundreisen in ihren Verwaltungsgebieten zu machen, und zwar in Begleitung muselmanischer und christlicher Gemeinderatsmitglieder, sowie von Priestern der nichtmohammedanischen Kirchengemeinden, um den Flüchtlingen die erforderlichen Ratschläge zur Sicherstellung ihrer Rückkehr zu erteilen. Sie werden im Einvernehmen mit den Militärbehörden alles aufzubieten haben, um in ihren Bezirken in kürzester Frist die Ordnung und öffentliche Sicherheit vollständig wieder herzustellen. Den Kommandanten des 2. und 3. Armeekorps, sowie dem Kommandanten der 9. Division in Seres, dem Interimskommandanten der Truppen in Monastir und dem Truppenkommandanten in Tirnowadschik wurden Befehle gleichen Inhalts zugesendet."

16. Oktober. Irade über die Reformen in Makedonien.

Es heißt darin, daß ein Teil der für die rumeliotischen Bilajets bestimmten Reformen bei der Lage der Dinge daselbst bisher nicht habe eingeführt werden können. Die ottomanische Regierung sei jedoch mit Rücksicht darauf, daß die eingeborene Bevölkerung, die sich freiwillig oder gezwungen den Komitatschis angeschlossen hatte und in das Gebirge geflüchtet war, nunmehr in ihre Heimstätten zurückzukehren beginne, von der Ueberzeugung durchdrungen, daß die Ruhe in Rumelien bald wieder hergestellt sein werde, und befehle daher, unverweilt die Reformen im vollen Umfange durchzuführen. Es wird befohlen, daß durch Spezialkommissionen für den Aufbau der eingeäscherten Dörfer gesorgt, daß die Reorganisierung der Gendarmerie durch die Tätigkeit der beiden schwedischen und der vier jüngst gewonnenen belgischen Instrukteure beschleunigt und jeder Zivil- oder Militärbeamte, dem Pflichtverletzungen oder Gesetzwidrigkeiten zur Last gelegt werden, einer strengen Bestrafung zugeführt werde.

22. Oktober. (Konstantinopel.) Der österreichisch-ungarische und der russische Botschafter legen folgendes Reformprogramm vor (vgl. S. 220):

I. Um eine Kontrolle der Stetigkeit der ottomanischen Lokalbehörden in betreff der Anwendung der Reformen herzustellen, sind bei dem General-inspekteur Hilmi Pascha Zivilagenten Oesterreich-Ungarns und Rußlands zu ernennen, welche den Generalinspekteur überall hin zu begleiten, seine Aufmerksamkeit auf die Bedürfnisse der christlichen Bevölkerung zu lenken, ihm die Mißbräuche der Lokalbehörden anzuzeigen, die bezüglichen Ratschläge der Botschafter in Konstantinopel zu übermitteln und ihre Regierungen von allem zu unterrichten haben, was im Lande vorgeht. Als Hilfsorgane dieser Agenten werden Sekretäre und Dragomane bestellt werden, denen die Ausführungen ihrer Anordnungen obliegt und zu diesem Zwecke ermächtigt sind, in den Bezirken Rundreisen zu machen, um die Bewohner der christlichen Dörfer zu befragen, die Lokalbehörden zu überwachen u. s. w. Da die Aufgabe der Zivilagenten darin besteht, für die Einführung der Reformen und die Beruhigung der Bevölkerung zu sorgen, so wird ihr Mandat zwei Jahre nach ihrer Ernennung erlöschen. Die hohe Pforte wird den Lokalbehörden auftragen, diesen Agenten alle Erleichterungen zu gewähren, damit sie ihre Mission erfüllen können. II. Da die Reorganisation der christlichen Gendarmerie und Polizei eine der wesentlichen Maßregeln zur Pazifizierung des Landes darstellt, ist es bringend geboten, von der Pforte die Durchführung dieser Reformen zu verlangen. In Anbetracht des Umstandes jedoch, daß jene wenigen schwedischen und andere Offiziere, welche bisher eingestellt wurden, da sie weder die Sprache noch die Verhältnisse des Landes kennen, sich nicht nützlich machen konnten, war es wünschenswert, folgende Abänderungen und Ergänzungen des ursprünglichen Reformprogramms vorzunehmen: a. Die Aufgabe der Reorganisation der Gendarmerie in den drei Wilajets wird einem im Dienst der kaiserlich ottomanischen Regierung stehenden General fremder Nationalität anvertraut, welchem Offiziere der Großmächte an die Seite gegeben werden, die untereinander die Bezirke aufteilen werden, wo sie ihre Tätigkeit als Kontrollorgane, Instruktoren und Organisatoron, bezeigen können. Sie werden dadurch in die Lage versetzt, auch das Vorgehen der Truppen gegen die Bevölkerung zu überwachen. b. Diese Offiziere können, wenn es ihnen notwendig erscheint, die Zuteilung einer gewissen Anzahl von Offizieren und Unteroffizieren fremder Nationalität verlangen. III. Sobald eine Beruhigung des Landes festgestellt wird, ist von der ottomanischen Regierung eine Aenderung in der territorialen Begrenzung der Verwaltungsbezirke im Sinne einer regelmäßigeren Begrüßung der verschiedenen Nationalitäten zu verlangen. IV. Gleichzeitig ist die Reorganisation der administrativen und gerichtlichen Einrichtungen zu verlangen, bei welchen es wünschenswert erscheint, den eingeborenen Christen den Zugang zu eröffnen und die Entwickelung der lokalen Autonomien zu begünstigen. V. In den Hauptorten der Wilajets sind zur Untersuchung der während der Unruhen begangenen politischen und anderen Vergehen unverzüglich gemischte Kommissionen einzusetzen, welche aus einer gleichen Zahl von christlichen und mohammedanischen Delegierten bestehen werden. An diesen Kommissionen werden die Konsularvertreter Oesterreich-Ungarns und Rußlands teilnehmen. VI. Von der türkischen Regierung ist die Anweisung besonderer Beträge zu verlangen: a) für die Wiedereinsetzung der nach Bulgarien und anderwärts geflüchteten Bewohner in ihre Heimatsorte; b) für die Unterstützung der Christen, welche ihre Habe und ihr Heim verloren haben; c) für die Wiederherstellung der von den Türken während des Aufstandes zerstörten Häuser, Kirchen und Schulen. Die Kommissionen, welchen christliche Notabeln angehören werden, werden über die Verteilung dieser Summen entscheiden. Die Konsuln Oesterreich-Ungarns und Rußlands werden die Verwendung derselben überwachen. VII. Die repatriierten christlichen Bewohner der von den türkischen Truppen und Baschibozuks durch Feuer zerstörten christlichen Dörfer werden durch ein Jahr von der Zahlung jeder Steuer befreit sein. VIII. Die ottomanische Regierung wird sich neuerdings verpflichten, die in dem im Februar laufenden Jahres ausgearbeiteten Entwurf angegebenen, sowie alle jene Reformen, deren Notwendigkeit späterhin sich erweisen würde, ohne den geringsten Verzug durchzuführen. IX. Da die meisten Ausschreitungen und Grausamkeiten von den Jlawe (früher Redif 2. Klasse) und den Baschibozuks verübt wurden, ist es dringend geboten, daß die ersteren entlassen werden und die Bildung von Baschibozukbanden unbedingt verhindert werde.

November. Verhandlungen mit den Botschaftern über die makedonischen Reformen.

Am 3. November erwidert die Pforte auf die Vorschläge vom 22. Oktober: Die ottomanische Regierung bekennt sich zum Empfange der freundlichen Vorschläge der Botschafter von Oesterreich-Ungarn und Rußland. Trotz der Schwierigkeiten, welche das aufrührerische Werk der Agitatoren schuf, trotz der Unruhen, die durch die revolutionären Banden veranlaßt wurden, und trotz der ausgedehnten militärischen Maßnahmen, zu benen sich die Regierung verpflichtet fühlte, ist ein großer Fortschritt in der Durchführung der Reformen zu verzeichnen, die die Regierung in Uebereinstimmung mit dem freundlichen Ratschlage der beiden Mächte ins Werk zu setzen unternahm. Die Regierung hat bei Anwendung dieser Reformen die äußerste Wachsamkeit an den Tag gelegt, da sie von dem festen Entschlusse beseelt ist, die Ruhe im türkischen Reiche aufrecht zu erhalten und ihre Unabhängigkeit zu wahren. Die Konsuln Rußlands und Oesterreichs haben die Gewohnheit angenommen, ihre Eindrücke und Informationen dem Generalinspektor Hussein Hilmi Pascha mitzuteilen, und der letztere hat seinerseits die Konsuln von dem Fortschreiten des Reformwerkes in Kenntnis gesetzt. Es erscheint wünschenswert, daß diese freundlichen Beziehungen erhalten bleiben. Da das Kommando des Generalinspektors noch weitere zwei Jahre andauert, ist nicht daran zu zweifeln, daß bis dahin alles durchaus geordnet und die Ausführung der Reformen vollendet sein wird. Was die Reorganisation der Gendarmerie anbetrifft, so ist eine Kommission gebildet worden, die aus Edib Pascha, Auler Pascha, Ruschdi Pascha und zwei anderen Offizieren besteht und alle Weisungen und Vollmachten erhalten hat, die Reorganisation durchzuführen und die norwegischen, schwedischen und belgischen Offiziere anzustellen, die als Instruktoren angeworben wurden. Se. Majestät der Sultan hat in seiner üblichen Großmut ferner angeordnet, Gelder zur Unterstützung derjenigen anzuweisen, die heimatlos wurden und verarmten, ebenso Gelder zum Wiederaufbau von zerstörten Häusern, Moscheen, Kirchen und Schulen. Hussein Hilmi Pascha wird die Verteilung der Summen leiten, deren Kontrolle einer vom Sultan eingesetzten Kommission untersteht, der Vertreter der verschiedenen Nationalitäten angehören. Zu gleichem Zwecke werden in den verschiedenen Ortschaften auch Notable bestimmt werden. Die Bewohner der zerstörten Dörfer, aber nur diese, werden auf ein Jahr von der Steuerzahlung entbunden sein. Den Einwohnern, die von Furcht erfüllt oder wegen der Drohungen der revolutionären Komitees über die Grenze nach Bulgarien oder in die Berge flüchteten, werden amnestiert werden. Man wird sie in ihre Heimstätten wieder einsetzen. Natürlich gilt dies nur für Einheimische, nicht aber für die Untertanen des Fürstentums Bulgarien. Die Lage wird denn auch mit jedem Tage eine ruhigere. — Das Reformprogramm vom Februar sei fast durchgeführt. Der einzige Punkt, dessen Durchführung sich verzögerte, betrifft die Zulassung von Christen zur Gendarmerie. Die Schuld hierfür liegt aber nicht bei der Regierung. Die mazedonischen Christen fürchteten sich wegen der Drohungen der Komitees, in die Reihen der Gendarmerie einzutreten. Der Generalinspektor hat jedoch sehr genaue Instruktionen erhalten und diese Frage wird ebenfalls in Kürze gelöst sein. Was die Baschi-Bozuks betrifft, so bedarf dieser Punkt keiner weiteren Erwähnung, da die Regierung von ihnen niemals Gebrauch machte. Die Regierung hat bereits Ilawebataillone aufgelöst, und zwar in demselben Maße, in dem die bulgarische Regierung die von ihr einberufenen Reservisten demobilisierte. Was die Einrichtung kommunaler, nach Nationalitäten geordneter Verbände anbetrifft, so ist die Regierung der Ansicht, daß die in dieser Beziehung bereits ausgeführten Reformen reichlich genügen. Auch in Bezug auf die Reorganisation des gerichtlichen Verfahrens glaubt die Regierung durch die geltenden Gesetze allen berechtigten Anforderungen entsprochen zu haben. Während die Regierung sich mit der Ausführung dieser Maßnahmen beschäftigte, brachten die revolutionären Agitatoren Dum-Dum-Geschosse, wie man sie sonst nur gegen wilde Tiere gebrauchte, zur Anwendung. Sie begingen Dynamitattentate und bemühten sich Unruhe zu verbreiten. Trotzdem beharrte die Regierung bei der Ausführung der Reformen.

Die Botschafter sämtlicher Großmächte fordern am 10. November von neuem Annahme des Programms vom 22. Oktober. Hierauf erwidert die Pforte: Die hohe Pforte empfing das Memorandum der Botschafter v. Calice und Sinowjew vom 10. November und hat von ihm Kenntnis genommen. Sie nimmt Akt von der Versicherung, die ihr über die vollständige Wahrung der Souveränitätsrechte, die Aufrechterhaltung des status quo und die Achtung der Behörden und das Prestige des Reiches gegeben worden sind, ebenso wie von den Erklärungen über den provisorischen Charakter und die auf zwei Jahre beschränkte Geltungsdauer der Ergänzungsbestimmungen, die zur Sicherstellung der Ausführung der auf den Vorschlag der beiden Regierungen angenommenen Reformen getroffen wurben, an deren Durchführung die Pforte in loyaler Weise festhält. Die hohe Pforte erklärt, sie nehme im Prinzip die neuen in dem Memorandum aufgezählten Punkte an, behält sich jedoch vor, über deren Inhalt noch in Verhandlungen einzutreten, sich über die Einzelfragen ihrer Anwendung zu verständigen und den ersten und zweiten Punkt des Programms mit der Unabhängigkeit, den Souveränitätsrechten und dem Prestige der Regierung in Einklang zu bringen.

8. Dezember. (Konstantinopel.) Österreich-Ungarn und Rußland ernennen zu Zivilagenten für Makedonien den österreichisch-ungarischen Generalkonsul v. Müller und den russischen Generalkonsul Demeric.

2. Bulgarien.

2. Januar. Die Regierung kündigt den Handelsvertrag mit Österreich-Ungarn.

14. Februar. Die Regierung löst mehrere revolutionäre makedonische Komitees auf und verhaftet ihre Führer. An der Grenze wird ein Militärkordon aufgestellt, um den Übergang bulgarischer Banden auf türkisches Gebiet zu verhindern. — Diese Haltung wird in österreichischen und russischen offiziösen Blättern lebhaft belobt.

17. Februar. (Sobranje.) Ministerpräsident Danew erwidert auf eine Interpellation wegen der Auflösung der makedonischen Komitees:

Er habe zur Auflösung der Komitees sich entschlossen, um die wichtigsten Interessen des bulgarischen Staatswesens zu wahren. Das Fürstentum dürfe kein Herd für Unruhen in Makedonien sein. Bulgarien sei ein kleiner Staat und die Lösung der makedonischen Frage hänge nicht von ihm ab; es müsse eine Haltung einnehmen, durch welche es sich den Rechtsanspruch sichere, von den Mächten eine Besserung der den Frieden bedrohenden Lage in dem Nachbarreiche zu fordern. Das Bestreben Bulgariens müsse darauf gerichtet sein, daß die Großmächte die Lösung der makedonischen Frage ihrerseits in die Hand nehmen. Wir haben, so führte der Minister aus, nicht die Absicht, in Makedonien Eroberungen zu machen, und werden vielmehr glücklich sein, wenn in diesem Land die Ordnung wiederhergestellt ist und wenn unseren dort lebenden Stammesgenossen die Menschenrechte verbürgt werden. In dem Augenblicke, da die Mächte an der Einführung von Reformen arbeiten, verpflichtet uns der elementarste politische Takt, die Ruhe zu bewahren, ja, wir müssen durch unsere loyale Haltung die Makedonier in der Richtung beeinflussen, daß sie sich nicht etwa von dem Gedanken sich leiten und verleiten lassen, Bulgarien könnte an ihren Bewegungen teilnehmen. In dieser Hinsicht werden wir bis zum letzten Augenblick unsere Pflicht tun. Mögen alle diejenigen, welche auf die Makedonier einen Einfluß ausüben können, diese davon überzeugen, daß es in ihrem eigenen Interesse liegt, unter den gegenwärtigen Umständen ruhig zu bleiben und durch ihr ruhiges Verhalten sowohl den Mächten als auch der Türkei zur Verwirklichung der geplanten Reformen die Möglichkeit zu bieten. Die höchsten und wichtigste Interessen des bulgarischen Volkes erheischen es, daß auf der ganzen Linie Friede herrsche.

Am 19. spricht ihm das Haus mit großer Majorität sein Vertrauen aus.

Ende Februar. Die makedonischen Blätter kritisieren die österreichisch-russische Reformnote (S. 346) sehr abfällig.

31. März. Es wird ein neues Ministerium Danew gebildet. Alle Minister bleiben, nur der Kriegsminister Paprikow wird durch Oberst Sawow ersetzt.

15. Mai. Rücktritt des Kabinetts Danew.

Am 19. wird ein neues Ministerium gebildet: General Petrow Präsidium und Aeußeres, Petkow Inneres, Dr. Ghenadin Justiz, Professor Schischmanow Unterricht, der Direktor der landwirtschaftlichen Kassen Manuschew Finanzen, Sawow Krieg, D. K. Popow Arbeiten und interimistisch Handel.

Das Kabinett erläßt folgende Erklärung: Nach dem Rücktritt des Kabinetts Danew versuchte der Fürst eine Regierung zu bilden, bestehend aus Mitgliedern aller Parteien, eine Regierung der patriotischen Konzentration. Die guten Absichten, welche einen derartigen Ausgang der Ministerkrise erstrebten, wurden unglücklicherweise nicht von allen Parteien voll gewürdigt, und das angestrebte Ziel wurde nicht erreicht. Der Fürst gab daher die Lösung, welche die gegenwärtige Regierung ans Ruder brachte. Die Mitglieder des gegenwärtigen Kabinetts, welche die ihnen aufgebürdete Last unter den schwierigen Umständen, in welchen sich das Land gegenwärtig befindet, nicht ablehnen können, sind fest entschlossen, sich voll und ganz dem Dienste ihres Landes zu widmen. Indem sie sich des Vertrauens des Fürsten erfreuen, hoffen sie, daß ihre Anstrengungen von der Nation werden gewürdigt werden, und die letztere ihnen ihre Unterstützung leihen werde. Die Regierung hält es für ihre Pflicht zu erklären, daß sie in ihrer äußeren Politik und der Verteidigung der wohlverstandenen Interessen des Landes den Mächten gegenüber die korrekteste Haltung beobachten und aufrichtige und herzliche Beziehungen mit Rußland, dem Befreier unterhalten, daß sie ferner in der inneren Politik die Verfassung und Gesetze des Landes achten werde. Indem sich die Regierung auf das Volk stützt, wird sie es als ihren Hauptzweck betrachten, den Staat aus der gegenwärtigen Lage zu befreien, ohne die nationalen Interessen zu verletzen.

2. Juni. Der Fürst weiht den Hafen von Burgas ein.

Juli. Bulgarien, die Großmächte und die Pforte.

Am 1. Juli beschwert sich in einer an die Kabinette in Wien, St. Petersburg und Paris gerichteten Zirkularnote die bulgarische Regierung über die Ausschreitungen der türkischen Truppen sowie der Baschibozuks in Makedonien und beklagt, daß die Pforte die letzten Anträge Bulgariens, gemeinschaftlich auf die Beruhigung der Lage hinzuarbeiten, abgelehnt und im Gegenteil gegen ihr eigenes und das Interesse des Fürstentums gehandelt habe. Die bulgarische Regierung protestiert gegen eine Truppenkonzentration an der Grenze und lehnt die Verantwortlichkeit für die daraus entstehenden Folgen ab.

Am 7. Juli sendet die Pforte den Botschaftern in Wien, St. Petersburg und Paris eine Zirkularnote, in welcher die bulgarische Zirkularnote widerlegt und erklärt wird, daß der Zweck aller bisherigen maßvollen militärischen Vorkehrungen die Unterdrückung des fortdauernden Bandenunwesens sei und daß die Pforte keine kriegerischen Absichten hege.

Mitte Juli zeigt die Pforte der bulgarischen Regierung an, daß sie zur Verbesserung der Beziehungen zwischen der Türkei und Bulgarien beschlossen habe, einige gegen das Bandenunwesen getroffene Maßnahmen aufzuheben, die in Haft befindlichen verdächtigen Bulgaren in Freiheit zu setzen; einen Teil der an der Grenze befindlichen türkischen Truppen zurückzuziehen, die Ilave-Bataillone zu verabschieden, die Wiedereröffnung der geschlossenen Kirchen und Schulen zu gestatten und einige Wünsche Bulgariens betreffend Kirche und Schule zu erfüllen. Die bulgarische Regierung erklärt, daß es stets ihr Wunsch gewesen sei, in freundschaftlichen Beziehungen zur türkischen Regierung zu stehen. Die militärischen Maßnahmen der bulgarischen Regierung werden aufgehoben.

24. Juli. Fürst Ferdinand reist ins Ausland. — In Europa wird vielfach der Ausbruch einer Revolution in Bulgarien erwartet.

August. September. Bulgarische Schilderungen der makedonischen Vorgänge.

Im August richtet die bulgarische Regierung eine Denkschrift an ihre Vertreter im Auslande, worin die türkischen Behörden für den Aufstand in Makedonien verantwortlich gemacht werden. Es heißt darin: Im Laufe der letzten drei Monate hat die kaiserlich ottomanische Regierung, anstatt die versprochenen Reformen durchzuführen, Maßregeln ergriffen und Akte begangen, welche die bulgarische Bevölkerung zur Verzweiflung trieben. Anstatt nur diejenigen Individuen zu verfolgen, welche die Ordnung und öffentliche Sicherheit tatsächlich gestört haben, haben die türkischen Verwaltungs- und Militärbehörden die bulgarische Bevölkerung der Städte wie der Dörfer unter allerlei Vorwänden verfolgt, terrorisiert und ruiniert. Massenmetzeleien und einzelne Morde, Zerstörung ganzer Ortschaften, Plünderung, Brandstiftung, willkürliche Verhaftungen, Schließung von Kirchen und Schulen, vorherige Einhebung von Steuern und Militärbefreiungstaxen u. s. w. sind in den Vilajets von Salonichi, Monastir, Üsküb und Adrianopel an der Tagesordnung gewesen.

Am 10. September versendet das makedonische revolutionäre Zentralkomitee eine Denkschrift, worin behauptet wird, daß 45 000 Greise, Frauen und Kinder von den Türken obdachlos gemacht seien, daß die Türken systematisch Repressalien an der friedlichen Bevölkerung übten, um die Christen auszurotten. Die Makedonier würden deshalb an den Muhammedanern Vergeltung üben.

Am 16. September veröffentlicht die Wiener „Polit. Korresp." den Inhalt eines Rundschreibens an die bulgarischen Vertreter im Auslande: „Die bulgarische Regierung erhebt gegen die Pforte den Vorwurf, daß sie auf Vernichtung der bulgarischen Bevölkerung in den europäischen Vilajets hinarbeite und dabei andrerseits alle Vorkehrungen treffe, um die türkische Armee so rasch als möglich an der bulgarischen Grenze konzentrieren zu können. Dies berechtigt zu der Annahme, daß die ottomanische Regierung beabsichtige, im geeigneten Augenblicke eine militärische Aktion gegen das Fürstentum zu unternehmen. Die Lage sei geeignet, schließlich einen bewaffneten Konflikt zwischen dem Fürstentum und der Pforte herbeizuführen, falls die Großmächte nicht bei der Pforte Ratschläge der Klugheit und Mäßigung geltend machen. Die bulgarische Regierung fühle sich verpflichtet, an die Gerechtigkeit und Humanität der Mächte zu appellieren, damit die bulgarische Bevölkerung vor einer vollständigen Ausrottung zu retten und durch eine Intervention die ottomanische Regierung zu bestimmen, die Mobilisierungsvorkehrungen, sowie in Anbetracht der korrekten Haltung der bulgarischen Regierung die in keiner Weise gerechtfertigten Maßregeln einer militärischen Konzentrierung rückgängig zu machen. Dieser Schritt sei ein neuer Beweis der loyalen Gesinnung der bulgarischen Regierung, sowie ihres Entschlusses, alles zu vermeiden, was den Frieden bedrohen könnte. Sollte jedoch Bulgarien keine Zusicherungen erhalten, welche seine Befürchtungen gegen das gegenwärtige Vorgehen in der Türkei zerstreuen könnten, so würde es sich gezwungen sehen, die notwendigen Maßregeln zu treffen, um für jede Eventualität vorbereitet und gegen jede Ueberraschung geschützt zu sein.

8. Oktober. Bulgarien und die Pforte verständigen sich über die Abrüstung. Bulgarien soll 20000, die Pforte 40000 Mann entlassen.

2. November. Bei den Wahlen zur Sobranje werden 146 Anhänger der Regierung, 43 Oppositionelle gewählt.

15. November. Der Fürst eröffnet die Sobranje.

In der Thronrede weist er darauf hin, daß die Ereignisse dieses Sommers die Regierung zu außerordentlichen Ausgaben genötigt haben, die aber unumgänglich notwendig gewesen seien, um die Armee auf den Stand zu setzen, den sie als Wächterin über die Unverletzlichkeit des Landes und die Unabhängigkeit des Vaterlandes haben müsse. Der Fürst erwarte von dem Patriotismus der Deputierten, daß sie mit ernster Aufmerksamkeit die Umstände prüfen würden, welche die Ausgaben erfordern, und daß sie die Handlungen der Regierung wohl zu würdigen wissen werden. Die Regierung werde alle ihre Bemühungen darauf richten, die guten Beziehungen zu erhalten und weiter zu entwickeln mit dem großen befreundeten Rußland und den anderen Großmächten, ganz besonders aber auch mit den Nachbarstaaten. Trotz der verhältnismäßig kurzen Zeit, welche der Regierung geblieben, kündigt die Thronrede doch eine Anzahl Gesetzentwürfe an, deren erheblichste diejenigen über die Errichtung landwirtschaftlicher Musterschulen, über Abänderungen in der Organisation und über die Beamten sind. — Der Fürst wurde auf dem ganzen Wege vom Palais bis zum Parlamentsgebäude in der Sobranje lebhaft begrüßt.

14. Dezember. Die Sobranje genehmigt den außerordentlichen Kredit von 25 Millonen, der im letzten Herbst für Rüstungen verwendet ist.

3. Egypten.

November. Ein neuer Mahdi im Sudan, Mahommed el Amin, wird besiegt und gehängt.

XVI.
Rumänien.

3. Januar. Die Kammer genehmigt mit 91 gegen 1 Stimme das Budget für das am 1. April beginnende Rechnungsjahr.

22. Januar. (Kammern.) Der Finanzminister Costinescu legt einen Gesetzentwurf auf Konvertierung der im Jahre 1899 kontrahierten Anleihe in eine 5prozentige vor.

2. Februar. Bei den Ergänzungswahlen zum Parlament siegen die Liberalen.

26. Mai. In den Departementsratswahlen werden 524 Liberale, 15 Konservative und 1 Junimist gewählt.

Juni. König Karol legt die Charge als Chef des 6. serbischen Infanterieregiments nieder und widerruft die an die Offiziere des Regiments früher erfolgten Ordensverleihungen.

23. Dezember. In der Kammer betont der Minister des Auswärtigen, daß Rumänien überall eine friedliche Politik verfolge, insbesondere die österreichisch-russische Aktion auf dem Balkan begrüße. — Die Kammer bewilligt 600 000 Fr. zur Errichtung von Schulen und Kirchen in rumänischen Gemeinden Makedoniens

---

XVII.
Serbien.

5. Januar. Der Minister des Auswärtigen Antonitsch tritt zurück und wird durch den früheren Minister Simeon Lozanitsch ersetzt.

14. Januar. (Belgrad.) Rede des Königs über die auswärtige Politik.

Anläßlich der Feier des 25jährigen Jubiläums der Einnahme von Nisch hält König Alexander eine Rede, in der er seinem Vater, dem verstorbenen König Milan großes Lob zollt. Der Scharfsinn desselben sei vor 25 Jahren allein imstande gewesen, den rechten Weg zu finden und die dem Lande heilsamen Maßnahmen zu treffen, indem er einen Krieg begann, der den ganzen europäischen Osten in Brand gesetzt und Serbiens Unabhängigkeit zur Folge hatte. Das Werk Milans, fuhr der König fort, müssen wir fortsetzen, Serbien muß nunmehr innerlich erstarken. Sind wir im Innern erst stark, so können wir der Gestaltung der auswärtigen politischen Ereignisse ruhig und zuversichtlich entgegensehen. Serbien kann ruhig in die Zukunft blicken, weil seine und des serbischen Volkes Sache eine gerechte Sache ist. Wir haben keine Eile und können daher nach wie vor ein Element des Friedens und der Ordnung auf dem Balkan bilden. Eben deshalb muß uns aber der entscheidende Augenblick vollkommen gerüstet antreffen. Alle Welt muß die Ueberzeugung erlangen, daß niemand auf dem Balkan auch nur einen Fußbreit erwerben kann, ohne daß auch Serbien seinen Anteil erhielte.

4. Februar. (Belgrad.) Durch einen Erlaß des Ministers für öffentliche Bauten werden 804 neu eingerichtete Postämter in großen und 3390 Postämter in kleinen Dorfgemeinden dem Verkehr übergeben.

6. April. Suspendierung und Wiederherstellung der Verfassung.

Der König erläßt eine Proklamation, die mitteilt, daß der auf Grund der neuen Verfassung geschaffene Senat und die Skupschtina Gesetze geschaffen haben, die sich als unzweckmäßig erwiesen haben. Die Verfassung schädige durch die Entfachung politischer Leidenschaften die Interessen des Vaterlandes, und hindere seine staatliche und nationale Entwickelung. Die Verhältnisse auf dem Balkan seien sehr ernst. Serbien bedürfe der Ordnung, der Eintracht und des Friedens. Es solle als ein leuchtendes Beispiel der Friedensliebe gelten und dabei stets bereit sein, die eigenen wahren Interessen zu verfechten, falls dies sich als notwendig erweisen sollte. Um dem Vaterlande die Eintracht, Kraft und Ordnung wieder zu geben, suspendiere der König die Verfassung vom 6. April 1901 und erkläre die Mandate der Senatoren für ungültig. Die Proklamation besagt ferner, daß die Staatsräte zur Disposition gestellt werden und daß die Skupschtina aufgelöst wird. Mehrere Gesetze, darunter das Preßgesetz, das Gemeindegesetz und das Nationalwahlgesetz werden aufgehoben und durch die entsprechenden früheren Gesetze ersetzt. Unmittelbar nach der Ausfertigung der Verordnungen, durch welche die neuen Senatoren und Staatsräte ernannt wurden, erscheint eine zweite Proklamation, in welcher die Verfassung vom 6. April 1901 wieder zu voller Geltung eingesetzt wird.

Das bisherige Ministerium bleibt im Amte, nur der Minister des Auswärtigen Loganitsch wird durch den Bautenminister Denitsch ersetzt. Von den neuernannten lebenslänglichen Mitgliedern des Senats sind zwölf Altliberale (durchwegs Anhänger des ehemaligen Regenten Jovan Ristitsch), sieben ehemalige Fortschrittler und fünf Neutrale. Von den Radikalen wird keiner ernannt.

April. Gerüchten zufolge beabsichtigt der König einen Bruder seiner Gemahlin zum Thronfolger zu ernennen. Es wird von der Möglichkeit einer baldigen Revolution gesprochen, da die Familie Dragas im Heere sehr verhaßt sei.

1. Juni. Wahlen zur Skupschtina.

Es werden gewählt 130 Abgeordnete, davon sind 71 Liberale, 30 Radikale und 29 Neutrale oder ehemalige Fortschrittler. Die Gewählten sind sämtlich regierungsfreundlich. Von 216 870 Stimmberechtigten stimmten 185 905, davon für die Listen der Regierung 182 583, für die Listen der Opposition 3322. Bei den letzten Wahlen, die 1901 unter dem radikalen

Ministerium Wujitsch stattfanden stimmten von 207773 Stimmberechtigten 134400 für die Listen der damaligen Regierung.

11. Juni. (Belgrad.) Ermordung des Königspaares.

Verschworene Offiziere der Belgrader Garnison bringen nachts in den Konak und ermorden das Königspaar. Außerdem werden die Brüder der Königin, der Ministerpräsident Zinzar Markovic, der Kriegsminister Pawlowic und mehrere Offiziere erschossen. — Es wird sogleich folgendes Ministerium gebildet: Jowan Awakumovic Ministerpräsident ohne Portefeuille, Ljubomir Kaljevic Minister des Aeußern, Stojan Protic Minister des Innern, Georg Gentschic Handelsminister, General Jowan Atanazkovic Kriegsminister, Dr. Wojislaw Welikovic Finanzminister, Oberst Alexander Machios Minister für Bauten, Professor Ljubomir Stojanovic Kultusminister, Ljubomir Schiwkovic Justizminister.

Das Ministerium erläßt folgenden Aufruf: Verschiedene Zwistigkeiten, welche sich am Hofe ereignet haben, haben die Intervention der Armee und einen Konflikt hervorgerufen, in welchem König Alexander und Königin Draga den Tod gefunden haben. Zum Zwecke der Aufrechterhaltung des Friedens und der Ordnung im Lande in diesem traurigen und schwierigen Augenblicke haben sich die Vertreter aller politischen Gruppen verständigt und eine provisorische Regierung gebildet, damit der verfassungsmäßige Zustand, wie er vor dem 23. März bestand, wiederhergestellt werde. Sie haben beschlossen, die Nationalversammlung, welche unter Geltung der Verfassung vom 6. April 1901 gewählt wurde, zu einer Sitzung einzuberufen. Die Nationalversammlung wird zur Wahl eines Souveräns schreiten und andere Beschlüsse, welche die gegenwärtige innere Lage erheischt, fassen. Nach den bis jetzt von den militärischen und Zivilbehörden erhaltenen Nachrichten ist die Ruhe im Lande nirgends gestört worden. Die Regierung wird bestrebt sein, dieselbe aufrecht zu erhalten. Die Regierung ist überzeugt, daß, indem sie in der Weise handelt, sie dem neuen Zustand der Dinge die Sympathie aller europäischen Mächte sichern wird.

Die Belgrader Bevölkerung begrüßt die Ereignisse mit Befriedigung.

15. Juni. Zusammentritt der Nationalversammlung. Erklärung über den Königsmord. Wahl Karageorgs.

In einer gemeinsamen Sitzung des Senats und der Skupschtina erklärt die Regierung, sie habe es für ihre erste hervorragendste Pflicht gehalten, für die Aufrechterhaltung von Ruhe, Ordnung und Gesetzlichkeit im Lande zu sorgen, die Nationalversammlung für die Königswahl einzuberufen und die Verfassung von 1901 wieder in Kraft treten zu lassen. Die Regierung stellt mit Befriedigung fest, daß sie, unterstützt von der selbstbewußten Haltung der Nation und der patriotischen heldenmütigen Armee, die Ordnung im Lande aufrecht erhielt. Ueberzeugt, daß sie damit dem Vaterlande gegenüber in so ernster Zeit ihre Pflicht erfüllte, überläßt die Regierung der nationalen Volksvertretung die Beurteilung der Ereignisse vom 11. Juni und ihrer Tätigkeit seit diesen Ereignissen und lädt die konstitutionelle Nationalversammlung ein, auch ihrerseits ihre Pflicht zu erfüllen, die Königswahl vorzunehmen und Verfügungen über die Verfassung zu treffen. Sie wünscht, daß die Tätigkeit der Nationalversammlung dem Vaterlande Glück und Fortschritt bringe. — Die Nationalversammlung erwidert in einer Resolution, sie begrüße mit Begeisterung die durch die Ereignisse vom 11. Juni geschaffene neue Lage. Sie bringe die völlige Uebereinstimmung der Gefühle des Volkes und des Heeres zum Ausdruck und billige das Verhalten des Heeres, das der Hort des Vater-

landes, die Verteidigerin der Ordnung und der Gesetzlichkeit, der Bürge
für die heilige, glänzende Zukunft Serbiens gewesen sei, und bleiben werde.
Gleichzeitig zollt die Nationalversammlung der Regierung ihre Anerkennung für ihre in diesem verhängnisvollen Augenblick bekundete Vaterlandsliebe und billigt die Verfügungen der Regierung, die bis zur Ankunft des
Königs die Geschäfte leiten solle.

Hierauf wird der in Genf lebende Prinz Karageorg einstimmig
zum König gewählt. Die Wahl wird ihm telegraphisch mitgeteilt und er
spricht telegraphisch seine Annahme aus.

Es wird beschlossen, die Verfassung von 1888 mit einigen Modi-
fikationen wiederherzustellen und allen Teilnehmern an der Revolution
Straflosigkeit zu gewähren.

17. Juni. Der neue König veröffentlicht im „Journal de
Genève" folgenden Aufruf.

Proklamation des Königs von Serbien an sein Volk. „Die Gnade
Gottes und der Wille des Volkes beriefen mich auf den Thron meiner
Vorfahren. Ich erkläre, daß ich mich der Entscheidung des Volkes unter-
ziehe und heute den serbischen Thron besteige. Ich betrachte es als meine
erste Pflicht, Gott zu danken für diese Gnade, und spreche gleichzeitig die
Hoffnung aus, daß die Mächte meine auf gesetzlichem Wege vollzogene
Thronbesteigung anerkennen werden; dies umsomehr, als ich entschlossen
bin, Serbien der Ruhe, Ordnung und Wohlfahrt zuzuführen. Ich erkläre,
daß ich mein Königswort gebe, die Rechte aller zu achten, und mein Mög-
lichstes zu tun, um ein konstitutioneller König und Hüter der Gesetze zum
Wohlergehen meines teuren Volkes zu sein. Darum fordere ich mit diesem
meinem ersten Manifest alle Kirchenhäupter, Staatsbeamten und Militär-
chefs auf, in ihren Funktionen zu verbleiben, und empfehle ihnen, die ihnen
anvertrauten Obliegenheiten gewissenhaft zu erfüllen. Ich erkläre, daß ich
alle persönlichen Vorkommnisse, welche in den letzten 40 Jahren unter
außerordentlichen Verhältnissen erfolgten, der Vergessenheit übergebe. Jeder
aufrichtige Serbe wird unter meiner Regierung den nötigen Schutz für
sein moralisches und materielles Leben finden. Die Devise meiner Dynastie
war immer: „Für das heilige Kreuz und unsere teuere Freiheit!" Mit
dieser Devise, die mich einerseits an die Armee und andrerseits an die
orthodoxe Kirche bindet, besteige ich den Thron als Peter I., König von
Serbien. Ich bitte Gott, seine Gnade über mein Volk zu verbreiten und
sende allen meine königlichen Grüße."

24. Juni. König Peter hält seinen Einzug in Belgrad.

Der König behält das Ministerium Avakumovic bei und erklärt in
einer Proklamation die Volksrechte achten zu wollen: „Ich will ein wahrer
konstitutioneller König von Serbien sein, und für Mich sind alle verfassungsmäßigen Bürgschaften der Freiheit und der Volksrechte, dieser Grundlage
aller regelmäßigen und glücklichen Entwickelung sowie alles nationalen
Fortschritts und staatlichen Lebens, ebensoviele Heiligtümer, die Ich stets
sorgfältig achten und hüten werde. Auch verlange Ich von allen und einem
jeden, daß er dasselbe tue. Von diesen Grundsätzen durchdrungen, über-
liefere Ich die Vergangenheit der Vergangenheit und überlasse es der Geschichte, jeden nach seinen Taten zu richten. Indem Ich den Ueberlieferungen des serbischen Volkes und Meiner Vorfahren treu bleibe, werde
Ich mich in der auswärtigen Politik von den traditionellen Bestrebungen
des serbischen Volkes bestimmen lassen und zu gleicher Zeit die freundschaftlichen Beziehungen, welche das Bedürfnis der europäischen Gemeinschaft

erfordert, namentlich mit den benachbarten Völkern, aufrecht erhalten. Mein tapferes Heer, dem Ich Meine königliche Anerkennung für seine bisherigen Dienste und seine Aufopferung für das Vaterland zolle, will Ich auf die Stufe eines würdigen Hoffnungsankers des serbischen Volkes erheben."

12. Juli. Der König ernennt den Oberst Misitsch, den Führer der Mörder Alexanders, zum Abteilungschef im Kriegsministerium.

15. August. Ministerwechsel.

13. August. Infolge von Uneinigkeiten im Kabinett reicht das Ministerium seine Demission ein, und Awakumovic bildet das Kabinett um. Neu ernannt werden zum Kriegsminister der Oberst Solarowitsch, zum Finanzminister der Hochschulprofessor Alexander Borisawljewitsch, zum Kultusminister Professor Dobrosaw Rusitsch und zum Justizminister der bisherige Sektionschef Michael Jowanowitsch.

Ende August. Es wird für eine Beteiligung an den Kämpfen in Makedonien agitiert, um die Ausrottung der makedonischen Slawen zu hindern.

Anfang September. (Nisch.) Eine Anzahl Offiziere, die am Königsmorde nicht beteiligt waren, suchen eine Bewegung zur Bestrafung der Königsmörder hervorzurufen. Sie werden verhaftet und zu Gefängnis verurteilt. Im Anschluß hieran kommt es in Belgrad zu Tumulten.

22. September. Bei den Wahlen zur Skupschtina werden 78 gemäßigte Radikale, 65 unabhängige Radikale, 15 Liberale, 1 Sozialist gewählt.

5. Oktober. Neubildung des Kabinetts.

Den Vorsitz übernimmt General Sawa Gruitsch, Andra Nikolitsch das Aeußere, Stojan Protitsch das Innere, Nikola Nikolitsch das Justizportefeuille, Ljuba Stojanowitsch das Kultusportefeuille, Militsch Rabowanowitsch das Finanzportefeuille, Wlada Todorowitsch das Bautenministerium, T. Petkowitsch das Handelsministerium und Oberst Andrejewitsch das Kriegsministerium.

23. Oktober. Die Skupschtina wählt den Staatsrat, der sich aus 10 Radikalen, drei Liberalen, drei Progressisten zusammensetzt.

Dezember. Serbien und die Großmächte.

Die Kabinette von Wien, Berlin, St. Petersburg, London und Konstantinopel teilen der serbischen Regierung vertraulich mit, daß sie ihre Gesandten abberufen und nicht früher nach Belgrad zurückkehren lassen würden, als nicht die Königsmörder aus ihren Stellungen bei Hof und in der Armee entfernt seien. Die Gesandten selbst haben den Wunsch geäußert, von Belgrad abreisen zu dürfen, da infolge der Machtbefugnisse der Verschwörer der Verkehr der Diplomaten mit den Regierungskreisen sich immer unleidlicher gestaltete. — Dem französischen Gesandten der in Belgrad bleibt, wird eine Ovation gebracht (27. Dezember).

XVIII.
Griechenland.

19. Februar. (Athen.) Das der Kammer vorgelegte Budget veranschlagt die Einnahmen auf 119,4 Millionen, die Ausgaben auf 114,15 Millionen Drachmen.

24. Februar. Der Kammer werden mehrere Gesetzentwürfe über die Reorganisierung der Armee vorgelegt.

Die Dienstzeit soll auf 16 Monate herabgesetzt werden. Alljährlich im Monat Mai werden 36 000 Mann unter den Fahnen stehen. Große Manöver sollen stattfinden. Eine besondere Kasse zur Beschaffung von Kriegsmaterial mit einer jährlich verfügbaren Summe von zwei Millionen Drachmen soll geschaffen werden. Ein Teil dieses Betrages soll aus den Erträgnissen der Monopolisierung des Sprengpulvers entnommen werden, welche die Regierung der Kammer vorschlagen wird. Eine andere Vorlage bestimmt die Abschaffung der Stelle des Oberbefehlshabers der Armee, welche nach dem Gesetz von 1900 der Kronprinz bekleidet. Der letztere soll Kommandeur des einzigen zu bildenden Armeekorps werden, welches die drei bestehenden Divisionen umfaßt. Der Armeekorpskommandeur kann gleichzeitig General-Inspektor der Armee sein.

25. Juni. Da das Ministerium Delyannis bei einer Vertrauensfrage nur eine Majorität von 114 gegen 95 erhält, tritt es zurück. Es wird ein Ministerium Theotokis gebildet.

8. Juli. Das Ministerium Theotokis tritt zurück und wird durch ein Ministerium Ralli ersetzt.

Ende Juli. Es wird lebhaft für eine Revision der Verfassung agitiert.

14. August. Ministerpräsident Ralli spricht sich in der makedonischen Frage scharf gegen die bulgarische Agitation aus.

18. Dezember. Das Ministerium Ralli wird durch ein Ministerium Theotokis ersetzt. Die Ursache des Wechsels sind Differenzen zwischen König und Minister über die Militärreform.

XIX.
Nord-Amerika.

5. Januar. Besteuerung des russischen Zuckers. (Vgl. 1901.)

Der Oberste Gerichtshof entscheidet, daß die von Rußland auf den ausgeführten Zucker gezahlten Vergütungen Prämien seien, daher in dem zur Verhandlung stehenden Falle die Erhebung von Ausgleichszöllen für russischen Zucker durch das Zollamt in Baltimore gemäß dem Dingleytarif gerechtfertigt sei.

14. Januar. Der Kongreß genehmigt das Gesetz über den Kohlensteuerrabatt.

23. Januar. (Senat.) Präsident Roosevelt legt den Vertrag mit Kolumbien über den Kanalbau vor.

Der Vertrag sieht eine einmalige Zahlung von 10 Millionen Golddollars seitens der Vereinigten Staaten an Kolumbia vor, ferner eine jährliche Zahlung von 250 000 Dollars. Hierfür tritt Kolumbia einen sechs Meilen breiten Landstreifen an die Vereinigten Staaten ab, welche berechtigt sind, Truppen zum Schutze des abgetretenen Gebietes zu entsenden, falls Kolumbia dazu nicht in der Lage ist. Der Vertrag wird auf 100 Jahre abgeschlossen und kann auf Wunsch der Vereinigten Staaten erneuert werden. Die Vereinigten Staaten erhalten die Gerichtsbarkeit über die mit dem Kanal verbundenen Gewässer und alle Hafenabgaben für die durch den Kanal fahrenden Schiffe. Das Gebiet am Kanal soll neutral sein und die Vereinigten Staaten garantieren die Neutralität sowie die Oberhoheit Kolumbiens. Kolumbien gesteht zu, daß es keiner Macht innerhalb bestimmter Grenzen dieses Gebietes Teile zu Kohlenhäfen weder abtreten noch pachtweise überlassen werde und daß es überhaupt nichts tun werde, was dem Bau, der Sicherheit oder dem freien Gebrauch des Kanals Eintrag tun könnte. Die Vereinigten Staaten werden Kolumbien materielle Hilfe leisten, um zu verhindern, daß dieses Gebiet besetzt werde. Panama und Colon sind zu freien Häfen erklärt worden für Kauffahrteischiffe, die bestimmt den Kanal durchfahren. Der Kanal wird dem Handel 14 Jahre nach Austausch der Ratifikationen geöffnet werden.

Mitte Januar. (New-York.) Zeitungsberichte über Äußerungen des neuen deutschen Geschäftsträgers.

In einer Unterredung mit einem Vertreter der „Association Preß" soll Frhr. Speck v. Sternburg gesagt haben: „Eine meiner bringendsten

Obliegenheiten nach Ueberreichung meines Beglaubigungsschreibens wird die Beteiligung an den Verhandlungen in Washington zur endgültigen Verständigung mit Venezuela sein. Deutschland steht dieser Frage durchaus maßvoll gegenüber, seit Castro Geneigtheit bekundet, anzuerkennen, daß wir Ursache zu Beschwerden haben. Der Streitfall liegt heute so, daß wir für jede der beteiligten Regierungen einen leidlich befriedigenden Abschluß erwarten können. Die deutsche Regierung ist den Unionstaaten zu Dank verpflichtet für deren Förderung des in Aussicht stehenden Uebereinkommens. Wären alle daran beteiligten Persönlichkeiten von dem gleichen Schlag, wie Präsident Roosevelt, so würde die venezolanische Angelegenheit keine weiteren Schwierigkeiten bereiten. Die Monroelehre, die den Amerikanern als ungeschriebenes Gesetz gilt, wird von Roosevelt als ein den Frieden fördernder Grundsatz aufgefaßt und gehandhabt. Ich setze in die Venezuelafrage volles Vertrauen in den Gerechtigkeitssinn und den Takt des Präsidenten und seiner hervorragenden Ratgeber.“

24. Januar. (Washington.) Staatssekretär Hay und der englische Gesandte Herbert unterzeichnen einen Vertrag, wonach zur Regelung der Alaska-Grenzfrage ein Ausschuß eingesetzt werden soll, in welchen von jeder Seite drei Juristen entsandt werden sollen.

30. Januar. (Washington.) Botschaft des Präsidenten an den Kongreß über die Silberfrage.

Die Botschaft behandelt das Währungs- und Münzwesen Mexikos und Chinas und fügt Schriftstücke von dem mexikanischen und chinesischen Vertreter in Washington bei. Der Präsident empfiehlt in der Botschaft, ein Gesetz zu erlassen, das die Vereinigten Staaten in den Stand setzt, ihren Beistand zu leisten, damit das von diesen Ländern angeregte Arrangement ausgeführt werden könne. Die chinesische und mexikanische Note besagt, die Schwankungen des Silberwertes drohen dem Handel der Goldländer mit den Silberländern erheblich zu schaden. Wenn die Stabilität des Wertverhältnisses der Metalle gesichert würde, würde die Einfuhr der Silberländer erheblich wachsen. Ein bestimmtes Verhältnis zwischen Gold und Silber als Basis für den Wechselverkehr sollte festgestellt werden und die Stabilität desselben durch das Zusammenwirken der Länder mit Gold- und der mit Silberwährung gesichert werden.

7. Februar. Das Repräsentantenhaus genehmigt einen Antrag Littlefield gegen die Trusts.

Danach sollen Korporationen, welche zukünftig ins Leben gerufen werden, Berichte über den Gründungsvertrag und ihre finanzielle Zusammensetzung und Lage bei der Interstate Commerce Commission einreichen, bei Strafe des Ausschlusses vom Handel innerhalb der Unionstaaten. Das Gesetz enthält ferner Strafen für falsche Berichte.

8. Februar. Der Kongreß spricht sich für die Schaffung eines Departements für Handel und Industrie aus.

13. Februar. (Washington.) Beendigung des Venezuelastreites. (Vgl. Staats-Archiv Bd. 68.)

Bowen, der Bevollmächtigte Venezuelas unterzeichnet mit den europäischen Bevollmächtigten ein Abkommen, wonach Venezuela die Schuldforderungen der Mächte anerkennt.

Das Abkommen mit Deutschland lautet: Artikel 1. Die venezo-
anische Regierung erkennt im Prinzip die von der kaiserlich deutschen
Regierung erhobenen Reklamationen deutscher Untertanen als berechtigt an.
Artikel 2. Die deutschen Reklamationen aus den venezolanischen Bürgerkriegen von 1898 bis 1900 belaufen sich auf 1718815,67 Bolivares. Die
venezolanische Regierung verpflichtet sich, von diesem Betrage 5500 Lstrl. =
137500 Bolivares sofort bar zu bezahlen und zur Tilgung des Restes
fünf am 15. März, 15. April, 15. Mai, 15. Juni und 15. Juli 1903 an
den kaiserlich deutschen Gesandten in Caracas zahlbare Wechsel über entsprechende Teilbeträge einzulösen, die Herr Bowen sofort ausstellen und
Herrn Freiherrn Speck von Sternburg übergeben wird. Sollte die venezolanische Regierung diese Wechsel nicht einlösen, so soll die Zahlung aus
den Zolleinkünften von La Guayra und Puerto Cabello erfolgen und soll
die Zollverwaltung in den beiden Häfen bis zur vollständigen Tilgung der
erwähnten Schuld belgischen Zollbeamten übertragen werden. Artikel 3.
Die in den Artikeln 2 und 6 nicht erwähnten deutschen Reklamationen,
insbesondere die Reklamationen, welche aus dem gegenwärtigen venezolanischen Bürgerkriege herrühren, ferner die Ansprüche der deutschen Großen
Venezuela-Eisenbahn-Gesellschaft gegen die venezolanische Regierung wegen
Beförderung von Personen und Gütern, sowie die aus dem Baue eines
Schlachthofes in Caracas entstandenen Forderungen des Ingenieurs Karl
Henkel in Hamburg und der Aktiengesellschaft für Beton- und Monierbau
in Berlin werden einer gemischten Kommission überwiesen. Diese Kommission hat sowohl über die materielle Berechtigung der einzelnen Forderungen wie über deren Höhe zu entscheiden. Bei den Reklamationen wegen
unberechtigter Beschädigung und Wegnahme von Eigentum erkennt die
venezolanische Regierung ihre Haftpflicht im Prinzip an, dergestalt, daß
die Kommission nicht über die Frage der Haftpflicht, sondern lediglich über
die Widerrechtlichkeit der Beschädigung oder Wegnahme sowie über die
Höhe der Entschädigung zu befinden hat. Artikel 4. Die in Artikel 3
erwähnte gemischte Kommission hat ihren Sitz in Caracas. Sie setzt sich
zusammen aus je einem von der kaiserlich deutschen und der venezolanischen
Regierung zu ernennenden Mitgliede. Die Ernennung hat bis zu 1. Mai
1903 zu erfolgen. Soweit sich die beiden Mitglieder über die erhobenen
Ansprüche einigen, ist ihre Entscheidung als endgültig anzusehen; soweit
eine Einigung unter ihnen nicht zu stande kommt, ist zur Entscheidung ein
Obmann zuzuziehen, der von dem Präsidenten der Vereinigten Staaten
von Amerika ernannt wird. Artikel 5. Zur Befriedigung der im Artikel 3
bezeichneten Reklamationen, sowie der gleichartigen Forderungen anderer
Mächte wird die venezolanische Regierung vom 1. März 1903 ab monat-
lich 30 v. H. der Zolleinkünfte von La Guayra und Puerto Cabello unter
Ausschluß jeder anderen Verfügung dem Vertreter der englischen Bank in
Caracas überweisen. Sollte die venezolanische Regierung dieser Verpflichtung nicht nachkommen, so soll die Zollverwaltung in den beiden Häfen
bis zur vollständigen Befriedigung der vorstehend erwähnten Forderungen
belgischen Zollbeamten übertragen werden. Alle Streitfragen in Ansehung
der Verteilung der im Absatz 1 bezeichneten Zolleinkünfte, sowie in Ansehung des Rechtes Deutschlands, Großbritanniens und Italiens auf ge-
sonderte Befriedigung ihrer Reklamationen sollen in Ermangelung eines
anderweitigen Abkommens durch den ständigen Schiedshof im Haag entschieden werden. An dem Schiedsverfahren können sich alle anderen interessierten Staaten den genannten drei Mächten gegenüber als Partei beteiligen.
Artikel 6. Die venezolanische Regierung verpflichtet sich, die zum größten
Teile in deutschen Händen befindliche fünfprozentige venezolanische Anleihe

von 1896 zugleich mit ihrer gesamten auswärtigen Schuld in befriedigender Weise neu zu regeln. Bei dieser Regelung sollen die für den Schuldendienst zu verwendenden Staatseinkünfte, unbeschadet der diesbezüglich bereits bestehenden Verpflichtungen, bestimmt werden. Artikel 7. Die von den deutschen Seestreitkräften weggenommenen venezolanischen Kriegs- und Handelsfahrzeuge werden in dem Zustand, in dem sie sich gegenwärtig befinden, der venezolanischen Regierung zurückgegeben. Aus der Wegnahme dieser Schiffe wie aus deren Aufbewahrung können keine Entschädigungsansprüche hergeleitet werden. Auch wird ein Ersatz für Beschädigung oder Vernichtung der Schiffe nicht gewährt. Artikel 8. Nach Unterzeichnung dieses Protokolls soll die über die venezolanischen Häfen verhängte Blockade gemeinsam mit den Regierungen Großbritanniens und Italiens aufgehoben werden. Auch werden die diplomatischen Beziehungen zwischen der kaiserlich deutschen und der venezolanischen Regierung wieder aufgenommen. Washington, den 13. Februar 1903.
Freiherr Speck von Sternburg.   Herbert W. Bowen.

21. Februar. (Washington.) Bei der Grundsteinlegung zur Heeres-Kriegsschule betont Präsident Roosevelt, daß die Weltmachtstellung der Vereinigten Staaten zur Aufstellung einer starken Macht zu Wasser und zu Lande verpflichte.

Februar. Präsident Roosevelt ernennt in Charleston einen Neger zum Zolldirektor. In den Südstaaten wird gegen diese und andere Ernennungen von Farbigen lebhaft protestiert. Die Neger agitieren dagegen für energische Unterstützung Roosevelts.

21. Februar. Das Repräsentantenhaus genehmigt den Gesetzentwurf zum Schutze des Präsidenten. (Vgl. 1902.)

Der Gesetzentwurf sieht in der vom Ausschusse des Hauses beantragten Form die Todesstrafe für jedermann vor, der vorsätzlich oder böswillig den Präsidenten, Vizepräsidenten oder irgend einen Beamten tötet, auf den die Pflichten des Präsidenten übergehen könnten; dieselbe Strafe trifft denjenigen, der einen Mord an irgend einem Botschafter oder Gesandten verübt, der bei den Vereinigten Staaten akkreditiert ist. Jeder Mordanschlag auf die erwähnten Personen wird mit dem Tode oder Zuchthaus nicht unter zehn Jahren bestraft. Wer bei einem Mordanschlag auf die erwähnten Personen Hilfe leistet, Ratschläge erteilt oder denselben fördert, wird als Täter angesehen und als solcher bestraft. Jede Person in Amerika, welche die Lehre verbreitet, es sei Pflicht oder Notwendigkeit, einen oder mehrere Würdenträger Amerikas oder irgend einer anderen zivilisierten Nation zu töten, wird mit Geldstrafe bis zu 5000 Dollars oder Gefängnis bis zu 20 Jahren belegt; beide Strafarten können auch kumuliert zur Anwendung kommen.

3. März. Der Kongreß genehmigt in gemeinsamer Sitzung das Einwanderungsgesetz.

Das Gesetz gestattet den Einwanderungsinspektoren, fremde Länder zu besuchen, sowie Anarchisten auszuschließen. Der Nachweis eines bestimmten Bildungsgrades der Einwanderer ist nicht in das Gesetz aufgenommen, die Erhebung einer Kopfsteuer bis 2 Dollars wird eingeführt, ist aber von jedem ins Land kommenden Reisenden, nicht nur von Auswanderern, zu erheben.

4. März. Der Kongreß bewilligt die Mittel zum Bau von je 3 Schlachtschiffen zu 16000 und 13000 Tonnen.

4. März. Vertagung des Kongresses.

Anfang März. Die Aufstellung der Statue Friedrichs des Großen.

Der Deutsche Kaiser schlägt dem Präsidenten Roosevelt vor, die Enthüllung des Denkmals Friedrichs des Großen bis 1904 zu verschieben. Der Präsident stimmt zu und führt aus, es werde ihm 1904, wo der Bau der Kriegsschule weiter vorgeschritten sei, möglich sein, die Zeremonie der Uebergabe mit der Feierlichkeit zu begehen, die der Würde des Geschenkgebers und dem Werte des Geschenkes entspräche.

Die Frage wird in der Presse besprochen; die gelbe Presse und ein Teil der englischen sieht in dem Aufschub einen Beweis, daß aus der Aufstellung überhaupt nichts werden solle.

17. März. Der Senat ratifiziert den Vertrag mit Panama über den Kanalbau mit 73 gegen 5 Stimmen.

19. März. Der Senat genehmigt den Gegenseitigkeitsvertrag mit Kuba.

21. März. Vorschläge zur Regelung der Lohnfrage im Bergbau. (Vgl. 1902 S. 314.)

Die vom Präsidenten Roosevelt im Oktober des vorigen Jahres zur Untersuchung des Kohlenstreits eingesetzte Kommission empfiehlt, den Arbeitern eine allgemeine Lohnerhöhung von 10 Prozent zu bewilligen, in gewissen Fällen die Arbeitsstunden herabzusetzen und für alle Streitfragen die Erledigung durch ein Schiedsgericht in Aussicht zu nehmen. Die Kommission setzt einen Mindestlohn und eine gleitende Lohnskala fest und empfiehlt Maßregeln, durch die die Arbeiter vor Verfolgung durch Unternehmer oder Bergleute für Zugehörigkeit oder Nichtzugehörigkeit zu Trade Unions beschützt werden. Die getroffenen Bestimmungen sollen bis zum 31. März 1906 in Kraft bleiben. Die Kommission lehnt ein Urteil über die Frage, ob die Union der Bergleute anerkannt werden solle oder nicht, ab. Die Frage der sogenannten Zwangsschiedsgerichte wird für die letzteren ablehnend beschieden. Endlich empfehlen die Kommissionsmitglieder die Privatpolizei in den Kohlenbergwerken abzuschaffen, da dieselbe lediglich dazu diene Erbitterung hervorzurufen.

Ende März. (Louisiana.) Durch Überschwemmungen des Mississippi werden viele Pflanzungen zerstört. Zahlreiche Menschen kommen um.

Ende März. Admiral Dewey über Deutschland.

Der „New-York Herald" berichtet über abfällige Aeußerungen des Admirals Dewey über die deutsche Flotte, deren Mannschaften an Ausbildung und Intelligenz tief unter den amerikanischen Mannschaften ständen. Nach weiteren Zeitungsmeldungen reicht der deutsche Botschafter Frhr. Speck v. Sternburg eine Beschwerde über die Aeußerungen Deweys ein, worauf Präsident Roosevelt dem Admiral einen Verweis erteilt. (Vgl. Fiedler, Preuß. Jahrbücher Bd. 113.)

2. April. (**Chicago.**) Präsident Roosevelt sagt in einer öffentlichen Rede über die Monroelehre:

Die Vereinigten Staaten halten ihre Interessen in der diesseitigen Sphäre für größer, als es diejenigen irgend einer europäischen Macht daselbst überhaupt sein können. Ihre Pflicht gegenüber sich selbst und den schwächeren Nachbarrepubliken verlangt von ihnen darüber zu wachen, daß keine der großen militärischen Mächte jenseits des Meeres in die Rechte dieser Republiken eingreife, oder eine Kontrolle über dieselben erlange. Diese Politik verbietet daher nicht nur die Zustimmung zu Gebietserwerbungen, sondern veranlaßt die Vereinigten Staaten auch, sich der Erlangung einer Kontrolle zu widersetzen, welche in ihrer Wirkung einer territorialen Vergrößerung gleichkommt. Dies ist der Grund warum die Vereinigten Staaten an der Meinung festhalten, daß der Bau des Panama-Kanals nicht durch eine ausländische Nation, sondern nur durch die Vereinigten Staaten ausgeführt werden solle, welche sich gewissenhaft und sorgfältig enthalten haben, den in Betracht kommenden Schwesterrepubliken irgendwelches Unrecht zuzufügen. Die Vereinigten Staaten wünschen nicht, in deren Rechte auch nur im geringsten einzugreifen, sondern unter sorgfältiger Wahrung derselben den Kanal selbst nach Maßgabe von Bestimmungen zu bauen, nach denen der Kanal stets, sowohl im Frieden als auch im Kriege von den Vereinigten Staaten benützt werden kann.

April. Fahrten amerikanischer Geschwader nach Europa.

Ein amerikanisches Geschwader tritt eine Uebungsreise in europäische Gewässer an. Der deutsche Kaiser ladet es ein, Kiel zu besuchen. Präsident Roosevelt lehnt die Einladung ab, weil das Geschwader nur bis zu den Azoren fahre und nicht auf repräsentative Besuche eingerichtet sei. Dagegen geht ein anderes Geschwader nach Europa und besucht u. a. Marseille (S. 285) und Kiel (S. 111).

Am 21. April berichtet das Reutersche Bureau darüber: „Am 18. April abends wurde eine ausgedehntere Bekanntmachung in Bezug auf den Besuch des europäischen Geschwaders der Vereinigten Staaten in Marseille und Kiel veröffentlicht. Nach diesem Schriftstück ist keine formelle Einladung von der deutschen Regierung an die amerikanische gelangt, aber durch halboffiziöse Kanäle erreichte Washington die Andeutung, daß der Kaiser sich freuen würde, während der Marinefestlichkeiten in Kiel einen Besuch des nordatlantischen Geschwaders zu empfangen. Falls dies nicht angenommen werden könne, wurde ebenfalls unoffiziell angedeutet, daß Admiral Evans, der persönlich dem Kaiser bekannt ist, gerne auf der Rückfahrt von Asien an Bord seines Flaggschiffes „Kentucky" in einem deutschen Hafen empfangen werden würde. Der Marinesekretär Moody war bestrebt, alles zu tun, was möglich war, um Deutschland einen Beweis seiner Freundschaft zu geben und Präsident Roosevelt sowie Hay hatten das gleiche Bestreben. Sie waren entschlossen, keine Gelegenheit zu verlieren, um Kaiser Wilhelms mannigfaltige freundliche Beweise seiner Zuneigung zu den Vereinigten Staaten zu erwidern, aber die Umstände machten es unmöglich, einen von den beiden deutscherseits angedeuteten Wünschen zu erfüllen. Die amerikanische Flotte wird aber bei den Festtagen in Kiel vertreten sein. Wie gewöhnlich wird das europäische Geschwader, sobald im Mittelmeer heißes Wetter eintritt, langsam nach Norden fahren und, wie man annimmt, rechtzeitig in Kiel eintreffen, um an den Feierlichkeiten teilzunehmen. Dies kann und wird geschehen, ohne daß die üblichen Bewegungen des Geschwaders darunter leiden. In der Bekannt-

machung wird hinzugefügt, daß das Marinedepartement natürlich bestrebt
sei, dem Präsidenten Loubet und dem von ihm vertretenen Volke in höf-
lichster Weise entgegenzukommen, und daß es angesichts der irrigen Auffassung, die man in Deutschland über dieses Entgegenkommen gezeigt habe,
nötig sei, darauf aufmerksam zu machen, daß es von seiten des Geschwaders, welches nur wenige Stunden von Marseille entfernt sei, wenig anderes als grobe Unhöflichkeit gewesen wäre, wenn es den Präsidenten bei
seiner Rückkehr von Algier nicht begrüßt haben würde."

Anfang April. (Kanaba.) In der Arbeiterbevölkerung
wird gegen die Einwanderung fremder Arbeitskräfte agitiert.

April. Zollstreit zwischen Kanaba und Deutschland.

Am 16. April erklärt Finanzminister Fielding im Parlament:
Nachdem die Verhandlungen mit dem Deutschen Reiche, wodurch dasselbe
zu einer billigen Behandlung der kanabischen Erzeugnisse veranlaßt werden
sollte, fehlgeschlagen seien, werde sofort ein Zuschlagszoll von einem Drittel
des gegenwärtigen Zolles von den nach Kanaba eingehenden deutschen
Waren erhoben werden. Unter den Tarifvorschlägen, welche der Minister
dem Parlament sonst noch unterbreitet hat, befinden sich auch folgende
Propositionen: Auf Stahlschienen, die jetzt zollfrei sind, soll ein Zoll von
7 Dollars pro Tonne gelegt werden. Doch soll dieser Satz nicht eher in
Kraft treten, als bis sich der Gouverneur überzeugt hat, daß die kanabischen Werke für den Bedarf Kanabas die nötigen Schienen in genügender
Menge und Beschaffenheit herstellen. Die Zollbefreiung für Maschinen,
welche zur Gewinnung von Rübenzucker dienen, soll auf ein weiteres Jahr
ausgedehnt werden. Der Zoll für die im Ausland gebauten Schiffe soll
abgeschafft werden, da eine Lizenzabgabe an seine Stelle getreten ist.

Am 17. April wird der Zuschlagszoll auf deutsche Waren vorläufig
in Kraft gesetzt. Die Ausführungsbestimmungen werden in Form einer
Instruktion an die Zollbehörden und in Form von Zirkularen für die
fremden Exporteure erlassen. In dem Memorandum an die Zollbeamten
heißt es: Dem Zollsatz von 1897 sind folgende Zusatzbestimmungen hinzuzufügen: Der Gouverneur ist ermächtigt, durch Verordnung zu bestimmen,
daß ein Zoll von sieben Dollars pro Tonne auf aus Eisen oder Stahl
gefertigte Eisenbahnschienen und sonstiges Stabeisen für Eisenbahnen vom
Zeitpunkt der Veröffentlichung in der Canada Gazette erhoben werde.
Boden- oder Industrieerzeugnisse eines Landes, welches Waren kanabischer
Herkunft bei der Einfuhr ungünstiger behandelt als Waren anderer Länder,
können einem Zuschlag von einem Drittel der bestehenden Zollsätze unterworfen werden. Der Zuschlagszoll soll die vor dem 16. April 1903 für
Kanaba gekauften Waren nicht treffen. Die Periode der Zollfreiheit für
Maschinen aller Art und für Eisen und Stahl, welche zum Bau und zur
Ausrüstung von Rübenzuckerfabriken bestimmt sind, soll bis zum 13. Juli
1904 ausgedehnt werden. Nicht in Kanaba hergestellte Maschinen und
Werkzeuge für den ausschließlichen Gebrauch von Alluvial-Goldminen sollen
bis zum 1. Juli 1904 zollfrei eingeführt werden dürfen. Der Zollminister
bestimmte, daß Waren deutscher Herkunft in Kanaba einem Zuschlagszolle
nach Maßgabe der Bedingungen der obigen Resolutionen unterworfen sind.
In dem Zirkular für die fremden Exporteure heißt es: Boden- oder Industrieerzeugnisse eines fremden Landes, welches Waren kanabischer Herkunft bei der Einfuhr weniger vorteilhaft behandelt, als die anderer Länder,
können einem Zuschlag zu den unter a des bestehenden Zolltarifs festgesetzten Zollsätzen unterworfen werden. Der Zuschlag soll sich in jedem Falle

auf ein Drittel der unter a festgesetzten Zollsätze belaufen. Der Zuschlag soll auch auf jene Artikel angewandt werden, deren Hauptwert zu mehr als 50 Prozent des Gesamtwertes in einem solchen Lande hervorgebracht wurde, auch wenn der Artikel selbst durch Arbeit in einem anderen Lande veredelt wurde, — ungeachtet der Bestimmungen des britischen Preferential-Zolltarifs und der Ausführungsbestimmungen hierzu. Der Zuschlagszoll soll Waren, die am oder vor dem 16. April 1903 von Firmen oder Personen in Kanada zwecks sofortigen Transportes nach Kanada tatsächlich schon gekauft waren, nicht treffen. Waren, die aus dem angeführten Grunde die Befreiung vom Zuschlagszolle beanspruchen können, sollen vor dem 1. Juli 1903 in Kanada eingeführt oder unter Zollverschluß entnommen und einklariert sein. Auch muß den Zollbeamten in den Einfuhrhäfen genügend glaubhaft gemacht werden, daß der Auftrag des kanadischen Importeurs zur Lieferung der Waren vom Exporteur vor dem 17. April 1903 in Empfang genommen und acceptiert war.

Anfang Mai. Der Bericht des Generals Miles bestätigt die Zeitungsnachrichten über die von dem amerikanischen Heere auf den Philippinen begangenen Grausamkeiten. (Vgl. 1902 S. 311.)

7. Mai. (Washington.) Vertrag der europäischen Mächte mit Venezuela.

Die Vertreter Deutschlands, Englands und Italiens unterzeichnen mit dem Gesandten Bowen, als dem Vertreter Venezuelas, das Einzelabkommen über die zur Festsetzung der deutschen, englischen und italienischen Reklamationen berufenen gemischten Kommissionen. Gleichzeitig werden von den Vertretern Einzelabkommen abgeschlossen, nach welchen die Frage der bevorrechtigten oder gesonderten Befriedigung der Reklamationen aus den von Venezuela zur Verfügung gestellten Zolleinkünften durch das Haager Schiedsgericht entschieden werden soll.

9. Mai. (New-York.) Die Polizei beschlagnahmt an Bord eines Dampfers eine Höllenmaschine, die den Dampfer nach der Abfahrt in die Luft sprengen sollte. Das Attentat ist angeblich von der italienischen Maffia veranstaltet.

Anfang Juni. (St. Louis.) Eine Überschwemmung richtet großen Schaden an und tötet zahlreiche Menschen.

13. Juni. Roosevelt über den Panamakanal.

Der Präsident erklärt in einer Unterredung mit einem Vertreter der Panamakanalgesellschaft, daß Kolumbien kein Recht habe, den Vertrag zu verwerfen. Wenn es dieses täte und die Vereinigten Staaten genötigt würden, statt des Panamakanals den Nicaraguakanal zu bauen, dann würde die Regierung der Vereinigten Staaten nie und nimmer zugeben, daß der Bau des Panamakanals von anderen Mächten ausgeführt werde.

Juni. Mißhandlung von Negern in den Südstaaten.

Nach Berichten des New-Yorker „Expreß" hat eine Kommission in Montgomery (30. Juni) festgestellt, daß Pflanzer und Richter versuchten, die Sklaverei in der Weise wieder einzuführen, daß sie Neger willkürlich zu Geldstrafen verurteilten und dann zur Arbeit zwangen. Viele Neger wurden zu Tode geprügelt. In die von Peitschenhieben zerfetzte und blutende Haut rieben die Peiniger Sand und Schwefel. Die Kleider der Neger wurden ihnen abgenommen und von den Aufsehern getragen.

13. Juli. (New-York.) Schluß eines großen Bauarbeiter-ausstandes, der mit dem Siege der Arbeitgeber endet.

Ende Juli. Veröffentlichung des russisch-amerikanischen Schrift-wechsels über die Judenverfolgung in Kischinew. (Vgl. S. 339.)

Am 15. Juli richtet der Staatssekretär Hay folgende Depesche an den Gesandten in Petersburg, Riddle: Staats-Departement. Washington. D. C., 15. Juli 1903. Sie werden beauftragt, bei dem Minister des Aus-wärtigen eine Audienz nachzusuchen und ihm folgendes zu unterbreiten: Exzellenz! Der Staatssekretär beauftragt mich, Sie davon in Kenntnis zu setzen, daß der Präsident eine von einer großen Anzahl Bürger der Vereinigten Staaten aller Religionsbekenntnisse und in den höchsten Stel-lungen sowohl im öffentlichen wie im Privatleben unterzeichnete Petition bezüglich der Lage der Juden in Rußland, die an den Kaiser gerichtet ist, erhalten hat und die folgendermaßen lautet: „An Se. Majestät den Kaiser von Rußland. Die in Kischinew während der Ostertage 1903 verübten Greueltaten haben Entsetzen und Verdammung in der ganzen Welt her-vorgerufen. Die Lokalbehörden versäumten, die Ordnung aufrecht zu er-halten und die Exzesse zu unterdrücken, bis Se. Majestät spezielle Befehle erließ. Die Opfer waren Juden und die Angriffe die Folgen von Rassen- und Religionsvorurteilen. Die Anführer verstießen gegen die russischen Gesetze und die Lokalbehörden waren in der Ausübung ihrer Pflicht saum-selig. Die Juden fielen einer unverantwortlichen Gesetzlosigkeit zum Opfer, wie aus den offiziellen Berichten über die Exzesse, sowie aus den Amts-handlungen nach den Exzessen klar hervorgeht. Unter gewöhnlichen Um-ständen würde die schreckliche Kalamität ohne Furcht vor Wiederholung der Greuel beklagt werden, nicht so in diesem Falle. Ihre Bittsteller erfahren, daß Millionen Juden, russische Untertanen in Südwest-Rußland, täglich vor einem Neuausbruch der Verfolgungen zittern; sie empfinden, daß die Un-wissenheit, Aberglauben und Bigotterie, wie sie die Exzesse zeigten, stets bereit sind, sie zu verfolgen; daß auf die Lokalbehörden für Schutz des Friedens und der Sicherheit kein Verlaß sei, es sei denn, daß sie hierzu besonders ermahnt werden, und schließlich, daß eine feindselige Stimmung im Volke gezüchtet wurde, die wie eine fortwährende Drohung über ihnen hängt. Selbst wenn zugegeben werden muß, daß diese Befürchtungen in gewisser Weise übertrieben sind, ist es unzweifelhaft wahr, daß sie vor-handen sind, daß sie nicht grundlos sind und daß sie Wirkungen von großer Wichtigkeit hervorbringen. Die Auswanderung russischer Juden nach dem Westen, welche seit zwanzig Jahren im Gange ist, wird durch die Furcht vor Verfolgung angestachelt. Schon ist diese Bewegung so an-geschwollen, daß sie die Vertreibung der Juden aus Spanien in den Schatten stellt und auf einer Höhe mit dem Auszuge aus Egypten steht. Die Größe der Leiden, denen die hilflosen Juden ausgesetzt waren, läßt sich nicht er-messen. Sie wurden gezwungen, das Land ihrer Geburt zu verlassen, die heiligsten Bande zu lösen und nach fremden Ländern auszuwandern. Auch die Leiden derjenigen, welche sich von ihren auswandernden Ver-wandten und Freunden trennen müssen und unter nie endenden Schreck-nissen weiter leben, sind nicht zu ermessen. Religiöse Verfolgungen sind sündhafter und widersinniger als der Krieg. Der Krieg ist oft notwendig und ehrenvoll; eine religiöse Verfolgung aber ist nie zu verteidigen. Die Sündhaftigkeit und Torheit, die den Antrieb zu unnötigen Kriegen gibt, wurde am deutlichsten gegeißelt, als Ew. Majestät die Initiative für die Errichtung eines internationalen Friedenstribunals ergriffen. Mit solch

24*

einem Beispiel vor Augen gibt sich die zivilisierte Welt der Hoffnung hin, daß auf Grund derselben Initiative das hehre Prinzip der Religionsfreiheit für den Anfang des 20. Jahrhunderts gesichert werde: daß Ew. Majestät in huldreicher und überzeugender Weise proklamieren werden, und zwar nicht nur für die Regierung Ihrer eigenen Untertanen, sondern als Leitstern für alle zivilisierten Menschen, daß niemand an Person, Eigentum, Freiheit oder Leben wegen seines religiösen Glaubens zu leiden haben soll; daß der niedrigste Untertan oder Bürger seinem Gott nach den Geboten seines eigenen Gewissens dienen mag und daß eine Regierung, welcher Art oder wer sie immer ausüben mag, diese Rechte und Freiheiten mit Aufbietung aller ihrer Macht schützen muß. Weit entfernt von Ew. Majestät Reiche, unter anderen Verhältnissen lebend und einer anderen Regierung zur Treue verpflichtet, gestatten sich die Bittsteller dennoch, im Namen der Zivilisation für religiöse Freiheit und Toleranz einzutreten, zu bitten, daß derjenige, der sein eigenes Volk und alle anderen zum Schreine des Friedens führte, seiner Regierung und seinem Namen neuen Glanz zufüge, indem er die Führung in jener neuen Bewegung übernimmt, welche die ganze Welt zur Opposition gegen religiöse Verfolgungen verpflichten soll." Ich bin angewiesen, zu fragen, ob diese Petition von Ew. Exzellenz entgegengenommen wird und Sr. Majestät zur gnädigen Berücksichtigung übergeben werden wird. In diesem Falle wird die Petition sofort nach St. Petersburg gesandt werden. Berichten Sie so bald als möglich über Ausführung dieser Instruktion.   Hay.

An demselben Tage wird Ribble vom russischen Minister des Auswärtigen informiert, daß im Hinblick auf die Veröffentlichungen, welche in den Blättern erschienen seien, die russische Regierung ihn in Kenntnis zu setzen wünsche, daß die Petition unter keinen Umständen entgegengenommen werden würde, und daß dieser Entschluß der russischen Regierung unabhängig von irgend einer Erwägung des Inhalts oder des Wortlautes der Petition gefaßt sei. Nach dieser Information richtet der Staatssekretär folgendes Schreiben an die Herren Strauß, Wolf und Levi: "Meine Herren! Ich bin vom Präsidenten angewiesen, Ihnen mitzuteilen, daß mein Departement von der amerikanischen Botschaft in St. Petersburg informiert ist, daß die kaiserliche Regierung von Rußland es abgelehnt hat, die Petition in betreff der Lage der Juden in Rußland, die von einer großen Zahl Bürger der Vereinigten Staaten an Se. Majestät den Kaiser gerichtet war und welche das Departement auf Anweisung des Präsidenten und auf Ihren Wunsch ihrer hohen Bestimmung zuzuführen versuchte, entgegenzunehmen oder in irgend welche Erwägung zu ziehen. Ich bin, meine Herren, hochachtungsvoll der Ihrige   John Hay."

18./21. August. (Montreal.) Kongreß der Handelskammern des britischen Reiches.

Der Kongreß berät eine Resolution über die Erleichterung der Handelsbeziehungen zwischen den einzelnen Teilen des britischen Reiches. Er empfiehlt eine Handelspolitik, die auf wechselseitigen Nutzen der einzelnen Teile des Reiches gegründet ist und auf die finanziellen und industriellen Bedürfnisse der einzelnen Teile des britischen Reiches gebührende Rücksicht nimmt. — Ferner empfiehlt der Kongreß die Annahme des metrischen Systems und einer auf dem Dezimalsystem beruhenden Währung für das ganze Reich sowie die Bevorzugung britischer Staatsangehöriger bei Vergebung öffentlicher Arbeiten. — Die Resolution über die Handelspolitik ist erst nach langen Kompromißverhandlungen zu stande gekommen; ein Teil der englischen Deputierten erklärt sich gegen eine Besteuerung der

Lebensmittel und der Rohstoffe und dagegen, daß die 41 Millionen Engländer zugunsten von 10 Millionen in den Kolonien mit Abgaben belastet
würden. — Von der englischen Presse wird das Resultat vielfach als
Niederlage der Chamberlainschen Politik aufgefaßt.

Ende August. Entsendung eines amerikanischen Geschwaders
nach Beirut. (Vgl. S. 349.)

Mitte September. Kontrolle über die Dominikanische Republik.

Der amerikanische Geschäftsträger Powell setzt die dominikanische
Regierung davon in Kenntnis, daß die Vereinigten Staaten die Einreichung
eines Projektes an den Kongreß, wonach die Neutralität der dominikanischen Gewässer und gewisse Freihäfen geschaffen werden sollen, nicht in
freundlichem Sinne auffassen könne. Die Vereinigten Staaten würden die
Errichtung von Kohlenstationen in den Häfen von San Domingo oder
Gebietsabtretungen an irgend eine europäische Macht nicht zugeben. Auch
würden sie keiner Nation ausschließlich die Benützung der dominikanischen
Gewässer in Friedenszeiten und noch viel weniger in Kriegszeiten gestatten
oder sich damit einverstanden erklären, daß irgend ein Gebiet für neutral
erklärt werde.

1. September. (Kanada.) Die Regierung veröffentlicht ein
Weißbuch über den deutsch-kanadischen Zollstreit.

17. Oktober. Alaskavertrag zwischen Kanada und den Vereinigten Staaten.

In der Grenzfrage wird ein Abkommen getroffen, in dem die Vereinigten Staaten fast sämtliche Forderungen durchsetzen. — In Kanada
wird das Abkommen im Parlament und in der Presse scharf angegriffen;
vielfach wird ausgesprochen, die Interessen Kanadas seien der englisch-
amerikanischen Freundschaft geopfert. In den Vereinigten Staaten wird
das Abkommen als großer Erfolg gefeiert. (Vgl. Staats-Archiv Bd. 69.)

November. (Kanada.) Es wird lebhaft für die Ernennung
eines Kanadiers zum Militärinspekteur agitiert. Bisher führte ein
abkommandierter englischer Offizier den Oberbefehl über die Miliz.

6. November. (Washington.) Die Regierung erkennt die
Regierung von Panama an. Das Vorgehen in dieser Angelegenheit begründet eine Mitteilung des Staatssekretärs Hay:

Die Politik gegen Panama stehe nicht nur in strengster Uebereinstimmung mit den Grundsätzen der Gerechtigkeit und Billigkeit, sondern sei
auch der einzige Weg, auf dem die Amerika zustehenden Rechte und
Pflichten innegehalten würden. Im Vertrage von 1846 habe Neu-Granada
den Vereinigten Staaten den Durchgangsverkehr auf allen schon bestehenden
oder später zu bauenden Verkehrsverbindungen gewährleistet, wogegen die
Vereinigten Staaten für die Neutralität des Isthmus sich verbürgen, damit der Durchgangsverkehr nicht unterbrochen werde, ferner die Souverä-
nitäts- und Eigentumsrechte Neu-Granadas auf dem bezeichneten Gebiete
garantieren. Die Konzession sei seitdem durch die Erwerbung von Hawai
und der Philippinen überaus wertvoll geworden. Die Vereinigten Staaten
hätten ihr Recht auf Beaufsichtigung des Durchgangsverkehrs nicht durch
Nachlässigkeit in der Geltendmachung ihrer Rechte oder Nichterfüllung der
ihnen durch Vertrag auferlegten Verpflichtungen verwirkt. Nach dem Auf-

stande in Panama, deffen Urfache augenfcheinlich in dem Nichtzustande-
kommen des Panama-Kanal-Vertrages zu fuchen fei, fei die Haltung
Roosevelts darauf gerichtet gewefen, den Handel ohne Erfchwerung aufrecht
zu erhalten und nach Einfetzung der neuen Regierung in Panama diefe
anzuerkennen. Der Präfident habe zu einer friedlichen Regelung geraten.
Im Intereffe der Zivilifation habe er der Welt bekannt gegeben, daß die
Vereinigten Staaten den inneren Zwiftigkeiten in Panama Einhalt tun
würden. Niemals habe ein Staatsoberhaupt eine klarer zu Tage liegende
Pflicht zu erfüllen gehabt, als die dem Präfidenten Roosevelt obliegende,
den freien Durchgangsverkehr über den Ifthmus zu fchützen im Intereffe
Panamas, Kolumbiens, der Vereinigten Staaten und des Welthandels.

10. November. (Wafhington.) Zufammentritt des Kon-
greffes zu einer außerordentlichen Tagung.

Der Präfident Roosevelt erläßt eine Botfchaft über Kuba und
Panama: Die Ehre und die Intereffen der Vereinigten Staaten haben
gefordert, daß die gefetzgebende Körperfchaft den Handelsvertrag mit Kuba
in Wirkfamkeit treten laffe. Die Regierung fchlug eine Politik ein, welche
Kuba eine einzigartige Stellung gegenüber den Vereinigten Staaten gab.
Das Plattfche Amendement fehe vor, daß Kuba in fo engen Beziehungen
zu den Vereinigten Staaten ftehen folle, daß es in den Bereich ihrer
internationalen Politik hineingezogen werde. Kuba müffe daher bis zu
einem gewiffen Grade in den Grenzen der wirtfchaftlichen Politik der Vereinigten Staaten einbezogen werden. Die Vereinigten Staaten könnten
unmöglich irgend einer fremden Macht geftatten, Kuba in ungehöriger
Weife ftrategifch zu benutzen. Als Beweis feiner bona fides habe Kuba
zur Wahrung der amerikanifchen Intereffen in den füdlichen Gewäffern,
die durch den Bau des Panama-Kanals noch eine Vermehrung erfahren
würden, die Errichtung einer Flottenftation zugeftanden. Es würde kurz-
fichtig fein, die Gelegenheit, die amerikanifche Ausfuhr nach den großen
kubanifchen Märkten zu entwickeln, zurückzuweifen und Kuba zu zwingen,
mit anderen Ländern zum Nachteile der Vereinigten Staaten Abmachungen
zu treffen.

Ueber Panama heißt es: Der Präfident bedauere, daß Kolumbien
es ablehne, den Vertrag zu ratifizieren; der Kanal müffe nunmehr von
den Vereinigten Staaten gebaut werden. Dies fei zwar nicht erwünfcht
und werde auch nicht zweckmäßig fein, allein Amerika könne und wolle
nicht zulaffen, daß irgend eine Gemeinfchaft von Menfchen fich der Errich-
tug einer der großen Handelsftraßen der Welt entgegenftelle. Die Vereinigten Staaten follten endgültig entfcheiden, welches die befte Route fei
und dann bekannt geben, daß fie fich nicht länger den kleinlichen, unauf-
richtigen Machenfchaften derjenigen unterwerfen können, denen die Zu-
fälligkeit der örtlichen Lage die zeitweilige Herrfchaft über den Boden gegeben, durch welchen die Route gehen muß, und daß, wenn jene in aufrichtiger Weife zu einem Abkommen mit den Vereinigten Staaten gelangen,
diefe ihrerfeits nicht allein gerecht, fondern edelmütig handeln werden.
Wenn fie aber zu keinem folchen Abkommen gelangen follten, fo müßten
die Vereinigten Staaten fofort die Angelegenheit in die eigenen Hände
nehmen.

10. November. (New-York.) Das Harvard-Germanifche
Mufeum, das vom Deutfchen Kaifer befchenkt worden ift, wird
eingeweiht.

18. November. (Washington.) Staatssekretär Hay und ein Bevollmächtigter Panamas unterzeichnen den Kanalvertrag.

19. November. Das Repräsentantenhaus genehmigt den Gegenseitigkeitsvertrag mit Kuba mit 335 gegen 21 Stimmen.

28. November. (Kanada.) Das Kabinett faßt folgenden Beschluß gegen die deutsche Einfuhr:

1. Boden- oder Industrieerzeugnisse Deutschlands sollen bei der Einfuhr in Kanada einem Zuschlag zu dem kanadischen Zolltarif von 1897 unterworfen werden. Der Zuschlag soll auf jeden Fall auf ein Drittel dieser Sätze sich belaufen. 2. Der Zuschlag soll auch auf solche Artikel Anwendung finden, deren Hauptwert in Deutschland hervorgebracht worden ist, auch wenn die Artikel selbst durch die Arbeit eines anderen Landes veredelt worden sind, ungeachtet der Vorschriften des britischen Preferential-Zolltarifs und der Ausführungsbestimmungen hierzu. Bei der Entscheidung der Frage, ob ein in Kanada eingeführter Artikel, der durch die Arbeit eines anderen Landes als Deutschland hervorgebracht oder veredelt worden ist, deshalb dem Zuschlagszoll unterworfen ist, weil ein Teil seines Wertes in Deutschland erzeugt worden ist, soll der wirkliche Marktwert des in Deutschland erzeugten Gegenstandes oder Materials, das in dem in Kanada eingeführten Gegenstande enthalten ist, als der in Deutschland erzeugte Wert im Sinne des Gesetzes betreffend den Zuschlagszoll angesehen werden.

7. Dezember. (Washington.) Botschaft des Präsidenten Roosevelt an den Kongreß. (Trusts, Finanzen, Flotte, Einwanderung, Venezuela, Panama.)

Die Botschaft beginnt mit den Maßregeln zur Beaufsichtigung der großen Vereinigungen und Verschmelzung von Gesellschaften, die an dem Handel der einzelnen amerikanischen Staaten untereinander beteiligt sind. Der Präsident erwähnt die Bildung des Departements für Handels- und Arbeitsverhältnisse, sowie die diesem unterstellten Bureaus für die Verhältnisse der Vereinigungen. Dieses Departement ist nicht dazu bestimmt, die vollste Freiheit auf dem Gebiete der gesetzmäßigen Geschäftstätigkeit irgendwie einzuschränken oder zu kontrollieren, sondern soll authentische Informationen beschaffen, welche die Exekutive bei der Durchführung der bestehenden Gesetze unterstützen und den Kongreß in Stand setzen sollen, weitere Gesetze zu schaffen, welche nötig sind, um zu verhindern, daß einige wenige Vereinigungen Vorrechte erlangen auf Kosten der verminderten Befähigungsgelegenheiten vieler ehrlicher Vereinigungen, deren Geschäftsführer ihre Verpflichtungen gegenüber ihren Aktionären anerkennen. Die Konkurrenten und das Publikum hätten von einer solchen Ueberwachung nichts zu fürchten. Der Zweck des Bureaus sei, die Regierung zu unterstützen durch die Kräftigung des Innen- und Außenhandels, die Erleichterung des Verkehrs, den Ausbau der Handelsmarine, die Verhinderung des Eintrittes unerwünschter Einwanderer, eine Besserung der kommerziellen und industriellen Verhältnisse und durch die Regelung der Beziehungen zwischen Kapital und Arbeit. Eine andauernde Wachsamkeit sei notwendig, um den Amerikanern die Gelegenheit zu sichern, teilzunehmen an den Vorteilen des Welthandels. Die Politik der Regierung sei darauf gerichtet, skrupellose Leute, Arbeitgeber wie Arbeitnehmer, in Schach zu halten, aber eine Schwächung der Initiative des einzelnen zurückzuweisen. Die Regierung erkenne das wohltätige Werk der Trusts wie der Arbeiterverbände

an und werde beide gleichmäßig behandeln. — Ausschließlich des Post-
wesens haben die Einnahmen im vergangenen Finanzjahr 560 396 674
Dollars betragen. Da die Ausgaben sich auf 506 099 007 Dollars beliefen,
sei ein Ueberschuß von 54 297 667 Dollars vorhanden. Die Anzeichen
deuten darauf hin, daß der Ueberschuß im laufenden Jahr sehr gering sein
werde, wenn überhaupt ein solcher sich herausstellen sollte. Es erscheine
jetzt wahrscheinlich, daß im wesentlichen eine Gleichheit der Einnahmen
und Ausgaben erzielt werde. Daher sei es sehr wichtig, Sparsamkeit
walten zu lassen bei der Verwendung der Staatsgelder und jede Aenderung der fiskalischen Einnahmen genau zu prüfen, die mit einer Herabsetzung der Einkünfte verbunden sein könnte. Die Unantastbarkeit unserer
Währung stehe außer Frage. Es würde unklug und unnötig sein, unter
den gegenwärtigen Umständen einen Versuch zu machen, das gesamte Geld-
system neu aufzubauen. Die gleiche Freiheit sollte dem Schatzsekretär gewährt werden bei der Hinterlegung der Zolleinnahmen, wie sie ihm gewährt wird bei der Hinterlegung der Einnahmen aus anderen Quellen.
Der Präsident fordert den Kongreß sodann wieder auf, gewisse Erfordernisse der finanziellen Lage zu erwägen, die bereits in der vorjährigen
Botschaft erwähnt sind. Präsident Roosevelt beantragt dann in seiner
Botschaft weiter die Bewilligung genügender Mittel für die Fortsetzung
der Arbeiten der Kommission, welche eingesetzt wurde, um an den Arbeiten
der auf Veranlassung Chinas und Mexikos in Aussicht genommenen Konferenz der Goldwährungs- und der Silberwährungs-Länder teilzunehmen. —
Die Botschaft empfiehlt ferner die Bildung einer aus dem Marinesekretär,
dem Generalpostmeister und dem Handelssekretär bestehenden Kommission,
welche Untersuchungen darüber anstellen und für die nächste Session einen
entsprechenden Bericht an den Kongreß ausarbeiten soll, welche Gesetze
wünschenswert und nötig sind für die fernere Entwicklung der amerikanischen Handelsmarine, des amerikanischen Handels und auch des nationalen
Ozean-Postdampferdienstes, sowie für die damit in Verbindung stehende
Beschaffung von Hilfskreuzern für die Flotte. Unser Postdampferdienst
muß den besten derartigen Diensten gleichkommen. Wenn er das nicht
tut, wird die Handelswelt sich von ihm abwenden.

Zur Einwanderungsfrage verlangt die Botschaft, daß Mittel ausfindig gemacht werden, einerseits unerwünschte Elemente vom Unionsgebiete
gänzlich auszuschließen, andrerseits aber eine möglichst zweckentsprechende
Verteilung der erwünschten Einwanderer über das ganze Land zu sichern.
Sie empfiehlt sodann dem Kongreß, seine Aufmerksamkeit auf die Frage
der Naturalisation von Verbrechern zu richten, und weist auf die scham-
losen Fälschungen hin, die jetzt im ganzen Lande ins Werk gesetzt würden,
sowie auf die Unterschlagungen im Postdienste. Der Schiedsspruch in der
Alaskafrage sei in jeder Weise zufriedenstellend, da es einen bemerkens-
werten Beweis für das Entgegenkommen und das Einvernehmen gegeben
habe, mit dem zwei befreundete Nationen an die Entscheidung von Streitfragen gehen könnten, bei denen ihre nationale Souveränität interessiert
sei. Die Botschaft führt sodann die Ereignisse auf, welche die neue Unterbreitung der venezolanischen Streitfrage an das Haager Schiedsgericht
herbeigeführt haben, und weist auf das imposante Zusammenwirken der
bei dem Haager Schiedsgericht vertretenen Nationen hin. Durch das jetzt
gegebene Beispiel werde es den Völkern weit leichter werden, sich ein
zweites Mal an das Haager Schiedsgericht zu wenden. Dieser Triumph
des schiedsgerichtlichen Verfahrens biete glückliche Aussichten für den Weltfrieden, wenn man auch nicht behaupten könne, daß es jetzt schon möglich
sein werde, Kriege überhaupt zu verhindern. Das Beispiel des Haager

Schiedsgerichts, welches gezeigt habe, was bezüglich der Beilegung von Streitigkeiten durch andere Mittel als den Krieg getan werden könnte, sollte in jeder Weise Nachahmung finden. — Der Präsident avisiert weiterhin die bevorstehende Unterbreitung des Panama-Kanal-Vertrages an den Senat und sagt, es handle sich jetzt nicht um die Frage, auf welcher Route der Isthmus-Kanal gebaut werden solle, sondern ob Amerika überhaupt einen Isthmus-Kanal haben werde oder nicht. Er wirft einen Rückblick auf den Vertrag mit Neu-Granada vom Jahre 1846 und die folgenden Verhandlungen mit Kolumbien und der neuen Republik Panama, welche jetzt in die Rechte eingetreten sei, die Neu-Granada und Komlumbien früher besessen hätten. Der Präsident rechtfertigt die Haltung der Vereinigten Staaten gegenüber Panama, dessen Bevölkerung sich wie ein Mann erhoben habe, als es bekannt wurde, daß der Kanalvertrag mit Kolumbien hoffnungslos verloren sei. Er erwähnt die vergeblichen Bemühungen der Vereinigten Staaten, Kolumbien dazu zu bringen, den Weg zu verfolgen, der wesentlich im Interesse der Welt und Kolumbiens selbst gewesen wäre. Die Regierung der Vereinigten Staaten würde sich einer Torheit und einer Schwäche schuldig gemacht haben, die einem Verbrechen gegen die Nation gleichgekommen wäre, wenn sie in der Kanalangelegenheit anders gehandelt hätte, als sie es getan habe.

8. Dezember. Der Schatzsekretär legt dem Kongreß den Bericht über das Finanzjahr 1903 vor. Danach beläuft sich die Gesamteinnahme des Finanzjahres 1903 auf 694 621 117 Dollars, die Gesamtausgabe auf 640 323 450 Dollars, es bleibt ein Überschuß von 54 297 667 Dollars.

Mitte Dezember. England verlangt, daß der Zucker aus Britisch-Westindien unter denselben Bedingungen wie der kubanische in den Vereinigten Staaten zugelassen werde.

18. Dezember. Der Senat ratifiziert den Handelsvertrag mit China.

30. Dezember. (Chicago.) Bei einem Theaterbrande kommen gegen 600 Menschen um.

XX.
Mittel- und Süd-Amerika.

6. Januar. (Venezuela.) Die Aufständischen werden von den Regierungstruppen bei Cumana geschlagen.

10. Januar. Abrüstungsvertrag zwischen Argentinien und Chile.

Argentinien und Chile unterzeichneten eine Konvention, die die Bedingungen des beschlossenen Verkaufes der für beide Staaten auf europäischen Werften im Bau befindlichen Kriegsdampfer festsetzt. Danach werden diese Schiffe bis zu dem Zeitpunkt des Verkaufes England zur Verfügung gestellt. Der Verkauf hat mit Zustimmung beider Länder zu erfolgen. Außerdem desarmiert Argentinien die Panzerschiffe Garibaldi und Puehrredon und Chile das Panzerschiff Kapitän Prat, von dem jedoch nur die Artillerie kleinen Kalibers entfernt wird.

10. Januar. (Argentinien.) Eine Verfügung verbietet die Einfuhr von Vieh aus Rußland, Rumänien, Serbien, Südafrika, Madagaskar, Deutschland, Frankreich, Österreich, Belgien, Australien, Brasilien, Chile, Paraguay, Dänemark, Spanien, Holland, Italien, Marokko, Malta, Portugal, Montenegro und mehreren nordamerikanischen Staaten.

17./22. Januar. (Venezuela.) Zerstörung eines Forts durch deutsche Schiffe.

Der Kommandeur der deutschen Kreuzer Kommodore Scheder berichtet am 21. Januar: Am 17. d. M. wurde beim Passieren der Maracaibo-Barre der Panther von dem Fort San Carlos unerwartet mit lebhaftem Feuer angegriffen. Der Panther führte eine halbe Stunde lang den Geschützkampf durch, brach dann aber den Kampf wegen navigativer Schwierigkeiten ab. Um sofort die Strafe für den Angriff folgen zu lassen, habe ich, zumal die venezolanische Regierung denselben als Erfolg proklamiert hat, mit der Vineta am 21. d. M. Fort San Carlos bombardiert und zerstört.

Amerikanische Blätter greifen das Vorgehen der Deutschen heftig an.

27. Januar. Venezuela bietet 30 Prozent der Zölle von La Guaira und Puerto Cabello als Garantie an.

Januar. Februar. Zwischen Bolivia und Brasilien brechen Streitigkeiten über das Acregebiet aus. Es kommt zu Kriegsdrohungen.

Februar. Revolution und Bürgerkrieg in Honduras.

Mitte Februar. San Salvador und Guatemala schlichten einige Grenzstreitigkeiten.

14. Februar. (Venezuela.) Die Blockade wird aufgehoben.

14. Februar. (Brasilien.) Der Staatspräsident von Rio Grande do Sul unterzeichnet einen Erlaß, nach welchem den deutschen Kolonisten jede Nachzahlung an den Staat für unbefugt okkupiertes Land erlassen wird.

16. Februar. (Kuba.) Der Präsident unterzeichnet ein Abkommen, wonach die Vereinigten Staaten Flotten- und Kohlenstationen auf Kuba errichten dürfen.

1. März. (San Salvador.) Zum ersten Male seit fünfzig Jahren findet ein Präsidentenwechsel ohne Unruhen statt.

22. März. (Kolumbia.) Durch einen Vulkanausbruch bei Galera de Zamba werden zahlreiche Menschen getötet.

März. (**Kuba.**) Den Vereinigten Staaten werden die Häfen von Guantanamo und Bahia Honda als Flottenstationen eingeräumt.

22. März. (**Uruguay.**) Regierung und Aufständische schließen Frieden.

März. (**Venezuela.**) Präsidentschaftskrise.

Am 23. verliest Präsident Castro im Kongreß eine Botschaft, in der er sagt: Die europäische Intervention geschah durch Leute, die, unfähig, ihre Ansprüche der Unparteilichkeit der Gerichte zu unterbreiten, Gewalt anwendeten, weil er (Castro) sich weigerte, der ungerechten Forderung Englands und Deutschlands nachzugeben. Sie hätten dabei im heimlichen Einverständnis mit Matos gehandelt, um Castro loszuwerden. Nachdem die Souveränität des Landes gewahrt sei, lege er sein Amt nieder. Der Kongreß möge einen solchen Nachfolger wählen, daß kein Venezolaner mehr Hinneigung zu den Fremden zu empfinden brauche, die ohne rechtlichen Grund gewaltsam über das unglückliche Land herfielen zum Schaden der Zivilisation und der Errungenschaften des Rechtes. Er wünsche lediglich, Venezuela geachtet und glücklich zu sehen.

Am 25. übernimmt Castro auf den Wunsch des Kongresses das Präsidium wieder.

März. Mai. Bürgerkrieg in Santo Domingo. — Deutsche, italienische, holländische und amerikanische Kriegsschiffe landen Mannschaften zum Schutz der Konsulate.

Mai. (**Venezuela.**) Es wird ein neues Gesetz über die Ausländer erlassen, das die Niederlassung fremder Geschäftstreibender erschwert.

Es heißt darin: Ansässige Fremde sind diejenigen, die sich in Uebereinstimmung mit den Vorschriften des Zivilgesetzbuches niedergelassen haben, diejenigen, die freiwillig und ohne Unterbrechung, ohne diplomatischen Charakter zu besitzen, länger als zwei Jahre in dem Lande wohnen, diejenigen, die Grundbesitz im Gebiet der Republik besitzen und sich bleibend niedergelassen haben, sowie diejenigen, die sich länger als zwei Jahr in der Republik aufhielten, kommerziell oder industriell tätig sind, vorausgesetzt, daß sie ein permanent stabilisiertes Haus haben. Diese Fremden gelten als ansässig, auch wenn sie konsularen Charakter haben. Die ansässigen Ausländer haben dieselben Verpflichtungen wie die Venezolaner, sowohl was ihre Person, als auch was ihr Eigentum anbetrifft. Sie sind jedoch nicht zum Militärdienst und nicht zur Zahlung außerordentlicher Zwangsanleihen im Falle von Revolutionen oder inneren Kriegen verpflichtet. Fremde, domizilierte sowohl wie durchreisende, dürfen sich nicht in die politischen Angelegenheiten der Republik, noch in irgend eine Sache einmischen, die mit den politischen Affären zu tun hat. Sie dürfen deshalb nicht Mitglieder politischer Vereine sein, politische Zeitungen herausgeben, oder irgend einer Zeitung über die innere oder äußere Politik des Landes schreiben, Staatsämter bekleiden, bei inneren Streitigkeiten der Republik die Waffen ergreifen, Reden halten, die sich auf die Politik des Landes beziehen. Domizilierte Ausländer, die gegen diese Bestimmung verstoßen, verlieren ihren Charakter als Ausländer und müssen alle die Lasten und Verpflichtungen tragen, denen die Eingeborenen durch innere

politische Streitigkeiten ausgesetzt sind. Weder ansässige noch durchreisende
Fremde haben irgendwelche Berechtigung, diplomatische Wege zu betreten,
es sei denn, daß sie zuvor alle gesetzlichen Mittel vor den zuständigen Behörden erschöpft haben, und daß deutlich ersichtlich ist, daß eine Rechts-
verweigerung oder eine offenbare Ungerechtigkeit oder eine klar zu Tage
tretende Verletzung der Prinzipien des internationalen Rechtes vorliegt.
Die Bildung von Gesellschaften irgendwelcher Art ist definitiv verboten,
falls diese Gesellschaften nicht ihr Domizil oder ihren Hauptsitz im Lande
haben. Ausländer haben, wie Venezolaner, das Recht auf Schadenersatz-
ansprüche gegen die Nation für irgendwelche Verluste oder Schädigungen,
die ihnen in Kriegszeit durch die gesetzlich eingesetzten Zivil- und Militärbehörden zugefügt wurden, vorausgesetzt, daß die genannten Behörden in
ihrem Charakter als politische Behörden handelten. Die Ausländer sollen
diese Forderung aber nur auf dem Wege machen können, den die interne
Gesetzgebung für die Feststellung des Verlustes und Schadens und für die
richtige Abmessung desselben vorgeschrieben hat. Weder Ausländer noch
Venezolaner können gegen die Regierung von Venezuela auf Entschädigung
für Verluste klagen, sofern diese Verluste durch revolutionäre Agenten oder
bewaffnete Banden im Dienste der Revolution verursacht wurden. Sie
sollen aber das Recht haben, ein persönliches Verfahren gegen die Urheber
des Verlustes oder der erlittenen Entschädigung einzuleiten.

Mai. (Chile.) Ausstand und Unruhen in Valparaiso;
der Belagerungszustand wird verhängt.

Mitte Mai. Abkommen zwischen Brasilien und Bolivia
über das Acregebiet.

Brasilien behält die polizeiliche Aufsicht und Verwaltung im größten
Teile des Acregebiets. Die Staatseinnahmen (Ausfuhrzoll für Kautschuk)
werden hinterlegt und nach Beilegung des Streites, bezw. nach dem Schiedsspruch verteilt. Die bolivischen Truppen bleiben am Rio Orton, einem
nördlichen Zuflusse des Madre de Dios, die brasilischen am Rio Aburina,
einem Zuflusse des Madera, stehen. Es wird ein Waffenstillstand auf vier
Monate geschlossen. Haben die Verhandlungen in dieser Zeit zu keinem
Uebereinkommen geführt, so soll die Streitfrage dem Haager Schiedsgericht
unterbreitet werden.

22. Mai. (Buenos Aires.) Eine chilenische Abordnung,
die den Freundschaftsvertrag zwischen Chile und Argentinien überreicht (1902 S. 319, 20), wird glänzend empfangen.

19. August. (Kolumbien.) Der Senat lehnt einstimmig
den Vertrag mit den Vereinigten Staaten über den Bau des
Panamakanals ab.

**August—November. Revolution in Kolumbien. Losreißung
Panamas.**

In Panama bricht wegen der Ablehnung des Kanalvertrags eine
Rebellion aus. (Ende August.) — Anfangs November erklärt sich Panama
zur unabhängigen Republik, die von den Vereinigten Staaten am 6. November anerkannt wird. Die meisten Großmächte erkennen sie in den
nächsten Wochen ebenfalls an. — Auf die Nachricht, daß Kolumbien Anstalten zur Wiedereroberung Panamas trifft, landen die Vereinigten Staaten
Truppen in Colon, der Hauptstadt Panamas. (Anfangs Dezember.)

September. (Venezuela.) Die Mächte reichen ihre noch ausstehenden Forderungen ein.

Deutschland fordert 1417309 Dollars, die Vereinigten Staaten 10900000 Doll., England 2500000 Doll., Frankreich 16040000 Doll., Italien 8300000 Doll., Belgien 3093800 Doll., Spanien 600000 Doll., Mexiko 500000 Doll., Holland 1048451 Doll. und Schweden 200000 Dollars.

1. September. In Chile wird ein neues Ministerium unter dem Vorsitz von Ricardo Matte gebildet; am 23. Oktober wird ein neues unter Arthur Besa gebildet.

Oktober. November. (Haiti.) Revolution in Santo Domingo. Es wird eine provisorische Regierung eingesetzt. Amerikanische und europäische Kriegsschiffe beobachten Santo Domingo und landen Mannschaften zum Schutz der Konsulate.

Mitte November. Brasilien und Bolivia unterzeichnen einen definitiven Vertrag über das Acregebiet.

Die Hauptbedingungen sind, daß die Gebiete oberhalb des Acre, Perrus und Juruenna an Brasilien übergehen bis zum elften Grad südlicher Breite in einer Ausdehnung von 160000 Quadratkilometern. Als Ersatz hiefür erfolgt an Bolivia wiederum eine Gebietsabtretung an der Grenze von Matto Grosso und dem Madeiraflusse im Umfange von 3000 Quadratkilometern, sowie Zahlung von zwei Millionen Pfund Sterling. Auch wurden Bolivia einige Handelsvergünstigungen gewährt. Diese Summe, welche Brasilien zahlt, soll zum Eisenbahnbau verwendet werden. Um den Verkehr im Gebiete der Zuflüsse des Madeira zu erleichtern, wird Brasilien auf seinem Grund und Boden eine Bahn vom Madeiraflusse bis zum Mamoréflusse bauen.

18. November. Panama schließt mit den Vereinigten Staaten einen Vertrag über den Kanalbau.

1. Die Vereinigten Staaten verbürgen die Unabhängigkeit der Republik Panama und werden sie aufrechterhalten. 2. Panama gewährt den Vereinigten Staaten für immer den Gebrauch, die Besetzung und die Herrschaft über eine Zone von je 8 Kilometern zu beiden Seiten der Mittellinie des Kanals für Bau, Betrieb, Sanierung und Schutz des Kanals, ebenso den Gebrauch und die Kontrolle irgend welcher anderer Ländereien, die für den Kanal, für Hilfskanäle und andere zum Bau und Schutz des Kanals erforderliche Werke und Anlagen notwendig und geeignet sind. Die Städte Panama und Colon und ihre Häfen werden in die Zone nicht eingeschlossen, dagegen geschieht dies mit den in der Bucht von Panama gelegenen kleinen Inseln Naos, Perico, Culebra und Flamenco. 3. In der genannten Zone genießen die Vereinigten Staaten alle Rechte und Vollmachten, als seien sie dort Souverän. 4. Die Vereinigten Staaten haben das Recht, alle Gewässer der Republik für Schiffahrt, Wasserentnahme u. s. w. zu gebrauchen, soweit dies für die Zwecke des Kanalbaus und Unterhalts nötig und nützlich ist. 5. Die Vereinigten Staaten erhalten ein ewiges Monopol für Bau, Unterhalt und Betrieb von Kanal- und Eisenbahnwegen über den Isthmus von Meer zu Meer. Art. 6 handelt von der Enteignung von Privatland und von der Entschädigung dafür.

7. Innerhalb Panamas und Colons und ihrer Häfen können die Vereinigten Staaten für den Bau, Betrieb und Schutz des Kanals und für Sanierungs-arbeiten, wie Abflußsystem und Wasserleitung, nach ihrem Ermessen Land, Gebäude und Rechte erwerben; für die von ihnen anzulegenden Sanierungs-arbeiten können die Vereinigten Staaten sich durch Steuern bezahlt machen. 8. Die Rechte der Panamarepublik an der sogenannten Neuen Panama-kanalgesellschaft und an der Panamaeisenbahn gehen an die Vereinigten Staaten über. 9. Die Häfen von Colon und Panama werden Freihäfen, soweit der Durchgangsverkehr in Frage kommt; keinerlei Schiffsabgaben dürfen auf durchfahrende Fahrzeuge gelegt werden. 16. Der Kanal soll nach seiner Fertigstellung für immer neutral sein. 21. Zur Sicherheit und zum Schutz des Kanals können die Vereinigten Staaten jederzeit ihre Land- und Seestreitkräfte heranziehen und Befestigungen anlegen. 22. Die Vereinigten Staaten zahlen nach Vollziehung des Vertrags 10 000 000 Dollar an Panama und vom zehnten Jahr an eine Jahresrente von 250 000 Dollar. 23. Dieser Vertrag bleibt in Kraft, auch wenn Panama künftig in einen andern Staat oder in einen Staatenbund eintritt. 24. Die Republik Panama wird den Vereinigten Staaten Land an der pacifischen und an der atlantischen Küste für Flotten- und Kohlenstationen verkaufen oder verpachten.

23. November. (Argentinien.) Das argentinische Kriegs-schiff trifft mit den Mitgliedern der Nordenskjöldschen Südpolar-expedition, die es auf Louis-Philippsland gefunden hat, in Puerto Gallegos ein.

Ende November. (Venezuela.) Der englische Gesandte protestiert gegen den Schluß des Orinoco für den fremden Handel.

28. Dezember. Panama erklärt sich bereit, einen seiner Bevölkerungszahl entsprechenden Teil der kolumbischen äußeren Schuld zu übernehmen, sobald Kolumbien die Republik Panama anerkenne. Die kolumbische äußere Schuld beträgt ungefähr 15 Mil-lionen Dollars; Panama hat ein Fünfzehntel der Bevölkerung von Kolumbien.

Dezember. In Uruguay bricht ein Bürgerkrieg aus.

XXI.
Australien und Südsee.

13. Januar. (Gesellschaftsinseln.) Durch eine Spring-flut kommen über 1000 Menschen um.

Mai. (Viktoria.) Ausstand der Eisenbahnarbeiter.

Die Regierung verlangt, daß der Verband der Staatseisenbahnarbeiter seine Verbindung mit dem Zentralarbeiterverband („Trades Hall") abbreche. Infolgedessen treten die Arbeiter in den Ausstand, der aber nach wenigen Tagen mit der bedingungslosen Unterwerfung der Arbeiter endet.

Mai. Die meisten Zeitungen sprechen sich gegen Chamberlains Pläne aus; einige Minister äußern sich wohlwollender.

15. Juni. (Deutsch-Samoa.) Die Reichsmarkrechnung wird eingeführt.

24. Juli. Beschluß einer Armeeorganisation.

Der Exekutivrat des Commonwealth genehmigt einen Armeeorganisationsplan, der von dem Kommandeur der australischen Truppen, Generalmajor Hutton, entworfen worden ist. Generalmajor Hutton schlägt zunächst die Bildung einer mobilen Feldtruppe vor. Diese Truppe soll gut ausgerüstet werden und so eingerichtet sein, daß sie stets sofort zu militärischer Verwendung verfügbar ist. Neben dieser Feldtruppe wird eine Garnisonstruppe verlangt. Diese Besatzungsarmee braucht nicht so mobil zu sein wie die Feldtruppe. Ihre Aufgabe würde im Falle eines Krieges die sein, vorher bestimmte strategische Punkte und Orte von kommerzieller Bedeutung zu besetzen. General Hutton verlangt, daß die Feldtruppe aus 18 Regimentern leichter Kavallerie, 12 Regimentern Infanterie und der entsprechenden Artillerie und Train bestehen soll. Die leichte Kavallerie wäre in 6 Brigaden von je 3 Regimentern und die Infanterie in 3 Brigaden von je 4 Regimentern einzuteilen. Die ganze mobile Feldtruppe ist der Miliz zu entnehmen. Die Kopfstärke der Regimenter scheint eine geringe zu sein, denn General Hutton berechnet die Stärke der ganzen Feldtruppe auf 13911 Mann mit 60 Geschützen. Dieser Bestand soll allerdings in Kriegszeiten auf 27753 Mann mit 84 Geschützen erhöht werden können. Die Besatzungsarmee, der die kleine zur Verfügung stehende Lokalreserve zugeteilt wird, ist hauptsächlich aus Freiwilligen aufzustellen und wird 11896 Mann mit 26 Geschützen stark sein. Nach Generalmajor Hutton würde demnach das Vereinigte Australien über eine Armee von 25807 Mann mit 86 Geschützen verfügen. Im Kriegsfalle kann diese Armee auf 39649 Mann mit 110 Geschützen verstärkt werden. Da die Schützengesellschaften und Schießvereine bei Aufstellung dieser Truppen keine Verwendung gefunden haben, würde Australien außerdem noch über eine Art Landsturm verfügen. („Allg. Ztg.")

25. August. Der Senat des Bundes genehmigt den Marinevertrag mit England.

Danach zahlt Australien jährlich auf die Dauer von zehn Jahren die Summe von 200000 Pfd. Sterl. Zwei Jahre vor Ablauf der zehnjährigen Frist muß gekündigt werden. Auf der australischen Station soll stets ein Geschwader vorhanden sein, welches sich aus einem Kreuzer erster, aus zwei Kreuzern zweiter, aus vier Kreuzern vierter Klasse und aus vier Schaluppen zusammensetzt. In Australien selbst wird eine königliche Marinereserve in der Stärke von 25 Offizieren und 700 Mann aufgestellt und vier der oben erwähnten Schiffe erhalten 1600 Australier und Neuseeländer als Bemannung, deren Sold sich nach der Höhe der australischen Löhne richtet.

September. Der Premierminister E. Barton tritt zurück. Deakin, der als Anhänger Chamberlains gilt, bildet ein neues Kabinett.

Anfang Oktober. (**Melbourne.**) Die Stadt Tumut wird als Hauptstadt des australischen Bundes erklärt. 1000 Quadratmeilen sollen das föderierte Gebiet darstellen.

17. November. (**Neuseeland.**) Die Regierung bringt eine Vorlage ein, wonach auf nicht in England verfertigte Waren vom März 1904 ab ein Zollzuschlag von 20—50 Prozent gelegt werden soll. — Am 19. wird das Gesetz mit 50 gegen 16 Stimmen angenommen.

17. Dezember. Bei den Wahlen zum Bundesparlament erhält im Unterhause die Regierungspartei 27, die Opposition 26, die Arbeiterpartei 22 Mandate. Im Oberhause erhält die Regierungspartei 8, die Opposition 13, die Arbeiterpartei 15 Sitze.

XXII.
Afrika.

8. Januar. (**Pretoria.**) Chamberlain und die Burenführer über die Rebellen und die Friedensbedingungen.

Die vornehmsten Burenführer wie Botha, Delarey, Cronje, Smuts überreichen Chamberlain eine Adresse, worin sie um die allgemeine Amnestie und um die Erlaubnis für alle früheren Buren, in die Heimat zurückkehren zu dürfen, bitten. — Der Kolonialminister **Chamberlain** erwidert: Es würde ihn mehr gefreut haben, wenn die Adresse nicht bloß Forderungen, sondern auch einige Anerkennung dessen enthalten hätte, was die Regierung bereits für die Buren getan hat. Was die Bitte um Amnestie für die Rebellen angehe, so hätten die Führer der Buren die Friedensbedingungen von Vereeniging in loyaler Weise angenommen; diese erhielten keine Erwähnung einer solchen Amnestie. Man verlange Amnestie für die Rebellen; diese sollten aber doch zuerst ihren eigenen Landsleuten verzeihen, die sich ergaben und den Engländern Hilfe leisteten. Den verbannten Burghers werde er die Rückkehr nicht gestatten, außer wenn sie die Bedingungen von Vereeniging annehmen. Was die in Europa befindlichen Buren betreffe, so sei es die Aufgabe der Regierung, den Frieden zu erhalten. Es werde jeder einzelne Fall nach seinen Besonderheiten geprüft werden. Jene Burghers sollten ihr loyales Vorgehen durch Rechenschaftsablage über das nach Europa mitgenommene Geld beweisen. Die Einverleibung von Brijheid und Utrecht in die Kolonie Natal sei unwiderruflich; doch erlangten die Bewohner dieser Städte die unmittelbaren Bürgerrechte gleich den übrigen Einwohnern Natals. Bezüglich der Sprachenfrage werde die Regierung in loyaler Weise die Friedensbedingungen einhalten. Die Klagen, die in dieser Sache vorgebracht worden seien, würden eine sorgfältige Berücksichtigung erfahren. Die Eingeborenen sollen angehalten werden, ihren Verpflichtungen nachzukommen.

17. Januar. (**Johannesburg.**) Rede **Chamberlains** über Buren und Engländer und über die finanziellen Unterstützungen.

Auf einem Bankett führt Kolonialminister **Chamberlain** aus, es sei notwendig, daß die Bewohner des Landes Rücksicht nehmen auf die Interessen ihrer Mitbürger, ebenso die Buren wie die Engländer, die Bewohner der Städte, wie die des Landes, denn im Grunde seien diese Interessen gleichbedeutend. Ein richtiges Verständnis und ein Einvernehmen zwischen Stadt und Land, zwischen Buren und Engländern seien die wesentlichsten Bedingungen für die Zukunft Südafrikas. Seine Unterredung mit den Führern der Buren hätte ihm einen günstigen Eindruck gemacht. Er glaube, wenn die Buren sehen, daß die Engländer bereit seien, sie gerecht und großmütig zu behandeln, würden sie auch bereit sein, ihre bitteren Empfindungen und selbst ihr Vorurteil aufzugeben, und man werde schließlich dahin kommen, ihren Argwohn und ihre Erbitterung zu beseitigen, welche sie so lange von den Engländern getrennt haben. Er hoffe, daß die in ihnen vorwaltenden männlichen Tugenden Kraft und Stärke der Nation verleihen werden, welche die Engländer mit ihrer Hilfe und ihrem guten Willen in Südafrika schaffen wollen. Die Regierung habe die Absicht, dem Reichsparlament einen Gesetzentwurf über eine garantierte Anleihe von 35 Millionen Pfund Sterling zu unterbreiten, für welche die Hilfsquellen Transvaals und der Oranje-Kolonie als Unterpfand dienen sollen. Diese Anleihe solle unmittelbar nach ihrer Genehmigung durch das Parlament zur Emission gelangen. Der Erlös werde verwendet werden zur Rückzahlung der gegenwärtigen Schulden Transvaals, zur Erwerbung der bestehenden Eisenbahnen und zum Bau neuer Linien in den beiden neuen Kolonien. Die Verwendungen für die öffentlichen Arbeiten und für Aufteilung des Grund und Bodens in Transvaal und der Oranje-Kolonie würden unverzüglich in Angriff genommen werden. Etwaige Kapitalien zur Erschließung des Landes während der ersten Jahre würden sobald als möglich nach der Emission der ersten Anleihe bereitgestellt werden. Eine andere Anleihe von 30 Millionen Pfund Sterling würde in Teilbeträgen von jährlich 10 Millionen Pfund Sterling untergebracht werden. Diese zweite Anleihe werde als Kriegsschuld betrachtet werden; als Unterpfand für dieselbe würden die Hilfsquellen Transvaals dienen.

30. Januar. (**Britisch-Südafrika.**) In der Kapkolonie tritt ein neues Einwanderungsgesetz in Kraft.

Die Einwanderung gewisser Klassen von Personen ist verboten. Personen, die im Widerspruche mit den Bestimmungen des Gesetzes einwandern, werden aus der Kolonie zwangsweise entfernt und bis zur Entfernung in Haft gehalten. Die Beihilfe zur unerlaubten Einwanderung und betrügerische Angaben zum Zwecke des Nachweises über die Erfüllung der für die Einwanderungserlaubnis aufgestellten Bedingungen sind strafbar. Verboten ist die Einwanderung: 1. von Personen, die nicht imstande sind, in irgend einer europäischen Sprache ein Gesuch an den zuständigen Minister zu schreiben und zu unterzeichnen; 2. von Personen, die nicht im nachweisbaren Besitze von Unterhaltsmitteln sind oder die voraussichtlich der Oeffentlichkeit zur Last fallen werden; 3. von Personen, die wegen Mord, Notzucht, Diebstahl, Betrug, Meineid oder Urkundenfälschung bestraft sind und die der Minister wegen der das Verbrechen begleitenden Umstände als unerwünschte Einwanderer bezeichnet; 4. von Irrsinnigen; 5. von Personen männlichen und weiblichen Geschlechtes, die von der Prostitution leben oder daraus Gewinn ziehen; 6. von Personen, die auf

Grund einer von einem Staatssekretär oder von einem Kolonialminister oder auf Grund einer auf diplomatischem Wege von einem ausländischen Minister eingegangenen amtlichen Mitteilung von dem zuständigen Minister als unerwünschte Einwanderer erachtet werden. Das Gesetz findet keine Anwendung auf Angehörige der englischen Land- und Seemacht, auf Offiziere und Mannschaft eines unter der Staatsflagge eines fremden Staates fahrenden Schiffes, auf englische Beamte und deren Familien, auf frühere Angehörige der Freiwilligen Korps in Südafrika, wenn sie mit guter Qualifikation entlassen worden sind, auf Frauen und minderjährige Kinder der Personen, die nicht unter die oben aufgeführten Klassen fallen, auf in Südafrika Ansässige, sowie auf Handwerker, Arbeiter und Dienstboten, die sich über eine entsprechende Anstellung ausweisen können.

22. Januar. (Marokko.) Der Hiainastamm, der sich dem Prätendenten angeschlossen hat, wird geschlagen. — Am 29. Januar wird der Prätendent abermals geschlagen.

6. Februar. (Bloemfontein.) Differenzen zwischen Chamberlain und Burenführern.

Chr. De Wet und 40 andere Führer überreichen Chamberlain eine Petition, in welcher nach Aufzählung einer Reihe Beschwerden die Ueberzeugung ausgesprochen wird, daß die Verwaltung der Oranje-Kolonie beabsichtige, den Bewohnern derselben eine sie ruinierende finanzielle Last aufzubürden, die doch schon das Bewußtsein haben von dem Mangel an Wohlwollen für sie bei der gegenwärtigen Regierung. Chamberlain erwidert, die Adresse erwähne eine Zahl von eingebildeten Mißständen und unbegründeten Beschwerden. In der Behandlung der Rebellen liege nichts, was eine Verletzung der Friedensbedingungen sei. Wie könnten die Buren davon sprechen, während die Regierung Tag und Nacht daran arbeite und Millionen darauf verwende, im Lande Reformen durchzuführen. Er bestreite entschieden die Behauptung, daß den Buren eine sie ruinierende Last aufgebürdet werde. Wenn sie auf ihrer Politik des Murrens beharrten, wäre es zwecklos, einem Volke, das bereits so erhebliche Geschenke ohne ein Wort des Dankes angenommen habe, noch weitere Zugeständnisse zu machen. Darauf erklärt Christian De Wet, daß kein Zusammenwirken möglich sei, so lange Piet De Wet und Christian Botha das Burenvolk verträten. Sie würden nicht rasten, bis sie eine Rebellion hervorgerufen hätten, nicht eine bewaffnete, sondern eine der Agitation und Unzufriedenheit gegen die Regierung.

Februar. (Pretoria.) Die Regierung bietet den Generalen Botha, Delarey und Smuts Sitze in dem in Aussicht genommenen gesetzgebenden Rate an. Diese lehnen ab, nicht, weil sie nicht geneigt seien, mit der Regierung gemeinsam zu arbeiten, sondern weil ihrer Meinung nach die Art und Weise, in der der neue Rat ausgestaltet werden soll, nicht zum besten des Landes dienen könne.

25. Februar. (Kapstadt.) Chamberlain schifft sich nach Europa ein.

10. März. (Somaliland.) Der Mullah wird nach Ogaden zurückgedrängt.

24. März. (Südafrika.) Vertreter der Kapkolonie, Natals und Transvaals, der Oranje-Kolonie und Süd-Rhodesiens unterzeichnen eine Zollkonvention, daß die englische Einfuhr die Vorzugsbehandlung genießen soll.

März. (Kapland.) Amnestie für politische Gefangene. Der Gouverneur der Kapkolonie ordnet die Freilassung aller politischen Gefangenen an, mit Ausnahme der zu Zwangsarbeit verurteilten. Durch diese Verordnung erhalten 527 aufständische Kapholländer die Freiheit zurück. Die übrigen Gefangenen, die nicht freigelassen werden, kommen zur erneuten Verhandlung noch einmal vor Gericht. Die auf Verlust des Wahlrechts lautenden Urteile bleiben noch in Kraft.

März. (Marokko.) Der Aufstand nimmt zu; das Gebiet zwischen Fez und Algier wird insurgiert.

13. April. (Marokko.) Der Sultan entläßt die meisten in Fez angestellten Europäer, um die Sympathien der Muhammedaner zu gewinnen.

17. April. (Somaliland.) Die gegen den Mullah operierenden englischen Truppen erleiden zwischen Galadi und Walwal eine schwere Niederlage. Zwei Geschütze gehen verloren.

4. Mai. (Somaliland.) Eine Abteilung Derwische wird von Abessiniern am Flusse Webbi-Schebeli geschlagen.

8. Mai. (Algier.) Ein französischer Lebensmittelzug von 500 Kamelen wird bei Taghit, südlich von Figig, von Berabern aufgehoben. 30 Mann der Eskorte werden getötet.

31. Mai. (Algier.) Einwohner der marokkanischen Oase Figig machen einen Angriff auf den Gouverneur von Algier, der die Grenze bereist. — Am 7. Juni wird eine französische Strafexpedition nach Figig unternommen.

4. Juni. Der Gouverneur der Transvaal-Kolonie erläßt dem größten Teil der Buren den Rest der Strafen, zu denen sie während des letzten Krieges militärischer Vergehen wegen verurteilt waren.

16. Juni. (Somaliland.) Der Mullah vernichtet mehrere englische Posten zwischen Burao und Bohotle.

Juli. August. (Transvaal.) Die Frage, ob chinesische Kulis eingeführt werden sollen, wird lebhaft diskutiert. Die Burenführer Botha, Viljoen u. a. sind dafür, weil Ackerbau und Bergbau unter dem Arbeitermangel leiden.

Juli. (Abessinien.) Der Negus verleiht der äthiopischen Eisenbahngesellschaft eine Konzession für eine Eisenbahn im Tal von Auasch.

25*

23. Juli. (Deutsch-Südwestafrika.) Die Rechtsstreitig-
keiten zwischen Eingeborenen und Nichteingeborenen werden durch
eine Verfügung geregelt.

27. Juli. Eine englische Kolonne besetzt Burmi, die Hauptstadt von Sokoto (Nord-Nigerien).

August. September. (Kaplandb.) Konflikt zwischen Regierung und Parlament.

Abg. Burton beantragt (25. August), einen obersten Gerichtshof zur
Prüfung der unter dem Standrecht abgegebenen Urteile und einen Appel-
lationshof, der sich mit den abgelehnten und unvollständig erfüllten Ent-
schädigungsansprüchen zu befassen haben werde, einzusetzen. Premierminister Sir Gordon Sprigg: Der Antrag sei unausführbar. Die bestehenden Kommissionen hätten 60 000 Ansprüche geprüft und hätten noch
25 000 zu erledigen. Die Regierung trete dem Antrag entschieden entgegen und beantrage die Absetzung desselben von der Tagesordnung. Der
Antrag des Premierministers wird abgelehnt und der Antrag Burtons
mit 32 gegen 22 Stimmen angenommen. — Infolgedessen wird das Parlament am 9. September aufgelöst.

2. September. (Algier.) Eine Räuberbande überfällt bei
El Mungar einen Proviantzug und tötet 33 Soldaten.

Anfang September. (Deutsch-Südwestafrika.) Ovambos
ermorden einige Weiße und flüchten über die portugiesische Grenze.

Ende Oktober. Eine amerikanische Gesandtschaft unter Führung des amerikanischen Generalkonsuls in Marseille geht nach
Abessinien, um über einen Handelsvertrag zu unterhandeln. —
Nach Zeitungsnachrichten wird am 21. Dezember ein Vertrag abgeschlossen.

24. Oktober. (Marokko.) Der Sultan verkündet, daß der
Feldzug gegen die Insurgenten während des Winters eingestellt
werden müsse.

Oktober. (Algier.) Infolge eines Vertrages mit Marokko
säubert die Militärbehörde von Südoran die Grenzgebiete von
marokkanischen Banden durch fliegende Kolonnen.

24. Oktober. (Deutsch-Ostafrika.) Eine kaiserliche Verordnung regelt die Verleihung der deutsch-ostafrikanischen Staatsangehörigkeit durch den Gouverneur.

November. (Deutsch-Südwestafrika.) Die Bondelzwarts
erheben sich und belagern Warmbad. Sie werden unter geringen
Verlusten durch die Schutztruppe und die Witbois niedergeworfen.

9. November. Die Seychellen werden als besondere britische Kolonie organisiert.

Dezember. (Transvaal und Oranjekolonie.) Die Buren

protestieren lebhaft gegen die Zurücksetzung der holländischen Sprache im Unterricht.

Dezember. (Somaliküste.) Italienische Seesoldaten haben Konflikt mit Muhammedanern. Am 13. bombardiert ein Kriegsschiff das Fort bei Durbo.

XXIII.
Asien.

Januar. (China.) Verhandlungen über die Zahlung der Entschädigung in Gold oder Silber.

Die chinesische Regierung erklärt den Mächten, sie könne nicht für die Wertdifferenz, die eine Zahlung auf der Goldbasis gegenüber einer solchen auf der landesüblichen Silberbasis involviert, aufkommen. Hierauf überreichen die Gesandten aller Mächte, die das Friedensprotokoll unterzeichnet hatten, mit Ausnahme desjenigen der Vereinigten Staaten, der chinesischen Regierung Noten, in denen darauf hingewiesen wird, daß das Protokoll ausdrücklich die Entschädigungszahlung auf der Goldbasis bestimmt, und daß, wenn China seine Verpflichtungen nicht erfülle, ernste Folgen eintreten würden (3. Januar).

17. Januar. (Peking.) Das Denkmal für den im Jahre 1900 ermordeten deutschen Gesandten Frhrn. v. Ketteler wird enthüllt. An der Feier nehmen das diplomatische Korps und viele chinesische Würdenträger unter Führung des Prinzen Tschun teil.

19. Januar. (China.) Die Regierung erwidert auf die Vorstellungen der Mächte über die Entschädigungszahlung.

Sie erklärt sich außer stande, die Zahlungen zu leisten und bittet die Gesandten der fremden Mächte, bei ihren Regierungen für eine Erleichterung einzutreten und erneut zu ersuchen, den Zolltarif auf die Goldbasis zu stellen, mit dem Vorschlag, der mittlere Wechselkurs jeden Monats solle den Kurs für die Zahlung der Zollabgaben des folgenden Monats abgeben.

25. Januar. (Siam.) Die Ausführung des französisch-siamesischen Vertrags (vgl. 1902) wird auf den 30. März verschoben.

Januar. (Niederländisch-Indien.) Der Prätendent auf das Sultanat Atchin ergibt sich. Mehrere Häuptlinge unterwerfen sich.

9. Februar. Persien und England schließen einen Handelsvertrag. (S. Staats-Archiv Bd. 68.)

Februar. März. (China.) In mehreren Provinzen, besonders in Kwangsi brechen Aufstände aus. Am 10. Februar erleiden kaiserliche Truppen in Kwangsi empfindliche Verluste.

1. März. (Mandschurei.) Die regelmäßige Bahnverbindung zwischen Port Arthur und der sibirischen Eisenbahn wird eröffnet.

März. (Persien.) Die russische Regierung befiehlt den Ingenieuren, die mit Vermessungen für die Eisenbahnen in Nordpersien beschäftigt sind, die Arbeiten vorläufig einzustellen.

April. Rebellion und Hungersnot in Südchina.

8. April. (Mandschurei.) Russische Truppenbewegungen.

Da die einjährige Frist, die Rußland im Mandschurei-Vertrage vom 8. April 1902 für die Räumung einer zweiten mandschurischen Provinz mit Einschluß Niutschwangs gestellt hat, abläuft, werden die russischen Truppen nach Port Arthur und den Stationen an der Bahnlinie gezogen, verlassen aber die Mandschurei nicht.

10. April. (China.) In Kanton explodiert eine Pulverfabrik, zahlreiche Menschen, angeblich über Tausend, kommen um.

22. April. (China.) Reform des Finanzwesens.

Eine kaiserliche Verordnung befiehlt dem Prinzen Tsching die Neuordnung des chinesischen Finanzwesens durch Aufstellung einer einheitlichen Währung für das ganze Land einzuleiten. In Peking soll eine Münze eingerichtet werden, um den Provinzen einheitliches Geld zu liefern.

April. Mai. Die „Times" veröffentlicht Ende April Forderungen, die die russische Regierung am 5. April der chinesischen Regierung überreicht hat.

Dem Schriftstücke geht eine Einleitung voraus, in der gesagt wird, Rußland und China seien seit mehr als zwei Jahrhunderten befreundete Mächte und besäßen eine gemeinsame Grenze von etwa 3000 englischen Meilen. Fremder Einfluß würde die freundlichen Beziehungen stören und Rußland müsse diesen Einfluß vor allen Dingen aus der Mandschurei fernhalten, wo es Tausende von Menschenleben und Millionen von Rubeln geopfert habe. Es habe zwar eigentlich das Recht, die Mandschurei als Eroberung zu behalten, wolle aber trotzdem die Provinzen Mukden und Kirin samt dem Hafen Niutschwang zurückgeben, falls China die russischen Bedingungen annehme. Diese Bedingungen haben nachstehenden Wortlaut: 1. Kein Teil des zurückgegebenen Gebietes wird unter irgend einer Form an eine andere Macht übertragen. Wird diese Bedingung umgangen, so wird Rußland die einschneidendsten Maßnahmen treffen. 2. Die augenblickliche Verwaltung der Mongolei darf nicht gestört werden, weil die Bevölkerung beunruhigt werden würde, und weil an der russischen Grenze Komplikationen entständen, wenn man die Verwaltung ändern wollte. 3. China verpflichtet sich, keine neuen Vertragshäfen in der Mandschurei zu öffnen, oder ohne vorhergehende Zustimmung der russischen Regierung neue Konsuln zuzulassen. 4. Sollte China in irgend einem Verwaltungszweig Ausländer zu verwenden wünschen, so soll deren Machtvollkommenheit nicht nach Nordchina reichen, wo russische Interessen vorwiegen. Dort sind lediglich Russen zu verwenden. Wenn z. B. fremde Sachverständige für Minenbau engagiert werden, so haben dieselben keine Machtvollkommenheit in bezug auf den Minenbau in der Mandschurei oder Mongolei, für die russische Sachverständige zu ernennen sind. 5. Rußland wird die Telegraphenlinie zwischen Port Arthur-Niutschwang und Mukden so lange unter eigener Kontrolle behalten, wie die Telegraphenlinie Peking-Niutschwang besteht, deren notwendige Verlängerung sie ist. 6. Nach Wiederherstellung der chinesischen Verwaltung von Niutschwang wird die russisch-chinesische Bank, wie augenblicklich, als Zollbank weiter funktionieren. 7. Alle Rechte, die russische Untertanen während der Besetzung durch Rußland in der Mandschurei erwarben, bleiben bestehen. Den Abschluß des Schriftstückes bildet der Hinweis Rußlands darauf, daß es für den Gesundheitszustand an der Bahnlinie verantwortlich sei. Deshalb sei es notwendig, daß der Zollkommissar und der Zollarzt Russen seien. Sobald China diese Bestimmungen annehme, werde Rußland Mukden, Kirin und Niutschwang räumen.

Diese Forderungen finden in Japan und England lebhaften Widerspruch. Am 26. April fordern die Vertreter Englands und Japans in Peking die chinesische Regierung auf, zu verlangen, daß die Mandschurei wieder in den status quo ante bellum versetzt werde. Am 27. protestiert die amerikanische Regierung in Peking dagegen, daß China das Versprechen abgebe, keine weiteren Städte für den fremden Handel zu öffnen, und daß als fremde Beamte nur Russen angestellt werden sollten.

Infolgedessen erklärt die russische Regierung, daß sie nichts gegen die Integrität der Mandschurei plane, und die Mandschurei dem fremden Handel offen stehe.

Juni. Juli. Beziehungen zwischen Rußland und Japan.

Der russische Kriegsminister Kuropatkin besucht Tokio (Juni). In der russischen Presse wird der Besuch vielfach als eine Annäherung zwischen Rußland und Japan betrachtet, in der englischen wird dagegen über eine steigende kriegerische Stimmung in Japan berichtet; es sollen schon militärische Vorbereitungen getroffen werden. Die „Times" dementiert am 26. Juli diese Nachrichten.

Anfang Juli. (Japan.) Die Regierung ernennt einen Schulausschuß, der die Frage prüfen soll, inwieweit es möglich ist, die japanische Sprache in lateinischen Buchstaben wiederzugeben. (Vgl. Rieß, Preuß. Jahrbücher Bd. 110.)

Juli. (Englisch-Indien.) Es wird bekannt, daß die Vereinigten Staaten einige Inseln nördlich von Borneo, als ehemaligen spanischen Besitz, besetzt haben. Es kommt darüber zu Verhandlungen zwischen England und den Vereinigten Staaten.

Juli. (Japan.) Marquis Ito wird Präsident des Geheimen Rats.

August. (China.) Bei Tschifu kommen durch Hochwasser mehrere Hundert Menschen um.

Ende August. Japan schlägt in Petersburg einen modus vivendi vor, um die beiderseitigen Sonderrechte in der Mandschurei und Korea anzuerkennen.

September. (Niederländisch=Indien.) Die Regierung erschwert die Chineseneinwanderung durch strenge ärztliche Untersuchung.

8. Oktober. China schließt mit den Vereinigten Staaten einen Handelsvertrag, am folgenden Tage mit Japan. Danach werden die mandschurischen Häfen dem fremden Handel geöffnet.

Oktober. Rußland, Japan und Korea.

Am 8. Oktober sollen die Russen vertragsmäßig die Mandschurei räumen. Da sie keine Anstalten dazu machen, wird die öffentliche Meinung in Japan höchst erregt, die englische Presse verbreitet alarmierende Berichte über eine unmittelbare Kriegsgefahr. Nach der russischen Presse sucht die japanische Regierung die öffentliche Meinung zu beruhigen. — Die Beziehungen werden verschärft dadurch, daß russische Unternehmer die Steinkohlenlager in der koreanischen Provinz Jtschuan auszubeuten beginnen. — Am 11. Oktober hält der russische Statthalter Alexejeff in Port Arthur eine große Parade über angeblich 76 000 Mann ab; am 29. besetzen die Russen Mukden.

Anfang November. (Mandschurei.) Die Russen zersprengen mehrere Räuberbanden.

Anfang November. (China.) Zwischen China und Rußland finden gereizte Verhandlungen statt über die Räumung der Mandschurei. Chinesische Truppen, die die mandschurische Grenze überschreiten, werden zurückgeschlagen.

November. (Britisch=Indien.) Eine englische Gesandtschaft bricht mit starkem militärischen Gefolge nach Tibet auf.

November. (Britisch=Indien.) Der Vizekönig Lord Curzon besucht den Persischen Meerbusen. — In der englischen Presse wird von einer Teilung Persiens zwischen Rußland und Persien gesprochen.

24. November. (Mandschurei.) Der Handelshafen in Port Arthur wird eröffnet. Nichtrussische Schiffe zahlen zwölffach höhere Abgaben als russische.

Ende November. (Korea.) In Tschemulpo kommt es zu Zusammenstößen zwischen Japanern und russischen Matrosen.

Dezember. (Japan.) Regierung und öffentliche Meinung.

Die Fortschrittspartei greift die dilatorische Auslandspolitik des Kabinetts an und erklärt, daß zur Bewahrung des Friedens in Ostasien die Räumung der Mandschurei seitens der Russen und die Eröffnung der Haupthäfen der Mandschurei erforderlich sei. Im japanischen Volke wird das Verlangen wiederholt ausgesprochen, daß Rußland ein Ultimatum gestellt werde.

Am 9. wird das Parlament eröffnet. In der Thronrede sagt der Kaiser: „Meine Minister führen zur Zeit mit Klugheit und Umsicht wichtige internationale Verhandlungen zur Wahrung des Friedens in Ostasien sowie der Rechte und Interessen Japans." — Da das Abgeordnetenhaus die auswärtige Politik scharf kritisiert, wird es am 11. aufgelöst. — Am 16. Dezember wird eine außerordentliche Beratung der „alten Staatsmänner" abgehalten, an der sich die Minister, Marquis Ito und der Generalstabschef beteiligen.

Anfang Dezember. (Russisch-Turkestan.) Die „Times" behauptet, von der im Bau begriffenen Eisenbahn Orenburg-Taschkent sei ein großer Teil im Gebiet des Syr Daarja durch Überschwemmungen vernichtet.

Anfang Dezember. (China.) Militärische Reformen.

Durch ein Edikt wird eine Kommission, bestehend aus dem Prinzen Tsching, dem Vizekönig Yuanschikai und einem Mandschubeamten, ernannt zur Reorganisierung der Truppenkörper aller Provinzen auf nationaler Grundlage mit ähnlichen Waffen und ähnlicher Ausrüstung und Organisation. — Für die kaiserliche Garde und die Armee von Peking werden japanische Instruktoren berufen.

9. Dezember. (Korea.) Mehrere russische Kriegsschiffe erscheinen vor Tschemulpo.

13. Dezember. (Korea.) Die Japaner landen Truppen in Mokpho, um Ausschreitungen ausständiger Arbeiter zu unterdrücken. Es kommt zu Konflikten zwischen Japanern und Koreanern.

Dezember. (China.) Eisenbahnreglement gegen fremde Unternehmungen.

Das Reglement sieht vor, daß die Gesellschaften, die fremde Aktionäre besitzen und sich um Konzessionen bewerben, erst die Genehmigung des Handelsamtes und des auswärtigen Amtes nachsuchen müssen, obgleich die Konzessionäre bisher schon die Verhandlungen mit einem Amte sehr unbequem empfanden. Andere Bestimmungen des Reglements verbieten, daß die Ausländer mehr als die halbe Aktienzahl chinesischer Gesellschaften besitzen, und verbieten den Gesellschaften, mehr ausländisches Kapital aufzunehmen, als der inländische Aktienbesitz beträgt. Ferner wird angeordnet, daß ausländische Gesellschaften 30 Prozent ihrer Aktien dem chinesischen Besitz vorbehalten sollen, daß nur das Maschinenmaterial und die Gebäude, nicht aber die Grundstücke verpfändet werden dürfen.

28. Dezember. (Japan.) Notverordnungen über kriegerische Vorbereitungen.

Ein kaiserlicher Erlaß führt aus, zum erstenmal sei die Regierung gezwungen, den Art. 7 der Verfassung zur Anwendung zu bringen und Notmaßnahmen für folgende Zwecke anzuordnen: 1. für die Aufnahme einer in zwei Jahren zurückzuzahlenden Anleihe, 2. für die Ausgabe von Schatzscheinen, die innerhalb fünf Jahren einzuzahlen sind und 3. für die Verwendung des Spezialreservefonds der Regierung. Die Verwaltung der Eisenbahn Söul-Fusan (auf koreanischem Gebiet) soll einen halbamtlichen Charakter erhalten. Der Präsident und die Direktoren sollen vom Verkehrsminister ernannt werden. Die Regierung wird endlich ermächtigt, aus dem Fonds für besondere Notfälle 50 Millionen Yen zu entnehmen.

Übersicht
der politischen Entwickelung des Jahres 1903.

Von den internationalen Verwicklungen, die am Schluß des Jahres 1902 noch unentschieden waren, ist die Venezolanische so weit geordnet worden, daß neue Konflikte anscheinend daraus nicht mehr hervorgehen können. Wie im vorigen Jahrgang mitgeteilt hatten Deutschland, England und Italien im Dezember 1902 eine Blockade der venezolanischen Küste begonnen, um die Anerkennung ihrer Forderungen zu erzwingen, gleichzeitig hatten sie sich aber auf Verhandlungen über ein Schiedsgericht eingelassen, das den Streit schlichten sollte. Das Schiedsgericht hatten die Vereinigten Staaten im Namen Venezuelas vorgeschlagen, und die Mächte akzeptierten es unter dem Vorbehalte, daß Venezuela von vornherein seine Entschädigungspflicht für offenkundige Rechtsverletzungen, wie Plünderung europäischen Eigentums und Mißhandlung europäischer Untertanen anerkenne; über solche Fragen sollte das Schiedsgericht nur entscheiden, ob Rechtsverletzungen vorgekommen seien, und wie hoch die Entschädigung zu bemessen sei. Für alle übrigen Fragen nahmen sie das Schiedsgericht vorbehaltlos an, wünschten aber, daß es gleichzeitig auch Venezuela zwinge, Garantien für die Erfüllung der ihm aufzuerlegenden Verpflichtungen zu geben. Den Schiedsspruch sollte nach ihrem Wunsche Präsident Roosevelt, oder wenn er ablehne, das Haager Tribunal fällen. Wie die Blockademächte wohl erwartet hatten, lehnte Präsident Roosevelt ab, und man einigte sich auf das Haager Tribunal. Unmittelbar nach diesen Verhandlungen (Ende Dezember 1902) ließ sich Präsident Castro infolge der Blockade zur grundsätzlichen

Anerkennung der europäischen Forderungen herbei (1. Januar); er
erklärte sich bereit, mit den Mächten über die Erfüllung ihrer Ansprüche zu unterhandeln, eventuell sich einem Schiedsspruche zu
unterwerfen. Da die diplomatischen Beziehungen zwischen Venezuela und den Mächten abgebrochen waren, übernahmen die Vereinigten Staaten die Vermittlung, und die weiteren Verhandlungen
wurden in Washington durch die Botschafter der drei Mächte
und Bowen, den Gesandten der Union in Venezuela, geführt. Sie
kamen nach einigen Wochen zum Abschluß (13. Februar), und die
Blockade wurde aufgehoben. Venezuela erkannte die Forderungen
der Mächte als grundsätzlich gerechtfertigt an; es verpflichtete sich
weiter, einem Teil davon gleich in bar oder in Wechseln auf kurze
Frist zu bezahlen. Als Sicherheit sollten den Mächten die Zolleinnahmen von La Guayra und Puerto Cabello dienen. Den Rest
der Reklamationen sollte erst eine gemischte Kommission in Caracas
näher untersuchen, um festzustellen, ob sie im einzelnen materiell
berechtigt seien und welche Entschädigung dafür anzusetzen sei.
Hierüber sind dann anfangs Mai weitere Verträge abgeschlossen
worden. Auch für die Bezahlung dieser zweiten Art von Forderungen wurden Sicherheiten gegeben (30 Prozent der obigen Einnahmen), aber über ihre Verteilung wurde noch kein definitiver
Beschluß gefaßt. Die Blockademächte verlangten, daß ihre Ansprüche, die die Kommission als berechtigt anerkannt haben würde,
vor denen der übrigen Mächte erledigt werden sollten, aber hierzu
wollte sich der Vertreter Venezuelas nicht verstehen. Man einigte
sich schließlich, diese Differenz dem Haager Schiedsgericht zur Entscheidung zu überlassen. Die Frage ist wichtig, weil noch mehrere
andere Mächte, wie Frankreich, Holland und Belgien, Forderungen
an Venezuela haben, und vielleicht für sie von den zur Verfügung
gestellten Zöllen nichts mehr übrig bleibt, wenn die Blockademächte
eine Vorzugsbehandlung erfahren. Daher hat sich namentlich in
Frankreich eine scharfe Opposition gegen das Begehren der drei
Mächte gezeigt, wie überhaupt Frankreich die Aktion der Mächte
von Anfang an mit Übelwollen verfolgt hat. Die französische
Publizistik nahm für Venezuela Partei und wurde nicht müde, die
Blockade mit ihren unvermeidlichen Begleiterscheinungen als über-

flüssige Brutalität hinzustellen. Diese Opposition der Franzosen
gegen die Begünstigung der Blockademächte ist in den Haager Verhandlungen, die am 1. Oktober begonnen haben, fortgesetzt worden.
(Über die Venezuelafrage vgl. S. 13, 44, 61 und Staats-Archiv
Bd. 68.)

Ein anderer Konflikt, der in seinem Ursprung noch viel
weiter zurückgeht als der venezolanische, ist der makedonische.
Wir hatten im vorigen Jahre darauf hingewiesen, daß in Bulgarien eine starke Partei für die Unterstützung der insurgierten
Stammesgenossen in Makedonien agitierte, und daß diese Agitatoren
auch in der Armee Anhang fanden. Es wurde gar befürchtet, daß
die Armee zu einer Revolution schreiten könne, wenn der Fürst
den nationalen Wünschen nach einer Kriegserklärung an die Pforte
nicht willfahre. Die europäischen Großmächte, sonst so uneinig in
allen Balkanfragen, haben diesmal durch einmütiges Vorgehen das
Schlimmste verhindert. Rußland und Österreich-Ungarn, die beiden
Nächstbeteiligten, übernahmen die Führung in der diplomatischen
Aktion, sicherten sich aber bei jedem wichtigen Schritt die Zustimmung der übrigen. Auf doppelte Weise suchten sie eine solche
Kriegsgefahr zu beschwören: durch Unterdrückung der bulgarischen
Kriegslust und durch Reformen in Makedonien, die den Bulgaren
den berechtigten Anlaß zur Unzufriedenheit nehmen sollten. Den
ersten Zweck erreichten die Mächte anscheinend ohne besondere Mühe:
in Sofia, dem Hauptorte der bulgarisch-makedonischen Agitation,
wurden die makedonischen Komitees aufgelöst und einige der
Hauptführer verhaftet (Februar). Schwieriger war der zweite Teil
der Aufgabe. Der Krebsschaden liegt in der Verderbtheit der
Bureaukratie und in der Finanznot der Pforte. Die makedonische
Bevölkerung ist der Willkür der Steuerbeamten und der Gendarmerie preisgegeben; schlecht bezahlt erpressen diese das Notwendige
für ihren Unterhalt von der Bevölkerung. Das Radikalmittel,
Makedonien von der Pforte loszureißen und einen neuen selbständigen Balkanstaat mit besserer Verwaltung zu schaffen, ist un-
anwendbar, weil ein solcher Staat in den zahlreichen Muhammedanern stets ein revolutionäres Element bergen würde, und weil
überdies die serbischen, bulgarischen und griechischen Christen einst-

weilen einander im bitteren Haß gegenüberstehen. Jede Nationalität möchte in einem solchen Staat die herrschende Rolle spielen
und jede zieht die Fortdauer der Türkenherrschaft vor, ehe sie einer
andern den Vorrang gönnt. Auch eine Teilung nach den Nationalitäten ist bei dem Durcheinanderwohnen ausgeschlossen. Es
bleibt daher nichts übrig als lokale Reformen unter Wahrung des
türkischen Besitzstandes durchzusetzen. Dahingehende Wünsche trugen
Österreich-Ungarn und Rußland in Konstantinopel vor (Februar).
Hiernach sollte ein Generalgouverneur für Makedonien mit weitgehenden Vollmachten bestellt werden, um nicht von Konstanti-
nopeler Intriguen behindert zu sein; er sollte auf mehrere Jahre
ernannt und nur mit Zustimmung der Mächte innerhalb dieser
Frist abberufen werden können, wodurch man ihm einen Rückhalt
gegen den Hof sichern wollte. Ferner sollte für jedes makedonische
Vilajet ein genaues Budget aufgestellt und die Einnahmen sollten
in erster Linie zur Befriedigung lokaler Bedürfnisse verwendet
werden, während sie bisher nach Konstantinopel geflossen waren.
So schien der Steuerdruck gemindert und die Verwaltung von den
ärgsten Mißbräuchen befreit zu sein; die unteren Polizeiorgane insbesondere waren nicht mehr auf die Ausplünderung des Volkes
angewiesen. Je nach den lokalen Verhältnissen sollten überdies
Christen und Muhammedaner gemischt in die Gendarmerie eingeteilt, und fremde Offiziere zur Disziplinierung herangezogen
werden. Der Sultan nahm das Programm sogleich an, so daß
auch von dieser Seite die Quelle der Unruhen geschlossen zu
sein schien.

Aber so leicht mit dem Großherrn zu verhandeln war, so
schwer waren die populären Stürme zu beruhigen. Die Albaner
waren mit den Reformplänen unzufrieden und empörten sich dagegen; der russische Konsul in Mitrowitza, der als Führer der
Christen galt, wurde getötet: ehe diese Insurrektion nicht niedergeworfen war, war die Ausführung der Reformen unmöglich. Auf
der anderen Seite setzten die bulgarisch-makedonischen Gesellschaften
trotz der Auflösung der Zentralleitung die revolutionäre Agitation
fort. Ihr vornehmster Führer, Boris Sarafow, der der Verhaf-
tung durch die Flucht nach Makedonien entronnen war, organi-

fierte dort den Aufſtand. Sein Ziel war offenbar, die Türken zu
blutigen Repreſſalien zu reizen und dann mit Hülfe der öffentlichen
Meinung in Europa die Mächte, zunächſt Rußland, zum Ein-
ſchreiten gegen die Pforte zu zwingen; in dem dann folgenden
Kriege mochte er hoffen, die Vereinigung Makedoniens mit Bulgarien zu erreichen. In ſolchen Gedanken ließen ſich die Makedonier zu den Dynamit-Attentaten in Saloniki hinreißen, wobei
die Ottomanbank und ein franzöſiſches Schiff Schaden litten. Aber
anſtatt durch dieſe Zerſtörung europäiſchen Eigentums die europäiſchen Mächte zur Intervention zu drängen, wie ſie gehofft hatten,
kompromittierten ſie vielmehr ihre Sache, und die ſtrengen türkiſchen
Gegenmaßregeln wurden hierdurch gerechtfertigt. Einen Augenblick
ſchien es, als ob mit den Verbrechen in Saloniki die makedoniſche
Bewegung ihren Höhepunkt überſchritten habe. Es gelang den
Türken, ähnliche Vorkommniſſe zu verhüten und die Albaneſen
niederzuwerfen, während gleichzeitig — in den Sommermonaten
während der Ernte — die bulgariſche Agitation nachließ. Aber
unmittelbar nach Beendigung der Ernte (Anfang Auguſt), traten
die bulgariſchen Banden in Makedonien ſtärker als früher auf;
bis nach Adrianopel drangen ſie vor, und von Bulgarien erhielten
ſie unaufhörlich Unterſtützung; bulgariſche Offiziere fochten in ihren
Reihen, obgleich die Regierung den Schein der Neutralität wahrte.
Einen vortrefflichen Agitationsſtoff lieferte den Anführern die Lang-
ſamkeit, mit der die Türkei die Reformen ausführte, und als abermals ein ruſſiſcher Konſul dem albaneſiſchen Fanatismus zum
Opfer fiel (Auguſt), glaubten ſie die Unterſtützung Rußlands nahe,
da die ruſſiſche öffentliche Meinung hierüber in große Erregung
geriet. Das Mittel, die Neigung zur Einmiſchung durch Bedrohung europäiſcher Intereſſen zu verſtärken, verſuchten ſie wiederum:
ſie wandten ſich gegen die Eiſenbahnen, ſprengten einen Zug in
die Luft und legten durch Zerſtörung von Tunnels und Brücken
den Verkehr auf der Hauptorientlinie zeitweilig lahm. Der ge-
wünſchte Erfolg blieb abermals aus; der Sultan beſänftigte die
ruſſiſche Regierung durch ſchleunige Genugtuung für den Mord
und ſetzte eine große Truppenmacht von mindeſtens 200000 Mann
gegen die Makedonier in Bewegung (Auguſt). Der Raſſen- und

Glaubenskrieg wurde jetzt natürlich mit der herkömmlichen orientaliſchen Barbarei geführt, und je länger je mehr gerieten die Empörer in Nachteil. Während dieſes Schauſpiels ſtieg die Erregung im Fürſtentum mehr und mehr; man beſchuldigte den Sultan, die Ausrottung der ganzen chriſtlichen Bevölkerung Mazedoniens anzuſtreben; die Regierung ſetzte die Armee auf den Kriegsfuß und begann mit der Pforte gereizte Verhandlungen. Ein Krieg zwiſchen dem Sultan und ſeinen Vaſallen hätte vermutlich auch Serbien, das ſich ebenfalls um das Schickſal ſeiner mazedoniſchen Stammesgenoſſen ſorgte, zur Aktion getrieben, ſo daß die Gefahr eines großen Balkankrieges vor der Tür ſtand. Griechenland freilich ſtand auf Seiten der Pforte; der Gegenſatz zwiſchen Bulgaren und Griechen in Mazedonien rief in Athen energiſche Proteſte gegen die bulgariſchen Annexionsgelüſte hervor, und griechiſche Freiwillige ſtellten ſich dem Sultan zur Verfügung.

Hier ſetzte wiederum die Aktion der Großmächte ein. Auf das gemeinſame Drängen Öſterreichs und Rußlands willigten Bulgarien und die Pforte zunächſt in eine gleichzeitige Demobiliſierung (Ende September). Die Pforte konnte ſich dazu verſtehen, weil inzwiſchen der Aufſtand größtenteils niedergeſchlagen war, und der Herbſt den Operationen im Gebirge ein Ziel ſetzte. Mit dieſem Erfolge nicht zufrieden, vereinbarten die beiden Kaiſermächte in beſonders feierlicher Form — auf einer Zuſammenkunft der beiden Monarchen in Wien (Anfang Oktober) — noch einmal ein Reformprogramm und empfahlen es in identiſchen Noten in Konſtantinopel. Sie wiederholten im allgemeinen die Forderungen vom Februar, aber ſie verlangten weiter, daß öſterreichiſch-ungariſche und ruſſiſche Agenten die Durchführung der Reformen kontrollieren ſollten und daß europäiſche Offiziere an die Spitze der Gendarmerie geſtellt würden. Die Pforte ſuchte diesmal das Programm abzulehnen, weil die Mitwirkung der fremden Beamten die Souveränität des Sultans ſchmälere. Vermutlich rechnete ſie auf oſtaſiatiſche Verwicklungen, die Rußlands Aktionskraft lähmen würden, vielleicht ſchmeichelte ſie ſich auch, daß die übrigen europäiſchen Mächte an der einſeitigen Kontrolle der Kaiſermächte Anſtoß nehmen und ſo ihr Begehren nicht unterſtützen würden. Da indeſſen jede Spal-

tung im europäiſchen Konzert ausblieb, mußte ſie wohl oder übel
nachgeben. Noch im Dezember wurden die beiden Zivilagenten
Öſterreich-Ungarns und Rußlands ernannt, und zu Beginn des
neuen Jahrs iſt ein italieniſcher General als Kommandeur der
Gendarmerie berufen worden. Ob damit die Verwaltungsreform
und die Ruhe in Makedonien geſichert iſt, muß die Zukunft lehren.
Die bulgariſchen Agitatoren ſcheinen einſtweilen die Abſicht zu
haben, im Frühjahr eine neue Erhebung zu verſuchen. Wenigſtens
iſt das Haupt der Empörer, Sarafow, mit Eifer bemüht in Serbien und Bulgarien Anhänger zu gewinnen, und beide Regierungen
haben nichts getan, ihm das Handwerk zu legen.

Die dritte große Angelegenheit, die oſtaſiatiſche, iſt im
abgelaufenen Jahr in ein akutes Stadium getreten, und bis zur
Zeit der Drucklegung des Kalenders noch nicht beendet. Der Streit
dreht ſich um die Mandſchurei und Korea. Wie im vorigen Jahr
erwähnt hat Rußland ſich China gegenüber zur Räumung der
Mandſchurei verpflichtet, falls China den Schutz der dort anſäſſigen
Ruſſen und der Eiſenbahnlinien übernähme, aber der Vertrag iſt
nicht ausgeführt worden. Die ruſſiſchen Truppen wurden vielmehr
fortgeſetzt verſtärkt, eine neue Adminiſtration für Oſtaſien geſchaffen,
(S. 341, 44), und ſchließlich ſogar die alte Reſidenz der Mandſchu-
dynaſtie, die heilige Stadt Mukden, beſetzt (Oktober). Die Unfähigkeit der chineſiſchen Regierung das Räuberunweſen zu unterdrücken,
diente zur Begründung dieſer Politik. Gleichzeitig dehnte Rußland
ſeine Einflußſphäre auf Korea aus, indem es ruſſiſchen Kapitaliſten
Konzeſſionen zur Ausbeutung von Wäldern und Bergwerken im
weſtlichen Teile der Halbinſel verſchaffte. Damit noch nicht zufrieden ſtrebte es den Erwerb eines koreaniſchen Hafens an. Hiergegen trat der natürliche Gegner Rußlands in Oſtaſien, Japan,
auf. Japans Ziel iſt, wie es in dem japaniſch-engliſchen Abkommen vom 30. Januar 1902 ausgeſprochen iſt, Chinas Integrität
zu erhalten und ſich Korea als ſein Expanſionsgebiet zu ſichern, ſo
daß es Rußlands Wege überall kreuzt, und namentlich die Aus-
lieferung eines wertvollen koreaniſchen Hafens an Rußland nicht
zulaſſen kann. Die japaniſche Regierung hat daher das ganze
Jahr hindurch auf die Ausführung des chineſiſch-ruſſiſchen Ver-

trages über die Mandſchurei gedrängt, und der Abſchluß eines
Handelsvertrages mit China, wonach die mandſchuriſchen Häfen
dem Verkehr offenſtehen ſollen, gab ihr einen Rechtsgrund, gegen
die Sonderſtellung der Ruſſen in der Mandſchurei zu proteſtieren.
Da ein Erfolg ausblieb, ſo bemächtigte ſich der Nation eine kriege-
riſche Stimmung; ſie betrachtete es als nationale Schmach, daß die
Ruſſen die Halbinſel Liautung beſäßen, die einſt die Japaner hatten
aufgeben müſſen (1895), und im Herbſt ſchien nach Berichten eng-
liſcher Blätter der Ausbruch des Krieges unmittelbar bevorzuſtehen.
Es trat dann zwar eine Beruhigung ein, aber gegen Schluß des
Jahres verdüſterte ſich die Lage aufs neue.   Das japaniſche Parlament forderte ſtürmiſch in heftigen Ausfällen gegen die allzu nach-
giebige Regierung einen entſcheidenden Schritt gegen Rußland, und
die Regierung ſah ſich gezwungen, das Parlament aufzulöſen, um
die eingeleitete Verhandlung nicht durch populäre Ausbrüche zu
erſchweren.   Die japaniſche Regierung hat zwar mit großem Eifer zu
Lande und zu Waſſer gerüſtet, aber ſie iſt weit vorſichtiger als die
öffentliche Meinung.   Anſcheinend iſt ſie noch nicht entſchloſſen,
allein einen Krieg mit Rußland zu wagen.   Der Bundesgenoſſe
Japans, England, aber hat noch eine neutrale Haltung bewahrt;
ſeine Sympathie war zwar offenkundig auf der Seite Japans, aber
nichts läßt darauf ſchließen, daß er ihm eine militäriſche Unterſtützung gewähren würde.   Andererſeits ſprechen auch in Rußland,
abgeſehen von dem friedlichen Charakter des Zaren, manche Gründe
für eine friedliche Löſung: Die Finanzlage iſt ungünſtig, der Ausgang des Krieges am Gelben Meer wäre bei der ungeheuren Entfernung vom Zentrum des Reiches und der mangelhaften Beſchaffen-
heit der einzigen unmittelbaren Verbindungslinie, der ſibiriſchen
Bahn, höchſt ungewiß, endlich wäre wie erwähnt die ruſſiſche Politik
am Balkan hierdurch gelähmt.   Daher ſind zu Beginn des neuen
Jahres Berichte aus Oſtaſien eingetroffen, die eine friedliche Wendung erhoffen laſſen.   Aber über den Inhalt der Verhandlungen,
die in Petersburg und Tokio geführt werden, iſt authentiſch nichts
bekannt.   Es wird vielfach vermutet, daß die Mächte einen modus
vivendi finden, indem Rußland auf den koreaniſchen Hafen verzichten und Japan dafür den Ruſſen die Mandſchurei überlaſſen wird.

Die dritte große ostasiatische Macht, England, sucht zwischen den beiden Gegnern zu vermitteln. In London ist der Krieg offenbar unerwünscht, weil der Sieger — mag es nun Rußland oder Japan sein — eine übermächtige Stellung in Ostasien erhalten und so dem englischen Einfluß verderblich werden würde. Das Bündnis mit Japan verpflichtet England nur zur Waffenhilfe, wenn Rußland einen Bundesgenossen findet; es ist daher Englands Bestreben, Frankreich von einer Einmischung in den ostasiatischen Streit abzuhalten, und dies Vorhaben scheint von Erfolg gekrönt zu sein, da in mehreren offiziellen Kundgebungen beide Regierungen ihre vortrefflichen Beziehungen zueinander betont haben. Die gefährliche Lage am Balkan mag ebenfalls dazu beitragen, die englische Regierung friedlich zu stimmen. Bei einem gleichzeitigen Brande im nahen und fernen Orient wäre die englische Macht kaum imstande, an beiden Stellen einen entscheidenden Einfluß auszuüben. — Einstweilen hat aber die englische Regierung die russisch-japanische Verwicklung zu einem Vorstoß in Zentralasien benutzt: sie hat von Indien aus eine Expedition nach Tibet entsandt, um das geistliche Haupt des Buddhismus, den Dalai Lama, an dessen Hofe die Russen in den letzten Jahren eine starke Stellung gewonnen hatten, unter englischen Einfluß zu bringen. Wenn die Expedition gelingt, kann sie bei der moralischen Bedeutung des Lama zu einer erheblichen Verbesserung der englischen Machtstellung in Asien führen.

Die letzte internationale Frage endlich, die marokkanische, hat zwar nicht zu weiteren Verwicklungen geführt, aber ihre Lösung noch nicht gefunden. Es ist dem Sultan nicht gelungen, die Rebellen niederzuwerfen; als er durch die Schwierigkeiten der Jahreszeit gezwungen wurde, den Feldzug abzubrechen und nach Fez heimzukehren, behauptete sich der Prätendent noch in Taza. Die Stellung des Sultans hat sich durch die Rebellion im allgemeinen verschlechtert; unter seinem Volke macht sich immer stärker eine fremdenfeindliche Stimmung geltend, und er ist gezwungen, wegen finanzieller Verpflichtungen gegen europäische Kapitalisten, auf die Europäer Rücksicht zu nehmen. — Die Mächte haben der Entwicklung abwartend zugeschaut. — Frankreich, die am nächsten interessierte

Macht, sollte nach der Behauptung eines französischen Sozialisten=
führers eine große Operation planen, um Marokko unter sein Pro=
tektorat zu stellen. Die Regierung hat solche Absichten zwar ab=
geleugnet, aber deutlich ausgesprochen, daß Frankreich in Marokko
eine bevorzugte Stellung vor den übrigen Mächten einnehmen
müsse. Ob darüber Verhandlungen mit den Mittelmeermächten
stattgefunden haben, ist unbekannt; daß England zum mindesten
seine Einwilligung dazu gegeben habe, ist gelegentlich der gegen=
seitigen Besuche der beiden Staatsoberhäupter und mehrerer Parla=
mentarier hier und da behauptet worden. Ob und wie die marok=
kanische und ostasiatische Frage einander beeinflussen, steht dahin.

An allen diesen Fragen war das Deutsche Reich außer
an der venezolanischen nur mittelbar beteiligt, und von sonstigen
auswärtigen Konflikten hatte es nur einen kommerziellen Streit
mit Kanada durchzufechten. Die Handelsbeziehungen zu Großbritan=
nien und seinen Kolonien wurden bis 1898 geregelt durch den
Meistbegünstigungsvertrag. Als er dann von England gekündigt
worden war, wurde alljährlich ein Provisorium abgeschlossen, das
aber nur England band und den Kolonien freistellte, das Meist=
begünstigungsverhältnis aufzugeben. Von diesem Rechte machte
Kanada Gebrauch und gewährte dem Mutterlande Vorzugszölle
gegenüber dem Auslande bis zur Höhe von 33⅓%. Infolge
dieser Benachteiligung Deutschlands gegen England wurde in Deutsch=
land der Generaltarif, der höhere Sätze enthält als der Konventional=
tarif mit England, auf die Einfuhr aus Kanada angewendet. Diese
Vergeltungsmaßregel Deutschlands veranlaßte Kanada zu einem Zu=
schlagzoll auf deutsche Waren (S. 369), und die englische Regierung
protestierte in Berlin gegen die höhere Belastung der kanadischen
als der übrigen kolonialen Einfuhr. Die deutsche Regierung hat
hierauf mit der unanfechtbaren Erklärung geantwortet, daß, solange
Kanada seine eigene Zollpolitik gegenüber dem Mutterlande und
Auslande verfolge, es auch als besonderes Zollgebiet behandelt
werden müsse (27. Juni; vgl. Staatsarchiv Bd. 69). Die Ange=
legenheit ist noch nicht abgeschlossen; einstweilen hat Deutschland
den Generaltarif aufrecht erhalten, weitere Zuschläge oder Straf=
maßregeln aber vermieden, und damit den Beifall fast sämtlicher

Parteien gefunden (S. 84, 97). — Das Handelsprovisorium mit England ist auf zwei Jahre verlängert worden.

Die innere Politik stand noch unter den Nachwirkungen des Kampfes um den Zolltarif. Die agrarisch gesinnte Rechte verlangte schleunigst Kündigung der Handelsverträge und neue Verhandlungen auf Grund des soeben beschlossenen Tarifs; jede Herabsetzung der landwirtschaftlichen Zölle perhorreszierte sie, selbst auf die Gefahr eines Zollkrieges, da ihr der beschlossene Zollschutz ohnehin kaum ausreichend erschien. Auf dieses Verlangen hat die Regierung stets ihren guten Willen, für die Landwirtschaft in den künftigen Handelsverträgen etwas zu erreichen, betont, aber im übrigen die agrarischen Forderungen kurz zurückgewiesen (S. 9, 89). — Legislatorische Ergebnisse von Bedeutung hat die Reichstagssession, die bald zu Ende ging, nicht mehr gebracht; die wichtigsten sind die Änderung der Seemannsordnung, die Beschränkung der gewerblichen Kinderarbeit und die Ergänzung der Krankenversicherung. Von den Verhandlungen über allgemeine Dinge sind zweierlei hervorzuheben: die Debatte, die sich an die Swinemünder Depesche (1902) anschloß und eine Auseinandersetzung über die Persönlichkeit des Kaisers, sein Verhältnis zu den Bundesfürsten und obersten Reichsbeamten und seine sozialpolitischen Ansichten brachte (S. 13); ferner die Diskussion auswärtiger Fragen wie der Venezuelaangelegenheit, des Dreibundes, der Stellung der Deutschen in Ungarn. Die Gewandtheit und der Freimut, womit Graf Bülow diese Fragen behandelte, die Mitteilungen über einige wichtige Interna aus der Zeit Bismarcks (S. 65) und der Gegenwart sichern seinen Reden ein mehr als ephemeres Interesse und machen sie zu einem wichtigen historischen Dokument. Die Burenfrage, die in früheren Jahren die deutschen Tagespolitiker so stark beschäftigt hat, ist nur noch vorübergehend im Reichstage berührt worden. Es scheint, daß die vulgäre Auffassung, die jede Burenangelegenheit fast als nationaldeutsche Sache betrachtete, zurücktritt und einer politischen Platz macht.

Die Reichstagswahlen standen bei dem Fehlen einer großen unmittelbaren nationalen Aufgabe ausschließlich unter dem Zeichen des wirtschaftlichen Interessenkampfes. Die alten Schlagworte von dem Schutz der nationalen Arbeit durch erhöhte Zölle und von der Brotverteuerung durch den neuen Zolltarif kehrten daher in allen Agitationen wieder. Die größte Zugkraft hat die zweite Parole bewieſen: die Sozialdemokratie, die Partei des unbedingten Freihandels, verſtärkte ihre Mandatenzahl um die Hälfte und gewann eine Million neuer Wahlſtimmen; die Gegner haben ſolche Fortſchritte nicht gemacht. Vielmehr haben die konſequenteſten Vertreter des Schutzzolls, die Agrarier, eine empfindliche Niederlage erlitten: mehrere ihrer Hauptführer in Parlament und Preſſe, die den Zolltarif als zu niedrig verworfen hatten, ſind nicht wiedergewählt worden. Selbſtverſtändlich iſt der Kampf um die Zölle nicht das einzige Moment, das den großen Erfolg der Sozial= demokratie erklärt.

Ohne die vortreffliche Organiſation der Partei, ohne die Opferwilligkeit ihrer Angehörigen, ohne die Brutalität, mit der ſie gegen unſichere Elemente in ihren Reihen und gegen feindliche Parteien vorzugehen weiß, wäre ein ſolcher Sieg undenkbar. So er= klärt es ſich auch, daß die übrigen Freihandelsparteien, die freiſinnigen Fraktionen, die über ſolche Mittel nicht verfügen, Verluſte erlitten haben. Endlich wird das Fehlen einer nationalen Wahlparole nicht wenig zu dem ſozialdemokratiſchen Erfolge beigetragen haben: mancher Arbeiter, der für patriotiſche Regungen und Erwägungen empfänglich iſt, wird jetzt, wo keine Gefährdung der nationalen Sache auf dem Spiele ſtand, für die Sozialdemokratie, als die beſondere Vertreterin ſeines Standes, geſtimmt haben; mancher Angehörige einer anderen Partei wird aus irgendwelcher Verſtimmung die radikalſte Oppoſitions= partei unterſtützt haben. — Die Machtverhältniſſe ſind im Reichs= tage trotz des Wachstums der Sozialdemokraten ziemlich unver= ändert geblieben, da die Sozialdemokratie ihre Wahlſiege vorwie= gend auf Koſten der ihnen am nächſten ſtehenden Linkenparteien und der äußerſten Rechten gewonnen hat. Die Parteien, die das Flottengeſetz und den Zolltarif beſchloſſen haben, haben alſo nach wie vor die Majorität; die größten von ihnen ſind ſogar in ihrer Mandatenziffer faſt unverändert geblieben und haben durch die Schwächung des frondierenden agrariſchen Flügels eine gewiſſe innere Stärkung erfahren. Der Verſuch, der nach der Hauptwahl von

verſchiedenen Seiten gemacht wurde, ein allgemeines Zuſammengehen
der bürgerlichen Parteien gegen die Sozialdemokratie bei den Stichwahlen herbeizuführen, iſt nicht überall gelungen, aber eine direkte
Unterſtützung von Angehörigen bürgerlicher Parteien außer den
erwähnten „Mitläufern“ wird die Sozialdemokratie bei den Stichwahlen wohl nur in geringem Maße erhalten haben. Die Urſache
iſt teils die Abneigung der beſitzenden Stände, die Partei des
Proletariats zu verſtärken, teils der Widerwille gegen den Terrorismus, mit dem die Sozialdemokratie den Wahlkampf grade gegen
die Parteien, von denen ſie am erſten hätte Hilfe erwarten dürfen,
gegen die freiſinnige Volkspartei und freiſinnige Vereinigung, geführt hatte.

Wie natürlich beherrſchte der ſozialdemokratiſche Wahlerfolg
die öffentliche Diskuſſion, und ſogleich traten wieder die beiden Anſchauungen einander gegenüber, die ſich innerhalb der bürgerlichen
Parteien ſeit etwa einem Jahrzehnt bekämpfen. Die eine will die
Sozialdemokratie mit Gewalt, durch ein Ausnahmegeſetz, oder durch
eine allgemeine Umſturzvorlage irgendwelcher Art oder durch Änderung des Reichstagswahlrechts bekämpfen, weil ſie in der zügelloſen
Agitation und der freien Organiſation die wahren Urſachen ihres
Emporkommens ſieht. Die andere erklärt ſolche Mittel für verderblich,
weil ſie der Sozialdemokratie nur neuen Agitationsſtoff liefern und
die Maſſe ganz und gar ins revolutionäre Lager treiben würde.
Sie will vielmehr die Arbeiterſchaft als völlig gleichberechtigte
Partei anerkennen und der Sozialdemokratie durch Abhilfe von
berechtigten Beſchwerden — durch Verbeſſerung der Schutzvorſchriften
und des Verſicherungsweſens, durch Anerkennung der Arbeiterorgani-
ſationen, durch mildere Beſtrafung der Arbeitervergehen als bisher, durch Verhütung der Soldatenmißhandlungen u. dgl. — den
Agitationsſtoff entziehen und ſo die Maſſe zur nationalen Geſin-
nung zurückführen. Wenn die erſte Partei mit der unverkennbaren
Brutalität des ſozialdemokratiſchen Wahlkampfes die Notwendigkeit von Repreſſivmaßregeln begründet, ſo hält die Gegenpartei
dieſem Argument das Beiſpiel Sachſens entgegen, wo polizeiliche
Vorſchriften und Wahlrechtsbeſchränkungen gegen die Sozialdemokratie ſtärker als im übrigen Deutſchland angewendet worden ſind,

und wo die Sozialdemokratie bennoch alle Reichstagsmandate bis
auf eins erobert hat. Eine gewiſſe Verſtärkung haben die Gegner
der Repreſſivpolitik erfahren durch den Tag der nationalgeſinnten
Arbeiter in Frankfurt (S. 159), der ſich ebenfalls dagegen ausgeſprochen und einige Wünſche der Arbeiter zur Verbeſſerung ihrer
Lage formuliert hat. Einſtweilen iſt im Reichstage keine Mehrheit
für eine Gewaltpolitik vorhanden, und die Regierung iſt nicht geneigt, ſie zu verſuchen, wie die Anſprache des Kaiſers an die Dan-
ziger Werkſtättenarbeiter (S. 136) und die Antworten Bülows an
den Grafen Limburg-Stirum und an die Arbeiterdelegierten(S. 184)
beweiſen. Ob damit freilich eine fruchtbare geſetzgeberiſche Tätigkeit im entgegengeſetzten Sinne geſichert iſt, ſteht noch dahin. Vorläufig hat es im Reichstage außer jener Abſage an die Gewalt-
politiker nur eine Auseinanderſetzung zwiſchen dem Reichskanzler
und dem Abg. Bebel gegeben, in der der Kanzler die politiſchen
Ziele der Sozialdemokraten mit treffendem Spott behandelte.
Größere poſitive Aufgaben lagen dem Reichstag außer der von den
Einzelſtaaten bringend verlangten Finanzreform (S. 168), über die
im nächſten Jahre zu berichten ſein wird, noch nicht vor.

In jener Diskuſſion über die Bekämpfung der Sozialdemokratie ſpielte eine große Rolle die Frage, welchen Einfluß
die Vergrößerung der Reichstagsfraktion auf die Partei ausüben
werde. Die Gegner der Gewaltpolitik waren der Meinung, daß
die gemäßigten Elemente, denen die ſchleunige Verbeſſerung der
Lage der Arbeiterſchaft wichtiger iſt als der Umſturz der geltenden
Staatsordnung in ferner Zukunft, wachſen würden; man hoffte, daß
ſie die ganze Fraktion immer mehr zur poſitiven Mitwirkung an
den legislatoriſchen Arbeiten drängen und ſo ihre revolutionäre
Agitationskraft vermindern würden, wenn nicht gar eine Spaltung
zwiſchen dem reviſioniſtiſchen und radikalen Flügel eintrete. In
der Tat traten nach den Reichstagswahlen in den Debatten über
das Reichstagspräſidium und andere Fragen (S. 119, 129) weitgehende Differenzen hervor, aber ſie bezogen ſich nur auf die Taktik, nicht auf das Verhältnis der Partei zu den nationalen Aufgaben. Der Dresdener Parteitag hat dieſe Differenzen nicht ge-
ſchlichtet. Er hat zwar formell den Reviſioniſten ein Tadelsvotum

erteilt und aufs neue wie so oft schon den Revolutionsgedanken
betont, aber als unmittelbar darauf die Parteileitung zum Handeln berufen wurde, hat sie revisionistische Anschauungen vertreten:
der Aufruf zu den preußischen Landtagswahlen (S. 152) verriet
in Forderungen und Ton nirgends, daß die Sozialdemokratie die
Partei des revolutionären Klassenkampfes sei. Der Parteitag wird
die Gegensätze zwischen den einzelnen Führern durch die gehässigen
persönlichen Angriffe noch vertieft haben. Bezeichnend für die
Stimmung der Minderheit war das Wort des Abg. Heine, daß
man sich jetzt in sozialdemokratischen Versammlungen freier über
den Kaiser und die Bundesfürsten aussprechen könne als über den
Abg. Bebel.

Die preußischen Landtagswahlen erhielten in diesem
Jahr einen besonderen Charakter durch die Beteiligung der Sozialdemokraten. Wie vorauszusehen haben sie in der 3. Klasse eine
große Zahl Wahlmänner durchgesetzt, aber ein Mandat haben sie
nicht gewonnen; nicht einmal eine nennenswerte Änderung in der
Zusammensetzung des Abgeordnetenhauses haben sie erzielt. Vielmehr sind die Konservativen die stärkste Fraktion geblieben und
haben nach wie vor die Möglichkeit, entweder mit Freikonservativen
und Nationalliberalen oder mit dem Zentrum eine Mehrheit zu
bilden. Die Ursache dieses sozialdemokratischen Mißerfolges war,
daß sie kein Bündnis mit der bürgerlichen Linken zustande brachten:
die Forderungen der Sozialdemokraten waren zu hoch (S. 164),
ihr Auftreten bei der Wahl war zum Teil roh, und endlich herrschte
bei den meisten Nationalliberalen und Freisinnigen eine grundsätzliche Abneigung, mit den Roten zu paktieren. Selbst die den
Sozialdemokraten seit dem gemeinsamen Obstruktionskampfe (1902)
am nächsten stehende Gruppe, die freisinnige Vereinigung, war trotz
aller Mühe ihrer Hauptführer in ihrer Gesamtheit nicht zum Bündnis
mit den Sozialdemokraten zu bewegen. — Die letzte Tagung des
früheren Landtags hat u. a. eine abermalige Erweiterung des
Staatsbahnnetzes, die Regelung der Landestrauer, die Bildung
eines Ausgleichsfonds der Eisenbahnverwaltung und einige Maßregeln zum Schutze des Deutschtums in den Ostmarken gebracht.
Unter den letzten ist namentlich die Gründung einer Hochschule in

Posen hervorzuheben, die bereits über tausend Hörer zählt. Ein Gesetzentwurf über die Auswahl der Anwärter zum höheren Verwaltungsdienst kam infolge von Differenzen zwischen den beiden Häusern des Landtags nicht zustande, aber die Debatten brachten mancherlei Interessantes. — Wie stets hat die Polenfrage wiederum die öffentliche Meinung lebhaft beschäftigt, zumal da die Reichstagswahlen eine beträchtliche Zunahme der polnischen Stimmen ergaben. Es ist viel beachtet worden, daß zwischen Zentrum und Polen in Westfalen und Oberschlesien scharfe Fehden ausgebrochen sind, deren Kosten freilich einstweilen das Zentrum mit dem Verlust eines Mandats an die Polen zu tragen hat. Endlich ist noch die Tagung der Generalsynode zu erwähnen, die namentlich die Besetzung der theologischen Professuren beraten hat.

Von den übrigen Einzelstaaten hat Bayern seinen Ministerpräsidenten gewechselt. Der Vorgang ist vielfach mit der Gegnerschaft des Zentrums gegen den Grafen Crailsheim erklärt worden, nach der Darstellung des neuen Ministerpräsidenten ist er dagegen auf Differenzen innerhalb des bayerischen Kabinetts zurückzuführen. Irgend eine grundsätzliche Bedeutung soll nach den Ausführungen des Freiherrn v. Podewils dem Ministerwechsel nicht zukommen; das Verhältnis zu Preußen und dem Reiche soll unverändert bleiben. Außer den Debatten hierüber hat der Landtag, der in diesem Jahre zusammengetreten ist, über die Verstaatlichung der pfälzischen Eisenbahnen und über die Änderung des Wahlrechts verhandelt. Der Wahlreformentwurf ist von der Kommission beraten worden, und die Verstaatlichung der Eisenbahnen liegt noch in weiter Ferne.

Die Frage der Wahlrechtsänderung steht auch in Sachsen, wo bei dem geltenden Wahlsystem die Konservativen den Landtag beherrschen, auf der Tagesordnung. Am Jahresschluß war noch nicht zu erkennen, welche Reform die Regierung vorschlagen würde. Im übrigen hat Sachsen wieder mit der Finanznot zu kämpfen gehabt, und ein wichtiger Teil seiner Industrie, die Textilindustrie in Krimmitschau, ist von einem Ausstand zur Erlangung des Zehnstundentages heimgesucht worden, dessen Ende nach viermonatiger Dauer noch nicht abzusehen ist. — In Württem-

berg ist die wichtigste Neuerung der Abschluß der Steuerreform,
die wichtige soziale Fortschritte bringt, und in Baden hat eine
teilweise Neuwahl das Kräfteverhältnis der Parteien im Landtag
unverändert gelassen. Eine Neuordnung des Wahlrechts steht auch
hier bevor.

In der Kolonialpolitik ist eine erhebliche Summe für
Eisenbahnen in Ostafrika bewilligt worden. In Südwestafrika
brach im Herbst ein Aufstand der Bondelzwarts aus, über den
ursprünglich durch englische Blätter die alarmierendsten Nachrichten
verbreitet wurden. Er konnte nach einigen Wochen ohne Mühe
unterdrückt werden, aber kaum war die Ruhe wiederhergestellt, da
erhoben sich an der Jahreswende die Hereros im Zentrum des
Schutzgebietes. Über Ursache und Ausdehnung dieses Aufruhrs
sind wir noch nicht genügend unterrichtet. — Eine grundsätzliche
Neuerung ist die Verordnung des Reichskanzlers über Einführung
von Gouvernementsräten (24. Dezember). Hierdurch wird in jeder
Kolonie ein Rat von sechs Personen — drei Beamten, drei Privat=
leuten — geschaffen, mit dem der Gouverneur den Etat und alle
wichtigen Verordnungen zu beraten hat. Der Gouverneur ist nicht
unbedingt an das Votum des Rats gebunden, hat aber über jeden
Fall, in dem er von ihm abweicht, auf eigene Verantwortung zu
handeln und darüber nach Berlin zu berichten. Hierdurch soll eine
Selbstverwaltung in den Kolonien und eine Tradition in der Ver=
waltung, die bisher mit dem Gouverneur häufig wechselte, be=
gründet werden.

In Österreich=Ungarn bezeichnet der Kampf um die Er=
höhung der Rekrutenziffer die politische Lage; er hat die Zustände
in den beiden Staatshälften wie ihr Verhältnis zueinander be=
stimmt. Die Militärvorlage wurde in Österreich ziemlich schnell
angenommen, aber in Ungarn fand sie erbitterte Feindschaft außer=
halb der Regierungspartei, und die rücksichtslose Obstruktion dieser
Minderheit war stark genug, die Verabschiedung des Gesetzes zu
hintertreiben und die ganze Staatsmaschine lahm zu legen. Sie
verhinderte die Votierung des Budgets, so daß Ungarn bei Beginn
des neuen Rechnungsjahres (1. Mai) ohne verfassungsmäßige Re=
gierung war (ex lex=Zustand). — Die radikalen magyarischen

Parteien, vor allen Dingen die von Franz Koſſuth geführte Unabhängigkeitspartei, widerſprachen zunächſt nur der Erhöhung des
Rekrutenkontingents, im Laufe des Kampfes erhoben ſie dann
Forderungen, die auf die Zerreißung der gemeinſamen Armee, ja
auf eine Beſeitigung der Realunion hinausliefen. Nach ihrem Verlangen ſoll in allen aus dem Reiche der Stephanskrone rekrutierten
Truppenteilen die magyariſche Kommando- und Gerichtsſprache
herrſchen; ſie ſollen nur von Offizieren ungariſcher Staatsangehörigkeit befehligt werden; beſondere Fahnen und Abzeichen ſollen die
Trennung der beiden Heere zum äußeren Ausdruck bringen; dem
ungariſchen Reichstag endlich ſoll ein Einfluß auf den Militär-
ſtrafprozeß wie überhaupt auf alle militäriſche Dinge eingeräumt
werden, während bisher alles, was mit der Leitung des Heerweſens
zuſammenhing, ausſchließliches Majeſtätsrecht geweſen war. (Vgl.
hierüber „Preuß. Jahrbücher" Bd. 113, 362, Bd. 114, 168 und
Pannonicus, „Deutſche Zeitſchrift" Jahrg. 1903, November.)

Der Miniſterpräſident von Szell erkannte (im Juni), daß
es ihm unmöglich ſein werde, das Budget und das Militärgeſetz
zeitig genug zu erledigen, um im Herbſte die Aushebung nach dem
neuen Modus beginnen zu können; er trat deshalb zurück, und der
Banus von Kroatien, Graf Khuen-Hedervary, übernahm die Regierung. Szell hatte die Obſtruktion durch Geduld zu überwinden
gehofft, von dem Banus, der in Kroatien ein ſtrenges Regiment
geführt hatte, erwartete man eine aktive Bekämpfung. Aber das
war eine Täuſchung: Graf Khuen kapitulierte vor der Obſtruktion.
Um die Oppoſition friedlich zu ſtimmen, zog er die Militärvorlage
einſtweilen zurück und bewog den Honvedminiſter Fejervary, der
als unbedingter Verfechter der Einheit der Armee galt, zum Rücktritt (S. 202). Durch dieſe Konzeſſionen hoffte er wenigſtens das
Budget und das bisherige Rekrutenkontingent bewilligt zu erhalten.
Ein Teil der Unabhängigkeitspartei erklärte ſich unter Vortritt
Koſſuths dazu bereit, aber der Reſt, der einmal die Stärke der
Obſtruktion kennen gelernt hatte, ſetzte den Kampf fort, um die
Anerkennung des radikalen Programms zu erzwingen. Wenn ſo in
Ungarn die Obſtruktion ihr Weſen weiter trieb, ſo äußerte ſie auch
ihre Wirkung in Öſterreich. Die einſeitige Zurückziehung der

Militärvorlage, eines gemeinſamen Geſetzes, durch die ungariſche Regierung bedeutete eine Bloßſtellung der öſterreichiſchen Regierung: das Miniſterium Körber reichte daher ſeine Entlaſſung ein (S. 203). Der Kaiſer nahm ſie indeſſen nicht an, und Körber ließ ſich zum Bleiben bewegen, ohne eine Garantie gegen die Wiederholung eines ähnlichen Vorgangs zu erhalten. Er hatte ſie zwar anfangs gefordert, aber auf die Vorſtellung, daß eine ſolche Erklärung des Kaiſers in Ungarn einen parlamentariſchen Sturm veranlaſſen werde, fallen laſſen. Nur der tſchechiſche Landsmannminiſter Rezek, deſſen Poſition bei der andauernden Feindſchaft ſeiner Partei gegen das Miniſterium Körber täglich unbehaglicher wurde, ſchied aus dem Kabinett aus.

Es zeigte ſich bald, daß auch die geſchwächte ungariſche Ob-ſtruktion nicht zu bändigen war, und ein Zwiſchenfall kam ihr zu Hilfe. Ein hoher ungariſcher Beamter, Graf Szapary, der Gou-verneur von Fiume, verſuchte ein Mitglied der Unabhängigkeits-partei durch Beſtechung zum Aufgeben der Obſtruktion zu bewegen, und die Meinung wurde laut, daß er im Auftrage des Miniſter-präſidenten gehandelt habe. Obwohl ein Beweis für dieſe An-ſchuldigung nicht erbracht wurde, ſo diente die Angelegenheit der Oppoſition doch als vortreffliches Agitationsmittel, da Szapary mit dem Miniſterpräſidenten befreundet war und man den Banus für ſkrupellos genug hielt, einen derartigen Verſuch zu machen. Jetzt ging auch Koſſuth wieder zur Obſtruktion über, und Khuen reichte, an der Lösbarkeit ſeiner Aufgabe verzweifelnd, ſeine De-miſſion ein (Auguſt). Nun kam der König ſelbſt nach Budapeſt, um mit den Parteiführern perſönlich zu verhandeln und mit der Bildung eines neuen Kabinetts zugleich ein Abkommen in der Militärfrage herzuſtellen. Er war bereit, in einigen Punkten den magyariſchen Wünſchen zu willfahren: er geſtattete die Anbringung von ungariſchen Abzeichen an den Fahnen, die Verſetzung der ungariſchen Offiziere aus nicht ungariſchen Regimentern in unga-riſche, die Förderung des magyariſchen Unterrichts in den mili-täriſchen Unterrichtsanſtalten. An der Einheitlichkeit der Kom-mandoſprache hielt er dagegen unerbittlich feſt. Aber er ſah bald, daß die Forderungen der Radikalen jetzt auch von der Regierungs-

partei im weſentlichen vertreten wurden: im ſtillen neigte ſie ihnen
längſt zu, und jetzt hatte die radikale Agitation eine ſolche Erregung in der Nation hervorgerufen, daß ein Eingehen auf die
königlichen Intentionen als Verrat an den heiligſten magyariſchen
Intereſſen angeſehen worden wäre. So zerſchlugen ſich die Verhandlungen, und der König erließ, um ſeinen Standpunkt öffentlich darzulegen, aus dem Manöverfelde einen Armeebefehl, der die
Trennung der Armee und die Verminderung der königlichen Kom-
mandorechte als verderblich zurückwies (S. 212). Obgleich Franz
Joſeph hiermit nur ſeine Pflicht gegen die Armee und ſein im Ausgleich von 1867 begründetes Recht wahrgenommen hatte, wurde
die Erklärung doch in Ungarn mit einem Sturm der Entrüſtung
aufgenommen und allgemein als verfaſſungswidrig bezeichnet: die
Nation hatte ſich eben daran gewöhnt, die militäriſchen Dinge
einſeitig unter dem Geſichtswinkel der magyariſchen Wünſche zu
betrachten, und die ſtaatsrechtlichen Grundlagen des beſtehenden
Zuſtandes ganz außer Augen zu ſetzen. Das Feuer wurde ge-
ſchürt, als um dieſelbe Zeit der öſterreichiſche Miniſterpräſident
ſeinen Standpunkt darlegte und erklärte, daß ohne Zuſtimmung
der weſtlichen Staatshälfte eine Änderung im Kommando der gemeinſamen Armee nicht ſtatthaben könne, und daß bei einer etwaigen Trennung der Armee, zu deren Koſten Öſterreich den
größeren Teil beiſteure, auch eine Reviſion des wirtſchaftlichen
Verhältniſſes unerläßlich ſei. Dieſe Erklärung, die die Rechte
Öſterreichs mit ungewohnter Energie wahrte, wurde von der magyariſchen Oppoſition als unbefugte Einmiſchung in innere ungariſche
Angelegenheiten behandelt und zum Sturze des Grafen Khuen benutzt, den der König ſoeben wieder mit der Kabinettsbildung betraut hatte. Als er auf Körbers Rede antwortete, wollten Oppoſition und Regierungspartei darin eine ungenügende Verteidigung
der Würde Ungarns erkennen und erteilten ihm ein Mißtrauensvotum. Damit war ſein endgültiger Rücktritt unvermeidlich geworden. Es dauerte einige Zeit, bis ſich ein Nachfolger finden
ließ, weil immer die Militärfrage zwiſchen dem Könige und der
ungariſchen Majorität ſtand. Schließlich gelang es dem Grafen
Tisza, dem Könige einige Zugeſtändniſſe abzuringen (S. 222) und

ein Kabinett zuſammenzuſtellen. Aber die Obſtruktion legte die
Waffen bennoch nicht aus der Hand, obwohl ihr Koſſuth mit ſeinen
Anhängern wieder den Rücken kehrte. Auch der Friede mit Öſter=
reich iſt noch nicht wiederhergeſtellt, wie die gereizten Erklärungen
der beiden Miniſterpräſidenten in ihren Parlamenten beweiſen
(S. 226); Körber hält an der Auffaſſung feſt, daß die Sprachen=
frage der Armee nicht ohne Mitwirkung Öſterreichs geordnet werden
könne, Tisza behauptet, daß ſie wie alle ſtaatsrechtlichen und natio=
nalen Fragen ausſchließlich zwiſchen König und Parlament ver=
handelt werden dürfe. Wie weit dieſer Standpunkt durchgeſetzt
wird, muß die Zukunft lehren. Wenn die magyariſchen Politiker
ihren Willen bekommen und das finanzielle Verhältnis zwiſchen
Öſterreich und Ungarn unverändert beibt, haben ſie das Privi=
legium erlangt, eine nationale Armee zum Teil auf Koſten Öſter=
reich, begründen zu können, da Öſterreich zu den gemeinſamen
Ausgaben mehr beiträgt als Ungarn.

Auch in Öſterreich war der Parlamentarismus wenig
leiſtungsfähig. Nach Erledigung der Wehr= und Zuckervorlage
ſetzte die Obſtruktion der Tſchechen wieder ein, ſo daß der Reichs=
rat vertagt werden mußte. Nicht beſſer ging es in der Herbſt=
ſeſſion, die berufen wurde, um das bisherige Rekrutenkontingent
zu bewilligen, da die frühere Bewilligung durch die Zurückziehung
des Geſetzes gegenſtandslos geworden war. Wiederum wurde zwar
die Militärvorlage genehmigt, aber die Änderung der Geſchäfts=
ordnung und die Votierung des proviſoriſchen Budgets konnte nicht
erreicht werden. — Die Beziehungen der Parteien zueinander ſind
im allgemeinen unverändert geblieben; nur die Lage der Deutſchen
hat ſich inſofern gebeſſert, als ihre vier Hauptfraktionen einen
Verband mit etwa 140 Abgeordneten gebildet haben, und ſo
manövrierfähiger geworden ſind. Die Tſchechen verharren in der
Obſtruktion, um die Gleichberechtigung ihrer Sprache vor allen
Gerichtshöfen Böhmens und Mährens ſowie die Errichtung einer
tſchechiſchen Univerſität in Mähren zu erzwingen; die Deutſchen
haben dagegen mit der Obſtruktion im Böhmiſchen Landtag be=
gonnen, um die Tſchechen zum Verzicht auf die Obſtruktion im
Reichsrat zu bewegen. Auch andere Landtage, wo ſich verſchiedene

Nationalitäten gegenüberſtehen, ſind arbeitsunfähig geweſen; in
Tirol iſt es über italieniſche Anſprüche ſogar zu Tumulten gekommen.

In Ungarn hat die durch die Militärfrage hervorgerufene
Erregung auch die nationalen Gegenſätze verſchärft. So hat die
Regierung, getrieben von den radikalen Magyaren, die Verfolgung
der Deutſchen in Siebenbürgen durch Preß- und Beleidigungs-
prozeſſe mit Eifer und Erfolg fortgeſetzt. Trotzdem ſind einige
ſächſiſche Abgeordnete in die Regierungspartei eingetreten. Es
ſcheint aber, daß dieſe Handlung auf Widerſpruch bei ihren Landsleuten ſtößt, und daß Vertreter einer ſchärferen nationalen Ton-
art, vornehmlich jüngere Elemente, an Boden gewinnen. Auch die
Feindſchaft zwiſchen Magyaren und den Kroaten iſt gewachſen,
wie die Krawalle zeigen, und es iſt nicht ausgeſchloſſen, daß dieſem
Zwieſpalt wieder einmal bei einem ernſten Konflikt zwiſchen Magyaren und Krone eine große Bedeutung zukommen kann.

Auf der Pyrenäiſchen Halbinſel iſt im großen und ganzen
alles beim alten geblieben. Der Beſuch des Königs von England
in Portugal hat über das engliſch-portugieſiſche Einvernehmen
nichts Neues gebracht, und in Spanien haben die mannigfachen
Miniſterwechſel weder die zahlreichen Unruhen verhindern noch eine
Beſſerung in der Zukunft verſprechen können. Bei den Cortes-
wahlen hat ſich eine Zunahme der republikaniſchen Stimmen gezeigt, was die Regierung zu verſchärftem polizeilichen Vorgehen
gegen antidynaſtiſche Kundgebungen bewogen hat. Auch antikleri-
kale Bewegungen waren wieder zu bemerken, aber es iſt nicht deutlich, wie weit ſie in die Tiefe gehen.

Ein hochintereſſantes Schauſpiel bietet die innere Geſchichte
Englands mit dem Streit um die Wandlung der Handelspolitik.
Das treibende Element in dieſem Kampf war der Kolonialminiſter
Joſeph Chamberlain. Wie bekannt iſt es ſeit dem Beginn der
Miniſterſchaft ſein Ziel, die einzelnen Teile des britiſchen Reiches
miteinander näher zu verbinden, einerſeits, um ein großes, ein-
heitliches, ſich ſelbſt genügendes Wirtſchaftsgebiet zu ſchaffen, an-
dererſeits, um die militäriſche Kraft des Weltreiches zu verſtärken.
Die erſten Schritte, die Kolonien zu Beiträgen zur engliſchen

Wehrmacht heranzuziehen, ſind bereits früher gemacht worden, im
abgelaufenen Jahr hat er das ökonomiſche Problem energiſch in
Angriff genommen. Unter geſchickter Benutzung der unbehaglichen
Stimmung, die in engliſchen Geſchäftskreiſen über das Zunehmen
der ausländiſchen, insbeſondere der amerikaniſchen und deutſchen,
induſtriellen Konkurrenz Platz gegriffen hat, trat er mit dem Vorſchlag heraus, eine Zollunion zwiſchen Mutterland und Kolonien
zu ſtiften (S. 249). Die Teilnehmer ſollten ſich gegenſeitig Be-
günſtigungen vor dem Auslande zugeſtehen. Unvermeidlich war
es dabei, zur Einführung von Lebensmittelzöllen in England zu
greifen, weil hierin die Kolonien hauptſächlich mit dem Ausland
auf dem engliſchen Markte konkurrieren. Die Zölle ſollen alſo
das gemeinſame materielle Intereſſe darſtellen, das Kolonien und
Mutterland verbindet und gleichzeitig der heimiſchen Fabrikation
durch Behinderung der fremden Konkurrenz zu Hilfe kommen. Es
war zu erwarten, daß dieſer Bruch mit dem Freihandelsprinzip
nicht nur in der liberalen, ſondern auch in der Regierungspartei
Gegner finden würde, und es haben ſich denn auch die lebendigſten
Debatten an dieſe Vorſchläge geknüpft. Mehrere Miniſter, wie
der Handelsminiſter Ritchie, lehnten ſie unbedingt ab, der Premier
Balfour ſprach ſich reſerviert zuſtimmend aus. Nur empfahl Balfour die Zölle mit anderen Argumenten. Er ſah in ihnen eine
Waffe gegen das protektioniſtiſche Ausland, das mit ihrer Hilfe
zu vorteilhaften Handelsverträgen gezwungen werden ſollte. Die
Erörterung dieſer Dinge rief eine latente Miniſterkriſis hervor,
und nach einigen Monaten kam ſie zum Ausbruch: die freihänd-
leriſchen Elemente traten zurück, und Chamberlain ſchloß ſich ihnen
an, um als Privatmann ungehindert für ſeine Ideen agitieren zu
können (S. 258). Der Agitationsfeldzug, den Chamberlain nun
ſofort begann, wurde in großem Maßſtabe betrieben; er ſelbſt
hielt Vorträge über Vorträge und ließ durch Zeitungsartikel und
wohlgeſchulte Redner die öffentliche Meinung bearbeiten. Neben
dem Intereſſe, das ſeine Tätigkeit erweckte, trat die Aufmerkſamkeit
weit zurück, die Balfour erweckte, als er ſeine Anſchauungen öffentlich darlegte. Die Liberalen blieben die Antwort nicht ſchuldig,
und es iſt einſtweilen noch nicht zu ſagen, welche Partei bei den

nächsten Parlamentswahlen die Oberhand gewinnen wird. Vor-
läufig scheint ein wichtiger Faktor, die Masse der organisierten
Arbeiter, noch am Freihandel festhalten zu wollen, obgleich ihnen
Chamberlain zu demonstrieren versucht, daß die Verteuerung der
Lebensmittel in seinem Zollsystem verschwinden müsse gegen die
Verbesserung der Arbeitsgelegenheit. — Von den übrigen Ereignissen in der inneren Politik sind zu erwähnen ein Gesetz über
die Kinderarbeit, das namentlich der Verwendung von Kindern im
Straßenhandel entgegentritt, und das irische Agrargesetz, eine in
jeder Beziehung wichtige Neuerung. Mit Staatshilfe soll den
irischen Pächtern ermöglicht werden, das von ihnen bebaute Land
zum Eigentum zu erwerben, und zwar ist der Amortisationsplan
so entworfen, daß in etwa 70 Jahren die Vorschüsse an den Staat
bis auf geringe Reste zurückgezahlt sein sollen. Das Gesetz hat
zur Folge gehabt, daß die irischen Abgeordneten die Regierung bei
mehreren wichtigen Abstimmungen unterstützt haben; seine weitere
Einwirkung auf die Parteiverhältnisse ist noch nicht erkennbar. —
Lebhaft ist die öffentliche Meinung ferner beschäftigt worden durch
die Ausführung des Schulgesetzes vom vorigen Jahre. Viele non-
konformistische Kreise weigerten sich, die neuen Schulsteuern für die
hochkirchlichen Schulen zu bezahlen, und mußten gerichtlich dazu
gezwungen werden. — Zur auswärtigen Politik ist noch nachzutragen, daß das Verhältnis Englands zu Frankreich durch die Besuche der Staatsoberhäupter und mehrerer Politiker einen freundschaftlichen Anstrich bekommen hat, was auch in einem — politisch
freilich bedeutungslosen — Schiedsgerichtsvertrag seinen Ausdruck
gefunden hat. Der Krieg gegen den Mullah konnte noch nicht
beendet werden, doch kamen nach Neujahr günstige Nachrichten.

In Frankreich ist das Gesetz über die zweijährige Dienstzeit angenommen und eine Verbesserung der Binnenwasserstraßen,
die namentlich dem nördlichen Industriebezirk zugute kommen soll,
beschlossen worden. In der Unterrichtsgesetzgebung ist Frankreich
noch weiter gegangen, als im vorigen Jahre beabsichtigt worden
war. Der den Kammern vorgelegte Regierungsentwurf war bestimmt, das Gesetz Falloux, das prinzipiell der Kirche den Unterricht zuwies, definitiv abzuschaffen, nachdem es bereits durch meh-

rere Gesetze der dritten Republik durchlöchert worden war. Die Frei=
heit des Unterrichts sollte gewahrt bleiben, nur sollte das Aufsichts=
recht des Staates erweitert und von Lehrern und Leitern ein Be=
fähigungsnachweis erbracht werden. Der Senat hat nun diese
Bestimmung verschärft und ausgesprochen, daß vom Lehramt alle
Personen, die Kongregationen angehören, ausgeschlossen sein sollen
Über diese Angelegenheit wird im kommenden Jahrgang noch ein
Wort zu sagen sein. — Ein Konflikt mit der Kurie über die Aus=
legung des Konkordats ist zu gunsten der Republik entschieden
(S. 291). Wie immer haben sich die Gemüter im Kampf mit der
Geistlichkeit erhitzt; von der Absicht, die Macht der Kongregationen
zu beschränken, haben sich die französischen Regierungsparteien in
einen religionsfeindlichen Radikalismus hineintreiben lassen, der
auch kleine Mittel nicht verschmäht: so sind der Präsident und die
Minister wiederholt angegriffen worden, weil sie in ihren häus=
lichen Angelegenheiten die kirchlichen Vorschriften und Gebräuche
bewahrten. — Ein Streik der Textilarbeiter im Nordwesten, der
die Sicherung des bisherigen Lohnes trotz der Verkürzung der
Arbeitszeit vom 1. April ab zum Zweck hatte, ist nach einigen
Wochen durch einen Vergleich beendet worden. Hiernach soll kein
Ausständiger gemaßregelt werden, und eine gemischte Kommission
hat einen neuen Tarif unter Berücksichtigung der künftigen Ver=
kürzung der Arbeitszeit auszuarbeiten. — Viel Erregung hat das
Wiederauftauchen der Dreyfusfrage verursacht (S. 283, 294), aber
die Angelegenheit ist noch nicht über ein vorbereitendes Stadium
hinausgekommen.

In Italien war die innere Geschichte ruhiger als im
vorigen Jahre; nur ein großer Streik hat (in Rom) stattgefunden,
wurde aber planlos unternommen und endete mit einer eklatanten
Niederlage der Ausständigen. Sonstige Unruhen haben die irre=
dentistischen Bestrebungen anläßlich einiger Vorgänge in Tirol er=
zeugt, aber die Regierung ist ihrer bald Meister geworden. —
Das Ministerium Zanardelli ist durch ein Ministerium Giolitti
ersetzt worden, aber eine grundsätzliche Änderung der Politik scheint
hierdurch nicht hervorgerufen zu sein, da die körperliche Hinfällig=
keit Zanardellis den Anlaß zum Wechsel bildete. Das Parlament

hat wenig geleiſtet; ſo iſt über das Eheſcheidungsgeſetz noch keine Entſcheidung getroffen worden, dagegen iſt nach manchen Fährlichkeiten ein Handelsproviſorium mit Öſterreich-Ungarn zu ſtande gekommen. Der Mehrheit iſt die Regierung nach wie vor ſicher, obgleich ein Teil der Sozialiſten ſich von ihr abgewendet hat. — In der auswärtigen Politik hat Italien die traditionellen guten Beziehungen zu England und Deutſchland gepflegt, daneben aber auch ſein Verhältnis zu Frankreich aufs neue enger geſtaltet. In Frankreich iſt die Reiſe des Königs nach Paris als Verbrüderung der Völker lateiniſcher Raſſe und als das Grabgeläute des Dreibundes gefeiert worden, indeſſen iſt von der italieniſchen Regierung wiederholt verſichert worden, daß Italien nach wie vor Mitglied des Dreibundes bleiben werde. Die Möglichkeit, als Mitglied des Dreibundes gute Beziehungen zu Frankreich zu unterhalten, beweiſt nur, daß die kontinentalen Fragen, die zur Zeit ſeiner Begründung maßgebend waren, bedeutend an Wichtigkeit gegenüber den weltpolitiſchen Aufgaben verloren haben. — Eine wenig rühmliche Rolle ſpielte Italien in der Angelegenheit des Zarenbeſuches (S. 303, 304).

Die internationale Stellung der Kurie iſt durch den Tod des Papſtes Leo. der kurz vor ſeinem Tode durch die Beſuche des Königs von England und Kaiſer Wilhelms noch eine glänzende Anerkennung ſeiner Politik und ſeiner Perſönlichkeit fand, anſcheinend nicht beeinflußt worden. Die Hoffnungen, die die Reformkatholiken hie und da auf Pius X. geſetzt haben, ſind nicht in Erfüllung gegangen: der neue Papſt hat ſich vielmehr in einigen Manifeſten ſcharf gegen derartige Beſtrebungen erklärt und dem Papſt die ausſchließliche Reformbefugnis vorbehalten. Daß Öſterreich bei der Papſtwahl den bisherigen Staatsſekretär Rampolla ausſchloß, hat viel Aufſehen erregt und Gelegenheit zu Diskuſſionen gegeben, ob das Veto ein Recht oder eine Uſurpation ſei.

Die Schweiz hat die Politik, ihr Eiſenbahnnetz zu vergrößern, durch die Übernahme der Jura-Simplonbahn (1. Mai) fortgeführt, ſo daß von den großen Linien nur noch die Bahn der Gotthardgeſellſchaft zu erwerben bleibt. Über die Verwaltung der Jura-Simplonbahn iſt mit Italien ein Abkommen getroffen worden,

wonach eine Delegation von 7 Schweizern und 7 Italienern in
Bern die Angelegenheiten der Bahn beraten ſoll, und den Beamten
der italieniſchen Militärverwaltung Zutritt zu den Befeſtigungen
im italieniſchen Teile des großen Tunnels geſtattet wird. Ob der
Vertrag ratifiziert werden wird, ſteht dahin, da ſich eine lebendige
Proteſtbewegung gegen dieſe Konzeſſionen geltend macht. Die Angelegenheit der Eiſenbahnen iſt überhaupt in den Parlamenten und
in der Öffentlichkeit ausgiebig bis kutiert worden, da die Verſtaat-
lichung der Linien mannigfache adminiſtrative Konſequenzen hat. —
Einige Volksabſtimmungen über wichtige Dinge haben ein nega-
tives Reſultat ergeben. So iſt eine Verfaſſungsänderung zu gunſten
des platten Landes, wonach für die Vertretung im Nationalrat
allein die Zahl der Schweizer unter Ausſchluß der Ausländer
maßgebend ſein ſollte, abgelehnt worden; ebenſo ein Geſetz gegen
den Alkoholmißbrauch und ein Geſetz, das die Aufreizung zum
militäriſchen Ungehorſam unter Strafe ſtellte. Der Zolltarif iſt
dagegen angenommen worden.

In Belgien iſt wichtig die Erhöhung der Steuer auf den
Alkohol und der Erlaß eines Arbeiterverſicherungsgeſetzes, das
allerdings nicht die Zwangsverſicherung enthält. In den Gemeinderatswahlen haben die Liberalen einige Erfolge, die Sozialdemokraten Mißerfolge gehabt. — Viel Aufmerkſamkeit hat eine
Polemik zwiſchen England und dem Kongoſtaat erregt. Dem
Kongoſtaat wurde vorgeworfen, in ſeinen geſchäftlichen Unternehmungen barbariſch gegen Weiße und Schwarze vorzugehn, und
entgegen den Beſtimmungen der Berliner Akte ein Monopol für
einige privilegierte Handelsgeſellſchaften geſchaffen zu haben. Die
Reiſen des Königs nach Wien und Paris wurden mit dieſer Angelegenheit in Verbindung gebracht.

Die Niederlande ſind durch einige Streiks heimgeſucht
worden. Ein Ausſtand der Eiſenbahnarbeiter, der die Anerkennung ihrer Organiſation zum Zweck hatte, endete nach wenigen
Tagen mit dem Siege der Arbeiter. (Januar), aber nach einigen
Wochen brach die Bewegung wieder aus. Es wurde bekannt, daß
die Regierung ein Geſetz einbringen wolle, wonach Streiks von
Arbeitern in öffentlichen Betrieben unter Strafe geſtellt werden

sollten. Unter der Arbeiterschaft befürchtete man ein allgemeines
Vorgehen gegen die Koalitionsfreiheit überhaupt, so daß die Ar=
beiterverbände die Möglichkeit eines Generalstreiks zur Abwehr er=
örterten und die sozialdemokratisch geleiteten sich mit den Eisen=
bahnern solidarisch erklärten. Das Gesetz, das dann erschien,
brachte in der Tat einige scharfe Bestimmungen gegen den Streik
von Eisenbahnern, versprach aber zugleich eine Untersuchung über
Beschwerden der Bahnarbeiter anzustellen. Der Zusammenstoß
wurde einige Wochen hindurch vermieden, so lange das Gesetz in
der ersten Lesung und in der Kommission beraten wurde. Die
Arbeiterschaft war uneinig, da die christlichen Verbände den Gene=
ralstreik von vornherein ablehnten, und es war noch Hoffnung
vorhanden, daß das Gesetz gemildert werden könne, da in der
Kammer und in der öffentlichen Meinung viel Widerspruch laut
wurde. Das Gesetz kehrte indessen aus der Kommission wenig ver=
ändert wieder, und nun griffen die sozialdemokratischen Verbände
zum Generalstreik (S. 320). Dieser Gewaltstreich, den die Arbeiter
gegen den Willen ihrer Führer unternahmen, brachte die bürger=
liche Opposition gegen das Gesetz zum Schweigen: es wurde schleunigst
angenommen, und der Streik mußte nach kurzer Frist, wie die
Führer vorausgesagt hatten, wieder aufgegeben werden. Ohne die
Beteiligung der christlichen Arbeiter war er eben undurchführbar,
und die ungenügende Disziplin hat der Arbeiterschaft eine demü=
tigende Niederlage zugezogen.

In Dänemark hat das Ministerium der Linken einige
Steuergesetze durchgebracht und bei den Wahlen seine Majorität
behauptet. Die Besuche des Deutschen Kaisers in Kopenhagen und
des Königs in Potsdam bilden eine Fortsetzung der Politik, die
im vorigen Jahre mit dem Besuch des Kronprinzen in Berlin be=
gonnen worden ist. — In Schweden ist der definitive Verzicht
auf Wismar in etwas überschwenglich-sentimentaler Weise aus=
gesprochen worden; in Norwegen haben die Neuwahlen die radi=
kale Regierung gestürzt und eine konservativer gerichtete ans Ruder
gebracht. Im Konsularstreit ist man der Lösung einen Schritt
näher gekommen.

Rußlands innere Geschichte wird bestimmt durch ein wich=

tiges Ereignis: durch die Entlassung des Finanzministers v. Witte. Es ist in den letzten Jahrgängen ausgeführt worden, welche Be- deutung dieser Minister für die russischen Finanzen gehabt und in welchem Gegensatz er zu dem Minister des Innern v. Plehwe gestanden hat. Jetzt hat Plehwe offenbar mit seiner Betonung der hergebrachten bureaukratisch-autokratischen Regierungsform den Sieg über Witte davongetragen, und die Hoffnungen auf freiere Institutionen, die sich etwa an das Reformmanifest (S. 333) an- geknüpft hatten, sind hinfällig geworden. Welche Folgen Wittes Sturz für die Finanzpolitik und für die Landwirtschaft haben wird, ist noch nicht zu sagen. Eine Beruhigung hat der Sieg Plehwes so wenig wie die im Reformmanifest befohlenen ländlichen Steuer- veränderungen herbeigeführt. Bauernunruhen, Krawalle von Stu- denten und Fabrikarbeitern haben das ganze Jahr hindurch nicht aufgehört. Bisweilen, wie in der Judenschlächterei von Kischinew, zeigte der Aufruhr die ganze Rohheit der fanatisierten unwissenden Masse, und ob die Regierung unfähig oder nicht willens war, den Ausschreitungen hier rechtzeitig entgegenzutreten, ist noch ungewiß. Aus allen diesen Tumulten geht hervor, daß nicht nur, wie vor zwanzig Jahren, die gebildeten Kreise mit dem herrschenden System unzufrieden sind, sondern auch das gemeine Volk, das damals die beste Stütze des Thrones bildete. Zur Erregung der öffentlichen Meinung mag auch die auswärtige Politik beitragen. Die Tradi- tion drängt ohne Frage auf ein energisches Vorgehen am Balkan hin, und die Masse hat für die milde Behandlung des Sultans auf Kosten der glaubensverwandten Makedonier so wenig Ver- ständnis wie für die kostspieligen Verwicklungen im fernen Osten. — Die Politik gegen die nichtrussischen Teile des Reichs ist dieselbe geblieben. Finnland ist mit einigen neuen Bedrückungen heim- gesucht worden, und die Armenier sind durch Einziehung ihres Kirchenvermögens zu Revolten getrieben worden. Im größten Teile des Reichs herrscht somit ein Zustand der latenten Revolu- tion, was durch die Verhängung des „verstärkten Schutzes" in vielen Distrikten offiziell anerkannt worden ist. — Die asiatische Politik haben wir bereits berührt; hier ist noch nachzutragen, daß im Ferganagebiet der Baumwollenbau wiederum zugenommen hat.

Allerdings fehlen auch aus Transkaspien Hiobsposten nicht; so ist von Unruhen der Turkmenen berichtet worden, und der Bahnbau Orenburg=Taschkent soll durch elementare Ereignisse gestört sein, doch war hierüber noch keine Gewißheit zu gewinnen.

Von den Ereignissen auf der Balkanhalbinsel haben wir die Hauptsache bereits kennen gelernt. Die Türkei hatte außer dem Aufstande in Makedonien mit einem hartnäckigen Aufruhr in Arabien, im Hinterlande von Aden zu kämpfen, ein Vorgang, der bei der Nähe des englischen Gebietes einmal große Bedeutung erlangen kann. Rumänien hat sich an dem makedonischen Streit aktiv nicht beteiligt, aber seine makedonischen Stammesgenossen durch Errichtung von Schulen und Kirchen unterstützt. Griechenland hat einige Ministerwechsel erlebt, und Serbien hat mit dem Königsmord ein Schauspiel vollkommener orientalischer Barbarei gegeben. Die Ursache dieser Tat war die Torheit des Königs Alexander, der das Offizierkorps seiner Umgebung, die Grundlage seines faktischen, wenn auch ungesetzlichen Absolutismus, nicht mehr regelmäßig bezahlte, unrichtig behandelte und so mit ihm in Konflikt geriet. Da er weder eine qualifizierte Persönlichkeit war, noch durch politische Erfolge sich einen nationalen Nimbus hatte verschaffen können, so ist es beim Stande der serbischen Kultur nicht verwunderlich, daß er in einer Palastrevolution seinen Untergang fand, besondern Abscheu erregte aber, daß die Offiziere politisch bedeutungslose Personen wie die Königin und ihre Brüder ebenfalls erschlugen. Natürlich bemächtigten sich die Verschwörer sogleich der Regierung, so daß der neue König, der alte Rivale der Dynastie Obrenowitsch und der einzige Thronkandidat, vorläufig nur ein Werkzeug in ihren Händen ist. Ob die übrige Armee, die nicht am Komplott beteiligt war, die Parteiherrschaft der Mörder ertragen wird, ist noch unsicher. Einige Bewegungen gegen das Regiment der Königsmörder haben bereits stattgefunden, und das Drängen der Großmächte auf ihre Entfernung vom königlichen Hofe wird sie vermutlich noch schüren, so daß neue Unruhen nicht ausgeschlossen sind.

Die Vereinigten Staaten haben die Politik des Imperialismus mit Eifer und Erfolg fortgesetzt. In Ostasien haben sie

durch den Handelsvertrag mit China eine antiruſſiſche Stellung
eingenommen, was aber einſtweilen noch ohne praktiſche Folgen
blieb. In Amerika haben ſie dagegen große Triumphe feiern
können. Wie bekannt, ſtrebt die Regierung von Waſhington ſeit
mehreren Jahren danach, das Werk von Leſſeps, den Iſthmuskanal,
wieder aufzunehmen und zu vollenden. Am Beginn des Jahres
ſchien das Ziel erreicht. Die Vertreter Kolumbiens und der Vereinigten Staaten ſchloſſen in Waſhington einen Vertrag (22. Jan.),
der der Union den Bau des Kanals übertrug. Für eine einmalige Entſchädigung von 10 Millionen Dollar und eine jährliche
Summe von 250 000 Dollar pachtete die Union einen Landſtreifen
von 6 Meilen Breite für den Kanalbau; das Gebiet ſollte neutral
bleiben, die Vereinigten Staaten machten ſich anheiſchig die Neutralität zu ſchützen und erhielten das Verſprechen, daß keine andere
Macht Häfen im Kanalgebiet anlegen dürfe. In 14 Jahren ſollte
der Kanal fertig ſein, und der Union ſollte es dann zuſtehen, die
Kanalgebühren zu beſtimmen und für ſich zu erheben. Gegen dieſe
Beſtimmungen erhob ſich in Kolumbien eine lebendige Agitation,
die jene faktiſche Landzeſſion als eine Verminderung der kolumbiſchen Selbſtändigkeit darſtellte. Dieſer Bewegung nachgebend
verwarf der kolumbiſche Senat den Vertrag (12. Aug.). Vermutlich war es nicht die Abſicht des Senats, damit das letzte Wort
zu ſprechen, ſondern nur beſſere Bedingungen von Nordamerika
herauszuſchlagen, aber dieſe Politik wurde durch die lockere Organiſation des kolumbiſchen Staates durchkreuzt. Der Diſtrikt Panama,
durch den der Kanal führen ſollte, fürchtete, daß der Kanalbau,
der ihm natürlich große lokale Vorteile bringen mußte, überhaupt
hintertrieben werden ſollte und daß die Union auf das alte Nikara-
guaprojekt zurückkommen könne. Panama, das früher eine eigene
Republik gebildet hatte, erinnerte ſich daher ſeiner ehemaligen
Selbſtändigkeit und ſagte ſich von der Regierung in Bogota los
(3. Nov.). Wie weit nordamerikaniſche Agenten hierzu beigetragen
haben, ſteht dahin; den Vorteil von der Sezeſſion hat jedenfalls die
Union gehabt. Sie beeilte ſich die neue Republik anzuerkennen
und mit ihr über einen neuen Kanalvertrag zu verhandeln. Ja,
als Kolumbia Miene machte, die abgefallene Provinz mit Waffen-

gewalt zu unterwerfen, verhinderten amerikaniſche Kriegsſchiffe das
Vorhaben, und eine Botſchaft an den Kongreß verkündete, daß ein
ſolches Kulturwerk wie der Kanal nicht durch den Unverſtand der
zufälligen Beſitzer des Landes unmöglich gemacht werden dürfe
(S. 374): eine Theorie, mit der ſich jede Intervention rechtfertigen
läßt. Alles das ſpricht für die Mitwirkung Nordamerikas beim
Aufſtande Panamas, und die emphatiſche Verſicherung vor dem
Kongreß, daß dem nicht ſo ſei (kurz nach Neujahr), iſt nicht dazu
angetan, alle Zweifel zu beſeitigen. — Wie dem nun auch ſei,
die neue Republik Panama hat unverzüglich den gewünſchten
Kanalvertrag abgeſchloſſen, der den Vereinigten Staaten noch
größere Vorteile gewährt als der frühere (S. 381). Die Bedeutung
der künftigen Waſſerſtraße für die Union liegt auf der Hand:
militäriſch ſichert ihr der ausſchließliche Beſitz des Kanals in Kriegszeiten die Kooperation der Flotten im Stillen und Atlantiſchen
Meere, kommerziell begünſtigt er die Häfen der Union vor den
europäiſchen, weil er bei der geographiſchen Lage die Verbindung
zwiſchen der atlantiſchen und pazifiſchen Küſte des amerikaniſchen
Kontinents in viel ſtärkerem Verhältnis verkürzt als die Verbindung zwiſchen den europäiſchen Häfen mit dem Stillen Ozean.
Wie für die Weltſtellung ſo wird der Kanal auch für die
innere Wirtſchaftspolitik von Bedeutung ſein. Die weſtlichen Ge-
treidegebiete erhalten eine neue Verbindung mit dem induſtriellen
Oſten und werden dadurch unabhängiger von den großen Eiſenbahnlinien. — Wie im Süden hat die Union auch im Norden
einen Erfolg davon getragen. Der Grenzſtreit mit Kanada über
das Alaskagebiet iſt im weſentlichen zugunſten Amerikas entſchieden
worden. Die Kommiſſion, die das Urteil zu ſprechen hatte, be-
ſtand aus je drei Engländern und Amerikanern; in der entſcheidenden Abſtimmung votierte ein Engländer für die amerikaniſchen
Anſprüche, ſo daß Kanada in der Minderheit blieb. — Der Ausgang dieſer Angelegenheit hat in Kanada lebhaften Unwillen
gegen das Mutterland hervorgerufen. Es bleibt abzuwarten, ob
und wie dieſe Stimmung auf Chamberlains imperialiſtiſche Pläne,
in denen Kanada einen wichtigen Platz einnimmt, einwirken wird.

Aus Südamerika iſt außer den üblichen Revolutionen in

mehreren Staaten die endgültige Schlichtung des Streites zwiſchen
Chile und Argentinien zu erwähnen. — In Afrika hat ſich in
den engliſchen Kolonien der Gegenſatz zwiſchen dem engliſchen und
holländiſchen Element in Agitationen und parlamentariſchen
Kämpfen geltend gemacht, und die Frage, wie die Arbeitskräfte
für die Bergwerke zu beſchaffen ſind, iſt immer noch nicht gelöſt.
Für ſeine Zollpläne hat Chamberlain bei ſeiner vorjährigen An-
weſenheit hier lebhaft Propaganda gemacht und in der Tat
mancherlei Entgegenkommen gefunden. — Für Aſien iſt noch
nachzutragen, daß in einigen Provinzen Chinas wiederum Auf-
ſtände ausgebrochen ſind, die vorderhand allerdings keinen gefährlichen Umfang angenommen haben. Aber es wird vielfach befürchtet, daß an dem ruſſiſch-japaniſchen Konflikt, in dem China
eine traurige paſſive Rolle ſpielt, ſich der Fremdenhaß aufs neue
entzünden und daß Japan dieſen Fanatismus ſeiner Politik dienſt-
bar machen könne. Damit würde die oſtaſiatiſche Angelegenheit
ein ganz anderes Geſicht erhalten.

Alphabetisches Register.

Berichtigung.

Seite 44 Zeile 11 von unten lies 14. Februar statt 16. Februar.